本書出版得到國家古籍整理出版專項經費資助

郝懿行集

（一）

[清]郝懿行 著
安作璋 主編

齊魯書社

《郝懿行集》出版委員會

顧　問　謝玉堂

主　任　劉廣華　宮曉衛

副主任　李　寧　黄偉中

委　員　劉洪光　周　俊　李存傑
　　　　范寶敏　史大軍　慕　旭

《郝懿行集》編委會

主　編　安作璋

編　委　周立昇　李念孔　張述錚
　　　　趙海菱　趙立剛　陳乃華
　　　　管謹訒　晁岳佩　高文達
　　　　吴應峰　張鼎三　牟　通
　　　　耿天勤

前言

郝懿行，字恂九，號蘭皋，是清代乾隆時期著名的學者，他的遺著由其妻王照圓和其孫郝聯薇搜集、整理，編爲《郝氏遺書》刊行。《郝懿行集》即主要依據《郝氏遺書》重新加以整理、編排出版的。

郝懿行於清朝乾隆二十二年（一七五七）七月出生在山東棲霞縣城内一个書香門第。其曾祖名倬，附監生，考授州同。祖父光宏，邑庠生。父親培元，兩舉優行歲貢生，候選訓導。郝懿行出生時，其父取《尚書立政》「迪知忱恂于九德之行」的語意，給他命名爲懿行，後又命字恂九，以此寄托對兒子的期望。

郝懿行幼喜讀書，七歲入家塾，每天讀《論語》、《孟子》數行，後又習《詩經》，父親對他嚴厲督責，謂之「鞭打快牛」。但他並不是一个天資聰明的人，加上無良師指點，故少年時代學業無甚進取，十六歲時應童子試，他還覺得「不獨諸經懵如，即四子書尚未粗知大義」[一]。十九歲入邑庠，二十二歲食廪餼，此後專治八股文，二十三歲時參加秋試，名落孫山。

郝懿行二十七歲時，其父結識了濟寧孝廉李承璉先生，使他得以李爲師。李氏雖也教八股文，但主要指導他攻讀經學。此後，他便肆力於諸經，寒暑不輟，欲以真才實學獲取功名。不幸的是，他自二十八歲起至四十二歲，家庭多事，先是兒子毓麟夭亡，前妻林氏病故，接着幼弟又殤，三十一歲時續取王照圓爲妻，夫婦以詩唱和，感情甚篤，數年後母親謝世，女兒郝英、兒子壽恩相繼死於天花。這期間，他曾參加乾隆五十一年丙午决科，拔爲第一，爲齊魯冠，以優貢生入太學，又於乾隆五十三年赴濟南鄉試，中舉人。但此後在科場上仍是屢試不中，先在乾隆五十二年丁未科會試，不售；又於乾隆五十四年、五十五年的會試中連連落第，嘉慶元年恩科會試，第四次敗北。他的這段經歷説明，在以八股取士的當時，試圖以經學獲取功名决非易事。嘉慶四年己未科會試，朱珪、阮元爲正副考官，纔選拔了一批經學之士，郝懿行終以精於經學及第，同年授户部江南司主事。

郝懿行中進士後，對宦海沉浮比較泠漠，掛名的額外主事，正好給他提供了做學問的條件。他孜孜不倦地讀書，每過夜半，「二肆力於著述，漏下四鼓者四十年」〔二〕，直至嘉慶二十五年，他六十六歲時，纔奉旨補缺，三年後便病故了。

郝懿行精於訓詁，他的《山海經箋疏》和《爾雅義疏》是這方面的代表作。《山海經箋疏》是在总結前人成果的基礎上潛心研究的結果，他廣徵博引，正名辨物，刊正疏謬，多有補正。阮元在評價本書時，與當代吴任臣的《山海經廣注》和畢沅的《山海經新校注》等書比較，認爲

「吴氏廣注，徵引雖博，失之蕪雜；畢沅校本，訂正文字，尚多疏略；惟懿行精而不鑿，博而不濫」〔三〕。《爾雅義疏》是郝氏用力最多的一部著作，著述時間長達十六年之久，他以聲音貫穿訓詁，據目驗考釋名物，内容十分豐富。胡培翬説：此書「稿凡數易，垂殁而後成。於故訓同異，名物疑似，必詳加辨析，故所造較邵氏《正義》爲深。」〔四〕

郝懿行對經學造詣很深，他對儒家經典均有研究，著有《春秋説略》、《春秋比》、《詩説》、《書説》、《易説》、《鄭氏禮記箋》等專著。如《春秋説略》十二卷，是他早年的著作，嘉慶十年，他四十九歲時作第三次訂正，纔寫成定稿。他認爲説《春秋》者不得妄生褒貶，《春秋》直書其事，褒貶自見。又認爲《春秋》皆實録，多一字，少一字，皆事實如此，非聖人意爲增減。紀昀讀後深加嗟賞，稱贊説：「吾覽《春秋》無慮百數十家，惟兹能劃盡千秋藤葛。」〔五〕可見功力之深。此外，《證俗文》是據歷年的札記整理成的，内容縱横經史，援引亦極爲廣博。

郝懿行即使在患病期間，亦不忘讀書著述。嘉慶十八年至二十一年，他因病輟《爾雅》之業。在這期間，他瀏覽晉、宋史書，爲沈約《宋書》補作《刑法志》、《食貨志》，同時，輯成《晉宋書故》、《宋瑣語》等書。

郝懿行治學方面很廣，訓詁學、經學、史學之外，還有博物學方面的著作四種，即《寶訓》、《燕子春秋》、《蜂衙小記》、《海錯》。在校勘方面，他校過《顔氏家訓》、《韓詩外傳》、《大戴禮記》、《淮南子》、《前漢書》、《後漢書》、《説苑》、《新序》、《鹽鐵論》、《世説新語》、《急就篇》、《風俗通義》、《昭明文選》、《廣韵》、《玉篇》、《水經注》、《九經古義》等重要古籍十七種。其中，前後《漢書》共有校語五萬餘條，其它百十不等。可惜，除《顔氏家訓斠記》外，其餘都已散失，均未收入《郝氏遺書》。

他還爲許多古籍作注，收入《郝氏遺書》的衹有他六十六歲時作的《荀子補注》。未刊稿中有《説文廣詁》、《文心雕龍補注》、《穆天子傳補注》、《小爾雅補注》等，亦多下落不明。

郝懿行的一生，是做學問的一生。他自守廉介，淡泊功名，二十餘年始終「淹抑户曹，未迁一官」〔六〕。他在《漫興》一詩中寫道：「作吏廿年仍晏如，久應歸去屢踟蹰。貧雖供給非闕客，懶愛蕭閑却著書。開卷羲皇人以上，登堂親舊話如初。不知許事休輕説，日報平安樂有餘。」〔七〕京官俸禄微薄，入不敷出，晚年生活清苦，常披一件弊羊裘，誦經不輟。胡培翬説他「所居四壁蕭然，庭院蓬蒿常滿，僮僕不備，先生處之晏如」〔八〕。

郝懿行爲人謙退，平時沉默寡言，不輕與人結交，但也很注意從交友中取得學術上的幫助。中進士之前，他與牟庭來往密切，應試往返常同行，所寫文章多請牟氏過目。進士及第後，與張聰咸、胡培翬、胡承珙等人爲友，常相聚首，切磋經義。還與阮元、王引之、孫星衍、張澍、臧庸、陳壽祺、錢儀吉等人相過從或通書信。此外，便常與其妻王照圓相與析疑，共同著書，如

《詩問》一書即二人研究《詩經》的問答之作，還有《和鳴集》是二人的倡和詩。當時文壇上有「高郵王父子，棲霞郝夫婦」〔九〕之譽。

郝懿行在仕宦上未能大顯，然而，憑着他嗜學不倦，勤於著述，終于以中材而躋身於樸學家的行列，他對我國古典文獻的整理與研究作出了卓越的成績，爲我們留下了豐富的文化遺産。

郝懿行去世後，其妻王照圓「輯其遺書，以求彰顯於世」〔一〇〕，後其孫聯薇任順天府東路同知，不替門業，收存原稿，將其專著編爲《郝氏遺書》刊行，又將郝氏專著以外的詩文雜著、筆記、筆録托翰林庶吉士禮部祠祭司主事候選員外郎周悦讓編成《曬書堂集》，於光緒四年付梓，至光緒十年告竣，即本書的東路廳署刻本，此書亦包括在《郝氏遺書》之内。

《郝氏遺書》不是一次刊行，而是陸續付梓的。從時間來説，最早始於清嘉慶十四年（一八〇九），迄於光緒十年（一八八四），前後歷時七十餘年。從版本來説，有許多不同的本子，例如《山海經箋疏》就有清嘉慶十四年儀徵阮元刊本、同治四年東路廳署刊遺書本、光緒八年東路廳署重刻遺書本、光緒十二年上海還讀樓校刊本、龍谿精舍叢書本、四部備要本以及一九八五年巴蜀書社影印本等七種版本之多。因此《郝懿行集》雖然主要是依據《郝氏遺書》整理的，但使用的版本不盡一致，力圖擇其善者而從之。又因爲《郝氏遺書》不是一次刊行的，所以該書没有一個總的目録，《中國叢書綜録》雖然有一個總目，但編排又不太合理，爲了讀者閲讀方便，我們在整理之餘，按照經、史、子、集四部分類法，重新編排了一個總目，列於卷首。每種書均有《點校後記》，附於卷末，説明該書使用的版本情況、學術價值以及整理過程中需要交代的問題。

據許維遹《郝蘭皋先生著述考》，郝氏遺書尚有十餘種未能刊行，這些書大都不知下落，尚待進一步訪求，如有博雅君子慨然相示，助之完璧，則是所厚望焉。

爲了給讀者提供較集中的研究資料，在本書的「附録」中收入郝氏生前好友牟庭爲其撰寫的《墓誌銘》，胡培翬爲其撰寫的《墓表》，以及《清史列傳》本傳、許維遹撰《郝蘭皋夫婦年譜》附《著述考》等。

本書的整理，由山東師範大學古籍整理研究所承擔，主要參與人員列爲編委，編委順序按所負責的整理項目先後排列。

本書在整理過程中，得到了全國高等院校古籍整理研究工作委員會、山東省教委、山東省古籍整理規劃小組的資助；本書的出版，既得到國家古籍整理出版專項經費資助，又得到了原山東省副省長謝玉堂同志的熱忱関心和棲霞市委、市政府的大力支持，在此，謹表示衷心的感謝。

安作璋　於山東師範大學　二〇〇八年十月

〔一〕《曬書堂文集》卷三《新製書衣序》

〔二〕《清史稿》卷四八二《郝懿行傳》

〔三〕《清史稿》卷四八二《郝懿行傳》

〔四〕《續碑傳集》卷七二《郝蘭皋先生墓表》

〔五〕《曬書堂文集》卷三《春秋説略叙附識》

〔六〕《續碑傳集》卷七二《郝蘭皋先生墓表》

〔七〕《曬書堂詩鈔》卷下

〔八〕《續碑傳集》卷七二《郝蘭皋先生墓表》

〔九〕《清史稿》卷四八二《郝懿行傳》

〔一〇〕《續碑傳集》卷七二《郝蘭皋先生墓表》

總目

第一册

第二册

第三册

第四册

第五册

第六册

第七册

易説

周立昇　點校

易説序

四聖人之書，一言而盡曰：時而已。蓋聖人因時而闡義，學者玩義以趣時。雖聖愚異禀，淳漓殊勢，而於會意愜心，考辭尋理，如登周孔之堂，諄乎臨父兄師保，思何深哉！前世説者，輔嗣稱最。自伊川、考亭，發揮六爻，旁通四象，羲皇之旨，曠若發矇矣。然程子略象數而言理，朱子主卜筮以明義，大致固已懸殊。矧考亭之學，淵源堯夫，其於伊川，雖大體紹述，然而同歸殊塗，豈易要諸一致。又《本義》之作，其文簡而不煩，蓋將陶鎔程《傳》，瀝液群言。然在淺學薄植，牽義拘文，略窺半豹，坐失全牛者多矣。私竊病焉，爰罔恤蕪陋，竊操學海之蠡，私竄文囿之雉，又復薈粹儒先，汎濫衆説，當其切理厭心一得之，愚輒乃搴其蕭艾，登其荃蕙，雖知取舍乖方，亦復情雖自禁者也。

昔孔氏疏《詩》，既列己意於前，復取毛《傳》、鄭《箋》各附篇末，昭其慎也，今用其例。愚説大字單行，其傳義異同，用細字夾注其下，以還舊觀。蓋欲竊效冲遠之疏《詩》，終不敢如輔嗣之注《易》。

壬子仲冬長至後郝懿行書

目録

附

易說卷一

周易上經

䷀乾下乾上

《乾》，元亨，利貞。

乾，健也。元亨利貞，占辭也。言至健之道，大通而宜於正也。事以健行，故得亨通。健以正成，故當貞固。諸卦元亨利貞兼者或少，善有大小，各指所之。

初九：潛龍勿用。

潛，隱也。龍，假象也。乾之六爻，皆是陽九。龍乃純陽之物，其鱗數九九，冬潛春躍，夏則飛而致雨，與時變化，有類聖人，故六爻皆不易焉。勿用者，占辭也。初陽尚微，未可施用。勿者，戒辭。

九二：見龍在田，利見大人。

見對潛言。田在地上。大人，謂二也。九二剛中，雖非君位，實具君德，顯其光儀，世所利見。若常人占此，則大人即謂二也；若君子占此，則大人乃謂五也。朱子謂，「以爻與占者相爲主賓。」《易》中此例甚多，可以隅反。

九三：君子終日乾乾，夕惕若厲，无咎。

以三才言，二爲地道，五爲天道，天地以氣運形，故皆以龍言。三爲人道，故獨以君子言也。居上下之交，陽而得位，故稱君子。位而不中，故不稱大人。乾乾，健健也。惕，懼也。厲，危也。若，語辭也。九三重剛，處多凶之位。言若君子身居危地，日夕乾惕，不有止息，如是則雖處危而无過咎。《困學紀聞》引《淮南人間訓》云：「終日乾乾，以陽動也；夕惕若厲，以陰息也。因日以動，因夜以息，唯有道者能行之。」

九四：或躍在淵，无咎。

或，疑辭也。躍，習飛也。淵者，龍所宅也。九四以陽居陰，本非躁進之資；又卦體離下升上，適當改易之際。象爲龍，或欲躍，猶未必也；雖已出潛，猶在淵也。進退詳審，是以无咎。

九五：飛龍在天，利見大人。

陽氣上騰，飛越之象。龍上於天，陽之盛也。象猶聖人秉剛健中正之德，興起在天位，聖功懋著，萬物咸覩，故曰利見大人。朱子謂，「若有其位，則利見九二在下之大人。」

上九：亢龍有悔。

窮高曰亢。上居卦終，陽進過極，亢而不下，高危滿溢，動必有悔。《困學紀聞》引蔡澤謂，「『《易》曰：「亢龍有悔。」此言上而不能下，信而不能詘，往而不能自反者也。亦善言《易》矣。』澤相秦數月而歸相印，非苟知之。」

用九：見群龍无首，吉。

用者，筮所用也。用九者，乾六爻皆九也。用六者，坤六爻皆六也。《周易》以變爲占，變謂動爻。動則用，不動則不用，蓋《易》諸爻之通例也。然有用九、用六，而無用七、用八，老變少不變也。占者遇乾而六爻皆變則爲純坤，法當合本卦變卦之辭占之。見群龍无首者，首猶端也，言羣陽雖見，如環无端，不知所終，不知所始。蓋乾變爲坤，則陽根陰也；坤變爲乾，則陰根陽也。互根爲體，動静相生，故乾曰「无首」，坤曰「永貞」，言不窮也。乾「无首」則吉，坤「永貞」則利，言不窮之妙也。程子謂，「用九者，純乎剛。見羣龍，謂觀諸陽之義，无爲首則吉。以剛爲天下先，凶道也。」朱子謂，「六陽皆變，剛而能柔，吉之道也。」《日知録》：「用九、用六，用其變也。亦有用其不變者，《春秋傳》穆姜遇艮之八，《晉語》董因得泰之八，是也。」

䷁ 坤下坤上

《坤》，元亨，利牝馬之貞。君子有攸往，先迷後得主，利。西南得朋，東北喪朋，安貞吉。

坤，順也。元亨，與乾同。利貞加牝馬者，亦假象也。乾六爻有龍，坤六爻無馬者，象既取象，爻即不言。從，可知也。馬，健行。牝，柔順。不健不足配乾，不順亦不能承乾。君子，指謂占者也。有攸往，有所行也。陽先陰後，故陰先倡即迷所往，後隨即得所主而利，陽爲陰主也。西南陰方，以陰遇陰故得朋。東北陽方，以陰從陽故喪朋。拔茅彙征，得朋固美；渙羣元吉，喪朋亦嘉。西南當得，是即先迷之戒；東北貴喪，是即得主之利。凡此，皆坤之貞。能安於正，則得吉者也。程朱皆以主利爲句，謂主利萬物。按：文王後天卦位，西南皆陰，東北皆陽，觀帝出乎震一節可見。

初六：履霜堅冰至。

霜、冰，陰氣淺、深之候。初陰生下，微而浸盛，晨霜甫履，堅冰旋至。戒在防微。

六二：直方大，不習，无不利。

居柔履中，獨備坤德之純，故極言其德用。直以性言，方以形言，大以體言。地體至方，其德承天時行。乾動直，故坤承以順健；乾大生，故坤承以含宏。地德皆天德也。坤以簡能，自然所有，故不待習學而無不利。

六三：含章可貞。或從王事，无成有終。

以陰居陽，非躁進者。含晦章美，可貞以守。三雖在下，實居臣位，故言或遇王事，義當從之，善必歸君，罔居功美，代君終事也。有成非臣道，无終非臣職。朱子則謂，「始雖无成，後必有終。」

六四：括囊，无咎，无譽。

四處多懼之地，又當否塞之時，以陰居之，順時藏晦，如括結囊口，無有宣出，則无咎无譽。凡衒才者，譽固可致，咎亦隨之。君子志在免咎，不在有譽，故无咎先於无譽。

六五：黄裳，元吉。

黄，中色。裳，下飾。六五以陰居尊，守中處下，則大善而吉。《易》例，五固君位，亦不盡然。如此卦，坤爲臣道，則五是臣之極貴者。程子謂，指君位。朱子不從也。

上六：龍戰于野，其血玄黄。

龍，况陽也。野，况卦外也。陰窮於亥，乾居西北，適直其位，盛陰薄陽，乃戰乎乾。戰者本陰，主龍而言，不以臣戰君也。履霜不戒，馴至戰野，陰陽兩傷，故血玄黄。

用六：利永貞。

占者遇坤，而六爻皆變，則爲純乾。法當合本卦變卦之辭占之，與用九同。永，長也。陰性輕躁，柔而難常。用六之道，利在長永正固。

䷂ 震下坎上

《屯》，元亨，利貞。勿用有攸往，利建侯。

屯，難也。屯有大通之道，而利在正固自守，勿用輕有所往。屯非獨力可濟，故利建侯爲輔。

初九：磐桓，利居貞，利建侯。

磐桓，猶磐旋也。居屯之始，未可輕進，初居動體，故利居貞。又，初九剛明之才，可以有爲，故利建侯。居貞，所以處屯；建侯，所以濟屯。其義互相備。初九成卦之主，故象言利建侯，獨此爻當之。凡爻得卦意者，即爲卦主，餘可例推。魏明帝徵管寧曰：「磐桓利居」，以貞字連下句，不可從。

六二：屯如邅如，乘馬班如，匪寇婚媾。女子貞不字，十年乃字。

如，辭也。屯，難。邅，回也。班，布也。寇、婚媾皆謂五也。字，笄而字也。六二柔中，五爲正應，而當屯時，未可苟合，故爲屯邅不進。彼有乘馬班如而來者，匪爲寇暴，乃求與己爲婚媾，宜可從矣。但以居屯之時，或六禮未備，兩情未孚，故女子守正不字。至於十年，數窮屯解，然後乃字也。

六三：即鹿无虞，惟入于林中。君子幾不如舍，往吝。

虞，田官也。陰居陽位，陰柔不能固守，陽剛不中正，則妄動。譬如即鹿而无虞人，必陷于林中，君子見幾不如舍之，若往則徒取羞吝。吝，不足也。凡物少則吝。程沙隨謂，「鹿當作麓。」朱子以無據，不從。

六四：乘馬班如，求婚媾，往吉，无不利。

以陰比陽，處屯而能固守，必待時乃動。象爲女子守貞，必有乘馬班如求婚媾來者，然後往吉而无不利。蓋二、四皆陰，有女之象。四雖不如二之中而居陰得正，故兩爻占辭略同。其乘馬班如、求婚媾，皆謂九五矣。程朱則皆指初九言。

九五：屯其膏，小貞吉，大貞凶。

坎體有膏潤之象。貞，正之也。五雖剛中而居屯時，正應復柔弱，譬猶屯其膏澤，不得施爲。又，時勢既難止，可小小經理，徐爲之則吉。若驟事整齊，大正之則凶。朱子則謂，處小事吉，處大事凶。

上六：乘馬班如，泣血漣如。

屯終將濟，柔弱無應，進無所往，故曰乘馬班如。坎爲血卦，爲加憂，故又曰泣血漣如。坎取雲象，其行疾駛，班布如馬，故云然。

䷃ 坎下艮上

《蒙》，亨。匪我求童蒙，童蒙求我。初筮告，再三瀆，瀆則不告。利貞。

蒙，昧也。我，我發蒙者，謂二也。童蒙，物幼穉者必蒙也。筮，叩神也。瀆，煩慢也。言蒙有亨道，匪我求童蒙，童蒙求我，謂誠求而後應也。初筮告，再三瀆，瀆則不告，謂誠一而教也。又，言發蒙之道，利在貞正。二居陰，故宜設戒。

初六：發蒙，利用刑人，用說桎梏，以往吝。

陰暗在下，民之蒙也。上之人當開發其蒙，發之道利用刑人，威嚴則不犯。又利用說去桎梏，寬柔則能化，若一於嚴以往，是昧敷教在寬之道，故吝。或曰，當蒙之初，不能正法以懲於小，乃用説桎梏，縱之以往，則吝。蓋反上文而言，於義亦通。

九二：包蒙吉，納婦吉，子克家。

蒙、婦，指群陰而言。子，指二而言。二以剛明之才爲發蒙之主，能於人之蒙者有所包容，寬以教之不操切；於婦之柔闇，受而誨之不棄絶。惟其如是，是得剛中之道，故兩言吉。又，二爲五所信任，下代上事，爲有子克治其家。朱子謂，「以陽受陰，象爲納婦。」

六三：勿用取女，見金夫，不有躬，无攸利。

金夫，謂上九也。此爻柔闇不正，冥行妄動，不待上求於己，一見剛夫即往從之，不有其躬。得女如是，无所利矣，故勿用取之。程子謂，「金夫，人多金，指九二。」此從王弼注。

六四：困蒙，吝。

陰柔無應，困於昏蒙，不能比賢以發志，爲可羞吝。

六五：童蒙，吉。

五居尊，非童也。以其柔中虚己，下求於二，又體艮少男，純一聽人，有類童蒙，如是則吉。

上九：擊蒙，不利爲寇，利禦寇。

剛居上極，治蒙過剛，有類擊蒙。功治太嚴，反爲寇害，是大不利。若寇自外來，扞禦擊之，嚴以去惡，則利者也。

䷄ 乾下坎上

《需》，有孚，光亨，貞吉。利涉大川。

需，須也。須而不進，需出於誠。中有孚信，自然光明亨通。然小信害義，道所不貴，故必得正則吉。以是而需，何往不濟，故又利於涉險難。凡言利涉大川，皆假象也。朱子謂，「涉川尤貴於能待。」

初九：需于郊，利用恒，无咎。

乾在於坎下，三爻皆以遠近爲吉凶。初剛處下，最遠於險，故爲需于曠遠之郊。又，利用恒久不變，則无咎。

九二：需于沙，小有言，終吉。

二漸近險，故爲需于沙。於人爲小有言語之傷，然以剛得中處之，寬裕不迫，故得中吉。

九三：需于泥，致寇至。

過剛近逼於險，故爲需于泥。於人爲寇本在外，我用剛激之而致其至。

六四：需于血，出自穴。

坎爲血卦，故爲血。其上下兩畫，陰虚口豁有穴之象，故四、上皆以穴言。四交坎體，遇險被傷，故曰需于血。居陰得正，柔順退聽，需而不進，故又爲出自穴。程子謂，「穴，物之所安。」朱子非之。上六同。

九五：需于酒食，貞吉。

剛中居尊，爲需之主。凡有所爲，不遽責其成功。象爲需于酒食，而貞固則吉。明聖學須於漸進，王道待乎久成。

上六：入于穴，有不速之客三人來，敬之終吉。

主人召賓曰速。諸爻皆言需，上六陰居險極，無復有需，故直言入于穴。三人，指乾三陽而言。三陽不皆與上應，故言不速之客三人來也。雖陷險中，然於横逆之來，敬以接之，終當變凶爲吉。

☰☵ 坎下乾上

《訟》，有孚，窒惕，中吉，終凶。利見大人，不利涉大川。

訟，争辯也。訟之道必有孚信，被物窒塞而能惕懼，得其中道乃吉也。訟非美事，宜中道自止。若終竟其事，則凶。訟必須人以決，故利見大人。訟不可冒險難，故不利涉大川。

初六：不永所事，小有言，終吉。

柔居卦初，不能終訟，故不長永所事。然既訟矣，未免小有言語之傷，小懲大戒，故得終吉。

九二：不克訟，歸而逋，其邑人三百户无眚。

二體剛處險，爲訟之主，與五訟者也。然處剛得中，以臣訟君，度勢不克，歸而逋竄，不敢與校，身居小邑，過自裁損，乃無眚過也。或曰，君不争則民無害，三百户無眚，言安者衆也，亦通。

六三：食舊德貞，厲終吉。或從王事，无成。

食，食禄也，禄必稱德。此爻陰柔，非能訟者。食舊德貞，言安其素分，自守以正，雖居危地，厲而終吉。三介二剛之間，故言厲。或從王事无成者，從上九所爲，不居成功也。食舊德，不競利；无成，不競功。

九四：不克訟，復即命，渝。安貞吉。

九四本健訟者，以剛居柔，度義不克，還就正理。始而好訟，是不安貞，渝變其心。安處於正，則吉。

九五：訟，元吉。

剛中處尊，分争辯枉，革薄從忠，大善而吉。陽剛則能決斷，中正可以化争。

上九：或錫之鞶帶，終朝三褫之。

健極訟終。就令訟而獲勝，錫之鞶帶，以訟受服，理無能久，如終朝三見褫奪然。

䷆ 坎下坤上

《師》，貞，丈人吉，无咎。

師，衆也。師之道貴得正，又必任老成之人乃吉而无咎。言吉又言无咎者，程子曰：「吉謂必克，无咎謂合義。」

初六：師出以律，否臧凶。

律，法也。臧，善也。法則臧，不法則否。臧師當謹始，故戒於初。否臧言凶、以律不言吉者，律乃出師常道，以律猶未必吉，失律則自是凶。程子曰：「律有二：出師以義，行師有號令節制。」案：《左傳》知莊子曰：「師出以律，有律以如己也。」杜注云：「法行則人從法，法敗則法從人。」《傳》《注》皆格言也，寧止爲行師言哉？

九二：在師中，吉，无咎。王三錫命。

二在下，爲衆陰所歸，乃師之主。剛而得中，故爲在師而有中德，吉且无咎也。上應六五，爲所寵任，故爲王有錫命，數多至三。

六三：師或輿尸，凶。

輿，衆也。尸，主也。行師之道，權歸一將，事權不一，必無成功。二既任爲主將，三以才弱志剛、不中失正，位居其上，權分衆主，安得不凶。朱子以師徒撓敗爲輿師。然觀象傳「大无功」，似當從程子。

六四：師左次，无咎。

兵家尚右，以左爲後。左次，退舍也。四雖才弱不中，然居陰得正，知難而退，全師不害，故得无咎。

六五：田有禽，利執言，无咎。長子帥師，弟子輿師，貞凶。

柔順履中，不爲戎首，敵加乃應，如田中有禽，害苗當誅，利往執之，无過咎也。二爲長子，當使帥師。三爲弟子，若復分其威權令彼衆主，雖正亦凶。五爲命將之主，故戒以此。程子以執言爲奉辭。朱子以執爲搏，執言爲語辭。《注》《疏》並同。當從朱子。

上六：大君有命，開國承家，小人勿用。

上居師終，功成行賞。坤爲土，故以國家取象。言大君有命，爵當其功，俾大則開國，小亦承家。然兵革寧息，驕泰易生，奸邪得進，乃致亂邦，故又戒小人勿用。勿用之説，程朱並謂，但優以金帛，勿使有爵土。但小人既一例，有功賞典不容不及，况行師之初已自不用小人，何待終事乃戒此義？朱子《語類》發之，以爲未曾改入《本義》，故從之。

䷇ 坤下坎上

《比》，吉。原筮，元永貞，无咎。不寧方來，後夫凶。

比，輔也。衆相親輔，固是得吉。然必再筮自審，果有元善、長永、貞固之德，乃可當衆比而无咎。不寧方來，謂下四陰也。陰依於陽而後安，不比陽則不寧，故方來比五。後夫凶，謂上一陰也。衆陰方比於五，獨上居卦外，是衆皆前而己獨後，違衆孤立，故凶。

初六：有孚，比之，无咎。有孚盈缶，終來有它，吉。

缶，素器也。比謹於初，必有孚信，乃得无咎。若有孚充實，如水盈滿於缶中，則雖始未比，終亦將來比之，有它吉也。它，外也。謂非意而得者。

六二：比之自内，貞吉。

內，謂內卦也。二以中正自內比五，比得其正，故曰貞吉。

六三：比之，匪人。

比主五。諸爻皆以比五爲吉。初雖遠五，有孚於初，故得无咎。二應五，四近五，皆得所比。惟三不應五而應上，爲比匪其人，雖不言凶，凶可知。

六四：外比之，貞吉。

外，謂外卦也。四、五同處外，五又在外，四近於五而比之，爲得其正，故貞吉。與二同。

九五：顯比，王用三驅，失前禽，邑人不誡，吉。

剛陽中正，廣大無私，顯明其比。譬如王者用三驅以田，前禽雖失而勿追，不求必得也。邑人安居而無警，君民相忘也。失得勿恤，熙皞爲象，其吉可知。朱子謂，邑人不誡，雖私屬亦喻上意，不警備以求必得。

上六：比之无首，凶。

首居前，无首謂後也。陰險處卦終，頑梗不率，不得所比，是謂後夫，宜其凶也。

☰☴ 乾下巽上

《小畜》，亨。密雲不雨，自我西郊。

小，陰也。畜，止也。一陰畜止衆陽。又，能係畜而不能固，兼此二義，故爲小畜。止極則行，故小畜有亨道。密雲，陰氣。西郊，陰方。陰陽和則雨。陽先陰倡，雲起東方則雨。今以陰畜陽，是陰氣先倡，陽氣未和，故曰密雲不雨，自我西郊。

初九：復自道，何其咎，吉。

復，反於下也。四爲畜主，初與之應，宜有咎者。然初九乾體，陽剛得正，安於在下，知幾不進。言復自道者，若初本自反於道，非由畏畜而然，如是則轉咎爲吉。程朱皆以復爲上進。然《易》無此例，故先儒疑之。

九二：牽復，吉。

初既自復於下，九二剛中與之牽連而復，故吉。與初同。

九三：輿説輻，夫妻反目。

輻，車轑也，所以持輪。陸氏《釋文》：「輻，本亦作輹」，車輻轉也。大畜、大壯並同。九三剛而不中，比進於四，陰陽相説，爲所係畜，進不得行，故爲輿脱其輻。退爲所制，故爲夫妻反目。

六四：有孚，血去，惕出，无咎。

四爲畜主，處近君位，畜五者也。以臣畜君，宜有傷懼，以其柔正虛中，有孚感五，五亦信從其畜，故能遠離血惕。信而後諫，故得无咎。

九五：有孚攣如，富以其鄰。

攣，固也。鄰，謂四也。五履中處尊，內有孚信，攣然而固，厚積其誠，類富有然。如此，則上以誠感，下以誠應，是爲富不獨，富能用其鄰。四、五爻分陰陽，皆言有孚，説見中孚。

上九：既雨，既處，尚德載，婦貞厲，月幾望，君子征，凶。

處，止也。載，積也。三言妻此言婦者，妻以敵言，婦以順言。月望則與日敵，幾望則其盛將敵。征，行也。上居畜極，畜道已成。昔之不雨，既和而雨。前之尚往，既止而處。象所謂亨，於此見之。此由尊尚陰德，積滿而然。於人爲婦制其夫，雖正亦厲。於象爲月將近盈，陰疑於陽。當此之時，君子有行，則凶及之。

䷉ 兑下乾上

履虎尾，不咥人，亨。

履，踐也。人能和順於理，雖履危地無所害。譬如履虎尾，而不咥噬於人，亨可知。

初九：素履，往无咎。

剛陽處下，安履其素，無變其初，則往无咎。蔡氏曰：「履，禮也。素，無文也。履初言素，禮以質爲本。」

九二：履道坦坦，幽人貞吉。

坦，平也。路中道平，旁岐險。二剛得中，故爲履行中道坦然而平。又，二在下無應，故爲幽静安恬之人，隱居求志，不急仕進。如是，則得正而吉。

六三：眇能視，跛能履，履虎尾，咥人凶。武人爲于大君。

眇、跛，不中正之喻。六三不中失正，才弱志剛。譬如眇而能視，跛而能履，自恃有餘，實乃不足，以此處危，必見傷害。如履虎尾咥人，凶可知也。夫志尚剛勇，即武人也。如此之人無施而可，惟用以有爲于大君之事，以其志剛，可敵愾禦侮也。程朱皆謂，剛武之人，得志肆暴。象言「不咥人」，此言「咥人」。不同者。象據全卦言，此以爻位言。《易》多此例，不拘。

九四：履虎尾，愬愬，終吉。

虎謂乾也，四即乾體。亦言履尾者，四處多懼之地，近君之位，故亦以履虎尾取象。然以剛居柔，故能愬愬畏懼，始雖危而終得吉。三、四皆不中正，吉凶異者，三剛而四柔也。履之道貴柔。

九五：夬履，貞厲。

夬，剛夬也。九居尊位，剛明自任，决行不顧，乃危道也。以其中正，故能知其危厲，貞固守之。夬履，宜有疚；貞厲，所以履帝位而不疚。程朱則謂，雖得正，猶危厲。

上九：視履考祥，其旋元吉。

祥，詳禍福也。旋，周回完備也。上處履終，履道大成，故可視察善惡之履，考知禍福之祥。若其所履，周旋完善，則宜得福祥，大善而吉也。

䷊乾下坤上

《泰》，小往大來，吉。亨。

泰，通也。天氣下降，地氣上升，二氣交感，萬物以通，故謂之泰。小大以陰陽言，往來以卦外内言。陰往居外，陽來居内，各得其所，吉而且亨。

初九：拔茅茹以其彙，征吉。

茹，茅根連也。彙，類也。初陽在下，與上二陽牽連並進，譬若拔一茅而衆茅之根相與類應，征行獲吉也。

九二：包荒，用馮河，不遐遺，朋亡，得尚于中行。

荒，大也。馮河，况勇决也。九二剛柔得中，居下應五，治泰之主。執德寬大，故曰包荒；然非狃因循，故用馮河；思慮明通，故不遺遐遠；心志公溥，故亡其朋類。兼兹四美，斯得尚合于中行之道。程朱釋包荒皆謂，含容荒穢。觀象傳，四者須以包荒爲主。

九三：无平不陂，无往不復，艱貞无咎。勿恤其孚，于食有福。

陂，險也。卦將過中，泰極將否，故戒之。言陽无盛而不衰，陰无往而不來，乃天道之必然，是其孚信也。人苟知此，但當艱危守貞，可得无咎。至於必至之孚，勿用憂恤，于所食享，當有福益也。

六四：翩翩不富以其鄰，不戒以孚。

翩翩，羣飛而下也。《易》以陰虚爲不富。鄰，謂五也。四位近君，柔謙接下，輔下賢之君，降心以求下之三陽，譬如翩然下降不有盈滿，與其鄰類志同願得，故不須告戒，自以心相孚信然。程朱皆謂，三陰下復，小人合交之象。

六五：帝乙歸妹，以祉元吉。

湯號天乙，即帝乙也。五以陰柔居尊，虚中應二。象猶帝女下嫁，降其尊貴以受福祉，大善而吉。

上六：城復于隍，勿用師，自邑告命，貞吝。

隍，池也。掘隍土爲城，城圮復爲隍。泰終復否，又以柔弱處之，爲治反於亂，上下乖隔，其志不通。師以人和爲本，故不當用師，但自私邑布其告命。然令不及遠，事雖得貞，亦可羞吝。《日知録》卷一云：「人主所居謂之邑。」《詩》曰：「商邑翼翼，四方之極。」《書》曰：「惟尹躬先見于西邑夏，」曰「用附我大邑周」，曰「作新大邑于東國洛」，曰「肆予敢求爾于天邑商」。《白虎通》曰：「夏曰夏邑，商曰商邑，周曰京師。」是也。

䷋ 坤下乾上

否之匪人，不利君子貞，大往小來。

否，塞也。否塞之世，邪人得志，故否之匪人。正道不容，故不利君子貞。陽往陰來，是以成否。匪人即謂小人。孔疏謂，否塞之世，非人道交通之時。朱子謂，或疑「之匪人」三字衍文。

初六：拔茅茹以其彙，貞吉，亨。

居否而在下者，君子也。初陰處下能引其類，守道貞固則吉而亨。卦本以内爲小人，爻復以初六爲君子。程子曰：《易》隨時取義，變動無常。朱子謂，小人連類而進故戒，其貞則變爲君子。

六二：包承，小人吉，大人否，亨。

柔正應五，心所包藏，惟在承順於上。奴僕臧獲，志在事人，故小人吉。若大人則固守其窮，身雖否而道則亨。程朱則謂，小人包畜，承順乎君子，以求濟其否。

六三：包羞。

二柔順中正，故言包承。三陰柔不中正，爲包藏陰險，性復怯懦，徒自羞恧。或曰，邦無道穀，所謂包羞。亦通。

九四：有命，无咎。疇離祉。

命，謂天命。疇，謂三陽。離，麗也。否將爲泰，四復以剛處柔，故在天既爲有命，人事則又无咎。如是，否將可濟，而疇類亦共麗於福祉，謂道得行。程子以有命爲有君命，威柄歸上則无咎而其志行。以泰四觀之，亦通。

九五：休否，大人吉。其亡，其亡，繫于苞桑。

休，息也。繫，維也。苞，叢生也。桑根深固，苞其尤者。五剛中居尊，故能休時之否，復反於泰，大人之吉也。然當憂危戒懼，而曰其亡乎，其亡乎！則能繫固如苞桑。

上九：傾否，先否後喜。

傾，毁也。剛陽居否極，可以有爲，故能傾毁其否。先否，未傾也。後喜，已傾也。否傾則泰。

䷌ 離下乾上 同人于野，亨。利涉大川，利君子貞。

同人，和同於人也。野，況廣遠。言和同於人，必廣遠無私，乃得亨通。與人同心，雖險可濟，故利涉大川。與人同者，易涉邪僻，故利君子貞。此卦無坎，亦言利涉大川，知《易》中此句皆假象。

初九：同人于門，无咎。

門，門外也。初在卦外，以剛居下，無應於上。出門同人，明通公溥，誰與爲咎？《同人》與《隨》皆《易》私，故初爻並言「出門」，明二者皆宜謹於初。

六二：同人于宗，吝。

宗，黨也。二陰柔應五，心有所係，私其宗黨，爲可羞吝。他卦，二應五爲善。在同人則相應爲私。又，五不取君義，故吝。又，象傳以柔得位、得中、應乾爲義，此言「于宗吝」者，彼據全卦言，此以爻位言，不相悖。

九三：伏戎于莽，升其高陵，三歲不興。

高陵，謂三也，在下卦之上，故稱高陵。此爻過剛不中，恣睢暴戾敵乎上九，懼不能勝，伏藏兵戎於高陵林莽之中，三歲不敢出。程朱皆謂，欲同於二，懼九五見攻。於象傳，敵剛謂敵九五。然《易》例皆以相應之爻爲敵也。

九四：乘其墉，弗克攻，吉。

四居外卦，故有墉象。此爻過剛不中，下攻初九，以其居柔，畏義而止，故曰乘其墉，弗克攻。困而自反於義，故曰吉。三、四皆剛，故取争奪之象。四能處柔，故善於三。程朱皆謂，欲同於六二。朱子以爲攻三。程子以爲攻五。

九五：同人先號咷而後笑，大師克，相遇。

五與二同，而爲邪人間隔，始不獲同。然邪不勝正，終必得合，如同人先號咷呼籲，後乃笑樂。又，間隔之人至彊梁，必須用大師克之，乃得相遇。程朱皆以所克謂三、四。

上九：同人于郊，无悔。

郊在野内，未至野也。上居卦外，爲同人于郊。郊無人，莫與同焉。凡有同者，或致睽悔。上既無同，故亦无悔。六爻無純吉者，同人之難也。

䷍ 乾下離上

《大有》，元亨。

大，陽也。一陰有衆陽，有之大者。大有之道，乾健離明，居尊應天，大善而亨。大有、鼎，皆直言元亨，無餘辭，尚賢養賢，亨莫大焉。

初九：无交害，匪咎。艱則无咎。

大有之初，未至盛滿。又，以陽處下卑，無應與，未交涉於害也，故曰匪咎。然必艱以處之，則乃无咎。言害生於富溢，咎積於驕盈。

九二：大車以載，有攸往，无咎。

車彊壯，任載。九二剛中應五，爲所倚任。如大車以載，任重行遠，故有攸往无咎。

九三：公用亨于天子，小人弗克。

公，謂九三。亨，從朱子作享，謂朝献也。此爻剛而得正，上有六五下賢之君，故爲公用享于天子。若小人無德，則弗克當此，傳復謂其有害。

九四：匪其彭，无咎。

彭，讀若旁，從程子作盛貌。四位近君，以剛承柔，易涉僭偪。以其居柔履謙，能執臣節，是匪其彭，故得无咎。

六五：厥孚交如，威如，吉。

虚中孚信，柔中應二。君以信接下，下以誠事上，是爲厥孚交如。然大有之世，憂在廢馳，必威嚴自重，剛以濟柔，乃爲吉也。

上九：自天祐之，吉无不利。

《繫辭》曰，「祐，助也。」履信思順，又以尚賢，蓋謂六五也。五之厥孚，履信也。柔中，思順也。承乎上九，尚賢也。六五之君，實盡此。天之所助者順，故曰自天祐之，吉无不利。言五而繫於上者，上居大有之終，五以德獲福於終，乃驗之。程朱皆以履信、思順、尚賢，謂上九之事。先儒多疑之。

☶☷ 艮下坤上

《謙》，亨。君子有終。

謙，卑下也。謙有亨道，然小人勉慕於謙，終不能久。惟君子謙德自然，乃能有終。朱子以有終爲先屈後伸。

初六：謙謙君子，用涉大川，吉。

柔順處下，謙而又謙，君子當之。自處至謙，雖用涉險難，亦無不濟，吉可知也。

六二：鳴謙，貞吉。

柔順中正，謙德積中，聲聞宣著，是爲鳴謙，得正而吉。

九三：勞謙，君子有終，吉。

居下之上，一陽爲衆陰所綜，大臣位也。事上接下，勤勞匪懈，故曰勞謙君子。勞苦功高，始終無怠，故曰有終吉。三爲卦主，故《象》辭「君子有終」，獨此爻當之。三自上而退處於下，是有謙意，故爲主。

六四：无不利撝謙。

撝，手撝也，猶云施布。四近君，多懼而處三上。事柔謙之主，居勞臣之上，出入動作，无所不利於撝謙也。朱子則以「无不利」爲句。

六五：不富以其鄰，利用侵伐，无不利。

柔中居尊，謙主也。與四爲鄰，故爲謙虚不盈滿，君臣同德相與也。然君道貴剛，利用侵伐不服。而推之他争，亦无不利。程朱皆謂，「不富而能有其鄰，以謙故爲衆所歸。」謙爲柔德，故濟以剛。五爲君位，故特言之。上六「利用行師」，即承此爻而言。所謂「鳴謙」者，亦謂五也。

上六：鳴謙，利用行師，征邑國。

以柔處柔，過於謙而鳴者。然亦當以剛濟之，故利用行師。自治其私，故曰征邑國。言自治貴剛也，柔則廢。朱子謂，「質柔無位，可征己之邑國而已。」

䷏ 坤下震上

《豫》，利建侯行師。

豫，說樂也。人心和說應上，故利建侯。上動而下順從，故利行師。震爲侯象，坤爲師象，二卦合體，故兼取之。

初六：鳴豫，凶。

陰柔應四，怙寵而驕，自鳴其豫，安得不凶。

六二：介于石，不終日，貞吉。

當豫之時，衆皆逸樂，二獨中正無應，確然自守，是其節介如石也。決然必去，是其見幾而作，不終日也。不溺豫樂，故得正而吉。二、五不言豫，以中正故。

六三：盱豫，悔，遲有悔。

盱，上視也。陰柔不中正，以居高位，不勝其豫，視瞻高傲，故宜有悔。以處陽位，故冀其能改悔。然不速而遲，則必有悔也。程朱皆以「四爲豫主，三之盱豫，謂上視於四。」一鳴發於聲，盱形於目，二者相類。竊疑，小人情狀，本自如此，不待視上而然。

九四：由豫，大有得。勿疑，明盍簪。

盍，合也。簪，聚也。四爲動主，卦所由以豫也。陽剛有爲，衆所歸順，故大有得。然大臣近君，實危疑之地，但當盡其至誠，勿有疑慮，則朋類合而從之，猶簪笄聚髮然。

六五：貞疾，恒不死。

貞，正也，常也。疾，猶患苦也。以柔居尊，沈溺於豫，宜其死也。然乘九四之剛，大臣拂弼，不得從欲，是動見規正。常有疾苦生於憂患，故常不死。程朱皆謂，柔弱之君，受制於權臣。程子以居得君位爲貞，受制於下爲疾。

上六：冥豫，成有渝，无咎。

陰處上極，昏冥於豫。然豫終當變，又居動體，若其事雖成，能有渝變則善補過，故无咎。

䷐ 震下兌上

《隨》，元亨，利貞，无咎。

隨，從也。隨之道，大亨而利於貞。所隨不正，乃即於邪，正則无咎。

初九：官有渝，貞吉。出門交有功。

官，主也。動體居初，剛來下柔，爲隨之主。動而隨人，是主守有渝變也。變得其正乃爲合宜，故曰貞吉。出門以交，不私其隨，則有功不失。陽剛無應，無所偏係，故以取象。

六爻陽剛皆曰隨，陰柔皆曰係。

六二：係小子，失丈夫。

小子謂初。丈夫謂五。二應五比初，陰柔不能固守，初既以剛下柔，二必係之，故有係小子則失丈夫之戒。

六三：係丈夫，失小子。隨有求，得，利居貞。

三亦陰柔，而近四遠初，故與二相反，爲係丈夫失小子。三以比近親係於四，四亦無正應而樂彼隨己，故隨有求必得。然應非其正，以近相從何可以妄，故利居貞。

九四：隨有獲，貞凶。有孚在道，以明，何咎。

獲，謂三也。三係四，故四獲三。近君而獲下之隨，以臣擅民，雖正亦凶。然使中有孚誠，動爲合道，處以明哲，何咎之有。

九五：孚于嘉，吉。

剛陽中正，比近上六，以剛下柔，是乃聖哲之君，屈己下賢，信從於善，其吉可知。程朱皆以「孚嘉爲應二。」以卦義推之，恐當爲孚上。

上六：拘係之，乃從維之，王用亨于西山。

西山，岐山也。隨極兑終，拘持縻係又從維縶之，所以留賢上六。身處事外，王知其賢，將用亨于西山，使之主祭。程朱皆以拘，維爲人心固結。程子以亨爲亨盛王業。

☶☴ 巽下艮上

《蠱》，元亨，利涉大川。先甲三日，後甲三日。

蠱，事也。壞極則有事，有所營爲，故其道大通。有爲之時，當宏濟艱難，故利涉大川。甲者，日之首。蠱爲造事之端，故舉首而言。造事之初，必先後三日而致慎。先時慮始，後時圖終，則治蠱之道盡。朱子以先甲爲自新，後甲爲丁寧。《困學紀聞》：「先甲三日、三庚三日，皆爲申命令之義。獨取甲、庚者，以甲木主仁，示其寬仁也；庚金主義，示其嚴令也。」

初六：幹父之蠱，有子考，无咎。厲，終吉。

幹爲幹事。蠱之弊積久而成，常易世乃見，故諸爻皆以父母言之。初居卦始，蠱猶未深，幹之則易，故爲有子則考，得无咎。然謂之蠱，則亦危矣，故必危厲能戒則終吉。爻辭有主時位言者，有主才德言者。此爻陰柔無應，非能濟者，特居蠱之初，以時義言之，當如此。

九二：幹母之蠱，不可貞。

剛中應六五，子幹母蠱也。然以剛承柔，道在將順，不可以剛直爲貞而固守之。

九三：幹父之蠱，小有悔，无大咎。

過剛不中，以之幹蠱，故小有悔。陽剛有爲，巽體得正，蠱由以幹，故無大咎。

六四：裕父之蠱，往見吝。

强以立事爲幹，怠以委事爲裕。陰柔之才，不足濟事，是謂寬裕治蠱，其蠱日深，故往則見吝。

六五：幹父之蠱，用譽。

幹蠱之道，貴剛柔適中。六五以柔處剛，又居尊位，事權得爲，以此幹蠱，宜有令譽。蠱之名惡也，至於用譽則親不失於令名。程朱皆謂，「下任剛賢，二承之以德，故用譽。」然承以德，與意承考相類，恐非指二言。竊意，五之才自能致譽，亦非必專藉於賢臣。

上九：不事王侯，高尚其事。

剛陽非不能事事者，蠱終卦極，或功成身退，或身居事外，皆爲不事王侯，尊高敦尚其事。

䷒兑下坤上

《臨》，元亨，利貞。至于八月有凶。

臨，大也。陽氣盛長，進逼於陰，又爲以上臨下之義。臨之道，大通而利於正。八者，少陰之數。陽極於九，退而生少陰之八月者，陰象。至于八月有凶，言陽盛之極，陰將乘之。凡陽長之卦，皆應八月有凶。因此卦名臨，是盛大之意，故特設戒。朱子謂，八月以卦氣月侯言。

初九：咸臨，貞吉。

咸，感也。此卦陰陽相感，獨下二爻，故皆言咸。初陽在下，上應六四，相感以臨。君子得大臣信任，以正相與，故曰貞吉。朱子以二陽徧臨四陰爲咸臨。

九二：咸臨，吉，无不利。

陽方盛長，感於六五中順之君，剛中而應，其志得行，故所臨吉，而於事亦无不利。

六三：甘臨，无攸利，既憂之，无咎。

甘，説樂也。陰柔説體，德不中正，居下之上，以勢位爲樂甘説於臨者，故无攸利。然樂其所憂，必將憂其所樂。憂則能改，故得无咎。程朱皆謂，以甘説臨人。

六四：至臨，无咎。

至，切至也。臨道尚近。四居上之下，與下體相比，所處又得正，情切近而志不浮，以斯臨下，所以无咎。程朱皆以下應初九爲至。

六五：知臨大君之宜，吉。

自用者愚，任人者知。柔中居尊，以應於二，委任賢臣，是乃聰明睿知，足以有臨大君之宜，故吉。

上六：敦臨，吉，无咎。

敦，厚也。處臨之終，敦厚篤實，以臨其下，教思无窮，容保无疆，故吉且无咎。

䷓ 坤下巽上

《觀》，盥而不薦，有孚顒若。

觀，示也。盥，涚手也。薦，祭獻也。顒，有威容貌。言觀示之道，當常存誠敬，如盥潔其手，而不用以薦。如此則中有孚誠，外貌顒然尊嚴，而人亦信仰之。盥無不薦之理，設辭以明敬心常存。程子謂，「顒，仰望也。」天下至誠瞻仰之。朱子以爲，得下觀而化義。當從之。《朱子語類》云：「自上示下曰觀，自下觀上曰觀。故卦名之觀去聲，而六爻之觀皆平聲。」

初六：童觀，小人无咎，君子吝。

陰柔卑下而見不遠，故曰童觀。在庶民，日用不知，所見凡近，自乃其常，故小人无咎。君子如是，則可羞吝。觀以遠近爲義。諸爻皆觀五，初、二最遠，故無吉辭。

六二：闚觀，利女貞。

闚，覘伺也。二亦遠五，陰柔處内，見不甚明，故曰闚觀。女子之正，如是則利，言丈夫不爲。

六三：觀我生，進退。

我生，我行也。居上下之間，可進退之地。五以中正觀天下，故不須觀五，但觀己所行，可則進，不可則退。

六四：觀國之光，利用賓于王。

巽體得正，最近於五，故爲觀見國之盛德光華，與童觀、闚觀異矣。既觀其光，自利用賓興于王，言宜見升庸。

九五：觀我生，君子无咎。

居尊，爲觀之主，君子之象。必觀己所行，果君子歟！則无咎。孔《疏》、程《傳》並以「君子指民化於善言。」但與上九同辭異釋，恐未安。故朱子不從。

上九：觀其生，君子无咎。

剛陽之賢，身處卦外，不在其位，然亦道德爲世所觀。故設戒曰，天下皆觀其生，果君子歟！則无咎。與五同。

䷔ 震下離上

《噬嗑》，亨，利用獄。

噬，齧也。嗑，合也。卦有頤象，其中一畫象有物爲梗，必齧之而合乃亨也。獄與刑異，獄察情僞，然後加刑。噬嗑去頤中之梗，察獄除天下之梗，故利用獄。噬嗑、賁、豐、旅四卦，言刑獄皆有離，貴明也。噬嗑、豐皆有震，貴威明也。賁、旅皆有艮，貴明慎也。明、威、慎盡用，獄之道。噬嗑反而爲賁，亦頤中有物。然不取者，頤動於下，賁無震故也。

初九：屨校滅趾，无咎。

屨，屨之也。校，木械也。滅，没也。《易》中滅字並同。初、上無位，皆受刑者。初居卦始，罪小刑輕，故爲以校爲屨。校大至於滅没其足趾，止惡於初，故无咎。

六二：噬膚滅鼻，无咎。

自二至五，皆用刑者。膚柔脆易噬，二居中得正，用刑而人服罪，如噬膚之易。然乘初剛，所治彊暴，用刑必須深痛，如噬過其分，至於滅没其鼻。刑當其理，故无咎。

六三：噬腊肉，遇毒，小吝，无咎。

腊獸，腊全體，骨難噬。三處位不當，德不中正，用刑而人不服，如噬腊肉，堅韌之物而遇毒，雖爲小吝，然亦刑當其理，故无咎。二柔居柔，故爲膚。三柔居剛，剛爲腊，柔爲肉也。

九四：噬乾胏，得金矢，利艱貞，吉。

胏同胾，肉帶骨，堅彊難噬。金矢，况剛直也。九四離體，剛明之才，所治愈難，而卒申剛直之道，如噬乾胏得金矢然。剛不可過，故利艱難。柔易失守，故利貞固。兼之乃吉。離爲乾卦，故四、五並言乾。朱子釋金矢引《周禮》「獄訟入鈞金，束矢而後聽之。」釋六五「得黄金」云：「金亦爲鈞金。」

六五：噬乾肉，得黄金，貞厲，无咎。

乾肉，無骨易噬。黄金，况中剛也。五柔順得中，用刑而人易服，得中剛之道，如噬乾肉得黄金。然以柔居尊，當存憂懼，故必貞固危厲，則无咎。四以剛勝法吏也，五以柔勝仁君也，皆有艱貞危厲之辭，慮剛柔偏任。又，治獄貴欽恤也。

上九：何校滅耳，凶。

何同荷，負也。居卦之上，如何校之大，滅没其耳。罪大惡極，是乃凶道。

䷕ 離下艮上

《賁》，亨。小利有攸往。

賁，飾也。質有其文，故亨。文不可過，故小利有所進往。此卦内離外艮。離主文明，故賁亨。艮有止義，賁飾而不流於過，故小利有攸往。内三爻離體，以文爲文。至三爲賁之極盛，所謂賁亨。外三爻艮體，以質爲文。至上爲賁之反本，所謂小利有攸往。

初九：賁其趾，舍車而徒。

剛明處下，以正自守。如賁飾其趾，行步不苟，義所當絶，寧舍車弗乘，而安徒步。

六二：賁其須。

須，陰血所成，附頤而動。六二柔而文剛，與三相比、相賁，譬如須附於頤，動必隨之，故曰賁其須。在頤曰須，口曰髭，頰曰髯。三至上有頤體，二在其下，故有須象。

九三：賁如濡如，永貞吉。

濡，潤澤也。三處文明之極，介二、四之間，二柔文一剛，爲賁之極盛，故曰賁如濡如。

然深溺於文，恐滅其質，故必永守其剛德之正則吉。

六四：賁如皤如，白馬翰如，匪寇婚媾。

髮白爲皤。馬白爲翰。《禮記》：「殷人尚白，戎事乘翰。」四居艮體，與初相賁，去飾崇質，故言賁如乎！皤如乎！蓋皤如者，四既質素，初亦質素，應之，故言。白馬翰如而來者，匪爲寇害，是乃己之婚媾然。程朱皆以寇爲九三所隔。蓋用《注》、《疏》舊説。

六五：賁于丘園，束帛戔戔，吝，終吉。

丘園、帛，皆況素樸也。束，五两也。戔戔，淺小貌。艮體居尊，爲賁之主。敦本尚儉，如賁于丘園，飾治農事。束帛行禮，戔戔而薄，君道如此，固可羞吝。然儉以矯奢，故得終吉。程子則謂，丘園指上九，五所受賁者。

上九：白賁，无咎。

剛陽處上，賁極反本。以白爲賁，文復於質，故曰无咎。

䷖ 坤下艮上

《剥》，不利有攸往。

剥，落也。羣陰盛長，消剥於陽。小人長而君子消，故不利有攸往。

初六：剥牀以足，蔑貞，凶。

牀以安人。蔑，滅也。剥自下始，故初爲剥牀而先以足。消滅正道，凶可知。或以剥牀以足蔑爲句。不如從程朱爲是。

六二：剥牀以辨，蔑貞，凶。

辨，牀幹也。自下而上，剥至於辨，愈滅於正，凶爲甚。

六三：剥之无咎。

衆陰剥陽，三獨應上，處剥之時，獨得无咎。不言吉者，獨陽孤危，不足相援，難得其吉，於義无咎而已。朱子謂，剥去其黨而從正。

六四：剥牀以膚，凶。

剥及於膚，災禍切身，凶極矣。故更不言蔑貞。

六五：貫魚，以宫人寵，无不利。

貫，連屬。魚，陰物。宫人，陰象。五爲羣陰之長，統率衆陰，承比於上，如貫魚然。以宫人受上之寵，以陽庇陰，用陰助陽，故无不利。剥極於四，故五别設義，以戒小人。

上九：碩果不食，君子得輿，小人剥廬。

廬在上，人所庇也。衆陽剥盡，獨一爻存，如碩大之果，幸不見食。剥終則復，亂極思治。如君子在上，民皆承載，故曰得輿。羣小害正，自失其庇，終罹禍敗，故曰剥廬。

䷗ 震下坤上

《復》，亨。出入无疾，朋來无咎。反復其道，七日來復。利有攸往。

復，反也。陽復於下，故有亨道。出入，程子訓爲生長。生於内爲入，長於外爲出。出入之機，既无疾害，陽類之來，亦无災咎。反復其道，往來不窮。七者，少陽之數。陰極於六，進而生少陽之七日者，陽象。七日來復，陽生之期。剥則陰盛，故不利有攸往。復乃陽生，故利有攸往。

初九：不遠復，无祇悔，元吉。

祇，陸德明音支。程子云，宜音柢。抵也。初陽爲震之主。方動即復，復之最先，爲不遠而復，故不抵於悔，大善而吉。《日知録》二十七卷云：「《後漢書·郎顗傳》：『思過念咎，務消祇悔。』注：『祇，大也。』非也。案：《易》九家本，祇作多。古人多、祇二字通用。」《論語》：「多見其不知量也。」《正義》曰：「古人多、祇同音。」《左傳》襄二十九年：「多見疏也。」服虔本作「祇」。

六二：休復，吉。

中正比初，資彼陽剛，全我生理，復之休美，不勞而吉。

六三：頻復，厲，无咎。

三處動極，性陰躁而守不固，屢失屢復，頻數於復也。頻則危厲，復則无咎。

六四：中行獨復。

四上下各二陰，故曰中行。獨自應初，故曰獨復。不言吉凶，義同剥三。彼言无咎，此更不言者，彼陽剛，此陰柔，所以異也。

六五：敦復，无悔。

中順居尊而坤體，爲敦厚於復。遠於初，宜有悔，以其能復，故无之。

上六：迷復，凶，有災眚。用行師，終有大敗，以其國君凶，至于十年不克征。

陰居復終，終迷不復，其凶可知。迷復之人，必有天災，又有過眚，其道無施而可。用以行師，則終有大敗，以其國君凶，至于十年不克征。何氏曰，行師以下，皆假象以喻，一心不能馭衆動，徇物必至喪天君也。

䷘ 震下乾上

《无妄》，元亨，利貞。其匪正有眚，不利有攸往。

无妄，誠也。誠之道，大通而利於正。苟其匪正，即是有妄，故有過眚，而不利有所往。

程子曰，「雖无邪心，苟不合正理則妄也，故曰其匪正有眚。既已无妄，不宜有往，往則妄也。」案：不利有攸往，程子别一義，朱子則連上句看。

初九：无妄，往吉。

陽剛爲主於内，无妄之主。以是而往，何所不吉。

六二：不耕穫，不菑畬，則利有攸往。

耕穫，種而斂也。菑，一歲田。畬，三歲田。六二柔順中正，隨事合理而無私心。譬如不方耕而望穫，不方菑而望畬。耕無不穫，菑非不畬，特設辭以明心之無私。无妄如是，則利有攸往。程朱則謂，無所爲於前，無所冀於後。愚案：此卦始言耕穫，无妄之福也；繼言災疾，无妄之禍也。禍福之來無常，而守正之心有常，方是无妄。《日知録》云：「楊誠齋《易傳》曰：『初九，動之始，六二動之繼，是故初耕之，二穫之；初菑之，二畬之。天下無不耕而穫、不菑而畬者。其曰不耕不菑則耕且菑，前人之所已爲也』云云。」六二之柔順中正，是能穫能畬者也，故利有攸往也。未富者，因前人之爲而不自多也，猶不富以其鄰之意。

六三：无妄之災，或繫之牛，行人之得，邑人之災。

朱子曰，六爻皆无妄，六三處不得正，故无故而有災。譬如或人繫牛，行人得之，而居人反受其禍。曰或曰人，皆不知誰何之辭，所謂无妄之災。朱子曰无妄亦作无望。程子謂，「三陰柔不中正，是爲妄者，在无妄之道爲災害。」愚謂，《易》中災字皆以禍自外來爲言，故程子之説，朱子不從。

九四：可貞，无咎。

處在乾體，下無應與，以剛居柔，可貞固守之，則无咎。象謂不利有攸往，正指四、上而言。

九五：无妄之疾，勿藥有喜。

乾剛中正應復中正，无妄之至。如是而有疾便當自愈，勿宜用藥而自然有喜。

上九：无妄，行有眚，无攸利。

上九雖非有妄，特居卦終，時處窮極。以人事言，爲所爲過理。如是而行，則有過眚。惟當静處，无所利也。象謂其匪正有眚，不利有攸往，正指此爻而言。

䷙ 乾下艮上

《大畜》，利貞。不家食，吉。利涉大川。

大，陽也。畜，止也。象則以畜德畜養而言，故言大畜之道，利在貞正。大畜之人，當享天禄，不食於家則吉。所畜既大，宜出以濟天下之險難，故利涉大川。卦有乾者，多曰利涉大川，以健行故。

初九：有厲，利已。

初九爲六四所止，以其乾健上行，昧於知止，故設戒曰，若行則有危厲，利在已而不進。

九二：輿説輹。

九二爲六五所止，以其處柔履中，自止不進，譬如車輿，自説去其輪輹。

九三：良馬逐，利艱貞，曰閑輿衛，利有攸往。

良馬，謂乾也。衛，車蔽也。曰當爲日。在大畜，時相應乃爲相畜。三、上皆陽，性健行，合志上進，故不取畜義。又畜極欲通，故爲良馬馳逐之象。然過剛當戒，故利在艱難守正。終日閑習輿衛，不忘戒備，則利有攸往。

六四：童牛之牿，元吉。

童牛，未角牛。牿，所以止觸。初陽在下，四止之於微，爲童牛加牿。其功不勞，大善而吉。

六五：豶豕之牙，吉。

豕剛在牙，以况九二。豶，去勢也。五柔中履尊，不事威刑，動中機要，自能摧剛爲柔。如豶豕之牙，其吉可知。

上九：何天之衢，亨。

何，先儒以爲同荷。天衢，天路也。畜極而通，又以陽剛能勝其任，故曰何天之衢。言主張賢路，衆賢倚以並進，其亨可知。程子以「何」字爲誤加。朱子以爲，「何」其蓋作發語辭。

䷚ 震下艮上

《頤》，貞吉。觀頤，自求口實。

頤，口旁也。卦有頤象，其義則養。頤養之道，得正則吉。觀頤之道，當觀其自求口實，謂觀所自養。如養德崇聖學，養身舍小體。朱子謂，觀頤是觀其養德正不正。自求口實，是觀其養身正不正。程《傳》意亦不殊。

初九：舍爾靈龜，觀我朵頤，凶。

靈龜，不食之物。朵頤，下垂貌。爾，謂初。我，謂四也。陽剛處下，德足自養。如龜咽息不食，乃不能自守。上應於四，觀見可欲，朵頤慕之。以陽從陰，所以凶。項氏以觀我朵頤爲上九，以其爲頤之主故稱我。亦通。

六二：顛頤，拂經于丘頤，征凶。

經，常也。丘，艮象，謂上也。求養於下，爲顛於上爲拂。二、三、四、五並同。卦獨初、上兩陽爻有養人之義，故諸爻皆本此而取。六二陰柔，不能自養，反下求於初，是爲顛頤。若求養於上，是爲丘頤。違拂經理，如是而往則凶。程子皆以顛頤拂經爲一事，而以征凶單屬丘頤，然《傳》文「行失類」句，朱子謂，初、上皆非其類，則征凶當兼承爲是。

六三：拂頤，貞凶。十年勿用，无攸利。

陰邪處動極，外慕於上。頤之道，養正則吉。拂頤之正，所以凶。十年勿用，言終不可用，故又言无攸利。朱子則不主應上，而謂既拂於頤，雖正亦凶。

六四：顛頤，吉。虎視眈眈，其欲逐逐，无咎。

四求養於初，故曰顛頤。然陰柔處上，爲大臣求賢以養天下，故雖顛而吉。既下求於人，便須專一有常。如虎視眈眈，下而且專；其欲逐逐，求而能繼。求賢如是，賢樂爲用，故无咎。《困學紀聞》引《漢書·叙傳》：「六世眈眈，其欲浟浟（音滌）。」注：「頤六四爻辭。浟浟，欲利之貌。今《易》作逐逐。子夏《傳》作攸攸。輔嗣以逐逐爲尚實，其義不同。」

六五：拂經，居貞吉，不可涉大川。

五居君位反求養於上，故曰拂經。既上求於賢，必須居守貞固，篤於尊信，然後能賴其用而吉。以其居陰不正故戒之。柔弱之才，故不可涉大川。

上九：由頤，厲吉，利涉大川。

爲頤之主，一陽處上，四陰由之以養，故曰由頤。然處上過極，位高近亢，必常存危厲則吉。陽剛有爲，故利涉大川。

䷛ 巽下兑上

《大過》，棟橈。利有攸往，亨。

大，陽也。四陽居中，爲大者過。棟，屋之中極。屋脊檁。陽盛太重，故棟橈折。陽剛得位，故利有攸往而亨。凡卦辭先言亨者，以卦體本有亨道。此言利有攸往亨者，以卦才而後得亨也。

初六：藉用白茅，无咎。

藉，薦也。白茅，柔潔之物。初以陰柔巽體，處在卦下，過於畏慎，如不錯諸地，藉用白茅。大過之時，謹於事初，故可无咎。

九二：枯楊生稊，老夫得其女妻，无不利。

稊，鄭本作荑，根下生牙也。楊，澤木也。二、五近澤，故以取象。楊過時先枯，二、五皆陽過，故取象同。九二以剛處柔，得中而比初陰，剛柔相濟，過而不過。譬如枯楊雖老，稊榮於下，老夫女妻，生育以成，故无不利。

九三：棟橈，凶。

三、四居中，故皆取棟象。九三過剛，剛極則折。不勝重任，故棟橈而凶。

九四：棟隆，吉。有它，吝。

以剛居柔，大任克勝，如棟隆起而高，是以吉。然下應初六，是爲有它。既不過剛，若志復應柔，反累其剛，故有它則吝。

九五：枯楊生華，老婦得其士夫，无咎无譽。

陰在上爲華，於人爲老婦。五以過極之陽，比過極之陰，兩過相與，生育不成。譬如枯楊生華，適速其斃。老婦士夫，無復生理，故雖无咎而亦无譽。

上六：過涉滅頂，凶，无咎。

兑澤在上，陰柔處之，不足以濟。如過涉陷險，深沉其頂。然事雖不濟，其義則正，故既言凶，又言无咎。程子謂，小人過常蹈禍。无咎，言无所怨咎。朱子不從也。

䷜ 坎下坎上

《習坎》，有孚，維心亨，行有尚。

習，便習也。坎，險陷也。險難非經習熟不可以濟，故坎上加習。坎體中實，是爲有孚。身在險難，不可云亨。所由亨者，維此一心。有孚心亨，濟險之本。推誠致行，有可尊尚，言能出乎險。程朱並以習爲重義。

初六：習坎，入于坎窞，凶。

窞，坎中深處。初以陰柔居重坎下，小人習行危險，禍害轉深。如既入坎又陷窞，凶可知。

九二：坎有險，求小得。

處二陰之間，爲坎有險。有剛中之德，爲求小得。身在險而心則亨，故爲小得。君子不求出險之大得，而求一心之常亨，如涓涓不壅，終爲江河然。

六三：來之坎坎，險且枕，入于坎窞，勿用。

之，往也。枕，支倚也。三陰柔不中正，而履上下之間，來往皆險，坎而又坎。前行履險，後且枕焉，入于坎窞，其陷愈深。如三所處之道，不可用。

六四：樽酒簋貳，用缶，納約自牖，終无咎。

一樽之酒，貳簋之食，謂薄物。或曰，貳，副也。樽酒而貳以簋六四比近九五，在險難之時，君臣相接，貴積誠信，開啓君心。譬如樽酒簋貳，不尚文飾，但崇質素，用彼瓦缶。又進言於君，須由所明者開通之，如納約自牖。以是處險，始雖艱難，終得无咎。朱子以貳屬下句。

九五：坎不盈，祇既平，无咎。

祇，抵也。剛中處尊，履重險之中，謙虚不滿，如坎易盈。不盈，抵既平而已。有孚心亨，故无咎。程子則謂，既平猶未能出，盈則出矣。

上六：係用徽纆，寘于叢棘，三歲不得，凶。

徽纆，獄索。叢棘，獄牆。陰柔處險極，如拘係以徽纆，囚寘于叢棘，若三歲之久，終不得改悔之道，則凶。言能改則險猶可出，不輕絶人之意。

䷝ 離下離上

《離》，利貞，亨。畜牝牛吉。

離，麗也。陽麗於陰，猶火麗於木。離之道，利在貞正，乃得亨通。牝牛，柔順之物。離明在外，必養柔順之德於中，則用明而明不傷，故畜牝牛則吉。程、邵、朱子皆以巽爲陰入於陽，離爲陰附於陽。獨張子曰，「陽陷於陰爲水，附於陰爲火。」最合經義。蓋三女之卦，其義皆主陽而言。

初九：履錯然，敬之，无咎。

離明之初，爲日方出。衆動紛錯，敬之於始，所履无失，則得无咎。程朱皆謂，剛明居下而躁動，故履錯然。

六二：黄離，元吉。

黄，中也。離明之主，處得其中。柔麗中正，大善而吉。

九三：日昃之離，不鼓缶而歌，則大耋之嗟，凶。

處下卦之終，故爲日昃之離。於人爲靈明昏蔽，哀樂失常。不是心意驕盈鼓缶而歌，便是志氣沮喪大耋之嗟。昏瞶顛倒，安得不凶。程朱則謂，前明將盡，時當革易，安常自樂，鼓缶而歌。恐怛將盡，大耋之嗟也。

九四：突如其來如，焚如，死如，棄如。

剛不中正，燥暴取禍，譬如火焰過烈，其來突如然。火焚其木，火亦自滅。故爲焚如，死如，棄如。程朱則謂，繼明之初，以剛迫之，失善繼之道。

六五：出涕沱若，戚嗟若，吉。

柔中處尊，履二剛之間。以其明體，故畏懼過甚，至於出涕；憂危之極，至於戚嗟。知懼如是，可以得吉。

上九：王用出征，有嘉折首，獲匪其醜，无咎。

剛明在上，可以察除奸宄。王者宜用此道，出征有嘉美之功，但折取其首惡，自餘醜類，匪用執獲。威明不濫，所以无咎。

易説卷二

周易下經

䷞ 艮下兌上

《咸》，亨，利貞。取女吉。

咸，皆也，感也。咸有亨道。相感之情，利在貞正。相感以正，取女則吉。

初六：咸其拇。

拇，足大指也。初與四感，最在卦下，爲咸其拇。拇不能自行，故不言吉凶。咸貴静止，故六爻動者凶。

六二：咸其腓，凶；居吉。

腓，足肚也。離拇升腓，腓體躁動。六二陰柔，不能固守，若咸以其腓，是乃凶道。躁動故凶，居則吉矣。二有中德，故望以轉凶爲吉。

九三：咸其股，執其隨，往吝。

三居下體之上，直股之位。股不能自主，隨上體而動。九三比四應上，爲咸以其股。陽剛之才，主於隨人，以往則吝。程子謂，隨上一爻。朱子謂，隨下二爻。竊謂，四當心位，三與之比，故當隨之。

九四：貞吉，悔亡。憧憧往來，朋從爾思。

四居上體之中，直心之位，感之主也。心之感物，能正而固，則吉而悔亡。若私相應感，往來之間，憧憧忙迫，爾思若此，則但朋類從之。言不能及遠。

九五：咸其脢，无悔。

脢，馬融云背肉，鄭康成云脊肉。大抵在心上而相背。五直其處而比於上，恐其累於私感，故設戒曰，若咸以其脢，背其私心，則无悔也。

上六：咸其輔頰舌。

輔、頰、舌，皆所以言上。直其處兑終説極，柔佞感人，爲咸其輔頰舌，其凶可知。

䷟ 巽下震上

《恒》，亨。无咎。利貞。利有攸往。

恒，久也。恒之道可亨而无咎。然必利在守正，不正不可以爲恒。恒非守常而不知變，故又利有攸往。《朱子語類》云：「恒，古字作恆。其説象一隻船，兩頭靠岸，可見徹頭徹尾。」

初六：浚恒，貞凶，无攸利。

浚，深也。恒貴漸致，初六巽體陰躁，造事之初，便求深入，欲速鋭進，是爲浚恒。貞固守此則凶，而事无所利。程朱皆謂，初柔暗，不能度勢，深以常理，過求於四，爲浚恒。

九二：悔亡。

陽居陰位，宜有悔者。以其剛中，爲能恒久於中，故得亡之。此與大壯九二、解初六，皆空言占辭，不著所以。爻既分明，故不詞費。

九三：不恒其德，或承之羞，貞吝。

二得中則悔亡。九三過中，性既剛躁，復志在從上，舍己殉人，是不恒其剛健之德，或有羞辱承而奉之。貞固守此，爲可羞吝。

九四：田无禽。

恒久之道，貴中與正。四以陽居陰，不中失正，處事乖方，久非其位，雖久何成。譬如田獵而無禽可獲，言事必無功。

六五：恒其德，貞，婦人吉，夫子凶。

柔中應剛，是恒其柔順之德，貞固守之，在婦人順從爲正則吉，夫子如是則凶也。他卦六五應九二，未爲有失。此主夫婦之道，言卦體剛上柔下，夫義婦順乃爲常理。若夫順於婦，婦制其夫，家道之變，不凶何待。

上六：振恒，凶。

振，動也。震極躁動又處陰位，不能固守，紛更多事，以動爲恒，所以凶。按：咸、恒象辭甚美，而爻皆未善。故蘇氏云：「咸、恒無完爻」。

䷠ 艮下乾上

《遯》，亨。小利貞。

遯，避也。二陰浸長，諸陽當退避之。君子身雖塞而道通，故遯而亨。當遯之時，不利大正，惟任卑官小事。身既遠害，道亦不屈，故曰小利貞。言聖賢憂世以爲志，豪傑識時而遜行。朱子謂：「小人則利於守正。」然又嘗謂：「《易》例無以小爲小人者。」明當從程傳。

初六：遯尾，厲，勿用有攸往。

遯往在前，故初乃爲尾。遯之時，貴速而先。今遲在後，有危厲也。當此之時，勿用有所進往。言當靜晦俟之，方可免災。程子以不往爲不遯，朱子不從。又曰：「若作占辭看，尤分明。」

六二：執之用黄牛之革，莫之勝説。

柔中應五，親臣得主，不隨物遯，守其中順，如革斯固，執此之志，莫之解脱。六爻獨二不言遯，時義當然。朱子則謂，必遯之志，人莫能解。孔疏則謂，物皆遯去，二用中順之道，執固留之。

九三：係遯，有疾厲，畜臣妾吉。

遯之時以無應與爲善，有即不能遯。九三比近於二，當遯而係戀，有疾而危厲也。處此之道，當如畜臣妾則吉。畜養臣妾，近即不遜，遠之又怨，不惡而嚴，其道斯善。程朱則謂，係戀之私惟畜臣妾，則得其心而吉。

九四：好遯，君子吉，小人否。

好者，不惡。否者，不善。四應於初，從容遯避，不爲忿激，是爲好遯。君子身退道亨，遯而獲吉；小人不溺則激，所以不能。程朱則謂，有所好愛而能絶以遯。

九五：嘉遯，貞吉。

陽剛中正，應亦中正，情無私係，善自引退，遯而嘉美，得正而吉。

上九：肥遯，无不利。

肥，充裕也。乾體剛斷，最處外極，内無係應，飄然遠遯，處之裕如。其遯如是，何所不利。案：肥，古作飛。漢張衡《思玄賦》：「文君爲我端蓍兮，利飛遁以保名。」文君，謂文王也。詳見《文選》注。

䷡ 乾下震上

《大壯》，利貞。

大，陽也。四陽盛長，故爲大壯。陽盛之時，吉亨不假。言惟戒在驕盈，故曰利貞。

初九：壯于趾，征凶，有孚。

陽剛處下，傷於躁進，爲壯于趾。居下任剛，以斯而往凶。可信其必然。

九二：貞吉。

大壯之時，戒於用剛。二以剛居柔，處位得中，履謙不亢，所以貞吉。九四亦然，故同曰貞吉，而更加悔亡者，二得中本無悔，過中宜有悔也。然四曰藩决，可以前進；二曰貞吉，自守而已。所以然者，二前遇陽，四前遇陰，位不同故也。

九三：小人用壯，君子用罔，貞厲。羝羊觸藩，羸其角。

罔，不也。乾體壯極，以剛居剛。小人志氣驕盈，故恃力用壯，君子尚德守謙，故有不用也。用壯之道，貞固守之則有危厲。譬如，羝羊任壯，觸彼藩籬，必羸困其角，所謂貞厲。程朱皆以罔爲無，謂「蔑視於事，視有如無。」然觀《象傳》，「君子罔也」，不加用字，似當與遯四「小人否也」同例。

九四：貞吉，悔亡。藩決不羸，壯于大輿之輹。

決，開也。以陽居陰，不用其剛，故貞吉而悔亡。三前遇陽，故有藩象。四前遇陰，則藩決不羸。兼有高大之車，輪輹强壯，藩決其道通，輹壯其行健。程朱並以貞吉悔亡爲戒辭。

六五：喪羊于易，无悔。

易，不難也。卦體似兑，故取羊象。羊剛在角，六五以柔履中，是失其壯，忽然不覺，故曰喪羊于易。居柔去剛，可以無悔。程子則以四陽爲羊，五能以和易之道，喪去其剛。

上六：羝羊觸藩，不能退，不能遂，无攸利，艱則吉。

上本無藩，以處卦外，故假言之。壯極震終，譬如羝羊觸藩而掛其角，不能進退。躁動則不能退，陰柔又不能遂其進。所爲如此，無所利也。然壯終當變，若艱難自處，事無易心，則進退綽如，可以得吉。

䷢ 坤下離上

《晉》，康侯用錫馬蕃庶，晝日三接。

晉，進也。明德上升，爲安國之侯。用此明德，受王朝車馬之錫，蕃庶衆多，晝日之間，顯被光寵，數見接遇，言恩禮之隆。

初六：晉如，摧如，貞吉，罔孚，裕无咎。

柔進於下，始進而疑，故曰晉如乎！摧如乎！未敢必。進身之初，稍見摧折，便爾枉道求容，是乃變而入邪，故戒以貞吉。方進之始，多不見信，故又戒以設使守正不見孚信，亦當漸積其誠，寬綽居心，勿汲汲於進。故曰裕无咎。

六二：晉如，愁如，貞吉，受茲介福于其王母。

愁，揫也，收斂退縮之意。王母，陰之尊者，謂六五也。二中正柔順，欲進而疑，故曰晉如乎！愁如乎！未敢必，惟得正則吉，與初同。二與五同德相應，鬼神享德，以斯承祭，必當受茲大福于其王母。五爲卦主，二應之，故受福。以陰應陰，故以妣婦取象。與小過二同。

經文愁字不當訓憂愁。先儒似失之。

六三：衆允，悔亡。

不中正宜有悔。以居順體之極，順動合衆心，衆允信之，故亡其悔。程朱則謂，三陰皆欲上進，有順上向明之志，故爲衆信。

九四：晉如鼫鼠，貞厲。

鼫鼠，田鼠，貪而畏人。九四不中失正，外體剛躁，内志陰柔。剛躁則竊據高位，陰柔又極於患失，故爲晉如鼫鼠。貞固守此，危厲可知。

六五：悔亡。失得，勿恤。往吉，无不利。

三、五皆以柔進，故並言悔亡。五則柔進而上行，正值康侯之位。以陰居陽，雖宜有悔，以其順德明體，故悔亡也。盡忠王室，至於位之失得，勿宜憂恤。用心如此，則往吉無不利。程子則謂：「大明之主，患其用明之過，戒以失得勿恤。」朱子則謂：「去其計功謀利之心。」皆不以此爻爲康侯也。

上九：晉其角，維用伐邑，厲吉，無咎，貞吝。

角剛而在上。上九剛居進極，晉至於角，無所復進，惟當反身克己，内治其私，如伐邑然。治私不嫌用剛，故雖危厲而吉且无咎。然剛進之道，雖有時宜，貞固守此，亦可羞吝。

䷣ 離下坤上

《明夷》，利艱貞。

夷，傷也。明傷則暗。居昏暗之時，利在艱難貞正。不正則即邪，非艱則遇害。

初九：明夷于飛，垂其翼。君子于行，三日不食。有攸往，主人有言。

剛德君子，居明夷之初。陽明上昇，故曰于飛。斂翼避禍，故曰垂翼。見幾而去，窮餓不悔，故于行三日不食。君子所爲，衆人不識，故有攸往，主人有言。程朱皆以垂翼爲見傷。

六二：明夷夷于左股，用拯馬壯，吉。

左股未切於用。六二文明柔順，其德中正，見傷而未甚切，故曰夷于左股。二有明德，足以救昏暗，然必至健神速，乃克有濟，故用拯馬壯則吉。程子則謂，自拯有道，得免傷害而已，非可有爲於時。

九三：明夷于南狩，得其大首，不可疾貞。

南狩，況前往除害也。大首，謂上六也。明體居剛，與上相應，以至明克至暗，故爲明夷于南狩，得其首惡之象。然革貴以漸，故不可疾貞。二柔，故拯用壯。三剛，故不可疾。各隨其德以著戒。

六四：入于左腹，獲明夷之心于出門庭。

左腹，況幽暗未深也。坤體至暗，四處暗尚淺，故曰入于左腹。雖見傷害，猶可得意遠去，故曰獲明夷之心于出門庭。以四位未迫近於上，故云然。程子則謂：「四小人，由隱僻之道深入其君，先蠱惑君心而後肆行於外。」朱子謂：「下三爻皆説明夷是好，何獨此爻卻是奸邪？」明不可從也。

六五：箕子之明夷，利貞。

比近暗主，身遇内難，能正其志，箕子處明夷之貞，戒人利貞如箕子。

上六：不明，晦。初登于天，後入于地。

陰居暗極，明夷之主，惟不明其德，所以致晦。然德之本，始高明爲體，故曰初登于天。其後沈冥於欲，德乃昏墜，故曰後入于地。朱子則謂，始處高位傷人之明，終至自傷而墜厥命。程子意亦相近，惟「後入于地」句，謂傷明而昏暗，與朱子異。

䷤ 離下巽上

《家人》，利女貞。

家人，一家之人。治家人之道，利在女正。家道離，必起於婦人。

初九：閑有家，悔亡。

教有初基，禮禁未發。初九陽剛，處有家之初，閑之法度，其悔乃亡。《困學紀聞》：「蒙之初曰發。家人之初曰閑。《顔氏家訓》謂：『教兒嬰孩，教婦初來。』」

六二：无攸遂，在中饋，貞吉。

柔順應剛，中正無過，女正位乎内者也。无所必遂，免專制之嫌，職主中饋，惟酒食之議。牝雞無晨，家之福，故得正而吉。

九三：家人嗃嗃，悔厲吉。婦子嘻嘻，終吝。

過剛不中，專尚威猛，故家人嚴急嗃嗃然。雖傷恩誼，終正倫理，故悔厲而吉。若寬肆無度，笑樂無節，婦子嘻嘻然，失家之節，故終至羞吝。九三過剛，類能嚴者。下比二柔，又易昵於婦子者。故两言之。

六四：富家，大吉。

凡陰爻皆言不富，此言富者，非致富之謂。四居高位，六有順德，身主内職，撙節退讓，滿而不溢，所以長守富。故曰富家大吉。朱子謂：「陽主義，陰主利，四在上位，能富其家。」

九五：王假有家，勿恤，吉。

假、格同，感也。王者有剛中之德，感格有家，身範既端，人無不化，故勿用憂恤，而吉可必。程朱皆訓假爲至，謂五剛中應二柔中，王者以是至於有家，内外同德，有家之道既至也。

上九：有孚威如，終吉。

剛居卦上，既有孚信，又復威嚴，故曰有孚威如。家人信化，其道有終，故曰終吉。家道以閑始，以威終，尚嚴也。

䷥ 兑下離上

《睽》，小事吉。

睽，乖離也。處睽之道，利在善處。惟委曲轉移，小有所事則吉。卦中如「見惡人」、「遇巷」，皆小事吉也。程朱則謂，以卦才之善，不可大事，而小事吉。

初九：悔亡。喪馬勿逐自復。見惡人无咎。

睽諸爻皆有應，初獨無之，宜有悔者。然合則有睽，無應亦無睽，故亡其悔。方睽之初，睽猶未甚，當安静以俟，如喪馬勿逐而自復。又當寬裕含容，不爲已甚，如見惡人然。善處如是，可以无咎。程朱則以同德相應爲悔亡。

九二：遇主于巷，无咎。

遇，簡禮相見。巷，委曲之道。主，謂五也。二、五正應。當睽之時，乖隔不合，必簡其禮節，宛轉誘導，如遇主于巷然。如是則无咎。

六三：見輿曳，其牛掣，其人天且劓，无初有終。

輿曳牽於二。牛掣制於四。天，髡首也。劓，截鼻也。三應上九而介二剛，故既見輿曳又其牛掣，言前後交困。往前力進，必天且劓，言見重傷。然守正相應，終久必合。始睽則无初，終合故有終。君子守道以俟時，無遭變而失志。朱子謂：「上九猜狠方深，故有天劓之傷。」胡安定曰：「天當作『而』，古文相類，傳寫誤也。在漢，法有罪，髡其鬢髮曰『而』。」

九四：睽孤，遇元夫，交孚，厲无咎。

四無應，故曰睽孤。元夫，謂初。處睽之時，同德相與，故曰遇元夫。合睽之道，必至誠相感，乃克有濟，故曰交孚。如是，則雖危厲而无咎。

六五：悔亡。厥宗噬膚，往何咎。

二以五爲主，五以二爲宗。噬膚，況易合也。陰居陽宜有悔，處中相應故亡之。以柔中應剛中，合和甚易，譬如厥宗噬膚而易入。剛柔相濟，往又何咎。二、五不言睽，以其易合。案：《漢書佞幸傳》「朕惟噬膚之恩未忍是取」。蓋言貴戚之卿恩未忍絶也。本此。

上九：睽孤，見豕負塗，載鬼一車，先張之弧，後説之弧，匪寇婚媾。往，遇雨則吉。

豕、鬼、寇、婚媾皆謂三也。上有應而言睽孤者，處剛明之極，猜察太深，便爾自生睽離。

見豕負塗，憎其穢也。載鬼一車，疑其幻也。先張之弧欲射之，後説之弧旋悔之，終乃知其匪寇而實婚媾。自兹以往，陰陽相和，如遇雨然，則睽合而吉。

䷦ 艮下坎上

《蹇》，利西南，不利東北。利見大人，貞吉。

蹇，難也。前有險難，足不進。西南、東北，説見坤象。處蹇之道，宜退居後，故利西南。勿進居前，故不利東北。蹇之時，非人不濟，故利見大人。濟蹇非正道不可，故貞則吉也。

程朱則從王弼，謂西南地也，東北山也，利平易不利險阻。

初六：往蹇來譽。

往來謂進退，卦内並同。初六陰柔静止，居蹇之初，獨見前識，知險不進，故往則遇蹇，來則得譽。此卦以艮爲主，故諸爻皆喜來惡往，蓋利西南不利東北之意。

六二：王臣蹇蹇，匪躬之故。

五在險中，蹇而又蹇，二爲之臣，任其艱難，故曰王臣蹇蹇。柔順中正，志匡王室，奮不顧身，故曰匪躬之故。二、五獨不言往來者，君臣分當濟蹇，義不得辭。

九三：往蹇來反

剛正爲蹇之主，下卦二陰皆依附之。故進前則遇坎，往蹇也。退後則處艮，來反也，謂反就二陰。

六四：往蹇來連。

連謂連於五。四才柔弱，處近君之位。往蹇非獨力可支，來連則輔君共濟。程朱皆謂，連於九三。

九五：大蹇朋來。

朋謂二也。九五剛中居尊而在險中，故曰大蹇。艱大投遺必須忠藎之臣合志以濟，故曰朋來。二以義言，故曰臣。五以情言，故曰朋。

上六：往蹇來碩，吉。利見大人。

大人謂五。陰柔處蹇極，往則益蹇，來就於五則有碩大之功而吉。蹇終將變，非柔弱能濟，故必利見大人。諸爻皆不言吉，未出蹇也。此爻言吉，則蹇可濟。

䷧ 坎下震上

《解》，利西南，无所往，其來復吉。有攸往，夙吉。

解，散也。難既解散，貴在安静。退而自治，故利西南。可以進往，故無不利東北之文。難解則安平無事，故无所往則當來復而吉。若難未盡解，尚有攸往，則當早爲，乃吉也。言無事不宜擾，有事貴於速。程子則以「來復」爲脩復治道。朱子則以「夙吉」爲早往早復。

初六：无咎。

處解之初，履柔居下，承應皆剛，退處其後，安静休息，所以无咎。爻義既明，故簡言已足。

九二：田獲三狐，得黄矢，貞吉。

狐，陰邪獸。三狐者，卦中四陰，除五得三也。九二剛中應五，果而不激，故能去君側之邪媚，申士氣之中直。譬如田獲三狐得黄矢，所爲如是，則貞正而吉。解以去小人爲要。二、四皆剛爻，任解之責，故並申斯義。

六三：負且乘，致寇至，貞吝。

陰柔處高位，如負擔小人且進乘車，位非其據，必致寇奪之至。雖以正得，亦可羞吝。

九四：解而拇，朋至斯孚。

解，去也。而，汝也。拇，謂初也。拇況小人。朋謂君子。九四大臣，近君之位而應初。陰比匪人則正士遠，故必解去而拇，則朋至斯相孚信。

六五：君子維有解，吉。有孚于小人。

君子，謂五也。五居君位與三陰同類。親邪佞則賢臣退，故君子維有解去之則吉。去邪無疑，則雖小人亦信其心之必然而遠去。程朱皆謂，有驗於小人。

上六：公用射隼于高墉之上，獲之，无不利。

公，謂五也。隼，陰鷙鳥，謂上六也。高墉，亦指上位而言。解終動極，内難已解，於是猶有悖害於外者，怙强負勢如隼集高墉，公用射而獲之。藏器已成，動而不括，故无不利。程子則以公指上六。

䷨ 兑下艮上

《損》，有孚，元吉。无咎，可貞，利有攸往。曷之用？二簋可用享。

損，减也。於時當損，而中有誠心，行以孚信，如是則大善而吉。所損既无過咎，其道且可貞固常行而利有攸往。姑舉一事明之，當損之時，曷所用哉？二簋雖薄，可用享祭，昭忠信也。

初九：已事遄往，无咎，酌損之。

六爻剛主益，柔受益。初九以剛益四，輟已其事，遄速往益，時位當然，不爲媚上，故无咎。然居下益上易涉扳援，故當斟酌其宜以損之。程子則謂，「益上事已則速去之，不居其功。」孔疏則謂，「竟事速往乃得无咎。」盖言學優則仕也。於義亦通。

九二：利貞。征凶，弗損，益之。

剛中自守，雖應於五，不肯苟進，是其貞也，故利於守貞。征行則凶。如二之道，弗損於己，乃益於上。敦重名節，所以下厚風俗，上答君恩。

六三：三人行則損一人，一人行則得其友。

三人謂下卦本乾，損一成兑。一人謂三上兩爻升降互换，是得其友也。人三爲衆，衆雜難成。一人爲獨，獨必有對。故三則損一，一則得友，言致一也。此爻正直損下益上之位，故特言之。程子則謂，三陰三陽爲三人。

六四：損其疾，使遄有喜，无咎。

疾，柔惡也。以柔應剛，受下之益，以損其疾，疾當速醫，過無憚改，故使遄則有喜而无咎。初遄往，故四宜遄應之。

六五：或益之十朋之龜，弗克違，元吉。

兩龜爲十朋，衆辭也。六五柔順居尊，虚中受益，故或者益之不一。其人既協人謀斯獲神祐，雖十朋之龜亦皆協從不違，如是則大善而吉。朱子則謂，益以大寶而不能辭。

上九：弗損，益之，无咎，貞吉。利有攸往，得臣无家。

上本受益者，然剛居損極，剛能益人。損終則變，故上九之道，弗損於下而反益之，則无咎得正而吉。又利有攸往，是損乃爲益，故得臣之衆至於无家。朱子則謂，惠而不費，不待損己然後益人。

䷩ 震下巽上

《益》，利有攸往，利涉大川。

益，增也。益主興作，故利有攸往。宜濟險難，故利涉大川。

初九：利用爲大作，元吉，无咎。

卦本損上益下，初乃受益之主，然不可徒受上益。剛陽震體，足以有爲，故利用爲大作。然下任上事，易涉僭踰，所爲盡善，乃能免過，故必元吉乃无咎。

六二：或益之十朋之龜，弗克違，永貞吉。王用享于帝，吉。

王，謂五也。六二柔順虚中，受益於上，故辭與損五同。然以柔居柔，故戒以長永貞固則吉。如二之臣王者，用以享于上帝亦當獲吉，况人與鬼神乎！因上言衆益龜從，意猶未盡，故復推言，益之自天。

六三：益之用凶事，无咎。有孚，中行告公用圭。

圭以通信。三受上益。然處多凶之位以居震體，有警懼之功，故爲益之用凶事。賴其疢疾，增其智慧，凶乃是益，故得无咎。然必内有孚誠，又復履行中道，乃能通其志意，使上信之，如告公用圭然。程子則謂：「居民上而果於爲益，唯患難非常之事然後可。」明居下之上不當專擅也。先儒皆不從之。

六四：中行，告公從，利用爲依遷國。

三、四皆不得中，故並以中行爲戒。四正居益下之位，巽體近君，志雖益下，不敢自專，行合中道，則告公見從。如四之臣可任大事，故利用爲依遷國。古者，遷國必順以動，又卦體自二至四有坤象，故以遷國明之。

九五：有孚惠心，勿問，元吉，有孚惠我德。

剛中履尊，爲益之主。益道貴誠。施惠在心，信以惠心，君道當然，勿須問民感否，如是乃得元吉。若施惠問民，非有誠者也。以誠惠下，下必應之，故以有孚而惠我德。惠在上爲心，在下則爲德。程朱皆謂：「不問而元吉可知。」此從王弼注也。以象傳觀之，合從東萊吕氏。

上九：莫益之，或擊之，立心勿恒，凶。

剛居益極，求益過甚，專利無藝，非徒無益且有害，故曰莫益之或擊之。勿，孔疏云，猶無也。求益無已，是立心無恒，凶必及之。此句復釋莫益或擊之故。程朱皆謂，戒存心不可專利，云勿恒如是，凶道也。

䷪ 乾下兌上

《夬》，揚于王庭，孚號有厲。告自邑，不利即戎。利有攸往。

夬，決也。五陽決去一陰，必正辭聲罪，揚于王庭。然又不可忽易之，必盡誠呼籲其衆，心存危懼，故曰孚號有厲。道先自治，不尚剛武，故告自邑，不利即戎。微陰尚存，宜盡去之，故曰利有攸往。

初九：壯于前趾，往不勝，爲咎。

前，猶進也。居下任剛，爲壯于前趾。以此處夬，往必不勝，爲咎而已。

九二：惕號，莫夜，有戎，勿恤。

居柔得中，不爲過剛。警惕呼號，雖當莫夜，嘗虞有戎。戒備如是，可勿憂恤。程朱則謂，雖莫夜有戎，亦可勿患。蘇氏則以惕號莫夜爲句，言其警戒。以有戎勿恤爲句，言其静鎮。以象傳觀之，此説近是。

九三：壯于頄，有凶。君子夬夬，獨行遇雨，若濡有愠，无咎。

頄，顴也。君子，謂三也。雨，兑澤之象，謂上也。九三乾體，過剛不中。欲去小人，忿怒外見爲壯于頄，如是則凶。卦獨一陰，三與之應，易涉私嫌，若君子果能决，其决雖獨行遇雨，似若沾濡，衆人不知，或有愠焉。然迹近於私，心本爲决，委曲行志，與壯頄異，故終无咎。

九四：臀无膚，其行次且，牽羊悔亡，聞言不信。

臀居上體之下，與陰相背，四直其位。羊，兑象也。以陽居陰，陽性健行，不喜居止，故曰臀无膚。言居不安也。然居柔失剛，欲進不能，故曰其行次且。言進不前也。四才如是，惟當抑其剛躁，止其很戾，如牽制其羊勿使進觸，則亡其悔。但衆陽競進，四雖聞此言，恐不信爾，復設反辭以戒之。程子則謂，羊，群行，指下三陽。四當自强，而牽挽以從。朱子則謂，牽羊當縱使前而隨其後。

九五：莧陸夬夬，中行无咎。

莧陸，馬齒莧，感陰氣多者。九五剛中處尊，爲决之主。迫近上六，如莧陸然，必决其决，又不過暴，行合中道，乃得无咎。卦惟一陰，三與之應，五與之比，故皆以夬夬爲戒。《困學紀聞》引項氏《玩辭》曰：「莧，音丸，山羊也。陸，其所行之路也，猶鴻漸于陸之陸。兑爲羊，在上卦有山羊之象。」愚案：《説文》：「莧，山羊細角也。徐鍇案：『《本草注》莧羊似䴥，羊角有文，俗作羱。』」

上六：无號，終有凶。

當决之終，善類盈朝，小人孤立。若君子忽之，无有呼號，不知警戒，保奸釀亂，終必有凶。程朱則謂，「小人党類已盡，无所號呼，終必有凶。」竊謂，如此似爲小人謀，恐未安。

䷫ 巽下乾上

《姤》，女壯，勿用取女。

姤，古文作遘，亦婚媾義，取女遇男爲象。王洙改今文爲姤。《雜卦》猶是古文，鄭本同。遇也。遇非正禮。一陰遇五陽而陰爲主，女壯也。勿用取如是之女，必害乎陽。四陽方爲大壯，今一陰便稱壯者，小人易長，故以示戒。

初六：繫于金柅，貞吉。有攸往，見凶。羸豕孚蹢躅。

柅以止車，謂二也。豕陰躁，謂初也。一陰方進，不亟止之，女且壯矣，惟制以堅剛，如繫于金柅，則得正而吉。若復令有所進往，將必爲害，幾已先見，故曰見凶。陰雖柅繫，勢不可止，一陰見制，如豕之羸然，終必蹢躅跳躑，理可孚信。言微不可忽，當防於早。卦之爲姤，在此一爻，故極言制陰、備陰之道。朱子則謂，一陰始生，靜正則吉，往進則凶。故以二義戒小人，使不害於君子。

九二：包有魚，无咎，不利賓。

魚謂初，賓謂賓之也。制陰之道，柔則過寬，剛則過激，得中爲貴。九二剛中之德，比近初陰，又在其上，力能制之，不極其剛，如有魚然，包而容之，所以无咎。然小人之道，近則不遜，若賓禮之，則有不利。二以陽居陰，恐失寬柔，故復爲設戒。程子則以包爲包苴，包苴有魚不及宾客。言遇貴專一不可更及外人。朱子則以宾爲衆。言若不制而使遇於衆，則其爲害廣。

九三：臀无膚，其行次且，厲，无大咎。

過剛不中，不與初遇，无相制之義，居不自安，故曰臀无膚。志欲制陰，勢又未能，故曰其行次且。非其位任而欲制之，固有危厲。然義則當然，故无大咎。程子則謂，其行次且，言求遇於初而不舍。朱子則謂，既無所遇，則無陰邪之傷，故雖危厲而无大咎。

九四：包无魚，起凶。

四與初應，本當制之，以剛居柔，德不中正，惡陰邪，不能包容，故辭正與二反，而曰包无魚。剛暴自任，失下之心，是爲自起其凶。程朱皆謂，初已遇二，不及於己，猶包无魚，亡其所有。《日知録》云：「國猶水也，民猶魚也。秦始皇八年，河魚大上。《五行志》以爲，魚陰類，民之象也。逆流而上，言民不從君，爲逆行也。」

九五：以杞包瓜，含章，有隕自天。

杞謂五，瓜謂初也。九五與初無相遇之理，而爲卦主有相制之義。剛陽中正，不任威力而包容以制乎陰，譬如以杞包瓜。含晦章美，包之用也。有隕自天，以瓜而言。言能如此盡善，則人事之至可回天命，陰將不期而隕落。朱子則謂，「有隕自天，本无倏有之象」。程子則謂，「以杞包瓜，爲屈己求賢，賢必自天而降。」先儒不從也。《日知録》引劉昭《五行志》曰：「瓜者，外延離本而實，女子外屬之象。一陰在下如瓜之始生，勢必延蔓而及於上。五以陽剛居尊，如樹杞然，使之無所緣而上，故曰以杞包瓜云云。」

上九：姤其角，吝，无咎。

剛居上極，與初無遇，不能制之，爲姤其角，固可羞吝。然身在卦外，非其位任，故亦无咎。朱子則謂，「象占與九三類」。程子則謂，「上九高亢與人無遇，无咎謂无所歸咎」。先儒不從也。

䷬ 坤下兑上

《萃》，亨，王假有廟。利見大人，亨，利貞。用大牲吉，利有攸往。

萃，聚也。亨字羡文。萃之道，王者咸格於有廟，以己精神聚祖考精神，故萃、渙並言假廟。萃之時，須人以治，故利見大人則亨，而又利於正。聚不以正不可以亨。萃之時物既盛聚，故祭用大牲則吉。衆聚可以有爲，故利有攸往。此二句又承假廟、見大人而言。萃與比相類，止變九四一爻，文義亦相出入。

初六：有孚不終，乃亂乃萃，若號，一握爲笑。勿恤，往无咎。

上乃，語辭也。下乃，猶汝也。初與四正應相孚。以其居柔又連三陰，所與雜而不固，故曰有孚不終，是乃亂汝所萃也。若念有孚當終，誠心應四，號咷以求，則一握之頃轉爲喜笑。故又戒曰，勿用憂恤，但往則无咎。程朱則謂，若呼號正應則一握笑之。言衆以爲笑，但勿恤而往則无咎。

六二：引吉，无咎，孚乃利用禴。

引，汲引也。禴，薄祭也。二履中應五，守正不變，必待君上引而後往，故得吉而无咎。相聚之道，孚誠爲本，苟有明信，雖用禴祭，可薦于鬼神。程朱則謂，二應五而在群陰之間，必相牽引以萃。

六三：萃如，嗟如，无攸利。往无咎，小吝。

下二陰皆得所萃，六三陰柔不中正，求萃不得，故既曰萃如又曰嗟如。孤危無與，故无攸利。然比近於四，苟能往而上求則无咎。雖往求四，非其正應，所聚非正，未免小疵，故曰小吝。程朱皆謂，往從上六，則无咎。困然後往，故小吝。

九四：大吉，无咎。

卦惟二陽，衆陰聚焉，故四、五爲萃之主。然五曰萃有位，則四非有位也。居臣位而獲衆，有專民之嫌，故必大吉然後无咎。四以陽居陰不正，故戒之。房氏曰：「大吉謂匪躬盡瘁，始終无玷，可免專民之咎。」

九五：萃有位，无咎。匪孚，元永貞，悔亡。

五爲萃主。剛陽履尊，萃有位也。居中得正，所以无咎。然萃貴有位又貴以德，若或人未孚信，則當脩其大善長正之德，如是則亡其悔。萃、比相類，故元永貞之辭，與比象同。

上六：齎咨涕洟，无咎。

陰柔處卦外，不得所萃，猶孤孽無親，危懼嗟涕。積誠求萃，可得无咎。程子則謂，「小人自取，无所歸咎」。先儒不從也。

䷭ 巽下坤上

《升》，元亨。用見大人，勿恤。南征吉。

升，進而上也。升固得亨。以卦才之善，故曰元亨。用此道以見大人，勿用憂恤。利以前進，故曰南征吉。諸見大人之文，無言用者，蓋卦中無大人象，故不云利見。

初六：允升，大吉。

允與晉三衆允義同。初六巽主居下，柔進而上如木之根，其升允矣。又初與上卦三陰，合志同升。當升之初，獲信於友，故曰允升，吉孰如之。程子則謂，初信從於二，與之同升。朱子則謂，巽於二陽，則信能升而大吉。

九二：孚乃利用禴，无咎。

辭義與萃二同。彼以中虛爲孚，此以中實爲孚。升道貴柔。二剛中應五，以誠而升，故爲有孚則用禴，亦利而无咎。

九三：升虛邑。

虛邑，無人也。此爻陽剛，果於升進，無所疑畏，如入無人之邑。然乖柔以時升之義，故無吉辭。朱子謂，虚邑指坤，九三進臨於坤，故云。

六四：王用亨于岐山，吉，无咎。

辭義與隨上同。此爻離巽入坤，柔順以升，有積誠上通之義，故王用此人以亨于西山，則吉而无咎。

六五：貞吉，升階。

以陰處陽，柔以時升，必守正固，乃得其吉。所謂貞者，順而有序，如主賓揖遜，歷階而升。程子謂，五任剛中之賢，輔之以升，猶升階之易。朱子謂，貞吉則如升階之易。

上六：冥升，利于不息之貞。

息者，消之反。陰居升極，昏冥於升，昧於知止，高而危矣。故當利于退損，不息而消，乃得其貞。程朱則謂，冥升之心，用於貞正而當不息之事則宜。

䷮ 坎下兑上

《困》，亨。貞大人吉，无咎。有言不信。

困，窮乏也。困之道可亨，然必守正。如大人處之則吉无咎，言小人窮斯濫則不能也。濟困之道，在於脩德俟時。若巧言繁辭，人所不信，徒益取困。上卦兑體，故戒有言。

初六：臀困于株木，入于幽谷，三歲不覿。

坐則臀在下，故初言臀。株木无枝葉，可以坐人。初六柔暗居下，困而不行，故爲臀坐困于株木。既已坐困，又在坎下，陷而不出，故爲入于幽谷，三歲不覿。程子則以株木爲四。臀困謂無所庇而不得安其居。朱子則謂，傷而不能安。

九二：困于酒食，朱紱方來，利用亨祀，征凶，无咎。

坎體潤澤，故爲酒食。紱，蔽膝，天子朱，諸侯赤。九二困於二陰，剛中居下，與五同德相應，當濟困之任者也。酒食醉飽之，朱紱徵求之，又使之主祭祀，寵任如是，然當困時，故有征凶之戒。德本剛中，故申无咎之占。程子則謂，困于酒食，未得於其惠也。二云亨祀，五云祭祀，大意則宜用至誠乃受福。

六三：困于石，據于蒺藜，入于其宫，不見其妻，凶。

陰柔不中正，承乘皆剛，上復無應。進前則困石，退後又據蒺藜，欲安居則又入宫不見其妻，其凶可知。三與上皆陰而不相應，故不見其妻。

九四：來徐徐，困于金車，吝，有終。

金車，剛而健行。四居位不當，爲上所揜，不敢决進，故爲徐徐而來。雖有剛德如彼金車，困而不行，爲可羞吝。然比近九五，同德相與，故可以有終。程朱則謂，金車指二。四欲從初而阻於二，然正應，終必相從。

九五：劓刖，困于赤紱，乃徐有説，利用祭祀。

劓刖，傷於上下。九五，上爲陰揜，下復乘剛，故爲劓刖。居位而志不得爲，故爲困于赤紱。然剛中兑體，故徐以俟之，乃有喜説。至誠可以濟困，故利用祭祀，言貴誠也。程子則謂，困于赤紱，下不來也。九二同德，徐必相應，乃徐有説也。利用祭祀，至誠求賢也。《困學紀聞》「利用祭祀」引李公晦謂：「明雖困於人而幽可感於神，豈不以人不能知而鬼神獨知之乎？」閻曰：「孔子云，知我者，其天乎！韓子云，惟乖於時乃與天通，不求人知而求天知，處困之道也。」

上六：困于葛藟，于臲卼，曰動悔有悔，征吉。

葛藟，糾纏。臲卼，危動。以陰柔居困極，欲上則葛藟縈之，欲下則臲卼恐墜。所處如是，故内自懼曰動輒得悔，無所不困也。然困心衡慮，悔悟易萌。又困極則變，困亦將出，故爲有悔則征行而吉。剛能濟困，乃諸爻皆無吉辭上獨言吉者，猶否終則傾之意。項氏則以葛藟臲卼況尚口，乃窮行而去之，吉孰加焉。

䷯ 巽下坎上

《井》，改邑不改井，无喪无得，往來井井。汔至，亦未繘井，羸其瓶，凶。

井，穴地出水也。水以汲人，猶王者政以養民。改邑不改井，井有定體也。无喪无得，井無盈涸也。往來井井，利澤徧及也。此三句言井之事。汔，幾也。繘，綆也。汲井幾至亦未盡綆，羸敗其瓶則凶。言功未良成，道未濟用也。此三句言汲井之事。

初六：井泥不食，舊井无禽。

最在井底，泥也。舊井，眢井也。朱子曰，井以陽剛爲泉，上出爲功。故六爻剛者有用，上者元吉也。六以陰在下，上又無應，爲人所棄，故爲井泥不食。舊廢之井，禽所不嚮。

九二：井谷射鮒，甕敝漏。

谷，出水之竇也。鮒，魚屬。或曰蝦，或曰蟆，非也。甕，瓶類，汲器也。九二剛陽，非不泉者，處下無應，澤不上行，下比初陰，功及微細，如井谷之泉，僅下注于鮒。汲井之甕敝壞，水反下漏，言不能及人也。程子則謂，澗谷流下，井而如谷。

九三：井渫不食，爲我心惻。可用汲，王明，並受其福。

渫，治也，我，我人也。九三陽剛，有泉在下之上，未爲人用，如井雖渫治清潔而不見食。他人惜之曰「爲我心惻。」此井可用以汲，特人不用之。王者若明，則上下攸賴，並受其福。

程子則謂，「我謂九三自惻。」恐非。

六四：井甃，无咎。

渫、甃皆訓脩治。渫，治其内；甃，治其外。六四陰柔，井而不泉。然漸近于上，位又得正，功雖不足濟物事，猶可以自完，故爲甃治其井，亦可无咎。

九五：井洌寒泉，食。

洌，潔也。剛陽中正以居尊位，澤能及物，故爲井潔而泉寒，人可以食。

上六：井收勿幕，有孚，元吉。

收，汲也。一云鹿盧收繘。幕，蔽也。井有孚，言有源不窮也。居井之上，巽乎水而上水，功施及人，故爲井任。汲取勿有幕蔽，往來井井，又源泉時出，有孚不窮，所以元吉。

䷰ 離下兑上

《革》，巳日乃孚，元亨，利貞，悔亡。

革，變也。革之道不可輕動，先時而革則衆心疑，故必巳可革之日人乃孚信也。變則通，故曰元亨。然窮則變貴於不失其正，故曰利貞。正則无改作之悔，故曰悔亡。象未有言悔亡者，革之事大，易有悔，故特言之。程朱則謂，「革之初未能遽信，故必巳日然後信從。」竊意，此當與六二巳日同例。《日知録》：「『巳日乃孚』、『巳日乃革』，朱子發讀爲戊己之己。《易》之所貴者中，十干則戊己爲中，至於己則過中而將變之時，然後革而人信之矣」云云。「古人有以巳爲變改之義者，《儀禮少牢饋食禮》『日用丁巳』注，内事用柔日，必丁巳者，取其令名，自丁寧、自變改，皆爲謹敬。」

初九：鞏用黄牛之革。

鞏，固也。黄牛之革，説見遯二。居革之初，處位之下，上又無應，未可議革。而比近六二，二德中順，初當自結於二，堅固以中順之道自守。此爻陽剛離體，憂在輕動，故戒之如此。

六二：巳日乃革之，征吉，无咎。

巳日與彖辭同。六二柔中，主乎文明，上又有應，然猶未可遽革，故必巳可革之日，然後乃革之。慎重如是，則征吉无咎。

九三：征凶，貞厲。革言三就，有孚。

就，成也。三居離上，過剛不中，憂在躁動，故曰征凶。然時在當變，徒知守舊爲正，亦失中道，故曰貞厲。惟當詳審，如改革之言，至於三就則審矣，故已有孚而可革。革道貴信，故每以有孚爲候。程子以貞厲爲在貞正而懷危懼。朱子則以征凶、貞厲爲一意。

九四：悔亡，有孚改命吉。

改，亦革也。謀之爲言，行之爲命。四當水火交際，革之時也。以剛居柔，革之用也。以德遇時，革而當，故曰悔亡。然又必有孚信感人，於命令不便者改易之則吉。

九五：大人虎變，未占有孚。

變，亦革也。虎，威明，況開創之君。九五剛中履尊，爲革之主，除舊布新，化一世於文明，故曰大人虎變。其道德威望，先已取信於人，故曰未占有孚，言不待占决而共信。朱子謂，必自其未占時人已信其如此，乃足當之。

上六：君子豹變，小人革面，征凶，居貞吉。

豹静密，況守文之主。五剛，故曰大人。六柔，故曰君子。小人，謂民也。居革之終，革道已成，奠一世於文治，故曰君子豹變。風俗淳美，小人亦皆變革其面目。革道既成，宜安静守正，更有所征，則煩擾而凶。居而守貞，則恬静獲吉。程子則以「君子謂善良，小人謂下愚，革面謂未能心化」。先儒不從也。

䷱ 巽下離上

《鼎》，元吉亨。

鼎，飪器也。如卦之才，可致元亨。吉，羨文也。大有、鼎，皆元亨外無餘辭。

初六：鼎顛趾，利出否，得妾以其子，无咎。

最在鼎下，趾也。上應九四，顛也。否，惡也。趾反向上，鼎固顛矣。然初陰無實，舊有否惡因傾出之，反爲利也。譬如得妾本賤，以其子貴，所以无咎。程子以妾爲初六，子主也，得良妾則能輔助其主，使无咎。

九二：鼎有實，我仇有疾，不我能即，吉。

井以陽剛爲泉，鼎以陽剛爲實。仇，對也，謂初也。九二剛中應五，鼎有實也。初陰小人，見其有實必疾害之。然宵小害人，其始必陽與親就。苟二能剛中自守，使不我能即，則遠於邪惡而吉。

九三：鼎耳革，其行塞，雉膏不食，方雨虧悔，終吉。

耳，謂五也。三爲鼎腹，中有美實。然鼎舉在耳，三與五無應不合，故爲鼎耳有變革，不可舉移，其行窒塞不通也。雖上承離體，有雉膏美實，而澤不下究，人不得食也。然三有才用，五終當求之，方將如陰陽和而雨虧，失其悔也。始雖不遇，終必獲吉。程子則謂，雉指五，膏指禄位，三不得五之禄位。

九四：鼎折足，覆公餗，其形渥，凶。

足，謂初也，形渥，汗顔也。王弼云，體沾濡也。四亦鼎腹，有實而居上，過量滿盈將覆。又下應初陰，不勝重任，故爲鼎折其足，傾覆公餗。四實慚赧，其形渥然，凶可知。朱子獨以形渥爲刑剭，謂重刑。

六五：鼎黄耳，金鉉，利貞。

鼎以耳爲主，五直其位而有中德，故曰黄耳。鉉以貫鼎，謂上九也。以其陽剛，故曰金鉉。可以澤及天下，惟利在貞固以守其中而已，五陰柔，故戒之。程子以金鉉爲應於九二。

上九：鼎玉鉉，大吉，无不利。

最在鼎上，鉉也。所以舉鼎出實，鼎功之成也。上九陽剛，居陰履柔，剛而能温，故曰玉鉉。善處成功，故曰大吉无不利。井、鼎其功皆在上，故井上元吉、鼎上大吉。

䷲ 震下震上

《震》，亨。震來虩虩，笑言啞啞，震驚百里，不喪匕鬯。

震，動也。虩，蠅虎也。借言驚懼之壯。啞啞，和適貌。百里，雷聲所及。匕，舉鼎實器，棘木爲之。鬯，祼酒也。震有亨道，當震之來，驚顧虩虩，然則笑言安和，可以啞啞。然恐懼之心，當如震驚百里，則長子主器，可以无喪匕鬯矣。震來二句，本釋震亨之義。震驚二句，又申言之。震驚二句，程子謂誠敬之至，威懼不能使之自失。

初九：震來虩虩，後笑言啞啞，吉。

一陽處震初。震來虩虩，先事戒懼，其後則能笑言啞啞，終保其吉。初爲震主，故辭全與彖同。小象亦然。

六二：震來厲，億喪貝，躋于九陵，勿逐，七日得。

億，度也。七日者，程子云，卦位有六七，乃更始也。二乘初剛，故震來危厲。自度當喪貨貝，不敢安處，躋于九陵，高處避之，静退觀變，時過則能復常，勿用退逐，歷七日則復得。二柔順中正，足以自守，故取象如此。

六三：震蘇蘇，震行无眚。

蘇蘇，神氣散也。陰居陽不正，故震懼失常蘇蘇然。若能因震懼而行，改其不正，則可无過眚。三處下卦之終，能行則出震。若震而不行，徒震爾。

九四：震遂泥。

遂，往而不反。泥，滯而不出。九四剛居柔，不中正，陷於上下重陰，震變成坎，不能自震，遂至於泥。初、四皆震主，四遂泥者，由陽陷陰中故。

六五：震往來厲，億无喪有事。

有事，即宗廟社稷之事。二言來、五言往者，二位卑，五陰柔居尊，任大才弱又乘剛，故往來皆厲。以有中德，動不失中，故自億度无喪有事。彖言无喪匕鬯，蓋指此爻。程子則謂，億度圖慮，求不失中。朱子則謂，无所喪而能有事。

上六：震索索，視矍矍，征凶。震不于其躬于其鄰，无咎。婚媾有言。

索索，消沮貌。矍矍，瞻顧貌。陰柔處震極，震懼視瞻，神氣不守，以是征行，動必致凶。然苟先時知戒，震動於未及躬方及鄰之時，恐懼脩省，則可无咎。雖或婚媾有言，不當恤之，庸人本無遠慮故。

䷳ 艮下艮上

艮其背，不獲其身，行其庭，不見其人，无咎。

艮，止也。人身耳、目、口、鼻皆能動，動則有欲。唯背爲止，止故無欲，無欲則能安其止。又背無所見于前，不見有我，不見有人，故以背取象。言艮止其背，乃爲止所當止，是以不獲其身，雖行其庭，而亦不見其人。人我兩忘，動静交止，如是則无咎。

初六：艮其趾，无咎，利永貞。

最在卦下，趾也。止於動初，故得无咎。以其陰柔患不能常，故利在長永貞固，戒以始，必有終。

六二：艮其腓，不拯其隨，其心不快。

咸、艮皆即人身取象。二之位腓而兼股，故以隨言，所隨謂三也。六二中正固止於腓，然腓隨上動不能自主，而三過剛失中，二以柔弱不能拯救而唯隨之，故其心不快。

九三：艮其限，列其夤，厲薰心。

咸以四爲心，艮差一位，以三爲心。限，腰胯也，處上下之際，故謂之限。夤，夾脊骨也，與心相對。此爻過剛不中，不當止而止，屈伸不得，上下隔絶。故爲艮止其限，則分列其夤，危厲之至，如火薰心。强制者，其能安也。

六四：艮其身，无咎。

四位直咸之脢，即背也。變背言身者，四雖直其位而德未中，又卦辭艮其背則忘身，此未能忘，故仍曰身。然以陰居陰，時止則止，爲艮其身，故得无咎。程子則謂，在上位不能止物，唯自止其身。

六五：艮其輔，言有序，悔亡。

五位直咸之上，故爲輔。輔所以言艮其輔則不妄發，言有序則中於理，故悔亡。

上九：敦艮，吉。

剛居止極，爲艮之主。處艮之終，敦厚於止，成始成終，吉何如之。九三亦艮主，然介於四陰，又於時不當止而止，故危。上九剛止於上，又於時當止而止，故吉。

䷴ 艮下巽上

《漸》，女歸吉。利貞。

漸，序進也。漸之道，莫大於女歸漸進者，如女歸則吉。卦之爻位，自二至五皆得正，故人之漸，利於如此之貞。

初六：鴻漸于干，小子厲，有言，无咎。

鴻進應時而有序，故六爻稱焉。又昏禮用雁，雁隨陽如女從夫，亦因卦辭女歸而取也。干，水湄也。小子，謂初也。始進於下，未得所安，故爲鴻漸于干。陰柔无應，後生新進，衆議非之，故爲小子處此未免危厲。人且有言，然於義爲无咎。蓋始進所難安，人不信亦宜也。

六二：鴻漸于磐，飲食衎衎，吉。

二艮體爲石，故曰磐。中正有應，柔順不迫，自干而進，故爲鴻漸于磐。進得所安，飲食衎衎和樂，其吉可知。

九三：鴻漸于陸，夫征不復，婦孕不育，凶，利禦寇。

高平曰陸。夫、婦皆謂三也。此爻過剛無應而位愈高，如鴻漸于陸，非其所安。以卦言女歸，故假夫婦明之。如三之道，若使爲夫，則征而不復，若使爲婦，則孕而不育。無適而可，其凶必也。然以其過剛，不當進而有爲，可用止而自守，故曰利禦寇。程子謂，「夫爲三，婦爲四。」竊謂，《易》於陽爻亦有稱婦之例，觀《歸妹》可見。

六四：鴻漸于木，或得其桷，无咎。

桷，平柯也。自陸而上則爲木，四又巽體，故取木象。然鴻不木棲，漸而失所，非安也。若或得其平桷，則安而无咎。此爻乘剛而巽順，故象如此。房氏曰：「或得勁直之桷，可容綱足而安棲。」謂上附於五，亦通。

九五：鴻漸于陵，婦三歲不孕，終莫之勝，吉。

高阜曰陵。婦，謂五也。以剛居上，如鴻漸益高，其危愈甚。五爲純剛，獨陽無陰，若使爲婦，則當三歲不孕。陽剛愈極，故三猶孕、五不孕也。不孕者，以其剛勝。然五居中得正，卒使剛柔不偏，終莫之勝，則不孕者獲孕，吉何如之。程朱則以婦爲二，謂六二正應，隔於三四，然終不能奪其正。

上九：鴻漸于陸，其羽可用爲儀，吉。

上與三皆處卦上，故並稱陸。先儒以爲當作逵，雲路也。最處上極，居無位之地，行跡高潔，故爲鴻漸于陸。不在人境，然非爲無用，故又爲其羽翼翛潔，可飾彼旌纛，用爲儀表，如是則吉。《日知録》云：「安定胡氏改陸爲逵，朱子從之，謂合韻。非也。《詩》儀字凡十見，皆音牛何反，不得與逵爲叶。而雲路亦非可翔之地，仍當作陸爲是。漸至於陵而止矣，不可以更進，故反而之陸」云云。朱子發楊廷秀説並得之。

䷵ 兑下震上

《歸妹》，征凶，无攸利。

歸，自歸也，不待聘。妹，少女也，從長男。歸妹之道，征行則凶，凡事亦无所往而利。

初九：歸妹以娣，跛能履，征吉。

娣，媵也。初在下無正應。女少而自歸者，娣也。以其陽剛爲女賢德，而娣賤無所能爲，但可佐助女君以成内治。譬如偏跛而能履，雖履而不遠，然在其義則善矣，故征而獲吉。

九二：眇能視，利幽人之貞。

初言跛、二言眇與履三同者，以皆兑體，兑爲毁折也。幽人亦與履二同。此爻剛陽得中，所應反陰柔不正，是乃女賢夫惡，内助不成，一昏一明，如眇能視也。然夫不見答，婦當守正如彼幽人，抱道不偶，二之所守，利於如此之貞。

六三：歸妹以須，反歸以娣。

須，待也。一曰，賤女爲須。陸氏曰，在天文，織女爲貴，須女爲賤。三不中正又無應而爲説主，以説求歸，人皆賤之，故爲歸妹須女，人棄不取，其終反歸，爲人娣媵。

九四：歸妹愆期，遲歸有時。

剛陽居上體而無正應，是爲高門賢女，擇配不遇，過期未歸，遲遲待時而後適。四以剛處柔，不爲躁進，故有此象。

六五：帝乙歸妹，其君之袂不如其娣之袂良，月幾望，吉。

君，女君也。柔中處尊，下應九二，履謙崇儉，尚德去飾，是爲帝乙歸妹。其君之衣袂不如娣良，然女德至盛，譬如月光幾望，虚而不滿，貴高之女，如是則吉。

上六：女承筐无實，士刲羊无血，无攸利。

震體爲虚筐之象，兑陰本有血之羊。上處卦終，陰虚無應，爲士女約婚而不終。如女欲承筐薦幣，則中无實，士欲刲羊奉祭，而又无血。所求不遂，无所往而利。

䷶ 離下震上

《豐》，亨，王假之，勿憂，宜日中。

豐，大也。豐有亨道。治化皆有豐盛而起，故王者尊而假大之。豐過盛則當衰。然勿用徒憂，惟不使過盛，宜常如日中，明無不照，則可以保豐。卦爻皆貴明而賤暗。先儒皆訓假爲至。然以象傳觀之，當訓爲大。如《詩》「鬷假無言」，假亦訓大也。

初九：遇其配主，雖旬无咎，往有尚。

配，謂四也。旬，十日也。卦義取明動相資，初離體與四震體相應，是爲遇其配主。同德相濟，雖居盈滿而不害。又初居卦下，未爲過剩，故曰雖旬无咎。不獨无咎，以斯而往，又可嘉尚。先儒皆訓旬爲均，謂初、四皆陽均敵。然以象傳「過旬」推之，以一月論，方旬猶未過盛，兼與象辭「宜日中」相協。

六二：豐其蔀，日中見斗，往得疑疾，有孚發若，吉。

蔀，障也。二爲離主，本至明者，乃應五之暗，譬如豐大其障蔽，日之方中反乃見斗。以明投暗，忠而見疑，故往則反得疑猜疾惡。然二有中德，故能積其孚誠，感發其志意，則疑釋而吉。

九三：豐其沛，日中見沬，折其右肱，无咎。

沛，古本作旆，幡幔也。沬，小星也。右肱，便於用也。三處明極而應上之暗，其蔀益甚，譬如豐大其沛，日之方中反乃見沬。上六柔暗，不堪倚賴，如折其右肱，不能有爲。然非三之罪，故於義无咎。

九四：豐其蔀，日中見斗，遇其夷主，吉。

夷，等也。初偶四，曰配。四敵初，曰夷。初、四相須，莫適爲主，故皆稱主也。四剛不中正，德本非明又比五，近於暗主，益增其暗，故亦爲豐蔀見斗，與六二同。然二則人蔀之，四則人己交蔀之。四雖暗體，實爲震主，以動遇明，相須可濟，故遇其夷主則吉。

六五：來章，有慶譽，吉。

章，明也。二適五爲往，故五應二爲來。此爻質雖柔暗，其臣則文明。若能來致章明之賢，用之則有福慶名譽而獲吉。

上六：豐其屋，蔀其家，闚其户，闃其无人，三歲不覿，凶。

豐極動終，陰柔昏暗。譬如豐大其屋，適蔀其家，自處高亢，反益昏蔽也。矜高絶物，人莫與之，故爲闚其户，闃其无人，終於自蔽，故爲三歲不覿，凶可知也。

䷷ 艮下離上

《旅》，小亨。旅，貞吉。

旅，羇也。在旅而亨，其亨爲小，故曰小亨。旅非常居，亦有正道，故得貞則吉。

初六：旅瑣瑣，斯其所取災。

瑣瑣，猥細也。斯，賤也。陰柔居卑下。處旅之時，鄙瑣煩苛侮辱隨之，斯賤之役其所自取之災。斯與㒋同，程朱作語辭，與王弼異。《困學紀聞》云：「唐郭京謂，斯合作㒋。」愚案：《後漢左雄傳》「職斯禄薄」注云：「斯，賤也。」不必改㒋字。

六二：旅即次，懷其資，得童僕貞。

次，旅舍也。資，旅財也。童僕，謂初也。六二柔順中正，以之處旅，即次得安，懷資則裕，又得童僕之貞，良旅之善者。

九三：旅焚其次，喪其童僕，貞厲。

旅貴柔順謙下。九三過剛不中，居下之上，亢然自高。故其象全與二反，爲旅焚其次，喪其童僕。居位雖正，所行則危，故曰貞厲。程子以「喪其童僕貞」爲一句，謂失其心。朱子不從也。

九四：旅于處，得其資斧，我心不快。

處，露處也。初、二皆得位，故言次。以九居四，其位非正，失其所次，故曰旅于處。四又多懼之地，既是露處，須防患害，故得其所資之斧。斧取防衛，未忘戒心，故我心不快。程朱皆謂，「用柔能下，得旅之宜，故象占如此。然非正位，又上無陽與下應陰柔，故心不快。」愚初説云：「旅于處則非即次，得其資斧則非得其資。斧剛而能斷，然在旅得此不能大有作爲，謹足防身而已，故曰我心不快。所以然者，九四處上之下，下應初陰，无可倚者。九剛陽，故以斧言。巽上九亦言資斧。」

六五：射雉，一矢亡，終以譽命。

雉，離象。射謂中之一矢。亡謂中之易也。五在旅卦不取君義，以其柔順文明，故言君子所處，能中乎柔順文明之道而甚易，則雖其身尚處旅困，終必獲譽聞而被爵命也。士贄以雉，出疆載贄，有旅之義，此乃士進之吉占。朱子則謂：「雖不無亡矢之費，而所喪不多。」

上九：鳥焚其巢，旅人先笑後號咷，喪牛于易，凶。

三在下，故言次。上在上，故言巢。皆剛爻，故言焚。言旅人者，别於鳥也。離體過剛而居旅上，失其所安，故爲鳥焚其巢。處旅之人，高亢過盈，喜極悲來，故爲先笑後號咷。失其順德，忽然不覺，故爲喪牛于易。其凶可知。

䷸ 巽下巽上

《巽》，小亨，利有攸往，利見大人。

巽，入也。陽入乎陰而散之，在天爲風，在君爲命。微細必入，故曰小亨。以陽入陰，故利有攸往。以陰順陽，故利見大人。程子謂：「巽、兑皆剛中正。兑柔在外，用柔，陽之爲也，故兑則亨。巽柔在内，性柔，陰之爲也，故小亨。」朱子謂：「陰爲主，故小亨。」又謂：「巽一陰伏二陽下，其性能入。」先儒或疑之。

初六：進退，利武人之貞。

陰柔居巽下，出令之初，卑柔太過，進退不决，若用武人之貞濟之，則利。

九二：巽在牀下，用史巫紛若，吉无咎。

牀以安人，在床下非所安也。史司占筮，巫主袚禳，皆達誠也。二以剛居柔，巽乎中正，勤宣政令，未敢即安，故曰巽在牀下。分命有司，布告誠信，紛然衆多，故曰用史巫紛若。如是，則吉无咎。

九三：頻巽，吝。

處下卦之極，而不得中，過於卑下，頻復於巽也。畏葸足恭，爲可羞吝。程朱謂：「過剛不中，非能巽者。勉爲屢失，故可吝。」然此爻與上九對，竊意均當爲過極，於巽三已過，至上愈過耳。故《象傳》皆以「窮也」釋之，其義可見。

六四：悔亡，田獲三品。

田，況除害。獲，況興利。三品，況功多也。六四處陰履柔，非用武者，以其柔順乎剛，履正依尊，資其斷決，以斯布命，必能害去利獲，令行功著。故既亡其悔，復如田獲三品然。程朱謂：「承乘皆剛宜有悔，以其居陰，處上之下，故得悔亡。如田獲三品，徧及於上下。」然此爻與初六對。竊意，初居最下，故進退不決。四比於五，故決於進，所以悔亡。初利武人之貞，四則用武有功也。

九五：貞吉，悔亡，无不利。无初有終，先庚三日，後庚三日，吉。

庚，更也。庚於十干爲過中，當庚也。九五居尊，爲巽之主，命令所出，君居巽體，恐有因循之悔。以其剛，巽乎中正而志行，故貞吉，悔亡，无不利。命令之出，既弊當更，弊則无初，更之有終。須當先庚三日，慎圖其始，後庚三日，永念其終。中命行事如是，則吉。先言貞吉者，九五之吉。再言吉者，命令之吉也。朱子則以先庚爲丁，後庚爲癸。丁寧於變之前，揆度於變之後。

上九：巽在牀下，喪其資斧，貞凶。

資，古本作齊，以齊乎巽而取也。斧，所以斷也。處巽之極，卑巽過甚，故曰巽在牀下。過爾優柔，失其剛斷，故曰喪其資斧。如是，則雖正亦凶。程子則謂：「在正道爲凶」。案：陳琳檄云：「要領不足以膏齊斧。」服虔以爲與質斧同。張晏云：「以整齊天下，故云齊斧。」應劭云：「齊，利也。虞喜《志林》：齊，側皆切。凡師出齋戒，入廟受斧，故云齊也。」

䷹ 兑下兑上

《兑》，亨。利貞。

兑，說也。陽表乎陰而出之。人有喜說必見於外，說者雖陰，出者乃陽。地有潤澤，必升於上。澤者雖陰，升者乃陽。兑有亨道。妄說當戒，故利於貞。先儒謂，凡卦二陰一陽，則陽爲主。二陽一陰，則陰爲主。竊意，陰不當爲主，仍是陽爲主，陰從之耳。陽爲君，陰爲民，民豈主君邪？

初九：和兑，吉。

初九爻、位皆剛，秉正無邪，又六爻唯初最遠，不比陰柔，中無私係。說而中節謂之和，故得正而吉。

九二：孚兑，吉，悔亡。

比陰柔，疑有悔。然以剛居中，剛中則孚信，充說於內。雖比小人，不自失，故吉而悔亡。

小人謂三。

六三：來兌，凶。

陰柔不中正，爲兌之主。因物之來，便乃說之，故失道而凶。或曰，三居兩兌之間，一兌既盡，一兌復來。左右逢迎，以說爲事。於義亦通。程朱則謂，來就在下之陽以爲說。

九四：商兌未寧，介疾有喜。

商，度也。介，分限也。九剛四柔，比近六三，心知其非，外喜其佞，故商度所說而未寧。然德本陽剛，故能介然疾惡之，則有喜。程朱則謂，承五比三，故不能決而商。

九五：孚于剥，有厲。

剥，謂上也。九五陽剛中正，然居尊位，比近小人，故戒以孚信于剥，則有危厲。此爻與履五同位。彼健體，故危在夬。此說體，故危在孚。

上六：引兌。

之内爲來，向外爲引。三方曰來，上則引之。上本成兌之主，處說之極，志在說物，見誘則從，引之而去，雖不言凶，凶可知。程子謂：「說既極又引而長之。」朱子謂：「引下二陽相與爲說。」

䷺ 坎下巽上

《涣》，亨。王假有廟，利涉大川，利貞。

涣，散也。涣而聚之，故有亨道。王假有廟，聚鬼神之散。利涉大川，聚人心之散。二者治，涣之大端。然行必以正，涣乃可聚，故曰利貞。

初六：用拯馬壯，吉。

初居卦始，時未涣而急救之，故拯用馬壯則吉。以其才柔，故戒以用剛。六爻獨初不言涣，救之早則不涣也。程朱皆以二爲壯馬，初能順之。

九二：涣奔其机，悔亡。

机，所凴以安，謂二也。二在險中，宜有悔。以剛得中，來而不窮，去危就安，當涣之時，奔就其机，故悔亡之。程子謂：「二急就於初以爲安。」

六三：涣其躬，无悔。

陰柔不中正，憂在私己。然當涣時有應於上，所當涣散其躬，忘身徇國，乃得无悔。此上四爻皆能濟涣者，故戒之。程子謂：「不能拯涣而及人，止於其身。」朱子不從也。

六四：涣其群，元吉。涣有丘，匪夷所思。

丘，聚也。居陰履正，上承九五，下无私應，柔得位乎外而上同，是乃大臣奉公體國，能散其群党，大善而吉也。私黨既散，公道大行，勢合爲一，散乃是聚，故曰涣有丘。此其功用神妙，匪恒常所能思及，故曰匪夷所思。程子謂：「天下涣散而能使群聚。」朱子謂：「如此則是群其涣，非涣其群。」明不可從也。又涣其丘，朱子謂：「聚而若丘。」

九五：涣汗其大號，涣王居，无咎。

汗出於中而浹於體，所以宣堙鬱、蕩穢邪。王者，號令似之。五居巽體，亦爲號義。此爻剛中履尊，濟涣之主。當涣之時，令洽民心，正位大寶，涣汗大號，將以新斯人之耳目。涣王居處，將以安反側之心。思如是，則可濟涣而无咎。程子則謂，居王位爲稱而无咎。朱子則謂，能散其居積。

上九：涣其血，去逖出，无咎。

逖，遠也。剛居涣極能出乎涣，去坎甚遠而無傷害。坎爲血卦，故涣其血也。去逖出者，遠離而去，避害全身，可以无咎。程朱皆以「逖」爲惕，而以「血去逖出」爲句，與小畜四同。然以小象观之，以「涣其血」爲句，以遠害爲釋，恐不當易「逖」爲惕也。

䷻ 兑下坎上

《節》，亨。苦節不可貞。

節，限止也。節有亨道，然亨在得中。爲節過苦，非常正之道，故曰苦節不可貞。

初九：不出户庭，无咎。

户最在内，故初曰户，二曰門。初九履剛得正，當節之初，如澤水初至，非可以行，不出户庭，知節而止，故无咎。澤止水，户止人，故以取象。

九二：不出門庭，凶。

二當可行之時，如澤水方盛，便當决其隄防，俾之流洩。二失剛不正，居柔无節，不出門庭，知塞不知通，故凶。

六三：不節若，則嗟若，无咎。

澤滿則溢。三處兑極，陰不中正，驕奢盈溢，傷財害民，不節若也。知其不節，則嗟及之，因嗟悔過，故得无咎。王弼於此「无咎」别立一例，云无所歸咎。程朱皆從其説。張子非之。

六四：安節，亨。

柔正承五，奉法謹度，循節而安，亨之道也。此爻居坎下體，承上安流，故以取象。

九五：甘節，吉。往有尚。

當位居中，爲節之主。履中制節，不苦而甘，其吉可知。以斯而往，有可嘉尚。五居坎體，坎流水也。水止者苦，流者甘，故以取象。

上六：苦節，貞凶，悔亡。

五得中，故甘。上過極，則苦。陰柔不節，以至過苦，貞固守此，則乃得凶。然寧儉勿奢，以約鮮失，故得悔亡。朱子釋「貞凶」謂「雖正亦凶」。竊意，象辭「苦節不可貞」，此爻當之。不可貞而貞之，故凶也。合從程子。又程子釋「悔亡」與他卦異，謂「悔則凶亡」。朱子不從也。

䷼ 兑下巽上

《中孚》，豚、魚吉。利涉大川。利貞。

孚，卵也。卵内虚外實，抱氣含精，其中有物，應期而不失信，卦體似之，故名中孚。豚躁，魚冥物，最難感。言中孚能感豚、魚，則信無不至而吉。忠信可以濟險難，故利涉大川。信而不正，誠反爲邪，故利貞也。

初九：虞吉，有它不燕。

禮有虞祭。虞，安也。燕，亦安也。中孚以内信爲本，故六爻皆不取外應。初以剛陽居下而有應，安虞自守，則不願外而吉。若意在應四，則有它不燕。程朱皆以虞爲度，謂度其可信而信之。

九二：鳴鶴在陰，其子和之。我有好爵，吾與爾靡之。

子，謂初也。好爵，況德也。靡與縻同。此爻中實，處重陰之下，譬如鳴鶴在陰，用誠相感，雖隱必障，故曰其子和之。二有中德，爲人係慕，故曰我有好爵與爾靡之。曰子、曰爾，皆言同類。朱子則以子爲五。

六三：得敵，或鼓或罷，或泣或歌。

陰柔不中正，居説極以應上九，是爲得敵。動於外而中無主，憂樂皆係於物，故鼓罷泣歌，不安其常，所謂有它不燕者。

六四：月幾望，馬匹亡，无咎。

匹亦敵也，謂初九。此爻中虚，柔正承五，防滿守謙，故曰月幾望。人臣無黨，絶類從上，故曰馬匹亡。正與六三相反，故无咎。

九五：有孚攣如，无咎。

此爻中實，剛正履尊，中有孚信，天下應之，攣然而固，孚乃化帮，所以无咎。六爻獨九五言孚，又以有應爲善，蓋人君須上下交孚乃得。朱子則獨以應二爲説。

上九：翰音登于天，貞凶。

翰，飛也。音，聲也。音飛而實不從。此爻信極而變，忠篤内喪，華美外颺，飛虛聲以聞於上，貞固守此則凶。朱子以翰音爲雞，翰音登天，信非所信而不知變，雖貞亦凶。

䷽ 艮下震上

《小過》，亨，利貞。可小事，不可大事。飛鳥遺之音，不宜上，宜下，大吉。

小，謂陰也。過，謂過常。時當小過，過乃爲中，可以通行，故有亨道。矯世勵俗，道歸於正，故曰利貞。小過之道，但可施於小事，不可施於大事。卦象飛鳥，故假鳥言。示義如飛鳥相呼遺之音云。不宜上飛而過亢，惟宜下降以就卑。如是，則大吉。朱子皆以上下爲就鳥音言。

初六：飛鳥以凶。

初位居下，有應於上，雖艮體而陰躁，如鳥正當止處，反乃應上以飛。昧於下順，所以致凶。

六二：過其祖，遇其妣。不及其君，遇其臣，无咎。

祖、妣，况陰陽也。祖謂三、四，妣謂六五。君，亦五也。臣，謂二也。遇，猶合也。此爻有柔中之德，安於妻道，故過祖遇妣，是去陽就陰，緣孫婦得配祖姑也。安於臣道，故不及君遇臣，緣臣不可過君也。又二、五無應，居下而無敢干上，故不及君。過者，適中。不及者，安分。《日知録》云：「據文義，妣當在祖之上，臣則在君之下也，昔人未論此義。周人以姜嫄爲妣，《周語》謂之皇妣太姜，是以妣先乎祖。《周禮大司樂》享先妣在享先祖之前。而《斯干》之詩曰「似續妣祖」，箋曰：妣，先妣姜嫄也。祖，先祖也。或乃謂變文以協韻，是不然矣。」

九三：弗過防之，從或戕之，凶。

小過之時，當謹微細。此爻過剛不中，戒於疎脱。弗過於周防，則從或戕害之而凶。防不嫌於太密，故曰過。戕每乘於不虞，故曰或。

九四：无咎。弗過遇之，往厲必戒，勿用永貞。

三、四兩爻，剛失位而不中。三過剛則凶。四處柔故无咎。然其質本剛，須用加意接物，乃合事理。若弗過遇之，則往有危厲，必當致戒。陽剛之人，性易堅執，所當隨時順處，勿用固守其常而不變。程朱則謂：「弗過於剛而適合其宜，故曰遇之。往則過，故曰有厲當戒。」

六五：密雲不雨，自我西郊。公弋，取彼在穴。

公，謂五也。在穴，鳥之隱者，謂二也。此爻陰居尊位，上而不下，澤不能行，故曰密雲不雨，自我西郊。以其虚中，故能求助下賢如弋鳥然。不取其飛取彼穴者，求幽隱以自資，乃適合宜下之義。

上六：弗遇過之，飛鳥離之，凶，是謂災眚。

離，過之遠也。或曰離於網羅。此爻陰居震體而過極，亢然自高，弗遇於理，動皆過之，如彼飛鳥，上而不已，必離繒繳，凶可知也。過亢離凶，是謂自災且致眚。切卦象而言，初、上皆直鳥翼，故皆言飛，又皆陰過不中，故皆言凶。上又過極，故更言災眚。

䷾ 離下坎上

《既濟》，亨小。利貞。初吉，終亂。

既濟，事已成也。時當既濟，亨不待言，然特其小者爾。安不忘危，利在貞正。初方向濟，以戒懼而吉。終則過濟，以怠廢而亂。程子則謂，既濟時，大者既已亨，小者尚有未亨。朱子則謂，亨小，當爲小亨。

初九：曳其輪，濡其尾，无咎。

輪下、尾後，謂初也。方濟之始，時未可行，戒謹爲心，曳止其輪，則雖當濟之時或濡其尾，然既曳輪不進，故得无咎。程朱則曳輪、濡尾對言，謂既濟之初能止其進，乃得无咎。

六二：婦喪其茀，勿逐，七日得。

茀，車蔽也。婦，謂二也。文明中正，上應於五，可以行而猶未行，以上未之求也。五當既濟，或志滿而不下賢，如婦喪其茀，非禮不行。然中正相感，終必應合，若静聽勿逐，七日當得之。初不當行，二不苟行，蓋既濟在上下之交，二猶居下體故。

九三：高宗伐鬼方，三年克之，小人勿用。

三當既濟之時，居剛用剛，如彼高宗達伐鬼方，三年克之。事既濟矣，然保濟爲難，若小人爲之，則乃終亂，故戒以勿用。此爻處離明之極，將交坎險，故豫爲設戒。《困學紀聞》引《後漢書》、《竹書紀年》：「鬼方即鬼戎」。是也。

六四：繻有衣袽，終日戒。

繻，程子云，當作濡。衣袽，所以塞舟也。四入坎體，居柔履柔，又處多懼之地，防患於早，如有衣袽以備漏，又終日戒懼然。

九五：東鄰殺牛，不如西鄰之禴祭，實受其福。

東西，汎言彼此也。九五剛中處濟極，過盛則衰，當思持滿貴虚，守盈以損，如彼東鄰殺牛厚享，自視不如西鄰用禴薄祭。此假享神貴誠不貴物，明保治以實不以文也。如是，則天祐神與，實受其福。程朱則謂，東陽，謂五。西陰，謂二。五居尊而時已過，二而下而始得時。《困學紀聞》云：「《漢郊祀志》引『西鄰之禴祭』，顔師古注：『瀹，煑新菜以祭。』蓋以禴爲瀹。王輔嗣云：『禴，祭之薄者也。』與顔注同。鄭康成謂：『禴，夏祭之名。』」

上六：濡其首，厲。

陰柔濟終，處險之極。狃於治安，旋致衰亂，如涉險濡没其首，危厲之甚。

䷿ 坎下離上

《未濟》，亨。小狐汔濟，濡其尾，无攸利。

未濟非不濟也，時猶未爾，故有亨道。老狐謹重端詳，則無不濟。小狐不能幾濟，濡尾是猶未濟，功敗垂成，故无攸利。程子謂，汔當爲仡，壯勇之狀。朱子不從也。

初六：濡其尾，吝。

陰柔在下，處險應上，新進喜事，急於求濟而反不濟，如小狐濡尾然，可羞吝也。

九二：曳其輪，貞吉。

剛中力足以濟，然身在坎中，未可輕進。又處柔知止，曳輪不行，則得正而吉。二老成持重，正與初反。

六三：未濟，征凶，利涉大川。

三處上下之交，於時將濟，而柔不中正，故仍未濟。無能濟之才，故以征則凶。將出險之時，故涉大川則利，又涉險非可輕進，六三不剛躁故利。

九四：貞吉，悔亡，震用伐鬼方三年，有賞于大國。

四出險而向濟之時也。以九居四，不正有悔，能勉而貞，則吉、悔亡。四之貞在奮發而持久。不奮發則無以濟，非持久則將濟而敗。譬如，震其威武，用伐鬼方，三年不怠，犒賞之使不絶于大國。程朱以賞于大國，謂成功行賞。

六五：貞吉，无悔。君子之光，有孚，吉。

五則變爲既濟矣。以六居五，亦非正。然文明之主，處中應剛，故得貞而吉且无悔。四貞吉，戒辭也。五其自有也。四悔亡，有悔也。五則自无也。文明，故有光。中虛，故有孚。久亂忽治，光輝倍常，故言君子德業之光，乃信實不僞，其吉可知。兩言吉者，上言德，下言功。

上九：有孚于飲酒，无咎。濡其首，有孚失是。

剛明之德，有孚也。處未濟之終，反於既濟，故飲酒自樂，可以无咎。然樂不知節，至濡其首，則始雖有孚，終失於是。上甫及於濟，復設此戒，所謂懼以終始，其要无咎。程子謂：「上無可濟，則當樂天順命。」朱子謂：「時將可爲而自信自養以俟命。」又以濡首爲狐涉水。然觀象傳，飲酒濡首連言，恐當從程子，爲酒濡首。

易説卷三

彖上傳

大哉乾元，萬物資始，乃統天。雲行雨施，品物流行。大明終始，六位時成，時乘六龍以御天。乾道變化，各正性命。保合太和，乃利貞。首出庶物，萬國咸寧。

經文之乾所包甚廣，傳特以天與聖人釋之。又析元、亨、利、貞爲四德。言大哉乾之元乎！元者，生物之端倪，萬物所資以始也。然元統四德，既以成始，又以成終，終始相資，實乃統天。雲行雨施，氣之亨。品物流行，形之亨。既言萬物又言品物者，元方資始，總統言之，故曰萬；亨已成形，區别言之，故曰品。此明天之元亨也。大明乾道之終始，由是爻之六位以時而成，六爻亦本四德也。終始即元貞，不言亨利者，但舉兩端可包中間。時乘六龍以御天者，言明此六爻之義，便可秉純陽以行天道，猶乘駕六龍以御天路而澤流庶物也。六位言時者，爻以時爲重。言時乘者，聖道貴乎時措也。此明聖人之元亨也。乾道變化者，言天以四德生成萬物。生氣成遂，物各得宜，此爲性命各正。生意凝固，物咸歸根，此爲太和保合。各正者利也，保合者貞也，故曰乃利貞。既言乾元又言乾道者，元无形，道有迹也。始於變終於化，元亨道之變，利貞道之化也。在人爲性，在天爲命。太和，陰陽冲和之氣。此明天之利貞也。聖人首庶物而特出，斯即在人之變化，萬國咸寧而得所，斯即在人之各正保合。言庶物又言萬國者，語其德則爲庶物首，推其業則致萬國寧。此明聖人之利貞也。

至哉坤元，萬物資生，乃順承天。坤厚載物，德合无疆。含弘光大，品物咸亨。牝馬地類，行地无疆，柔順利貞。君子攸行，先迷失道，後順得常。西南得朋，乃與類行，東北喪朋，乃終有慶。安貞之吉，應地无疆。

乾元称大、坤元称至者，乾始物不見體質，曰大而已，坤生物形相切比，故曰至也。萬物資生者，資始以氣，資生以形。乃順承天者，順承天施，不居功美。坤厚載物德合无疆者，德厚持載配合於乾也。含容寬弘光顯盛大，則其持載品物咸會亨嘉，此明坤之元亨也。又言利牝馬之貞者，蓋以牝馬地類是其順也，行地无疆是其健也，故曰柔順利貞。此明坤之利貞也。君子攸行以下，言人法坤也。先迷既逆而失道，故後則順而得常。乃與類行，以人事君也。乃終有慶，人臣無黨也。安貞之吉應地无疆者，言君子能安静正固而吉，乃應合地之无疆也。朱子則謂：「東北雖喪朋，然反之西南則終有慶。」

《屯》，剛柔始交而難生。動乎險中，大亨貞。雷雨之動滿盈，天造草昧。宜建侯而不寧。

剛柔謂乾坤也。屯繼乾坤之後，乾始交坤一索得震也。而難生者，謂遇坎也。動乎險中者，謂以震動遇坎險，郁結未通，故名屯也。又言大亨貞者，濟屯之道，能使雷雨之動滿盈天地，則出乎險中，屯變爲解也。以象言雲雷，知象言雷雨者，謂屯已解也。陰陽解散非動不能，故曰雷雨之動。天造草昧者，言天運雜亂晦冥。於此之時，王者宜建侯助理，又當憂勤惕懼，不有安寧也。朱子以「動乎險中」連「大亨貞」爲一節，以「雷雨之動滿盈」連「天造草昧」爲一節。與程子異。

《蒙》，山下有險，險而止，蒙。蒙亨，以亨行時中也。匪我求童蒙，童蒙求我，志應也。初筮告，以剛中也。再三瀆，瀆則不告，瀆蒙也。蒙以養正，聖功也。

艮山、坎險合以成體，險而又止也。若險而不止尚望開通，惟險而止故蒙也。當其可謂時，无所偏謂中。以亨行時中者，謂以可亨之道，所行又合時中也。時中即指下文所言。志應也者，言二有發蒙之能，五誠求之，志與相應也。以剛中也者，二剛得中，故告而有節也。瀆蒙也者，瀆而又告，告者聽者俱瀆也。無所拂曰養，無不通曰聖。當蒙之時，豫養以正道，異日開發，即爲作聖之功。此釋利貞也。

《需》，須也，險在前也。剛健而不陷，其義不困窮矣。需，有孚，光亨，貞吉。位乎天位，以中正也。利涉大川，往有功也。

剛健憂在輕進，進而陷於險則困窮矣。卦德異是，故贊之。天位，指五言。正中，指九居五言。往有功，謂險難濟也。九五剛實居中，故言有孚。《易》例凡中實中虛，皆得稱有孚。

《訟》，上剛下險，險而健，訟。訟，有孚，窒惕，中吉，剛來而得中也。終凶，訟不可成也。利見大人，尚中正也。不利涉大川，入于淵也。

乾剛坎險，不和而訟。上下以彼己言，險健以内外言。凡人險而不健亦不能訟，故六爻皆剛者主訟，初、三即不言訟也。剛來而得中，謂九二。訟不可成，謂上九。尚中正，謂九五。中則不偏，正則合理，故聽訟者尚之。入于淵，言冒險難也。

《師》，衆也。貞，正也。能以衆正，可以王矣。剛中而應，行險而順。以此毒天下，而民從之，吉又何咎矣。

能以衆正，可以王；不以衆正，亦以亡。師尤貴貞，故特以正也釋之。二以剛中而五與之應。不剛則不武，不中則有勇無禮，故剛中爲貴也。下有良將，上不能專信，任功亦不成，故又以應爲重也。雖行險，道實順，合天人，此爲王者之師。兵凶戰危，雖以此毒害天下而民説從，吉又何咎。

《比》，吉也；比，輔也，下順從也。原筮，元永貞，无咎。以剛中也。不寧方來，上下應也。後夫凶，其道窮也。

《比》吉也者，言《比》乃吉道也。比輔也者，釋比義也。下順從謂衆陰從九五，釋所以吉也。以剛中，指九五而言。上下應，指五陰而言。其道窮，謂獨後於衆，失所親比，故窮也。程子以「上下應」謂衆比五、五比衆。

《小畜》，柔得位而上下應之，曰小畜。健而巽，剛中而志行，乃亨。密雲不雨，尚往也。自我西郊，施未行也。

以六居四爲柔得位，上下五陽應之，故曰小畜。内健外巽，二五皆剛得中，四畜於五，五與合志，陰陽和合則志得行，所以亨也。尚往也者，尚與上同，凡陰氣固閉之極，則陽蒸成雨，此言陰氣方上往，明未極盛也。施未行也者，言陰氣先倡陽不應，功施猶未得行也。

《履》，柔履剛也。説而應乎乾，是以履虎尾不咥人，亨。剛中正，履帝位而不疚，光明也。

兑柔履乎乾剛，和説謙卑以應乾，雖遇剛猛，不見傷害。又取上天下澤履禮爲義，故復以君道明之。言九五剛健中正，履踐帝位而不疚病，德盛光明也。

《泰》，小往大來，吉，亨，則是天地交而萬物通也，上下交而其志同也。内陽而外陰，内健而外順，内君子而外小人，君子道長，小人道消也。

天地交而萬物通，釋泰義也。上下交而其志同，又以人事釋之。陰陽以氣言，健順以性言，君子小人以人言，消長即往來。以上皆釋吉亨之義。

否之匪人，不利君子貞，大往小來，則是天地不交而萬物不通也，上下不交而天下无邦也。内陰而外陽，内柔而外剛，内小人而外君子，小人道長，君子道消也。

否泰反其類。胡氏曰：「内柔外剛小人之體，語曰『色厲而内荏』。」

《同人》，柔得位得中而應乎乾，曰同人。同人曰：「同人于野，亨，利涉大川」，乾行也。文明以健，中正而應，君子正也。唯君子爲能通天下之志。

六二柔得位得中也，應五應乎乾也。同人本取一陰而五陽與同爲義，此但主二五言者，卦所重也，餘可例求。同人曰，衍文也。乾行也者，乾之行也。同人乾離合體，但云乾行不云離行者，乾剛健无私，於于野、涉川二事尤近，故單舉之。其下釋利貞，乃復兼二體而言。內明外健，中正相應，備兹數善，乃爲君子正也。能通天下之志是謂大同。所以通志者，文明也。所以能者，健也。天下者，野之象也。

《大有》，柔得尊位大中而上下應之，曰大有。其德剛健而文明，應乎天而時行，是以元亨。

六五居君位而處中，柔得尊位大中也。謙以尚賢，上下五陽皆爲所有，上下應之也，故曰大有。剛健不私，文明不犯，順應天命，時行不違，其德如是，是以元亨。或言應乾、或言應天者，乾以德言，天以命言。此之應天，程朱以爲六五應九二也。

《謙》，亨。天道下濟而光明，地道卑而上行。天道虧盈而益謙；地道變盈而流謙；鬼神害盈而福謙；人道惡盈而好謙。謙，尊而光，卑而不可踰，君子之終也。

濟，程子謂當爲際。下際，下交也。下濟與卑釋謙也，光明、上行釋亨也。天道下濟，謂九三乾體降處下卦。光明，指艮而言。地道上行，指坤升上卦而言。此皆釋亨也。天道虧盈以下，復廣言天、地、神、人之右謙，以釋有終之義。變者，傾而陷之。流者，注而增之。以人事言，位尊者行之則有光，即天道下濟而光明也；位卑者行之則不可踰，即地道卑而上行也。

《豫》，剛應而志行，順以動，豫。豫順以動，故天地如之，而况建侯行師乎。天地以順動，故日月不過而四時不忒。聖人以順動，則刑罰清而民服。豫之時義，大矣哉！

四剛而衆陰應之，其志得行，故名曰豫。順理而動，上動下順，所以豫也。天地如之，猶云天且弗違。天地順動，陰陽各得；聖人順動，經正民興。廣言豫之時義而贊其大也。凡卦以時爲本，有時則有義，有義則有用。諸或單舉或兼言，各明所重。

《隨》，剛來而下柔，動而説，隨。大亨貞无咎，而天下隨時，隨時之義大矣哉！

震剛下兑柔，又六爻皆剛爻下於柔爻，六十四卦所無，所以爲隨也。隨爲以貴下賤，以上下下，既能下人，動而衆説，故物皆隨從也。卦主剛來下柔，本取以己隨人，至動而説則又爲人來隨己，乃其效也。天下隨時，時從朱子作「之」。隨時之義，從朱子作「隨之時義」。

《蠱》，剛上而柔下，巽而止，蠱。蠱元亨，而天下治也。利涉大川，往有事也。先甲三日，後甲三日，終則有始，天行也。

艮剛居上，巽柔在下。又六爻皆剛爻上於柔爻，亦六十四卦所無也。剛上柔下則上下不交，下巽上止則因循生弊，所以爲蠱也。治蠱至於元亨，而後天下治也。然治有由開必利濟大難，往有事也。終必有始，天道然也。聖人因乱之終，開治之始。先甲、後甲所以順天而飭治。朱子云，剛上柔下巽而止，此言致蠱之由，非治蠱之道。蓋不取程傳也。

《臨》，剛浸而長。説而順，剛中而應，大亨以正，天之道也。至於八月有凶，消不久也。

浸，漸也。二陽盛長於下，故曰剛浸而長。兑説，坤順。二以剛中五應於上，是以大亨而得正。順説中正，天之道也。中正則事合宜，順説則不妄動。於剛長之時，又備兹數德，故象曰「元亨利貞」，傳曰「天之道也。」消亡不久，理數當然。陽剛君子，所宜蚤戒。

大觀在上，順而巽，中正以觀天下，觀。盥而不薦，有孚顒若，下觀而化也。觀天之神道，而四時不忒。聖人以神道設教，而天下服矣。

大，謂陽也。五以剛陽在上爲下所觀，故曰大觀在上。順以宅心，巽以制事，五居中正，以巽順中正之德爲觀於天下。下觀而化，謂在下觀視其德而化之。神道，謂微妙不測之道。聖同天，故皆以神道言。四時運行，無有差忒，天道之神。潛孚默化，鼓舞不測，聖道之神。故曰，聖人以神道設教而天下服。

頤中有物曰《噬嗑》。噬嗑而亨，剛柔分，動而明，雷電合而章。柔得中而上行，雖不當位，利用獄也。

頤中有物曰《噬嗑》，釋卦象也。噬嗑而亨，釋亨也。卦體剛柔分半，寬嚴相濟也。下動上明，雷電交合而章顯，威照並行也。六五柔得中，而上行處尊，以柔居剛，雖不當位，然利用獄。剛柔得中，用獄之宜也。

《賁》，亨，柔來而文剛，故亨。分剛上而文柔，故小利有攸往，天文也。文明以止，人文也。觀乎天文，以察時變；觀乎人文，以化成天下。

《賁》有亨道。卦之爲《賁》以上下二體剛柔交，相文飾也。剛爲質，柔爲文。柔來文剛，以六二言。質輔以文，故亨。剛上文柔，以上九言。文不滅質，故小利有攸往。剛柔交錯，自然之象，故曰天文。文明以止，人事所制，故曰人文。天文者，日月寒暑，以時代謝，故曰以察時變。人文者，秩叙經綸，易俗移風，故曰以化成天下。蘇氏曰：「凡《易》之所謂剛柔往來相易者，皆本諸乾坤。凡三子之卦有言剛來者，明此本坤也而乾來化之；凡三女之卦有言柔來者，明此本乾也而坤來化之。非是卦也，則無是言也。」按：東坡此論最足破漢儒卦變之說。程子略同。

《剥》，剥也，柔變剛也。不利有攸往，小人長也。順而止之，觀象也。君子尚消息盈虚，天行也。

變，革也，書曰「金作從革。」柔變剛，即如火鑠金也。坤順艮止，順時而止，觀剥象也。虚極則消，息極則盈，是乃天行自然之理。君子敦尚之，乃合乎天行。

《復》，亨，剛反，动而以順行，是以出入无疾，朋來无咎。反復其道，七日來復，天行也。利有攸往，剛長也。復，其見天地之心乎！

剛反，故亨。動而以順行，故无疾咎。天行也者，即剥傳消息盈虚天行之義。剛反，言其初。剛長，言其繼。天地之心，謂天地生物之心。物雖剥盡，其仁尚存，是即天地生生之心。當其剥時，其心幾於滅息，至一陽初動，乃復見之。故曰：復，其見天地之心。或言天地之心、或言天地之情者，情顯而心微。復，一陽尚微，故言心。碩果剥而核存，所以復生，故曰仁。仁即核也。

《无妄》，剛自外來而爲主於内。動而健，剛中而應，大亨以正，天之命也。其匪正有眚，不利有攸往，无妄之往何之矣？天命不祐，行矣哉？

震之初剛得乾之初畫，乾在外卦，故曰剛自外來。初九爲无妄之主，震在内卦，故曰爲主於内，誠非在外也。其曰剛自外來，寄象爾，猶言誠自天來也。震動乾健，五以剛中而二以柔中應之，是順理不妄，故曰大亨以正天之命也，天命即天道。无妄之往何之矣，釋不利有攸往也。天命不祐行矣哉？妄則逆天，天命不祐助，可行乎哉？

《大畜》，剛健，篤實輝光，日新其德。剛上而尚賢，能止健，大正也。不家食吉，養賢也。利涉大川，應乎天也。

剛健，乾德也。篤實則收斂凝固，輝光則發越昭融，此皆艮之静止而然。如是則德日新不已，此以畜德言也。上九剛在上而五尊尚之，是爲尚賢，此以畜養言也。以艮止乾，爲能止健，此以畜止言也。三者皆非大正不能，故總曰大正也。又言所以不家食吉者，以上有養賢之君故也。所以利涉大川者，以六五之君下應九二，是爲應天而行，何險難之不濟也！

《頤》，貞吉，養正則吉也。觀頤，觀其所養也。自求口實，觀其自養也。天地養萬物，聖人養賢以及萬民。頤之時，大矣哉。

養正則吉，明失正則凶。觀其所養，賢則禄之；觀其自養，於己取之。二者，養己養人之道。天地化養萬物，聖人禄養賢以及萬民。頤之道，時爲大。凡尚賢養賢之卦，皆以六五遇上九。此及《大有》、《大畜》、《鼎》是。按：觀其所養、觀其自養，傳文對舉，似有深義。故經文從先儒，傳則頗參别解。未審當不。

《大過》，大者過也。棟橈，本末弱也。剛過而中，巽而説行。利有攸往乃亨。大過之時，大矣哉！

本末，謂初上也。弱，謂陰陽也。剛盛則柔衰，柔衰則剛亦傾。故本末弱則棟橈也。剛過而二五得中，巽順而和説以行，卦德如是，故利有攸往乃亨也。大過之道，非於理有過，以其時當大過。過乃爲中，其道大哉！卦本以陽過得名，故卦中過於剛者凶，濟以柔者吉。皆不出剛過而中、巽而説行之義。

習坎，重險也。水流而不盈，行險而不失其信。維心亨，乃以剛中也。行有尚，往有功也。天險，不可升也。地險，山川丘陵也。王公設險以守其國，險之時用大矣哉！

爲是重險，所以必須便習，乃能濟之。此是釋習坎之故，非釋名義也。水流謙下，止是適平未嘗盈滿；水行險阻，中實有常而不失信。此指二五而言，所謂有孚也。以剛在中，故曰心亨。濟險有功，故行有尚。天險无階，不可升。地險有形，不可越。王公象之，設爲城郭溝池以守國，險非常用而有時乎用，其道大哉！

《離》，麗也。日月麗乎天，百穀草木麗乎土，重明以麗乎正，乃化成天下。柔麗乎中正故亨，是以畜牝牛吉也。

日月麗天而成明，百穀草木麗土以成文，離所以爲文明也。重離，故曰重明。二五得正，故曰麗乎正。君臣皆有明德，所爲又正，乃化成天下爲文明也。二五柔順，麗乎中正，是以能亨。高明柔克，是以畜牝牛吉。卦之六爻柔者吉。

易説卷四

彖下傳

《咸》，感也。柔上而剛下，二氣感應以相與。止而説，男下女，是以亨利貞取女吉也。天地感，而萬物化生。聖人感人心，而天下和平。觀其所感，而天地萬物之情可見矣。

釋咸爲感者，感貴無心，有心乃私也。柔上變剛而成《兑》，剛下變柔而成《艮》，陰陽二氣感應相與，釋亨也。止而説，爲專確和説，釋利貞也。男下女，爲婚姻之正，釋取女吉也。感生於情，天地化萬物，聖人和人心，其情相感一於正而已。故觀其所感而情見。

《恒》，久也。剛上而柔下，雷風相與，巽而動，剛柔皆應，恒。恒亨无咎利貞，久於其道也。天地之道，恒久而不已也。利有攸往，終則有始也。日月得天，而能久照。四時變化，而能久成。聖人久於其道，而天下化成。觀其所恒，而天地萬物之情可見矣。

乾剛上居四，坤柔下居初。震雷巽風，二物相與，巽順而動，六爻剛柔皆應，兼兹四美，所以爲恒。咸亦剛柔皆應，然不取者，咸貴無心，不取相應，恒貴得正，故取應合也。久於其道，道歸於正，天地之道所以恒久不已，亦曰正而已。既言久於其道，又言利有攸往，蓋謂變動不居，既終則復有始。若守常不知變，是乃有終無始，豈復是恒也？下又廣言恒道，日月四時，久照化成，皆得天之正理。聖人亦然。凡天地萬物所以恒者，情之正而已。故觀其所恒而情見。

《遯》亨，遯而亨也。剛當位而應，與時行也。小利貞，浸而長也。遯之時義，大矣哉！

遯而亨，言遯乃能亨。九五陽剛中正，是爲當位。下應六二亦中正，道同志合，故能察時之變與時行遯也。所以小利貞者，以二陰浸長，其勢已成，故不可大正。處遯之道，時義爲大。時所當，遯義亦然也。與時行，行字即遯也。《書》云：「我不顧行遯。」

《大壯》，大者壯也。剛以動故壯。大壯利貞，大者正也。正大，而天地之情可見矣。

乾剛震動，物不能屈，所以稱壯。大者正也，惟正方能保其大，戒盛滿也。天地之情，正大而已，況人乎！

《晉》，進也。明出地上。順而麗乎大明，柔進而上行，是以康侯用錫馬蕃庶，晝日三接也。

離明出坤地之上，以卦象言也。中有順德，麗乎大明，順而兼明，德至盛也。六五柔進上行，柔順居尊位，亦盛也。兼兹二美，所宜受賜，王朝顯被親禮也。緣彖辭專以康侯蔽晉義，故傳特詳之。程子則以麗乎大明謂諸侯順附於天子。

明入地中，《明夷》。内文明而外柔順，以蒙大難，文王以之。利艱貞，晦其明也，内難而能正其志，箕子以之。

離明入坤地之中，以卦象言也。内文明，貞其德也。外柔順，艱其志也。大難言蒙者，蒙有晦意，猶浮雲蔽日月也。大難謂羑里。是道也，文王用之。晦其明也者，中有明德，外則晦藏；内遭家難，志守其正。是道也，箕子用之。

《家人》，女正位乎内，男正位乎外。男女正，天地之大義也。家人有嚴君焉，父母之謂也。父父、子子、兄兄、弟弟，夫夫、婦婦，而家道正。正家而天下定矣。

男女謂二五也。女正先於男正者，釋利女貞也。其實女正即由男正，故仍曰男女正。父母亦謂二五也。嚴謂尊之。君謂長之。無尊嚴，則孝敬衰；無君長，則法度廢。故家人一卦，大要以剛嚴爲尚。此下又廣言正家之道，父子，兄弟，夫婦。朱子謂以卦畫推之，又有此象。天下一大家也，故正家而天下定。

《睽》，火動而上，澤動而下；二女同居，其志不同行。説而麗乎明，柔進而上行，得中而應乎剛，是以小事吉。天地睽，而其事同也。男女睽，而其志通也。萬物睽，而其事類也。睽之時用，大矣哉！

火上澤下，性相違異；同居各適志，不相與。此釋睽義也。順説麗乎文明，六五柔進上行，得中應剛，兼兹數德，是以小事吉也。以下復廣言之，天地、男女、萬物，不睽則相雜，不合則難成。睽者其體，合者其用。處睽之時，合睽之用，其道大哉！

《蹇》，難也，險在前也。見險而能止，知矣哉！蹇利西南，往得中也。不利東北，其道窮也。利見大人，往有功也。當位貞吉，以正邦也。蹇之時用，大矣哉！

坎險在前，見而能止，艮之明智也。人心静止則生明智，故蹇以艮爲主。往得中，謂退則合道也。其道窮，謂進則犯難也。往有功，大人之業也。當位，謂九五。貞吉，得正道也。諸爻自二以上皆當正位，故曰貞吉。居得正道，則可以正邦也。處蹇之時，濟蹇之用，其道大哉！睽蹇等皆常人所不喜，聖人以爲有用時，故盛称其大。

《解》，險以動，動而免乎險，解。解利西南，往得衆也。其來復吉，乃得中也。有攸往夙吉，往有功也。天地解而雷雨作；雷雨作而百果草木皆甲坼。解之時，大矣哉！

內坎外震，險以動也。動乎險外，屯已解矣。故名爲解。往得衆，言退自脩治則得衆心也。乃得中，言退處安静乃得中道也。往有功，言治難貴速敏則有功也。天地之氣開解而成雷雨，百果草木皆孚甲開坼而生。蹇、解皆順時所爲，故聖人並贊其時大哉。

《損》，損下益上，其道上行。損而有孚，元吉，无咎，可貞，利有攸往。曷之用二簋可用享，二簋應有時。損剛益柔有時，損益盈虛，與時偕行。

損下益上，則下之道上行，釋損義也。損而有孚，則有元吉以下四者之應。當其可，謂時。損益盈虛，皆與時會。程子云，剛爲過，柔爲不足，損益皆損剛益柔也。

《益》，損上益下，民説无疆。自上下下，其道大光。利有攸往，中正有慶。利涉大川，木道乃行。益動而巽，日進无疆。天施地生，其益无方。凡益之道，與時偕行。

損上益下，利歸於民，故民説无疆。自上下下，降己從人，故道大光顯。釋益義也。二五中正相與以益，天下有福慶也。震巽爲木，木道既行，險難可濟也。動而巽理，故日進，日益至於无疆。天氣下施，地道上生，故化育普徧，其益无方。凡益之道，人事造化，皆與時會，明益非強設。震巽皆木，説本朱子。然利涉大川言木者三，此與涣、中孚皆巽體也，即謂單指巽言似无不可。程子作益道乃行，謂益誤爲木，恐非。

《夬》，決也，剛決柔也。健而説，決而和。揚于王庭，柔乘五剛也。孚號有厲，其危乃光也。先自邑不利即戎，所尚乃窮也。利有攸往，剛長乃終也。

剛決柔，釋卦義也。健而説不極其剛，決而和弗過於暴，卦才之善也。柔雖衰弱猶乘五剛，言惡不可長也。其危乃光，言心存危厲，道乃光大也。所尚乃窮，言剛克之道，不可專尚也。剛長乃終，言剛雖盛長，必一陰盡去，乃終爲純乾也。戒苟止。

《姤》，遇也，柔遇剛也。勿用取女，不可與長也。天地相遇，品物咸章也。剛遇中正，天下大行也。姤之時義，大矣哉！

柔遇剛者，以柔爲主進制於剛即是女壯，故不特釋也。不可與長，言陰將消陽也。陰與陽遇，故曰天地相遇。萬類化生，故曰品物咸章。九五中正而群剛遇之，君臣相遇，道大行於天下也。此以天地君臣廣言遇之正理，而復贊言姤之時與義大哉。蓋遇以正者，固不可無；其不正者，則當謹之於微也。程子則謂，剛謂五，中正謂二。

《萃》，聚也。順以説，剛中而應，故聚也。王假有廟，致孝享也。利見大人亨，聚以正也。用大牲吉，利有攸往，順天命也。觀其所聚，而天地萬物之情可見矣。

下順上説，九五剛中，上下應之，卦才如是，故能聚也。致孝享者，盡志以致孝、盡物以致享也。見大人即是聚以正，故利貞之文不待釋也。時當豐聚，故用大牲吉。衆力易濟，故利有攸往。二者皆順天命當然也。天地萬物，理至則同，情合則聚，故觀所聚而情可見。

柔以時升，巽而順，剛中而應，是以大亨。用見大人勿恤，有慶也。南征吉，志行也。

柔以時升，指六五言。升之道貴柔，剛則躁進也。下巽上順，九二剛中而五應，其升以時，是以大亨升之時。用此巽順剛中之道，見大人必遂其升而無憂，言有福慶也。南征前往得遂其進，言其志行也。晉、升卦義皆主於柔。

《困》，剛揜也。險以説，困而不失其所亨，其唯君子乎！貞大人吉，以剛中也。有言不信，尚口乃窮也。

《困》之得名，剛見揜也。二陷於下，四五揜於上，所以爲困也。坎險兑説，處險致説，身困而道不失其所亨，唯君子能之。言君子又言大人者，一爾。大人謂二五，有剛中之德，故能濟困而吉也。尚口乃益致窮，戒之也。

巽乎水而上水，井。井養而不窮也。改邑不改井，乃以剛中也。汔至亦未繘井，未有功也。羸其瓶，是以凶也。

此巽乎水與鼎以木巽火之巽，皆謂入也。巽木入水而上出其水，鄭康成以爲，桔槔引瓶下汲，非也。今爲井者，木其底加石，水溢出其上，是木入水出也。井養不窮，其德有源也。剛中，謂二五也。未有功而羸瓶，澤未及物，故凶也。晁氏云：「象主三陽，言剛中謂五，未有功謂三，羸其瓶謂二。」亦通。

《革》，水火相息，二女同居，其志不相得，曰革。巳日乃孚，革而信之。文明以説，大亨以正。革而當，其悔乃亡。天地革，而四時成。湯武革命，順乎天而應乎人。革之時，大矣哉！

火下水上，互相滅息。睽、革大體相似。然相違爲睽，相息爲革也。二女同居，志不相得，亦與睽相似。然不同行故相離而止於睽，不相得則相克而止於革也。革而信之，言革未易信也。文明則察見事理，説則人心和順，卦才如是，故能大亨以正。變革得其至當，其悔乃亡也。天地革時，聖人革命，皆革之大者。革貴識時，故贊其時大哉！

《鼎》，象也。以木巽火，亨飪也。聖人亨以享上帝，而大亨以養聖賢。巽而耳目聰明，柔進而上行，得中而應乎剛，是以元亨。

卦名鼎者，取鼎象也。兩趾下峙，雙耳高張，二、三、四腹實，上一陽鉉貫，鼎之形也。以巽木入離火，所以烹飪，鼎之用也。舉其大者言之，則聖人享帝用烹，養聖賢用大烹，言備物也。享帝則貴誠而已，故不言大。巽以順理而離又中虚爲耳目聰明。離爲目兼耳言者，五爲鼎耳也。以六居五爲柔進上行，不驕亢也。六五以柔得中應九二之剛，能下賢也。卦才如是，所以致元亨。井、鼎取象略同，皆有養義。井養民，鼎養賢也。

《震》，亨。震來虩虩，恐致福也。笑言啞啞，後有則也。震驚百里，驚遠而懼邇也。出可以守宗廟社稷，以爲祭主也。

恐懼爲心，所以致福也。後有法則，脩省之道也。經言震驚百里，傳以驚遠懼邇釋之者，蓋言災禍可驚，雖猶在遠，憂患豫防視若在邇。所以然者，殷憂啓聖，多難興邦，震驚如是，乃能主器，不喪匕鬯，繼世而出，可以守宗廟社稷，以爲祭主也。程子則謂，遠者驚，邇者懼，言其威遠大。彖文脱「不喪匕鬯」一句。

《艮》，止也。時止則止，時行則行，動静不失其時，其道光明。艮其止，止其所也。上下敵應，不相與也。是以不獲其身，行其庭，不見其人，无咎也。

艮爲止義兼行言者，時止則止，止而止也；時行則行，行而止也。行止、動静皆不失時，艮體篤實，故其道光明。凡人心定，則明生也。艮其止，先儒謂止即背字之譌。古文背字爲北，故訛爲止。止其所，言背即是當止之所，此所以不獲其身也。凡陰陽不敵，乃有應意。今上下爻位皆峙敵，不相交與，此所以行其庭不見其人也。《孔疏》云：「八純之卦，皆六爻不應，何獨於此言之？謂此卦既止而不交，爻又峙而不應，與止義相協，故兼取以明之。」

《漸》之進也，女歸吉也。進得位，往有功也。進以正，可以正邦也。其位剛得中也。止而巽，動不窮也。

漸之進也，如女歸則吉也。卦自二至五，陰陽各得正位，所以能進，往有功也。在卦爻爲得位，在人事即爲得正。可以正邦，即是有功之大者爾。其位剛得中，謂九五也。内止而外巽，動非躁進，乃不有困窮也。此又以卦德明漸義之美。

《歸妹》，天地之大義也。天地不交，而萬物不興。歸妹，人之終始也。説以動，所歸妹也。征凶，位不當也。无攸利，柔乘剛也。

歸妹者，男女配合，天地之大義也。天地不交，萬物不興，歸妹所以繼終開始、承續不窮。此言男女之正，以起下文也。卦德以説而動，恣情違禮，不正之甚。卦象女先於男，自媒而往。又少女從長男，婚姻失時，是爲妹乃自歸，所歸乃妹之象。兼此二義，所以凶也。又以爻位言之，自二至五，皆不得正，位不當也。其三、五兩爻，又皆以柔乘剛，反常不順，所以无攸利也。此卦卦象與漸反，故漸言得位，此言位不當。卦德與咸反，咸止而説，則取女吉；此説以動，則歸妹凶。女説男，在人爲失德，在詩爲淫風。

《豐》，大也。明以動，故豐。王假之，尚大也。勿憂宜日中，宜照天下也。日中則昃，月盈則食，天地盈虛，與時消息，而況於人乎！況於鬼神乎！

以明而動，明動相資，乃成豐大。王假之者，豐大之時，王者所尊尚，言可用有爲也。日中則明，過中則昏，勿憂宜日中，言不宜過盛，使明德光照天下也。以下又舉辭外之意，復申過中之戒。日月盛滿虧蝕，旋至又如天地之道，時有盈息，亦有虛消，盛衰相代，理無能常。人與鬼神，亦宜然也。

《旅》小亨，柔得中乎外而順乎剛，止而麗乎明，是以小亨旅貞吉也。旅之時義，大矣哉！

六五柔得中乎外而順乎上下之剛。旅道貴乎用柔，用柔貴乎得中。内艮止而外麗乎明。静止則中無欲，文明則能審幾，是以小亨得旅之貞而吉也。旅之時難處，旅之義則精，或以旅興，或以旅敗，所關甚大。以其亨小，人易忽之，故大其時義。

重巽以申命。剛巽乎中正而志行，柔皆順乎剛，是以小亨，利有攸往，利見大人。

巽爲風，風者天之號令。又巽者齊也，齊之以命令，故巽爲命。巽體既重，故命爲申命。丁寧告誡入之者深，釋小亨也。九五剛巽乎中正，不爲暴戾，故令出而志行，釋利有攸往也。初四柔爻皆順乎二五之剛，令行不違，所從得正，釋利見大人也。

《兑》，説也。剛中而柔外。説以利貞，是以順乎天而應乎人。説以先民，民妄其勞。説以犯難，民忘其死。説之大，民勸矣哉！

咸感無心，兑説無言，聖人釋辭，皆具深意。外剛則嚴，内柔則諂。剛中柔外則内正外説，故説以利貞也。剛中故利貞，柔外故説亨。傳不特釋亨者，義已見也。以正而説，是以順天應人。姑以應人而言，平居安常，致説非難，惟勞苦患難，民所憚爲聖人。説以先之，則忘勞忘死。説道之大，民莫不勸，故極贊之。

《涣》，亨，剛來而不窮，柔得位乎外而上同。王假有廟，王乃在中也。利涉大川，乘木有功也。

《涣》所以亨者，九二剛來居内而不窮於險，六四柔得位乎外而上同於五，在險不困，從上無違，上下共濟，涣所以亨也。王乃在中，言九五居中，能以至誠感格有廟也。乘木有功，言木行水上，如同力而濟險難也。程朱皆訓假爲至，朱子訓中爲廟中。

《節》，亨，剛柔分而剛得中。苦節不可貞，其道窮也。説以行險，當位以節，中正以通。天地節，而四時成，節以制度，不傷財，不害民。

《節》所以亨者，統觀全卦，剛柔分而相濟。析觀二體，二五剛得中而不過，剛柔適平而剛中爲主，所以亨也。苦則過極而不通，正與亨反，故曰其道窮也。節有艱阻之象，故曰行險。説有和適之意，方爲得中。須是和説以行撙節，則無拘苦而亨也。九五居尊當位，則制節有權。中正爲德，則行節亨通。此三句又以卦德及五，重釋節亨之義。天地以氣序爲節，寒暑往來四時功成；王者以制度爲節，薄賦輕徭則不傷財害民。此又推言節道。

《中孚》，柔在内而剛得中，説而巽，孚乃化邦也。豚魚吉，信及豚魚也。利涉大川，乘木舟虚也。中孚以利貞，乃應乎天也。

柔在内而剛得中，以孚象切卦體而言。程子曰，「在二體則中實，在全體則中虚；中虚信之本，中實信之質。」是也。下説上巽，上下交，孚乃化於邦國也。信及豚魚，所以吉也。乘木舟虚亦切卦象而言。中孚以利貞乃應乎天者，天道誠而正。張子曰：「覆乳者必剛外而柔內；雖柔內非陽則不生，故剛得中而爲孚也。」

《小過》，小者過而亨也。過以利貞，與時行也。柔得中，是以小事吉也。剛失位而不中，是以不可大事也。有飛鳥之象焉。飛鳥遺之音，不宜上宜下大吉，上逆而下順也。

小過下疑脱亨字。小者雖過，順時矯俗，過而亨也。於時當過，過而得正，故曰利貞與時行也。小事貴柔順以處，二五皆柔，柔而得中，是以小事吉。大事非剛健不濟，三剛不中，四剛失位，是以不可大事也。卦體内實外虚，有飛鳥之象。鳥翔虚空，無所止戾，是上則逆也。下來附物，身得安棲，是下則順也。譬諸人事，高亢則遠違於正理，卑遜則近即乎人心。順逆之道，吉凶恒由之。

《既濟》，亨，小者亨也。利貞，剛柔正而位當也。初吉，柔得中也。終止則亂，其道窮也。

濟亨下，疑脱小字。小者亨，言既濟之時，亨乃尋常事爾，非大可喜也。卦體剛柔得正，爻位皆當，故利於如是之貞也。六二柔得中則敬慎，故初向濟而吉。上六其道窮則驕盈，故終止以致亂。亂之生，由心之止也。爲戒深矣。

《未濟》，亨，柔得中也。小狐汔濟，未出中也。濡其尾无攸利，不續終也。雖不當位，剛柔應也。

六五柔得中則敬慎，故未濟而亨也。既未濟皆以柔得中，爲善皆離體也。未出中，言猶在坎中也。不續終，言不能繼始也。六爻皆不當位，故爲未濟。然六爻皆剛柔應，故交濟爲功而可亨。

易說卷五

象上傳

天行健，君子以自彊不息。

乾，天也，故言天。天行無息，以其至健。君子法天，在乎自彊。自彊有迹，故未可言無息，而言不息。凡大象言君子以及先王以者，皆言觀象而悟其理。

潛龍勿用，陽在下也。

陽氣在下、尚微，當静以養之。

見龍在田，德施普也。

陽已出在地上，德化及物，其施已普偏。初方潛，故言陽。二已施，故言德。

終日乾乾，反復道也。

反復，周環。乾而又乾，自脩之道。德以理言，道以事言也。

或躍在淵，進无咎也。

非必干進，將以適時，如是則无咎。

飛龍在天，大人造也。

大人造，猶言聖人作也。爻辭二五皆言大人，傳獨屬之。九五以五爲君位也。

亢龍有悔，盈不可久也。

盈不可久，戒人謙下之道。謙則虛，虛可久。

用九，天德不可爲首也。

天德即乾德。乾元無首，大始無終。若云有首，斯必有終，非天德矣。程朱皆謂，陽剛不可爲物先。

地勢坤，君子以厚德載物。

地勢以順而積，君子體之，以順厚爲德，載物不窮。

履霜堅冰，陰始凝也。馴致其道，至堅冰也。

乾初曰陽在下，坤初曰陰始凝。不特首揭陰陽之義，亦所以示消長之機。馴，狎習也。陰凝雖始，順習其道，乃至堅冰。善積於幾微，惡生於狎習。

六二之動，直以方也。不習无不利，地道光也。

六二直方，因動乃見。不言大者，直方之極即是大也。地道光顯至盛，故不習无不利。

含章可貞，以時發也。或從王事，知光大也。

三之含章，將待時乃發也。知慮光大，乃能不居功美也。此句本釋無成有終之義，而傳止舉或從王事者，省文便讀義自見也。他卦放此。

括囊无咎，慎不害也。

慎謂括囊，不害謂无咎。不言无譽者，經有二義，傳每取其重者釋之。他卦放此。

黃裳元吉，文在中也。

黃裳，文也。文雖在外，美乃在中，闇然而日章。

龍戰于野，其道窮也。

窮，極也。亢龍，陽之窮。戰野，陰之窮。物皆以盛極爲戒。

用六永貞，以大終也。

大，陽也。陰皆變陽。大終，無終也。

雲雷，屯。君子以經綸。

雲雷猶未成雨，屯之象也。君子治世如治絲，經之、綸之，所以解屯結爲亨通。

雖磐桓，志行正也。以貴下賤，大得民也。

以行正釋居貞者，居以待行非終藏之志也。陽貴陰賤，初一陽下二陰，貴而能降，民乃大得，斯利建侯者也。

六二之難，乘剛也。十年乃字，反常也。

二柔乘初九之剛，故有患難也。女子以字爲常，十年乃復於常道，是其貞也。《易》例最戒乘剛。

即鹿无虞，以從禽也。君子舍之，往吝窮也。

志貪其禽，以身從之，宜取困也。窮也釋往吝，與下爻明也，並是一字釋文。

求而往，明也。

不待求而往，在女爲自媒，在士爲自薦，暗於進者也。

屯其膏，施未光也。

施謂德施，澤未下流故未光大，若澤流即不爲屯矣。

泣血漣如，何可長也。

窮當速變，屯乃能濟，何可長如此也。凡傳言何可長者，義並同。

山下出泉，《蒙》。君子以果行育德。

不云山下有水者，泉是水之始生，主蒙而言，故變言泉也。君子剛毅類坎，果決其行；静止似艮，育養其德。

利用刑人，以正法也。

設刑所以正法，發蒙之始，須嚴立科條，民乃不犯。

子克家，剛柔接也。

二剛五柔，志相應接。信任專則家道成。

勿用取女，行不順也。

男先求女，其行乃順。朱子謂順當作慎，古字通。

困蒙之吝，獨遠實也。

陽實陰虚，卦惟六四一爻獨遠於陽，所以致困。

童蒙之吉，順以巽也。

性既柔順，行復卑巽。

利用禦寇，上下順也。

上順不爲暴，下順除其害。

雲上於天，《需》。君子以飲食宴樂。

雲上於天，猶未成雨，《需》之象也。君子飲食養身，宴樂寧神，居易俟命，待時而動。

需于郊，不犯難行也。利用恒无咎，未失常也。

犯難則非需，失常則非恒。需有寧耐意，非有常德者不能。

需于沙，衍在中也。雖小有言，以吉終也。

衍在中與災在外對，沙平在中，泥險在外，言二寬衍居中不急進。

需于泥，災在外也。自我致寇，敬慎不敗也。

坎在外卦，故言災在外。三以過剛致寇，是不敬慎而然。

需于血，順以聽也。

三在險外，須敬慎以防災。四處險中，貴順聽以出害。敬與慎，乃處險之道。

酒食貞吉，以中正也。

五有中正之德，故需合貞吉。

不速之客來，敬之終吉。雖不當位，未大失也。

陰居上而言不當位者，陰處險極即是位不當也。敬以避禍，故未大失。程子謂，陰宜在下而居上爲不當位。

天與水違行，《訟》。君子以作事謀始。

上天下水相違而行，《訟》之象也。作事謀始，是乃無訟。

不永所事，訟不可長也。雖小有言，其辯明也。

其辯明也者，程子曰，上有陽剛，正應辯理之明，故得終吉。

不克訟，歸逋竄也。自下訟上，患至掇也。

掇，拾取也。

食舊德，從上吉也。

從上所爲，故無訟而吉。

復即命渝，安貞不失也。

訟元吉，以中正也。

以訟受服，亦不足敬也。

言必見褫。

地中有水，《師》。君子以容民畜衆。

地中有水猶民中有兵，《師》之象也。君子容保其民，畜聚其衆。不教養其民而用之，謂之殃民。

師出以律，失律凶也。

在師中吉，承天寵也。王三錫命，懷萬邦也。

天謂王也。五於三才爲天，春秋亦稱天。王懷萬邦，明非毒天下。

師或輿尸，大无功也。

左次无咎，未失常也。

師以進爲常，左次疑於失常，故言未。

長子帥師，以中行也。弟子輿尸，使不當也。

孔疏云，以中行是九二居中。使不當，謂六三失位。

大君有命，以正功也。小人勿用，必亂邦也。

地上有水，《比》。先王以建萬國，親諸侯。

地上有水，水與地切比無間，《比》之象也。又水溝澮相注，小大相維，萬國諸侯之象。先王象之，建立萬國，下比其民。親撫諸侯，上比其君。

比之初六，有他吉也。

不舉爻辭，但言比之初六者，比道貴謹於初也。初孚則有他吉，無首則爲後夫凶。

比之自内，不自失也。

二守中正，待上之求而比之，是不自失。

比之匪人，不亦傷乎。

外比於賢，以從上也。

賢與上皆謂五。以德曰賢，以位曰上。

顯比之吉，位正中也。舍逆取順，失前禽也。邑人不誡，上使中也。

顯比之吉，由五處位正而得中也。陰乘陽爲逆，乘陰爲順。逆者舍之，謂上一陰。順者取之，謂下四陰。失上一陰，故曰失前禽也。上使中，謂上德化使之然。

比之无首，无所終也。

无首，當言无始。言无終者，明无始即无終。

風行天上，《小畜》。君子以懿文德。

風橈乎物，係而不久，《小畜》象也。君子觀之，以懿美其文德。程子謂，文德方之，道義爲小。

朱子謂：言未能厚積遠施。

復自道，其義吉也。

道義一爾，復道即合義

牽復在中，亦不自失也。

亦，亦初也。

夫妻反目，不能正室也。

三不以道自處，故四得制之使不進。

有孚惕出，上合志也。

有孚攣如，不獨富也。

以誠感誠，是不獨有其誠。

既雨既處，德積載也。君子征凶，有所疑也。

陰抗陽，故疑之。

上天下澤，《履》。君子以辨上下，定民志。

天尊居上，澤卑處下，《履》象也。君子觀天澤之象，制上下之禮。既辨别上下，各當其分，民志自然，安定不争。

素履之往，獨行願也。

素位而行所願然也。君子獨能行之，言不爲物遷。

幽人貞吉，中不自亂也。

中苟躁進，方寸亂矣。幽獨守貞者不也。

眇能視，不足以有明也。跛能履，不足以與行也。咥人之凶，位不當也。武人爲于大君，志剛也。

愬愬終吉，志行也。

畏懼所以行其志。

夬履貞厲，位正當也。

三以柔處剛，故位不當。五剛中正，故位正當也。

元吉在上，大有慶也。

履終而得元吉，則大有福慶。特言在上者，履之道貴終。

天地交，《泰》。后以財成天地之道，輔相天地之宜，以左右民。

天地交而爲泰。裁制以爲成，輔助以爲相，左右以爲輔翼。言后能則天因地生養斯民，所以合天地萬物而成泰。

拔茅征吉，志在外也。

君子志在天下。

包荒得尚于中行，以光大也。

中行本兼四者，傳特言包荒者，治道以寬大爲本。以光大也者，言正大光明無私心，故與中行合。

无往不復，天地際也。

際，接也。言此爻爲天地交接之際，過此泰轉爲否，故宜有戒。

翩翩不富，皆失實也。不戒以孚，中心願也。

陽實，陰虚。以失實釋不富，言謙虚不盈滿也。皆，皆四五也。願本中心，故不戒以孚。失實與蒙四遠實同例。王輔嗣以陰居上爲失實，恐非。

以祉元吉，中以行願也。

以柔中之德，行其志願，所謂上下交而志同。

城復于隍，其命亂也。

命亂，故須告命治之。

天地不交，《否》。君子以儉德辟難，不可榮以禄。

儉，損也。否塞之世，君子當斂藏其德，辟免禍難，不可榮以禄位。

拔茅貞吉，志在君也。

隱居守道，非忘其君。忘君者，必輕道。朱子謂，小人變爲君子，則愛君爲念。

大人否亨，不亂群也。

不亂於群，獨守其正。

包羞，位不當也。

有命无咎，志行也。

大人之吉，位正當也。

濟否者，必有德當尊位。

否終則傾，何可長也。

否終則當傾，何可長否也，責在人。

天與火，《同人》。君子以類族辨物。

天火性同，《同人》象也。族以類分，物以辨等，察知其異，乃底於同。

出門同人，又誰咎也。

同人于宗，吝道也。

伏戎于莽，敵剛也。三歲不興，安行也。

敵上九之剛畏之，故伏也。安行，言何能行也。

乘其墉，義弗克也。其吉則困而反則也。

義弗克，言非力屈也。反於法則，所以吉也。

同人之先，以中直也。大師相遇，言相克也。

號咷，所以寫心之中直。

同人于郊，志未得也。

郊，非野也。同人于野亨，則志得于郊。志未遂，故未得。

火在天上，《大有》。君子以遏惡揚善，順天休命。

火在天上，《大有》象也。明照善惡，威行遏揚，命德討罪，天之休命。以是順之，君子治大之道。

大有初九，无交害也。

克艱於初，乃保其終。大有初九，大有上吉。示人謹始保終之道。

大車以載，積中不敗也。

道積於中，任重不敗。

公用亨于天子，小人害也。

匪其彭无咎，明辨晳也。

晳，明極也。明辨物理，惡處太盛，由明晳之極，故能然。

厥孚交如，信以發志也。威如之吉，易而无備也。

上之信，足以發起在下之志；下之心，又不忽易而无畏備在上之道。君道之吉也。《孔疏》謂：「不私於物，惟行簡易，无所防備，物自畏之。」於義亦通。

大有上吉，自天祐也。

地中有山，《謙》。君子以裒多益寡，稱物平施。

地中有山，以卑蘊高，《謙》之象也。凡驕生於自多，謙生於適平。裒取增益，稱物之分，施得其平。君子治一世而使之謙。

謙謙君子，卑以自牧也。

牧，養也。德養於謙，行墮於傲。

鳴謙貞吉，中心得也。

德積於中，然後鳴。

勞謙君子，萬民服也。

无不利撝謙，不違則也。

一有驕亢，則於事君接同列，違其法則。程朱皆謂，不爲過分。

利用侵伐，征不服也。

鳴謙，志未得也。可用行師，征邑國也。

志未得，言上君謙極；所以鳴於外者，由其中心之志欲然未足，故也。征邑國，言剛以自治。程朱皆謂，才力不足，欲謙之志未得也。

雷出地奮，《豫》。先王以作樂崇德，殷薦之上帝。以配祖考。

雷者陽聲，潛伏地中，其氣閉鬱，奮動出於地上，氣和聲宣，《豫》之象也。殷，盛也。先王作樂，裒崇功德，祀天配祖，宣人心之豫。

初六鳴豫，志窮凶也。

時尚未窮，惟志意滿極而凶。

不終日貞吉，以中正也。

盱豫有悔，位不當也。

位不中正，與二相反。盱豫則非介于石，遲則異於不終日。

由豫大有得，志大行也。

剛應而志行也。

六五貞疾，乘剛也。恒不死，中未亡也。

五以常正爲疾，由乘四之剛故也。以其居中，故未至死亡。

冥豫在上，何可長也。

冥豫，終極。何可長，如此不變也。

澤中有雷，《隨》。君子以嚮晦入宴息。

雷乃陽氣，秋冬藏澤中，澤水亦隨而涸，故爲隨。君子象之，晝居於外，日嚮昬晦，乃入居内，宴安休息然。

官有渝，從正吉也。出門交有功，不失也。

係小子，弗兼與也。

初近，五遠。比初，則不能兼應於五。

係丈夫，志舍下也。

志係於四，則必舍初。

隨有獲，其義凶也。有孚在道，明功也。

隨近樹黨，於爲臣之義凶也。有孚在道，是明哲之功也。

孚于嘉吉，位正中也。

拘係之，上窮也。

窮，極也。謂隨之極。

山下有風，《蠱》。君子以振民育德。

風遇山回，草木皆催，《蠱》之象也。蠱者必飭之君子，象風以振動民心，體艮以育養民德。

程朱皆以育德爲治己。

幹父之蠱，意承考也。

父有蠱，其意亦欲得賢子以幹之。故今子幹父蠱，是乃承考之意。置其親於無過也，蓋善則歸親之義。

幹母之蠱，得中道也。

以剛居柔，又巽體不極其剛，故得中道。

幹父之蠱，終无咎也。

裕父之蠱，往未得也。

幹父用譽，承以德也。

前人之事壞矣，其事無可承而承以德，若使人忘其幹蠱然。譽歸於親，幹之最善者。

不事王侯，志可則也。

進退合道，非直隱者也，故志可則。

澤上有地，《臨》。君子以教思无窮，容保民无疆。

澤上有地，岸高於水，上臨下也。君子臨民，教養爲大。教人以善，本於忠心，故曰教思；至誠无斁，故曰无窮；此兑之爲。含容保愛，廣大無外，故曰无疆，此坤之爲。

咸臨貞吉，志行正也。

初九居正，應四之正。兩正相與，其志得行。

咸臨吉无不利，未順命也。

陽方盛長，天命也。二不敢恃，上應於五，以臨其下，是未順命，乃善承天命。程子謂，至誠相感，非由順上之命。朱子謂，未詳。

甘臨，位不當也。既憂之，咎不長也。

至臨无咎，位當也。

臨患遠而不通，四位上下之際，又以陰處陰，居得其正，故曰位當。三言位不當、四言位當者，由其德有正不正爾。程子則以居四應初爲位當。

大君之宜，行中之謂也。

五有中德而任剛賢，是能以知行其中。

敦臨之吉，志在内也。

上居卦外，故曰志在内也。言其敦厚之至，視天下猶一體。泰之拔茅居初，故云志在外。此之敦臨在上，故云志在内。其志於天下則一也。程子謂，應乎初與二。

風行地上，《觀》。先王以省方觀民設教。

風行地上，無所不見，《觀》之象也。先王巡省四方以觀民俗，設政教以爲民觀。

初六童觀，小人道也。

闚觀女貞，亦可醜也。

女子之貞，丈夫之醜。亦，亦初也。

觀我生，進退未失道也。

所以進退者，道也。觀其所宜，乃不失。

觀國之光，尚賓也。

爲九五所尊尚。

觀我生，觀民也。

上所行得失，徵諸庶民從違。五之觀我生，乃是觀民也。言異於三之觀我生。

觀其生，志未平也。

平謂安寧。言未可以不在其位，志意安肆，弗惟觀省然。

雷電，《噬嗑》。先王以明罰敕法。

雷電，當從蔡邕《石經》作電雷。雷威電明，先王觀《噬嗑》之象，明著刑罰，謹敕法令，以防民。

屨校滅趾，不行也。

趾所以行，震又動體，滅趾使不進於惡。

噬膚滅鼻，乘剛也。

以其乘剛，故用刑須深。

遇毒，位不當也。

利艱貞吉，未光也。

慮九四，道未光，故戒之。

貞厲无咎，得當也。

以柔用獄，行以貞厲，爲得其當。三言位不當，明所處之難。此言得當，明所爲之宜。不主爻位言。

何校滅耳，聰不明也。

耳主聽，聽亦耳之明也，罪其聽聾闇。

山下有火，《賁》。君子以明庶政，无敢折獄。

山下有火，明照山上，《賁》之象也。君子體離之明，察見庶政，象艮之止，无敢折獄。賁之道，非所以折獄。緣飾文治，没其情實，則獄多冤濫。坐此弊者，敢心誤之，故聖人慎焉。

舍車而徒，義弗乘也。

賁其須，與上興也。

上，謂三。興，起也。陰必從陽，柔必附剛。

永貞之吉，終莫之陵也。

陵，侮也。三能永貞，則雖爲二柔所賁，不至於溺，故終莫之陵。

六四當位，疑也。匪寇婚媾，終无尤也。

四處離艮之際，離貴文，艮貴質，故當其位而有疑。賁如皤如，未定之辭，故曰疑也。匪寇婚媾，正應相與，賁道以成，故終无過尤。

六五之吉，有喜也。

文勝之時，五獨反本崇實，風俗淳美，有喜也。

白賁无咎，上得志也。

賁極止，終得遂，反本之志。

山附於地，《剥》。上以厚下安宅。

山高絶於地，今反附著於地，《剥》之象。爲人上者，當知下薄則上傾，厚養其下，乃得安居其上。

剥床以足，以滅下也。

滅下則漸及於上。故於剥初，設履霜之戒。

剥牀以辨，未有與也。

所以至於剥辨者，以陽未有應與也，有與即不爲剥矣。二五皆陰柔中正，五不爲剥者，比於上也。三不中正而曰无咎者，應於上也。此皆有與者。二於上，非應非比，陽既未有與，故二得剥之。朱子謂，未有與，言未大盛。

剥之无咎，失上下也。

三上下各二陰，而獨應於陽，是與上下相失。

剥牀以膚，切近災也。

以宫人寵，終无尤也。

后妃能修其職，終无過尤。

君子得輿，民所載也。小人剥廬，終不可用也。

陰剥於陽，終受其禍。

雷在地中，《復》。先王以至日閉關，商旅不行，后不省方。

雷在地中，陽生尚微，《復》之象也。先王順天時，知一陽初生，須安静養之。故至日閉關，止商旅，后亦不省視四方。

不遠之復，以修身也。

修身之道，知過速改。不遠而復，所以修身。

休復之吉，以下仁也。

初復於仁，二降下之資，善自益學，不勞而功美。

頻復之厲，義无咎也。

中行獨復，以從道也。

稱獨復者，以其從於陽剛之道。切言之曰仁，統言之曰道。二下仁，四從道，一也。獨二言吉者，二近而四遠。

敦復无悔，中以自考也。

考，成也。言以中順之道自成，五不待初而復，故曰自考。與二四異。

迷復之凶，反君道也。

天下雷行，物與，《无妄》。先王以茂對時育萬物。

天下雷行，陽德普徧，物物與之，《无妄》。先王象之，以茂對天時，育養萬物，是乃无妄茂盛也。

无妄之往，得志也。

无妄而往，得行其志。

不耕穫，未富也。

富，猶利也。有所爲而爲之爲利。案：《日知録》説，見本爻。

行人得牛，邑人災也。

可貞无咎，固有之也。

无妄之理，我所固有，守之則无咎。程朱則訓有爲守也。

无妄之藥，不可試也。

試，嘗也。既已无妄而又藥之，則反有妄生他疾。

无妄之行，窮之災也。

經曰眚傳曰災者，眚以行事言，災以時位言，兼之乃備。上九陽剛處極，行既過當，時復窮極，故須兼言。

天在山中，《大畜》。君子以多識前言往行，以畜其德。

天在山中，所畜至大之象。君子欲大畜其德，惟博其學，必多識前言往行以畜之。《日知録》

引張湛注《列子》曰：「自地以上皆天也，故曰天在山中。」

有厲利己，不犯災也。

輿説輹，中无尤也。

二得中道，故能自止，无過尤。

利有攸往，上合志也。

六四元吉，有喜也。

六五之吉，有慶也。

豫禁未發，其惡不萌，故有喜。

四之元吉勝於五，而有喜不若有慶者，五居君位，能以柔順化剛暴，自然刑措，天下有福慶也。四居臣位，故效有大小。

何天之衢，道大行也。

剛上尚賢，士類競進，賢路開通，道大行也。

山下有雷，《頤》。君子以慎言語，節飲食。

山下有雷，下動上止，《頤》象也。言語、飲食出入于頤。慎之、節之，象其動止。是乃養德養身之大要。

觀我朵頤，亦不足貴也。

陽主養人，陰虛受養。初九陽德，本足貴者，從欲失己，亦不足貴。

六二征凶，行失類也。

初上皆失其類，故不可行。程子則謂，從上爲失類。

十年勿用，道大悖也。

所由之道大悖，故不可用。項氏謂：「卦辭曰：頤貞吉。三爻辭曰：拂頤貞凶。惟此爻與卦義相反，故曰道大悖。」

顛頤之吉，上施光也。

得陽剛之助以養天下，則上之德施光明，是養賢及民者。

居貞之吉，順以從上也。

柔順以從上九之賢，賴以養天下。

由頤厲吉，大有慶也。

由頤而能惕厲，天下被其養，是大有福慶。

澤滅木，《大過》。君子以獨立不懼，遯世无悶。

澤本養木，今滅没之，《大過》象也。君子獨立不懼，達不變塞，遯世无悶，樂天知命，是乃大過人之行。

藉用白茅，柔在下也。

陰柔處下，如用茅藉物，敬慎之道，不嫌於過。

老夫女妻，過以相與也。

雖過其時，陰陽相與。

棟橈之凶，不可以有輔也。

過剛自用，不肯親輔於人，人亦不能親輔之。

棟隆之吉，不橈乎下也。

枯楊生華，何可久也。老婦士夫，亦可醜也。

過涉之凶，不可咎也。

舍身犯難，其事雖凶，其義則不可咎。

水洊至，《習坎》。君子以常德行，習教事。

水流仍洊而至，《習坎》象也。君子治己常久其德行，治人習熟其教事，猶習坎然。

習坎入坎，失道凶也。

小人失道，以致凶。初、上皆小人，故上六亦曰失道。必若君子，行險不失信，乃爲得道也。

求小得，未出中也。

未離中德，故小得可求。程子則謂，未能出險中。

來之坎坎，終无功也。

樽酒簋貳，剛柔際也。

四五剛柔相際，君臣之交終合，故須以質實通之。朱子謂，貳字衍。

坎不盈，中未大也。

剛中自守，未敢侈大。大則盈，中則平。

上六失道，凶三歲也。

三歲，言其凶至久。或曰，《周官司圜》：「上罪三年而舍也。」

明兩作，《離》。大人以繼明照于四方。

明兩作起，重《離》之象。大人以緝熙光明，徧照四方，法重離之德。程子以繼爲世繼，先儒皆所不取。

履錯之敬，以辟咎也。

黄離元吉，得中道也。

日昃之離，何可久也。

初爲日出，二爲日中，皆有明德。三則日昃，其明將滅，其德已昏，何可久存。故聖人緝熙以敬止，學者緝熙于光明。

突如其來如，无所容也。

四之剛暴，非物不容，无所容爾。

六五之吉，離王公也。

麗王公之位，尊高而知憂懼，其德尤美。

王用出征，以正邦也。

君道剛明，可正邦國。

易説卷六

象下傳

山上有澤，《咸》。君子以虚受人。

山上有澤，抑尊受卑，山澤通氣，《咸》之象也。君子知虚則能受，虚心受人，感以無心。

咸其拇，志在外也。

初志在於感四。

雖凶居吉，順不害也。

順理以感，則不爲害，二以居爲順。

咸其股，亦不處也。志在隨人，所執下也。

亦，亦下二爻也。二陰躁動，不處固宜，三乃陽剛，亦復如是。

貞吉悔亡，未感害也。憧憧往來，未光大也。

所以貞吉悔亡，言未爲私感所害也。憧憧往來，私感而已，故未光大。

咸其脢，志末也。

末，謂上也。以其志與上感，故戒之。《繫辭傳》曰：「其初難知，其上易知，本末也。」明知初爲本，上爲末。朱子則謂，志末，不能感物。

咸其輔頰舌，滕口説也。

滕與騰同。咸道轉末，徒騰口説，豈能感人。

雷風，《恒》。君子以立不易方。

雷風非可恒，其理則不易，故曰恒也。君子體之，立於常道，不變易其方所。

浚恒之凶，始求深也。

深造以道，始而求之，則陵節不遜。

九二悔亡，能久中也。

不恒其德，无所容也。

説見離四。此言不恒之人，无所可容。

久非其位，安得禽也。

婦人貞吉，從一而終也。夫子制義，從婦凶也。

婦從於夫，壹與之齊，終身不改，故曰從一而終。夫子之道，剛以制義。從婦柔順，所以凶也。

振恒在上，大无功也。

臣任勞，君任逸，故上宜恒静，下宜恒動。今曰振恒在上，是君尸臣勞，下代上逸，庶事曠廢，大无功者也。

天下有山，《遯》。君子以遠小人，不惡而嚴。

天下有山，山至高矣。山雖藏疾，物莫與京，《遯》之象也。君子以避遠小人，不惡以激怒，而嚴以立身，則小人自遠。即象辭小利貞之義。張子讀惡爲憎惡之惡，謂遠小人不可示以惡。於義亦通。

遯尾之厲，不往何災也。

晦處不行，可以免災。程子謂，不遯可免災，云古人處微下、隱亂世而不去者，多矣。

執用黄牛，固志也。

係遯之厲，有疾憊也。畜臣妾吉，不可大事也。

當遯而係，故有疾而困憊也。不可大事，言不可大正也。危行言遜，小貞則吉。

君子好遯，小人否也。

嘉遯貞吉，以正志也。

能正其志，不係於私，故獲貞吉。

肥遯无不利，无所疑也。

四陽之中，三、四、五皆有係，則皆不能无疑。獨上无所疑慮，故无不利。下體艮止，故遯而不決。上體乾剛，故遯無不善。

雷在天上，《大壯》。君子以非禮弗履。

雷在天上，陽聲震動，《大壯》之象。君子克己反禮，如雷斯奮，壯莫大焉。

壯于趾，其孚窮也。

居下任壯，信其必窮。

九二貞吉，以中也。

大壯之貞在中，中則不失正。

小人用壯，君子罔也。

藩決不羸，尚往也。

尚，上也。與小畜象傳同。此言可以上進。

喪羊于易，位不當也。

以陰居陽爲位不當，故能喪羊于易。若以陽居陽，位雖當，而反有悔矣。《易》有以不當位爲得者，此爻是也。故曰變通所以趣時。又卦所以壯，在乎四陽，至五則壯已過，故爲位不當。

不能退，不能遂，不詳也。艱則吉，咎不長也。

不能退遂，咎在不詳。詳慎知艱，故咎不長。

明出地上，《晉》。君子以自昭明德。

明出地上，日初升，《晉》之象也。君子有明德，自昭明之，日進無疆然。

晉如摧如，獨行正也。裕无咎，未受命也。

晉摧雖不決，要惟獨行正道也。所以裕无咎者，以未急於受命也。命，謂天命。晉爲君子受命之時，然急於趣時則非裕而有咎。程朱則謂，始進未有官守之命。

受兹介福，以中正也。

衆允之，志上行也。

初罔孚未信也，故不可進。三衆允，德孚於衆，其志可以上行也。程子則以上行爲上順麗乎大明。

鼫鼠貞厲，位不當也。

以剛居柔爲位不當。晉之道貴柔而賤剛。程子則謂，德不正而居高位。

失得勿恤，往有慶也。

維用伐邑，道未光也。

維用伐邑，以其道未光大也。剛進之極，便有危咎。若道光无私，何須克治也。

明入地中，《明夷》。君子以蒞衆用晦而明。

明入地中，明而見傷之象。君子蒞衆，不用其明，乃用其晦。用明則傷察，用晦反得其明也。

君子于行，義不食也。

不食爲義，即於飛、攸往皆義，當然可知。

六二之吉，順以則也。

柔順不失於法則，拯之速即是則也。

南狩之志，乃大得也。

大得其除害之志，言非利天下。

入于左腹，獲心意也。

箕子之貞，明不可息也。

箕子艱貞在晦其明，身可辱而明不可息。息則非明，即亦非貞。

初登于天，照四國也。後入于地，失則也。

照臨四國，明之本。始失其法則，所以昏墜。朱子謂，照四國以位言。

風自火出，《家人》。君子以言有物而行有恒。

風自火出，化從内起，《家人》象也。君子知風之自在於言行。言有事實，行有常度，身正則家正。

閑有家，志未變也。

禁於未發謂豫，志已變而閑之則難。

六二之吉，順以巽也。

家人嗃嗃，未失也。婦子嘻嘻，失家節也。

富家大吉，順在位也。

順者，婦德之美。二卑，故言順以巽；四尊，故言順在位。

王假有家，交相愛也。

家人感化，父子、兄弟、夫婦交致親愛也。程朱則專以夫婦言。

威如之吉，反身之謂也。

威如不言有孚，孚在威中也。言威如非外求，反身自正則不怒而威，治家始終以身爲本。

上火下澤，《睽》。君子以同而異。

火炎上，澤潤下，《睽》之象也。君子處世，同中有異，無矯激，亦無詭隨。

見惡人，以辟咎也。

處睽之時，動多違戾，不拒惡人，避怨咎也。

遇主于巷，未失道也。

遇于巷，有邪僻之嫌，故言未失道。

見輿曳，位不當也。无初有終，遇剛也。

見輿曳，不言牛掣者，舉重也。以六居三又介二剛之間，是處位不當也。遇上九剛明之人，故无初有終。

交孚无咎，志行也。

厥宗噬膚，往有慶也。

往有相合之慶。

遇雨之吉，羣疑亡也。

群疑如豕鬼之等，睽生於疑，和則無疑。其始睽也，無所不疑，故曰群疑。及既和雖有可疑，亦歸消釋，故曰亡也。

山上有水，《蹇》。君子以反身修德。

山上泉流，曲折多阻，《蹇》之象也。君子行有不得，反身修省，其德乃成。

往蹇來譽，宜待也。

王臣蹇蹇，終无尤也。

鞠躬盡瘁，事雖不濟，終无過尤。二才柔弱，故明言勸之。

往蹇來反，内喜之也。

内謂内卦二陰也。陰喜依陽，故當來反。

往蹇來連，當位實也。

當位實，謂九五也。五當正位而又陽實，故陰宜連之。程子則以實爲誠實。

大蹇朋來，以中節也。

言五履中合節，進止得宜，故朋來助之。

往蹇來碩，志在内也。利見大人，以從貴也。

内、貴皆謂五。

雷雨作，《解》。君子以赦過宥罪。

雷雨交作，《解》之象也。君子以赦免過誤，寬宥罪犯，象解緩之義。

剛柔之際，義无咎也。

柔居解初，承剛應剛，是謂剛柔之際。以柔從剛，義得无咎。

九二貞吉，得中道也。

得中道，故除去邪惡，不激以釀禍。

負且乘，亦可醜也。自我致戎，又誰咎也。

德不稱器，故可醜。變寇言戎者，寇小爲盜，大爲戎。《繫辭傳》復變戎言盜。

解而拇，未當位也。

以陽居陰，處位未當，小人易附麗之，故必解拇而後朋孚。

君子有解，小人退也。

公用射隼，以解悖也。

悖亂又小人之尤者，終乃解之。

山下有澤，《損》。君子以懲忿窒欲。

山下有澤，澤氣潤山，浚下之深，增上之高，《損》之象也。君子體兑之説以懲忿怒，象艮之止以窒意欲。故曰損德之修。

已事遄往，尚合志也。

尚，上也。初、四合志，上下相得，故往宜遄。

九二利貞，中以爲志也。

以中爲志，故能弗損益之，得其節適。

一人行，三則疑也。

一人行，則兩相得。三則疑，所與而不决。

損其疾，亦可喜也。

六五元吉，自上祐也。

龜筮協從，自天祐之。

弗損益之，大得志也。

大得志，即謂得臣無家。程子謂，大得行其志。

風雷，《益》。君子以見善則遷，有過則改。

風雷合勢，交相助益，《益》之象也。君子遷善改過，亦必迅速，交相爲益。

元吉无咎，下不厚事也。

厚猶大也。在下非厚事之地，大責豈易塞之途，故須盡善無過。

或益之，自外來也。

益用凶事，固有之也。

凶雖外來益自己，受若固有之，言不當辭也。

告公從，以益志也。

以益民爲志，上必信從之。

有孚惠心，勿問之矣。惠我德，大得志也。

惠出於心，又何問焉。以德爲惠，君志乃得。

莫益之，偏辭也。或擊之，自外來也。

偏，言辭未全也。自外來，言不召而至。二或益，上或擊，皆云自外來，美惡不嫌同辭。

澤上於天，《夬》。君子以施禄及下，君德則忌。

澤上於天，潰而爲雨，《夬》之象也。君子施彼禄，澤逮於群下，法其决也。居德之心則必敬，忌滿而不溢，防其決也。

不勝而往，咎也。

言若度勝而往，則无咎。

有戎勿恤，得中道也。

得中道，言處置得宜，故寇戎不能害之。

君子夬夬，終无咎也。

終對始言，始雖濡慍，終能决去。

其行次且，位不當也。聞言不信，聰不明也。

位不當，謂以陽居陰，失其剛也。聰不明，故聞言不信，昧其理也。

中行无咎，中未光也。

中未光，言陽比於陰，不無私繫，故必中行乃无咎。程子則謂，五心有所比，以義之不可而決之，雖行不失中，然於中道未爲光大。朱子從之。

无號之凶，終不可長也。

終對始言，始未見凶，終不可長，言難忘戒備也。

天下有風，《姤》。后以施命誥四方。

天下有風，無所不徧，《姤》之象也。爲君后者，施其命令，布誥四方，如風之徧物。

繫于金柅，柔道牽也。

柔道牽制不得進。程朱則皆以牽爲進。

包有魚，義不及賓也。

包則可，賓則不可。

其行次且，行未牽也。

三之行，本无牽制，所以次且者，蓋欲制陰而然。

无魚之凶，遠民也。

衆維魚矣，故有民象。四以不德失其衆心，是自遠其民。

九五含章，中正也。有隕自天，志不舍命也。

所以含章，由有中正之德不剛暴也。志不舍命，言人能勝天也。陰長陽消，是乃天命。君子不謂命而舍置不爲。

姤其角，上窮吝也。

身在事外，處上極之地故吝，言非其罪。

澤上於地，《萃》。君子以除戎器，戒不虞。

澤水上聚於地，《萃》之象也。君子知澤聚防潰，人聚防争，修除戎器，警戒不虞，豫爲之備。

乃亂乃萃，其志亂也。

志亂故萃亂。

引吉无咎，中未變也。

中志所守未變，故必待引而往。

往无咎，上巽也。

三往求四，四順受焉，故曰上巽。程朱則以上爲上六。

大吉无咎，位不當也。

四非君位，故言不當。

萃有位，志未光也。

志未光，謂匪孚。王者誠信著於下，則志光大。

齎咨涕洟，未安上也。

上謂卦外，所處未安，故號泣求萃。洟，鼻液也。

地中生木，《升》。君子以順德，積小以高大。

地中生木，進而日長，《升》之象也。君子順修其德，積其微小以致高大。按：順德切坤巽而言。王肅本作慎，恐非。

允升大吉，上合志也。

上，謂上體三陰。

九二之孚，有喜也。

二以孚誠應上，則於升道有喜。

升虛邑，无所疑也。

王用亨于岐山，順事也。

四有順德，用以事神，吉又何咎。朱子則謂，以順而升，登祭於山之象。

貞吉升階，大得志也。

即象傳所謂有慶志行者。

冥升在上，消不富也。

冥升而在上位，盛滿已極，故當消虛自損，不至富盛。

澤无水，《困》。君子以致命遂志。

水在澤下，涸竭之義，《困》之象也。君子處窮，委致其命，務遂其志，身可困而道不可窮。

入于幽谷，幽不明也。

初之德幽暗，故坐困而益陷於險。

困于酒食，中有慶也。

二有中德，故能濟困有福慶。

據于蒺藜，乘剛也。入于其宫，不見其妻，不祥也。

據于蒺藜，不言困于石者，以乘剛爲重。

來徐徐，志在下也。雖不當位，有與也。

徐徐者，志安卑下，欲進不敢也。有與者，謂五也。四、五合德，困終可濟。程子則以與爲初。

劓刖，志未得也。乃徐有説，以中直也。利用祭祀，受福也。

中直即剛中之德。

困于葛藟，未當也。動悔有悔，吉行也。

未當，謂陰處上也。行，謂行而獲吉。二剛中曰征凶，上陰柔反曰征吉者，二在險中，未出困也。上居險外，則困出矣。程子以吉行也爲句，先儒非之。

木上有水，《井》。君子以勞民勸相。

木上有水，朱子以爲，木之津潤上，出木末，如汲水上行，《井》之象也。君子勞徠其民，以君養之；勸相其民，使民自養，法井之用與其施然。

井泥不食，下也。舊井无禽，時舍也。

在下故爲泥。時舍所以舊。

井谷射鮒，无與也。

無汲引之人，故功不上行。

井渫不食，行惻也。求王明，受福也。

渫而不食井，雖不怨行汲之人，心實惻然爲之，求王之明，非爲一人，天下受福也。朱子以行爲行道之人。

井甃无咎，脩井也。

寒泉之食，中正也。

泉流中正，寒而可食。

元吉在上，大成也。

言在上者，井以上出爲功，井道大成，所以元吉。

澤中有火，《革》。君子以治歷明時。

澤中有火，火耗水，水滅火，《革》之象也。天地革而四時成，故君子以治歷明時。

鞏用黃牛，不可以有爲也。

巳日革之，行有嘉也。

言德位如二而征行，則有嘉美之功。

革言三就，又何之矣。

何之，言何往不宜。

改命之吉，信志也。

衆信其志，斯爲有孚，故改命吉。

大人虎變，其文炳也。

虎文闊大疏朗，開業之君，革命創制，如虎文彪炳然。

君子豹變，其文蔚也。小人革面，順以從君也。

豹文茂密繁縟，守成之君，潤色鴻業，如豹文蔚縟然。順以從君，言於變時雍也。

木上有火，《鼎》。君子以正位凝命。

木上有火，鼎之用也。鼎形端正而凝重，君子象之，以正其居位，凝受天命。程子以凝命爲安重其命令。

鼎顛趾，未悖也。利出否，以從貴也。

顛本爲悖，以出否則未悖。出故納新，即是從貴。程朱皆以從貴爲應四。

鼎有實，慎所之也。我仇有疾，終无尤也。

人有才德，保之爲難，當慎所往也。始而我仇，雖有疾害之心，其終无過尤，亦不能即而害我矣。

鼎耳革，失其義也。

言三與五失其相應之義。

覆公餗，信如何也。

大臣以事業許國，今實不稱，是失許國之信。

鼎黄耳，中以爲實也。

六五陰虚而得中，以中德爲實也。

玉鉉在上，剛柔節也。

剛柔節適，所以大吉。

洊雷，《震》。君子以恐惧脩省。

雷聲洊仍，震之至也。君子象之，既恐懼於心，又脩省於事，法洊雷。

震來虩虩，恐致福也。笑言啞啞，後有則也。

震來厲，乘剛也。

震蘇蘇，位不當也。

陰柔不中正，爲位不當。

震遂泥，未光也。

未光，言志不能自遂。

震往來厲，危行也。其事在中，大无喪也。

行雖有危，以其事不失中，故大无喪。五主器承祧，故无喪。言大，知二喪貝爲小。

震索索，中未得也。雖凶无咎，畏鄰戒也。

中未得，言心無所主，故索索。畏鄰戒，言因鄰之戒而知畏。程子則以中爲中道。

兼山，《艮》。君子以思不出其位。

兩山相重，止而又止，重《艮》象也。君子以安定思慮，不出其位，所當止。

艮其趾，未失正也。

失正而後止，則无及矣。止之於初，故言未。

不拯其隨，未退聽也。

所以不拯而唯隨者，三止乎上，未肯退聽乎二。

艮其限，危薰心也。

艮其身，止諸躬也。

躬即身也。静止諸躬則不躁動。王伯厚謂傴背爲躬，亦是一説。

艮其輔，以中正也。

五有中德，中則正矣。口止而言當，非中正不能。朱子則謂，正字羡文。

敦艮之吉，以厚終也。

篤厚於終，終則有始。

山上有木，《漸》。君子以居賢德善俗。

山上有木，以次加高，《漸》之象也。君子體艮以居積賢德，法巽以善美風俗，脩己化人皆以漸。

小子之厲，義无咎也。

飲食衎衎，不素飽也。

素，空也。以德受禄，亨之而安。

夫征不復，離群醜也。婦孕不育，失其道也。利用禦寇，順相保也。

有室家則思歸，九三與上無應，離其醜類也。陰陽和而後育，九三過剛，獨陽無陰，失其婦道也。婦人悍妒，多不育者。利用禦寇，以三不中正，故戒以順正，相保守也。

或得其桷，順以巽也。

能順以巽，何處不安，故居高位而不危。

終莫之勝吉，得所願也。

事合中正則得志願，所謂行慊於心。

其羽可用爲儀吉，不可亂也。

志意高潔，故不可亂。

澤上有雷，《歸妹》。君子以永終知敝。

澤上有雷，澤感雷，猶女説男，《歸妹》象也。君子知夫婦之道，貴永久有終則不敝。始合不正，理無永終，故以此知其必敝。

歸妹以娣，以恒也。跛能履吉，相承也。

恒以理言，承以才言。初少女在下爲娣，乃其常相承則有助。程朱皆以恒爲常久之德。

利幽人之貞，未變常也。

從一而終，婦道之常。幽貞自守，是乃未變其常也。恒常一也。初以娣爲恒，二以幽人爲常，位不同故。

歸妹以須，未當也。

德位皆不當，人不取之，故以須爲娣。

愆期之志，有待而行也。

有待而行，不苟適人，異於三，爲人棄而須者。

帝乙歸妹，不如其娣之袂良也。其位在中，以貴行也。

帝乙歸妹二句，虛擧經文，下乃釋之。五居尊位而用中，故能以至貴而行謙儉之道也。朱子謂，以其有中德之貴而行，故不尚飾。

上六无實，承虛筐也。

專言虛筐，以上六女子也。

雷電皆至，《豐》。君子以折獄致刑。

雷電皆至，合而成豐。君子法電明折獄，象雷威致刑。

雖旬无咎，過旬災也。

旬爲盈數，過則爲災。

有孚發若，信以發志也。

豐其沛，不可大事也。折其右肱，終不可用也。

明動相資，大事乃濟。以明遇昏，用剛應柔，故不可大事也。右肱見折，廢棄不用，明哲保身，故終不可用也。

豐其蔀，位不當也。日中見斗，幽不明也。遇其夷主，吉行也。

四所以豐蔀，以德不中正而比五，故位不當也。幽不明，謂君暗而臣不中正也。遇其夷主則吉，故可以行也。程子以吉行爲句。與困上象同。

六五之吉，有慶也。

豐其屋，天際翔也。闚其户，闃其无人，自藏也。

天際翔，言屋翼高翔也。自高絶物，益其昏昏，是自蔽藏也。

山上有火，《旅》。君子以明慎用刑，而不留獄。

山上有火，野燒延緣，過而不留，《旅》之象也。君子用刑，以離明致察，艮止致慎，過於謹重又易淹留。其必斷決如火而不留獄，猶羈旅然。

旅瑣瑣，志窮災也。

志窮謂猥陋局迫，不災何待。

得童僕貞，終无尤也。

即次懷資，一時无尤。得童僕貞，則終无尤。旅更以童僕爲重，故特釋之。

旅焚其次，亦以傷矣。以旅與下，其義喪也。

亦，以之。以與已同，古字通也。下即童僕也。焚次失安，亦以見傷，又剛暴寡恩，以旅人視童僕，則其義當喪也。程子則謂，以旅之時而與下之道如此。

旅于處，未得位也。得其資斧，心未快也。

未得位，則未得所安也，故曰于處。

終以譽命，上逮也。

逮，及也。仕獲乎上，名位及之。

以旅在上，其義焚也。喪牛于易，終莫之聞也。

以旅之道在上，視所處如寄寓然，有忽慢之心，其義當焚也。輕易以喪其順德，終莫之聞知，知則能改矣。張子曰：「怒而忤物，雖有凶危，其誰告之？故曰終莫之聞。」程子則謂，以旅在上，以尊高自處。

隨風，《巽》。君子以申命行事。

兩風相隨，重《巽》之象。君子申其命令，行其政事，究乎隱微，偏乎天下，猶風動然。

進退，志疑也。利武人之貞，志治也。

行止決於所志，故皆以志言。志二則疑，一則治。

紛若之吉，得中也。

以二得中，故盡重巽申命之道。

頻巽之吝，志窮也。

志疑者可治，志窮則有吝而已。窮，極也，極於巽。

田獲三品，有功也。

九五之吉，位正中也。

言五所處，位正得其中也。

巽在床下，上窮也。喪其資斧，正乎凶也。

上窮，言處巽過極。正乎凶，言必凶。程子以乎爲疑辭，言得正乎乃凶也。

麗澤，《兑》。君子以朋友講習。

兩澤相麗，互有滋益，重《兑》之象。君子以朋友相麗，講其未知，習其已行，相說相益，無過如此。

和兑之吉，行未疑也。

係於陰則疑其所行，如四是也。初剛而無係，故未疑。

孚兑之吉，信志也。

比近小人，行雖可疑，剛中有孚，志則可信。

來兑之凶，位不當也。

處位不中正，故妄說。或曰，位不當謂居兩兑間也。

九四之喜，有慶也。

不妄說非道，可以正人心、美風俗，一身有喜即天下有慶。

孚于剥，位正當也。

正當尊位，易親小人。朱子謂，與履五同。

上六引兑，未光也。

爲物所引，心術曖昧，故未光。

風行水上，《涣》。先王以享于帝立廟。

風行水上，離披解散，《涣》之象也。先王享帝立廟，報本尊親，合鬼神、聚人心之要道。

初六之吉，順也。

初六所以吉者，言能順時早救之。

涣奔其机，得願也。

二安静之位，急就其安，乃得所願。

涣其躬，志在外也。

謂應於上。或曰，外謂天下。

涣其群元吉，光大也。

樹私黨者，心暗而小。群而涣之，則光大者也。

王居无咎，正位也。

涣號、涣居，爻本兩事，傳特釋之者。正位居尊，然後能涣號者也。

涣其血，遠害也。

澤上有水，《節》。君子以制數度，議德行。

澤上有水，不止則溢，《節》之象也。君子制數度以坊人，議德行以坊己，如防川然。孔疏云：「制其禮數等差，皆使有度；議人之德行任用，皆使得宜。」據此，則德謂賢者，行謂能者。辨論官材，慎惜名器，節之大者。義得兼存。

不出户庭，知通塞也。

初不當出，知塞而止。兼通言者，知塞即知通也。通塞亦以澤取象。

不出門庭凶，失時極也。

二如澤，當通而反塞，失時之極。

不節之嗟，又誰咎也。

又誰咎，與同人初、解三同。

安節之亨，承上道也。

承上道而宣之，如水承流然。

甘節之吉，居位中也。

既居尊位，又得中道。

苦節貞凶，其道窮也。

與彖傳同。

澤上有風，《中孚》。君子以議獄緩死。

澤上有風，風虚入澤，澤虚受風，《中孚》之象。君子體兑以議獄，象巽以緩死。致其忠愛，故獄成而孚、輸而孚。

初九虞吉，志未變也。

言未變其自守之志。

其子和之，中心願也。

以誠應誠。

或鼓或罷，位不當也。

居不當位，故心無主。

馬匹亡，絶類上也。

類謂初，上謂五。《易》例六三應上九多凶，六四承九五多吉。

有孚攣如，位正當也。

正當尊位，故須交孚。

翰音登于天，何可長也。

虛聲无實，何可長久如此，言當反於誠。《困學紀聞》：「翰音登于天，無實之名也。殷浩、房琯似之。」

山上有雷，《小過》。君子以行過乎恭，喪過乎哀，用過乎儉。

雷出地中，及至山上，聲漸微小，《小過》象也。君子監時，事之失在於慢易奢侈，故矯之以過恭、過哀、過儉。三者皆過小而不失於侈大，又爲小過而不至於太甚。

飛鳥以凶，不可如何也。

自納於凶，可如之何？

不及其君，臣不可過也。

從或戕之，凶如何也。

弗過遇之，位不當也。往厲必戒，終不可長也。

剛失位不當，故必過遇乃宜也。往則有危，豈可終守此不變也。

密雲不雨，已上也。

陰過上而陽不交，故不雨。

弗遇過之，已亢也。

已上猶未極，已亢則極矣，故過以致凶。

水在火上，《既濟》。君子以思患而豫防之。

水在火上，相交爲用，《既濟》象也。然水決滅火，火炎涸水，不可不戒。君子治不忘亂，患未至而思防，恐遲而豫。

曳其輪，義无咎也。

始向濟而曳輪，戒謹如是，則雖濡尾，其義无咎。觀小象不釋濡尾，可見二句不宜平對。

七日得，以中道也。

中道必不終廢。

三年克之，憊也。

言僃以見成功之難，當思保治非易。

終日戒，有所疑也。

東隣殺牛，不如西隣之時也。實受其福，吉大來也。

既濟之後，須戒盛滿。以祭而言，豐不如約。時實，當然受福；吉來，終乃不亂。

濡其首厲，何可久也。

濡其首則既濟變爲未濟，所當知其危而急反之，何可長久如此。程子則謂，其能長久。

火在水上，《未濟》。君子以慎辨物居方。

火上水下，物性乖方，所以未濟。君子觀象而知其由，用以慎辨物理，方設居方，乃無不濟。

濡其尾，亦不知極也。

極，窮也。《洪範》六極，孟子云：「夫何使我至於此極。」不量而進，致濡其尾，是不知其極而蹈也。程子謂，是不知之極。朱子謂，極字未詳，恐是敬字。

九二貞吉，中以行正也。

程子有言，正未必中，中無不正。蓋因中以得正也，於此傳見之。

未濟征凶，位不當也。

六爻皆位不當，獨此爻言者，以其柔弱，處上下之交，故特發之。

貞吉悔亡，志行也。

四位將濟，故得其貞則志行。

君子之光，其暉吉也。

光散爲暉，光之盛也，故重言吉。

飲酒濡首，亦不知節也。

易説卷七

繫辭上傳

天尊地卑，乾坤定矣。卑高以陳，貴賤位矣。動静有常，剛柔斷矣。方以類聚，物以群分，吉凶生矣。在天成象，在地成形，變化見矣。

在天有方，方各有類。在地有物，物各有群。群類既别，則有聚有分。以順則吉，以逆則凶，故吉凶生。象者，形之精；形者，象之質。一理而運，兩在不測，故變化見。此言聖人因造化自然以作《易》。朱子謂，方謂事情所向，言事物善惡各以類分。

是故剛柔相摩，八卦相盪。鼓之以雷霆，潤之以風雨。日月運行，一寒一暑。乾道成男，坤道成女。乾知大始，坤作成物。乾以易知，坤以簡能。易則易知，簡則易從。易知則有親，易從則有功。有親則可久，有功則可大。可久則賢人之德，可大則賢人之業。易簡而天下之理得矣。天下之理得，而成位乎其中矣。

陰陽兩相切摩爲八卦，八卦互相推盪爲六十四卦。震雷、離霆、巽風、坎雨、離日、坎月，不言艮兑者，寒暑包乎艮兑，乾坤包乎六子。凡陽之屬皆男，凡陰之屬皆女。乾主始物，坤作成之。乾健故易，坤順故簡。大始無形，故言知。成物有迹，故言能。以上皆言乾坤之理。易知易從以下，又言人法乾坤之能。

此第一章。明《易》書之作本於乾坤人體，易簡則與天地參。

聖人設卦觀象，繫辭焉而明吉凶。剛柔相推而生變化。是故吉凶者，失得之象也。悔吝者，憂虞之象也。變化者，進退之象也。剛柔者，晝夜之象也。六爻之動，三極之道也。

設卦觀象，總下數者而言。卦辭不獨吉凶，但云繫辭以明吉凶者，舉吉凶則包之。剛柔以卦爻而言也。悔趨吉，吝趨凶。吉則象得，凶則象失，悔吝則象憂虞。或曰，悔象憂，吝象虞也。陽變陰化。陽象進，陰象退。剛象晝，柔象夜。六爻分三重，象天地人。動謂變化，極謂至也。三極即三才。

是故君子所居而安者，《易》之序也。所樂而玩者，爻之辭也。是故君子居則觀其象而玩其辭，動則觀其變而玩其占，是以自天祐之，吉无不利。

序謂爻位次第。君子居其位，則安其理也。動静合天道，故獲天祐。

此第二章。明聖人作《易》之旨與君子學《易》之功。

象者，言乎象者也。爻者，言乎變者也。吉凶者，言乎其失得也。悔吝者，言乎其小疵也。无咎者，善補過也。是故列貴賤者存乎位，齊小大者存乎卦，辯吉凶者存乎辭，憂悔吝者存乎介，震无咎者存乎悔。是故卦有小大，辭有險易。辭也者，各指其所之。

凶咎如疾病，悔吝如小疵，无咎善其有過能補。前章止言吉凶悔吝，此乃言无咎者，无咎之辭，吉凶悔吝四者皆有之。貴賤以爻位言，小大以陰陽言。介，纖細也。惡雖小而當戒於悔吝之介，憂之則絶惡於微渺。震，動也。有悔過之心，則能震動以免咎。辭有險易者，朱子云小險大易。

此第三章。雖釋卦爻辭通例，然以吉凶爲主，蓋申「吉凶者失得之象」一節義。朱子謂，介是善惡初分界處。

《易》與天地準，故能彌綸天地之道。

易，易書也。準，合也。彌，周浹也。綸，經緯也。彌則渾然無間，綸則粲然有倫。

仰以觀於天文，俯以察於地理，是故知幽明之故。原始反終，故知死生之説。精氣爲物，遊魂爲變，是故知鬼神之情狀。

《易》以道陰陽。凡幽明、死生、鬼神，皆陰陽也。精氣凝合爲物之神，遊魂變滅爲鬼之歸。或曰，精氣爲魄，鬼也；志氣爲魂，神也。

《日知録》第一卷云：「精氣爲物，自無而之有也。遊魂爲變，自有而之無也。」引邵氏《寶簡端録》曰：「聚而有體謂之物，散而無形謂之變。唯物也，故散必於其所聚。唯變也，故聚不必於其所散」云云。愚案：游魂或散爲形、爲聲、爲光景、爲怪妖，不可必知，不可意測，故謂之變而已，此聖人之不語神怪也。陳無巳乃以游魂爲變爲輪迴之説，夫使游魂必入輪迴，則天地之化，鬼神之德，亦拘泥而不通矣，何以謂之變哉？一變字精微簡核。「陳無巳師道以游魂爲變爲輪迴之説，吕仲木柟辨之曰，長生而不化則人多，世何以容？長死而不化則鬼亦多矣。夫鐙熄而然，非前鐙也。雲霓而雨，非前雨也。死復有生，豈前生邪？」

與天地相似，故不違。知周乎萬物而道濟天下，故不過。旁行而不流，樂天知命，故不憂。安土敦乎仁，故能愛。

德合天地，故曰似。知仁，所以似者也。知周萬物，仁能濟之，故知不過。知能旁行，其權居正不流，則仁能守。樂天命而知之，故不憂，則知益深。隨遇安敦乎仁，故能愛，則仁益篤。

範圍天地之化而不過。曲成萬物而不遺。通乎晝夜之道而知。故神无方而易无體。

範，金模也。圍，匡郭也。神无方者，陰陽互根，不安方所。易无體者，陰陽變化，不拘形體。

此第四章。言《易》爲聖人窮理盡性至命之書。

一陰一陽之謂道。繼之者，善也。成之者，性也。仁者見之謂之仁，知者見之謂之知，百姓日用而不知，故君子之道鮮矣。

陰陽二氣，其理則道。兩一字，兼對立迭運而言。繼，承也。成，具也。之，皆指道言也。化育流行，上下無間，是繼之者善。品物流行，性命各正，是成之者性。又言仁知所見異者，繼善成性雖以理言，然理附於人便已雜於氣質，所以有仁知之偏、百姓之愚。

顯諸仁，藏諸用，鼓萬物而不與聖人同憂，盛德大業至矣哉！富有之謂大業，日新之謂盛德。

顯藏一致，仁用不殊。本當言顯用藏仁，文倒言者，欲見陰陽互根之意。又顯仁，當言大業。藏用，當言盛德。朱子於顯仁言德之發，藏用言業之本，亦互言之。

生生之謂易。成象之謂乾，效法之謂坤。極數知來之謂占。通變之謂事。陰陽不測之謂神。

陰陽相生，其變無窮，故生生謂易。成象、效法，乾坤之易。知來、通變，人事之易。上言易无體，惟生生謂易所以无體。上言神无方，惟不測謂神所以无方。皆陰陽妙用，故總曰陰陽。

夫《易》廣矣大矣。以言乎遠，則不禦；以言乎邇，則静而正；以言乎天地之間，則備矣。夫乾，其静也專，其動也直，是以大生焉。夫坤，其静也翕，其動也闢，是以廣生焉。廣大配天地，變通配四時，陰陽之義配日月，易簡之善配至德。

此第五章。承上章，申言天地之道不外陰陽，陰陽之妙統諸神易。

乾之静即坤也。坤之動即乾也。於乾言静，於坤言動，亦互根之意。乾大生，坤廣生。易寫乾坤，故曰《易》廣矣大矣。至德即易簡，言《易》之易簡配合乾坤。首章以賢人德業分屬易簡，此總云至德者，德包業也。

此第六章。總上數章，極贊易道之廣大。

子曰：「《易》其至矣乎！夫《易》，聖人所以崇德而廣業也。知崇禮卑，崇效天，卑法地。天地設位，而《易》行乎其中矣。成性存存，道義之門。」

知識之崇，高明如天，德所以崇。履禮之卑，平實如地，業所以廣。知、禮，性也，成之自天，存之在人。知禮存而道義出，道義即德業也。

此第七章。明聖人體《易》，德業至盛。

《困學紀聞》晁景迂述郭敏修之言曰：「所以生生者，智水不可不崇，而禮火則卑之，此卦之所以既濟也。」養生之説，陰升陽降。

聖人有以見天下之賾，而擬諸其形容，象其物宜，是故謂之象。聖人有以見天下之動，而觀其會通，以行其典禮，繫辭焉以斷其吉凶，是故謂之爻。言天下之至賾，而不可惡也。言天下之至動，而不可亂也。擬之而後言，議之而後動，擬議以成其變化。

賾與嘖同，雜也。會者，物所聚。通者，道所達。典禮，常禮也。聖人觀其理所會聚，道所通達，識其不易之禮，以行其典常。擬言議動，君子學易之事，總下七爻而言。

「鳴鶴在陰，其子和之。我有好爵，吾與爾靡之。」子曰：「君子居其室，出其言善，則千里之外應之，況其邇者乎！居其室，出其言不善，則千里之外違之，況其邇者乎！言出乎身，加乎民。行發乎邇，見乎遠。言行，君子之樞機。樞機之發，榮辱之主也。言行，君子之所以動天地也，可不慎乎！」

「同人先號咷而後笑。」子曰：「君子之道」或出或處，或默或語。二人同心，其利斷金。同心之言，其臭如蘭。」

出處語默，始異終同。同心之利，堅金可斷，物莫能間也。同心之言，味如芳蘭，好而不厭也。

「初六，藉用白茅，无咎。」子曰：「苟錯諸地而可矣，借之用茅，何咎之有？慎之至也。夫茅之爲物薄，而用可重也。慎斯術也以往，其无所失矣。」

「勞謙，君子有終，吉。」子曰：「勞而不伐，有功而不德，厚之至也。語以其功下人者也。德言盛，禮言恭。謙也者，致恭以存其位者也。」

「亢龍有悔。」子曰：「貴而无位，高而无民，賢人在下位而无輔，是以動而有悔也。」

德厚必謙，德薄斯亢。謙能保位，亢則有悔。朱子謂，此蓋重出。

「不出户庭，无咎。」子曰：「亂之所生也，則言語以爲階。君不密則失臣，臣不密則失身，幾事不密則害成，是以君子慎密而不出也。」子曰：「作《易》者其知盜乎？《易》曰：『負且乘，致寇至。』負也者，小人之事也。乘也者，君子之器也。小人而乘君子之器，盜思奪之矣。上慢下暴，盜思伐之矣。慢藏誨盜，冶容誨淫。《易》曰：『負且乘，致寇至。』盜之招也。」

不密失身，藏慢失財。君子崇慎如密言，戒慢如防盜。

此第八章。明君子學《易》。

天一，地二；天三，地四；天五，地六；天七，地八；天九，地十。天數五，地數五，五位相得而各有合。天數二十有五，地數三十，凡天地之數五十有五。此所以成變化而行鬼神也。

此言河圖之數。天奇地耦，其數各五。其位一、六居北，二、七居南，三、八居東，四、九居西，五、十居中，五位相得也。五位既以奇耦相得，即各以奇耦相合也。積五奇至二十有五，積五耦至三十，凡五十有五，爲河圖全數。此所以奇耦迭用，成就其變化；陰陽屈伸，宣行鬼神之用。朱子謂，相得謂一與二、三與四等。變化謂一變生水，六化成之等。

大衍之數五十，其用四十有九。分而爲二以象兩，掛一以象三，揲之以四以象四時，歸奇於扐以象閏，五歲再閏，故再扐而後掛。乾之策二百一十有六，坤之策百四十有四，凡三百有六十，當期之日。二篇之策，萬有一千五百二十，當萬物之數也。是故四營而成易，十有八變而成卦。八卦而小成。引而伸之，觸類而長之，天下之能事畢矣。

此言蓍卦之法。衍，演也，演天地之數。大衍虛其一不用，而用以之統，所謂衍母，易之太極也。乾之策坤之策，據老陽老陰而言也。前則卦扐，象月之閏。此則過揲之數，象歲之周。二篇，上下經也。四營，謂四度經營蓍策，乃成《易》之一變也。每一爻有三變，則六爻共十有八變。再扐後掛，郭氏謂：「第一變掛，其第二第三揲皆不掛。」朱子謂：「三變皆掛。」今從朱子。

顯道神德行，是故可與酬酢，可與祐神矣。子曰：「知變化之道者，其知神之所爲乎！」

道以辭顯，故明可酬應事物之宜。行以數神，故幽可祐助神化之功。復加子曰者，明十翼非皆夫子親筆，或門人所記也。神之所爲，是承蓍法變化而贊之，見其亦如天地之成變化而行鬼神也。朱子則總承河圖大衍之數法。

此第九章。明蓍法。

《易》有聖人之道四焉：以言者尚其辭，以動者尚其變，以制器者尚其象，以卜筮者尚其占。

言、動、制器、卜筮，汎言《易》有此四用，非皆以蓍筮言，如觀象玩辭、觀變玩占之等。朱子謂，「四者皆變化之道，神之所爲者也。」卜不用易，止是帶言。

是以君子將有爲也，將有行也，問焉而以言。其受命也如嚮，无有遠近幽深，遂知來物。非天下之至精，其孰能與於此。

有爲，謂作内事。有行，謂作外事。精，不雜也。此節論蓍之德，蓍以知來。朱子則謂，此尚辭、尚占之事。

參伍以變，錯綜其數。通其變，遂成天地之文。極其數，遂定天下之象。非天下之至變，其孰能與於此。

參伍，數也，數以變用。錯綜，變也，變以數行。成文、定象，指八卦六爻而言。此節論卦之德、六爻之義也。卦爻以藏往。朱子則謂，此尚象、尚變之事。又謂，參伍錯綜，揲蓍求卦之事。

《易》无思也，无爲也，寂然不動，感而遂通天下之故。非天下之至神，其孰能與於此。

無思無爲，寂然至虚，故有感斯應，萬事咸通，言易理神功不測。此節總著卦爻之德而贊之。神不在精變外，精變之自然者，乃神也。

夫《易》，聖人之所以極深而研幾也。唯深也，故能通天下之志。唯幾也，故能成天下之務。唯神也，故不疾而速，不行而至。子曰：「《易》有聖人之道四焉」者，此之謂也。

窮極幽深，體其至精。研審幾微，察其至變。通天下之志，謂蓍也。成天下之務，謂卦也。兼之者，神也。神應故妙。

此第十章。承上章，明《易》有四者之用，以起下章。

子曰：「夫《易》何爲者也？夫《易》開物成務，冒天下之道，如斯而已者也。」是故聖人以通天下之志，以定天下之業，以斷天下之疑。

承上章而言。精以通志，變以定業，神以斷疑。通志，故開物。定業，故成務。斷疑，故冒道。言《易》使人卜筮如此。

是故蓍之德圓而神，卦之德方以知，六爻之義易以貢。聖人以此洗心，退藏於密，吉凶與民同患。神以知來，知以藏往。其孰能與於此哉？古之聰明睿知神武而不殺者夫！是以明於天之道，而察於民之故，是興神物以前民用。聖人以此齋戒，以神明其德夫。

此言作《易》之事。蓍數用七，象陽。圓變動不居，故曰圓而神。卦數用八，象陰。方事理明著，故曰方以知。爻用九六，變易以告人，故曰易以貢。圓神至精，故可以知來物。方知盡變，故可以藏往事。聖人洗心，合《易》之无思；藏密，體《易》之无爲。吉凶同患，象《易》感而遂通天下之故。神武不殺，所以況無卜筮而知吉凶。齋戒，潔敬也。洗心以存《易》，齋戒以用《易》。心一於敬，則其德神明如神以知來然。

是故闔户謂之坤，闢户謂之乾。一闔一闢謂之變，往來不窮謂之通。見乃謂之象，形乃謂之器，制而用之謂之法，利用出入，民咸用之謂之神。是故《易》有太極，是生兩儀。兩儀生四象，四象生八卦。八卦定吉凶，吉凶生大業。

止是一理。以其静而闔謂之坤，動而闢謂之乾，闔闢相錯謂之變，其用不窮謂之通，見而未成形謂之象，已成形謂之器，聖人修明立教謂之法，百姓利用自然謂之神，此明造化之序。

太極，理也。儀象，以卦畫言也。兩儀、四象、八卦未生，先有太極；既生，各具太極。此明作《易》之序。

是故法象莫大乎天地，變通莫大乎四時。縣象著明莫大乎日月。崇高莫大乎富貴。備物致用，立成器以爲天下利，莫大乎聖人。探賾索引，鉤深致遠，以定天下之吉凶，成天下之亹亹者，莫大乎蓍龜。是故天生神物，聖人則之。天地變化，聖人效之。天垂象，見吉凶，聖人象之。河出圖，洛出書，聖人則之。《易》有四象，所以示也。繫辭焉，所以告也。定之以吉凶，所以斷也。

此節覆明闔户以下之義，合上文造化《易》書而通贊之。又言蓍龜者，明此章論卜筮之事。天生神物以下，又論聖人作《易》之由。

此第十一章。明卜筮。

《易》曰：「自天祐之，吉无不利。」子曰：「祐者，助也。天之所助者，順也；人之所助者，信也。履信，思乎順，又以尚賢也。是以自天祐之，吉无不利也。」

順理之人，必信實無欺。天之所助，人必從之。此引大有上九之辭，以見聖人明於天之道而察於民之故，合天人者也。朱子謂，恐是錯簡，宜在第八章末。

子曰：「書不盡言，言不盡意。」然則聖人之意，其不可見乎？子曰：「聖人立象以盡意，設卦以盡情僞，繫辭焉以盡其言，變而通之以盡利，鼓之舞之以盡神。」

伏羲立八卦之象，所該至廣，故足盡意。文王設六十四卦，事物畢備，故足盡情僞。文王周公繫彖爻諸辭，包涵至深，故足盡言。始言「書不盡言，言不盡意」，又言盡言盡意者，象既盡意，故辭亦盡言。又明象卦辭、變通盡利，言其用不窮也。鼓舞盡神，言使民不倦也。

立象，朱子謂，指奇耦二畫。

乾坤，其易之緼邪！乾坤成列，而易立乎其中矣。乾坤毁，則无以見易。易不可見，則乾坤或幾乎息矣。是故形而上者謂之道，形而下者謂之器。化而裁之謂之變，推而行之謂之通。舉而措之天下之民謂之事業。

易止是陰陽，故乾坤盡易之緼。無陰陽斯無變化，故乾坤毁則无以見易。既無變化，獨陽獨陰，生生不成，故易不可見則乾坤或幾乎息。道器雖分上下，則一皆以形言者，明非虚也。

裁之、行之、措之，之字皆指道。

是故夫象，聖人有以見天下之賾，而擬諸其形容，象其物宜，是故謂之象。聖人有以見天下之動，而觀其會通，以行其典禮，繫辭焉以斷其吉凶，是故謂之爻。極天下之賾者存乎卦，鼓天下之動者存乎辭，化而裁之存乎變，推而行之存乎通，神而明之存乎其人。默而成之，不言而信，存乎德行。

極天下之賾，結上立象、盡意、設卦、盡情僞之義。鼓天下之動，結上繫辭、盡言之義。神明所以運變通，其妙在人。默成所以藴神化，其本在德行。德行即謂易簡。

此第十二章。總結上十一章之意。明作《易》本乎道，體《易》則在人。

易説卷八

繫辭下傳

八卦成列，象在其中矣。因而重之，爻在其中矣。剛柔相推，變在其中矣。繫辭焉而命之，動在其中矣。吉凶悔吝者，生乎動者也。剛柔者，立本者也。變通者，趣時者也。吉凶者，貞勝者也。天地之道，貞觀者也。日月之道，貞明者也。天地之動，貞夫一者也。夫乾，確然示人易矣。夫坤，隤然示人簡矣。爻也者，效此者也。象也者，像此者也。爻象動乎内，吉凶見乎外，功業見乎變，聖人之情見乎辭。

辭鼓天下之動，故曰動在其中，非謂占者卦爻動也。剛柔即陰陽，萬物之本也。變通即變化，陰陽之用也。立本以對待言，趣時以迭運言。貞，正而常也。惠迪貞吉，從逆貞凶，常正者勝。觀，示也。天下之動雖紛，貞勝則一而已。易簡即一也。乾確然健，坤隤然順。凡以易簡示人，所謂貞觀者也。爻象在先，故動乎内。吉凶在後，故見乎外。變因爻象而功業見，辭著吉凶而聖人之情見。

天地之大德曰生。聖人之大寶曰位。何以守位曰仁。何以聚人曰財。理財正辭，禁民爲非曰義。

大德曰生，聖人體於守位即爲仁，施於正萬民即爲義。理財正辭，禁民爲非，總下十三卦而言。先儒謂，此節宜爲下章之首，是也。

此第一章。朱子以爲言卦爻、吉凶、造化、功業。孔疏以爲，覆釋上繫第二章，象爻、剛柔、吉凶、悔吝之事，更具而詳之。朱子謂，曰仁之仁，古本作人。

古者包犧氏之王天下也，仰則觀象於天，俯則觀法於地，觀鳥獸之文與地之宜，近取諸身，遠取諸物，於是始作八卦，以通神明之德，以類萬物之情。作結繩而爲網罟，以佃以漁，蓋取諸《離》。包犧氏没，神農氏作，斲木爲耜，揉木爲耒，耒耨之利，以教天下，蓋取諸《益》。日中爲市，致天下之民，聚天下之貨，交易而退，各得其所，蓋取諸《噬嗑》。神農氏没，黄帝、堯、舜氏作，通其變，使民不倦，神而化之，使民宜之。《易》，窮則變，變則通，通則久。是以自天祐之，吉无不利。黄帝、堯、舜垂衣裳而天下治，蓋取諸《乾》《坤》。刳木爲舟，剡木爲楫，舟楫之利以濟不通，致遠以利天下，蓋取諸《涣》。服牛乘馬，引重致遠，以利天下，蓋取諸《隨》。重門擊柝，以待暴客，蓋取諸《豫》。斷木爲杵，掘地爲臼，臼杵之利，萬民以濟，蓋取諸《小過》。弦木爲弧，剡木爲矢，弧矢之利，以威天下，蓋取諸《睽》。上古穴居而野處，後世聖人易之以宫室，上棟下宇，以待風雨，蓋取諸《大壯》。古之葬者，厚衣之以薪，葬之中野，不封不樹，喪期无數，後世聖人易之以棺槨，蓋取諸《大過》。上古結繩而治，後世聖人易之以書契，百官以治，萬民以察，蓋取諸《夬》。

蓋，疑辭也。諸言取者，不必定觀此卦而成此事，但聖人備物致用，自然符合如此之卦象爾。

此第二章。明聖人制器尚象。

是故《易》者，象也。象也者，像也。彖者，材也。爻也者，效天下之動者也。是故吉凶生，而悔吝著也。

首二句總結上十三卦，故以是故起之。先儒以爲上章結語，是也。

此第三章。統論彖爻。

陽卦多陰，陰卦多陽，其故何也？陽卦奇，陰卦耦。其德行何也？陽一君而二民，君子之道也。陰二君而一民，小人之道也。

少者，多之所宗。陽卦一奇，奇爲主。陰卦一耦，耦爲主。然陽君陰民，二者又皆以陽爲主。

此第四章。釋彖者材也。

《易》曰：「憧憧往來，朋從爾思。」子曰：「天下何思何慮？天下同歸而殊塗，一致而百慮。天下何思何慮？日往則月來，月往則日來，日月相推而明生焉。寒往則暑來，暑往則寒來，寒暑相推而歲成焉。往者屈也，來者信也，屈信相感而利生焉。尺蠖之屈，以求信也。龍蛇之蟄，以存身也。精義入神，以致用也。利用安身，以崇德也。過此以往，未之或知也。窮神知化，德之盛也。」

此節論咸九四爻義，言貞一之理，皆本自然，順其往來，不假思慮，推之造化，物理人事，皆是如此。下十爻俱承此而言。

《易》曰：「困于石，據于蒺藜，入于其宫，不見其妻，凶。」子曰：「非所困而困焉，名必辱。非所據而據焉，身必危。既辱且危，死期將至，妻其可得見邪？」

《易》曰：「公用射隼于高墉之上，獲之，无不利。」子曰：「隼者，禽也。弓矢者，器也。射之者，人也。君子藏器於身，待時而動，何不利之有！動而不括，是以出而有獲。語成器而動者也。」

子曰：「小人不耻不仁，不畏不義，不見利不勸，不威不懲。小懲而大戒，此小人之福也。《易》曰：『屨校滅趾，无咎。』此之謂也。」

善不積，不足以成名。惡不積，不足以滅身。小人以小善爲无益而弗爲也，以小惡爲无傷而弗去也，故惡積而不可揜，罪大而不可解。《易》曰：「何校滅耳，凶。」

子曰：「危者，安其位者也。亡者，保其存者也。亂者，有其治者也。是故君子安而不忘危，存而不忘亡，治而不忘亂，是以身安而國家可保也。《易》曰：『其亡其亡，繫于苞桑。』」

子曰：「德薄而位尊，知小而謀大，力小而任重，鮮不及矣。《易》曰：『鼎折足，覆公餗，其形渥，凶。』言不勝其任也。」

子曰：「知幾，其神乎！君子上交不諂，下交不瀆，其知幾乎。幾者，動之微，吉之先見者也。君子見幾而作，不俟終日。《易》曰：『介于石，不終日，終吉。』介如石焉，寧用終日，斷可識矣。君子知微知彰，知柔知剛，萬夫之望。」

恭近諂，和近瀆，惟知幾者慎之。吉之先見，不言凶者，審幾觀微，動皆循理，故有吉無凶。天下事，初來止是吉而已，於微而知其彰，於柔而知其剛。言見之明，處之決，以切上文。朱子謂，《漢書》吉之之間有凶字。

子曰：「顔氏之子，其殆庶幾乎！有不善未嘗不知，知之未嘗復行也。《易》曰：『不遠復，无祇悔，元吉。』」

天地絪緼，萬物化醇。男女構精，萬物化生。《易》曰：「三人行則損一人，一人行則得其友。」言致一也。

化醇言氣化，化生言形化，皆非致一不能。

子曰：「君子安其身而後動，易其心而後語，定其交而後求。君子脩此三者，故全也。危以動，則民不與也。懼以語，則民不應也。无交而求，則民不與也。莫之與，則傷之者至矣。《易》曰：『莫益之，或擊之，立心勿恒，凶。』」

兩言則民不與，上謂黨與之與，下謂取與之與。

此第五章。釋爻者效天下之動。

子曰：「乾坤，其《易》之門邪？乾，陽物也。坤，陰物也。陰陽合德，而剛柔有體。以體天地之撰，以通神明之德。其稱名也，雜而不越。於稽其類，其衰世之意邪？夫《易》彰往而察來，而微顯闡幽，開而當名辨物，正言斷辭，則備矣。其稱名也小，其取類也大。其旨遠，其辭文。其言曲而中，其事肆而隱。因貳以濟民行，以明失得之報。」

卦皆陰陽合而成。撰以體言，德以理言。此節本伏犧卦畫而言。名謂卦名，陰陽錯雜，而次序不相踰越，此以文王繫辭而言。彰往察來二句，又承伏羲卦畫言。開而以下，又承文王繫辭言。羲皇時有畫，至文王始繫之名。辭是《易》之道，自文王開，故曰開也。辭顯而理微之，理幽而辭闡之，卦必當名象以辨物。彖辭，正言。吉凶，斷辭也。名小類大，以卦名言。旨遠辭文，以彖辭言。其言二句，重申上意。肆，陳也。貳，疑也。民心貳則行不決。因吉凶明失得之報，則疑心去而行可濟。

此第六章。明卦體彖辭。朱子謂，而微顯恐當作微顯而。開而之而，亦疑有誤。

《易》之興也，其於中古乎？作《易》者，其有憂患乎？是故《履》，德之基也。

《謙》，德之柄也。《復》，德之本也。《恒》，德之固也。《損》，德之脩也。《益》，德之裕也。《困》，德之辨也。《井》，德之地也。《巽》，德之制也。《履》，和而至。《謙》，尊而光。《復》，小而辨於物。《恒》，雜而不厭。《損》，先難而後易。《益》，長裕而不設。《困》，窮而通。《井》，居其所而遷。《巽》，稱而隱。《履》以和行。《謙》以制禮。《復》以自知。《恒》以一德。《損》以遠害。《益》以興利。《困》以寡怨。《井》以辨義。《巽》以行權。

羲皇時，三畫之卦雖有名，六畫之卦未有名，又皆有畫無文，至文王始名其卦而繫以辭。辭與名，皆前所未有，故不云述《易》而云作《易》也。先儒皆以憂患爲囚羑里，然聖人吉凶與民同患，則宜以憂患天下言。下文三陳九卦，正以明憂患之意。《謙》以自牧，德有本而可持，故曰柄。《井》以養人，德至寬而可居，故曰地。朱子謂，《井》以不變其所。《復》小而辨於物，謂陽雖微不辭於群陰。韓康伯謂：「微而辨之不遠復也。」朱子不從。《益》但長裕，本有非是增設所無。稱謂得宜，隱謂不露。《履》，和説而事理極至，禮和爲貴，故履以和行。《困》，身窮而道亨，不怨天尤人，故困以寡怨。《井》以辨養人之義。朱子謂，安而能慮。《巽》以行制事之權。巽順於理，無細不入，故能權物輕重也。

此第七章。亦明卦體彖辭。

《易》之爲書也不可遠，爲道也屢遷。變動不居，周流六虚。上下无常，剛柔相易。不可爲典要，唯變所適。其出入以度外内，使知懼，又明於憂患與故，无有師保，如臨父母。初率其辭而揆其方，既有典常。苟非其人，道不虚行。

六位言虚者，爻畫剛柔，上下往來，如寄六者虚位而已。《易》雖不可爲典要，然出入内外皆有法度，故使人知懼。又言不特使人知懼，又明示憂患與所以致此之故。諄諄懇至，不獨令人畏懼如師保，其慈愛周盡，直如父母臨之。然循辭度理，典常易知，行之實難。

此第八章。專明爻辭。

《易》之爲書也，原始要終，以爲質也。六爻相雜，唯其時物也。其初難知，其上易知，本末也。初辭擬之，卒成之終。若夫雜物撰德，辯是與非，則非其中爻不備。噫！亦要存亡吉凶，則居可知矣。知者觀其彖辭，則思過半矣。二與四同功而異位，其善不同，二多譽，四多懼，近也。柔之爲道不利遠者，其要无咎，其用柔中也。三與五同功而異位，三多凶，五多功，貴賤之等也。其柔危，其剛勝邪？

卦必合始終，以成體質。爻必相錯雜，以該時物。其初難知以下，主學《易》者言。雜物，參錯其事物。撰德，體察其德行。亦要存亡吉凶以下，復論彖辭，與章首一句相應。二與五以下，復論六爻，與章第二句相應。近也，指四言。柔之爲道以下，專指二言。柔危剛勝，兼指三五言。章末覆舉中爻。略初上不言者，以非用事之地故。

此第九章。明卦爻凡例。

《易》之爲書也，廣大悉備。有天道焉，有人道焉，有地道焉。兼三材而兩之，故六。六者，非它也，三材之道也。道有變動，故曰爻。爻有等，故曰物。物相雜，故曰文。文不當，故吉凶生焉。

等，謂遠近貴賤。雜，謂剛柔相錯。文不當，以時義得失言，不止是爻位當不當。

此第十章。專明爻位。

《易》之興也，其當殷之末世，周之盛德邪？當文王與紂之事邪？是故其辭危，危者使平，易者使傾。其道甚大，百物不廢。懼以終始，其要无咎，此之謂《易》之道也。

懼始防微，懼終持滿，要以補過無咎。此二句，盡《易》書之道。《易》止是教人警懼无咎而已，故爲寡過之書。

此第十一章。專明爻辭。

夫乾，天下之至健也，德行恒易，以知險。夫坤，天下之至順也，德行恒簡，以知阻。能説諸心，能研諸侯之慮，定天下之吉凶，成天下之亹亹者。是故變化云爲，吉事有祥。象事知器，占事知來。天地設位，聖人成能。人謀鬼謀，百姓與能。八卦以象告，爻象以情言。剛柔雜居，而吉凶可見矣。變動以利言，吉凶以情遷。是故愛惡相攻，而吉凶生；遠近相取，而悔吝生；情僞相感，而利害生。凡《易》之情，近而不相得則凶，或害之，悔且吝。將叛者，其辭慙。中心疑者，其辭枝。吉人之辭寡，躁人之辭多，誣善之人其辭游，失其守者其辭屈。

此乾坤以聖人言，惟健故易，惟順故簡。易以體難，故能知險。簡以馭繁，故能知阻。朱子謂，雖易而能知險，既簡而又知阻。張子曰，易簡故能説諸心，知險阻故能研諸慮。侯之二字羨文也。朱子謂，説心，乾之事。研慮，坤之事。能説能研，故能判斷吉凶，勉成功業。吉事有祥不言凶者，與吉之先見同義。象變化云爲之事，可以知器。占吉事之祥，可以知來。言易簡者，無不知也。愛惡相攻三句，皆言吉凶以情遷之事。凡《易》之情以下，復專以近者明之。蓋凡爻無比應爲遠，有比應爲近。近而不相得，則惡相攻而凶生，僞相感而害生，近相取而悔吝生。是則一近之中可反三隅也。又專言近不相得，則遠不相得猶未至凶害悔吝可知。近而相得，則吉利無悔吝，亦從可知。將叛者其辭慙以下，又即人之辭。以情遷者，驗《易》之辭以情遷也。

此第十二章。亦總結上十一章之意。首明象爻，末歸重於辭，且以見聖人之情。

易説卷九

文言傳

元者，善之長也。亨者，嘉之會也。利者，義之和也。貞者，事之幹也。君子體仁足以長人。嘉會足以合禮。利物足以合義。貞固足以幹事。君子行此四德者，故曰乾元亨利貞。

元亨利貞本占辭，夫子析爲四德。朱子曰，乾元亨利貞，猶言性仁義禮智。他把乾字當君子。

此第一節。申彖辭。朱子據《春秋傳》穆姜之言，疑此節爲古語，故下文别以子曰，表孔子之辭。

初九曰，潛龍勿用。何謂也？子曰：「龍德而隱者也。不易乎世，不成乎名，遯世无悶，不見是而无悶，樂則行之，憂則違之，確乎其不可拔，潛龍也。」

龍德，聖德也。隱，潛也。守其道不變於物，故不易乎世。晦其行不求知於人，故不成乎名。不易乎世，故遯世无悶。不成乎名，故不見是而无悶。遯世无悶非是忘世，故樂則行之。不見是而无悶非是玩世，故憂則違之。樂行憂違，無適無莫，義之與比，故確乎其不可拔。

九二曰，見龍在田，利見大人。何謂也？子曰：「龍德而正中者也。庸言之信，庸行之謹，閑邪存其誠，善世而不伐，德博而化，《易》曰：『見龍在田，利見大人。』君德也。」

龍德正中，言九二之德，正當中位也。中即是庸。庸信庸謹，盛德已至，猶復閑邪存誠，亦臨亦保。德能善世，不自矜伐。德既廣博，物自感化。此皆正己正物，大人之事，雖非君位，實君德也。

九三曰，君子終日乾乾，夕惕若，厉无咎。何謂也？子曰：「君子進德脩業。忠信所以進德也。脩辭立其誠，所以居業也。知至至之，可與幾也。知終終之，可與存義也。是故居上位而不驕，在下位而不憂。故乾乾因其時而惕，虽危无咎矣。」

忠信爲基，故德日長進。辭皆誠實，故業有間架可居。德忠信在心，業辭見於事。脩業者未成，則脩之。居業者已成，則守之。知至至之，以知言。可與幾，言德可幾於進。知終終之，以行言。可與存義，言業可居而守。三位上下之間，故兼上下言。

九四曰，或躍在淵，无咎。何謂也？子曰：「上下无常，非爲邪也。進退无恒，非離群也。君子進德脩業，欲及時也，故无咎。」

或躍，或處。上下，進退。无常，无恒。非爲邪枉，非離群類，德業既成，欲及時而試也。三多凶，四多懼，故三厲而四猶疑。

九五曰，飛龍在天，利見大人。何謂也？子曰：「同聲相應，同氣相求。水流濕，火就燥。雲從龍，風從虎。聖人作而萬物覩。本乎天者親上，本乎地者親下。則各從其類也。」

物，人也。聖人作起，萬物瞻覩，故曰利見。聲應、氣求、水火、雲風，此如六義之興。親上親下，各從其類，此如六義之比。聖人於民亦類也，然出乎其類，故物咸覩之。

上九曰，亢龍有悔。何謂也？子曰：「貴而无位，高而无民，賢人在下位而无輔，是以動而有悔也。」

上居卦外，不當事任，而又亢然自高，絶物離人，故无位、无民、无輔。

此第二節。申象辭。

潛龍勿用，下也。

見龍在田，時舍也。

終日乾乾，行事也。

分曰德業，總曰事而已。

或躍在淵，自試也。

躍以習飛，嘗試其可。

飛龍在天，上治也。

亢龍有悔，窮之災也。

乾元用九，天下治也。

九是天德，聖人德同天，故用之則天下治。

此第三節。再申前義。

潛龍勿用，陽氣潛藏。

見龍在田，天下文明。

蘇氏曰，以言行化物，故曰文明。

終日乾乾，與時偕行。

或躍在淵，乾道乃革。

離下升上，道當變革。

飛龍在天，乃位乎天德。

亢龍有悔，與時偕極。

乾元用九，乃見天則。

天以无首爲則。用九本兼六爻，獨舉乾元者，乾元統天。

此第四節。又申前義。

乾元者，始而亨者也。利貞者，性情也。乾始能以美利利天下，不言所利，大矣哉！大哉乾乎，剛健中正，純粹精也。六爻發揮，旁通情也。時乘六龍，以御天也。雲行雨施，天下平也。

始則必亨，不亨則息。乾之性情，惟健而已。收斂歸根，當止言性，兼言情者，静而無静，貞下生元之義。乾始既乾元。美即亨也。利即利也。不言所利，不有其功。常久不已，即貞也。此兼言四德，單舉乾始者，元足以包之。又言剛健中正，乾之四德，剛即元，健即亨，中正即利貞。純粹，言不雜於陰。精，言不滯於迹。乾之情，雖待六爻發揮，旁通曲盡，而九五一爻獨備。乾德爲卦之主，故時乘六龍以下專爲九五而言。

此第五節。復申彖辭。朱子則以乾始兼元亨言。又謂，或曰坤利牝馬，則言所利。又謂，剛以體言，健兼用言。中者，行無過不及。正者，立不偏。

君子以成德爲行，日可見之行也。潛之爲言也，隱而未見，行而未成，是以君子弗用也。

未成，未著也。朱子曰，事業未就。

君子學以聚之，問以辨之，寬以居之，仁以行之。《易》曰：「見龍在田，利見大人。」君德也。

優游以俟自得，故曰寬以居。措施必當於理，故曰仁以行。學問則德進，居行則業脩。

九三重剛而不中，上不在天，下不在田，故乾乾因其時而惕，雖危无咎矣。

三接上乾，四接下乾，直重乾上下之際，故皆曰重剛。

九四重剛而不中，上不在天，下不在田，中不在人，故或之。或之者，疑之也。故无咎。

中不在人，過於三也。疑則進退詳審，故無咎。朱子謂，四非重剛。重字疑衍。

夫大人者，與天地合其德，與日月合其明，與四時合其序，與鬼神合其吉凶。先天而天弗違，後天而奉天時。天且弗違，而况於人乎，况於鬼神乎。

大人所合者，合於道也。先天弗違，氣壹動志也。後天奉時，志壹動氣也。天地鬼神一理，而遠近大小則異。

亢之爲言也，知進而不知退，知存而不知亡，知得而不知喪，其唯聖人乎？知進退存亡而不失其正者，其唯聖人乎！

知進退存亡明智者能之，不失其正非聖人不能，故用而字折下。

此第六節。復申象辭。

《困學紀聞》：「《越絶》引《易》進退存亡之言曰，進有退之義，存有亡之幾，得有喪之理。」

坤至柔而動也剛，至静而德方，後得主而有常，含萬物而化光，坤道其順乎，承天而時行。

柔静，坤之本體，其剛與方乃承乾而時行者。動剛，即六二之直。德方，即六二之方。坤當處後，順乾而行，得其所主，乃道之常。程子謂，主下當有利字。

此節申象辭。

積善之家必有餘慶，積不善之家必有餘殃。臣弑其君，子弑其父，非一朝一夕之故，其所由來者漸矣，由辨之不早辨也。《易》曰：「履霜堅冰至。」蓋言順也。

順習因循，雖小成大，言惡不可順也。朱子謂，順慎古字通用。

直其正也，方其義也。君子敬以直内，義以方外，敬義立而德不孤。直方大，不習无不利，則不疑其所行也。

直其本體，故言正。方其裁制，故言義。敬存於心不邪曲，故曰直。義形於外無偏頗，故曰方。敬義夾持内外並進，故德不孤。不孤，即是大也。朱子曰：「將敬字解直字，義字解方字，德不孤解大字。」又曰：「疑故習而後利，不疑何待假於習。」愚謂，乾二言誠，陽主實也。坤二言敬，陰主虚也。誠與敬，聖學之本。

陰雖有美，含之以從王事，弗敢成也。地道也，妻道也，臣道也。地道无成而代有終也。

地終天功，妻終夫業，臣終君事，皆主代不主成。

天地變化，草木蕃，天地閉，賢人隱。《易》曰：「括囊，无咎，无譽。」蓋言謹也。

君臣道絶，上下閉隔，賢者隱遯，貴在括囊。

君子黄中通理，正位居體，美在其中，而暢於四支，發於事業，美之至也。

中德在内而通達於理，釋黄也。五正尊位而居下體，釋裳也。美在中，即黄中之德。暢四支、發事業，即居體之功。在二不疑，所行成己而已。五居尊位，故極事業之美。

陰疑於陽必戰，爲其嫌於无陽也，故稱龍焉。猶未離其類也，故稱血焉。夫玄黄者，天地之雜也，天玄而地黄。

疑謂鈞敵也。

此節中象辭。

易説卷十

説卦傳

昔者聖人之作《易》也，幽贊於神明而生蓍，參天兩地而倚數，觀變於陰陽而立卦，發揮於剛柔而生爻，和順於道德而理於義，窮理盡性以至於命。

蘇氏曰，介紹傳命謂贊。神明不與人接，故假蓍以傳之。生蓍，謂創立用蓍之法。朱子謂，幽贊神明猶言贊化育。《龜策傳》曰，天下和平王道得。而蓍莖長丈，其叢生滿百莖。倚，依也。此節以筮言，故倚數，在生蓍後立卦前也。《孔疏》云：「何以參兩爲目奇耦？蓋古之奇耦亦以參兩言之，且以兩是耦數之始，三是奇數之初故也。」不以一目奇者，張氏云：「以三中含兩有一以包兩之義，明天有包地之德，陽有包陰之道。」愚按：張氏以理言，孔氏以數言，二説相參，庶爲得之。朱子謂，天圓地方。圓者一而圍三，三各一奇，故參天而爲三。方者一而圍四，四合二耦，故兩地而爲二。數皆倚此而起。和順於道德而理於義，此句從源推到流。窮理盡性以至於命，此又從流溯到源。道命以天言，性以人言，義理以事物言。言卦畫既立，則有以和順契合乎道德，而條理於事物之宜。爻辭既設，則有以窮理盡性，以上達天命之本。此節言聖人作《易》之能。又按：此節宜首舉而以生蓍、倚數發端者，明《易》爲卜筮而作。

此第一章。

昔者聖人之作《易》也，將以順性命之理，是以立天之道曰陰與陽，立地之道曰柔與剛，立人之道曰仁與義，兼三才而兩之，故《易》六畫而成卦。分陰分陽，迭用柔剛，故《易》六位而成章。

陰陽是氣，柔剛是質，仁義是理。氣麗於質，質含於氣，氣質合爲理。立、兼、分、用等字，皆以造化自然者言也。分陰分陽，此陰陽以爻位言，初、三、五爲陽，二、四、上爲陰。迭用柔剛，此柔剛以卦畫言，奇爲剛，耦爲柔。此章申上章之意，故發端言聖人作《易》，將以順性命之理。周子亦曰：「大哉《易》也，其性命之源乎。」

此第二章。

天地定位，山澤通氣，雷風相薄，水火不相射，八卦相錯。數往者順，知來者逆，是故《易》逆數也。

天地、山澤、雷風、水火，皆以交錯爲用，所謂《易》以交易爲義也。數往者順，既指上文言先天地後六子，以體爲序，先天之順象也。知來者逆，即指下章言先六子後乾坤，以用爲序，先天之逆象也。然《易》之作，本以陰陽功用顯陰陽本體，故曰《易》逆數也。朱子本邵子，謂左方四卦數已生者爲順，是指圓圖而言。右方四卦推未生者爲逆，是指横圖而言。

此第三章。

《日知録》一卷云：「數往者順，造化人事之迹，有常而可驗，順以考之於前也。知來者逆，變化云爲之動，日新而無窮，逆以推之於後也。聖人神以知來，知以藏往，作爲《易》書，以前民用。所設者未然之占，所期者未至之事，是以謂之逆數。」又引劉汝佳曰：「若如邵子之説，則是義、文之《易》已判而爲二，而又以《震》《離》《兑》《乾》爲數已生之卦，《巽》《坎》《艮》《坤》爲推未生之卦，殆不免强孔子之書以就己之説矣。」

雷以動之，風以散之，雨以潤之，日以烜之，艮以止之，兑以説之，乾以君之，坤以藏之。

《孔疏》云：「上四舉象下四舉卦者，王肅云『互相備』也。」愚按：此章始《震》《巽》終《乾》《坤》，與上章雖一意，然終始循環，不見首尾，此《易》之妙也。又按：此二章雖皆明先天卦序，而後天始震之義已具其中，又可見先後天循環之妙。

此第四章。與上章同，明伏羲卦位。

《日知録》云：「上四舉象，下四舉卦，各以其切於用者言之也。終萬物始萬物者，莫盛乎《艮》。崔憬曰：『艮不言山獨舉卦名者，以動撓燥潤功是風雷水火。至於終始萬物，於山義則不然，故舍象而言卦，各取便而論也。』得之矣。」

帝出乎震，齊乎巽，相見乎離，致役乎坤，説言乎兑，戰乎乾，勞乎坎，成言乎艮。萬物出乎震，震，東方也。齊乎巽，巽，東南也。齊也者，言萬物之潔齊也。離也者，明也，萬物皆相見，南方之卦也。聖人南面而聽，天下嚮明而治，蓋取諸此也。坤也者，地也，萬物皆致養焉，故曰致役乎坤。兑，正秋也，萬物之所説也，故曰説言乎兑。戰乎乾，乾，西北之卦也，言陰陽相薄也。坎者，水也，正北方之卦也，勞卦也，萬物之所歸也，故曰勞乎坎。艮，東北之卦也，萬物之所成終而所成始也，故曰成言乎艮。

後天之序以八卦配五行，播五行於四時，所謂《易》以變易爲義、不易爲義也。帝者，天之主宰，萬物帝所生成，故先言帝後言萬物也。項氏曰：「震巽二木主春，離火主夏，兑乾二金主秋，坎水主冬，土王四季。故坤土在夏秋之交，艮土在冬春之交。木金土各二者，以形王也。水火各一者，以氣王也。坤，陰土，故在陰地。艮，陽土，故在陽地。震，陽木，故正東。巽，陰木，故近南而接乎陰。兑，陰金，故正西。乾，陽金，故近北而接乎陽。」一此説是也。愚謂，自東南至西皆陰，自西北至東皆陽，亦自然之序。故坤蹇等卦，西北東南之説，實本於此一坤也。於帝言致役，臣道也。於萬物言致養，母道也。乾言戰者，西北盛陰，乾以純陽居之，陰疑於陽必戰，故相薄也。坎言勞者，鄭康成曰，水性勞而不倦。艮言成者，艮位東北，萬物相交代之方，終則有始，貞下起元，艮之成也。

此第五章。明文王卦位。

神也者，妙萬物而爲言者也。動萬物者莫疾乎雷，橈萬物者莫疾乎風，燥萬物者莫熯乎火，説萬物者莫説乎澤，潤萬物者莫潤乎水，終萬物始萬物者，莫盛乎艮。故水火相逮，雷風不相悖，山澤通氣，然後能變化，既成萬物也。

此章雖去乾坤專言六子，然神妙默運即乾坤也。動萬物以下，以後天功用分運而言。水火相逮以下，以先天功用相交而言。見二者互相備也，蓋合先後天卦位而總贊之。澤者，水氣之上出。水者，澤氣之下沈。説者，浮於外而光澤。潤者，入其中而滋溼。始言神終言化者，神妙萬物，一故神也；化成萬物，兩故化也。

此第六章。

乾，健也。坤，順也。震，動也。巽，入也。坎，陷也。離，麗也。艮，止也。兑，説也。

所謂通神明之德。朱子謂，此言八卦之性情。

此第七章。

乾爲馬。坤爲牛。震爲龍。巽爲雞。坎爲豕。離爲雉。艮爲狗。兑爲羊。

所謂類萬物之情。朱子謂，遠取諸物如此。

此第八章。

乾爲首。坤爲腹。震爲足。巽爲股。坎爲耳。離爲目。艮爲手。兑爲口。

所謂近取諸身。

此第九章。

乾，天也，故稱乎父。坤，地也，故稱乎母。震一索而得男，故謂之長男。巽一索而得女，故謂之長女。坎再索而得男，故謂之中男。離再索而得女，故謂之中女。

艮三索而得男，故謂之少男。兑三索而得女，故謂之少女。

坤求於乾，得三男。乾求於坤，得三女。一、再、三索者，以卦畫之初、中、上爲序。朱子以一索再索等，謂揲蓍求爻。先儒謂，此朱子未改正之筆，當從語録。

此第十章。

乾爲天，爲圜，爲君，爲父，爲玉，爲金，爲寒，爲冰，爲大赤，爲良馬，爲老馬，爲瘠馬，爲駁馬，爲木果。

木果圓而在上。孔疏云，「果實著木似星著天。」非是。

坤爲地，爲母，爲布，爲釜，爲吝嗇，爲均，爲子母牛，爲大輿，爲文，爲衆，爲柄，其於地也爲黑。

孔疏云，爲布，取其廣載。爲子母牛，取其多蕃育而順之。

震爲雷，爲龍，爲玄黄，爲旉，爲大塗，爲長子，爲决躁，爲蒼筤竹，爲萑葦。其於馬也，爲善鳴，爲馵足，爲作足，爲的顙。其於稼也，爲反生。其究爲健，爲蕃鮮。

震，天地之雜，故爲玄黄，旉，布也。春氣至，萬物皆布。孔疏云，爲蒼筤竹，竹初生色蒼也。爲萑葦，竹之類也。

巽爲木，爲風，爲長女，爲繩直，爲工，爲白，爲長，爲高，爲進退，爲不果，爲臭。其於人也，爲寡髮，爲廣顙，爲多白眼，爲近利市三倍。其究爲躁卦。

寡，本作宣，古文宣字。髮早白也。今文譌作寡。震巽皆以其究言，剛柔之始也。

坎爲水，爲溝瀆，爲隱伏，爲矯輮，爲弓輪。其於人也，爲加憂，爲心病，爲耳痛，爲血卦，爲赤。其於馬也，爲美脊，爲亟心，爲下首，爲薄蹄，爲曳。其於輿也，爲多眚，爲通。爲月，爲盜。其於木也，爲堅多心。

矯曲爲直，輮直使曲，水流曲直似之。

離爲火，爲日，爲電，爲中女，爲甲胄，爲戈兵。其於人也，爲大腹。爲乾卦。爲鱉，爲蟹，爲蠃，爲蚌，爲龜。其於木也，爲科上槁。

科，空也。中空而上槁。

艮爲山，爲徑路，爲小石，爲門闕，爲果蓏，爲閽寺，爲指，爲狗，爲鼠，爲黔喙之屬。其於木也，爲堅多節。

果蓏，草木之終。既終復始，故以切艮。黔喙之屬，獸也。

兑爲澤，爲少女，爲巫，爲口舌，爲毁折，爲附決。其於地也，爲剛鹵。爲妾，爲羊。

孔疏云：「毁折、附決，取秋物成熟。稿稈之屬則毁折，果蓏之屬則附決。剛鹵，取水澤所停則鹹鹵也。」愚謂：鹵地必剛，故曰剛鹵。

此第十一章。推廣八卦象類，以資占者之決。朱子謂，其間多不可曉者，求之於經亦不盡合。

愚按：先儒舊説，亦未盡通，可姑闕之。

易説卷十一

序卦傳

有天地，然後萬物生焉。盈天地之間者唯萬物，故受之以《屯》。屯者，盈也。屯者，物之始生也。物生必蒙，故受之以《蒙》。蒙者，蒙也，物之穉也。物穉不可不養也，故受之以《需》。需者，飲食之道也。飲食必有訟，故受之以《訟》。訟必有衆起，故受之以《師》。師者，衆也。衆必有所比，故受之以《比》。比者，比也。比必有畜，故受之以《小畜》。物畜然後有禮，故受之以《履》。履者，禮也。履而泰然後安，故受之以《泰》。泰者，通也。物不可以終通，故受之以《否》。物不可以終否，故受之以《同人》。與人同者，物必歸焉，故受之以《大有》。有大者不可以盈，故受之以《謙》。大有而能謙必豫，故受之以《豫》。豫必有隨，故受之以《隨》。以喜隨人者必有事，故受之以《蠱》。蠱者，事也。有事而後可大，故受之以

《臨》。臨者，大也。物大然後可觀，故受之以《觀》。可觀而後有所合，故受之以《噬嗑》。嗑者，合也。物不可以苟合而已，故受之以《賁》。賁者，飾也。致飾然後亨則盡矣，故受之以《剥》。剥者，剥也。物不可以終盡，剥窮上反下，故受之以《復》。復則不妄矣，故受之以《无妄》。有无妄然後可畜，故受之以《大畜》。物畜然後可養，故受之以《頤》。頤者，養也。不養則不可動，故受之以《大過》。物不可以終過，故受之以《坎》。坎者，陷也。陷必有所麗，故受之以《離》。離者，麗也。

《困學紀聞》云：「虚美熏心，路温舒語。秦亂之萌。浮文妨要，王羲之語。晉衰之兆。故《賁》受之以《剥》。」

有天地然後有萬物，有萬物然後有男女，有男女然後有夫婦，有夫婦然後有父子，有父子然後有君臣，有君臣然後有上下，有上下然後禮義有所錯。夫婦之道不可以不久也，故受之以《恒》。恒者，久也。物不可以久居其所，故受之以《遯》。遯者，退也。物不可以終遯，故受之以《大壯》。物不可以終壯，故受之以《晉》。晉者，進也。進必有所傷，故受之以《明夷》。夷者，傷也。傷於外者，必反於家，故受之以《家人》。家道窮必乖，故受之以《睽》。睽者，乖也。乖必有難，故受之以《蹇》。蹇者，難也。物不可以終難，故受之以《解》。解者，緩也。緩必有所失，故受之以《損》。損而不已必益，故受之以《益》。益而不已必決，故受之以《夬》。夬者，決也。決必有遇，故受之以《姤》。姤者，遇也。物相遇而後聚，故受之以《萃》。萃者，聚也。聚而上者謂之《升》，故受之以升。升而不已必困，故受之以《困》。困乎上者必反下，故受之以《井》。井道不可不革，故受之以《革》。革物者莫若鼎，故受之以《鼎》。主器者莫若長子，故受之以《震》。震者，動也。物不可以終動，止之，故受之以《艮》。艮者，止也。物不可以終止，故受之以《漸》。漸者，進也。進必有所歸，故受之以《歸妹》。得其所歸者必大，故受之以《豐》。豐者，大也。窮大者必失其居，故受之以《旅》。旅而无所容，故受之以《巽》。巽者，入也。入而後説之，故受之以《兑》。兑者，説也。説而後散之，故受之以《涣》。涣者，離也。物不可以終離，故受之以《節》。節而信之，故受之以《中孚》。有其信者必行之，故受之以《小過》。有過物者必濟，故受之以《既濟》。物不可窮也，故受之以《未濟》，終焉。

上經乾坤下經咸，皆不出卦名，以天地夫婦明之，其義重大，特别言之。

《日知録》云：「《序卦》、《雜卦》先儒疑以爲非孔子之言，或者門人廣之耳。」

易説卷十二

雜卦傳

《乾》剛《坤》柔。《比》樂《師》憂。《臨》《觀》之義，或與或求。《屯》現而不失其居。《蒙》雜而著。《震》，起也。《艮》，止也。《損》《益》，盛衰之始也。《大畜》，時也。《无妄》，災也。《萃》聚而《升》不來也。《謙》輕而《豫》怠也。《噬嗑》，食也。《賁》，无色也。《兑》見而《巽》伏也。《隨》，无故也。《蠱》則飭也。《剥》，爛也。《復》，反也。《晉》，晝也。《明夷》，誅也。《井》通而《困》相遇也。

《日知録》引蘇氏曰：「晝日三接故曰晝，得其大首故曰誅」云云。

《咸》，速也。《恒》，久也。《涣》，離也。《節》，止也。《解》，緩也。《蹇》，難也。《睽》，外也。《家人》，内也。《否》《泰》，反其類也。《大壯》則止。《遯》則退也。《大有》，衆也。《同人》，親也。《革》，去故也。《鼎》，取新也。《小過》，過也。《中孚》，信也。《豐》，多故也。親寡《旅》也。《離》上而《坎》下也。《小畜》，寡也。《履》，不處也。《需》，不進也。《訟》，不親也。《大過》，顛也。《姤》，遇也，柔遇剛也。《漸》，女歸待男行也。《頤》，養正也。《既濟》，定也。《歸妹》，女之終也。《未濟》，男之窮也。《夬》，決也，剛決柔也，君子道長，小人道憂也。

親寡旅，疑當爲旅寡親也。旅是卦名，親寡是釋辭。考之文義，不應釋辭反居卦上，以韻協之亦然。男之窮，謂三陽皆失位，程子聞之成都隱者云。愚按：自《乾》《坤》至《井》《困》三十卦，正應上經之數。自《咸》《恒》至《夬》三十四卦，亦應下經之數。又按：始《乾》終《夬》，明《夬》盡則爲純《乾》也。自《夬》而《乾》，有終而復始之義。

附：易説便録

顧寧人《日知録》

三易　夫子言包羲氏始畫八卦，不言作《易》。而曰：「《易》之興也，其於中古乎！」又曰：「《易》之興也，其當殷之末世周之盛德邪？當文王與紂之事邪？」是文王所作之辭始名爲《易》。而《周官太卜》：「掌三易之法：一曰《連山》；二曰《歸藏》；三曰《周易》。」《連山》、《歸藏》非《易》也。而云三《易》者，後人因《易》之名以名之也。猶之《墨子》書，言周之春秋、燕之春秋、宋之春秋、齊之春秋，周、燕、齊、宋之史，非必皆《春秋》也。而云《春秋》者，因魯史之名以名之也。

《左傳》僖十五年，戰於韓。卜徒父筮之，曰吉。其卦遇《蠱》，曰：「千乘三去，三去之餘，獲其雄狐。」成十六年，戰於鄢陵。公筮之。史曰：吉。其卦遇《復》，曰：「南國蹙，射其元王，中其目。」此皆不用《周易》，而別有引據之辭，即所謂三易之法也。卜徒父，以卜人而掌此，猶《周官》之大卜。而《傳》不言《易》。

重卦不始文王 大卜掌三易之法，其經卦皆八，其別皆六十有四。攷之《左傳》襄公九年，穆姜遷於東宫，筮之，遇《艮》之《隨》。姜曰：「是於《周易》曰《隨》，元、亨、利、貞，无咎。」獨言是於《周易》，則知夏、商皆有此卦，而重八卦爲六十四者，不始於文王矣。

卦變 卦變之説，不始於孔子。周公繫《損》之六三，已言之矣。曰：「三人行則損一人，一人行則得其友。」是六子之變，皆出於《乾》、《坤》，無所謂自《復》、《姤》、《臨》、《遯》而來者，當從程《傳》。蘇軾、王炎皆同此説。

互體 凡卦爻二至四、三至五，兩體交互，各成一卦，先儒謂之互體。其説已見於《左氏》，莊公二十二年，陳侯筮，遇《觀》之《否》，曰：「風爲天於土上，山也。」注：自二至四有《艮》象。四爻變故。艮爲山，是也。然夫子未嘗及之，後人以「雜物撰德」之語當之，非也。其所論二與四、三與五同功而異位，特就兩爻相較言之。初何嘗有互體之説？《晉書》荀顗嘗難鍾會，《易》無互體，見稱於世，其文不傳。新安王炎晦叔嘗問張南軒曰：「伊川令學者先看王輔嗣、胡翼之、王介甫三家《易》，何也？」南軒曰：「三家不論互體故爾。」

王伯厚《因學紀聞》。

《書序》八卦之説謂之八索，求其義也。而賈逵以爲八王之法。張平子以爲《周禮》八議之刑。索，空也，空設之。唯馬融以爲八卦。杜預但云古書名。蓋孔安國《書序》猶未行也。愚案：《國語》史伯曰：「平八索以成人。」韋昭注謂，八體以應八卦也。謂《乾》爲首，《坤》爲腹，《震》爲足，《巽》爲股，《離》爲目，《兑》爲口，《坎》爲耳，《艮》爲手。此足以證孔、馬之説。

《曾子天圓篇》：「火日外景，金水内景」云云。

《繫辭》《正義》云：「韓氏親受業於王弼，承王弼之旨，故引弼云以證成其義。」愚考：王弼終於魏正始十年，韓康伯東晉簡文帝引爲談客，二人不同時，相去甚遠，謂之親受業，誤矣。閻百詩案：韓康伯名伯，潁川長社人，殷浩之外甥也，官太常，《晉書》有傳。嘗謂唐李嘉佑詩，「輔嗣外孫遠解《易》，惠連群從總能詩。」王輔嗣年二十四卒，無子絶嗣，見《三國志》。晉張湛雖稱輔嗣女壻趙季子家有《列子》，未聞季子之子能明《易》以傳其學，此必殷浩外甥之誤記。蓋詩人多不契勘。

伏羲之《易》當以圖觀，文王以後始有書。誠齋云，卦者其名，畫者非卦也。此伏羲氏初制之字也。愚案：《易乾鑿度》以八卦之畫，爲古文天、地、風、山、水、火、雷、澤字。愚案：坤古文作巛。

筮法依七八九六之爻而記之，古用木畫地。《少牢》云，卦者在左，坐卦以木。《特牲》云，卒筮寫卦，筮者執以示主人。卦者，主畫地識爻。爻備，乃以方版寫之。今則用錢，以三少爲重錢，九也；三多爲交錢，六也；兩多一少爲單錢，七也；兩少一多爲拆錢，八也。見《士冠禮》《疏》。

《漢郊祀志》劉向引《易大傳》曰：「誣神者殃及三世。」愚案：《大戴禮本命篇》，「誣鬼神者，罪及二世。」《易大傳》豈即此篇與？閻百詩駁此説。

《説卦》《釋文》引荀爽《九家集解》云云。荀悦《漢紀》云，馬融著《易解》，頗生異説。爽著《易傳》，據爻象承應陰陽變化之義。以十篇之文，解説經意。由是兖豫言《易》者，咸傳荀氏學。今其説見於李鼎祚《集解》，若《乾》升於《坤》曰「雲行」，《坤》降於《乾》曰「雨施」。《乾》起《坎》而終於《離》，《坤》起《離》而終於《坎》。離坎者，乾坤之家，而陰陽之府，故曰「大明終始」。皆諸儒所未發。

康節之父，伊川丈人，名古字天叟，與文恭胡公同授《易》書於廬山隱者老浮圖。見謝上蔡爲晁以道傳《易堂記後序》，言安樂邵先生《皇極經世》之學，師承頗異。安樂之父，昔於廬山云云。

歐陽公以河圖、洛書爲怪妄。東坡、南豐並非之。蘇、曾皆歐陽公門人，而議論不苟同如此。

迂齋《策問》謂种明逸以《易》學名，而其後世衡至師道累葉爲名將。郭逵以將帥顯，而其後兼山郭忠孝号白雲郭雍号皆明《易》。蓋《易》之爲書，兵法盡備，其理一也。愚聞之先君云。閻氏案：唐薛仁貴有《周易新注本義》十四卷。

經説多依託，《易》爲甚。子夏《傳》，張弧作也。關子明《傳》，阮逸作也。《麻衣正易》，戴師愈作也。

邵子《觀物外篇》曰：「天地之氣運，北而南則治，南而北則亂。亂久，則復北而南矣。」張文饒謂：「先天圖自《泰》歷《蠱》而至《否》，自《否》歷《隨》而至《泰》，即南北之運數也。」《聞見録》載邵子之言曰：「天下將治，地氣自北而南；將亂自南而北。蓋爲聞杜鵑發也。」陳忠肅謂：「重南輕北，分裂有萌，則以人事知之。」

虞翻夢吞三爻而通《易》。陸希聲夢三聖人而捨象數作《傳》。然翻未知言有序之戒，希聲未知「比之匪人」之訓，踐履與《易》相違。閻氏謂，陸希聲似當爲陸質。

點校後記

《易説》十二卷，附《易説便録》一卷。

《周易》是儒家經典而冠群經之首，歷代注疏多有之，並形成爲不同的流派，對我國傳統文化和傳統哲學産生了重大影响。郝氏懿行「復薈粹儒先，汎濫衆説」，著成《易説》一書，文如行雲，言簡意賅。因其長於名物訓詁考據之學，故於説解多有發明創見。兹據家刻《郝氏遺書》本，並參以光緒八年東路廳署開雕之《易説》單行本點校。

書説

李念孔　點校

目録

書説卷上

引言

朱子曰：「諸經皆以注、疏爲主，《書》則兼取劉敞、王安石、蘇軾、程頤、楊時、晁説之、葉夢得、吳棫、薛季宣、呂祖謙。」○「諸説，蘇氏傷于簡，林氏傷于繁，王氏傷于鑿，呂氏傷于巧。然其間儘有好處」。○「荆公不解《洛誥》，但云『其間煞有不可强通處，今姑擇其可曉者釋之』。今人多説荆公穿鑿，他却有如此處，若後來人解《書》，又却須要解盡」。○某嘗問伯恭：『《書》有難通處否？』伯恭初云：『亦無甚難通處』，數日間却云：『果是有難通處』，又云：『《書》之文誠有不可解者，甚悔前日之不能闕所疑也』。」愚案：朱子所論荆公、東萊二條，不獨《書》也，凡讀他經，皆宜識此意。程子有言：「漢儒之談經也，以三萬餘言明『堯典』二字，可謂知要乎？」觀程、朱所論，可以讀經矣。

虞夏之《書》質，商周之《書》文。文者辭繁，質者辭簡；質者易明，文者難曉。古文多易明，今文多難曉。〇古文二十五篇，朱子雖嘗疑之，未以爲僞作。獨吳棫、吳澄議爲僞書，愚竊以爲過矣。

虞夏之《書》如《雅頌》，商周之《書》如《正風》、《正雅》，成康以後之《書》，則似《變風》、《變雅》，至于《費誓》、《秦誓》，則猶《詩》之商、魯二《頌》也。

《虞書》，《春秋傳》所引皆稱《夏書》，疑必夏史所作，故古總名《夏書》也。《蔡傳》以爲「《堯典》，虞史所作，故曰《虞書》，其《舜典》以下，方是夏史所作」。呂氏曰：「《二典》與他《書》不同，如《易》之有《乾》、《坤》」。〇按伏生《書》，《二典》止名《堯典》，梅賾始分「慎徽五典」以下爲《舜典》。然觀《孟子》引「二十有八載」之文，亦曰《堯典》，則知古無《舜典》也。

逸《書》可見者，惟《論語》所引「堯曰：咨」以下五句，及《孟子》所引「放勳曰」以下五句，此必秦火以前曾在百篇之内者也。至于《漢書》所引《泰誓》云「誣神者殃及三世」，又曰「立功立事，惟以永年」，及《武成》「火流王屋，白魚入舟」等語，則張霸僞《書》，不足信也。

堯典　舜典

敬者，聖人之本，《禮》首言「毋不敬」，《書》首言「欽明」，其義一也。「以親九族」，《蔡傳》云：「九族，高祖至玄孫」。然《尚書》歐陽氏説則云：「父族四，母族三，妻族二」。亦通。

「乃命羲和，欽若昊天」。唐虞之治，所以無爲者，止「欽若」二字盡之。欽者敬也，若者順也，所謂「居敬行簡以臨民」也。《二典》中「若」字凡數見，皆當以此求之。如「疇咨若時登庸」，「疇咨若予采」，又曰「疇若予工」，「疇若予，上下草木鳥獸」。工、虞似卑，而命之猶如此，則其他可知。凡此皆本「欽若昊天」之心，而推之任人立政者，故終篇復申之曰「欽哉！惟時亮天工」。至臯陶陳謨，亦曰「撫于五辰」。撫，順也，五辰，四時也，蓋亦「欽若昊天」之意。而禹之行所無事治水，一欽若也，臯陶「刑期無刑、弼教」，一欽若也。故曰「篤恭而天下平」，又曰「夫何爲哉！恭己正南面而已」。

「期，三百有六旬有六日」。鄭康成曰：「中數曰歲，朔數曰年，中朔大小不齊，正之以閏，若今作曆日」。○愚按：朱子曰：「天無體，只二十八宿便是體。且如日月，皆從角起，天亦從角起。日則一日一周，依舊只在角上，天則一周了，又過角些子，日日累上去，則一年便與日會」。

「象恭滔天」。《蔡傳》：「『滔天』二字未詳」。按：《孔安國傳》云：「貌象恭敬，而心傲很，若漫天」。

「禋于六宗」。《孔安國傳》：「一四時，二寒暑，三日，四月，五星，六水旱」。《漢·郊祀志》注：「六宗，星、辰、風伯、雨師、司中、司命。一説云《乾》《坤》六子。又一説：天宗三，日、月、星辰；地宗三，泰山、河、海。或曰：天地間游神也」。〇愚案：六宗之説，《郊祀志》注遺却日、月，最不是。云「《乾》《坤》六子」，亦似迂闊；云「天宗三、地宗三」者近是。然「禋于六宗」之下，有「岱宗、柴、望」之文，岱宗即地宗之泰山，文義重複，亦無是理。竊疑《孔安國傳》爲是矣。而經無明驗，禮文不載，故《蔡傳》略而未詳云。

「文祖」、「藝祖」是二是一，誠不可知，至「神宗」，自是堯廟無疑。曰「文」曰「藝」曰「神」，是廟號。唐、虞、夏、商雖無謚，而廟號已具，曰「祖」曰「宗」。然則後世祖有功而宗有德，其禮自唐虞昉也。

「歸格于藝祖，用特」。則出時告于祖禰，亦必用特矣。不言者，省文也。

「肇十有二州」。按：朱子曰：「冀州，堯所都，此去地已狹，若又分而爲幽、并二州，則三

「分冀州西爲并州，北爲幽州，青州又在帝都之東，分其東北爲營州」。又曰：「《爾雅·釋地》，九州之名，于《禹貢》無梁、青，而有幽、營」。孫炎以《爾雅》與《禹貢》、《職方》皆不同，疑是殷制。

「流共工于幽洲」四句。《蔡傳》云：「幽洲，北裔之地，水中可居曰洲」。然則「幽州」，書宜作「洲」。《孟子》則作「州」，即是冀所分之幽州也。然其爲北裔之地則同。至「羽山」，《蔡傳》云：「東裔之山，即徐之『蒙羽其藝』者」。然登州亦有羽山，且崇山、三危俱極遠之地，則羽山恐以在登州者近是也。案：衣之末曰裔，故字從衣。

去「四凶」者雖舜，其實皆禀命于堯。蓋舜斯時方居攝，未陟帝位也。故流、放、竄、殛，特書于二十有八載之前，以明去「四凶」者堯也。《左傳》謂「堯未能去，至舜而後去之」，非也。○《大戴禮·五帝德篇》以去四凶爲堯之事，其文甚明。

《虞書》言「欽哉」者五，皆指其人其事而言，各有意義。其一爲鯀而言也。鯀悻戾自用，虚憍使氣，戒之所以去其驕也。其一爲二女而言也。二女貴爲帝子，下降有鰥，戒之所以成婦順也。其一爲皋陶恤刑而言也。刑者，生民之大命，聖人重焉，故再言「欽哉」者，所以志警也。其一爲伯夷典禮而言也。禮者，治國之要道，聖人先焉，故特言「欽哉」者，所以志慎也。其一爲二十二人而言也。「時亮天工」必須兢業，前雖分命，欲二十二人同聽之，故總命之也。

〇《虞書》言「欽」，《周書》言「敬」，《虞書》言「咨」，《周書》言「猷」，其義一也。舜樂名韶，《書》作「韶」，《周禮》作「磬」。又，《孟子》言「徵招、角招」，《左傳》有「祈招」，是不獨舜樂名「招」也。《吕氏春秋》云：「帝嚳命咸黑作爲聲歌，九招、六列、六英」。是帝嚳之樂，亦已名「招」矣。

禹貢

《禹貢》一篇，傳注紛綸，未易貫串，讀者惟即舊解，得其綱領所在，便于記誦而已，不可知其必然也。然考輿地之書，覽職方之記，必自此篇始。折衷處，俱謹遵欽定《書説》及《地理今釋》。

《禹貢》作于虞時。金履祥曰：「《虞書》舊皆名《夏書》，以夏史之所述也。夫子定《書》，升《禹謨》于《虞書》，以著三聖相傳之道，冠《禹貢》于《夏書》，以明大禹有天下之本也。」《禹貢》一篇，經緯錯綜，法度森嚴，極參差又極整齊，每以一字發凡起例，而全篇山川形勢，瞭如指掌，簡古精核，與《洪範》篇同是宇宙大文也。〇箕子衍《洪範》，推本于禹，是亦大禹之文也。《禹貢》、《洪範》是治天下之大法，《禹謨》、《益稷》是治天下之要道，《尚書》所記，未有備于禹者也。○又按：《禹謨》「九功、九叙、九歌」數語，此《洪範》篇之總冒也。《益稷》「予乘四載、予決九川」數語，此《禹貢》篇之標題也。兩篇大文章，皆是禹自己作序。唐杜牧乃云：「古人無自序己文者，皆是後人宗仰其人而爲之序」，非也。

杜氏佑曰：「九州本制，起于顓頊，辨其疆界，始于《禹貢》」。○愚謂首一字貫通篇，直是再造乾坤手段，劉子所謂「微禹，吾其魚乎」，即史臣特揭首一字之義。

按：曾氏旼曰：「舜即位，分爲十二州，分冀東爲并，太原、澤、潞、晉、代、汾、絳等州是也。東北爲幽，燕、薊、幽、涿、朔、漠等州是也。分青之東北爲營。至商，又但言『九圍』、『九有』，《爾雅》九州有幽、營，而無青、梁，其商制歟？《周禮·職方氏》有幽、并，而無徐、梁、營，則周制也」。

冀州，謹案《地理今釋》云：「今山西、直隸，盛京之錦州府，河南之懷慶、衛輝、彰德三府。其北直抵塞外陰山下，西起東受降城今蒙古名薩爾几村之北，東訖于大遼水也」。

冀州不言疆界，斷如晁氏所言「尊帝京，示王者無外之意」。○《周禮·職方》：「河內曰冀州」。《史記正義》曰：「古帝王之都多在河東、河西，故呼河北爲河內，河南爲河外」。又云：「河從龍門，南至華陰，東至衛州，東北入海，曲繞冀州，故言河內」。《左傳》疏曰：「堯治平陽，舜治蒲坂，禹治安邑，三都相去各二百餘里，俱在冀州」。○朱子曰：「平陽、晉州、蒲坂，太行山之盡頭，其地磽瘠，人民朴陋儉嗇，惟堯舜能都之。冀州東北爲河入海處，當謹書之。下文導山云『壺口、雷首』，又云『至于碣石』，蓋壺口因河所經而書也，碣石因河所入而書也。此處以『既載壺口』始，以『夾右碣石』終，無非爲河而書。此是大綱處，其餘若『既修太原，至于岳陽』，治汾水正爲治河，只是帶言」。

「治梁及岐」。《蔡傳》：「梁、岐皆冀州山，梁，吕梁也，岐，汾州介休縣狐岐山也」。云「二山河水所經，治之所以開河道」。然謹按《地理今釋》云：「二山去河甚遠，不得謂河水所經」。愚案《孔傳》：「梁、岐在雍州」。然則梁即所謂「奕奕梁山」者，岐即所謂「彼岨矣岐」者。曾旼云：「壺口、梁、岐一役也，其施功皆同時，不可分言于二州，故并言于冀」。此説分明，可釋《蔡傳》之疑矣。又按：《經》言「治梁及岐」，一「治」字大費疏鑿，下文凡言「治」者仿此。

按：孔穎達曰：「治田出穀，經定其差等，謂之『厥賦』；以其所出之穀，市其土地所生異物獻，謂之『厥貢』。」愚謂凡出于田，總謂之賦，不止是穀，《蔡傳》所謂「田所出穀米、兵車之類」是也。若貢，則所謂「畢獻方物」，惟服食器用者，「制其貢」，各以其所有，聖王原不責以所無。若謂「市異物獻」，亦非聖人之意也。〇又，孔氏云：「賦多者爲正，少者爲雜」。朱子則云：「常出者爲正，間出者爲雜」。愚案：「雜」即《經》文所謂「錯」也，當從朱子爲是。

朱子又云：「賦有九等。此乃計九州歲入多寡，相較以爲之等，非科定取民也。取民則用什一。賦入既有常數，而又有間出他等之時者，歲有豐凶，不能皆如其常，故有錯法以通之。然則雖夏法，亦未嘗不通也」。案：龍子所論貢法之弊，亦後世爲治者行之不善，非作法之始如此也。看《禹貢》便知。

「大陸既作」。《蔡傳》不從孫炎，以「鉅鹿北廣阿澤、河所經」爲非是。然欽定據《漢書·溝洫志》，禹之行河水，本隨西山下東北去，鉅鹿正在西山之下，自是大河所經。程大昌以爲「鉅鹿去河絶遠，未嘗徑邢以行」，非也。當從孫炎之説爲是。

「夾右碣石」。孔穎達云：「碣石，海畔山也」。不言其地之所在。《蔡傳》云：「在北平郡驪城縣西南河口之地」。而《地理今釋》云：此地「無碣石踪迹。考《肇域志》云：『山東濟南府海豐縣有馬谷山，即古碣石。』劉文偉亦以馬谷山在古九河之下，合于《禹貢》入河入海之文，斷爲碣石無疑。近世論碣石者，惟此説庶幾近之」。〇孔穎達曰：「夾右者，孔云『夾行此山之右』則行，碣石山西南行，入河在碣石之右，故曰夾右也。顧氏夷亦云『山西曰右』。」按：朱子云：「碣石山負海，當河入海之衝，孔穎達曰：「下文『導河入海』，《傳》云：『入于渤海』。計渤海距碣石五百餘里」。自海道夾出碣石之右，然後入河而達帝都也。冀州三面距河，其建都實取轉漕之利，朝會之便，故九州之終，皆言達河，以紀其入帝都之道。冀實帝都，亦曰入河者，爲北境絶遠者言之，以明海道亦可至也」。

兖州之境，不止于今山東。《地理今釋》云：「直隸之大名府，及真定、河間二府東南境，河南之衛輝府胙城縣也」。〔一〕

兖州，一曰取沇水以名，俗作兖。○林氏曰：「濟，古文作泲，茅氏曰：「泲即沇水，其從水從齊者，非四瀆之水」。《説文》注云：『此兖州之濟也』。其從水從齊者，《説文》注云：『出常山房子縣今趙州臨城縣屬真定府贊皇山』。則此二字音同義異，當以古文爲正」。

朱子曰：「河患惟兖爲甚。兖州是河曲處，其曲處兩岸無山，皆是平地，所以潰決常必在此，故禹自其決處導之，用工尤難」。

兖地最卑下，當河、濟下流，故此州所記，以河、濟爲主。然二水河爲大，故首書「九河既道」，則河治矣。次書「雷夏既澤」，雷夏地志在濟陰郡城陽縣西北，今濮州有雷澤，地志既屬濟陰，「雷夏既澤」，則濟治矣。「灉沮會同」，則河、濟之下流治矣。晁氏曰：「《爾雅》『水自河出爲灉，濟出爲濋』，求之于韵，沮有楚音。二水，河、濟之别也，二水治，則河、濟無不治，而兖之水患悉平，故繼曰『桑土既蠶』」。

九河，孔安國曰：「河水分爲九道，在此州界平原以北」，是。按：《地理今釋》云：「禹時九河，自當在德州以上河間數百里之地」。○按：《蔡傳》引《爾雅》「六曰簡潔」，合簡潔爲一河，云「其一則河之經流」。然孔穎達九河《疏》，據《爾雅》郭璞注，以簡、潔爲二河。朱子《孟子集注》亦因之。《蔡傳》則據曾旼之説，而林之奇嘗辨之，以爲「九河勢均，安得以一爲經流、八爲支派哉」？當從朱子《孟子集注》爲正。至于九河所在，亦當據《孔疏》爲是。以與《蔡傳》異，故不具載。○按：漢許商云：「九河，徒駭最北，鬲津最南」。

海有嘯有溢。然溢水數里，已爲大變，求之前史，亦不經見，況數百里哉？果如所言，則此數百里内，人民土地俱付波臣，乃千古未有之變，當大書特書，何前史并無一及之耶？是蓋諸儒因河徙故道，不能的指其地之所在，故倡爲異説耳。且河徙亦當有漸，謂遽然遷徙，亦無是理。況海波潮汐有定，蓄洩有常，謂遽溢出數百里，苞淪九河，此必無之事也。乃漢王横言：「昔天常連雨，東北風，海水溢，西南出，浸數百里，九河之地已爲海水所漸」。酈道元祖其説，亦謂「九河、碣石苞淪于海」。不知横言果何所據？而横之外，何竟無一人言者？其爲荒誕不足信可知。前儒辯之，良非無説也。○又按：周定王五年河徙，不著其地，《蔡傳》云：「河徙砱礫」。説本程氏。然砱礫無此地名，殆訛誤也。是周時九河已與《禹貢》異矣。至漢元光，河又改向頓邱，頓邱，宋省入清豐縣，今屬大名府。東南流入渤海。則漢河全非禹河故迹矣。諸儒以屢徙之河，求《禹貢》之河，無怪其支離而不能得也。獨于欽《齊乘》考求九河故道，其説似爲近之。

「桑土既蠶，是降邱宅土」。鄭康成云：「今濮水之上，地有桑間者」。孔穎達曰：「『降邱宅土』與『既蠶』連文，知下邱居平土，就桑蠶也」。

「厥草惟繇，厥木惟條」。陳氏大猷曰：「兖、徐、揚居河、濟、江、淮下流，水未平，則爲下溼，于草木非宜；水既平，則爲沃衍，于草木尤宜，故以三州言草木」。

朱子曰：「貢者，諸侯貢天子，故畿外八州皆有貢」。○愚按：聖王在上，天不愛道，地不愛寶，以助聖人之經畫。貨惡其棄于地，故任土作貢，亦聖人所以盡物之性也。

「浮于濟、漯，達于河」。程氏大昌曰：「《禹貢》古河，其分派旁出者凡二，在南爲濟，少北爲漯，二水雖分枝于河，而皆不得名河」。

青州東北最廣，故舜分其地爲營州，即遼東也。據《地理今釋》云：「東北跨海爲盛京之奉天府，訖于朝鮮國也」。○按：杜氏佑曰：「青州之界，從岱山東歷密州，東北歷海曲萊州，越海分遼東樂浪、三韓之地，西抵遼水也」。

「嵎夷」，薛氏曰：「今登州之地，而不詳其所在」。按：于欽《齊乘》云：「寧海州爲《禹貢》嵎夷」。然今棲霞東北二十里，岠嵎山在其地，《宋史》：慶曆中，「山摧，徹海底有聲」。岠嵎或即嵎夷，然云「徹海底有聲」，則山宜在海濱矣。

「海濱廣斥」，其地亦在登州。金履祥曰：「斥鹵可煮爲鹽，故齊有魚鹽之利。今登州千里長沙是其地」。

「海物惟錯」，其物雖不可知，然大約亦出登州爲多，如牛黄、石器、文蛤之類，唐時猶以充貢。惟錯之名，則不可知耳。

「絲、枲、鉛、松、怪石」，皆出于岱，故以「岱畎」貫下。孔穎達曰：「岱山之谷，有此五物，美于他方所有，故貢之也」。

「萊夷」，顔師古曰：「萊山之夷」。宣七年《左傳》「齊伐萊」，服虔以爲東萊黄縣是。《杜注》亦同。今案：黄縣有萊山，當即此地之夷。《元和志》云：「故黄城在登州黄縣南二十五里，古萊子國是」。今之登州府，亦《禹貢》萊夷地，不獨萊州也。

檿，山桑。蘇氏云：「惟東萊爲有此絲，以爲繒，其堅韌異常，萊人謂之山繭」。愚按：此物今出登州棲霞，寧海尤盛，土人織以爲綢，貨于他州，獲利數倍也。

「浮于汶」。按《地理今釋》，有大汶、小汶。《禹貢錐指》胡渭著云：「汶水有五，北汶、嬴汶、柴汶、牟汶，其一則經流也。汶入于濟，《經》文不言達河者，因于兖也」。〇又，《齊乘》云：「入濟之汶見《禹貢》，《論語》之汶上，《書傳》謂之北汶，即今大清河入濰之汶，見《漢書》，入沂之汶見《水經》。齊有三汶，清河爲大」。

徐州，古屬齊魯，今隸山東、江南。鄭康成曰：「成王封周公元子伯禽于魯，其封域在《禹貢》徐州大野，蒙、羽之野」。案：野與大野複，疑作「間」字。又「武王以陶唐氏火正閼伯之虛，封微子啓宋公爲商後，其封域在徐州泗濱西，及豫州盟猪之野」盟猪即孟諸。○愚案：《蔡傳》引《爾雅》「濟東曰徐州」者，商無青，并青于徐也；《周禮》「正東曰青州」者，周無徐，并徐于青也。杜佑曰：「今分入兖州之域」。愚謂此言唐制，今則不止屬兖州矣。

徐之水莫大于淮、沂。《周禮·職方氏》：青州，「其川淮、泗，其浸沂、沭」。然則淮乂則自泗而下，凡爲川者可知矣；沂乂則自沭而下，凡爲浸者可知矣。○孔穎達曰：「淮出桐柏山，發源遠矣，于此州言之者，淮水至此而大，爲害尤甚，喜得其治，故于此記之」。○沂水出艾山，《寰宇記》曰：「艾山一名臨樂」。

「大野既豬，東原底平」二句，皆以志濟也。濟屬兖，而入鉅野澤即大野，則大野爲濟之所絶。王樵曰：「今南旺湖即古大野」。東原在徐西北，而謂之東者，以在濟東，故東平國在景帝亦曰濟東國。○豬謂水蓄而復流，豬與澤大同小異。孔穎達亦云：「今得豬水爲澤」，是豬、澤略同也。底平者，水患去而底于平，故今遂名其地爲東平也。

兖、徐、揚皆特書草木，以其地下而多水也。然繇、條、夭、喬，皆分言草木，徐獨云「漸包」者，進長叢生，草木皆得言也。「厥貢惟土五色」。《水經注》：「姑幕縣有五色土」。《元和志》：「徐州彭城郡，開元貢五色土各一斗」。

「厥篚玄纖縞」。玄，赤黑色幣。纖、縞皆繒，黑經白緯曰纖。孔安國云：「纖，細也」。《爾雅》：「縞，皓也」。然則纖言形、縞言色也。

揚州在地東南隅。《爾雅》：「江南曰揚州」。今所隸非止江南。《地理今釋》云：「河南之汝寧府光山、固始二縣，光州。湖廣之黄州府羅田、蘄水、廣濟、黄梅四縣，蘄州。廣東之潮州府，及浙江、江西、福建皆是也」。○按：閩、粵雖上古未通，亦當在要荒之服。禹會諸侯于塗山，會稽又禹迹之所至矣。

彭蠡今屬江西南昌府，陽鳥即在彭蠡洲渚之間，故「攸居」之文在「既豬」之下。孔穎達曰：「左思《蜀都賦》云『木落南翔，冰泮北徂』。」蘇軾云：「陽鳥避寒就暖」。彭蠡在彭澤西北，北方之南，南方之北也，故陽鳥多留于此。

「三江既入」。《地理今釋》云：「案：三江，孔安國、班固、鄭康成、韋昭、桑欽、郭璞、顧夷諸説不一。惟鄭康成曰：『左合漢爲北江，右合彭蠡爲南江，岷江居其中，則爲中江，故《書》稱東爲中江者，明岷江至彭蠡，并與南合，始得稱中也』。融洽前後《經》文，確不可易，宋蘇軾實宗其説。《蔡傳》專主庾仲初《吴都賦》注，以松江、婁江、東江爲三江，力排蘇説。」

非也。○袁氏仁曰：「岷江在梁，漢江在荆，而其入海皆在揚，故于揚言之」。

「震澤厎定」。震澤即太湖。《職方氏》云：揚州「藪曰具區」。金履祥曰：「大江之南，西偏莫大于彭蠡，東偏莫大于震澤，二患既平，則揚之土田皆治矣。故舉二湖，以見揚之告成」。「篠簜既敷」。《爾雅》：「東南之美者，有會稽之竹箭焉」。郭璞注：「篠也」。然則篠簜俱産會稽。郭璞曰：「竹闊節曰簜」。按：《周禮》有英簜。○余嘗聞會稽人説，其地有種竹法，截竹長尺餘，埋地中，則生根抽笋，故知其地宜竹也。

「厥貢惟金三品」。金、銀、銅也。班固曰：「金有三等，黄金爲上，白金爲中，赤金爲下」。按：赤金即赤銅也。然則古有赤銅，無黄、白銅。

「齒、革、羽、毛，惟木」。象有齒，犀、兕有革，鳥有羽，獸有毛，大抵出廣東、浙、閩諸處。木，《蔡傳》以爲「楩、楠、豫章之屬」，大抵出江西諸處。然廣東亦出名木也。

「島夷卉服」。島夷，東南海島之夷，廣東、福建皆有之。卉，草也，葛越、木棉之屬。孔穎達云：「葛越，南方布名，用葛爲之，左思《吴都賦》云『蕉葛升越，弱于羅紈』是也」。木棉出廣東，蘇軾云：「島夷績草木爲服，如今吉貝即木棉精好者、木棉之類，其紋斕斑如貝，故曰織貝」。然則織貝特卉服之精者耳，其實一物也。

「沿于江、海，達于淮、泗」。不言達于河者，因于徐也。《朱子語類》云：「《孟子》説『瀹濟、漯而注諸海，決汝、漢，排淮、泗，而注之江』，據今水路及《禹貢》所載，惟漢入江，汝、泗自入淮，而淮自入海，分明是誤，蓋一時牽于文勢，而不暇考其實爾。今人强爲之解釋，終是可笑」。○按《蔡傳》：「禹時江、淮未通，故沿于海。至吴始開邗溝，《左傳》哀公九年：「吴城邗溝，通江、淮」。隋人廣之，而江、淮舟船始通也」。

荆州非止于今兩湖之地。《地理今釋》云：「四川之夔州府建始縣，廣西之桂林府全州，及興安縣越城嶺北境也」。○熊氏禾曰：「荆州之地亦廣，北接雍、豫之境，南逾五嶺，即越之南徼也。越雖上古未通，已當在要荒之服，東抵揚州之境，西抵梁州及西南夷等處，皆楚地也」。

荆州之治，以江、漢爲主。鄭氏曉曰：「江、漢發源于梁，而荆當其下流之衝，入海于揚，而荆據其上游之會，故于此言『朝宗』，見其上無所壅，下有所洩」。愚按：江、漢合流，勢均力敵，有同僚之義，故言「朝宗」，取諸侯見天子爲名。而孔安國云「百川以海爲宗」，蓋以「朝宗」是周制，禹時未必有也。然「朝宗」之名，實仿于此。

「九江孔殷」。此記江之治也。九江即洞庭，在今湖廣岳州府巴陵縣西南。《地理今釋》云：「宋曾彦合以沅、漸、無亦作潕、辰、叙一名渠江、西、湘、資、澧水皆合洞庭中，東入于江，是爲九江。蔡氏遵之。朱子考定九江，去無、澧二水，而易以瀟、蒸，大抵通儒皆主洞庭之説也」。愚按：九江東入于江，故下文導江云「過九江，至于東陵」，益知此句爲江而書也。

「沱潛既道」。并記江、漢之始也。文與梁州同者，凡水之出于江、漢，總名沱、潛，但彼則江、漢上流之別出，此則江、漢下流之別出者耳。〇按：《史記》「沱涔既道」，涔，古潛字也。又，下文梁州注云：「灊音潛」，是涔、灊皆潛也，隨地而異其名耳。

「雲土夢作乂」。此亦記江之治也。司馬相如謂雲夢方八九百里。《左傳》「楚子濟江，入于雲中」，又「楚子以鄭伯田于江南之夢」。羅泌云：「江南爲夢，江北爲雲」。然則二澤跨江南北，土與作乂，益信江無不治矣。

「惟箘、簵、楛，三邦底貢厥名」。《蔡傳》：「三邦未詳其地」。孔安國曰：「三物皆出雲夢之澤，近澤三國常致貢之，其名天下稱善」。愚按：孔謂近澤三國，是三邦地在雲夢矣。

「厥篚玄纁、璣、組」。孔穎達引《爾雅·釋器》云：「三染謂之纁」，纁、絳一名也。又引《考工記》注云：「玄色，在緅、緇之間」。

「逾于洛，至于南河」。冀州之南河也。下文雍州曰「黑水西河」、曰「龍門西河」，亦冀州之西河也。皆主冀州，言以冀在豫河之北、雍河之東也。

豫居土中，隸今五省之地。《地理今釋》云：「直隸之大名等處，山東之兖州等處，江南之鳳陽等處，湖廣之襄陽、鄖陽、德安府等處皆是」。

《朱子語類》：「問：『周公定豫州爲天地之中，東西南北各五千里，今北邊無極，而南方交趾際海，道里長短夐殊，何以云各五千里？』曰：『此但以中國地段四方相去言之，未説極邊與際海處。周公以土圭測天地之中，則豫州爲中，而南北東西際天各遠許多，至于北遠而南近，則地形有偏耳，所謂地不滿東南也』。」

茅氏瑞徵云：「河患，兖爲甚，豫次之，故州疆域并繫以河」。愚按：豫地近河而遠山，去冀都最近，只以河爲界。《孟子》「舜避堯之子于南河之南」，南河之南即豫州也。故此州亦以治河爲主，洛會伊、瀍、澗而入于河，此蓋爲河而書也。

豫患不止于河，又在于濟，「滎波既豬，導菏澤，被孟豬」，皆以志濟也。《周・職方》豫州「其川滎雒洛同，其浸波溠音詐」，《爾雅》云「水自洛出爲波」。然據《地理今釋》，滎波即滎澤。孔安國《傳》云：「滎澤波水已成遏豬」。《正義》曰：「鄭云『今塞爲平地』。」《禹貢錐指》云：「案馬、鄭、王本，『波』并作『播』，伏生今文亦然。孔安國解作一水，非二水，以爲二水，自顔師古始，宋林之奇本之，而蔡氏因之。然案圖究義，以滎波爲二水，終無是處」。傅氏寅曰：「上文言導洛，此則專主導濟言，不當又泛言洛之支水，《職方》所記山川，非治水次第，不必泥也」。愚按：滎即「濟溢爲滎」之滎，「滎波既豬」，則濟之餘波有所受，而無潰出之患矣。菏澤地志在濟陰郡定陶縣東，蓋濟水所經。被，及也，猶云波及。孟豬澤名，《爾雅》作

「孟諸」，《周禮》作「望諸」，《史記》作「明都」。《地理今釋》云「今河南歸德府商丘、虞城二縣界，有孟諸臺」是也。「導菏澤，被孟豬」，則濟之餘波有所洩，而無壅塞之患矣。故曰「皆以志濟」也。

漆貢惟兖、豫二州有之，用以飾器也。所謂髹几，蓋古有此制。是知唐虞之世，雖尚儉樸，未嘗無漆器。唐太宗謂「舜作漆器，諫者十二人，特好事者爲之説耳。試問不以飾器，奚以貢爲邪」？

枲、紵大同小異。《職方氏》豫州「其利漆枲」。案：陸璣云：「紵亦麻也，宿根在地，至春自生。今紵布皆用此」。

纖纊，細綿。蓋纊是綿，纖是細，合之方爲細綿。《蔡傳》乃云「纊，細綿」，疑「纊」上脱一「纖」字。不然，纖纊或是二物，纖即「纖縞」之「纖」也。

梁州，《地理今釋》云：「陝西之漢中、西安、鞏昌等處，湖廣之鄖陽等處，四川之成都、保寧、順慶、龍安、馬湖等處，實隸今四省之地」。熊氏禾曰：「梁州即今全蜀之地」。按：杜佑曰：「梁州當夏殷間爲蠻夷國，所謂巴、賨、彭、濮之人也」。

孔穎達曰：「華山在豫州境内，此梁州之境，東據華山之南，不得其山，故言陽也」。愚按：梁州在雍州之東南，豫州之西南，故曰華陽。

梁州土瘠而多山，乃江、漢之源，故其治以江、漢爲主。「岷、嶓既藝，沱、潛既道」，則江、漢之源流悉治矣。○陸氏深曰：「今蜀山綿連延亘，凡居左者皆曰岷，右者皆曰嶓。江別流而復合者皆曰沱，漢別流而復合者皆曰潛」。

「蔡、蒙旅平」。《蔡傳》云：「二山在禹用功爲多，故記之也。〔二〕旅平者，治功畢而旅祭」。《周禮·大宗伯》「旅上帝及四望」。鄭云：「旅，陳也，陳其祭祀以祈焉」。

「和夷厎績」。《地理今釋》云「案《水經注》引鄭説云『和夷，和上夷所居之地』。時瀾《書説》云：『嚴道以西，地名和川，夷人所居』。此爲得之」。○按：蔡蒙、和夷，總見水治，而地之險且遠者無不治也。夷，古作𡰥。

「鐵、銀、鏤、砮」，「砮」字《蔡傳》未注。據《寰宇記》云：「定筰縣有鐵石山，山有砮石，火燒之成鐵，爲劍戟極利」。然則砮亦鐵屬，當是梁州實有此鐵名砮者，非如荆州「礪、砥、砮、丹」之「砮」也。

「西傾因桓是來」。朱子曰：「西傾雖在雍州，其人有事于京師者，必道取梁州，因桓水而來，故『梁貢』道及之」。

「浮于潛，逾于沔」。潛即漢所出，沔即漢所流。蘇氏云：「漢始出爲漾，東南流爲沔」。據

《水經注》，始源曰沔。然則潛、沔宜相通，云逾者，必取道之處，潛、沔適相遠，故舍舟而陸歟！雍于用切州跨今陝、甘兩省之地，《地理今釋》云：「其在化外者，南至西傾、積石，西逾三危，北抵沙漠皆是也」。

朱子曰：「雍州土厚水深，其民重厚質直，以善導之，易以興起，而篤于仁義；以猛驅之，其强毅果敢之資，亦足以强兵力農，而成富强之業」。

弱水，《地理今釋》云：「今陝西山丹衛漢删丹縣城西有山丹河，古弱水也」。〇焦氏竑曰：「據今甘州衛有合黎山，亦不必遠求之别域，而定以甘州之弱水爲非矣」。

雍州地勢極高，東境雖鄰于河，然自龍門既鑿，河已安流，且禹之治自東而西，下流既治，則上流自安，故雍之治無事于河也。

雍之水莫大于渭，故書渭特詳，「涇屬渭、汭」三句，皆以志渭也。「涇屬渭、汭」句，書法絶妙，此句本是書渭，而偏以涇立文，蓋涇小于渭而大于汭，若以渭立文，則嫌于卑涇，且其勢又不順。蓋涇之源最居雍之北境，自北而南注，以渭爲歸，而汭東入焉。是涇上屬于汭，而下屬于渭，于書法借賓定主，實乃以逆得順也。

「漆沮既從」。沮水本合漆水入渭，二水相敵，故并言之。「既從」者，從于渭也。程大昌曰：「雍地四漆、沮，而實三派，《禹貢》漆、沮，惟富平石川河正當其地」。段昌武曰：「《詩》

漆、沮，言于渭之上流，《書》漆、沮，入于渭之下流，《詩》自土沮、漆，言于岐、周之間，《書》言于東，會于灃，又東會于涇之下」。

「灃水攸同」。灃，地志作酆，《詩》作豐，所謂「豐水東注，維禹之績」是也。同者，同于渭，渭大而漆、沮小，故曰從，灃、渭大小相若，故曰同。○按：傅寅曰：「治弱水以及涇、漆、沮，雖自西而東，然涇、漆、沮治而後治灃，則又自下而上也。如河患在九河，疏其下則其上易爲力，江患在彭蠡，豬其上則其下無足憂，皆所以前後順理也」。

「荆、岐既旅」。此荆乃北條之荆。孔安國曰：「此荆在岐東，非荆州之荆」。岐山，《説文》云：「山有兩岐，因以名焉」。《郡國志》：「岐山南有周原」。

「原隰底績，至于豬野」。原隰即《詩》所謂「度其隰原」者。鄭氏曰：「其地在豳」。朱子《詩傳》云：「豳在岐山之北，原隰之野，即今邠州也」。豬野，《地理今釋》云：「即《漢書·地理志》所云休屠澤也」。《蔡傳》云：「治水成功，自高而下，故先言山，次原隰，次陂澤也」。

三危，《後漢·西羌傳》注：「三危山在今沙州燉煌縣東南，杜預曰：「瓜州，今燉煌也」。山有三峰，故曰三危」。《地理今釋》云：「在今河州北一百二十里，《水經注》謂之唐述山」。《括地志》云：山積石，勢峭拔，下臨黄河。龍門山，《地理今釋》云：「在今陝西西安府韓城縣東北五十里，大河之西，東與壺口隔水相望」。

「織皮昆侖，析支、渠搜」。據鄭康成云：「衣皮之民，居此昆侖、析支、渠搜三山之野者」。是昆侖等皆本山名而因以爲國號也。《蔡傳》則云：「三國皆貢皮衣，故以織皮冠之；皆西方戎落，故以西戎總之」。二説未知孰是。

禹之導山，原爲導水，譬諸人身，山其骨骼，川其血脉，人必先治骨骼，而後能調和其血脉，此導水所以必先導山，而導山正所以導水也。

「導岍及岐」兩節，《蔡傳》：一爲「北條大河北境之山」，一爲「北條大河南境之山」，然則此兩節爲導河而書也。山水皆起于西北，故導山皆始乎西，卒乎北。然大意皆爲導河而設，故「至于荆山」，下以「逾于河」三字點醒眼目，爲上下文關鍵，以見此兩節總爲導河也。○按：「逾于河」，吕祖謙曰：「人逾，非山逾」。

朱子曰：「太行自西北發脉來，爲天下之脊，此是中國大形勢，其底柱、王屋等山，皆是太行山脚」。愚按：《地理今釋》云：「太行山延袤千餘里，起于河南懷慶府濟源縣，迤而東北，跨山西、河南、直隸界」。○又按：雷首山，《通典》云：「在河東縣。此山凡有八名：歷山，首陽山，薄山，襄山，甘棗山，中條山，渠豬山，獨頭山也」。

底柱石在大河中流，自「逾于河」至此，又一醒眼目。按：底柱在今河南府陝州東，所謂三門山是也。金履祥曰：「三門分天門地門人門，惟地門不可過」。愚謂底柱正當中流，所以沮遏河勢者也。曰「入于海」，言河合諸山之水，同入于海也。是始終皆以志河也。

按：《蔡傳》云：「王、鄭有三條、四列之名，皆爲未當」。陳櫟曰：「三條之説出于馬融、王肅以岍、岐至碣石爲北條，西傾至陪尾爲中條，嶓冢至敷淺原爲南條。四列之説出于鄭康成，謂岍、岐爲正陰列，西傾爲次陰列，嶓冢爲次陽列，岷山爲正陽列」。

「西傾、朱圉、鳥鼠」節。按：王氏樵曰：「河自下龍門，其勢湍急，及華山之陰，喬岳綿亘，其勢不可復南，乃折而東流，涇、渭、灃、漆、伊、洛、瀍、澗諸水入焉。熊耳四山者，志伊、洛、淮水之所以治也」。愚謂志伊、洛、淮水之治，正所以志河之治。《經》文華山凡三見，或言太華，或言華陰，或言華陽，皆一山也。梁在華之南，故曰華陽，雍在華之北，故曰華陰，此不隸疆域言，故曰太華。

「外方」，《地志》：「潁川郡崇高縣有崇高山，古文以爲外方」。《地理今釋》云：「外方，今中岳嵩山，綿亘一百五十里」。〇愚按：《禹貢》五岳皆備。

「陪尾」山，《地理今釋》云：「在今兖州府泗水縣東。吴澄《書纂》言曰：『《唐志》泗水縣有陪尾山，泗水出焉』。蓋此是也。以横尾爲陪尾者非是」。案：《孔傳》以横尾爲陪尾，《蔡傳》從之。按：碣石，冀之東北境，陪尾，冀之東南境，導山之文，蓋皆始于雍，終于冀也。

「導嶓冢」兩節。《蔡傳》：一爲「南條江、漢北境之山」，一爲「南條江、漢南境之山」，然則此兩節爲江、漢而書也。江、漢發源于梁，合流于荆，入海于揚，故《經》言荆山、内方、大别、衡山、九江、敷淺原，其地皆在荆，獨不言入于海，與「導研」節文法小異。然至于敷淺原，則江、漢之勢已將合流，蓋江至東陵，始與漢合，下文「過九江，至于東陵」是也。至是則直趨揚之通州，所謂「朝宗于海」者是矣。

「導嶓冢，至于荆山」。此荆州之荆，非荆岐之荆也。《地理今釋》云：「荆山在今湖廣襄陽府南漳縣，昭四年《左傳》荆山『九州之險』指此」。愚案：内方，漢水所經，大别，漢水所從入江處。

《朱子語類》：「問：『岷山之分支何以見』？曰：『凡兩山夾行，中間必有水，兩水夾行，中間必有山。江出于岷山，岷山夾江兩岸而行，那邊一支去爲隴，者邊一支爲湖南，又一支爲建康，又一支爲兩浙，而餘氣爲福建、二廣』。」

「敷淺原」，《地理今釋》案：「朱子九江、彭蠡辨云：『敷淺原，説者以爲漢歷陵縣之博易山，《漢書·地理志》作「傅陽山」。師古曰：「傅讀作敷」。在今江州德安縣，爲山甚小而痺，不足以有所表見，而其全體正脉，遂起而爲廬阜，則甚高且大，以盡乎大江、彭蠡之交，而所以識夫衡山東過一支之所極者，唯是爲宜耳』。《蔡傳》遵用師説，指廬阜爲敷淺原，而復以無可考據爲疑，何也？廬阜在今江西九江府德化縣南，山北隸南康府星子縣」。○按：廬阜山高謂之敷淺原者，朱子云：「德安縣敷陽山，正在廬山之西南，故謂之敷陽，非以其地即爲敷淺原也」。愚案：朱子之意，敷淺原蓋指敷陽之高平處而爲名耳。

朱子曰：「自『導弱水』至『導洛』，凡九條，皆導水之事。大概自北而南，先言山，以爲水之經，故此言水，以爲山之紀。弱水最在西北，又西流，不經中國，故首言之」。○愚案：弱水下即繼以黑水，亦同此意。謹按《地理今釋》云：「黑水之辨，諸家紛如，今考地圖，《禹貢》之黑水有三，正不必强合。蓋雍州之黑水，其源在黄河之北，梁州及導川之黑水，其源皆在黄河之南，有截然不相紊者」。案：黑水之辨，唐樊綽主麗江，薛季宣主瀘水，程大昌、李元陽及吳任臣《山海經》注，皆主瀾滄，惟欽定折衷至當，確不可易，故諸家之説，兹不具載。林之奇曰：「三危距南海凡數千里」。

「導河」不云自者，《蔡傳》所謂河源多伏流，積石其見處，故言積石，而不言自也。愚案：據《元史》，河自星宿海流千餘里，始東北繞昆侖山下，則不得謂河源于昆侖矣。故《地理今釋》

以其説爲未的。

「至于大伾，北過降水」。《地理今釋》云：「大伾山亦名黎山，在今直隸大名府浚縣東南。降水今本作洚出今山西潞安府屯留縣」。朱子曰：「禹當時治水也，只理會河患積石、龍門，所謂『作十三載乃同』者，正在此處。向未經鑿治時，龍門正道不甚泄，故一派西滚入關陜，一派東滚往河東，故此爲患最甚。禹自積石至龍門，著工夫最多，又其上散從西域去，不甚爲患」。○又曰：「自積石至龍門，而爲西河，東過洛、汭，而爲南河，至大伾，始折而北，流爲東河，至兖州而分爲九，復合爲一而入海。逆河是開渠通海，以泄河之溢，秋冬則涸，春夏則泄」。

「嶓冢導漾」，「岷山導江」，皆自其源導之者，以其源顯而易見也。鄭曉曰：「禹治江、漢之水，皆始于梁，中于荆，而終于揚也。漾、漢在梁州滄浪，至入江，在荆州彭蠡，至入海，在揚州。三澨而上，漾、漢異名而同源，大别而下，江、漢異源而同流」。

「過三澨」，《地理今釋》案：「《説文》云：『澨，埤增水邊土人所止也』。王逸注西澨，杜預注漳澨。或云水涯，或云水邊。《蔡傳》以三澨爲水名，恐非」。

金履祥曰：「『東匯澤爲彭蠡』，朱子以爲多句，『東爲北江，入于海』，鄭漁仲以爲羡文。按：朱子《彭蠡辨》云：「鄭樵謂『東匯』以下十三字爲衍文。」意禹治水之時，與今不同，方江、漢未奠，今江西諸水壅遏不通，匯而爲湖，雖非江、漢所匯，而勢實匯之。中江、北江，想當時方言如此，以識江、漢合流之别。彭蠡源淺而與江、漢并列爲北、中、南，此恐亦當時東南之方言爾」。〇愚按：金氏辨東匯及中江、北江，未知是否，其謂古今水不同，則甚是。知此亦不必疑《經》爲衍文矣。

「又東至于澧」。《蔡傳》既云「水名」，又疑「下文九江、澧水既與其一，則非水明矣」。引鄭氏云：「《經》言『過』言『會』者水也，言『至』者或山或澤也」。「澧，宜山澤之名」，但未詳其地之所在。按：傅寅曰：「今長沙郡有澧陵縣，其以陵名爲縣乎」？愚按：此説似可備一解。

「至于東陵」。東陵，巴陵也。酈道元曰：「江夏有西陵縣，故是言東矣」。羅泌云：「巴陵與夷陵相對，出爲東西，以夷陵曰西陵，則巴陵爲東陵信矣」。

林之奇曰：「江在漢南，漢在江北、漢稍南，江稍北，則其勢相屬，故會于彭蠡而復東也。匯者，彭蠡之澤也，不言會于彭蠡者，蓋蒙上『東匯澤爲彭蠡』之文，且見其與漢水共注此澤也」。

江、漢、彭蠡合流，《經》文乃云「北江、中江」，統以江名者，蓋三水以江爲主，曰「過九江」，以江爲主也，曰「北會于匯」，亦以江爲主也。惟皆以江爲主，故三水并持而東，則江爲中江，漢爲北江，彭蠡所入爲南江，皆可被以江名矣。不言南江者，互文也。

沇、濟一水也。濟當作「泲」，《詩》「出宿于泲」。《地理今釋》云：「濟水出今河南懷慶府濟源縣王屋山，既見而伏，至濟源縣西北五里，重源顯發，有東西二池，合流至温縣東南入河。鄭曉曰：「今案：濟水發源于冀，經流于豫，分流于徐，入海于青，凡三伏而四見。一見于王屋而遂伏，再見而爲濟，再伏而入河，三見而爲滎，三伏而穴地，四見而出陶邱之北，自此不復伏矣」。陶邱在今兖州府定陶縣。

「導淮」節，申時行曰：「淮出于豫，經于徐，而入海于揚」。《地理今釋》云：「淮水東北出淮安府清河縣之清口，與黄河會，東則刷黄河入海，南則入運河以濟漕」。○愚按：淮水北會河，南會江，《經》文止言「東會于泗、沂」者，蓋禹時河未南徙，故淮不得與河會，江、淮未通，故淮不得與江會，而止有沂入于泗，泗入于淮，此《經》文所以止言「東會于泗、沂，東入于海」也。入海在淮浦，即《詩》之淮浦也。

導渭次第與雍州文異者，蘇軾曰：「此言渭水自西而東之次，雍州散言境内諸水，非西東之次也」。○陳櫟曰：「灃、涇大，與渭并，故曰會。既得灃、涇，渭愈大，漆、沮皆小，故曰過」。

《河南通志》：「熊耳有三，一在盧氏縣西南五十里，兩峰相并如熊耳，《禹貢》『導洛自熊耳』即此」。○按：洛出冢嶺山。

按：河、漢、江、濟、淮五水，其終皆入于海，蓋江、淮等水所謂「四瀆」，能自達于海者也。江、漢即是合流，在《經》文似不必兩言入于海矣，其并書者，以見二水相敵，即不合流，亦能獨達于海也。渭、洛二水，其終皆云入河，不云入海，究其終，亦未嘗不入海，特不能自達，而附于河以入海耳。此其所以不得爲瀆也。以四瀆視諸侯例之，海是王，四瀆即是諸侯，渭、洛則是附庸。○又按：桑欽云：「二漳異源，而下流相合，同歸于海」。唐人亦言漳水能獨達于海，請以爲瀆。而皆不云漳入河者，蓋禹河本隨西山下東北去，周時河徙，則漸遷而東，漢初漳猶入河，其後河徙日東，而去漳水益遠，至欽時，河自大伾而下已非故道，而漳自入海矣。故欽與唐人所言如此。又按：漢時河又徙向頓邱，在今大名府清豐縣，是益徙而東北矣。然則《禹貢》所記入河諸水，今異于古者，蓋亦不少矣。儒者猶欲執《經》而求之，令其一一符合，附會支離，不亦惑哉！○導河始于弱、黑者，不以遠而或略也，終于渭、洛者，不以小而或忽也。合之乃見聖人之心，邇不泄而遠不忘也。○羅泌有言：「禹至導黑、弱，而西戎即叙，然後見其仁之至焉」。又言：「禹之心，視西戎無以異于梁州之民，此天地之心也」。其説能見其大，并節録于此。

孔穎達曰：「『九州所同』與下爲目，其言『九山』、『九川』、『九澤』，是同之事矣」。愚按：「九州攸同」二節，是《禹貢》總結，句句要與前文相應，方是結上語氣。「敷土」節是總冒，恰與此二節相配，篇法極整齊。

「九山刊旅」。刊是始，旅是終，舉始終以包中間也。○刊即「隨山刊木」之「刊」，亦文字眼目，前後照應處。

「四海會同」。此句不是泛言四海清晏，謂凡入四海之水，無不會同，而各有所歸也。海是兩間之棄地，非此無以容納百川，《莊子》所謂「無用之用」也。按：《禹貢》只有北海、河所入東海、江、漢所入南海黑水所入，而無西海，何云「四海會同」？下又云「聲教訖于四海」，蓋南海、西海俱不隸中國，故略而不詳。然弱水餘波，入于流沙，朱子云：「流沙在合黎之西」，則弱水實入西海矣。唐柳宗元亦云：「西海之山有水，散涣無力，不能負芥，名曰弱水」。據此則弱水入西海無疑，《禹貢》不言者，荒遠在所略也。○西海在小昆侖山旁，南海在滇，今雲南也。

禹止治水耳，何云「六府孔修」？水于五行之序，獨居其首，蓋水在天地間爲物最大，而體物不遺，水得其理，則五行皆得其性，而爲天下用矣。《洪範》「鯀陻洪水」，乃謂之「汩陳其五行」，亦是此意。

「庶土」，《蔡傳》云「非特穀土」，金履祥謂「凡山澤、邱陵、墳衍、原隰之土」，此説極是。孔安國乃云「壤、墳、壚」，殊欠該括，當從《蔡傳》。

「三壤」方是言穀土，以賦出于田也。三謂品節之以上、中、下三等，而三壤之中，又各有三品，復有上下錯，而總之爲三壤。○按：「厎慎」，敬心也，「咸則」，治法也。先有敬心，而後可以行治法，故曰「徒法不能以自行」。

「錫土姓」以下，另爲一節，皆封建諸侯之事，以附于篇末。《益稷》所謂「荒度土功，弼成五服，至于五千。州十有二師，外薄四海，咸建五長，各迪有功」數語，乃《禹貢》篇末數節之注脚也。

「祗台德先，不距朕行」二語，憑空立文，似無著落。然上承「錫土姓」，下起「弼五服」，蓋惟以敬德先天下，而天下自不能違越禹之所行，此以修德爲致治之本也。承上起下，文法關鎖極緊。〇人第知禹盡力，不知禹實有德以先之。東萊呂氏所謂「衆人爲之則力也，禹爲之則德也」。此説是也。

「甸服」，王安石云：「甸者，井牧其地之謂」。然井衍沃，牧隰皋，井牧其地，什伍其民，不獨在規方千里之内，畿外諸侯亦同此制。當以《蔡傳》爲是。按：朱子云：「甸，治田也，畿内天子之田，其民主爲天子治田事，故謂之甸服」。又云：「畿内專言田賦者，畿内不封諸侯，故田賦入天子」。

「百里賦納總」。禾本全曰「總」，納之何也？孔穎達曰：「入之供飼國馬。《周禮·掌客》待諸侯之禮，有芻有禾，此『總』是也」。

粟、米之分何也？曾旼曰：「桓十四年《穀梁傳》『曰甸粟，而内之三宫，三宫米而藏之御廩』。〔三〕而九數有粟米之法，爲粟二十蚪，俗斗字，爲米十蚪，粟米之辨也。周官倉人掌粟入之藏，舂人掌供米物，于此可見」。

「侯服」，侯國之事，「百里采」音菜者，張子曰：「采地所得，亦什一之法，其餘歸諸天子，所謂貢也。諸侯、卿大夫采地必有貢，貢者必于時享，天子皆廟受之，此所謂幣餘之賦也」。又曰：「卿大夫采地、圭田，皆以爲永業，所謂世禄之家」。○張九成曰：「周官六鄉之外爲六遂，六遂之外有家邑，爲大夫之采地，小都爲卿之采地，大都，公之采地，王子弟所食邑也，與此王畿五百里外始有采服同意」。

「綏服」，《蔡傳》：「綏，安也，漸遠王畿，取撫安之義」。孔穎達引《周語》云：『先王之制，邦内甸服，邦外侯服，侯衛賓服，夷蠻要服，戎狄荒服。彼賓服當此綏服』。韋昭云：『以文武教衛爲安，王賓之，因以名服』。然則綏者據諸侯安王爲名，賓者據王敬諸侯爲名，則此服舊有二名」。愚按：孔安國亦云：「侯服外之五百里，安服王者之政教」。是二孔之説與韋昭合，皆據諸侯安王爲名。然《禹貢》之「綏服」，即《周語》之「賓服」也。賓既以王敬諸侯爲名，則綏亦當以王撫諸侯爲名，而不當以諸侯安王爲名矣。韋氏及二孔之説非是。

「要、荒」，要，約也，荒，略也，雖取約略之義，然猶爲之區處經畫，則是以不治治之也。

別内外以嚴華夏，是義之盡，無遠邇而盡經營，是仁之至，此即《益稷》所謂「外薄四海，咸建五長」也。按：「咸建五長」，唐虞之制，雖不可知，然大要是使王官治之之義，如《立政》所言「夷、微、盧烝，三亳、阪尹」是也。後世若漢之西域都護，唐宋之宣撫等使，蓋猶得此遺意云。〇按：五服惟甸服最詳，餘以次而略，蓋詳于治内，而略于治外也。

呂祖謙曰：「『漸、被、曁』，亦不須于一字上爲之輕重，但水患治平，自西自東，自南自北，無思不服」。〇愚按：東西皆「地」，朔南獨不「地」，而曰「曁」，可見三代以前，東西廣而南北狹也。〇又按：《禮·王制》陳澔注云：「自秦而上，西北衺而東南蹙，秦而下，東南展而西北縮，先王盛時，四方各有不盡之地，不勞中國以事外也。《禹貢》東漸平聲西被，朔南咸曁，特聲教所及，非貢賦所限也」。

「禹錫玄圭，告厥成功」。篇首以禹始，篇末以禹終，皆史臣特筆也。

甘誓

「大戰于甘，乃召六卿」。按：六卿之説，《蔡傳》本之鄭康成爲多，故以六卿與六鄉之卿爲一。説者以爲六卿非自冢宰至司空之六卿，蓋王之六鄉别有此六卿也。但考之《周禮》，六鄉六卿之外，無别有所謂六卿者，則其説已無據矣。至謂「無事則屬于大司徒，有事出征，則屬于大司馬」，或疑冢宰位尊，無緣亦屬于司徒、司馬。然所謂屬者，疑亦特其屬官耳，未必是冢宰親屬也，亦猶司徒施教，則六卿總屬之義。然則九伐統于司馬，亦孰謂其不然邪？至于天子親征，六卿必從，亦無空國而出之理，必有監國之卿，多是冢宰，或亦取之諸卿，若一卿守，則五卿皆從，其缺一卿，則使屬官攝卿以行也。

按：王氏樵曰：「《周禮》『鄉老二鄉則公一人』，鄭氏曰：『三公内與王論道，中參六官之事，外與六鄉之教』。如鄭氏之説，此公即論道之三公，則每鄉卿一人，豈即六卿而分領六鄉邪？」又云：「鄭氏以軍帥選于六官，六鄉之吏則固六官爲首，鄉吏次之，而此之六卿，必非鄉官也」。愚按：王氏疑此六卿非即六鄉之六卿，故有此説耳。要之，當以《蔡傳》爲是。

湯誓　仲虺之誥　湯誥

《湯誓》。朱子曰：「湯武固是反之，但細觀其書，湯反之之功恐是精密，如《湯誓》與《牧誓》數桀紂之罪，辭氣亦不同」。又曰：「湯有慚德，如武王恐未必有此意」。○愚按：今之《泰誓》，恐有後人補綴處，非當日原文，吴才老諸儒所以疑之。○顔師古《匡謬正俗》曰：「《商書

·湯斷古誓字》云：『予則孥戮古文戮字汝』，孔安國《傳》云『古之用刑，父子兄弟，罪不相及，今云孥戮，權以脅之，使勿犯也』。案：孥戮者，或以爲奴，或加刑戮，無有赦耳。此非孥子之孥，猶《周書·泰誓》稱『囚孥正士』，亦謂或囚或孥也，豈得復言并子俱囚也？又，班固《漢書·季布傳贊》云『及至困亢，奴戮苟活』，蓋引《尚書》之言，以爲折衷矣」。

《書序》「夏師敗績，湯遂從之，遂伐三朡，俘厥寶玉，誼伯、仲伯作《典寶》」。《蔡傳》云：「三朡，國名，今定陶也。俘，取也。俘厥寶玉，恐亦非聖人所急」。愚按：《孔傳》釋「典寶」之義，言「國之常寶也」，竊謂《孔傳》此句極好，道得聖人心事出。《序》既稱爲寶玉，必不是尋常珍異，而乃視爲國之常寶，則不以珍異爲寶可知矣。不以珍異爲寶，則其所寶者可知矣。

《仲虺之誥》。孔穎達曰：「定元年《左傳》云：『薛之皇祖奚仲，居薛，以爲夏車正，仲虺居薛，以爲湯左相』。是其事也」。趙岐曰：「即萊朱也」。萊朱是湯見知之臣，與伊尹相埒，其學問淵源可知。今觀其述湯之德處，精微簡要，及「德日新」以下，道理淵深，萊朱事實不可考，于此《書》已見一斑。

「惟有慚德」。湯武之事，皆聖人之不幸也，而湯尤甚。故愚嘗謂聖人不幸有此事，聖人不可無此心。〇「慚德」二字及「恐」之一字，正聖賢與亂賊分界處，一是從戒慎恐懼而生，一是從肆無忌憚而發。

「惟天生民有欲，無主乃亂，惟天生聰明時乂」三句，乃下文一篇之冒也。周子云：「人生而静，天之性也，感于物而動，性之欲也」。又曰：「民之盛也，欲動情勝，利害相攻不止，則賊滅無倫，故得刑以治」。語意蓋本于此。愚按：「欲」即《孟子》所謂耳目口鼻之「欲」，下文「聲色、貨利」是也。「欲」本人所不能無，然常人知性而不知命則有矣。故天生民則有耳目口鼻，有耳目口鼻則有欲，如燧必有火，方諸必有水，欲未便是不好，惟欲縱才是不好。有聖人起，大爲之坊，就燧與方諸所有而正用之，不使水火之害人，則不必無欲，而欲亦不至爲亂矣。此「聰明時乂」之效也。《泰誓》亦曰「亶聰明作元后」，即「聰明時乂」之義，湯武一揆也。「有夏昏德，民墜塗炭」。昏者聰明之反，昏德何以遂墜塗炭？欲動情勝，利害相攻，則刑辟繁而民不聊生矣。故「天乃錫王勇智，表正萬邦」，勇智又聰明之所由來，而無欲之本也。蓋知恥近勇、好學近智，雖困勉之事説不得聖人，然聖人亦從煞吃辛苦來，勇則聲色貨利不能牽，而耳目聰明矣，智則聲色貨利不能蔽，而聰明有臨矣。天非私以勇智錫湯，湯能日躋聖，敬保而勿失，若天生是使，獨亦猶「篤生武王，保佑命爾」之意。

「矯誣」乃「昏德」之實，「爽師」正「聰明」之用。「簡賢附勢」是「有欲」之實，「不邇、不殖」又是「聰明」之實，而「聰明」又本于「勇智」，則「不邇、不殖」等宜兼「勇智」而言。

「簡賢附勢，實繁有徒」。如下文「葛伯」及「韋顧、昆吾」之屬，皆是「肇我邦，予有夏，若苗之有莠，若粟之有秕」。朱子曰：「此仲虺分明言事勢不容住，我不誅彼，則彼將圖我矣。後人多曲爲之説以諱之，要之自是住不得」。愚按：朱子嘗謂文、武之勢當亦住不得，觀湯此時亦正如此。○「問：『矧予之德言足聽聞』，據古注云『道德善言』，某竊意『言足聽聞』自當作一句，言我之德，言之足使人聽聞，彼安得不忌之！未知是否」？朱子曰「是」。

「用人惟己，改過不吝」，分頂上文處己、用人二義。「克寬克仁」，又從用人、處己推至臨民之際，無所不宜，要之皆從「不邇、不殖」中來。「不邇、不殖」無欲也。理、欲不并立，無欲則聰明，聰明是人君第一德。《中庸》言「惟天下至聖，惟能聰明睿知，足以有臨」，故以爲湯德足聽聞之實。

「佑賢輔德」以下，是勉以待諸侯之法，亦革命之初第一要著，語意從「簡賢附勢」及「征葛伯」來。「德日新」以下，又戒以修己之法，語意從「錫王勇智」及「不邇、不殖」等來。「慎厥終、惟其始」結上「德日新」節；「殖有禮，覆昏暴」結上「推亡固存」節。又總結之以「欽崇天道，永保天命」，語意直從「天生民」、「奉若天命」來，道理精密，法度謹嚴，文之妙者也。

按：《書序》作《湯誥》下，有「咎單作《明居》」。孔安國曰：「咎單，臣名，主土地之官，作《明居民法》一篇」。孔穎達曰：「馬融云『咎單爲湯司空，《傳》言主土地之官，蓋亦爲司空也』。」按：夏商職官姓氏，見于《書》者絶少，此與汝鳩、汝方等并以姓名命篇，存此尚可想見一二云。

「自周有終」，先儒有云：「周」字蓋「君」字之誤也。古文「君」作「咼」，本與「周」字相似而誤。

盤庚

《盤庚三誥》《左傳》謂《盤庚之誥》往復諄𡪞，藹然于言詞之表，文筆絶佳。

「五邦」之説，《蔡傳》引「漢孔氏謂『湯遷亳，仲丁遷囂，囂，《史記》作「隞」，并音「敖」字。河亶甲居相，祖乙居耿，并盤庚遷殷爲五。』然以下文『今不承于古』文勢考之，則盤庚之前，當自有五遷」。按：此説極是。又引《史記》，言「祖乙遷邢，或祖乙兩遷」，此説非也。據《地理今釋》：「《史記索隱》云『祖乙遷于邢：邢音耿，近代本亦作耿。』《蔡傳》以祖乙兩遷，分耿、邢爲二，非也」。按：此論甚確。竊意盤庚以前，必有五遷，但世遠不可考耳。觀《書序》只有《仲丁》、《河亶甲》篇，則《書》之逸者固多矣。闕之爲是。

「若顛木之有由蘖」。《蔡傳》：「由，古文作甹，木生條也」。魏了翁曰：「《左傳》注『木再萌芽謂之由』，故云『楚其復由』。又，昭八年『今在析木之津，猶將復由』。」據魏氏之説，即作

「由」字亦無不可。魏氏又云：「韵書『蘖』本作『櫱』，今作栟，槁木之餘也。馬氏云：『顛木而肄生曰栟』。」

「汝曷弗念我古后之聞，承汝俾汝，惟喜康共」。《蔡傳》：「爾民何不念我以所聞先王之事，凡我所以教汝、使汝，惟喜與汝同安爾」。愚謂《蔡傳》似猶覺未安，不如將「承汝俾汝」以下四語，俱作聞于古后之事，文勢更融貫。且下節緊接「予若籲懷茲新邑」云云，方入自己本身，論文意亦似如此較順也。〇又按：「惟喜康共」句，孔穎達曰：「惟歡喜安樂，皆與汝共之」。竊謂《孔疏》似比《蔡傳》爲優。

陳氏櫟曰：「《盤庚》下篇如『多于前功』以下，朱子本疑之，如『弔由靈』、『宏茲賁』等語實難曉，姑依前注觀之可也」。按：《孔疏》引「有賁其首」，以爲「宏」、「賁」皆大之意，《蔡傳》從之。然語意似複。蘇軾云：「賁，飾也，大此郊廟朝市之飾」。此說亦似可從。

高宗肜日

《高宗肜日》，商曰「肜」，周曰「繹」，字雖不同，其義則一。《周頌》「絲衣，繹賓尸也」。《鄭箋》云「天子、諸侯曰繹，祭之明日，卿大夫曰賓尸，與祭同日」。〇按：金仁山曰：「此篇首稱『高宗肜日』，終言『無豐于昵』，高宗，廟號也，似謂高宗之廟昵近廟也。似是祖庚繹于高宗之廟，兼高宗名臣不聞祖己，『乃訓于王』，似告幼君。《書序》大誤。惟《史記》謂此書作于祖庚之時爲得之，而其説又不分明」。〇按：鄒季友亦同此説，細思之，極爲有見，而他書無可證據，姑且存之。又按：《史記》謂祖己諫于高宗之時，而書成于祖庚之時，是又以此篇爲訓高宗矣。蓋《史記》見《書序》此篇下有「高宗之訓」，故曲爲之説耳。金氏所謂不分明，信然。

西伯戡黎

西伯戡黎，戡，勝也。戡、堪古通用，如「克戡用德」、「戡定厥功」皆與堪同。朱子曰：「觀戡黎逼近紂都看來，文王只是不伐紂耳，其他事亦都做了，如伐崇、戡黎之類。」〇「問：『舊説西伯多指文王，惟陳少南、吕伯恭、薛季龍以爲武王，吴才老亦曰乘黎二字本《書序》恐是伐紂時事，二説未知孰是』？曰：『此等無證據，可且闕之』。」〇按：「黎」，《史記》以爲「耆」，《大傳》爲「肌」，其音相近。

鄭康成、王肅皆以箕子爲紂之諸父，司馬彪注《莊子》：「箕子名胥餘」，僖公十五年《傳》杜元凱注：「箕子，殷王帝乙之子，紂之庶兄」。朱子《論語集注》則從鄭康成、王肅。

或謂《湯誓》數桀之罪，止曰「夏王」，至《泰誓》數紂之惡，至斥曰「商王受」，似乎太過。余曰：此正聖人所以衛名教也。蓋天命一日未絶，便是君臣，一日纔絶，即爲獨夫，獨夫之名何不可直斥之有？張子所謂「此處間不容髮」，朱子所謂「聖人所行便是名教，此處正須細看」。

書説卷下

泰誓　牧誓　武成

「惟戊午，王次于河朔」。《蔡傳》：「次，止也」。或謂一宿爲舍，再宿爲信，過信爲次，要之，皆爲次且與趦趄同，不進也。之意。下云「群后以師畢會，王乃徇師而誓」，即《樂記》所云「冕而總干」，「以待諸侯之至也」。「王乃徇師」，謂之「乃」者，有不得已之意。合上三句看，總見武王應天順人，不得已而戎殷，《樂記》所謂「遲之，遲而又久」，于此見聖人之不以得天下爲心也。朱子曰：「譬如果實，文王則待黄熟自落下來，武王則是生拍破」。愚謂伐商之舉，文王固是不爲，須待其自歸，武王雖不能待，舉兵殪殷，然觀篇首特書「惟十有三年」，及「戊午，王次」云云，及《武成》「惟一月壬辰」，「越翼日癸巳」，「癸亥，陳于商郊」，「甲子昧爽」，于興師日期，在途次舍，交兵時日，史臣皆謹書之，非惟時日必書，亦見武王此舉，雍容不迫，非後世之以兵取天下，汲汲有利天下之心者，所得貽爲口實也。此皆記書者之特筆，名教所關，尤不可忽略讀過。○《牧誓》注：「甲子，二月四日」也。去一月壬辰，止月餘耳，而天下已定，故曰「壹戎衣，天下大定」。此則天人協應，故成功如此之速，非武王之心有汲汲之意也。觀上文「陳于商郊，俟天休命」，曰「陳」曰「俟」，武王豈曰予「滅此而朝食」哉！

洪範

《洪範》一篇，上觀天文，下察地理，中參人事，以至明有禮樂，幽有鬼神，悉具其中，實百王之金鑒，《九經》之淵源也。○篇首以「祀」易「年」，不用周正，而用商正，尊箕子，所以尊師重道也。下「王乃言」、「箕子乃言」，俱史臣鄭重之意，所以尊洪範也。

「五行」，萬物之根本也，故居九疇之一；「皇極」，洪範之樞紐也，故列九疇之中。看通篇精神，全歸結在此兩疇上。

「皇極」一疇最詳，而文亦極整齊。以「皇建其有極」二句作一總冒，以「用敷錫厥庶民」三句作兩脚，下文節節分應。「凡厥庶民，無有淫朋」節，又從庶民中提出有位無位，劈分兩項：「有猷、有爲、有守」節，錫庶民以皇極也；「人之有能有爲」節，錫在位以皇極也。而中間用一過文曰：「無虐煢獨，而畏高明」，承上起下，兩扇之中，却不板對，文法活變絶妙。「無偏無陂」兩節，是皇極敷言，乃錫極之要道、良法，即《大禹謨》所謂「勸以九歌」之遺意，以上應「用敷錫厥庶民」句，至「凡厥庶民，極之敷言」節，應前「惟時厥庶民，于汝極，錫汝保極」二句，照應分明，文法極整齊也。然于錫極處用筆特詳，于保極處用筆却略，亦輕重有法。且保極止言庶民，而不言群臣，乃文章互見法也。「乂用三德」一疇，何爲繼以「威福玉食」節？蓋欲移風易俗，更化善治，非政權歸于在上者不能也。

大誥

朱子云：「《大誥》一篇，意思緩而不切，殊不可解」。今按此篇大旨，不過説周家辛苦開基，而始終專以卜言爲聳動天下之具，信如朱子所疑也。

「天棐忱辭」。《蔡傳》從古注：「棐，輔也」。朱子從《漢書》顔師古注：「棐與匪通。」言天相我非信有辭也，「其考我民」而已，如「民獻十夫，予翼以于」是也。又：《蔡傳》解「寧人，武王之大臣」，以上文方稱「寧王」，此變文曰「寧人」，故兩釋之。且「寧人」對上「爾惟舊人」更爲緊切，故不從古注，仍指武王。其説固確當不易，但愚意如此則于篇終「率寧人有指疆土」句，恐説不去。若謂仍指武王之臣，豈終篇惓惓率寧人，而不率寧王乎？然則寧王、寧人即俱作武王説，似亦可從。

「亦惟十人，迪知上帝命」。《蔡傳》：「十人」，謂「亂臣十人」。然十人，周公在其中，且有婦人焉，亦不合對邦君御事前，自爲誇詡，似不如從古注，仍以十人指十夫爲妥。至「爾時罔敢易法」句，當以「爾」指邦君御事言。時與事同，謂爾亦當以十夫所爲自勉，是無敢違越法制，阻我興師也。○經文此節并未明指武王時事，竊疑當從孔注也。

康誥

《康誥》一篇，分「明德」、「慎罰」兩段看，明德爲本，慎罰爲末。然兩段之中，道理原非兩截。且如「不敢侮鰥寡」以下，本言文王明德之事，但「庸庸、祇祇」是明德，「威威」即是慎罰。「敬明乃罰」以下，本言慎罰之事，但「朕心朕德」、「顧乃德」，則慎罰仍不外明德。即以文法言，文王「明德、慎罰」二句提綱以下，明德則稱文王，慎罰則不言文王。稱文王，以見明德爲本也；不言文王，以見慎罰爲末也。然至「不孝不友」，則曰「乃其速由文王作罰」，就此一句，將前文一總收括，見得「敬明乃罰」以下所言，總是文王慎罰之事，明暗并用，詳略互參。

論文王明德是用順筆，論文王慎罰，則是用逆筆，文法參差，各極其妙。至于明德、慎罰之要，一「敬」而已。文王之明德不言「敬」，然「緝熙敬止」，《詩》已言之，故曰「封祗遹文考」，以敬法敬也；又曰「紹聞衣言」，以敬紹敬也。「敬明乃罰」，敬下加明字，惟敬生明，德明罰亦明也。是慎罰亦本明德來。此即《大學》釋「本末」而引「聽訟」一端，以驗「明德既明」之義。至「刑人殺人」以下，論用刑特詳，蓋刑罰尤聖人之所重。又商俗淫靡，故于誥康叔時，尤極諄諄之辭。然由民而臣，終以「爲君爲長」，仍是責成康叔，是慎罰之本，亦在明德而已。此即《大學》「新民」本于「明德」之旨。至「爽惟民」以下，一則曰「我時其惟殷先哲王德」，再則曰「予惟不可不監」，更推上一層，端本于武王自身立君長臣民之極。此即《大學》「明明德于天下」本于「修身」之旨。《康誥》一書，實《大學》之鈐轄，不獨「克明德」、「作新民」二語爲三綱領之二也。又：明德之極，必推至「助王宅天命」，慎罰之終，必推言「惟命不于常」，兩段俱以「天命」爲歸結。蓋明德則馨香可達于上帝，慎罰則好生直契乎天心，故命之得失，顧其明德、慎罰何如耳。此武王之所以拳拳也。又篇内屢言「裕」字，如「德裕乃身」、「乃由裕民」、「乃裕民」，曰「裕乃以民寧」，其詞繁而不殺。蓋商俗駿厲，其流至于操切急迫，加以紂之爲虐，使民重足而立，衛乃紂之故都，康叔始封，示以更新，民之觀化尤切，故武王欲其以寬和之道，與民休息也。或曰：「元惡大憝」，「不率大戛」，「速由作罰」，「刑兹無赦」，「速由兹義率殺」，

「乃不可不殺」，其于用罰，未嘗不峻急也。余曰：以上諸罰，特加于罪大惡極者耳。所謂「刑亂國，用重典」，其勢不得不然，至于平民，豈遽以此加之哉？于此見周家忠厚立國之至意。又：篇内言罰處多，言刑處少，罰比刑爲輕，見罰且當慎，何况于刑？此尤聖人重刑之本心，所謂法外意也。遍考《書經》，言刑處多只言罰，皆是此意。又：篇中屢呼「哉」字，如「敬哉」、「念哉」、「往哉」，反覆呼喚，丁寧懇至，一則爲愛弟之切，一則爲愛民之誠，如「恫瘝乃身」，「若有疾」，「若保赤子」，子惠情深，非聖人不能發也。余嘗謂《康誥》一書，理精文至，熟讀不厭。

酒誥　梓材

酒之爲物，聖人弗禁，何爲而有《酒誥》之書也？蓋受爲沈湎，相染成風，武王憂之，作書垂訓，故自「永不忘在王家」，上命康叔，以戒妹邦也；自「在昔殷先哲王」下，述前事而毖康叔也。或疑康叔賢者，何至沈亂于酒，如武王之所慮？是大不然。舜，上聖也，而禹戒以「傲虐」，惕以「慢游」，况康叔乎？是故大禹惡其旨酒，衛公歌其賓筵，自古聖賢，未有不致謹于此而能成其德者。蓋克己省身之要，于此見端也。《五子之歌》以甘酒爲兢兢，《無逸》之書亦以殷王受迷亂酗酒爲戒，武王之訓康叔，猶周公之訓成王也。蓋康叔就封，武王特呼曰「小子」耳。

酒之禍人，惟少壯尤甚。是故酒以和血，而能使血氣之浮動者，惟酒也。酒以養性，而能使性情之迷亂者，唯酒也。然則戒之之道當何如？曰：「剛制于酒」，「剛」之一字可以盡之矣。酒，剛物也，以柔克之，不能使其馴，以剛克之，可以制其發。「無彝于酒」，制之末也；「德將無醉」，制之法也；「迪畏天民」，制之本也；「厥棐有恭」，制之輔也。凡兹數語，總爲剛制，皆去其意之所便安，而以理勝欲也。夫始于勉然，終于自然，則聖人之「無量、不及亂」可以馴致矣。孰謂毖酒爲小德哉！

《梓材》一篇，爛簡殘編，雜凑成文，雖聱牙難讀，而辭之古奥，意之慇勤，上誥下之忠厚，下頌上之忠愛，溢于言表。要惟文武之君，周召之臣，方能做得。若成康以下，樹骨典型，訓詞深厚，遠不逮矣！殆猶《詩》之《變雅》乎？

召誥　洛誥　多士

《召誥》、《洛誥》、《多士》三篇，文意實相表裏，皆訓體也。

《召誥》書營洛時日最詳，總計之，自二月既望，至三月甲子，前後僅月餘耳。而時日凡九書，一以志規畫之詳，一以見成功之速。

「用牲于郊，牛二」。《蔡傳》以爲祭天地。愚按：天地分合之説，先儒迄無定論，《蔡傳》主合祭，故以「牛二」爲祭天地。朱子則主分祭之説，云：「古時天地定是不合祭，五峰言『無北郊，只祭社』便是，此説却好」。愚謂如朱子之説，則牛二是帝牛、稷牛也。至「社于新邑」，方是祭地，社稷皆大牢，故「牛一、羊一、豕一」。

凡作大事，必起大衆，作洛，大事也，《洛誥》篇首既云四方民大合會，乃《召誥》止云「用書、命庶殷」，何也？曰：此史筆也。作洛本意，原以化殷民，二公作誥，俱以此爲諄諄，故史臣先提出眼目，曰「命庶殷」，曰「庶殷丕作」，以見所重在庶殷，故特著之。此舉重以該輕，非謂單役庶殷，而不用四方之民也。

「侯、甸、男、邦伯」，何以不言采、衛？省文耳。觀《洛誥》篇首曰侯、甸、男、邦、采、衛，可知也。

《洛誥》一篇，脱簡、錯簡多有，前人未經指出者，愚嘗妄意以測之。「惟三月」以下九句，脱簡在《康誥》之首，此不待言，乃其下文又有脱誤者，《蔡傳》尚未指出。故陳氏櫟云：「此篇大可疑者，如不載王至洛之事與其日月，不應自三月至十二月，中間全然不書。又，『公功棐迪篤』之下，無周公答辭，而即又繼以『王曰』，豈非此等處有脱簡、錯簡邪」？余謂脱簡尚不止此也。「伻來毖殷，乃命寧予」與上文絶不相屬，豈非此處亦有脱簡邪？竊意此上必有寧公之語與遣伻之辭矣。至于「命寧以秬鬯二卣」，《蔡傳》從蘇氏説，謂以事神之禮事公，公不敢進此酒，《蔡傳》：「宿與顧命」、「三宿」之「宿」，同謂進爵也。而用以祭文、武。而王安石、林之奇則以事神與事人不同，二卣即命公禋于文、武，公受命不敢留宿，而即以祭文、武。竊謂王氏、林氏之説亦可通。「戊辰」，書「王在新邑烝祭」，豈王此時始來新邑邪？抑前此已來祭祀過，而此逢大烝之期又來邪？觀上文「予小子其退即辟于周」此周指鎬京，前伻從王于周之「周」，則指洛邑。夫曰「退」曰「即」，則王此時必在洛無疑，意此即洛成而始至之時，舉祭祀朝諸侯必在此時，應有無數典禮，命詞特簡，編偶脱耳。不然，「王曰：公定，予往已」，周公則答曰：「王命予來」，一往一來，果何所指？此豈非王嘗至洛之明驗邪？蓋王既留公，以後便歸西周，周公雖許王留洛，尚未告廟受册，待至十二月烝祭，然後以特牲告廟，即于是月受册。不然，豈有留洛數月而始受册命之理？何若是之緩哉！

古「示」、「視」字通用。《洛誥》「來視予卜休恒吉」、「丕視功載」，皆以「視」爲「示」之義。又：天神地祇，「祇」亦作「示」，謂成物之功昭然可見，是亦有「示」之義也。

「惟以在周工，往新邑」，此尤切中成王之病。蓋幼冲之主，新即大位，未有不用親信私人者。一登新進，必棄舊人，令天下知上意所嚮，在此不在彼，則士止于千里之外，欲求「明作有功，惇大成裕」也難矣。故周公既戒以「孺子其朋」，而又戒之如此，誠千秋之龜鑒也。然「圖任舊人而共政」，必無作，「聰明亂舊章，紛更喜事」，則又棄老成、用新進之本也。故周公先戒以「厥若彝，及撫事如予」三句，而後繼之以此，誠知立政爲任人之本也。

《多士》一篇，詞意往復諄懇，如語家人父子者然，想見周公用心忠厚處。蓋殷民反側，由于不知天命之故，故反覆以殷之革夏、周之代殷爲言，俾知皆天命之公，而無一毫人心之私，則反側之情可以自靖，此公作書之大旨也。但熟玩前後文，俱似曉諭頑民之意，而不必專爲有位者言，何以篇首特呼「多士」，其下又曰「簡迪在王庭，有服在百僚」，似又爲有位者言矣。然終篇則以「爾土、爾邑」爲言，「邑」即「四井爲邑」之「邑」。夫有恒產者有恒心，愛土物者厥心臧，惟小民則然。然則「多士」云者，果不必皆有位之人也。曰「多士」者，民亦稱士，且別于「多方」之名耳。未知是否？

無逸

《無逸》一篇，首言「知稼穡艱難」，乃《豳風·七月》詩序也。三宗、文王，俱以無逸得壽，此有兩説。吕東萊云：「惟敬故壽。主静則悠遠博厚，自强則堅實精明，操存則血氣循軌而不亂，收斂則精神内固而不淫。至于儉約克治、去戕賊之累，又不在言。凡此皆敬之力、壽之理也」。又云：「民氣大和，導迎善氣，是亦壽考之理，故言『無時或怨』，言『咸和萬民』，皆此意也」。愚謂兩説，一主修己，一主治民，其理至爲該洽，細看通篇，皆不出此二意。如云「今日耽樂」，云「迷亂酗于酒德」，云「變亂先王之正刑」，云「不永念厥辟，不寬綽厥心」，此皆不能主静自强、操存收斂、儉約克制者，既與三宗、文王相反，則其「罔或克壽」，不待言矣。云「民否則厥心違怨，否則厥口詛祝」，云「亂罰無罪，殺無辜，怨有同，是叢于厥身」，此不能使民氣大和、導迎善氣者。五代趙延義論漢祚所以短促云：「漢本未亡，以刑殺冤濫，故不及期而滅」。亦與三宗、文王相反，則其「罔或克壽」，又不待言矣。一篇之中，前後自爲照應，讀者但見前文節節説享年之長，而不知後文句句相反，暗説享年之短。蓋「自時厥后立王」一節，乃前後文之轉關也。

德莫大于勤儉，惡莫大于奢淫。書中凡言勤儉，皆不相離。帝舜美禹之賢，曰「克勤克儉」，周公言文王之「無逸」，先言「卑服」，乃言「康田」，先言「不敢盤于游田」，乃言「以庶邦惟正之供」，獨于三宗，多言其勤，未嘗明指其儉。然曰「爰暨小人」，曰「舊爲小人」，夫世禄多驕奢，庶民多勤儉，以三宗之勤勞，知其必儉約也。蓋勤則必儉，儉則必勤，惜物力者昏作勞，服辛苦者戒暴殄，觀漢文帝衣皂綈，而露臺惜千金之費，可以知之矣。自古人主，莫不以勤儉興，以奢淫亡。至于庶民之家，亦莫不然。不獨家之興喪實由于此，修短之理，壽夭之數，恒必由之也。户樞所以不朽者，勤也，上世所以多壽者，嗜欲之淡也。然則《無逸》一篇，豈止人主之龜鑒，乃庶民居家之道，不可一日離者也。人情莫不欲壽，聖人順其情而導之引之于至善之地，而適得其大欲之同，此《無逸》陳書屢言享國之年，皆是此意。又如《召誥》「祈天永命」、《洛誥》「萬年厭德」、《多士》「有幹有年」、《君奭》「天壽平格」，此數篇書，或以臣誥君，或以上誥下，或同官告僚友，俱不外此。故曰：惟聖人能通天下之情，能成天下之務。

立政　周官　君陳

《立政》、《周官》實相表裏。常伯即司徒，常任即司空，準人即司寇，注云：「守法之有司」。此之「有司」，猶云主者，非下吏群僚也。其叙次衆職有云：司徒、司馬、司空，而缺冢宰、宗伯、司寇。蓋惟天子六卿，大國則止三卿，故此與《牧誓》所陳，皆謂諸侯也。《立政》所以訓成王，其止言「常伯、常任、準人」者何？蓋撮其要也。牧主民、任主事、準主獄，皆立政之急務，故一篇之中，三致意焉。至于「綴衣、虎賁」何爲繼三事之後？亦撮其要也。人主前後左右，無非正人，濡染熏陶，成若天性，無逾侍御之臣，故以繼三事也。庶獄即準人，庶慎即常任，曰「文王罔攸兼」而不及常伯，曰「是訓用違」而止及有司牧夫，據《蔡傳》，牧夫即牧人，蓋互言之耳。至下文「勿誤于庶獄，惟有司之牧夫」，此牧夫則是泛言，不指牧人矣。周公教成王任人之法，其要在于知之至、信之篤。「其克灼知厥若」，知之至之謂也；「時則勿有間之」，信之篤之謂也。文、武之「克知、灼見」，即「灼知厥若」也，湯之「嚴惟丕式」，文之「罔攸兼、罔敢知」，即「勿有間之」也。自古帝王任人之道，俱不出此二端，誠致治之良謨，保邦之要術也。

獄刑者，生人之大命，聖人尤兢兢焉。《立政》後數節，或單言「獄慎」，或單言「庶獄」，是故祥刑繼以詰兵，以見二者之合爲一，司寇美于蘇公，以見一者之統于二。《周禮》兵、刑分爲兩職，殆以此歟？

「式敬爾由獄，以長我王國」，二句道理甚大。夫以匹夫一念之仁，猶可以動天地、泣鬼神，況執法者以欽恤之心繫億兆之命？好生所洽，自是薰天際地。譬如太和元氣，遍滿充周，培植養育之久，國祚那得不靈長，保世那得不滋大？即此二語，想見成周八百年之基業，俱積于此矣。我朝刑獄尤爲慎重。大理平反，九卿議奏，又必屢經睿斷，而後告獄成焉。雖律令之所頒，條例之所布，有不得執焉。迨決獄，而以所犯布告天下，雖鄉愚之民，亦皆不言而同，然而讞獄之時，雖三日五覆奏，猶恐未得其情也。用是知我朝之享國億萬斯年，豈第與成周比烈哉。

先儒疑《周官》、《周禮》不合，然《周禮》固非聖人不能作也。即《周官》一篇，叙次詳明，訓戒諄切，且多格言至論，亦决非後儒所能擬作。陳氏櫟曰：「只當據《周官》以解周官，其與《周禮》不合處，略之可也」。此言省却無數葛藤。

後儒以古文《尚書》晚出，多有議之者，非也。試思能文之士，列代不乏，至于敷陳治道，翊贊主德，三代以後，有幾人哉！雖漢儒若賈、董之醇茂，劉子政之典贍該洽，揚子雲之沈博絶麗，究其所作，亦不能與古文《尚書》并傳，况其餘諸子乎！或以其書晚出，殘缺散軼，不無後人之潤色，誠不可知，然或疑出于梅賾之補輯，亦非也。此非惟不知《書》，亦不知賾矣。故因讀《周書》而附識于此。

嘗讀《周官》，至「立三公」一節，未嘗不嘆三代之聖君誼辟，接踵而興，豈曰天命，蓋自乎人也。師道之教訓，傅，傅之德義，保，保其身體，蓋教訓調養之法備于此矣。程子有言：「輔養之道，非謂告詔以言過而後諫也，傅德義者，在乎防見聞之非，節嗜欲之過，保身體者，在乎適起居之宜，存畏慎之心」。又云：「後世作事無本，知求治而不知正君，知規過而不知養德，傅德義之道，固已疏矣，保身體之法，復無聞焉」。每讀此語，令人懍然起敬。

三公不始于周，唐、虞、夏、商蓋已有之，特不盡見于經耳。《列子》云：「蒲衣八歲爲帝舜師」，此非師乎？《書》云：「在太甲時，則有若保衡」，此非保乎？「在武丁時，則有若甘盤」，又高宗自稱「舊學甘盤」，則甘盤者，必是居師傅之任。至于傅說稱傅，或以舉于傅巖，因以爲氏，亦臆辭耳。即安知傅説之「傅」，非保傅之「傅」乎？且既曰「王置諸左右」，命曰「朝夕納誨，以輔台德」夫輔德納誨，非即傅以德義之謂乎？又：父師、少師，見于《微子》，案：父師、少師，指箕子、比干也。據《史記》，太師、少師勸微子去，乃在囚箕子、殺比干之後，云太師名疵，少師名彊。愚謂《史記》所言不足據。三公之職，自古有之，特其名自周昉耳。故曰「立太師」云云，立者，始辭也。至謂三公、三孤《周禮》不載，亦何嘗不載也？王之三公八命，出封加一等，則九命爲伯，是非三公乎？外朝之位，三公在前，孤卿大夫在左，公、侯、伯、子、男在右，又云「其摯，孤執皮帛」，是非三孤乎？特無專職、無正官。朱子曰：「三公、三少，本以師道傅佐天子，只是加官」，然則《周官》、《周禮》何不合之有？

「論道經邦，燮理陰陽」，止此二語，一部《周易》，一部《中庸》，道理畢具，簡明淵奥，豈後世諸儒所能道？

丙吉有言，宰相之職，在于燮理陰陽。論者謂其識大體，余謂其失言耳。夫憑虚而談燮理、談陰陽，陰陽是在何處？燮理是做何事？不幾于虚無怪誕，河漢其言哉！惟先以論道經邦，則理歸平實，有可依據，是乃平常之理，不足爲異也。夫道以理言，陰陽以氣言，天地以形言，化以運用，言非有二也。燮理之責，必先論道。蓋道出于天地，而陰陽化育悉具其中，是乃經綸康濟之本，保邦政治之源也。爲三公者，朝夕啓沃，納約自牖，講明既久，而君德成，于是正朝廷以正百官，正百官以正萬民，經邦之業盡于此矣。至于涵濡浸淫，薰蒸透徹，太平既已翔洽，萬物胥歸咸若，則天地官、風雨時，五氣順布，而陰陽無乖戾之虞，四序節宣，而陰陽無愆伏之患，而變理成矣。周子曰：「陰陽理而後和」，又曰：「萬物各得其理然後和」。和以變言，理則其道也。夫《洪範》九疇，「建用皇極」，即論道之旨也，「乂用三德」，即經邦之要也。皇極建而三德乂，則休徵協應，時若咸臻，即變理之能也。又如《易》中所云：「通晝夜之道而知」，又云：「惟聖人能通天下之志」，是即論道之效也。「曲成萬物而不遺」，是即經邦之能也，「財成天地之道，輔相天地之宜」，是即變理之具也。以至《中庸》由「修道之教」，至于「天地位焉，萬物育焉」，由盡己之性，至于盡人、物之性，成參贊之功。以上經書所云，後先同揆，若合一契。若不先論道經邦，而遽言變理陰陽，是猶離河而求水，舍燧而取火，必不濟矣。余故曰丙吉失言。而論者反以爲識大體，豈不誤哉，豈不誤哉！

冢宰統百官，蓋無所不統也。朱子言：「天子至尊，其嬪御、侍衛、飲食、衣服、貨賄之官，皆領于冢宰」。然則冢宰無所不統，所謂「宫中、府中，俱爲一體」也。

冢宰與五官并列，吕氏曰：「綱在綱中也。乾坤之與六子，并列于八方，冢宰之與五卿，并列于六職也」。

成周禮、樂合爲一官，俱掌于宗伯，乃止曰「掌邦禮」者，禮先而樂後也。其曰「治神人」，蓋以禮言也。人不是生人，蓋指人鬼言，神則天神，不言地祇者，舉二而包三也。此即秩宗之三禮。其曰「和上下」，謂之「和」者，蓋以樂言也。禮辨上下、定民志，等威辨而後情誼洽，以此見禮、樂二者，其用本不相離，神人以和，禮亦通于樂也，上下有序，樂亦通于禮也。「治神人」者，禮之用莫重于祭也，「和上下」者，樂之合必驗于人也。

陳大猷曰：「兵乃刑之大隆，古之時，兵、刑合爲一，官有士而無司馬，故唐虞兵、刑之官合爲一，而禮、樂分爲二。成周禮、樂之官合爲一，而兵、刑分爲二。蓋帝者之世，詳于化而略于政，王者之世，詳于政而略于化，此世變升降之異也」。按：林之奇有言：「周之六卿，本于羲和四子，特加天地二字，曰天官、地官、春官、夏官、秋官、冬官，雖不分主四時之政，而其名猶有唐虞之遺意」。

前云「六服」，後云「五服」，孔安國以五服爲「侯、甸、男、采、衛」。蓋以要服路遠，不必常能及期，故寬言之而不數也。然于「六服」注云：「侯、甸、男、采、衛，并畿内爲六服」。未嘗指要服，是前後所言，實相矛盾矣。

「六年五服一朝」。唐孔氏疏，既據《周禮》「歲一見、二歲一見」之文，則是六服「諸侯各以服數來朝，無六年一朝之事」，又引《左傳》叔向云「明王之制，使諸侯歲聘以志業，間朝以講禮，再朝而會以示威，再會而盟以顯昭明」，以爲「計彼『六年一會』，與此『六年五服一朝』

事適相合」。此特曲爲之説耳。竊謂《周官》、《周禮》原不必牽合，必謂《大行人》所云「見」者，止是遣使貢物，不必皆君自朝，然曰「聘」、曰「見」、曰「朝」、曰「會」，禮有明文，不容假借，豈容以「見」爲「朝」，名實相混？且果如所言，則《大宗伯》云「時見曰會，殷見曰同」，「時見」、「殷見」豈亦遣使代行，不必皆君親往乎？則其説爲難通矣。要之，此經所云「六年一朝」，期限似覺太遠，但古籍既湮，其詳不可得聞，此等處缺之爲是。

又：「六年王乃時巡」，較舜之「五載一巡狩」，得毋太疏乎？按：《文中子》「叔恬問曰：『舜一歲而巡四岳，國不費而民不勞，何也？』曰：『兵衛少而徵求寡也。周之時，兵衛日多，徵求日衆，故不能五年，而以十二年也』。」

《君陳》，漢孔氏但曰「臣名」，《蔡傳》從之。而鄭康成《禮·坊記》注云：「君陳，蓋周公之子，伯禽弟也」。蘇氏、陳少南俱以爲非，而陳少南爲詳明，其略云：「周公以叔父有大勳勞，今命其子以繼父事，何無懿親之語，若言他人然？決無是理也」。

顧命　康王之誥

《顧命》一篇，典制詳明，儀文齊整，鋪排周密，舉止安閑，當危疑之際，而聲色不動，措天下于磐石之安。乃至一條一節，曲盡周詳，一字一文，要歸典禮，實《三禮》之府奥，千秋之圭臬也。

《顧命》另是一種筆墨，文字簡古，辭句短削，而義豐味長，與《周禮》、《儀禮》多有相似處。至今讀之，真如三代鼎彝，非常典重。

「洮頮水，相被冕服，憑玉几」，句法簡奥，如《逸周書》文。頮與靧同，洮與盥同。《禮》：洗手謂之盥，洗面謂之靧。

「乃同召太保奭」至「百尹、御事」，朱子曰：「《顧命》排得三公、三孤、六卿齊整。召公、畢公、毛公是三公，芮伯、彤伯、衛侯是三孤。太保是冢宰，芮伯是司徒，衛侯康叔爲司寇。所以《康誥》中多説刑，三公只是以道義傅保王者，無職事官屬，却下行六卿事。漢時太傅亦無官屬」。潘士遴曰：「叙畢公于二伯後，叙毛公于衛侯後，叙六卿不叙三公也」。愚按《孔傳》：「冢宰第一，召公領之，司徒第二，芮伯爲之」，此皆兼官，何爲或曰「領」、或曰「爲」也？據孔穎達疏：「高官兼攝下司者，漢世以來謂之爲『領』」。◎王肅云：「彤，姒姓之國，其餘五國姬姓。畢、毛文王庶子」。愚謂自召公以下，如畢公、芮伯，《書序》：「芮伯作《旅巢命》」衛侯、毛公等，俱歷文、武、成、康四朝，老成舊德，碩輔重望，輝映一時，想見成周人才卓絶千古。

此節書法絶妙。以「同召」二字作一總冒，以下首書太保奭，書官書名，以其爲元勳，係天下之望，殊之于衆也。以下芮伯、彤伯、畢公、衛侯、毛公，書爵而不書名，略也。師氏、虎臣，百尹、御事，書官而不書人，以下文方見，故此略之也。或曰：師氏、虎臣等，下文實未曾見，何爲將傳顧命，同召之也？曰：此傳注無明文，故讀者忽而不察耳。今試仔細玩味。注云：「師氏，大夫官；虎臣，虎賁氏；百尹，百官之長，乃諸御治事者」。又按《牧誓》師氏注云：「以兵守門者」，猶《周禮》師氏：「王舉則從」。二師氏注前後不同，然此之師氏，即彼之師氏也。同是大夫之職，爲王宿衛之臣，即下文所命仲桓、南宫毛是也。又如下文所稱「冕」而「執劉」、「執鉞」、「執戣」、「執瞿」、「執鋭」《蔡傳》據《説文》，「鋭」當作「鈗」。皆是也。按：冕，大夫服，故知冕者皆大夫。所謂虎臣者，即齊侯吕伋是也。吕伋以齊侯領虎賁氏，故曰「以二干戈，虎賁百人」。然則《經》所云師氏、虎臣，乃至下文，方見各有職事，非徒召之也。此文家前略後詳之法，前書官而不書名，後書名而不書官，錯綜入妙也。至「百尹、御事」，則下文所謂「命士須材」，及狄人、及陳設諸物之官，并弁而「執惠」、「執戈」者，皆是也。以其職卑，故不書名也。如此看去，書法詳略錯綜，明暗互參，即此一節，文法極爲入妙也。

成王憑几末命，神色安閑，訓辭精密，如「今天降疾」，只此一句，便不負「文武大訓」。蓋所謂「天降疾」者，明兢業守成，「無敢昏逾」，今兹之疾，乃天降之災，非己自致也。吕東萊云：「『弗興弗悟』，血氣之病耳，若志氣，則『無敢昏逾』者，初未嘗病也」。

「柔遠能邇，安勸大小庶邦」二語，乃致治保邦之要道也；「思夫人自亂于威儀，爾無以釗冒貢于非幾」二語，乃檢身克己之良謨也。帝王傳心精語，盡此四言，乃于臨終顧命發之，光有天下，四海刑措，爲守文令主，不亦宜哉！篇中所書有三門，其實止一門耳。隨事而異其名，故讀者或習而不察。「逆子釗于南門之外」，南門，路門也，一名畢門，一名端門，又名虎門。謂之「路寢門」者，路門内爲王宫寢之處，故曰路寢門。逆子曰「南門」者，南嚮，明萬姓咸覩，與天下共之也。稱曰「子」，未成君也。下「延入翼室」，即謂路寢翼室也。翼室在路門内，初喪未爲梁暗，故以東夾室爲恤宅之地也。「二人雀弁執惠，立于畢門之内」，畢門即南門，變「南」言「畢」者，著其實也。因此節詳叙由門而階、而堂、而垂，皆以次而及，故不曰南門、曰畢門也。「太保降，收，諸侯出廟門俟」，此「廟門」非他，亦路寢門也。不曰「路」、不曰「畢」，而曰「廟門」者，成王之殯在焉，故變文言「廟」。其實兹三門者，皆指一門耳。

「黼扆綴衣」，黼扆，屏風，綴衣，幄帳，二物相似而不同。孔穎達疏引《周禮·幕人》「掌帷、幕、幄、帟、綬之事」。鄭云「在旁曰帷，在上曰幕。帷、幕皆以布爲之，四合象宫室曰幄，王所居之帳也。帟，王在幕居幄中，坐上承塵也。幄、帟皆以繒爲之」。然則幄、帳是黼扆之上所張之物。

「牖間南嚮」，即設黼扆之處也。注云「平時見群臣、覲諸侯之坐」，蓋即所謂「天子當倚而立、負扆以朝」者是也。其地本在户、牖之間，經文不曰户間、止曰牖間者，省文也。按《爾雅·釋宫》云：「牖、户之間謂之扆」，李巡云：「謂牖之東，户之西」。黼扆本屏風名，據《爾雅》文，則扆自是户牖間地名。蓋以屏置其地，因亦名屏爲扆也。

「西夾南嚮」，何以不言東夾？周人殯于西階之上，時成王殯在西序，故此及下文陳設，皆西爲上。其東夾室，則爲恤宅之地，即上文所謂「翼室」也。故此《經》止有西夾，無東夾。

「出綴衣于庭」節，《蔡傳》引《喪大記》「疾病，君徹懸東首于北牖下」。愚按：「牖」字恐誤，古人有南牖，無北牖，竊謂「牖」字是「墉」字之誤耳。又：「敷重篾席」，《蔡傳》：「篾席，桃竹枝席」。此據古注也，「竹」字衍。《爾雅》：「桃枝，四寸有節」，桃枝是竹名，不應云「桃竹枝」也。又：「敷重豐席」，《蔡傳》：「豐席，筍席也」。「筍」字誤。蓋作「筍」，則與下文「西夾席」同。《孔傳》訓「豐」爲「莞」，《本草》曰：「蒲，一名苻蘺，楚謂之莞」。《鄭箋》云：「莞，小蒲也」。而司几筵有莞筵、蒲筵，則是蒲有大小，故異其名耳。然則「筍」字是「莞」字之誤耳。〇又，《康王之誥》「王出在應門」節，《蔡傳》「應門之内，蓋内朝所在」。「内」字誤，當云「外朝所在」也。以上皆傳、注之誤，故正之于此。

金氏履祥曰：「古者前爲堂，後爲室，室中以東向爲尊。户在其東南，牖在其南，牖之外爲堂，以南向爲尊。其位在户外之西，牖外之南，故《爾雅》『户、牖之間謂之扆』，謂設扆之處也。此所謂『牖間南嚮』之坐也」。以上牖間南嚮。又曰：「《爾雅》『東西牆謂之序』，蓋古者宮室之内，以墉牆爲隔，猶今以壁隔也。東西牆猶言東西壁，壁之外即夾室，故又曰『東西廂謂之序』。自堂言之，則東西壁爲序，自夾室言之，則墻乃夾室之墻也。夾之前謂之廂，故夾室亦通可謂之廂矣」。以上西序東嚮。又曰：「賈氏注《禮》曰『序以西爲正堂，序東有夾室』。蓋士惟東房西室，乃以室户房間爲中房，前東壁爲序，序東爲夾。惟天子諸侯則有東西房，有東西夾」。以上東序西嚮。孔氏穎達曰：「夾室是隱映之處」。又曰：「房與夾室實同而異名。天子之室有左右房，房即室也。以其夾中央之太室，故謂之夾室。此坐在西廂夾室之前，故繫在夾室言之」。以上西夾南嚮。又曰：『鄭康成云『序内半以前曰堂』。此立于東堂西堂者，當在東西廂近階而立也」。以上立于東堂、立于西堂。《蔡傳》：「東西堂，路寢東西廂之前堂也」。《蔡傳》：「東西垂，路寢東西序之階上也」。又曰：「垂，堂上之遠地也」。以上立于東垂、立于西垂。

「赤刀」，《孔傳》：「寶刀，赤刃削」。按《考工記》「築氏爲削，合六而成規」，鄭注云：「曲刃刀也」。然則此刀是曲刀也。

「王三宿、三祭、三咤」，「咤」，奠爵也。此據孔氏疏。蘇氏則以爲「至齒不飲，與『嚌』同義」。非也。陳氏櫟云：「考字書，「詫」與「咤」同陟駕反，祭奠酒爵也。「咤」本「詫」字，傳寫訛耳」。由是觀之，則「咤」訓奠爵，不可易也。

「太保受同，降，盥以異同，秉璋以酢」，酢，報祭也。太保必與王異同者，孔疏：「祭祀以變爲敬，不可即用王同」，愚謂傳顧命之始，正明禮制之時，尊卑别嫌，所以必異同也。

《康王之誥》與《顧命》，止是一篇文字，觀開首直接上篇來，聯而不斷。朱子曰：「伏生以《康王之誥》合于《顧命》，今除却序文，讀著則文勢自相接連」。

「誕受羑若」，蘇氏以「羑」爲「羑里」，文王出羑里之囚，天命自是始順。或曰：「羑若」即下文之「厥若」也。「羑」、「厥」或字有訛謬。然此句終覺奥僻難解，姑闕之可也。

《朱子語類》：「問：太保稱成王，獨言『畢協賞罰』，何也？曰：只爲賞不當功，罰不當罪，故事差錯，若『畢協賞罰』，非至公至明，何以能此？又問『張皇六師』，曰：古者兵藏于農，故六軍皆寓于農，『張皇六師』，只是整理民衆底意思」。愚按：朱子此語，似不欲以「張皇六師」作「大戒戎備」解。然《立政》之「克詰戎兵」，與此句正同一例，周、召之訓嗣君，如出一口也。即謂「大戒戎備」，亦無不可，不必如朱子云云也。又，金履祥云：「六師，天子六軍，猶云萬乘爾。『張皇六師』即云振天子之職」。其解亦迂，總不如《蔡傳》爲明白。

「丕平富，不務咎」，乃薄斂輕刑之意，「底至齊信，用昭明于天下」，乃充實光輝、誠中發外之意。止此四語，將文武仁心治象和盤託出，想見古人文字簡明，辭不煩而義舉。《朱子語類》：「潘時舉問：康王釋喪服而被衮冕，受虎賁之逆于南門之外，且受黄朱圭幣之獻，諸家皆以爲禮之變，獨蘇氏以爲失禮，使周公在，必不爲此。未知當此際合，如何區處？曰：天子諸侯之禮，與士庶人不同，故《孟子》有『吾未之學』之語，蓋謂此類耳。如《伊訓》『元祀，十有二月朔』，亦是新喪，伊尹已『奉嗣王祗見厥祖』，固不可用凶服矣。漢唐新主即位，皆行册禮，君臣亦皆吉服，追述先帝之命，以告嗣王。韓文外集《順宗實録》中有此事可考。蓋易世傳授，國之大事，當嚴其禮，而王侯以國爲家，雖先君之喪，猶以爲己私服也。五代以來，此禮不講，則始終之際殊草草矣」。○「康王釋斬衰而服衮冕，于禮爲非，孔子取之，又不知如何？設使制禮作樂，當此之職，只得除之」。陳氏櫟曰：「證之朱子之説，『當制禮職』一條，固主蘇氏，『答潘子善』一條，未嘗必主蘇氏，但未知二説孰先孰後耳。莫若兩存之」。愚謂蘇説固正大，朱子前一説亦自可考，乃《蔡傳》不取朱子之説，而獨取蘇氏，故備録朱子兩説及陳櫟所述，以補傳注之闕云。

畢命

按：《書序》「康王命作册畢，分居里，成周郊，作《畢命》。」愚謂《序》首句文義難通，或有闕文。不然，「册畢」之「畢」不知是何語也。

《畢命》一篇，以「保釐」二字盡之。保，安也，釐，理也，安之以仁，理之以義，仁至義盡，風俗美而澤潤洽，又何「淑慝」之用「旌别」，而「安危」之繫「殷士」也？故終以「不剛不柔，厥德允修」結之。「不剛」即「保」也，「不柔」即「釐」也，「厥德允修」則「保釐」之效，而成終之事畢矣。

「旌别淑慝」七句，正言釐之之實。然旌别之心，要欲使人人皆化于善，登之仁壽，茲釐也，乃所以爲保也。至「申畫郊圻圻與畿通，慎固封守」，則又嚴于内治、外治之道，旌别以化之，慎固以防之，所謂「王公設險以守國，重門擊柝以待暴」，用以戒備戎心，尊嚴王畿。王畿安則四海安，故曰「以康四海」。

「政貴有恒，辭尚體要，不惟好異」。此舉《立政》修辭之要，以化商俗也。「不惟好異」總承上二句。夏氏僎曰：「政而好異，則悦須臾，而厭持久，不能『有恒』；言而好異，則言浮于理，言徒多而理不足，安能『體要』？」

「雖收放心，閑之惟艱」，「放心」二字，始見于此。人心者，風俗之本，此商俗靡靡所由來也。心放則「驕淫矜侉」，曰「蕩」、曰「奢麗」，曰「怙侈」、曰「服美」，總一「驕淫矜侉」耳，則皆所謂「放心」也。心放則欲勝義、怠勝敬，陽消陰長，則違禮悖道滅義，至于漸成風俗，其流乃至于敝化，必然之勢也。收「放心」之道，惟在「閑之」，「閑之」之法，又在「訓之」，訓以「德義」而已。德義所以收此心，而不至于放之具也。然德義是恒心，必先以有恒産，「資富能訓，惟以永年」，則有恒産而有恒心，恒其心斯恒其命矣。如此則商民皆善，無慝可别，所謂「道洽政治」、「克成厥終」者，如此豈不慶流社稷、「澤潤生民」哉！故曰「予小子永膺多福」，又曰「子孫訓其成式，惟乂」。

君牙　冏命

《朱子語類》：「問：『《君牙》、《冏命》等篇，見得穆王氣象甚好，而後來乃有車轍馬迹馳天下之意，何如？』曰：此篇乃内史之屬所作，猶今之翰林作制誥然。如《君陳》、《周官》、《蔡仲之命》、《微子之命》等篇，亦是當時此等文字，自有格子。首呼其名而告之，末又爲『嗚呼』之辭以戒之，篇篇皆然，觀之可見」。

「亦惟先王之臣」，孔注作「先正」。此據《蔡傳》。漢孔氏以爲太御中大夫，故下文命作太正。《周禮》：「太僕，下大夫也」。伯冏爲太僕正，穆王何以鄭重命之如此也？張氏栻曰：「公卿進見有時，僕御褻近無間，有時者見其尊嚴，無間者知其情性。方其進見，君臣之分甚嚴，未易犯其顔色，及其褻近，君臣之情無間，故可糾其過失。救過于無間之時易爲力，救過于既發之後難爲功，懋德交修，正侍御僕從之職也」。愚謂知此，則知《冏命》一篇之義矣。

朱子曰：「古者人君左右，執賤役皆士大夫，日相親密，所謂『侍御僕從，罔匪正人』。漢世禁中侍衛，亦皆士大夫」。

「出入起居」四句，指文、武言，《蔡傳》無文，陳大猷以爲就太僕職掌而言，恐非。

吕刑

《吕刑》一篇，專「專訓贖刑」，誠如九峰蔡氏所譏。而哀矜惻怛，周詳懇到，曲盡聽獄情狀及後世用刑之利弊，忠厚之意藹然流露于楮墨間，讀者原其心而取其意可也。

古者兵、刑合爲一官，蓋其事理本相因也。兵氣一動，則平民漸爲寇盜，不得不爲重法繩之，故嘉兵之後，未有不繼以嚴刑者也。穆王訓刑，首稱「蚩尤作亂」，蚩尤倡始爲兵者。管子曰：「蚩尤受盧山之金而作五兵」。兵者刑之源，刑者兵之流，故下文即以苗民制刑繼之。朱子乃曰：「《吕刑》一篇，如何穆王説得散漫，直從苗民『蚩尤爲始作亂』道起」，故因朱子之説，而附論其大義如此。

國將興，聽于民，將亡，聽于神。神怪皆起于衰亂之世。忠信漓而後有詛盟，故曰「罔忠于信，以覆詛盟」；淫祀絶而後妖怪息，故曰「絶天地通，罔有降格」。地，民也，天，神也，天道遠，人道邇，天與民本不相通，妖亂者爲之耳。降，神降也，格，民格也。張氏九成曰：「絶在地之民，使人不得以妖術格在天之神；絶在天之神，使人不得假其名字以降于在地之民」。四語極明白的當。「明明棐常」，《蔡傳》謂「精白一心，輔助常道」。陳氏櫟則謂「明顯明之理，使人不惑于茫昧之説；輔經常之道，使人不撓于妖怪之習」。以明對茫昧看，常對妖怪看，理亦可通。「皇帝」，《蔡傳》指舜，重黎即義和。然據《虞書》，命義和者堯之事，非舜也。又按《國語》，三苗復九黎之德，堯復育重黎之後不忘舊者，使復典之。命重黎既是堯，則「皇帝」亦當指堯也。惟「遏絶苗民」，乃是指舜耳。

伯夷典禮而「折民惟刑」，禮與刑非二物，皋陶明刑而「以教祗德」，德與刑爲一原。

「何度非及」，「及」，秦漢之間謂之「逮」。蘇軾云：「罪非己造，爲人所累」是也。今世俗語猶曰「逮累」。嗚呼！漢世詔獄所逮，或至數萬人，酷矣哉！

「五過之疵」至「其罪惟均」，林之奇以爲「失出」，吕祖謙以爲「故縱」，「故縱」即律所謂「故出」也。乃林不言失入，吕不言故入，皆止説得一面，未免一偏。惟孔安國謂「五過之病，出入人罪」，兼出入説，即律「故出入、失出入」人罪之説也，方爲完備。故《蔡傳》從之。

「五刑之疑有赦，五罰之疑有赦」，與上節互相足。上節止言五過，而不及刑罰，舉輕以見重也；此節言刑罰而不及五過，舉重以該輕也。或謂《蔡傳》：「刑疑有赦，正于五罰也，罰疑有赦，正于五過也」。蓋「正于五過」，即是赦之，《蔡傳》所謂「質于過而宥免之」是也。但愚竊疑「正于五過」則是仍得小罪，未必便是肆赦。故王安石引《周禮》「過而未麗于法者，桎梏而坐諸嘉石，役諸司空」。此治五過之法，非免釋之也。據此則五過非即宥免，何得便謂之赦？竊意所謂赦者，乃《舜典》「眚災肆赦，縱而釋之」之謂，連五過也没有了，如此方算得個赦。若據《蔡傳》正于五罰、五過，便是赦之，如此說終覺未安。孔穎達疏云：「刑疑有赦，『赦從罰也』，罰疑有赦，『赦從免也』」。〔四〕此說較分明。

「簡孚有衆，惟貌有稽，無簡不聽」。蓋必簡核情實可信者衆，然後考察其容貌，貌字該氣、色、耳、目。即《周禮》所謂「色聽」者。然聽獄終以簡核爲本，苟無情實，即容貌可稽，終不聽也。蓋公堂之上，愚民惶怯，往往有無辜連坐，一經訊鞫便驚惶失措者。若聽獄者稽其容貌，便與連坐，則冤濫多矣。故「惟貌有稽」，即繼之曰「無簡不聽」，用意極曲折周到也。

鍰，罰金六兩曰「鍰」。孔安國曰：「鍰，黄鐵也」。孔穎達曰：「古者金、銀、銅、鐵總號爲金。此傳言黄鐵，《舜典》傳言黄金，皆是今之銅也。古人贖罪，悉皆用銅」。愚按：古人兵器，亦是用銅。《左傳》「鄭伯朝楚，楚賜之金」，杜注亦曰銅也。古者銅之利多于鐵，故《禹貢》

止梁州貢鐵也。

舜、臯陶曰欽曰中，蘇公曰敬曰中，此心法之要也。《吕刑》言敬者七，言中者十，蓋用刑之本在「敬」與「中」。用心以敬爲主，用法以中爲主。○篇中曰哀、曰明、曰清、曰正、曰審克，總不外敬、中二義。

「官伯族姓」，「官，典獄之官；伯，諸侯；族，同族；姓，異姓」。此據《孔傳》也。孔穎達曰：「襄十二年《左傳》云：『異姓臨于外，同族于禰廟』是相對，則族爲同族，〔五〕姓爲異姓也」。

「民之亂，罔不中聽獄之兩辭，無或私家于獄之兩辭」，三句《蔡傳》未釋。大意謂治民之道，無得偏聽于獄之兩辭，無或圖私家之利于獄之兩辭，即下文所謂「獄貨」也。又按：「家禍」之「家」，亦此「家」字，所謂「無或私家于獄之兩辭」者，戒其不要私擬供辭，家禍于人，似亦可通。姑存之，以俟知者。「獄貨非寶，惟府辜功，報以庶尤」，言鬻獄者惟聚罪狀，王法所必加也，降之百殃，冥謫所必及也。「天罰不及，庶民罔有令政在于天下」，二句《蔡傳》亦未釋。按陳氏師凱云：「獄貨之人，天若不極罰之，則庶民不得蒙令善之政于天下也」。

「哲人惟刑，無疆之辭，屬于五極」，《蔡傳》云：「哲人用刑，而有無窮之譽」。此從注疏舊解也。徐僑、胡士行則謂情僞之辭，紛來無疆，惟哲人以理燭之，而各協其極至。「屬于五極」，

《蔡傳》逕指「五極」爲「五刑」，陳櫟頗疑之，而以此「極」爲標准之名，謂「折獄能係屬于五刑之標准，所以皆合中理而有福慶也」。亦足以備一解。

文侯之命

《文侯之命》訓辭孱弱而無立志，誠如先儒所譏。胡氏安國曰：「《詩》降于《黍離》，《書》止于《文侯之命》，于是《春秋》作矣」。愚謂《書》終于平王，《春秋》始于平王，聖人皆有深意存焉。

費誓

《費誓》首云「淮夷、徐戎并興」，篇終止云「征徐」者，蓋量敵之堅瑕、緩急而攻之也。張氏沂曰：「《逸書·成王政》之序言『成王東伐淮夷』，唐孔氏引《費誓》序言『王伐淮夷，魯伐徐戎』，然則魯侯乃佐王征討也」。愚謂據此，則魯侯所征惟徐戎，與《費誓》所稱相合。《匡俗糾謬》云：「《費誓》序云『東郊不闢』，徐仙音『開』。按《説文解字》及張揖《古今字詁》：

『閞』，古『開』字，『閗』，古『闢』字。

孔安國曰：「伯禽爲方伯，監七百里内之諸侯，帥之以征」。孔穎達曰：「下云『魯人三郊三遂』，指言魯人，明于時軍内更有諸侯之人也」。

孔穎達曰：「《世本》云『少康子杼作甲』。《説文》云：『冑，兜鍪也；兜鍪，首鎧也』。經典皆言甲冑，秦世以來，始有鎧、兜鍪之文。古作甲用皮，秦漢以來用鐵，鎧、鍪二字皆從金，蓋用鐵爲之。鄭云：『敹謂穿徹之謂，甲繩有斷絶，當使敹理穿治之。干是楯也，紛如綬而小，繫于楯以持之以爲飾』。王肅云：『敿楯當有紛繫持之』。每弓百矢，弓十矢千，使其數備足。《毛傳》云：『五十矢爲束，或臨戰用五十矢爲束』。凡金爲兵器，皆須鍛礪，有刃之兵，非獨戈矛，其文互相通」。

「今惟淫舍牿牛馬」，《蔡傳》云：「牛馬所舍之閑牧，大布于野」。愚案：閑，牢也，牧，放也，兼之方備，《孔傳》止説得放牧耳。按：《周禮·冥氏》掌「爲穽擭，以攻猛獸」。穽，穿地爲之，擭即穽上機檻也。

「婦人在軍中，兵氣恐不揚」，李陵搜得軍中女子皆斬之，如何有「臣妾逋逃」？金履祥曰：「臣妾，軍中奴婢薪炊者。戎車甲士三、徒七十二外，有餘子二十五人，即臣妾也。《石壕吏》云：『老嫗力雖衰，請從吏夜歸，急應河陽役，猶得備晨炊』。蓋紀實也」。

「師出以律，否臧凶」。軍中最要整纔，謂之節制，故戒「越逐」、戒「寇攘」、戒「竊、誘」，皆恐其失律亂行也。

「糗糧」，林之奇曰：「《説文》云『糗，熬米麥也』。謂熬使熟，又擣之以爲粉也」。

「甲戌，我惟築」，孔穎達曰：「當築攻敵之壘距堙之屬。兵法：攻城築土爲山以闚望城内，謂之距堙」。

「三郊三遂」，孔穎達曰：「《周禮·司徒》『萬二千五百家爲鄉』，《司馬法》『萬二千五百人爲軍』，天子六鄉六軍，則諸侯亦當三鄉三軍。《周禮》又云『萬二千五百人爲遂』，《遂人》職云：『以歲時稽其人民，簡其兵器』，以起征役。則六遂亦當出六軍，鄉爲正，遂爲副耳。鄭重云：『六遂之地，在王國百里之外』。然則王國百里爲郊，鄉在郊内，遂在郊外，諸侯之制，亦當如是。此言『三郊三遂』者，三郊謂三鄉也」。

秦誓

《秦誓》聲情伉直，氣韵激昂，想見穆公兵敗悔過氣象。秦俗强悍，亦于斯可見也。

《秦誓》獨得文章雄直之氣，亦風土使然也。觀《詩·駟鐵》等篇可見。

「旅力既愆」。陳氏師凱曰：「古注云『旅力，衆力也』。」張氏曰：「衆力，如目力、耳力、手足之力；既愆，己皆不能及人也」。

「昧昧我思之」，善形容思者之狀。蓋思之深者，往往極于眩惑瞀亂，不至昧昧，必非思之深者也。故《蔡傳》云：「深潛而靜思也」。

「一介臣」即「一介之士」之「介」。《蔡傳》：「介，獨也」。王氏樵曰：「獨立無朋也」。

此二節雅善形容君子小人之情狀，非深思者不能道，故以「昧昧我思之」爲二節總冒。

「其心好之，不啻如自其口出」，此其心之真切，又甚于視「有技，若己有之」矣。蓋凡人好德之心，尤甚于憐才也。

「人之有技，冒冒，《大學》作「媢」。疾以惡之」，此人必是有技者。蓋凡人以才自結于君，則惟恐他人形己之短，妨己之進也。

「邦之杌隉」節，《蔡傳》云：「申繳上二章意」，則一人即指上兩等臣。此注疏舊説也。至吕祖謙則云：「安危皆由我一人所任，公所以責己也」。宋儒薛季宣、黄度皆同此解。愚謂據此尤與穆公悔過之意相合，似亦可從也。

胡安國曰：「《書序》專取穆公悔過，主于勸善，其詞恕。《春秋》備書秦晉用兵之失，兼于懲惡，其法嚴，故人晉君，而以狄視秦也」。

校記

〔一〕胙城縣：《地理今釋》原文爲「考城縣」。

〔二〕故記之也：蔡沈《書經集傳》原文無此四字。

〔三〕據《十三經注疏》，《穀梁傳》此處原文爲「日甸粟，而内之三宫，三宫米，而藏之御廪」。

〔四〕據《十三經注疏》，孔疏此句爲「赦從過也」。

〔五〕據《十三經注疏》，孔疏此句爲「則族爲同姓」。

點校後記

一、本書所依據之版本，爲清光緒八年（公元一八八二年）東路廳署郝聯薇刊刻之《郝氏遺書》。自光緒二年至光緒十年，《郝氏遺書》曾數次刊刻，内容基本相同，而以光緒八年刊本較爲完備。二、本書原衹分上下卷，中間無小標題。爲便于讀者翻檢與核對，茲特增加篇目標題，以資醒目。有些篇章内容聯係比較密切或時代靠近，則適當予以合併，以免編目過于瑣細。其時代及内容與前後無關者，雖文字簡短，亦單獨成篇。三、本書重在徵引諸家之説，而從中折衷、論證是非得失，但亦不乏作者獨創之見。本書之引文，中間多有删節及文字差異之處，但大都不失原義，故除極個別差異較大或有失原義者外，均未注明，藉省篇幅。四、本書無論原文或引文，凡明顯之筆誤如「玉」作「王」，及避諱字如「玄」作「元」，均徑直予以改正，不出校説明。五、本書引文，受資料限制，偶有未加核對者，疏失之處，敬希指正。

附記

本書付梓時，李念孔先生已去世，未及見到校樣，其點校的《書説》以及《竹書紀年校證》、《汲冢周書輯要》，由趙樹國進行了最後的校對。

詩說

張述錚　趙海菱　點校

目録

卷上

卷下

詩説卷上

一　詩序

程子曰：「《詩小序》要之皆得大意。只後之觀詩者亦添入。」張子曰：「《詩序》亦有後人添入者，則極淺近，自可辨。」朱子曰：「細思之，《小序》終是去他不得。」愚謂朱子辯序、存序，並行不悖，後儒自生藤葛耳。

二　關雎

朱子《集傳》於《關雎》詩，特取匡衡羽翼經傳之功，不在孔孟下。較「佩玉晏鳴，《關雎》歎之」，其説何啻天淵。

《集傳》解「窈窕」，幽閒之意，是專以德言。或云善心爲窈，善容爲窕，是又兼容言矣。按毛傳云：「窈窕，幽閒。」鄭箋云：「幽閒，深宫」。則窈窕本言深宫静閟，與「窈窱」義同。且「窈窕」字俱從穴，言德言容，似非其宜。《集傳》特取幽閒二字，蓋用毛傳也，然毛傳簡古，必參之鄭箋，其解乃備。

三　桃夭

閒與瑞玉論《桃夭》詩，歎古人文字之精密。詩三章俱以桃夭起興，而用意各别，首云「灼灼其華」，繼以「宜其室家」。「家」謂一門之内。華之爛漫輝映乎樹間，情之和順，薰蒸於門内也。次云「有蕡其實」，繼以「宜其家室」。「室」謂夫婦所居，「蕡」是麻之多子者，桃如蕡而蕃衍，子如桃而衆多也。終言「其葉蓁蓁」，繼以「宜其家人」。「家」非人無以成，猶樹非葉無以助也。葉雖繁有，一葉之不能暢其機，則樹不茂；人雖衆有，一人之不能得其歡，則家不齊。取其相似，因以爲興也。曷爲先言華，而即言實？重繼嗣，推化原也。曷爲既言實，而後言葉？由近以及遠，自親以及疏也。人雖疏遠，不可不言者，以明無人之不宜，而後爲宜之，盡所謂不出家而成教於國，其基於是也夫！匡衡曰：「福之興，莫不本乎室家；道之衰，莫不始乎梱内。」知此，則知二《南》所以列《桃夭》之意。

四　兔罝

《兔罝》詩，金仁山據墨子書：「文王舉閎夭、泰顛於罝網之中，授之政，西土服。」據典釋經，非同穿鑿。

五　芣苢

芣苢，馬舄。馬舄，車前。《韓詩》又云：「直曰車前，瞿曰芣苢」，生於兩旁者爲瞿。要皆一物而異名耳。采之自婦人者，陸璣云：「其子治産難，性滑故也。」然又一説云：「冉耕歌其芣苢，耕有疾，先儒以爲癩，是芣苢兼可醫癩也。」但醫癩之功，今未聞，當從陸説爲是。詩三章，節短音長，流連往復，和樂之風藹然可掬。《召南·羔羊》正與此對，覺在野在朝，一團和氣洋溢。《韓詩》曰：「《芣苢》，傷夫有惡疾也。」薛君章句謂：「芣苢爲澤瀉，以采之不已，喻君子有恶病，猶守而不離去。」

録一《兔罝》，見賢才衆多，雖野人可驗也。録一《芣苢》，見家室和平，即婦人足徵也。固是詩人善於立言，讀此二篇，尤想見成周太和在宇宙間。

六　漢廣　汝墳　行露

朱子曰：「《漢廣》、《汝墳》諸詩皆是説婦人，豈是文王之化，只化及婦人，不化及男子，只看他意，恁地拘不得。」又曰：「《漢廣》游女求而不可得，《行露》之男不能侵陵貞女，豈當時婦人蒙化，而男子則非，亦是偶然有此樣詩，説得一邊耳。」愚謂朱子此論，便是讀全詩之法。「漢之廣矣」四句，文情蕩漾，低徊唱歎，尤爲言外傳神。古人言情，直是道得真，説得透，如《汝墳》言「惄如調飢」，天下之不能須臾忘者，飢爲甚，況「調飢」乎！可謂善言思矣。又云「不我遐棄」，寫征人遠歸，室家相聚，驚喜之情如畫。至於「父母孔邇」，始則篤於夫婦之仁，終又勉以君臣之義，可謂賢婦人哉。王弼《易》注曰：「文王「周室陶復，而有《汝墳》。」按鄭康成云：「召伯姬姓，不言所出。」陸德明引皇甫謐云：「文王庶子，勝殷後，封於北燕，留周佐政，食邑於召，輔成王、康王，卒謚曰康。長子繼燕，支子繼召。」然據《左傳》富辰言，文之昭十六國，無燕。未詳孰是。愚謂皇甫氏説必有見，第古籍散亡，今無可考耳。

七　鵲巢

《鵲巢》詩「百兩御之」，孔穎達曰：「國君之禮，夫人自乘其家之車。鄭《箴膏肓》云：『《禮》雖散亡，以《詩》義論之，天子以至大夫皆有留車反馬之禮，故《泉水》云「還車言邁」。箋云：「還車者，嫁時乘來，今思乘以歸。」是其義也，知夫人自乘家車也。』」愚按《何彼襛矣》詩明言「王姬之車」，《碩人》詩亦言「朱幩鑣鑣」，可知夫人自乘家車，禮固有之矣。

八　采蘋

《采蘋》詩，朱子據《小序》及王肅之説，謂大夫妻能奉祭祀，然而所謂「宗室牖下」者，即大夫宗廟之祭也。毛傳則主「教成之祭」，而鄭、孔宗之，亦非無據。鄭康成曰：「古者婦人先嫁三月，祖廟未毁，教於公宫；祖廟既毁，教於宗室。教以婦德、婦言、婦容、婦功。教成之祭，牲用魚，芼用蘋藻，所以成婦順也，此祭女所出祖也。」按鄭據《昏義》「芼之以蘋藻」，此經亦言蘋藻，故知爲「教成之祭」。康成又曰：「牖下，户牖閒之前。祭不於室中者，凡昏事於女，禮設几筵於户外，此其義也歟？」按此則牖下在室外，非奥也，與《集傳》異。吾鄉風俗簡陋，有不親迎去聲。者，俗名搬娶。又有就女家成禮者，俗名就親。瑞玉獨非之，因舉《詩》曰：「雖速我獄，室家不足。」「雖速我訟，亦不汝從。」此中女因夫家一禮不備，而不行也。奈何今俗苟且以至如斯。男親迎而女不至，《國風》有二焉，《鄭》之《丰》、《陳·東門之楊》，皆刺詩也。試思《召南·行露》非二詩之類歟？何以不列變風？蓋惡夫家禮不備，與有所私而不行者，相懸萬萬矣。所謂同行而異情者，此類是也。

九　摽有梅

《摽有梅》詩，黄氏引戴珉隱云：「求我庶士，擇壻之詞，父母之心。」愚謂此説於理較圓，但亦不必如此説。男女大欲存焉，春悲秋感，人之至情，但能不失其正，便足以扶綱常，而厚風俗。且里巷男女，其人原非聖賢，無事苛求。朱子曰：「如《摽有梅》詩，女子自言婚姻之意，如此看來，自非正理，但人情亦自有如此者，不可不言。爲父母者能於是而察之，則必使之及時矣，此所謂『詩可以觀』。」瑞玉論《摽梅》不及《行露》，余曰「都一般」。

一〇 野有死麕

《野有死麕》與《摽梅》略同。「誘我庶士」，毛、鄭以「誘」爲道。吕東萊云：「《儀禮·射禮》亦先有『誘射』，皆謂以禮道之，古人固有此訓詁也。」愚謂二詩並列《召南》，至《周南》則無此等詩，亦可以見被化之有淺深矣。

一一 何彼襛矣

《何彼襛矣》，看來自是武王時詩。或謂作於平王以後，是在變雅之世矣，不應入二《南》。或疑武王時詩，何以不入《雅》？余曰：「《風》《雅》自有定體，不可混。竊意當時王姬下降，此詩作於召南之國，採詩者以國係，故附於《召南》云。按鄭康成云，文武時，《詩·風》有《周南》《召南》，是二《南》不獨文王之詩也。

一二　騶虞

「壹發五豝」，毛、鄭、孔皆云虞人翼驅也。「五豝」以待公之發，君不忍盡殺，故矢唯一發而已。此説與仁恩及物意尤爲穩愜。

一三　二南

二《南》詩枝枝相對，葉葉相當，想爾日編詩者，决非無意。二《南》何以曰《南》？《南》自是詩之一體，衛宏始合《南》於《風》。《詩》曰「以《雅》以《南》」，《記》曰「胥鼓南」是也。一説王化自北而南，蓋周都豐鎬，以南方爲遠，故《周禮》四隸所守皆云如蠻隸，而官亦統名象胥，則詩名《南》之意可見矣。

一四　柏舟

瑞玉幼時，不讀變風、變雅。余曰：「此真得詩人性情之正。《詩》有兩《柏舟》，皆婦人作，《邶·柏舟》，朱子疑作詩之人莊姜也，《鄘·柏舟》，作詩之人共姜也。柏者堅而有心，處歲寒而不改柯易葉，爲質最美，舟虚而能承載乎物，婦人以德承載乎夫者也。莊姜、共姜皆有堅貞純美之德，故皆以柏舟爲比。變風，姜女多失節，兩婦人遭變，而俱以賢聞，芝蘭荃蕙，固不以無人而不芳也。

楊升菴曰：「師曠《禽經》云：『鳥向飛背宿，燕向宿背飛。』此物理也。故莊姜以爲送歸妾之比，取其背飛之義，送别之情也。」愚謂此可見古人體物之妙。詩中此類極多，讀者可以隅反。

一五　凱風

《凱風》詩何嘗不怨，止是較深婉。又都是自怨，不似《小弁》，直怨其親耳。《孟子》止爲《小弁》辨，故於《凱風》之解則略之。其實《凱風》正善於怨，所謂《詩》「可以怨」者，即指此類。《凱風》詩最是比興得妙，前二章一比一興，何爲皆取於棘？蓋棘之爲物，至難成長，以喻養子劬勞，最爲真切。且棘之爲木，不中材用，工師無取，故以自況。其意若曰，雖以凱風之長養，物莫不育，然始於棘心，不過終於棘薪，止供卭烘，他無所用，故自怨自艾耳。其一比一興者，首章「棘心夭夭」，是溯其方長，三句説物，一句説人，故是比體。二章「吹彼棘薪」，則是長成，兩句説物，兩句説人，故是興體。至末二章，更是垂涕泣而道，寒泉無潤物之功，七子無養親之孝，此是正興。按此與《集傳》異，存參。「列彼下泉」，程子曰：「寒泉列，則不能潤物。」愚故竊取程子之意。黄鳥有聲容之美，七子無諭親之道，此是反興。反覆嗟歎，悽愴悲惋，意餘於言，真是善怨。或曰：「以不安其室之母，猶云母氏聖善，疑於招音翹。親之過。」余曰：「羑里之囚文王，亦云天王明聖。程子謂『此語最道得聖人心事出』，君親一也，然則七子之母，雖謂之聖善亦宜。」

毛傳：「睍睆，好貌。」鄭箋：「睍睆，以興顔色，悦也。」孔穎達云：「言黄鳥有睍睆之顔貌，則又和好其聲音，以興孝子，當和其顔色，順其辭令……自責言黄鳥之不如也。」據此則上句説容，下句説聲，正與孝子怡色柔聲相應，且『睍睆』字俱從目，似不合作聲音解。《集傳》則謂「睍睆，清和圓轉之意。」竊謂毛、鄭、孔氏之解，亦不可不知。

一六 雄雉 鷄鳴

《雄雉》，《詩》之婦人知德行者也，戒百爾以忮求，心胸廣大。《鷄鳴》，《詩》之婦人敦静好者也，箴君子以取友，意見宏深。鄭衛多淫風，而兩婦人之賢若此，先王之遺澤遠矣哉。《齊風·雞鳴》亦賢妃，周宣姜后之亞也，在變風尤不多得。

一七 谷風

《詩》有二《谷風》，一爲夫婦，一爲朋友，皆處變風、變雅之世，夫婦朋友之道絶矣。夫婦朋友事相類，故二詩大意略同。然朋友義，合可直寫其怨，其詞簡；夫婦則以情聯，雖怨而猶有纏綿之思，其詞繁，所以不同。

《邶·谷風》與《衛》之《氓》皆棄婦之怨詞。然《谷風》之怨，其詞直，《氓》之怨，其詞曲，則正邪之異也。後世有能文之士，而行不足取者，與《氓》詩之婦人何異哉！

見荈先生説：「《谷風》句句怨，句句纏綿，與薄倖人作情厚語，使人伉儷之意油然而生」。《詩》之温柔敦厚，善於感人如此。《谷風》詩之婦人，本以色衰而棄，然其德音則可取。通篇反覆，俱不出此二意。婦已棄矣，恩義絶矣，乃怨之之中猶有望之之意。或諭以理，或感以情，其忠厚爲何如。凡人新舊之際，尤難爲情，詩中「宴爾新昏」，凡三見乃止。曰「如兄如弟」，「不我屑以」，「以我御窮」，絶不痛駡。較之後人詩「長跪問故夫，新人復何如?」「將縑來比素，新人不如故」，何等蕴藉！此詩纏綿處，如「采葑采菲，無以下體」，何等温婉！「涇以渭濁，湜湜其沚」，何等安閒！止「不我屑以」一句，微露怨意，乃其下又颺開云「毋逝我梁，毋發我笱」，終復轉合云「我躬不閲，遑恤我後」，何等委折！「就其深矣，方之舟之」以下，又追述其勤家睦鄰，即首章所謂德音也。故下接言「既阻我德，賈用不售」至「昔育恐育鞠」二句，又追述前日勤勞，故下接言「宴爾新昏，以我御窮」，至末二句「不念昔者，伊余來塈」，又追言初嫁時事，塈，息也。婦三月廟見，然後執婦功，故曰「伊余來塈」。亦曾「如兄如弟」來，詘然而止，何等含蓄！通篇看來，至末二章，方露悲酸，而氣愈和平，詞愈舒緩，若作戟手怒駡讀，則失之矣。常論近代詞人偶然失意，形於詩歌，率抑鬱悲憤，不則牢騷酸辛，彼不解作詩，先不解讀詩也。試將此等詩平心息氣讀之，當自有益處。先生喜説詩，平時講授多不記憶，僅録此以志人琴之感。

一八　式微　丘中有麻　騶虞

「式微式微」，以「中露」、「泥中」爲邑名；《丘中有麻》以「子嗟」、「子國」爲留氏。毛傳：「留，大夫之氏。子國，子嗟父」。鄭箋言「子國使邱中有麥，著其世賢」。此等訓詁決非毛公杜撰，必講師相承，舊有此説，或古籍未亡，有所依據也。他如「吁嗟騶虞」，賈誼以爲囿名；《新書》曰：「騶者，文王之囿名，虞者，囿之司獸。」「流離之子」，毛萇以爲鳥名。云「少好長醜，始而愉樂，終以微弱」。陸璣云：「自關西謂梟爲流離」。《漢書》師古注：「流離謂亡其居處」，朱子從之。「三心」、「五噣」，列於小星；詳毛傳。孔穎達云：「心，三星，此及《綢繆》《苕之華》皆云心也，心爲大辰。」五噣者，《元命苞》云「柳五星」，《釋天》云「咮謂之柳」，《天文志》「柳爲鳥喙」，則喙者，柳星也。「夏屋」、「四簋」，並皆食器。「夏屋」毛無明訓，鄭則以爲「大具以食我」。王肅以爲「屋室之屋」，而朱子從之。以「契闊」爲勤勞，《杜詩》經用。見少陵《彭衙行》，本毛傳。解「幷蜂」爲甹夆，《釋訓》可參。《爾雅》：「甹夆，掣曳也。」毛傳作「瘄曳」，「瘄」同掣。「隰有六駮」，孔穎達據《爾雅》之文；《釋畜》云「駮如馬，倨牙，食虎豹」。言「六」者，王肅云「據所見而言」。按此解亦本毛、鄭。「其軍三單」，鄭康成引《周禮》爲釋。見《篤公劉》篇。以至「掘閱」爲蜉蝣之出地，孔穎達曰：「此蟲土裏化生，閱者，悦懌之意。掘閲者，言其掘地而出，形容鮮閲也。」「駿厖」乃馬類之異名，《齊詩》作「駿駹」。是皆注疏之中可參別解者也。若乃《柏舟》之愠羣小，感彼仁人；朱子《孟子集註》本《小序》。「城闕」之刺青衿，傷於學校。朱子《白鹿洞賦》用《序》説。《風雨》思賢，朱子亦云《序》意甚美；《芄蘭》刺惠，朱子第謂此詩未詳。此尤先儒舊説，所謂信而有徵者矣。

一九　静女

瑞玉論《静女》詩《序》，最有味。蓋静女即幽閒貞静之女也。淫奔之詩有云「彼姝」、「彼美」者矣，從無呼爲「静女」者。即曰愛其所私，然女而曰静，所與私者亦何取焉，而詠歌不已耶？譬則人於雞犬，雖甚愛悦，安得竟以麟鳳呼之哉？余無以難之。

從《序》説，「俟我於城隅」句似難通。毛傳無文，孔穎達以爲「能待禮而動，自防如城隅然，高而不可踰」。愚謂如此説恐與語氣不合。張子曰：「後宫西北邃城隅，俟我幽閒念彼姝。」二語極似古風，必有所據。」如此則城隅乃後宫幽閒之地，語意皆協矣。

毛傳：「彤管，以赤心正人也。」鄭箋：「彤管，赤筆管也。」古者后夫人必有女史彤管之法，事無大小，記以成法。又按《左傳》：「《静女》之三章，取彤管焉。」杜注云：「雖悦美女，義在彤管。女史記事規誨之所執。」是彤管之説，古有明訓矣。朱子以爲未詳何物，本歐陽永叔。蓋既斥爲男女期會之詩，則於彤管誠無所取矣，故闕之。「自牧歸荑」，毛傳：「牧，田官也」，孔穎達謂：「茅，即荑也。潔白之物，可供祭祀」。張子以爲「如甸人供果蓏之屬，因以贈夫人也」。瑞玉喜《序》説，故余採録舊説，以附益之。

二〇 君子偕老

《君子偕老》詩，筆法絶佳，通篇止「子之不淑」二句明露譏刺，餘俱歎美之辭，含蓄不露。如「副笄六珈」、「象服是宜」，是説服飾之盛；「委委佗佗，如山如河」，是説儀容之美，通篇俱不出此二意。「玼兮玼兮」以下，復説服飾之盛，「揚且之皙」以下復説儀容之美。「瑳兮瑳兮」以下又是説服飾之盛，「子之清揚」以下又是説儀容之美。抑揚反覆，詠歎淫佚，句句有一「子之不淑」在言下，藴藉可思。至筆法之妙，尤在首末二句。首云「君子偕老」，忽然憑空下此一語，上無緣起，下無聯綴，乃所謂聲罪致討，義正詞嚴，是《春秋》書法。末云「邦之媛也」，詘然而止，悠然不盡。一「也」字如游絲裊空，餘韻繞梁，言外含藴無窮，是文章歇後法。《齊風·猗嗟》詩，筆意與此略同，而此詩尤工。

二一　相鼠

「相鼠有皮」，《白虎通》《諫諍篇》。以爲妻諫夫之詩。愚謂漢唐宋諸儒從無如此説者，細味三章各末句，豈妻之所忍施於夫哉！果爾，則聖人何取焉？嘗舉此説，以問瑞玉，曰：「然！嘗讀《氓》詩卒章，至於『言笑晏晏，信誓旦旦，不思其反』，未嘗不撫卷而歎曰：千古夫婦朋友，坐此凶終隙末，相怨尤者多矣！」晏晏，和柔貌，柔者，剛之仇；和者，乖之漸也。大凡與人相接，言苦者心甘，面冷者情熱。其人言笑甚寡，安得和柔，即與相約，方且遲回顧慮，廩廩然不輕以身許。迨片言既定，金石比堅，雖死生不相背負可也。至如浮薄無行之輩，氣輕質弱，有始鮮終。方其把臂定交，剖心誓志，或男女情牽，談笑意合，未嘗不締盟皦日，結誓清流。於是但見新知之樂，不思白首之悲。曾無幾何，境遷事過，良朋絶舊雨之來，偕老抱谷風之根。向之怡聲温貌，忽變爲有洸有潰，割席分甘矣。使結信之初，早有食言之懼，將必捫舌吞聲，瞻望躊躕，而未敢發。然而卒未能然者，彼以言笑爲左券，信誓爲堅城，而不知券已自焚，城先自破也。嗟乎，悠悠衆生，如此者可勝道哉！《禮》曰：「君子接如水，小人接如醴；君子淡以成，小人甘以壞。」又曰：「君子與其有諾責，寧有已怨。」三復斯言，可令氓蚩輩人汗顔欲死。

二二二　有狐

見莽先生言，「有狐綏綏」，刺川無梁也。

二二三　木瓜

《木瓜》詩《序》：「美齊桓公也。」《集傳》雖疑爲男女贈答之辭，然朱子《讀尊孟辨》亦云：「《詩》録《木瓜》，《春秋》序績之意。」則朱子亦嘗用《序》説矣。

二二四　簡兮

《簡兮》之碩人執籥秉翟，有輕肆之心；《陽陽》之君子執簧執翿，有樂易之象。若以人品而論，作《簡兮》詩者，近於狂，作《君子陽陽》者，則幾於安貧而樂道矣。然細玩詩意，蓋《簡兮》之碩人隱於伶官，無與同志者，俯視流輩，皆齷齪不足比數，故傲然不屑，自譬自嘲。觀其末章，睪然高望，眺西方，思美人，胸次高曠，真有鳳翔千仞之概，寄託如此，亦足悲矣。至於《陽陽》之君子，良友相招，同聲相應，寵辱不驚，理亂不聞，固宜乎其陶陶而樂也。特其安於貧賤，而無忿時嫉世之意，則可謂賢矣。嘗論古之賢人遭時不偶，相招禄仕，往往隱於伶工樂翟，以自放其志。蓋樂工微賤，職守至輕，抑以樂之爲道，優游乎中，有養心節性之益焉。是故《國風》之中，仕於伶者有二，其詩皆温厚和平，滌蕩煩苛之音，蟬蜕汙穢之表，其亦有得於樂之涵濡者不少歟。孔子編《詩》，各隨其國之風而列之，所以著先王之澤，雖時當衰亂，其不泯滅於人心者猶如此。

二五　君子陽陽

《君子陽陽》詩《序》曰：「閔周也。君子遭亂，相招爲禄仕，全身遠害而已。」毛傳：「《陽陽》，無所用其心也。由，用也。國君有房中之樂。」孔穎達曰：「路寢之常樂，天子以《周南》，諸侯以《召南》。」愚謂據《序》説則房爲作樂之處，敖爲舞之位。據朱《傳》則云：「房，東房也，由房只是人出入處。」又云古人於房前有壁，後無壁，所以通内。然朱子初解亦從《小序》，後乃易以今注，謂此詩疑亦前篇婦人所作者。蓋因篇首皆以君子爲言，而又相聯屬耳。但前篇之君子，據《序》説：「君子行役無期度，大夫思其危難而作是詩。」孔穎達謂：「在家之大夫，思君子僚友在外之危難也。」則是據《序》説，前篇之君子指其僚友，此篇之君子亦指僚友也。據朱《傳》則二篇皆爲室家，指其君子而言也。竊謂朱子於前篇改爲大夫行役，而室家念之之詩，於作詩情景，尤爲篤摯纏綿，確不可易。至於此篇，即從《序》説，於文義要自可通，故《集傳》又取或者之説，以爲《序》説亦通，宜更詳之，蓋欲仍從舊解也。

二六　佳句

晉人論《詩》，亟賞「昔我往矣，楊柳依依；今我來思，雨雪霏霏」及「訏謨定命，遠猶辰告」，以爲佳句。余謂固然，佳句不止此也。如「雞棲于塒，《禽經》云：「陸鳥曰棲，水鳥曰宿。」日之夕矣，羊牛下來」，寫鄉村晚景，覩物懷人如畫。又如「蒹葭蒼蒼，白露爲霜。所謂伊人，在水一方」，渺然有天際真人想。「其室則邇，其人甚遠」，渺渺予懷，悠然言外。「東門之栗，有踐家室」，止「有踐」二字，便帶畫景。至如「漢之廣矣，不可泳思；江之永矣，不可方思」，尤所謂「別情雲屬，文外獨絶」者也。

二七　采葛

《采葛》據《小序》云：「懼讒也」。則此詩與《晉風·采苓》相類〔一〕，然彼刺於聽讒之後，故其詞顯；此懼於被讒之先，故其詞隱。孔穎達曰：「《采葛》以興，臣有使出，其事雖小，憂懼於讒，一日不得見君，如三月不見。」愚按，臣去君側，憂讒人間之，此理之可通者，特《采葛》似非人臣事，故《集傳》改爲「淫奔者託以行」，然曰「蓋」者，亦意之之詞。至《詩傳》折衷，載朱子新説，仍以《采葛》比聽讒，是欲終從《序》説矣。按《采苓》詩，毛傳以「采苓」爲細事，「首陽」爲幽辟。孔疏引而伸之，謂「讒言之起，由君數問小事於小人」。吕東萊亟賞此語，謂「雖求之太過，然實天下之名言也」。因附記之。

二八　緇衣

《緇衣》詩三章，章四句，分三層看，美其衣服，愛其居處，薦其飲食。止是反覆寫，好賢之誠，津津不能自已，故曰「好賢如緇衣」。須知三層都非實事，緇衣視朝之服，豈假他人改爲？君館深嚴之地，豈容人適？君膳自有常供，豈待人授？止藉以寄親近之意耳。全從虛景描畫，愛慕神情和盤托出。「敝予又改爲」，「敝」字作一讀，則「予又改爲」接得有力。「還予授子之粲」，「還」字作一讀，則「予授子之粲」接得有力。此是筋節跳躍處，不可順口讀過。寫衣用兩句，寫居食各止一句，文法活動不羈。

二九　遵大路　有女同車

瑞玉論《遵大路》、《有女同車》二詩，皆宜主《小序》，而《有女同車》《序》尤確。《遵大路》思君子也，《有女同車》刺忽也，忽不昏於齊也。

三〇　有女同車

瑞玉又言：「《有女同車》《序》固確，然『孟姜』二字可疑，嘗考齊僖公二女，長曰宣姜，次即文姜。據《左傳》齊侯欲以文姜妻忽，而忽辭，及後又請妻之，則其時文姜已昏於魯矣。詩中『孟姜』不知果何所指。且詩言『德音不忘』，序亦曰『齊女賢』，則宣姜、文姜俱不足以當之，而二姜之外，不聞僖公復有他女也。假若有之，其不得稱孟姜亦明矣。」余曰：「僖公二女，傳記之言未必足信，長幼之次，亦不可知。況『孟姜』二字，詩中此例亦多，未必便是長女，或亦尊貴之稱耳。如《衛詩》孟姜、孟弋、孟庸，豈相與淫奔者俱此三姓之長女乎？且詩中季女，如有齊季女，《左傳》稱爲季蘭。『季女斯飢』，《曹風》以喻君子。又如《車舝》之詩曰『思變季女』，大抵皆以婉孌少好得名耳。竊謂《詩》中曰『孟』曰『季』不必深泥。」瑞玉嘗論：「齊小白、子糾，皆襄公子，非僖公也。」又言「子糾是兄，小白是弟。」其説亦有據，兹未悉載。

三一　齊風

汪苕文先生曰：「昔季札聞《齊風》，歎曰：『美哉，泱泱大國之風，表東海者其太公乎？』而説者又謂『齊音敖辟而驕志』，何也？予嘗誦《齊詩》，自《雞鳴》以下，凡十有一篇，皆哀、襄時之詩爲多。《詩》疏以爲哀公政衰，荒淫怠慢，齊人變風始作，然則所謂『敖辟驕志』者，謂變風也。自太公以來，四公時之正風不傳久矣，意者子札猶及見之，故咨嗟太息，其美而思慕太公如此與？孔子與子札同時，及其删詩而不録齊之正風，獨存《雞鳴》以下十一篇，豈孔子所見不逮子札與？予感之舊矣。」愚按，聲音之道隨地而移，晉音迫促，秦聲雄大，地氣使然也。《風雨》、《子衿》本思君子、刺學校之作，朱子皆謂淫詩，蓋以輕佻狎褻，詞不莊而氣不厚也。泱泱大風，齊音本來如此，「敖辟驕志」，亦風土使然耳。季子所聞與孔子所見同，此十一篇之詩，安有季子吳人而所聞偏是正風，孔子魯人而所見乃止變風哉？其曰「美哉」，特美其聲，非美其風也。齊之正風不傳久矣，《樂記》亦云：「齊者三代之遺聲。」作《樂記》者又在孔子之後，孔子已不見正風，豈後乎孔子者反得而見之耶？

三二　雞鳴

瑞玉説：「《雞鳴》詩，首章難解，古者朝，辨色始入，君日出而視之。《雞鳴》豈即朝盈之時，蠅聲在，天將曙，雞鳴則昧爽前，安有誤以蠅聲爲雞鳴之理？」余曰：「此妙悟也。蓋賢妃心常恐晚，恍惚之間，如有所聞，遽告君曰：『起起，雞既鳴矣！』少頃覺益晚，復告君曰：『起起，不獨雞鳴，而朝已盈矣！』忽又沈吟曰：『誤矣，前所聞者，並匪雞鳴，蓋即天將旦而蒼蠅之聲乎？』反復疑猜，其實雞鳴、蠅聲，都是幻想，所謂風幡俱不動，汝心自動耳。此説如何？」瑞玉曰：「神理殊妙！《著》詩『瓊華』、『瓊英』，英華，玉光色也。按孔穎達引《爾雅·釋草》云：『木謂之華，草謂之榮。榮而不實者謂之英。』然則英是華之别名。」愚謂據《爾雅》華榮分屬木草，然《月令》「木槿榮」，是木亦謂之榮也。又古詩「攀條折其榮」，然而榮華草木通名耳。

三三　東方之日

《東方之日》，《序》以爲「君臣失道，男女淫奔，不能以禮化也。」毛、鄭遂以日月喻君臣，其説似迂，此漢儒解經之習也。《韓詩》及歐陽氏皆以日月喻姝子顔色美盛，《洛神賦》云：「其始來也，耀乎若白日初出照屋梁；其少進也，皎若明月舒其光。」語意與此相類，但據此則亦爲比矣。至《集傳》則云「興也」，高出毛、鄭之上。

三四　甫田

《齊風·甫田》詩最佳，《序》云「刺襄公」。朱子以爲未有據，泛指爲「戒時人而作」，看來朱《傳》於詩義尤精。又毛傳謂「興也」，則「無思遠人」句正指求諸侯言。朱子則通以爲比，覺尤藴藉可思，即仍謂刺襄公，亦朱子之説更爲含蓄有味矣。

《甫田》三章，前二章上兩句務大之戒，下兩句圖遠之戒，至末章又言近小者自可以遠大。通篇隱隱躍躍，密詠恬吟，意味自津津齒頰間，《詩》之尤易感人者也。愚嘗論，此等詩不須箋注，只反覆讀之，自有益處。謝上蔡謂明道先生善説《詩》，未嘗章解句釋，但優游玩味，吟哦上下，便使人有得處。竊謂程子法施之此類詩尤宜。

三五 南山 敝笱 載驅 猗嗟

《齊風》後數篇，如《南山》、《敝笱》、《載驅》、《猗嗟》四詩，並帶詳魯事，此史家互見法。魯無《風》，得此堪爲補亡矣。瑞玉論《齊風》「展我甥兮」句，口角儇薄，想見便捷輕利之習。

三六 秦晉方言

秦晉方言見於《詩》者，多與列國異。如「子曰何其」，「其」，語辭，《檀弓》又作「何居」。「居」「其」同音「基」。「清且漣猗」，「猗」，語辭，與「兮」同。《書·秦誓》「斷斷猗」，《大學》引作「兮」。《左傳》「蹇叔哭師」，「孟子」或作「孟兮」。〔二〕《莊子》亦曰：「而我猶爲人猗，上慎旃哉，舍旃舍旃，旃之也！」又好用辟字，如「居居究究」，作懷惡不相親比之貌。「不承權輿」，「權輿」，始也，爲方圓之始。以上諸語，皆他國所未有。秦晉之風多剽急而少舒緩之體，與齊音正相反。

三七　秦晉詩

秦晉詩音節皆入商聲，殊少太和元氣之妙，而秦尤雄厲，或以爲水土使然。然溯其始，秦固周岐豐之地也，二《南》之作，爲王化始基，周若彼其和平，秦若此其猛厲，何歟？且帝王不易民而治，彼强悍戰鬭之俗，獨非忠厚仁讓之遺歟？此無他，古今之異，宜則政教之殊致也。故曰：「移風易俗，莫善於樂；安上全下，莫善於禮。」晉音迫促，秦音雄大，然雄大之中亦具迫促之意，如「今者不樂，逝者其耋」，語意正與《蟋蟀》諸詩相類。

秦晉之詩，婦人思其君子者，止二篇，《葛生》、《晨風》是也，而皆有貞静專一之意，則猶有二《南》之遺風。嘗論秦晉無淫詩，愚意欲取以繼鄭衛《風》之後，快讀一過，增長人數百觔氣力。

三八 小戎 蒹葭

《秦風·小戎》一篇，古奥雄深，《蒹葭》一篇，夷猶瀟洒，三百篇中未見其匹。《蒹葭》一篇，最好之詩，卻解作刺襄公不用《周禮》等語，此前儒之陋，而《小序》誤之也。自朱子《集傳》出，朗吟一過，如遊武夷、天台，引人入勝，乃知朱子翼經之功，不在孔子下。

三九 葛生

《葛生》一篇，魏晉人俱解爲悼亡之作，其説亦宗《小序》，〔三〕思之卻極有理。試問「蘞蔓于野」、「蘞蔓于域」及「歸于其居」、「歸于其室」等語，豈施於生者之言哉？即「角枕」、「錦衾」觸景傷心，自非車過腹痛，孰肯爲此言？特不合依《小序》斥言刺獻公耳。夫獻公固好征戰，而征役之事，何時蔑有？倘《小序》去「獻公」二字，概目爲悼亡之作，朱子未必不從也。

四〇　葛屨　蟋蟀　駟驖　小戎

晉俗勤儉，至今山西人猶然，故《葛屨》、《蟋蟀》之篇，特以冠《唐》、《魏》。秦多名馬，至今川蜀中猶然，故《駟驖》、《小戎》之作，用以首《秦風》。〔四〕

四一　黄鳥

「交交黄鳥」三章，興者，義取黄鳥止於棘、桑、楚，皆得其所，傷三良不然也。詩極悽惋，感歎良人，至欲贖以「人百其身」，想見秦俗厚重質直處。應劭云：「秦穆公與羣臣飲酒酣，公曰：『生共此樂，死共此哀。』於是奄息、仲行、鍼虎許諾，及公薨，皆從死。《黄鳥》詩所爲作也。」《史記正義》引此一段。《黄鳥》詩，據《左傳》止責穆公，朱子從之。然詳味詩意，似責三良意多，止看「誰從穆公」一句，便是《春秋》書法，曰從穆公則殉者乃三良之志，即使穆公要之，亦必三良不肯食言，慷慨捐軀，以從死爲義也。嗚呼，秦俗之弊至於殺人以殉，可謂不仁哉。穆公賢而不能革其俗，如獻公之下令止從死者，穆公罪也。然穆公生不誅孟明，又好士，士多歸之，豈有死之日而忍用其良者？或以爲罪康公，亦非也，謂迫而納諸壙中，以詩有臨穴惴慄之言耳。然竊意臨穴二句，乃詩人之詞，非謂三良有此意也。惟魏阮瑀論此詩爲得其實，其詩云：「誤哉秦穆公，身没從三良。忠臣不達命，隨軀就死亡。低頭闚壙户，仰視日月光。誰謂此可處，恩義不可忘。路人爲流涕，黄鳥鳴高桑。」此詩獨首二句責穆公，以下俱詠三良，正得詩意。朱子亦曰：「三人者不食其言，以死從君，而詩人不以爲美者，死不爲義，不足美也。」竊謂朱子此論，當與《集傳》參看，斯爲得之。嘗論介之推以死懟君，以禍貽母，亦不當死而死者也。與三良失同，因附識之。

四二　晨風

《晨風》詩《序》：「刺康公也。忘穆公之業，始棄其賢臣。」毛鄭以後皆從之，蓋猶《權輿》意也。朱子則以《序》説爲誤，改爲婦人念其君子之辭，雖亦不見所據，而以詩意求之，尤爲沈摯纏綿。毛傳：「先君招賢人，賢人往之，駃疾如晨風之飛入北林。」孔穎達云：「穆公未見君子之時，思望之，憂心欽欽然，惟恐不見。〔五〕今康公乃棄其賢臣，故以穆公之意責之。」鄭箋云：「山之櫟，隰之駮，皆其所宜有也。言賢者亦國家所宜有之。」程子曰：「此詩主賢者見棄之意而言，故云忘我如何如何，歎其如是也。」愚謂玩味二句，施之夫婦尤宜，不獨《扊扅之歌》可證也，益見《集傳》改定之精。「晨風」、「北林」，以物有所歸，興人無所託，似是反興；「苞櫟」、「六駮」，以山高隰下，興夫婦離合，似是正興；「苞棣」、「樹檖」亦然。

四三　陳風

《陳風》嘽緩柔靡，蓋其地廣平，無名山大川。張子有言：「衛國地濱大河，其地土薄，故其人氣輕浮，其地平下，故其人質柔弱；其地肥饒，不費耕耨，故其人心怠惰。其人性情如此，則其聲音亦淫靡，故聞其樂，使人懈慢而有邪僻之心也。」朱子謂：「鄭詩放此。」愚竊疑《陳風》亦然。

《陳風》每言歌舞游蕩。鄭箋云：「大姬好巫覡禱祈、〔六〕鬼神歌舞之樂，民俗化而爲之。」然則陳之變風，其原出於大姬矣，不待「五世至幽公當厲王」之時也。

四四　衡門

《陳風》獨《衡門》詩絶佳，與《齊風·甫田》筆意相類。《序》云：「誘僖公也。愿而無立志，故作是詩以誘掖其君。」愚謂據《序》則三章俱比體。朱子改爲「隱居自樂，而無求者」之詞，則三章通作賦看，與《衛風·考槃》語意相似。竊疑從《集傳》亦是一篇好詩，但如《序》説，尤覺意味深長耳。《甫田》二章反説，一章正説；此詩一章正説，二章反説。彼詩末一章尤妙，此詩三章俱妙，真善誘者也。

四五　東門之池

瑞玉《東門之池》解云：「此男女婚姻之正也。時有親迎者，故詩人因所見以起興，與《桃夭》詩同。『東門之池』，親迎所經也。『漚麻』記見也。『淑姬』，猶淑女。『可與晤歌』，猶言令德來教也。反覆玩味，但有夫婦之意，而無淫狎之情。且『漚麻』必須漸漬，久而後成，以喻夫婦尤切。若淫奔者，倉卒聚會，竊恐未易言此也。」又曰：「《小序》以爲刺詩，如《静女》之類，亦不見所據。」愚按，瑞玉此解不爲無見，且以下篇《東門之楊》例之，彼亦親迎者所經之地，於義尤確，書以俟知者。

四六　東門之楊

《東門之楊》毛傳云：「男女失時，不逮秋冬。」鄭箋云：「楊葉牂牂，三月中也，喻時晚也，失仲春之月。按毛言「秋冬」，鄭言「仲春」者，鄭據《周禮》，毛據《家語》、《荀子》，故所言不同。親迎之禮以昏時，女留他色，不肯時行，乃至大星煌煌。」然孔穎達曰：「《士昏禮》『執燭前馬』，是親迎之禮以昏也。用昏者，取陽往陰來之義。」按，詩中多楊柳並言，楊柳之揚起者，似一物而實非也。據《埤雅》楊有黄、白、青、赤四種；柳止一種，然柳亦有名「垂楊」者。

四七　防有鵲巢

《防有鵲巢》，《序》以爲「憂讒賊」，蓋據「誰侜予美」一句而言，確不可易；但鄭箋「予美指宣公」。程子曰「予美心所賢者」，尤精確。

四八 月出

「月出皎兮」詩，字句繚戾難讀，想亦爾時方言歟？「僚」，好貌；「窈」，幽遠；「糾」，愁結也，與「悄」韻叶；「懰」，好貌；「懮受」，憂思也，與慅七老反。韻叶；「燎」，明也；「月出照」，故見其明也；「夭紹」，糾緊意，與「慘」當作懆。韻叶。三章俱言「舒」者，見之則舒其思念之情也。

四九 澤陂

《澤陂》詩，朱子謂與《月出》相類，詩中「蒲荷」、「蒲蕳」、「蒲菡萏」皆以香草美人對言，《楚騷》之祖也。「寤寐」、「輾轉」等語，與《關雎》何異哉！而意則遠矣。淑女之思與美人之懷，猶薰蕕不可同器也，又何疑於哀樂淫傷之別耶！

五〇　檜風

《檜風》《左傳》《國語》作「鄶」，《地理志》作「會」。作於東遷以後，觀詩中有西歸之語可見。蘇子由曰：「《檜》詩不爲鄭，而《邶》《鄘》爲衛，《魏》爲晉，何也？《邶》《鄘》《魏》之詩，作於既滅，其詩所爲作者，衛晉也，至于《檜風》，檜之未亡而作也。」

五一　素冠

《素冠》三章，章三句，意甚顯明，不勞箋疏。然反覆讀之，使人悲愴悽惻之意油然而生，首云「慱慱」，憂勞也；次云「傷悲」，則甚矣；末云「蘊結」，則憂勞傷悲之極，至於思之不解也。其精神活處，全在「庶見」二字，既不見矣，尚不忍絶望，而覬幸一見，此則詩人之忠厚也。嗚呼！《檜》當夷厲之時，而詩人所見已如此。然則短喪之説，其來舊矣，奚止宰我與齊宣王哉？亦可慨夫。《禮記·間傳》云：「又期而大祥，素縞麻衣，中月而禫，禫而纖，無所不佩。」賈公彦疏曰：「二十五月大祥祭，此日除脱，則首服素冠，以縞紕之。紕，緣邊也。按《説文》：「縞，鮮色也。」《書·禹貢》「玄纖縞」孔傳：「縞，白繒。」；《詩·鄭風》「縞衣綦巾」毛傳：「縞衣，白色男服。」《禮·檀弓》：「祥而縞。」又《玉藻》：「縞冠素紕，既祥之冠也。」賈疏：「縞是生絹。」據此諸書說「縞」雖不同，要爲白色無疑。此詩朱傳云：「黑經白緯曰縞。」恐誤，按《書》傳「黑經白緯曰纖」，不謂縞也。身著朝服而祭，祭畢〔七〕，而哀情未除，更反服微凶之服，首著縞冠，以素紕之，身著十五升麻深衣，未有采緣，故云素縞麻衣也。」愚謂此疏頗詳明。其云「縞冠素紕」，即《詩》所謂「素冠」也。毛傳以「素冠」爲「練冠」非也。「練冠」乃小祥之冠。鄭箋以「練冠者，練布爲之〔八〕，而經傳之言素者，皆謂白絹，未有以布爲素者，則知素冠非練也。」故不從毛傳。而王肅亦以「素冠」爲大祥之冠，孫毓以箋說爲長，是已。其云「麻深衣未有采緣」，即《詩》所謂素衣也。麻即白色，又無采緣，故曰素衣。衣素則裳素，而韠亦素矣，故《詩》兼言之。鄭箋云：「除成喪者，其祭也朝服縞冠，朝服緇衣素裳，然則此言素衣者，謂素裳也。」愚謂箋據祭時言，祭既朝服，則不得言素，故云此素衣謂素裳。《禮記》「素縞麻衣」則據祭後言，故疏云「麻深衣。」康成偶忘《禮記》此句，故舍此而引彼文耳。其實《詩》之素衣，即《禮》之麻衣也，何必定謂素衣是素裳乎？又按賈疏云：「大祥之後，更間一月而爲禫祭，禫祭之時，玄冠朝服，祭訖則首著纖冠，身著素端，黄裳，以至吉祭，平常所服之物，無不佩也。黑經白緯曰纖。」愚謂禫後方著纖冠，則朱子解素冠謂「黑經白緯曰縞」，自是錯誤。其云禫祭之時玄冠朝服，玄冠則非素冠矣，朝服則非素衣矣。故朱《傳》云：「祥冠，祥則冠之，禫則除之。」正指此也。祥與禫惟行三年之喪者始有之，詩人不見此服，而反復嗟嘆之，則又知詩人必能行三年之喪者矣。「棘人欒欒」，「棘」，哀遽貌；「欒」，毀瘠貌。所謂顔色稱其情，戚容稱其服者如此，詩人可謂君子歟。《集傳》引子夏、閔子騫之事，乃毛傳所載，與《禮記》異。朱子取之，感人最深。癸丑六月余與瑞玉説《詩》，復及此篇，瑞玉悽然不勝情，因而罷講。蓋是時外姑没三年矣，是歲七月余母氏旋見背。嗚呼，蓼莪之廢與瑞玉同矣，豈凶禍將至，四體之動，幾有先見者耶？偶覩此編，淚涔涔下。十一月望後書。

五二　鳲鳩

《鳲鳩》詩，只「均平專一」四字盡之。瑞玉曰：「玩《鳲鳩》託興，似意取『均平』耳。」余曰：「『專一』本也，『均平』用也。劉向嘗云：『傳曰《鳲鳩》所以養七子者，一心也；君子所以理萬物者，一儀也。』可見『專一』是本。」瑞玉説：「『其子七兮』，恐鳲鳩是一生連七子，如鴿生二子，螽生九十九子之類。」

蘇子由曰：「鳲鳩則在桑而已，其子則不可常也。以其愛之，則宜其無所不從，然以爲從其在梅，則失其在棘，從其在棘，則失其在榛，是以居一以俟之，而無不及者。」此得一之要也。「儀一」、「心結」，通篇大旨了然。「帶絲」、「騏弁」只説儀一，而「心結」可知。余問以次第，言首二章自内及外，則末二章宜由近及遠，詩胡不然？瑞玉曰：「四國遠而難正，故先言，國人近而易及，故後言。不特此也，必儀不忒，然後足以正四國。至於四國既正，於正國人何有？故於四國則言儀，於國人則不言儀，蓋蒙上章之文耳。」

五三　七月

看得《七月》詩，通篇只是一箇「豫」字，飲食桑麻，每事皆早計於一月之前。《書·無逸》云：「先知稼穡之艱難。」「豫」，即先也。《七月》所陳豫於民者也，《無逸》所箴豫於君者也。故《詩》《書》二篇，相爲表裏。

瑞玉言：「『采蘩祁祁』何以繼『爰求柔桑』之後？蘩，白蒿也，所以生蠶，今人亦有用蒲公英者。孔穎達云：『蒿，青而高；蘩，白而繁。』蒲公英蓋蘩類，求桑又采蘩，想見蠶桑苦，女工難，古聖王之所以軫念也。」

瑞玉問：「『女心傷悲』應作何解？」余曰：「恐是懷春之意，《管子》亦云『春女悲』。」瑞玉曰：「非也，所以傷悲，乃爲女子有行，遠父母故耳。」蓋瑞玉性孝，故所言如此。余曰：「此匡鼎説《詩》也。」

城上小牆曰女牆，《豳風》「猗彼女桑」，毛傳云：「女桑，小桑也。」竊謂以「女」爲小，猶言閨中細弱，是知女子皆小也。

朱子曰：「鵙以七月鳴，則陰氣至而衆芳歇矣。鴂、鵙，音相近。」服虔、陸佃以爲「題鴂」即鵙也。愚謂《楚詞》：「恐鶗鴂之先鳴兮，百草爲之不芳。」「鵙」，伯趙也，亦曰伯鷯。夏至來冬至去，故曰「伯趙氏司至」。

「四月秀葽」，諸儒不詳其名，惟《説文》引劉向以爲苦葽，曹氏以《爾雅》《本草》證之，知其爲遠志。

「斯螽」、「莎雞」、「蟋蟀」，《集傳》云：「一物隨時變化而異名。」竊恐未安。「斯螽」，即螽斯。《周南》既云「蝗屬」，《召南·草蟲》亦云「蝗屬」，又云「阜螽，蠜也」，此用《爾雅》文。陸璣云：「今人謂蝗子爲螽子。」陸佃云：「今謂之蜉蹤，亦跳亦飛，飛不能遠。」然則「螽斯」、「草蟲」、「阜螽」本一物，性好負，故《爾雅》謂「草蟲，負蠜也」。莎雞者，陸璣云：「如蝗而斑色，毛翅數重，其翅正赤，六月中飛，而振羽索索作聲。」愚謂「索索」猶莎莎也，今俗謂之「沙沙蟲」，「沙」與「莎」聲轉耳。然則名莎雞者，或此蟲喜藏莎草中，抑或飛時莎莎作聲，皆未可知。「蟋蟀」者，促織也，「暑則在野，寒則依人」，惟蟋蟀如此，今驗之良然。彼二蟲者不能也，且「斯螽」、「莎雞」亦無變化蟋蟀之理。鄭康成曰：「自『七月在野』至『十月入我牀下』，皆謂蟋蟀也。言此三物之如此者著，將寒有漸，非卒來也。」愚謂既云三物，則不得謂之一物矣。竊疑鄭箋極分明，宜從之，《集傳》或未及改訂耳。按朱子與蔡沈書：「鴟鴞居東，不是東征，詩傳誤處未及改正。」可見朱子亦有未定之論。

「十月蟋蟀入我牀下」八字句。《小雅》「我不敢傚我友自逸」，亦八字句。

「六月食鬱及薁」，「鬱」，棣屬；「薁」，蘡薁也。《本草》注謂「葡萄即蘡薁，生隴西五原山谷。」愚按，葡萄非可六月食者。孔穎達謂薁亦鬱類而小別，同時熟，似爲得之。

瑞玉説「七月亨葵及菽」，「葵」，菜也。吕東萊引《爾雅》注：「日葵承露也，大莖小葉，華紫黄色，可茹。」菜固可烹，若菽如何可烹？所謂「烹葵及菽」者，蓋即於今作豆粥法耳。《夏小正》「五月菽縻」，傳云：「是食短閔而記之。『短閔』一作『短關』，或云當作『豆鬻』。」按「豆鬻」，即豆粥也。其法菜半之豆半之，和而爲羹，故古有半菽之名。此詩「葵」「菽」連言，又云是烹，其意可想。毛傳云：「春酒，凍醪也；眉壽，豪眉也。」凍時釀酒，故稱凍醪；人年老有豪眉秀出者，是乃壽徵也，故詩中多言眉壽。

瑞玉言：「『八月斷壺』，非供食也。瓠八月味苦不任食，斷者爲壺任用耳，故瓠作壺」。又言：

「『采荼薪樗』，孔穎達謂『荼以爲菜，樗以爲薪，各從所宜。』此説非也，古者草木黄落，然後入山林，九月非采薪之時，且下句遂言『食我農夫』，似此二者皆指食言。蓋『樗』即椿類，椿有香者，取其葉生醃之，可爲菹，九月葉可食之時，薪者枝落之采其葉，以是知薪樗不爲卬烘用明矣。」

「上入執宫功」，「宫」，邑居之宅也。古者民受五畝之宅，二畝半爲廬，在田，春夏居之；二畝半爲宅，在邑，秋冬居之。毛傳云：「入爲上，出爲下。」愚謂「邑居之宅」，此「邑」字先儒或謂城中之宅，或謂都邑之居，其實非也。古者里亦名邑，《論語》「十室之邑」，《周禮》「里宰掌比其邑之衆寡。」鄭康成注：「邑，猶里也。」又《鄰長》：「凡邑中之政相贊。」是皆以里爲邑也。

百穀之名，據楊泉《物理論》曰：「稻、粱、菽各二十種，爲六十蔬果之實，助穀各二十，凡爲百穀。」

《七月》詩中，如「授衣」，「墐户」，「索綯」，「乘屋」，多言禦寒之備，至末章又説藏冰何也？鄭箋云：「上章備寒，故此章備暑。」胡氏曰：「藏冰開冰，亦聖人輔相燮調之一事。」此説是矣。

問民何以得升君之堂？朱子曰：「周初國小，君民相親，其禮樂法制未必盡備，而民事之艱難，君則盡得以知之。」愚謂此風可思，正周公所以訓成王之意。

六月二十一日夜，余爲瑞玉説《七月》詩畢，因問：「此詩前三章何故『七月流火』凡四見？」

瑞玉答曰：「流火是初秋去寒漸近，爲授衣計，故重復丁寧，俾知先事之警耳。」

五四　東山

瑞玉因言：「《東山》詩何故四章俱云『零雨其濛』？蓋行者思家，惟雨雪之際尤難爲懷，所以《東山》『勞歸士』則言雨，《采薇》之『遣戍役』則言雪，《出車》之『勞還率』亦言雪。《七月》詩中有畫，《東山》亦然。古人文字不可及處在一『真』字，如《東山》詩言情寫景，亦止是真處不可及耳。」

余問：「征夫于役，室中豈無他人，何至如次章所云滿目荒凉，若闃其无人者乎？」瑞玉答曰：「此實録也。試思自伯之東，感飛蓬而獨居，卻膏沐而不御。草不除，故果贏之實施于宇矣；室不埽，故『伊威在室』矣。户長扃，故『蠨蛸在户』矣，『町畽鹿場』，則人物雜居。『熠燿宵行』，則流光自照。反覆寫來，真覺陰森可畏，幽怨動人，後世閨情之作，雖極意臨撫，相去何啻倍蓰。」

「鸛鳴于垤，婦歎于室」二句蓋興也，舉首章「蜎蜎者蠋」四句作一遥對，俱因所見起興。但一是行者之苦，一是居者之苦，所謂男女各言其傷是也，不知卻被聖人一一畫出，情真景真。

「洒埽穹窒」正與前章「果臝」以下八句相應。彼寫荒涼之景，可悲可涕，此忽斬然一新。「洒埽」，則室、宇、户庭、町畽畢除矣；「穹窒」，則蔓草、蟲獸、孔穴畢塞矣。家人盼望遠歸，確有此情形。故下云「我征聿至」，一「聿」字寫家人驚喜之狀，栩栩欲生。

「有敦瓜苦，烝在栗薪」，觸物驚心，曷勝今昔之感，所謂盡是劉郎去後栽者也。二句描寫村居籬落間小景如畫，詩中正復何所不有。

瑞玉説：「『自我不見，于今三年』二句可疑。古者戍役兩期而還，今年春莫行，明年夏代者至，復留備秋，至過十一月而歸。又明年中春至，春莫遣次戍者，每秋與冬初兩番戍者，皆在疆圉，此古法也。以《采薇》詩觀之便可見。又《白虎通》云：『古者師出不踰時，爲怨思也。』又《左傳》云：『瓜時而往，及瓜而代。』夫三月爲一時，瓜期亦不過一歲。據《左傳》、《白虎通》，遠者纔一年，近者不過三月。即據兩朞之説，亦不應待至三年然後歸。況周公仁民爲心，『勞歸士』情意如此纏綿，豈有率師而出，不恤怨曠，而肆意罷民如此哉！果是如何？」余答曰：「便是此處難解。云周公東征三年，在經原無正文，乃傳者據此詩二語爲斷耳。考《竹書紀年》：成王元年秋，武庚以殷叛，周公居東不是東征。二年，奄人、徐人及淮夷入于邶以叛。奄、徐、淮夷並殷爲四國。秋大雷電以風，王逆周公于郊，遂伐殷。三年王師滅殷，殺武庚，遂伐奄，滅蒲姑。姑與四國作亂故。四年春正月，初朝于廟。計此時周公當還。若據此看來，周公自二年秋東征，至四年春便還，前後不過年餘，舉成數故云三年耳。又以見周公之憫歸士，未久而似久也。且詳味詩意，前三章都是秋景，至末一章獨言春日，蓋軍士以秋歸，以冬至家，比及周公作詩之時，則又來年春矣。故末章遂及嫁娶之事，言婚姻及時也。此事《詩》《書》缺載，據《竹書》所記年月始終，恐得其實，未知是否？」瑞玉曰：「恐是如此。」又曰：「讀此詩可知越王句踐之生聚其民，不過欺賣之耳，那有真意。」

《東山》時事，孔穎達正義具載在《豳譜》第六章，可察。又云：「王肅説與鄭不同，在第七章。末章别是一意，蓋詩本『勞歸士』，自以有室家者爲主，緣其中亦有未娶者，故敘其及時婚姻之美也。此文章補筆，亦用意周到處，但不得喧賓奪主，故終以『其新孔嘉，其舊如之何』二句結之，仍收歸前三章，文法極細密也。末二句文法固妙，至其通達俗情，出以輕婉之筆，前數章淒風苦雨，至此化爲喜氣歡情矣。筆墨之間，具有化工。」

五五　破斧

《破斧》詩之妙處，全在三章九箇「我」字。軍士東征，事本爲國，乃此詩答言公毋以勞師爲國也，破者我斧，缺者我斨，匡四國亦哀我人耳。以公義爲私情，視國事如家事，不獨見上下同心。朱子所謂「聖人之徒者」，亦可想見。余問：「毛傳『四國』是管、蔡、商、奄，於時事較切，朱子改爲四方之國，卻似説開了，如何？」瑞玉答曰：「『四國』解作四方，義理較闊大，如古注反説小了。且『東征』二字即指管、蔡、商、奄，何須復言四國乎？古人文字定無如此複沓者。」徐退山先生曰：「『被斧』『缺斨』下用『哀』字，〔九〕古人用兵刑，念頭如此，不宜草草看之。」

五六　雅

《雅》與《風》有深淺之别，《雅》較難讀，《大雅》較《小雅》尤難讀。張子曰：「《雅》之體直言之，比興差少，無隱諷譎諫之巧。」按《集傳》：「正《小雅》燕饗之樂也，正《大雅》會朝之樂，受釐陳戒之辭也。故或歡欣和説以盡羣下之情，或恭敬齊莊以發先王之德。詞氣不同，音節亦異，多周公制作時所定也。」朱子又云：「舊説自《鹿鳴》至《魚麗》，平聲。文武之世，燕勞樂歌之辭，周公之删定也。《南陔》至《菁菁者莪》，周公相成王所制之樂歌也。」又云：「《小雅》恐是燕禮用之，《大雅》須饗禮方用。《小雅》施之君臣之間，

《大雅》則止人君可歌。」又云：「《大雅》非聖賢不能爲，平易明白，正大光明。」又云：「《大雅》氣象宏闊，《小雅》雖各指一事，説得精切至到。如《鹿鳴》之詩，見得賓主之間相好之誠；如『德音孔昭』、『以燕樂嘉賓之心』，情意懇切，而不失義理之正。《四牡》云『王事靡盬』，又云『不遑將母』，皆是人情少不得底，説得懇切。如《皇皇者華》即首云『每懷靡及』，其後便須『咨諏』『咨謀』，看此詩不用小序，意義自然明白。」以上統論《大、小雅》。

五七 四牡

「翩翩者鵻」，鵓鳩也。毛傳云：「鵻，壹宿之鳥。」句簡而明。按「壹宿」謂壹於所宿之木，鵻性慈孝慤謹，故取以興孝子。

「不遑將父」、「不遑將母」，立言之序也。至末章獨言「將母來諗」，《集傳》以爲因上章之文，孔穎達則云：「母以恩意偏多，故再言之。」尤有義味。

五八 常棣

《常棣》詩乍看似淺近，其言患難相依，安樂相棄，皆常情薄惡之態，然反覆吟咏，真使人孝友之心油然而生。朱子所謂「聖人之言，小大高下，皆宜者也。」詩前數章以朋友兄弟相形，後二章以妻子兄弟相形，尤爲曲盡人情。

五九　天保

朱子《天保》詩傳云：「文王時周未有曰先王者，此必武王以後所作也。」愚按，此一篇答《鹿鳴》以下五詩者，蓋凡臣子頌禱其君，他無以報，惟願其福禄壽考而已，故皆無異詞，試取前五詩一一分讀，而各以此詩爲答，想見一時君唱臣酬，上下交泰之意，藹然可思。真西山云：「《鹿鳴》詩以臣爲賓，《伐木》詩以臣爲友。」愚謂《天保》詩以君爲爾，君敬其臣，臣愛其君，藹乎有家人父子之誼。瑞玉幼時夢吟《天保》詩甚悉，及寤不遺一字，爾後此詩尤不忘。余異之，因附識於此。

六〇　采薇以下三篇

《采薇》以下三篇，《序》皆以爲文王時詩。鄭箋云：「文王爲西伯，服事殷之時也。『昆夷』，西戍也；『天子』，殷王也。」然則詩中之王皆指殷王而言，此說朱子嘗從之。《序》云《采薇》「遣戍役」，《出車》「以勞還」，《杕杜》「以勤歸」。按，勤亦勞也。止遣戍役不言將帥者，鄭箋云：「遣將帥及戍役同歌同時，欲其同心也；反而勞之，異歌異日，殊尊卑也。」《采薇》善道人情，當與《東山》詩並觀。

六一　出車

《出車》二詩大旨不同者，蓋《出車》「勞還率」，故敘其受命之急，憂國之勤，折衝之略，禦侮之能，而室家之情，止篇末一見而已，蓋勞君子者，宜如是也；至於《杕杜》「勞還役」，故敘其室家之思，父母之憂，登山之望，卜筮之偕，蓋勞小人者，宜如是也。不惟見先王曲盡人情處，並可悟文貴得體，要在稱題也。

六二　杕杜

《詩》有三《杕杜》，皆取孤特之意以起興。

六三　鶴鳴

《鶴鳴》詩通篇純用比體。其詩二章，章九句，一章以四事爲比。「鶴鳴九皋」二句言誠之不可掩也，「魚潛在淵」二句言理之無定在也，「樂彼之園」三句言愛當知其惡也，「他山之石」二句言憎當知其善也，此朱子説也。毛鄭以爲興也，教宣王舉賢用滯，則可以治國。看來朱傳較直截。朱子又曰：「《鶴鳴》詩做得好，含蓄意思，全不發露。」愚按，此與《白華》詩俱通篇用比體，二詩沈博絶麗，含咀英華，尤宜諷詠。

六四　小弁

《小弁》八章，句句怨，字字怨，但細味其詩，亦無深意。前六章大意，説其親，只「維其忍之」一語盡之；説自己，只「我罪伊何」一語盡之。「鸒斯」之「歸飛提提」，以物之安舒興人之迫促也；「周道」之「鞫爲茂草」，以路之茅塞興心之瞀亂也；「菀柳」之「鳴蜩嘒嘒」，「灌淵」之「萑葦淠淠」，以物之得所興人之無依也，故曰「譬彼舟流，不知所屆」。又曰「心之憂矣，不遑假寐」，前猶云「假寐永歎」，至並假寐不遑而憂更深矣。以上皆從「我罪伊何」句生出，貼自己一邊說。桑梓之敬恭，以物類之不忘，興「毛」「裏」之不念也，故曰「天之生我，我辰安在？」《集傳》「辰，猶時也」，鄭箋謂「六物之吉凶」。按《左傳》：「何謂六物？歲時日月星辰是謂也。」鹿之「維足伎伎」，雉之「尚求其雌」，以物之有所親，興人之莫知恤也，故曰「譬彼壞木，疾用無枝」。陸德明曰：「壞，說文作『瘣』。《爾雅》：『瘣木，〔一〇〕符婁。〔一一〕郭云：「瘣傴瘻腫，〔一二〕無枝條也。」』「投兔」之「尚或先」，「死人」之「尚或墐」，以人有惻隱之心，興親無哀憐之意也。以上皆從「君子秉心，維其忍之」句生出，貼其親一邊說。惟末二章獨見真切，說「君子信讒，如或醻之」，「伐木掎矣，析薪扡矣」，情真理切。又曰「君子無易由言，耳屬于垣」二語，尤悱惻纏綿，於怨之之中，不忘慕之之意，真得詩人之忠厚矣。至「無逝我梁」四語，明說著伯服母子，亦復婉轉情深。故愚竊謂《小弁》動人處全在後二章，其怨慕處尤在末章後六句。蓋宜臼被讒，故說讒尤真切，所謂談虎色變也，其餘尚是通行怨套真切，以其未經身受也。語云「膚受之愬，無病而呻」，豈能感人哉？至被讒情景，其傳親見，諒必代爲扼腕，則不啻身受也，故言之獨深沈而切至。吕東萊云：「唐德宗將廢太子，而立舒王。李泌諫之且曰：『願陛下還宫，無露此意。左右聞之，將樹功於舒王，太子危矣。』此正『君子無易由言，耳屬于垣』之謂也。」愚按，二句道理甚大，人君深宫穆處耳目甚多，聖主慎一嚬一笑，正是此意。

六五　楚茨

《楚茨》詩，按鄭康成云：「趨以采齊，當爲『楚薺』之『薺』。」東萊呂氏曰：「《説文》『薺，蒺藜也』，而『茨』則以茅葺屋覆之名。然則當康成世，字猶爲『薺』，其爲『茨』者後人誤也。」

六六　楚茨以下四篇

朱子《詩傳遺説問》，《楚茨》以下四篇，先生謂即豳雅。反復讀之，其辭氣與《七月》、《載芟》、《良耜》等篇大抵相類，無可疑。然又以爲，述公卿有田禄者力於農事，以奉其宗廟之祭，則恐未然。曰此諸篇在《小雅》而非天子之詩，故止得以公卿言之，蓋皆畿内諸侯矣。

六七　信南山

「上天同雲，雨雪雰雰」，彭執中曰：「上章言地利，此章言天時，俗云『蝗産子於地中，至春夏而出地，若冬有雪，寒氣逼之，深入于地，春夏不能出矣。』」「雪入地三尺，三雪則入地九尺，故三白爲豐年之兆也。」陸佃曰：「豐年之冬，必有積雪，其春必有小雨，故是詩雨言小，雪言盛。」

六八　甫田

「以社以方」，蓋秋祭四方，報成萬物。《周禮》所謂「羅弊致禽，以祀祊」是也。鄭康成曰：「祊，當爲方，聲之誤也。」愚按：祊，廟門内也。《禮·郊特牲》「索祝祭于祊」，今祭四方而作祊，故云誤。然《月令》「祠于高禖」注云：「先媒之神，變媒言禖，神之也。」然則易方爲祊，或亦神之之意。

六九　大田

《大田》詩「螟螣蟊賊」，陸璣云：「舊説四者一種蟲也。」又曰：「皆蝗也，其實不同。」故注云：「食心，食葉，食根，食節。」按，張子曰：「三代盛時必無蟲患，天下之田盡墾，何處不種。縱或有之，亦人衆覺察，必豫早能去其害。雖有山林陂澤，亦人以時出入，瀦停水陂，不得生也。且不論盛時，故災害不作，直人謀足以勝之，蝝螟之類其去易於蝗。又況古人除田害亦易得人，只於《采芑》使三千乘，要以百井之民除一井之民患，計之爲不難。」

七〇　車舝

瑞玉説：「『閒關』詩做得好，反覆詠歎，津津而有味，好德如好色，吾於『閒關』見之矣。」瑞玉欲以「閒關」配《關雎》，以爲得性情之正。余謂：「《關雎》寤寐輾轉，此詩何故不言？」瑞玉曰：「《關雎》是宫人作，故極言所思。『閒關』則是自作，故止言既見耳。且『匪飢匪渴』，即未見亦何嘗不思耶？」

余問「依彼平林，有集維鷮」。瑞玉曰：「雉性耿介，以興『令德來教』尤切，詩故取義不苟耳。」瑞玉因言：「『雖無旨酒，式飲庶幾。雖無嘉殽，式食庶幾』，何故必言及此？蓋詩本爲燕樂新婚而作，此章乃正文也。」詳此章語氣，似屬興體，無「旨酒」、「嘉殽」，是興「無德與女」句，「式飲」、「式食」是興「式歌且舞」句。朱子定以爲賦者，蓋以爲興則上四句虚，以爲賦則六句皆實，將燕樂新婚意寫得十分飽滿。朱子《集傳》，精密如此。

析薪而葉湑，覯爾而心寫，其事絶不相類，忽然託以起興，古人文字活潑不拘如此。「高山仰止，景行行止」二句，將好德意寫得如此淋漓，讀罷令人起舞，故曰「詩之好仁如此」。瑞玉説：「二句雖興，亦兼有比意，高山喻德之高也，景行喻德之大也。」因問：「『四牡騑騑，六轡如琴』與高山二語，如何聯屬？」余曰：「『高山』親迎所見也，『景行』親迎所經也，蓋因所見以起興，如此看則上下文一貫。」「四牡」二句，與篇首「閒關」兩語神迴氣合，詠歎之中極鼓舞回翔之致。

七一　正小雅

正《小雅》，如《常棣》燕兄弟，《伐木》燕朋友，獨缺夫婦。愚意欲取「閒關」之詩以補之。正雅、變雅其中亦有相對處，如《角弓》與《常棣》對，《谷風》與《伐木》對，《白華》與「閒關」對。

七二　都人士

孔穎達曰：「行歸于周，萬民所望」〔一三〕，襄十四年《左傳》引此二句，服虔曰「逸詩也，《都人士》首章有之」，《禮記》註亦言毛氏有之，三家則亡，今韓詩實無此首章。時三家列於學官，毛詩不得立，故服以爲逸。

七三　白華

《白華》詩終篇純用比體，參差錯綜，尤易感人。詩八章，章四句，一章以一事爲喻，節短音長，讀之如急管繁絃，聲聲入破。「有扁斯石，履之卑兮」，《周禮》「隸僕洗乘石」，鄭注引此二語。按「乘石」，王所履以登車者。

七四　漸漸之石

「有豕白蹢，烝涉波矣」，陸佃云：「犬喜雪，馬喜風，豕喜雨，故天將雨則豕涉水波也。」愚謂：「今人家畜，豕未見有白蹢者，且涉波亦非豕所長。」或曰：「豕，江豬也，涉波則有大風。故豕涉波者，大風之象。月離畢者，大雨之兆。詩人之言，各有所取。」按此説亦似可通，書之以俟知者。此詩末章言雨行役，勞苦之情也。與《東山》之勞歸士異矣。

七五　苕之華

當讀詩至《苕之華》「知我如此，不如無生」二語，極爲深痛，蓋與「尚寐無覺」、「尚寐無訛」之句同其悲悼也。然「苕華芸黄」，尚未寫得十分深痛，至「牂羊墳首，三星在罶」，真深痛矣，不忍卒讀矣。太平之日，雖堇荼亦如甘飴；飢饉之年，即稻蟹亦無遺種。舉一羊而陸物之蕭索可知，舉一魚而水物之彫耗可想。東省乙巳、丙午三四年，數百里赤地不毛，人皆相食，鬻賣男女者，廉其價不得售，率枕藉而死，景象目所親覩。讀此詩爲之太息彌日。己午年間，山左人相食，默人與其兄鶴嵐先生談《詩》及此篇，乃曰：「人可以食，食人也，鮮可以飽，人瘦也。」此言絶痛，附記於此。

七六　小雅

詩亡亦有漸，昔人云《小雅》自《菀柳》至《何草不黄》，多似《風》體，《雅》降爲《風》，其在斯時歟。又按，《詩》亡不止於《雅》。李厚菴先生論「《詩》亡然後《春秋》作」云：「《詩》

兼《風》《雅》，理始完備。蓋《雅》詩具勸懲之義，《風》詩是王者命太師採陳，而行賞罰之典，於《春秋》所取之義爲尤切也。」方靈皋先生曰：「《風》、《雅》、《頌》體製各異，《黍離》降爲《國風》而《雅》亡，朱子承先儒之言則然耳。」愚按，二説精確，並附録於此。

校記

〔一〕《晉風·采苓》，「晉風」，毛詩標爲「唐風」，郝氏用其異稱。

〔二〕「『孟子』或作『孟兮』」，語見《左傳·僖公三十二年》，唐石經初刻作「孟子」，《釋文》亦云「孟子」，本或作「孟兮」，因唐石經磨改所致，作「兮」實誤。

〔三〕亦，當爲「不」字之誤，覈小序及下文可證。

〔四〕其首秦風者爲《車鄰》、《駟驖》，而非《小戎》。

〔五〕「唯恐不見」，其下應有「故賢者樂往」五字，諸本盡然。

〔六〕「大姬好巫覡禱祈」，「大姬」下應有「無子」二字，諸本盡然。

〔七〕「身著朝服而祭，祭畢」，《禮記·間傳》作「身著朝服，而爲大祥之祭，祭訖之後」。

〔八〕「以練冠者，練布爲之」，此爲《詩·檜風·素冠》孔穎達疏引鄭箋，非直引鄭文。

〔九〕「被斧」，當作「破斧」。

〔一〇〕「木」，《釋文》宋刻本作「术」。

〔一一〕「符」，《十三經注疏》阮刻本作「苻」。

〔一二〕瓌偪，「瓌」，《釋文》宋刻本作「𢔱」。

〔一三〕「行歸于周，萬民所望」，《詩·小雅·都人士》孔穎達無此二句，爲郝氏行文所加。

詩説卷下

一　五齊　三酒

《周禮》有「五齊」、「三酒」，《詩》中略備。然「五齊」以享神，「三酒」以飲人。齊、酒異名，《詩》每渾而言之。「爲酒爲醴」，或云「酒三酒」、「醴五齊」。但下文云「烝畀祖妣」，蓋用之祭祀，故知是醴齊矣。《周禮》「二曰醴齊」注：「醴，猶體也。成而汁滓相將，如今恬酒矣。」「清酒既載」，疑即「沈齊」。《周禮》「五曰沈齊」注：「沈者，成而滓沈，如今造清矣。」即「載清酤」。《説文》：「酤，一宿酒也。」徐鍇云：「造之一宿而熟，若今鷄鳴酒。」疑即盎齊、緹齊之類。《周禮》「三曰盎齊，四曰緹齊」注：「盎猶翁嗚動反也，成而翁翁然，葱白色，如今酇白矣。緹者，成而紅赤，如今下酒矣。」又云：「自醴以上尤濁縮酌者，盎以下差清。」今曰清酌，故知是盎以下也。惟「泛齊」之名，《詩》所未見。《周禮》「一曰泛齊」注：「泛者，盛而滓浮，泛泛然，如今宜成醪矣。」疏云：「宜成，地名。曹植《酒賦》：『宜成醴醪，蒼梧縹清。』」此以上皆祭祀所用酒。「酒醴維醹」，醹，厚也。「五齊」皆濁而味薄，「三酒」皆清而味厚。然《内則》「三醴稻、黍、粱。皆有清糟，已泲音濟。爲清，未泲爲糟。」是醴有清有糟也。但醴濁不可飲，故泲而清之。「釃酒有藇」，釃者，泲也。盝音鹿。酒之名盝酒者，或以筐，或以草，以筐者篘，以草者茅。《禮》「縮酌用茅，明酌也」。鄭康成云：「縮，去滓也。明酌者，事酒之上。事酒，今之醳酒，皆新成也。」《周禮》「一曰事酒」注：「酌有事者之酒，其酒則今之醳酒。」故知「釃酒有藇」，謂事酒也。「有酒湑我」，湑，亦釃也。「爾酒既清，爾酒既旨」，或以燕嘉客，或以繹賓尸，要之皆爲事酒無疑。「酒既和旨，旨酒思柔」，疑即昔酒之類。《周禮》「二曰昔酒」注：「今之酋久白酒，所謂舊醳者也。」竊謂「昔」有陳久意，故云「舊醳」，若今之陳酒。旨酒而曰和柔者，蓋酒新成，多剛燥，陳久乃和柔，故疑是昔酒也。「爲此春酒」，毛傳：「春酒，凍醪也。」孔穎達以爲「凍時釀之，故稱凍醪」，蓋即所謂清酒。《周禮》「三曰清酒」注：「今中山冬釀，接夏而成，冬時醪，故云凍醪；接夏而成，故云春酒。」是春酒即清酒也。此以上皆人所飲酒。

二　五鳩

嚴氏曰：《左傳》「鄓子五鳩」，備見《詩經》。「雎鳩氏司馬」，關關雎鳩是也；「祝鳩氏司徒」，鶉鳩也，《四牡》、《嘉魚》之隹是也；「鳲鳩氏司空」，布穀也，《曹風》之鳲鳩是也；「爽鳩氏司寇」，《大明》之鷹是也；「鶻鳩氏司事」，鶻鳩也，即小斑鳩，《小宛》之鳴鳩與《氓》食桑葚之鳩是也。

三　思齊

《思齊》首章何故不言太王、王季，卻從太任、周姜説起？此與二《南》首《關雎》，《生民》首「姜嫄」，《長發》首「有娀」同意。大抵神靈之生，非賢妃聖女不足以發祥。《史記》於《帝王本紀》中，類叙其母家行實始末，皆是此意。《文中子》曰：「愚讀《大明》之詩，而知人之求配不可不慎擇也。蓋雖大聖賢，而配非其人，所生之子必不能全類其父，《詩》稱文武之興，必各本其母而言，有旨哉。」愚按《小序》《思齊》，文王所以聖也。」此序似止得詩首章之意。○《列女傳》載「太任能胎教」，端一誠莊，惟德立行，及娠文王云云。此詩何故不言，卻止説「思媚周姜」一句？蓋孝乃婦人之盛節，亦聖人之至德，文王爲世子，寢門問視，雖曰聖性自然，其亦有得於母訓者多歟。○余問：「下章方言『刑于寡妻』，何故此處先言『太姒嗣徽音』？」瑞玉曰：「『此表太姒之賢也，見得太姒本能嗣音，得文王爲儀刑，而益成其德。南豐曾氏曰，爲之師傅保姆之助，詩書圖史之戒，珩璜琚瑀之節，威儀動作之度，其教之者有此具，然古之君子未嘗不以身化也。故家人之義，歸於反身；二《南》之業，本於文王；正謂此也。」

詠文王之德，何故首言「惠于宗公」？蓋不能事神，未有可以治人者。《虞書》亦云「神人以和」，正是此意。〇何故先言刑寡妻而後言宜兄弟？蓋家人離，必起於婦人。《常棣》詩先説「好合」後説「既翕」亦此意。至「以御于家邦」，則家齊而國治矣。〇按：御，毛讀爲「迓」，訓爲「迎」。鄭讀爲「馭」，訓爲「治」。朱子則此處從毛傳，《孟子》注與鄭箋同。

「雝雝在宫，肅肅在廟」仍項上章二項來，須知此「雝雝」固不是家人「嗃嗃」，亦不是婦子「嘻嘻」，正與夫子燕居申申夭夭同。至於宗廟之敬，則自無可疑。朱子云：「觀文王『雝雝在宫，肅肅在廟。不顯亦臨，無射亦保。』，便可見敬只是如此。」愚謂分言之曰「和」曰「敬」，合言之止是一箇「敬」，總言之又止是一箇「純」。

「肆戎疾不殄，烈假不瑕」二句，與「不殄厥愠，不隕厥問」同。《易》曰：「内文明而外柔順，以蒙大難，文王以之。」意正如此。然曰「烈假不瑕」，則内之文明亦不可得而晦矣！「不聞亦式，不諫亦入」與「不顯」二句同。

末章又言成就人才。《易》曰：「觀我生，君子无咎。」《西銘》云：「育英才穎，封人之錫類」。

蓋壽考作人，非德之純亦不已者不能，故曰「古之人無斁，譽髦斯士」。無斁，所以純也。〇此詩及《棫樸》、《旱麓》皆言文王作人，蓋正己物正，聖人之德所以盛，故屢言之。〇又按《棫樸》以下三詩，皆詠文王之德，而《思齊》尤備，義理精粹，非聖人不能作也。

四　旱麓

默人先生喜《淇奥》詩鄭箋二句云：〔二〕「金錫鍊而精，圭璧性有質。」愚謂經云：「追琢其章，金玉其相」二句可稱工貴悉敵。〔三〕如《旱麓》詩，《朱子集傳》云：「明寶器不薦於褻味，而黄流不注於瓦缶，則知盛德必享於禄壽，而福澤不降於淫人。」四語内外兼美，與經文相配，令人吟玩不置。

五　生民

姜嫄履武，簡狄吞卵，儒者或以爲誣，其説非也。毛傳云：「履帝武，謂踐帝嚳之迹而行。」其說似正。然姜嫄乃高辛世妃，鄭箋甚明，則知非高辛之妃矣，此非康成臆説，據《周禮·大司樂》「舞大濩以享先妣」，即姜嫄也，不知其妃，音配。是以特立廟而祭之。觀此詩及《閟宫》，康成謂：閟宫即姜嫄廟。皆止稱姜嫄。若謂是高辛之妃，其子孫惡得舍先祖而獨享先妣耶？即如《斯干》詩云「似續妣祖」，亦妣先於祖，与《周禮》同，意可知矣。且夫螟蛉爲蠃，桃蟲爲鳥，物類幻化，微妙難思，况天生神聖，覺世牖民，氤氲化醇，迥非常道。且上古鴻濛，天人感通，尤不相遠，異迹奇形，靡可殫述，不得盡謂讖緯之説，例不足信也。朱子曰：「當時恁地説，必是有此，今不可以聞見不及，定其爲必無。」按朱子此言，足破千古之惑矣。蘇老泉乃謂「聖人無異於衆庶」，且謂「後儒誣聖人」。請問「不拆不副」、「牛羊腓字」、「飛鳥覆翼」，周公亦爲自誣其祖乎？坐井觀天而曰天小者，非天小也。

六 篤公劉 泂酌 卷阿

《篤公劉》、《泂酌》、《卷阿》俱是召公所作。孔穎達曰：「厚民之事，人君之急務，故先作《公劉》。非有道德則不能愛民，故又作《泂酌》，欲王之修德行道也。君雖有德，不能獨治，又作《卷阿》戒王，使求賢用士也。」

《篤公劉》與《豳風·七月》相類，二詩俱戒成王，而體裁各别。《七月》記風土、陳民情，故是風；此詩述開創勤勞及國家典制，故是雅。鄭康成乃謂《七月》一篇中兼有風、雅、頌三體，故知未爲定論也。

詩六章開首俱云「篤公劉」，此有深意，不可忽略讀過。篤，厚也。周家以忠厚立國，以辛苦開基，至於成王，沖人在位，知今初服所其無逸，恐遏前光，召公所以重複丁甯也。南軒張氏有言：「嘗攷周家建國，自后稷以農事爲務，歷世相傳，其君子則重稼穡之事，其室家則躬織紝之勤，相與咨嗟歎息，服習乎艱難，詠歌其勞苦，此實王業之根本也。」南軒此語，嘗所吟諷，今復於《篤公劉》詩遇之。公劉，后稷之曾孫。王肅云：「公，號；劉，名也」。《尚書》傳云：「公，爵；劉，名也。」愚按：公者，侯國之通稱，或亦如「古公」、「公季」之例。公劉遷豳，當夏之世，故《豳風》皆用夏正也。東萊吕氏曰：「毛鄭以公劉居於邰而遭夏人亂，〔三〕辟難遷於豳，且以爲在邰有疆場積倉，爲夏人迫逐，乃棄而去。攷之是章，意象整暇，不見迫逐之事，以《國語》、《史記》參之，蓋自不窋竄於西戎。至公劉而復興，疆場積倉，内治既備，然後裹糧治兵，拓大境土，而遷國於豳焉。國都雖遷，向之疆場積倉固在其封地内也。」注：餱，食；糧，糗也。蓋餱，乾食；糧，米食。《爾雅》：「餥，餱食也。」邢疏云：「或曰飵、曰鮎、曰饎、曰餥。」

此詩所陳大要有數端：如定民居、足民食、充民用、正經界、營國邑、繕甲兵、燕賓客，而通篇

大意俱不出首章涵蓋中，「匪居匪康」，尤厚民之本也，故首提出，爲一篇總冒。「迺埸迺疆」，
疆、埸皆田畔，即「度其隰原，徹田爲糧」是也，而民食足矣。「弓矢斯張、干戈戚揚」即「其
軍三單」是也，而甲兵修矣。田疇治、倉廩實，而典禮可以修，國本可以固，其厚於民爲何如？
故曰「篤公劉」也。

二章三章皆量地制邑、度地居民之事，「于胥斯原」即所謂「逝彼百泉，瞻彼溥原」也，「既庶既
繁，既順迺宣」即所謂「于時處處，于時廬旅」也。「而無永歎」一句，想見民獲安居，不思舊
土，便有成都、成邑氣象。至「陟則在巘，復降在原」以下，又追言初來相土以居時事，乃倒裝
文法也。「何以舟之」貫下二句：「維玉及瑶」，佩玉也；「鞞琫容刀」，佩刀也。《禮》：「天子玉、
琫、珧、珌，諸侯璗、琫、球、珌。」容刀，容飾之刀。或曰容刀如言容臭。此皆尊者之容飾。吕東萊所謂
以如是之佩服，而親如是之勞苦，斯其所以爲厚於民也歟。○按：嚴氏《詩緝》云：「百泉，衆
水也。今地理家言衆水所聚爲得水，其後遂爲縣名，殆因詩而得名耳。」唐爲百泉縣，屬平涼郡。
「京師之野」，京，高邱。師，衆居。蓋山川盤結，風氣所萃，亦一都會也。然後世京師之名，實
昉如此。○「逝百泉」二句是自下觀，「陟南岡」二句是自上觀，即「陟則在巘，復降在原」意。

四章宫室既成，而落之燕饗羣臣、整屬斯民之事，筵几食飲，執豕、酌匏，想見魚鳧、蠶叢開國
茫然氣象。孔穎達乃泛引《周禮》「燕響」以釋之，似迂，然君之宗之後世建國立宗之制，實昉

如此。

五章辨土宜以授民、定軍賦、制税法之事。鄭康成曰：「公劉居豳，既廣其地之東西，是「既溥」。又長其南北，是「既長」。既以日景定其經界於山之脊，觀相其陰陽寒煖所宜，流泉浸潤所及，皆爲利民富國。郃，后稷上公之封，大國之制，三軍以其餘卒爲羡。今公劉遷於豳，民始從之，丁夫適滿，三軍之數單者，無羡卒也，度其隰與原田之多少，徹之使之出税，以爲國用。什一而税，謂之徹。夕陽者，豳之所處也，度其廣輪，豳之所處，信寛大也。」○愚按：「既景迺岡，相其陰陽」，又是自上觀；「觀其流泉，度其隰原」，又是自下觀。但三章所言，是度地居民之事，此章所言，乃物土分田之事，所以不同，莫混看。○「其軍三單」，《毛傳》以爲：「三單，相襲也。」王肅述之云：「三單，相襲止居，則婦女在内，老弱次之，强壯在外，言自有備也。」孔疏謂：「此言在道時，未得安居，慮有寇鈔，故三重爲軍，以備禦之。」然此章並非言在道時事。欽定辯之甚允，惟鄭康成説爲可據，故宋儒皆從之。

六章又總叙其始終，取材營國、定居、足民之事以結之，與首章相應，章法極完密也。「于豳斯館」一貫下二句「涉渭爲亂，取厲取鍛」，爲宫室須材用也。「止基迺理」，民居定而疆理正也。「爰衆爰有」，户口多而財用足也。要得結上語氣。「夾其皇澗，遡其過澗」二句，寫村落人煙庶繁景象，詩中有畫。「止旅迺密，芮鞫之即」芮作「汭」。鞫，水外也。已浸浸乎有從如歸市之象矣。○

或疑此詩，公劉居豳，已營立宫室矣。又《七月》詩亦言「入此室處」、「入執宫功」、「亟其乘屋」，是豳居允荒，已非「陶復陶穴」規模矣。乃《緜》詩猶云「自土沮漆」、「未有室家」，何二詩所言，相戾若此？余謂「自土沮漆」正公劉遷豳時事，其云「陶復陶穴」乃實録也。嘗聞豳地人說，至今其俗猶多居土窰者，蓋其地高寒，宫室鮮少，此詩雖言營立宫室，當亦止是君上所居耳，未必庶民皆然也。

《泂酌》三章，章五句，每章上三句有遠近相須、彼此相益、貴賤相資之意，以興君子與民上下殊分然。「豈弟」以近之，則爲民之父母，「攸歸」、「攸塈」矣。全在抑揚頓跌處傳神。○「挹彼注兹」者，孔穎達云：「彼器挹之而注於此器，蓋以潦水之濁，置之大器以澄之，挹小器而用之，所以轉經二器也。」○饎，《爾雅》作餴。《釋言》云：「餴，餾稔也。」郭璞注：「今呼餐飯爲餴，餴熟爲餾。」《說文》：「餴，一烝米也。餾，飯氣流也。」饎，《周禮》作「饎」。《地官》：「有饎人共六食。」

《卷阿》詩妙處全在前四章，宛轉反覆，詠歌倡歎，皆極言壽考福禄之盛，使聞者欣喜，說慕而不能自已。至五章以後，方說用賢乃是致壽考福禄之由。朱子所謂告人之法，須先令人歆羡此事，則其肯從吾言，必樂爲之矣。愚謂孔子告君，先言九經之效，而後言其事，所以廣君心而歆動之。正得詩意。○人臣即頌美其君，亦不得有諛詞溢美。召公爲太保，保者，保其身體。故此詩三言「彌爾性」、「伴奂」、「優游」、「茀祿」、「純嘏」，皆不外一身之事。觀皆曰爾可見。蓋即頌禱，亦不忘其職焉，故曰：君子思不出其位。

「有卷者阿，飄風自南」二語，寫景閒適，爲下「游歌」、「矢音」發端。漢魏人詩，閒情逸致多得於此也。○按：此章朱子以爲賦，毛傳則云興也。卷，曲也；飄風，回風也。鄭箋則以爲比也。大陵曰阿，有大陵卷然而曲，回風從長養之方來入之，喻王當屈體以待賢者。王安石亦同此説。吕東萊云此章具賦、比、興三義。三説相須，其義始備。然詩言「豈弟君子」，毛鄭俱作賢人看，故比興可通。朱子作成王看，故以爲賦也，於語氣更爲直捷。

「俾爾彌爾性」，毛鄭以爲終女之性命，主壽考。上説，朱子從之。王安石則云：「彌者，充而成之，使無間之謂也。」吕東萊云：「『彌爾性』者，祝其進益成就，至於無虧闕之地，充其性似先公之克終而已」，是皆主德性。上説亦不若朱子之説於召公分上更爲真切也。姚氏曰：「《天保》三『俾爾』是天所賦畀，此三『俾爾』，是人注望，皆忠臣望君之辭。」

「爾土宇昄章」，昄，大也；章，明也。大則無不包，明則無不治，故可以爲百神主。或曰：當作「版章」，亦可通，故朱子兩取之。○「爾受命長」、「茀祿爾康」，草多謂之茀，福與茀同，言得福之蕃茂也。合之即「純嘏爾常」也，故總結一句。

馮、翼、孝、德，吕東萊以爲孝德之人可馮翼者。朱子則以馮、翼、孝、德爲四臣。「顒顒卬印」，體貌尊嚴也。「如圭如璋」，德行純潔也。朱子以爲承上章，得馮、翼、孝、德之助，則能如此，而四方以爲綱，故兩章止如一章。

「鳳凰于飛」以下，廣言人材之盛也。鄭氏以爲因時鳳凰至，故以爲喻。朱子取之。然則，此及以下二章，乃詠其實也，不同泛泛比興之語。「亦集爰止」，由野而升朝也。「亦傅于天」，由下僚而近君也，故以爲先後之序。「媚于天子」，愛君也。「媚于庶人」，爲君愛民也。獲於上然後民可得而治，故以爲先後之序。「吉士」、「吉人」，總是馮、翼、孝、德之人，特變文以叶韵耳。慶源輔氏云：「在朝曰士，在外曰人」，似拘。

「鳳凰鳴矣」兩章，止是一章。東萊呂氏云：「高岡，顯地也。梧桐，嘉木也。或云：梧桐者，賢君之喻。鳳凰棲鳴其閒，可謂得其所矣，故極言菶萋之盛，雝喈之樂，以形容之。今王之車馬既多既閑，苟得衆賢載之，其光華和樂殆非形容所及也。有其時，有其具，召公所以欲成王勉乎此也。」〇愚按：「菶菶萋萋，雝雝喈喈」，於本章則爲比，於下章又爲興，亦詩之變體也。「矢詩不多，維以遂歌」，與「來游來歌，以矢其音」相應作章法。〇嘗謂大小《雅》，受釐陳戒之詞，燕饗朝會之作，讀之雍容和樂，君臣上下閒，猶有唐虞喜起遺風。即如此詩末云「維以遂歌」，即《書》所謂「賡載歌」也。成周太和之象，於此可想。嗚呼！自此正雅終矣，變雅作矣，《廣陵散》從茲絶矣。讀至此處，令人輒喚奈何。

詩中吉祥之語，瑞玉尤喜誦之。余詰其故，答曰：「詩中吉祥語，皆聖賢所作，或歌詠聖賢之作耳，思其人猶愛其樹，況於其詩乎？」○瑞玉檢書必數盥其手，曰：「聖賢語，宜敬對。」

七　天保　既醉

余因思《詩》中《天保》、《既醉》等詩，五福、九如、三多具備，讀此詩，令人修德之意躍然而興，欣然不能已。

八　賓筵　抑

《賓筵》、《抑》，俱衛武公作，而有大小《雅》之别，今攷二詩之序，蓋《賓筵》作於前，《抑戒》作於後也。○武公學問，全在克治上得力，故二詩皆嚴密，絶無舒散之氣。

武公作《抑戒》時，《國語》作「懿戒」。年九十五矣，故其詩曰「亦聿既耄」，乃猶自呼曰「小子」，「曰未知戒諭」，諄切克治之功，可謂至老而不倦者矣。○《賓筵》云「俾出童羖」，《抑》云「彼童而角」，二語相似，皆言必無之物，而皆以童言，似有深意。《易》云「童牛之牿」，蓋發然後禁，則扞格而不勝，故童而豫養之，則少成若性矣。武公耄而好學，有不知老之將至意，故兩言童也。

九　淇奧

《淇奧》詩文又在《抑戒》之後，觀其寬綽戲謔，有樂易之象，較克治嚴密又進一格矣。○瑞玉言：《淇奧》蓋作於武公既没之後，故曰「終不可諼兮」。觀《國語》云「及其没也，謂之睿聖」，武公可見。

一〇　填除施景

詩中「填」字，讀作塵，如《桑柔》之「倉兄填兮」，《瞻卬》之「孔填不寧」，《召旻》之「孔填不寧」。《朱子集傳》：「舊説與『陳』同，蓋言久也。」《詩》中「除」字俱讀作直慮反，無作平聲者，如《天保》之「何福不除」，《蟋蟀》之「日月其除」，《小明》之「日月方除」皆是也。又《詩》中「施」字無平聲，皆音異。《詩》中「景」字多與「影」同，如「景山與京」、「汎汎其景」、「既景迺岡」之類，古皆作景，葛洪始加「彡」爲影字。

一一　疑

「靡所止疑去聲。」讀如《儀禮》「疑立」之「疑」，定也。《鄉射禮》：「賓升西階上疑立，主人阼階東疑立。」《鄉飲酒》亦有此文。又《士昏禮》：「婦疑立于席西。」注：疑，正立自定之貌。

一二　近

「往近王舅」，案《説文》「从辵，从丌」，今從斤，誤。鄭康成曰：聲如「彼記之子」之「記」。

朱傳：近，辭也。

一三　韓奕

《韓奕》詩「韓侯顧之」，楊升庵曰：「《儀禮》『親迎御輪三周，下車曲顧』，即所謂『韓侯顧之』

也。」蓋正其始，男先於女者，禮體之嚴也；止而說，男下於女者，禮用之和也，是所謂顧者，禮也。

一四 常武 江漢

《常武》詩叙戰極工，其中有提挈，首二節。有照應，末二節。插叙法，「徐方繹騷」四句。正叙法，「赫赫業業」三節。關鎖收束法，無一不備，全篇卻只一百九十三字，真奇筆也。〇以淮爲主，而徐時淮、徐並興，兩處俱要用兵，詩則詳於淮而略於徐，叙法極輕重翦裁之妙。〇以淮爲主，而徐方凡七見，淮只三見，虛者反實，實者反虛之法也。如《出車》詩，本是既城朔方，遂伐西戎，判然兩事，詩則西戎只一附見，叙法如此略同。

王在軍中，師旅自是另樣聲勢。首章先叙元帥，次章即叙司馬，提綱挈領，冠冕堂皇，最爲得體。三章特提「赫赫業業，有嚴天子」，鄭重分明，關鎖上文，極謹嚴，隨趁勢渡入下文，極迅疾。第四章叙將帥勇猛，與三章應。第五章叙士卒威嚴，與「整我六師」、「戒我師旅」應，「不測不克」回應「既敬既戒」二句，「王曰旋歸」回應「不留不處」二句，細玩詩意，蓋大兵屯淮北，遣偏師徇淮浦等處，俱已望風納款，兵未加徐而已「震驚」、「繹騷」，所謂先聲奪人也。終之以「王猶允塞」，見得非獨兵威制勝。《序》所謂「因以爲戒」者是也。○《江漢》詩之卒章「矢其文德，洽此四國」，即唐人所謂「努力廟謨休用兵」者，收束尤爲嚴密。

一五　曾孫

詩中多言「曾孫」，蓋主祭者之通稱。鄭康成曰：「曾，重也，自孫之子而下事先祖，皆稱曾孫。」愚謂：祭外神亦然，觀《詩》、《書》所載便見。

一六　周頌　商頌

《周頌》簡直，《商頌》古奥，所以難讀。

一七　我將

《我將》詩「維羊維牛」，曷爲羊先於牛？王平仲引彭山季氏云：「《周禮》：『羊人曰積共，羊牲謂積柴。』祭天則用羊實柴也，先柴而後獻，故維羊又在維牛之上，將者奉羊以共柴，饗者獻牛以共祀，理或然歟。」愚按：《君子于役》詩言「羊牛下來」，陸佃曰：「羊性畏露，晚出早歸，常先於牛」，以是知羊先於牛，皆有取義也。

一八　臣工

《臣工》詩《序》：「諸侯助祭遣於廟也。」〇「保介」之説，朱子曰：「鄭氏據《月令》『天子親載耒耜，措之於參保介之御閒』，以爲車右衣甲持兵，故曰『保介』。」案：《吕氏春秋》亦有此文，高誘注云：「保介，副也。暮春在夏正爲建辰之月，在周正爲建寅之月，然先儒謂商、周雖改正朔，特以是月爲歲首，至於朝聘烝享，猶用夏正，祭用仲月，則春祠宜在建卯之月，祭畢遣之，時春已向暮，農事不可緩也。」此説「保介」與《集傳》異，蓋朱子初解也。

一九　噫嘻　豐年

《噫嘻》詩《序》：「春夏祈穀於上帝也。」《豐年》秋冬報也。范氏曰：「説者謂《噫嘻》祈於春夏，豐年報於秋冬，是一體之詩，祈曰上帝，而報不言上帝，省文耳。」竊嘗攷之祀典，上帝則有祈而無報，尊之而不敢瀆也，社稷則有祈而有報矣。《豐年》之詩，或以爲秋嘗冬烝，用於宗廟。或以爲季秋大饗，用於明堂。或以爲秋祭四方，冬祭八蜡，用於群祀。既無所攷證，必居一於此矣。唯《序》不言上帝，未敢必爲省文，要之爲報祭之樂章也。〇按《噫嘻》詩，成王，毛傳云：「成是王事之王，謂周公成王也。」又云公田「在民井之間，亦當民所耕發。而云『駿發爾私』者，上意欲富其民而讓於下，故言私而不及公也。」

二〇　潛

「潛慘也。孫炎曰：積柴養魚曰槮。涔、潛，古今字。有多魚」，鄭康成曰：「冬魚之性定，春鮪新來。」好句如仙，默人先生亦亟賞此二語。

二一　載芟　良耜

古人佃田之法，耘爲重，故詩中言耘特詳，而《載芟》一篇至一耘而分三等焉。嘗試考之《載芟》者，未耕以前，芟夷藴崇，除草木也，故繼以「千耦其耘」，此耘在既耕之後、未種之前。鄭箋以爲除根株。曹氏所謂「反土之後，草木根株有芟柞不盡者，則復耘之」，是也。朱子云：「去苗間草」，恐於詩之次序不合，至「緜緜其麃」，此耘方是去苗間草。麃，即耘。《説文》作「穮」。緜緜者，詳密也。不密不詳，恐遺草而害苗。甫田之禾易長畝。或耘或耔，皆此耘也。耔者，雝音壅。本也。傳所云「苗葉以上，稍耨壟草，因壝以水反。其土，以附苗根，則根深而能音耐。風旱」。蓋既耘之後，又别有此雝土之法，所謂耔是也，于今田家尚有此遺法。但古之爲田，一畝三甽，廣尺深尺，而播種於其中，雝土之後，則壟盡甽平，苗去平地尺餘深，故風旱俱不能侵。今則苗與地幾平，即上復雝土，亦不過數寸而止，故旱澇俱不耐，而遇風則偃矣。且耘之之法，亦與古殊，未耕以前，既耕以後，絶無所謂耘者。至苗始出，則有彎，彎，猶剜也。漸長則有報，報，猶薅也。自是之後，但隨便宜修治，耘則無算。較之古人，用力愈多，成功愈寡，即一耘而古今之不相及如此。

《載芟》詩寫耕田一節最熱鬧，家長督衆，子弟助工，人傭、工人、嗿聲、稼器，以及士女依媚情形，無般不備，好一幅《耕饁圖》，當世惜無工畫者。

古人播種之前，先漬其種，待甲坼而後種之。《生民》詩所謂「實方實苞，實種實褎」是也。方，房也。生意藏於中，是爲房苞，甲而未坼也。稃將破若甲，始出種，甲坼而可爲種也。稃破而芽萌。褎，漸長貌。竊疑《載芟》詩，其序亦當如是。「實函斯活」，函，即方。活，即苞也。「驛驛其達，有厭有傑」，達，即種。厭，即褎也。至「厭厭其苗」，竊謂「厭」有兩義：受氣足蓋以形貌言，謂苗碩大而又肥澤也；受形足則以大勢言，謂苗均齊而無缺乏也。苗不稀故鉏欲密。下句遂言「緜緜其麃」。○「驛驛其達」，毛傳：「達，射也。」蓋苗生達則射而出。「載穫濟濟」至「萬億及秭」，遂言收成之多。「爲酒爲醴」至「胡考之寧」，遂言祭祀、燕賓、養老之事。至「匪且有且，此也。」三句，又總言稼穡豐穰，自古有年，見後此亦當如是也。通篇看來，叙次周詳，始終完密，古人文字類如此。「有飶其香」，《集傳》云：「未詳何物」。按《説文》云：「飶，食之香。」《楚辭》「莫桂酒兮椒漿」。「有飶」，言其饌。「有椒」，言其酒也。且飶字，从食，自是説食無疑。「胡考之寧」，胡，壽也。《周書·謚法》：「保民耆艾曰胡」。《集傳》本此。○《儀禮》注：「胡，遐也，遠也。」

《小序》：「《載芟》，春籍田而祈社稷也。《良耜》，秋報社稷也。」朱子以爲兩篇未見有祈報之意。

愚按：此二篇與《噫嘻》、《豐年》同爲一體之詩，朱子於彼二詩既嘗用《序》説矣，則此《序》疑亦可從也。

《載芟》、《良耜》不特一體之詩，味其詞意，當亦一人一時之作，而文有詳略，其大體則無不同。○觀末章「殺時犉牡，有捄其角」二句，合於《禮》「天子社稷用太牢」之文，則知《序》云「報社稷」無可疑也。

《載芟》詩詳於耕耘而略於收穫，故敘耕耘凡六節，敘收穫止三句，曰「載穫濟濟，有實其積，萬億及秭。」《良耜》則不然，敘耕則「畟畟良耜，俶載南畝。」敘耘則「其鎛斯趙，以薅荼蓼。」極簡。至敘收穫則「穫之挃挃」至「婦子寧止」，凡七句，極詳。蓋《載芟》祈於春，於耕耘時近，故言之詳；於收穫時遠，故言之略。《良耜》報於秋，耕耘已過，故言之略；收穫方新，故言之詳。反覆玩味詩中詳略之故，益知《序》説確不可易也。

二詩相襲處如「俶載南畝。播厥百穀，實函斯活。」三句，詞語全然不改，益信爲一人一時之作。○又如《載芟》詩「萬億及秭」四句，全與《豐年》詩同，及他詩語句亦多相襲，則知古人爲文，亦間用先輩之語也。

瑞玉説：「『思媚其婦，有依其士』二句情景如生。」余謂：「『或來瞻女』一句，不曰『來餉』，而曰『來瞻』，亦親熱可愛也。」○余嘗問：「『思媚』二語可倒看否？」瑞玉曰：「不可。媚，順也。依，愛也。大凡婦人無不愛其夫，其不相得，多由夫不順其婦耳。」余曰：「夫美婦之饟，故思媚之；婦閔夫之勞，故有依之。」牟默人曰：「其婦思媚也，其士有依也。」

「載筐及筥，其饟伊黍。其笠伊糾」，詳寫餉具、野服，歷歷如畫，亦補《載芟》所未及，故愚竊謂此等點綴，二詩互相備。○二詩説餉不同，前篇餉耕在播種前，此餉耘在播種後。

「荼蓼朽止，黍稷茂止。」，不特除草，兼以肥田。《月令》：季夏「燒薙行水，利以殺草。如以熱湯，可以糞田疇，可以美土疆。」正謂此也。○詩中「荼」字，其別有三：「有女如荼」，此非草名，《毛傳》云：「荼，英荼也」，蓋茅華輕白可愛。《國語》所謂「望之如荼」，《考工記》所云「欲其荼白」是也。「誰謂荼苦」、「寧爲荼毒」，並云苦菜，蓼屬也。至「以薅荼蓼」，此又別是一種荼，孔穎達曰：「穢草，非苦菜也。」《釋草》云：「荼，委葉。舍人云：荼，一名委葉〔四〕。」

「穫之挃挃」兩節，言收穫之多，而婦子享豐稔之樂也。「殺時犉牡」以下止言祭祀，不及燕賓、養老，亦二詩詳略互見處。○蘇子由曰：「以似以續」，興來歲、繼往歲也。「續古之人」，庶幾不替其先也。愚謂：「續古人」不得云續先祖，古人猶言先民耳。若從《序》説，則古人止是泛言，於義尤妥。

二三一 駉

魯何以有頌？朱子曰：其體固列國之風，則猶未純乎頌也。周頌之辭簡，魯頌之辭侈，魯頌四篇皆頌禱之溢詞，獨《駉》一篇，庶爲近道。其言「思無疆」、「思無期」、「思無斁」、「思無邪」，四箇思字極好，人之爲事，無問大小，精其業者，其人類皆深沈篤實，而非輕浮躁急之徒所得而託焉。用志不紛，乃凝於神，一技且然，況於治國家乎？其詩始言「無疆」、「無期」、「無斁」，而終之以「無邪」，所謂貞固足以幹事。貞，正也，即「無邪」之謂。推是道也，牧馬之盛，特其小焉者耳。

詩美人主，多及畜牧之事，如《無羊》之美周宣，「騋牝」之咏衛文，「駉牡」之頌魯僖，蓋國之大事，朝會征伐，非此不足以爲用，所謂問國君之富，數馬以對，太平盈阜之象，亦於此可見也。且人主非思深慮遠，亦不能使物畜之微，莫不咸若。後世若秦非子之養馬、百里奚之飯牛、路温舒之牧羊，蓋猶得此遺意云。

二三　泮水

「束矢其搜」，注云：「五十矢爲束。」或曰百矢。説皆有據。愚按：箇字从固、从竹，古人一矢謂之一箇。孔穎達曰：「荀卿論兵云：『操十二石之弩，負矢五十箇，』是一弩用五十矢。」《大司寇》云「入束矢于朝」，注云：「古者一弓百矢。」鄭以《尚書》及《左傳》所言賜諸侯弓矢者，皆云「彤弓一、彤矢百」，以一弓百矢，故謂束矢當百箇。而在軍之禮，重弓以備折壞，或亦分百矢爲兩束。「食我桑黮，懷我好音。」傳云：「桑黮甘香，鴟鴞革響」，是知鴞食桑黮，則音變而美也。

二四　閟宫

「白牡騂剛，犧尊將將」。《公羊傳》云：「周公用白牡，魯公用騂犅。」犅，剛同。犧尊，《集傳》云：「畫牛於尊腹」；此用阮諶《禮圖》也。或曰尊作牛形，鑿其背以受酒，此用王肅説也。按：肅云，太和中，魯郡於地中，得齊大夫子尾送女器，有犧尊，以犧牛爲尊也。又《博古圖》

所載：犧尊正如王肅所言，全作牛形，開背受酒，則阮諶之言殆臆度耳。〇《禮》「家犧」讀爲莎，云畫鳳羽而象骨飾之，故亦曰「犧象」。此説非也。詳見《禮運篇》。

「三壽作朋」，鄭康成解「三壽」爲三卿，其説甚明。但愚意三卿未必皆壽，猶似費解，不如直謂三等壽考之人與君爲朋，似更直截耳。按《左傳》秦繆公謂蹇叔爲中壽，夫有中壽則有上壽、下壽。孔氏《正義》云：「上壽，百二十；中壽，百；下壽，八十。」《淮南子》云：「上壽七十。」據此則三壽古有明文矣。

「壽胥與試」，當從王氏：壽考者相與爲公用。如此解似與上文「三壽作朋」一例。

登州居東表之地，負山環海，《詩》所云「遂荒大東，至于海邦」者是也。注云：「大東，極東。海邦，近海之國。」近於海而極於東，惟登爲甚。又按：《魯頌》篇首，朱子云：「今襲慶、東平、沂、密、海等州即其地。」按襲慶，即今兖州；海州即今甯海州，屬登州。然則，登於周初本屬魯，後見侵削，始歸齊耳。今人謂登州故齊也，誤矣。

二五　長發

《長發》，《序》以爲大禘之詩。朱子未注。愚按：自古言禘有二説：「禮，不王不禘。王者禘其祖之所自出，而以其祖配之。」此説出於《大傳》。趙楊泥其説，陸淳因謂：「大禘不及羣廟之主，而朱子從之。」此一説也。孔安國以禘、祫爲序昭、穆，故羣廟及毁廟之主，皆合食於太廟。孔穎達及王氏、蘇氏並宗其説，而程子從之，又一説也。爲前之説者以爲禘尊，義不可褻，故不兼羣廟。爲後之説者，以爲禘所及者遠，故詩歷言商之先后，看來二説俱可通，而後説似義更閎遠。何者？禘、祫皆大祭，祫三年、禘五年，且祫下通於大夫，而禘則止於天子，祫固不重於禘也。今即以祫言之，三年大祭猶兼羣廟、毁廟之主，合享於太廟，豈有五年一舉之曠典而自太祖以降反不得與乎？此其可疑一也。且據經文以説經，商之所祖者契，契之所自出，嚳而已，是則《長發》一詩，祇宜言契言嚳而止耳，何以言相土言湯，末章並及伊尹？夫謂禘不及羣廟，則雖受命如湯，且不當在合食之班，況於阿衡之臣乎？苟謂禘不遺羣廟，則雖佐命如尹，且得居配享之列，況於賢聖之君乎？其可疑二也。《書》曰：「茲予大享于先王，爾祖其從與享之。」夫大享，孰有過於禘者？其可疑三也。宋神宗以爲，禘者，審諦其祖之所自出。而許慎以爲審諦昭、穆。張純以爲諦諟昭、穆尊卑之義。夫言昭、穆，則不止於太祖矣，安見神宗之説是而張純之説非？其可疑四也。是故朱子雖主陸淳之説，謂禘不及羣廟，疑此爲祫祭之詩，然終以經無明文，無可證據，故歸於存而不論。至於注《論語》、《中庸》，亦祇用陸説，而後儒益聚訟紛紛。竊謂《長發》之詩言禘，非言祫也。論諦之説，則程子備矣，讀者參觀而詳考可也。

二六 詩之正變

鄭康成曰：文武時，《詩》《風》有《周南》、《召南》，《雅》有《鹿鳴》、《文王》之屬。及成王周公致太平，制禮作樂，而有頌聲與焉，盛之至也，故皆録之，謂之詩之正經。懿王、夷王時詩訖於陳靈公之事，謂之變風變雅。

歐陽永叔曰：「《風》生於文王，而《雅》、《頌》雜於武王之閒。《風》之變自夷、懿始，《雅》之變自幽、厲始。霸者興，變風息焉；王道廢，詩不作焉。」王通謂：「諸侯不貢詩，天子不采風，樂官不達雅，國史不明變，非民之不作也，詩出于民之情性，情性豈能無哉？職詩者之罪也。」

二七 風雅頌

按《風》、《雅》、《頌》各有體，即朱子亦未有定論，有腔調不同之説，有體製不同之説，有詞氣不同之説，或以地分、以時分、以所作之人而分，要之諸説皆可通。獨吕東萊云：「《風》非無

《雅》，《雅》非無《頌》」，是三經混而爲一矣，恐無是理。朱子云：「《風》、《雅》、《頌》爲三經，賦、比、興爲三緯。」然則三經、三緯不可混。

二八　關雎

《關雎》篇，東原戴氏震曰：「求賢妃也」。故其三章曰「求之不得」，難之也。難之也者，重之也。蓋周初作之，以爲房中之樂，又謂之燕樂，亦曰鄉樂，又曰南豳。《雅》、《頌》有專爲樂章，非詠時事者。又戴氏有《詩經補注》，首章曰，繹此詩蓋言必窈窕之淑女，乃宜配君子，未得其人，求之不可不專。且至所以明事之當重，無過於此者，非指一人一事爲之者也。「左右芼之」，戴氏曰：「毛傳，芼，擇也。」《爾雅》：「芼，搴也。」郭注云：「謂拔取菜。」呂氏《讀詩記》引董氏云：「芼，熟薦之也。」説各不同，皆緣辭生訓耳。芼，從草，毛聲，菜之烹於肉湆者也。考之《禮》，羹、芼、菹、醢凡四物，菹與醢相從，實諸豆；芼與羹相從，實諸鉶。《關雎》《序》云：「樂得淑女以配君子，憂在進賢，不淫其色，哀窈窕、思賢才，而無傷善之心焉，是《關雎》之義也。」自子貢詩傳、申培説暨毛鄭諸儒，皆謂后妃思賢之詩，身爲好逑，謙不敢當，思得淑女以供内職。淑女，鄭氏謂三夫人以下助后妃供荇菜者，且以《葛覃》、《卷耳》例之，彼皆后妃自作，此亦當然也。至朱子不主古説，改爲宫人樂得后妃而作。竊謂以《序》義考之，不可必知爲何人作也。然作宫人看，於《序》意亦得，且從朱子。○如朱子説，則是宫人既得后妃作，故先言樂得淑女以配君子，後言憂在進賢，不淫其色，樂以首章、三章言憂，以次章言哀窈窕、思賢才而無傷善之心，則又申言次章之意，見好賢之無已，然後總結曰：是《關雎》之義也。

詩三章古注五章，精神全重「窈窕淑女」四字，四字又止重「淑」之一字，故句凡四見，以致詠歎淫泆之思。○詩曰「淑」，《序》曰「賢」，惟憂在進賢，故不淫其色。子曰：「《關雎》樂而不淫，哀而不傷。」假若以色，則哀樂任情，淫傷難免，惟好賢得其性之正，則樂不淫、哀不傷。先儒謂哀則寤寐輾轉，樂止琴瑟鐘鼓。愚謂：「『宛丘之下』、『坎其擊鼓』，甯可謂樂不淫乎？《澤陂》之篇，『輾轉伏枕』，亦可謂哀不傷乎？」

雎鳩、荇菜，興而兼比。瑞玉曰：「二者何從？」余曰：「看來比意多於興意，大抵二《南》諸篇，興中往往兼比，假物寓情，引類精確，不比變風，汎然託興而已。」

雎鳩，鶚類。○丁未冬，偶與瑞玉賦「關關雎鳩」，瑞玉句中用匹鳥等語。余笑曰：「雎鳩摯而有別，非鴛鴦狎暱之比，君乃蔡中郎誤讀蝦蟆耳。」余得句云：「八百餘年開大業，誰知窈窕始鳴周。」

窈窕，字俱從穴，本言深宫静閟，與窊窱字同。《毛傳》：「窈窕，幽閒。」《鄭箋》：「幽閒深宫」。其義甚明。自後人誤會，浸失其旨。或云善心曰窈、善色曰窕，譌誤相沿，遂至男子亦稱窈窕：古樂府謂「云有第三郎，窈窕世無雙」，詩之本意，雅不如是，知然者，「不淫其色」，《序》明言之矣。

「琴瑟友之」，夫婦友也。箋云：「同志曰友」。又曰：「琴瑟在堂，鐘鼓在庭。」○讀此詩，平平淡淡，絶無張皇之意，而義味不窮，真太羹元酒之文。

桐陽趙氏曰：「聖言《關雎》樂不淫、哀不傷，哀樂何指？」余曰：「此以聲言耳。」《關雎》之聲和而平，使人聽之，哀樂皆不踰節。又如洋洋盈耳，亦是聲也。先儒專以義理言，失之矣。鄭夾漈云。

二九　漢廣

《漢廣》有禮也，江漢之濱，風俗好游，而不有淫也，男女思以禮求，婚姻以正焉。

喬，上竦也。息，一作思，語辭也。泳，潛行也。方，泭也。潸、桴、柎，並同。《方言》云：「泭謂之箄，箄謂之筏。」郭璞云：「木曰箄，竹曰筏，小筏曰泭。」言喬木無陰，不可休游，女無媒，不可求。又言良女不可苟求，猶大水不可徒涉，故以江漢喻焉。瑞玉問：「不可求是誰不可？將謂是女，豈美化偏被女子，未及男子？」余曰：「求是男不可，即是男也。二《南》之篇，男女皆貞良，愚素知之爾。」

翹翹，高貌。楚，荆屬也。雜薪刈其楚，擇女取其尤，言求之之道，當須正禮。刈楚秣馬，馬親迎所乘，明六禮備也。又言江漢不可無舟楫。

蔞，蔞蒿也。六尺以上曰馬，五尺以上曰駒。

三〇　汝墳

《汝墳》不怨曠也。征人遠歸，婦人閔其勞苦，又勉以孝焉。事親孝，故忠可移於君。

墳，防也。枝曰條，幹曰枚。惄，饑意也。調，朝也。朝饑尤思食。

或疑伐薪非婦人事。余曰：「詩自言婦人循汝旁見人伐薪耳。君子，目其夫也，征役踰年方歸，婦人之情，先時望之。」

肄，餘也。去年水厓，見伐條枚，今年見所伐復生肄。婦人此時忽望見君子歸，喜之以爲不遠棄我而死亡。

燬，火也。王，紂也。魚勞則尾赤，婦人見君子顏色瘦病，歎言由王室酷烈所致。又慰之曰：「雖則如此，幸父母甚近，歸家見之，亦可樂也。」言不怨。

三一　麟之趾

《麟之趾》，人瑞也。古者太平致麟。文王之時，俗皆仁厚，以人爲瑞，不以麟爲瑞。必言公子、公姓、公族者，以爲庶民易於從化，貴寵難於不驕，致教之本，王化之成也。故載之終篇。牟氏曰：「當時周國有麟至，國人聚觀喜樂，誦説麟狀，誇詑時未往觀者。」

麟，瑞應獸也。趾，足也。麟足不踐蟲草，仁厚公子似之，人亦麟也。于嗟，歎辭。牟氏曰：「振振，衆也。衆公子皆來觀。」

定，題也，麟額不以抵物。公姓，公孫。孫傳姓者也。《禮·玉藻》云「子姓之冠」。《喪大記》云「子姓立于西方」，孫以王父字爲姓，姓之所别，自孫始。故子姓即子孫也。

麟一角，其端有肉。公族，公，同祖也，有服之親。

三二　百兩御之

《鵲巢》篇，「百兩御之」，古注云：「百兩，百乘也。」余問：「百兩似不合以車言。《士昬禮》：『从車二乘』。大夫當不過五乘，諸侯百乘，《禮》既無文，《大行人》云：『上公貳車九乘，諸侯七乘，子男五乘。』朝覲如此，即昬禮亦當準之。竊攷媒氏，嫁子娶妻入幣純同緇帛無過五兩。注云：『五兩，十端也。』必言兩者，欲得其配合之名。純帛五兩，庶人禮，則諸侯百兩不爲過矣。」瑞玉曰：「『百兩彭彭，八鸞瑲瑲。』非車而何？」余曰：「彼自爲車，此自是帛。知然者，百兩之下有八鸞，明是車也。此云：『百兩御之』之『御』，進也，言納幣時已進此盛禮。下章云『百兩將之』，將，送也，送女亦百兩。《豳風》云『九十其儀』是也。」盈，滿也，喻言姪娣多也。「成之」者，送迎具備則昬禮成。

三三　采蘩

《采蘩》《序》云：「夫人不失職也。」能奉祭祀，昭潔敬焉。一章二章言潔也，三章言敬也。《春秋傳》云：「澗谿沼沚之毛，蘋蘩薀藻之菜，筐筥錡釜之器，潢汙行潦之水，可薦於鬼神，可羞於王公，昭忠信也。」《詩説》云：「諸侯夫人勤於親蠶，賦《采蘩》。」愚謂：蘩以生蠶。蘩，皤蒿也，産於陸地。《夏小正》傳：「蘩，游胡。」游胡，旁勃也。此言采於沼沚，明是水菜，非一物也，自合於《序》。

蘩，水菜。沼，池也。沚，渚也。事，祭事也。《春秋》書云：「有事於太廟。」山夾水曰澗。宫，廟也。《春秋》書云：「立武宫。」

被，首飾也。《少牢》云：「主婦髲鬄」。《禮》本作「被裼」，此從鄭箋。孔疏云：「《追師》副編次」，被即次也，夫人祭服。副此言被者，非祭時也。僮僮，竦敬也。祁祁，遲也。「夙夜在公」，謂先祭時視濯溉饎爨之事。「薄言還歸」，謂祭畢釋服，歸燕寢，言始終不忘敬。

三四　草蟲

《草蟲》《序》云：「大夫妻能以禮自防也。」君子行役，感時覩物，憂喜之情皆繫君子，不自爲於己，可謂有禮者也。○毛鄭主行嫁時言。

草蟲，蝗屬。《爾雅》云：「負蠜。郭璞曰：「常羊也。」阜螽，當從《爾雅》作「蝗」。蠜也。李巡曰：「蝗子也。」許慎、蔡邕皆云：「蝗也。」忡忡，猶衝衝也。草蟲鳴，阜螽躍而從之，晚秋時也，於時君子猶未歸，故憂心忡然動。既獲相見，既得接遇，則心始下也。

蕨，鼈也。仲春采之。惙惙，憂貌。

薇，似蕨而差大，陸璣云：「莖葉皆似小豆。」〇一名迷蕨。初夏生。惙惙，憂之甚而鬱結悲傷又甚矣。室家之情，歷時愈久，思望愈深。夷，平也。余問：「蟲鳴螽躍，晚秋時也，采蕨采薇，卻在春夏。」瑞玉曰：「是兩年事耳。大夫行役，蓋在春夏，涉秋未歸，故感蟲鳴興思，至來年春夏，猶不歸，故復有後二章。」

三五　終風

《終風》，莊姜疾州吁也。暴戾無恩，不禮於莊姜，狂惑自恣，莊姜憂之而作。瑞玉問：「州吁篡賊，戲謔狂蕩，特其小小者爾。」余曰：「莊姜深識弑逆大惡，不可言也。姑言其小者，舒己憤、盡己情而已，其實寤寐憂思不在此而在彼也。」

終風，終日風也。浪，蕩也。敖，慢也。言州吁輕剽如竟日風，又暴疾。顧視我則笑侮之，戲謔不敬，不能止其辭，是以中心傷悼之。瑞玉曰：「方暴矣，則又笑，喜怒不常也。」衛定姜云：「暴妾使余。」

霾，雨土也。終風暴矣，而且霾，喻非道加己也。有時「惠然肯來」，則莫知何時往，莫知何時又來，言出入無常也。我思之，悠悠無終極。陰而風曰曀。有，又也。嚏，鼽嚏也。《月令》注：「鼽者，氣窒於鼻。嚏者，聲發於口。」既終風且復曀，不旋日而又曀，喻州吁闇亂甚也，我寤覺不寐，思之成鬱閉之疾。

曀曀，常陰也。虺虺，雷聲也。言州吁狂惑如陰翳不解，暴怒如震雷發聲，是以思雖成疾而終不能忘懷也。

三六　考槃

《考槃》《序》云：「刺莊公也。」愚謂：莊姜賢而不答，雖處深宫，如在空谷。詩人假言隱士之廬而歎之，雖自樂而非其地也。杜子美詩「絶代有佳人，幽居在空谷。」即此詩之意。竊疑《序》云「刺莊公」，説者誤爾。觀下篇，「碩人」謂莊姜，編詩者多以類從，亦可見也。

「考槃在澗」，架木爲屋也，杜詩云「牽蘿補茅屋」。「獨寐寤言」，謂莊姜不見答也，杜詩云「日暮倚修竹」。

三七　王風

王風，東周之風也，別於列國，故謂之王。民間謡俗，故不稱《雅》，非降也。李文貞公曰：平王初年，周太師猶舉舊職，欲存《風》、《雅》二體，《節南山》以下作自卿大夫者曰《雅》，《黍離》以下畿内民俗曰《風》。其稱《風》而與西周別者，以此至晚歲乃並此而亡之。先儒惑於詩亡之義，乃以《雅》爲西，以《風》爲東，而有《黍離》降爲《國風》之説。夫王號猶在，誰則降之邪？

三八　静女

《静女》首章，戴氏曰：「傳、箋皆就城隅取義，非詩義也。」城隅之制，見《考工記》。許叔重《五經異義·古周禮説》云「天子城高七雉，隅高九雉」云云。門臺，謂之宫隅。城臺，謂之城隅。言城隅以表至城下，將入門之所也。「静女其姝，俟我於城隅。」此媵俟迎之禮。冕而親迎，惟嫡夫人耳。媵則至乎城下，以俟迎者，然後入。「愛而不見」，迎之未至也。愛而猶隱然。《説文》引此作「僾」。郭注《方言》引此作「薆」。彤管之法，女史書宫中之法度。「自牧歸荑」，設言以欣慕其人耳。始思見其人，繼思得見其物；始言至城下，終乃言至於郊，非實有其事。可知《静女》之刺思賢媵，懷女史之法者也。

三九　戚施

「得此戚施」，戴氏曰：「傳本《國語》，箋本《爾雅》，然未詳『戚施』所由名。」《説文》引詩作「得此䵷䵶」。䵷，七宿切；䵶，式支切。又名「鼀䵷」。鼀，力竹切。䵷䵶，詹諸也。䵷䵶，古字，通用「戚施」，戚，當讀七宿切，以其皮戚戚，其行施施，故名「詹諸」。（即蟾蠩。）爲物狀卑俛，故不可使仰之，疾似之。

四〇　著

《著》《序》云：「刺不親迎也。」方氏苞曰：「班固《地理志》言『俟我于著』。」女所奔者，非一人也。《東方之日》言奔者，非一女也。又自注曰：「少時讀《著》詩，疑當如鄭之《丰》、陳《東門之楊》相類。又曰：「安得跬步之間三易瑱也。」

四一　噬肯適我

「噬肯適我」，牟氏曰：「噬者，齒動向上。肯者，首動向下。」

四二　采苓

《采苓》，止讒也。苓，大苦也。苟，且也。然，答然之也。以采苓喻聽讒者，毛云：「采苓，細事。首陽，隱辟。」孔疏云：「讒言之起，由君數問細事於小人是也。」愚謂：「人之爲譽稱薦之言，欲君進用，君且亦無信受之。若有言人罪過，欲君舍之舍之者，〔五〕君且亦無答然之，於是人之爲譽言毁言者，徐察之，皆得其情，或時見罪，何所得焉。」

四三　駟驖　無衣

「載獫歇驕」，牟氏曰：「獫、歇，皆犬名也。載以輶車而犬氣驕。」「豈曰無衣」篇，瑞玉曰：「君豈嘗謂民曰『汝無衣，吾與子同袍』乎？及有事，則曰『修我戈矛，吾與子同仇敵』，言不與民同欲，而惟同怨，故刺之。」余曰：「鄭箋亦如此説。但『王于興師』句無據爾。」

《無衣》二章，傳：「澤，潤澤也。」箋云：「澤，褻衣近污垢。」戴氏曰：「按《釋名》云汗衣。」詩謂之澤，受汗澤也。或曰「鄙袒」，或曰「羞袒」，作之用六尺裁，足覆胸背，言羞鄙於袒而衣此耳。

四四　墓門

《墓門》二章，傳：「鴞，惡聲之鳥也。」戴氏曰：「按此及《魯頌》『翩彼飛鴞』皆讀雩喬切。」

司馬彪以爲小鳩是也，似山鵲而小，短尾多聲。《春秋傳》謂之鶻鳩。鴟鴞之鴞讀吁驕切，即鴟鵂，語之轉耳。鴟鴞合二字爲名，不可單言鴞，亦不可單言鴟。鴟者，今之鷂也。説者往往溷「鴞」與「鴟鴞」爲一物，此詩以多聲興下歌以告諫，義無取於惡聲。説者則以爲歌彼之惡。《魯頌》稱「懷我好音」，非惡聲之鳥所能。又以爲食桑黮而改其鳴，恐皆未合詩之意。「歌以訊之，訊予不顧」，傳：「訊，告也。」戴氏曰：「按訊乃誶字轉寫之譌。」毛詩云：「告也。」韓詩云：「諫也。」皆當爲誶。誶，音碎。故與萃韻訊音。信，問也，於詩義及音韻咸扞格矣。屈原賦《離騷》篇：「謇朝誶而夕替」，王逸注引詩「誶予不顧」。又《爾雅》：「誶，告也。」《釋文》云：「沈音粹，郭音碎，則郭本『誶』不作『訊』明矣。今轉寫亦譌。」《張衡傳·思玄賦》注引《爾雅》仍作「誶」。《釋文》於此詩云：「本又作誶，音信。徐，息悴反。」蓋於誶、訊二字未能決定也。

四五　月出

《月出》三章，「勞心慘兮」，戴氏曰：「按慘，七感切。」《方言》云：「殺也。」《説文》云：

「毒也。」音義皆於詩不協。蓋懆字轉寫譌爲慘耳。」懆，千到切。故與照、燎、紹韻。《説文》：「懆，愁不安也」，引詩「念子懆懆」。今詩中《正月》篇「憂心慘慘」，《北山》篇「或慘慘劬勞」，《抑》篇「我心慘慘」，皆「懆懆」之譌。《釋文》於《北山》篇云：「字亦作『懆』」。於《白華》篇「念子懆懆」云：「亦作『慘慘』」。蓋未能決定二字音義，亦猶「誶」與「訊」之溷淆矣。

四六　偈兮

「匪車偈兮」，戴氏曰：「按《漢書·王吉傳》引此作『揭兮』。」揭者，疾驅揭起也。

四七　秀葽

「四月秀葽」，戴氏曰：「葽者，幽莠也。」《戰國策》云：「幽，秀之幼也，似禾。」《夏小正》：「四月秀幽」。幽、葽，語之轉耳。

四八　員云

「聊樂我員」，戴氏曰：「員，旋也。」言聊樂於與我周旋。古字云、員通。《小雅·正月》篇：「昏姻孔云」，《釋文》謂：「本又作員。」《春秋傳》曰：「其誰云之？」

四九　伐木

《伐木》篇，蔡邕《正交論》云：「周德始衰，頌聲既寢，《伐木》有鳥鳴之刺。」此蓋齊魯詩説也。○「無酒酤我」，傳云：「酤，一宿酒也。」

五〇　南仲

《出車》篇，「王命南仲」，傳云：「王，殷王也。南仲，文王之屬。」愚按傳、箋徒泥正雅作於周初耳。成康已後，昭、穆、共、懿、孝、夷、厲、宣八王，豈容竝無雅。而宣王之時，玁狁孔熾，則其爲害舊矣。宣王之臣皇父，謂南仲爲太祖，則南祖亦不必當文王時也。《漢書》傳以《采薇》爲懿王時詩，《出車》與《六月》俱爲宣王時詩，雖未必確然可據，要之不爲文王之詩明矣，文王之臣亦不聞有南仲者。

五一　烝然罩罩

《南有嘉魚》篇「烝然罩罩」，戴氏曰：「烝然，衆也。罩罩，疊字，形容之辭，不當爲捕魚器。」《説文》引詩「烝然鯙鯙，蓋與「掉」通，魚摇掉也，故以興燕樂。○「烝然汕汕」，戴氏曰：「按《説文》云：魚遊水貌，引此詩。」○愚按：「罩罩，魚滿水上貌。」

五二　戒

《六月》篇「我是用急」，戴氏曰：「按《鹽鐵論》引此作『我是用戒』」。戒，猶備也，治軍事，爲備禦曰戒。譌作「急」，義似劣矣。急字於韻亦不合。《采薇》篇，翼、服、戒、棘爲韻。《常武》篇，戒、國爲韻。「如竹苞矣」二句，牟氏曰：「如竹則苞矣，如松則茂矣，此美地宜結築也。」

五三　蔌蔌方穀

「蔌蔌方穀」，戴氏曰：「按《釋文》云，本或作『方有穀』，非也。考今本，并誤增「有」字，當從《釋文》爲正。」

五四　昊天訊

《雨無正》首章，「昊天疾威」，戴氏曰：「按孔沖遠云『上有昊天』，明此亦昊天，定本皆作昊天。俗本作旻天，誤也。」

四章「莫肯用訊」，戴氏曰：「按訊乃誶字轉寫之爲言。誶，告。訊，問。聲義不相通借。」

五五　瞻彼洛矣

《瞻彼洛矣》《序》云：「刺幽王也，思古明王能爵命諸侯，賞善罰惡焉。」瑞玉曰：「此《序》非也。疑美宣王之詩，與《車攻》、《吉日》等篇風味頗似。」

五六　旱麓

《旱麓》，祭後受釐也。《序》云：「受祖也。周之先祖，世修后稷、公劉之業，太王、王季申以百福干禄焉。」愚謂：《序》言「受祖」，國史所題，即謂祭後受福禄於先祖。以下乃後儒所加，非《序》意也。且經無太王、王季之字，説經者無端增入，毛鄭緣此始多言矣。

五七　下武

《下武》首章箋云：「下，猶後也。」戴氏曰：「按自上世數而下，故下有後義。」下武，謂繼承步武，故曰「世有哲王」。《國語》：「在下守祀，不替其典」。注亦云：「下，後也。」屈原賦曰「及前王之踵武」。

五八 腓

「牛羊腓字之」，傳：「腓，辟。字，愛也。」戴氏曰：「腨謂之腓。脛，後也。字，如《春秋傳》『使字敬叔』之「字」，養也。牛羊以乳就養之，則嬰兒在其脛腨閒，故曰『腓字』，殆猶『子文虎乳之』之事。」

五九 迪

「弗求弗迪」，傳：「迪，進也。」戴氏曰：「迪之言啟也，達也，見於《尚書》二十八篇者，所施不同，義歸於一。說者緣辭生訓，一篇之中，遂多差違。」

六〇　韓奕

「溥彼韓城，燕師所完。」箋云：「燕，安也。」戴氏曰：「按箋於篇下云：『韓後爲晉所滅，故大夫韓氏以爲邑名焉。』箋蓋誤證耳。」漢王符《潛夫論》曰：「昔周宣王時，有韓侯，其國近燕。故詩云『溥彼韓城，燕師所完。』其後韓西亦姓韓，爲衛滿所伐，遷居海中。」酈道元《水經注》曰：「聖水逕方城縣故城，李牧伐燕取方城是也，又東南逕韓城東，《詩·韓奕》章曰『溥彼韓城，燕師所完』，『王錫韓侯，其追其貊，奄受北國』」王肅曰：「今涿郡方城縣有韓侯城，世謂寒號」。非也。《釋文》曰：「燕師，王肅、孫毓並云『北燕國』。」

六一　清廟

「秉文之德」，傳：「執文德之人也。」箋云：「皆執行文王之德。」戴氏曰：「按詩中言文王不單舉「文」字，倘祀武王、成王，必不可云「秉武之德」、「秉成之德」也，凡經傳以「文」贊美其人者不一，皆經緯明備、威儀敬慎之稱。」「不顯不承」二句，戴氏曰：「古字『丕』通不，據

《洛誥》，是爲成王七年，壬辰歲。周正之十二月戊辰，在新邑烝祭文武之詩。《書》曰：『丕顯哉！文王謨；丕承哉！武王烈。』與詩通。」

六二　彼徂者岐

「彼徂者岐，有夷之行。」戴氏曰：「《後漢書·西南夷傳》朱輔上疏曰：『臣聞《詩》云「彼徂者岐，有夷之行。」』傳曰：「岐道雖僻，而人不遠。」章懷太子注云：「《韓詩·薛君傳》曰：「徂，往也。夷，易也。行，道也。彼百姓歸文王者，皆曰岐有易道，可往歸矣。易道，謂仁義之道而易行，故岐道阻險而人不難。」」據此與箋説以訂經之文。「徂」字「者」字所授經無異，不知何時轉寫，譌「者」作「矣」。而沈存中云：「彼岨矣岐，有夷之行」，所引《後漢書》乃朱輔疏，譌作「朱浮傳」，又譌「徂」作「岨」，或皆轉寫致誤。

六三　毛詩注解傳述人　唐國子博士兼太子中允贈齊州刺史吳縣開國男陸德明録。

詩者，所以言志吟咏性情以諷其上者也。古有采詩之官，王者巡守，則陳詩以觀民風，知得失、自考正也。動天地、感鬼神、厚人伦、美教化、移風俗，莫近乎詩。是以孔子最先删録。既取周詩，上兼《商頌》，凡三百一十一篇，毛公爲故訓時，已亡六篇，故《藝文志》云三百五篇。以授子夏，子夏遂作序焉。或曰毛公作序。解見○解見下闕二字。口以相傳，未有章句。戰國之世，專任武力，雅頌之聲爲鄭衛所亂，其廢絶亦可知矣。遭秦焚書而得全者，以其人所諷誦不專在竹帛故也。漢興，傳者有四家：魯人申公，亦謂申培公。楚王太傅，武帝以安車蒲輪徵之，時申公年八十餘，以爲大中大夫。受詩於浮邱伯，《詩經》爲訓故以教無傳，疑者則闕不傳，號曰魯詩。弟子爲博士者十餘人：郎中令王臧、蘭陵人。御史大夫趙綰、代人。臨淮太守孔安國、膠西内史周霸、城陽内史夏寬、東海太守魯賜、碭人。長沙内史繆生、蘭陵人。膠西中尉徐偃、膠東内史闕門、門字疑。慶忌，鄒人。皆申公弟子也。申公本以《詩》、《春秋》授瑕邱江公，盡能傳之，徒衆最盛，魯許生、免中徐公，免中，縣名。皆守學教授。丞相韋賢受《詩》於江公及許生，傳子玄成。賢字長孺，玄成字少翁。父子竝爲丞相，封扶陽侯。又治《禮》、《論語》。玄成兄子賞以《詩》授哀帝大司馬車騎將軍。又王式字翁思，東平新桃人，昌邑王師。受《詩》於免中徐公及許生，以授張生長安名長安，字幼君，山陽人，爲博士，論石渠，至淮陽中尉。及唐長賓、東平人，爲博士，楚王太傅。褚少孫。沛人，爲博士。《褚氏家傳》云：「即續《史記》褚先生。」張生兄子游卿諫大夫。以《詩》授元帝傅王扶，琅邪人，泗水中尉。扶授許晏。陳留人，爲博士。又薛廣德字長卿，沛國相人，御史大夫。受詩於王式，授龔舍。字君倩，楚國人，太山太守。齊人轅固先生漢景帝時爲博士，至清河太傅。作《詩》傳，號齊詩。傳夏侯始昌，始昌授后蒼，字近君，東海郯人，通《詩》、《禮》，爲博士，至少府。蒼授翼奉字少君，東海下邳人，爲博士，諫大夫。及蕭望之、字長倩，東海蘭陵人，御史大夫，前將軍兼傳《論語》。匡衡。字稚圭，東海丞人。丞相樂安侯子咸亦明經，歷九卿，家世多爲博士。衡授師丹字公仲，琅邪人，大司空。及伏理、字游君，高密太傅，家世傳業。滿昌。字君都，穎川人，詹事。昌授張邯九江人。及皮容，琅邪人。皆至大官，徒衆尤盛。後漢陳元方亦傳《齊詩》。燕人韓嬰漢文帝時爲博士，至常山太傅。推詩之意，作内外傳數萬言，號曰《韓詩》，淮南賁生受之，武帝時，嬰與董仲舒論於上，帝、仲舒不能難。嬰又爲《易傳》，燕趙間好詩，故其《易》微。唯韓氏自傳之。其孫商爲博士，孝宣時涿韓生，其後也。河内趙子事燕韓生，授同郡蔡誼，誼以詩授昭帝，至丞相，封侯。誼授同郡食子公爲博士。及琅邪王吉。字子陽，王駿父，昌邑中尉、諫大夫。吉兼五經，能爲鄒氏春秋，以詩論教授。子公授太山栗豐，部刺史。吉授淄川長孫順，爲博士。豐授山陽張就，順授東海髮福，一本作段福。竝至大官。《藝文志》云：

「齊韓詩，或取《春秋》，采雜説，咸非其本義，魯最爲近之。」毛詩者，出自毛公，河閒獻王好之。徐整字文操，豫章人，吳太常卿。云：「子夏授高行子，高行子授薛倉子，薛倉子授帛妙子，帛妙子授河閒人大毛公。毛公爲《詩故訓傳》於家，以授趙人小毛公。一云名萇。小毛公爲河閒獻王博士，以不在漢朝，故不列於學。」一云：「子夏傳曾申，字子西，魯人，曾參之子。申傳魏人李克，克傳魯人孟仲子，鄭玄《詩譜》云：子思之弟子。孟仲子傳根牟子，根牟子傳趙人孫卿子，孫卿子傳魯人大毛公。《漢書·儒林傳》云：「毛公，趙人，治《詩》，爲河閒獻王博士，授同國貫長卿。徐整作長公。長卿授解延年，爲阿武令，《詩譜》云齊人。延年授號徐敖，敖授九江陳俠。」王莽講學大夫。或云陳俠傳謝曼卿。元始五年，公車徵説《詩》，後漢鄭衆、賈逵傳《毛詩》，馬融作《毛詩注》。鄭玄作《毛詩箋》，申明毛義，難三家，於是三家遂廢矣。魏太常王肅更述毛非鄭，荆州刺史王基字伯輿，東萊人。駮王肅申鄭義，晉豫州刺史孫毓字休朗，北海平昌人，長沙太守。爲《詩評》，評毛、鄭、王肅三家同異，朋於王。徐州從事陳統字元方。難孫申鄭。宋徵士鴈門周續之、字道祖，及雷次宗俱事廬山惠遠法師。豫章雷次宗、字仲倫，宋通直郎，徵不起。齊沛國劉瓛竝爲詩序義。前漢魯、齊、韓三家詩，列於學官，平帝世《毛詩》始立，《齊詩》久亡，《魯詩》不過江東。《韓詩》雖在，人無傳者，唯《毛詩》、鄭箋獨立國學。今所遵用《毛詩故訓傳》二十卷、鄭氏箋。馬融注十卷、無下袟。王肅注二十卷、謝沈注二十卷、江熙注二十卷、字太和，濟陽人，東晉兖州别駕。鄭玄《詩譜》二卷、徐整、暢大叔、裘隱。〇暢大叔、裘隱，未詳。孫毓《詩同異評》十卷、陸璣《毛詩草木鳥獸蟲魚疏》二卷。字元恪，吳郡人，吳太子中庶子、烏程人。爲詩音者九人，鄭玄、徐邈、蔡氏、孔氏、阮侃、王肅、江惇、干寶、李軌，阮侃，字德恕，陳留人，河内太守。江淳，字思俊，河内人，東晉徵士。蔡氏、孔氏，不詳何人。梁有桂州刺史清河崔靈恩，集衆解，爲《毛詩集注》二十四卷，俗閒又有徐爰《詩音》，近吳興沈重亦撰《詩音義》。

六四　毛氏詩傳

静女其孌，貽我彤管

既有静德，又有美色，又能遺我以古人之法，可以配人君也。古者后、夫人，必有女史。彤管之法，史不記過，其罪殺之。后妃羣妾以禮御於君所，女史書其日月，授之以環，以進退之。生子月辰則以金環退之，當御者以銀環進之，著於左手，既御著於右手，事無大小，記以成法。又云彤管，以赤心正人也。孔疏云：「此似有成文，未聞所出。」

卜云其吉

建國必卜之，故建邦能命龜，田能施命，作器能銘，使能造命，升高能賦，師旅能誓，山川能説，喪紀能誄，祭祀能語。君子能此九者，可謂有德音，可以爲大夫。

素冠篇

子夏三年之喪畢，見於夫子，援琴而絃，衎而樂，作而曰：「先王制禮，不敢不及。」夫子曰：「君子也。」閔子騫三年之喪畢，見於夫子，援琴而絃，切切而哀，作而曰：「先王制禮，不敢過也。」夫子曰：「君子也。」子路曰：「敢問何爲也？」夫子曰：「子夏哀已盡，能引而致之於禮，故曰君子也。閔子騫哀未盡，能自割以禮，故曰君子也。夫三年之喪，賢者之所輕，不肖者之所勉。」愚按：此傳與《檀弓》文全異，未審誰是。

匪風發兮，匪車偈兮

發發飄風，非有道之風；偈偈疾驅，非有道之車。

誰能亨魚，溉之釜鬵

亨魚煩則碎，治民煩則散，知亨魚則知治民矣。

東有甫草

甫，大也。田者，大芟草以爲防，或舍其中，褐纏旃以爲門，裘纏質以爲槸，間容握。驅而入，擊則不得入。左者之左，右者之右，然後焚而射焉。天子發，然後諸侯發。諸侯發，然後大夫士發。天子發抗大綏，諸侯發抗小綏，獻禽於其下。故戰不出頃，田不出防，不逐奔走，古之道也。

徒御不驚，大庖不盈

徒，輦也。御，御馬也。不驚，驚也。不盈，盈也。一曰乾豆，二曰賓客，三曰充君之庖，故自左膘而射之，達於右腢爲上，殺射右耳本次之。射左髀達於右䯚爲下。殺面傷不獻，踐毛不獻，不成禽不獻，禽雖多，擇取三十焉，其餘以與大夫士，以習射於澤宮。田雖得禽，射不中，不得取禽。田雖不得禽，射中，則得取禽。古者以辭讓取，不以勇力取。鄭箋云：「射右耳本，射當爲達。三十者，每禽三十也。」孔疏云：「此當有成文。《書傳》、《穀梁傳》與此略同。」

哆兮侈兮，成是南箕

哆，大貌。南箕，箕星也。侈之言是，必有因也。斯人自謂辟嫌之不審也。昔者顔叔子獨處於室，鄰之嫠婦又獨處於室，夜暴風雨至而室壞，婦人趨而至。顔叔子納之，而使執燭，放乎旦而蒸盡，縮屋而繼之，自以爲辟嫌之不審矣。若其審者，宜若魯人然，魯人有男子獨處於室，鄰之嫠婦又獨處於室，夜暴風雨至而室壞，婦人趨而託之，男子閉户而不納。婦人自牖與之言曰：「子何爲不納我乎？」男子曰：「吾聞之也，男子不六十不間居，今子幼，吾亦幼，不可以納子。」婦人曰：「子何不若柳下惠然？嫗不逮門之女，國人不稱其亂。」男子曰：「柳下惠固可，吾固不可。吾將以吾不可，學柳下惠之可。」孔子曰：「欲學柳下惠者，未有似於是也。」孔疏云：「此言當有成文。不知所出。《家語》略有其事，其言與此小異。又無顔叔子之事，非所引也。」愚按：《家語》，王肅僞撰。毛亦未見。

校記

〔一〕「鄭箋」，當爲「毛傳」，非「鄭箋」。

〔二〕「工貴」，疑是「工質」之誤刻。

〔三〕「而遭」，兩字據《毛詩注疏》卷十七補。

〔四〕「荼，委葉」之「荼」，《十三經注疏》阮刻本作「蒤」。

〔五〕「舍之者」三字誤衍。

點校後記

《詩説》二卷。光緒八年兼管順天府府尹畢道遠、順天府府尹周家楣進呈懿行遺書，誤以此書爲懿行妻福山王照圓著，南書房翰林亦未覺察。是書對漢宋舊説均有取捨，不拘一格。其中多記懿行、瑞玉夫婦之間問答，互相啓發，有創見亦有失之穿鑿者。今據其棲霞曬書堂原本點校。爲方便讀者翻閲，特爲每一段落補加标題，編列序號。凡引書省改而未變原意之處，一仍其舊，概不出校；凡以異体、俗體出現的文字，輒更以本字；明顯誤刻之字，皆逕改之。偶有誤衍、誤刻、誤引而致語意欠通之處，均存疑並出校勘記。

一九九二年三月

詩問

趙立綱　陳乃華　點校

序

《詩問》者，凡録余與瑞玉閑居答問之語，非注《詩》也。以其皆爲《詩》設題，以《詩》問爾。閑居答問之語不具録，録其稍可者爾。嘗論《詩》之爲教，温柔敦厚，於凡人之輕險、性之浮薄者，不足語之。瑞玉，穎悟人也。幼時夢誦《天保》，聲朗朗，於後遂不忘。比長讀書，創通大義，尤喜談《詩》。嘗以己意著《葩經小記》，然亦不自珍賞，散置奩篋間。余見而異之，因共商榷。及考論先儒同異，以爲《傳》名解《經》，顧與《經》或不應，儒家反斤斤墨守，何也？余謂《小序》之作，自昔相傳，出自西河。然而子輿氏不云乎：善説《詩》者，不可以文害辭，以辭害志，以意逆志，斯得之。審若西河作者，於志宜無弗得矣，又焉用吾孟氏意逆爲也？由斯以談考亭辯序，不爲過矣。況毛、鄭以下哉。大抵窮《經》，以《經》爲主。寧可舍《傳》以就《經》，毋寧屈《經》而伸《傳》也。始者頗疑，欲尋天徑，須問修人。繼思，乃不如操管窺之爾。身即侏儒，庸何傷乎？語曰：「狂夫之言，聖人擇焉。」以此发願，二三年間，便欲了却此《經》。涵濡咀味，各以己所意逆而得者，考其文辭與其志意無大害者，便私喜以爲得之矣。當其新義創獲，直將獨尋天徑，復知修人之爲近，而侏儒之爲遠也。劄記既久，藏弆遂多，加以小記，拾其香草，附益成書。已，又獲牟氏《詩意》，撏撦若干條，乃哀而録之，凡爲七卷，皆私喜以爲得之者。自揆檮昧，學復荒蕪，未免疏繆之譏。昔人云：「知者不必言，言者不必知。」斯之謂矣。自從发願以至今日，餘七年所，乃得粗有所就。嗟嗟！瑞玉之夢，偶然爾，而緣此遂相與著書。回憶六七年間，答問之語業已不復省記，恍惚如夢矣。又況自今以往數十百年後，讀此書者惡知不以爲是夢中之語，失笑啞啞也。嗚呼，彼直真夢者矣。乾隆甲寅二月既望，棲霞郝懿行書。

《葩經小記》序

余自少小之年，母氏督入女學，先授《毛詩》，荏苒三五，飭業女紅。洎季隗待翟之年，爰至結縭，命以有家。不及五稔，慈闈見背。自爾以來，意思懶散，誦讀頗疎。屬蘭皋君子攷訂篇籍，日月浸尋，著述等身。余既親承風旨，意有欣慕。又以少時講業，半就荒蕪，念負先人遺教，益復刻責，靡所自容。因發篋得廿餘年前《葩經小記》草，强半脱落。兼之遺忘，聊欲補葺成書，亦以追惟慈氏之訓，寄明發之懷。維時嘉慶，歲在著雍執徐六月九日。宿雨初晴，新痾乍起。温《經》伊始，輒立課程，日率一篇，多至二三，或適有他事，來日補足成之。偶獲新義，隨筆劄記，取供採擇。庶幾積日累月，續成前作，無忘所學云爾。福山王照圓。

目録

卷二

魏……六四三

卷三

卷四

卷五

卷六

卷七

卷一

國風上

周南

關關雎鳩，在河之洲。窈窕淑女，君子好逑！

關關，兩鳥聲也。雎鳩，雕類，摯而有別。男女有別而後父子親，故首教焉。窈窕，深遠貌。淑，善也。四德備曰淑女。逑，匹也。言學爲「窈窕淑女」，然後稱「君子好逑」，教戒之辭。

參差荇菜，左右流之。窈窕淑女，寤寐求之。求之不得，寤寐思服。悠哉悠哉！輾轉反側。

荇菜柔潔，女德似之。求，求四德也。求而不得，似荇菜流不定也。服，事也。古者有女宮，傅姆教之女則，退習別宮，覺寐思服其事，學之三月。「悠哉悠哉」，言其久也。「輾轉反側」，臥不安也。《春秋》莊元年，《公羊傳》云：於「群公子之舍，則已卑矣」。是有女宮。

參差荇菜，左右采之。窈窕淑女，琴瑟友之。參差荇菜，左右芼之。窈窕淑女，鐘鼓樂之。

采，擇也。芼，熟也。「琴瑟友之」，成其順也。「鐘鼓樂之」，和其情也。教成必作樂。余問：「流之采之，左右無方。至於芼之，何言左右？」王氏端玉曰：「芼，熟而薦之。廟有昭穆，故言左右爾。」王氏名照圓，號瑞玉，字婉佺，著《葩經小記》。

《關雎》三章，一章四句，二章章八句。

《關雎》，成婦德也。古者先嫁三月教於公宫，教以婦德、婦言、婦容、婦功。既成，祭之，以成婦順。一章言其教也。二章言其學也。三章言其成而祭也。或曰：教成之祭芼，用蘋藻不用荇。余曰：「荇亦蘋藻類也。」

葛之覃兮，施于中谷，維葉萋萋。黄鳥于飛，集于灌木，其鳴喈喈。

葛，絺綌材也。覃，長也。施，延也。黄鳥，鸝也。瑞玉曰：「葛葉生，黄鸝鳴，早夏間也。婦人勤事感候輒思。灌木飛鶯，聞聲而喜，於是閨中相戒。此采葛之候也。」

葛之覃兮，施于中谷，維葉莫莫。是刈是濩，爲絺爲綌，服之無斁。

莫莫，葉老而密也。刈，割之。濩，煮之。精爲絺，粗爲綌。服，整也。絺綌煩辱之事，整治之無厭倦心，自女在父母家已然。

言告師氏，言告言歸。薄污我私，薄澣我衣。害澣害否？歸寧父母！

師，女師也。「言告師氏」，自以意告女師也。「言告言歸」，令女師告君子也。私，裏衣。污，拆洗之也。衣，禮服。澣，水濯之也。婦人秋製新衣、完舊服，見人尤須潔清。故自商度：何澣乎？何否乎？將著之歸問父母安不？

《葛覃》三章，章六句。

《葛覃》，婦職也。婦人之職，勤治絲枲葛麻之類，亦皆從事習勤勞也。婦職修而後歸寧行。古者婦人已嫁，歲一歸寧，必在婦功成之后。此詩采葛方初夏，澣衣在仲秋，知歸寧之節在冬春間矣。《春秋》莊二十七年冬：「杞伯姬來。」文九年春：「夫人姜氏如齊。」三月：「夫人姜氏至自齊。」計往返之期不過三月。又知歸寧之禮，在母家不得踰時也。

采采卷耳，不盈頃筐。嗟我懷人，置彼周行。

采采，非一采也。卷耳，苓耳也。頃筐，畚屬。周行，大道也。言卷耳易采，頃筐易盈而不盈也，憂念深矣。嗟我所懷之人，置於大道上，長爲行路人。

陟彼崔嵬，我馬虺隤。我姑酌彼金罍，維以不永懷！

崔嵬，石山戴土也。虺隤，力疲欲墜貌。我，我征人也。言登山馬病，行又思家，煩苦甚矣。假言姑酌金罍而飲之，冀酒能忘憂，不長思爾。

陟彼高岡，我馬玄黄。我姑酌彼兕觥，維以不永傷！

岡，山脊也。玄馬病則黄。兕觥，角爵也。

陟彼砠矣，我馬瘏矣，我僕痡矣，云何吁矣！

砠，土山戴石也。言驅馳山路，僕馬皆病道上，安得酒？有亦不能飲也。云何乎有？吁嗟而已。

《卷耳》四章，章四句。

《卷耳》，懷人也。君子征役，婦人念之，詩人爲之辭。瑞玉曰：「若爲后妃思文王，當在囚羑里時。作者其有憂患乎？然攜筐采菜、策馬登山，誰云后妃而有是事？雖假言之，不似也。云『求賢審官，知臣下之勤勞』，亦未安。」余曰：「古注『嗟我』之我，我，后妃也；『我馬』之我，我，使臣也；『我姑』之我，我，君也。一文而三釋之，《詩》亦未見此例。」

南有樛木，葛藟纍之。樂只君子，福履綏之！

木下曲曰樛。纍，繫也。君子，謂文王也。履，踐行也。《易》云：「視履考祥。」言木下曲，草蔓之。文王下交，諸侯歸之。可樂君子，爲福所安，頌禱之辭也。

南有樛木，葛藟荒之。樂只君子，福履將之！

荒，大也。將，助也。木得葛藟而大，福助君子而興。

南有樛木，葛藟縈之。樂只君子，福履成之！

縈，旋也。葛藟旋滿於木，君子成就於福。

《樛木》三章，章四句。

《樛木》，申培《詩説》云：「南國諸侯樂文王也。」愚謂《詩説》雖後人僞書，而此篇近是。又《經》言南有者三，其義則一。《小雅》亦有「南有樛木」句。此詩《毛傳》云：「南，南土也。」《鄭箋》云：「荆揚之域。」夫詩人感物類咏土風。若云衆妾身居周國，何不言東有、西有、北有，而云南有也？《經》當文不虛設。竊謂「南有喬木」，既云江漢之國，則此亦南國歌美文王而作。蓋在三分有二時與！

螽斯羽，詵詵兮。宜爾子孫，振振兮！

螽斯，蝗屬，一生九十九子。爾，爾螽斯也。振振，仁厚也。瑞玉曰：「詵詵，羽未成而比聚之貌。振振，舒翼欲飛。」《爾雅》：「蝗螽，蠜。」「蜤螽，蚣蝑。」嚴氏《詩緝》云：「螽斯即蝗螽，蝗子也，非蜤螽也。毛誤以爲蚣蝑，孔疏因之，遂合蝗螽、蜤螽爲一物。」

螽斯羽，薨薨兮。宜爾子孫，繩繩兮！

瑞玉曰：「薨薨，羽成群飛聲。繩繩，不絶也。」余曰：「君子渡水相屬，如繩然。」

螽斯羽，揖揖兮。宜爾子孫，蟄蟄兮！

瑞玉曰：「揖揖，歛羽下集貌。蟄蟄，安息也。」余曰：「揖揖如讓，蟄蟄如伏。」

《螽斯》三章，章四句。

《螽斯》，《序》云：「后妃子孫衆多也。」不妒忌，則百斯男矣。

桃之夭夭，灼灼其華。之子于歸，宜其室家。

夭夭，少貌。歸，嫁也。牟氏默人曰：「灼灼其華，春見之言。此桃樹下人，他日于歸，真佳婦也。」牟氏名廷相，著《詩意》。

桃之夭夭，有蕡其實。之子于歸，宜其家室。

蕡，麻子也。桃多實，似之。牟氏曰：「夏又見之。」

桃之夭夭，其葉蓁蓁。之子于歸，宜其家人。

蓁蓁，葉盛貌。牟氏曰：「秋又見之。」余曰：「桃先華後實，乃生葉，故以爲次。男曰家，女曰室。家人，統言舅姑以下。」

《桃夭》三章，章四句。

《桃夭》，美賢女也。牟氏曰：「桃树之下，籬落之間，有美女子焉，行過者愛慕之而不有邪心也。」余曰：「匡衡云：『福之興莫不本乎室家，道之衰莫不始乎壼内。』女子宜家，此言非虚爾。」

肅肅兔罝，椓之丁丁。赳赳武夫，公侯干城。

肅肅，舉綱聲，一云敬也。丁丁，椓杙聲。野人施罝張兔，人見其赳赳武人也，而不忘恭敬，可以扞衛公侯矣。

肅肅兔罝，施于中逵。赳赳武夫，公侯好仇。

逵，九達之道。仇，匹也。

肅肅兔罝，施于中林。赳赳武夫，公侯腹心。

中林，幽隱之地，不忘敬也。徐幹云：「幽微者顯之原，孤獨者見之端，君子敬孤獨而慎幽微。」肅肅兔罝，施于中林，處獨之謂也。

《兔罝》三章，章四句。

《兔罝》，美賢士也。化行風，美人見。田野之人，親鄙賤之役，皆可任使爾。《墨子》云：「文王舉閎夭、泰顛於罝網之中，授之政，西土服。」

采采芣苢，薄言采之，采采芣苢，薄言有之。

芣苢，車前也，其子治産難。《序》云：「婦人樂有子。」是也。再言采采，采者多也。采，始求也。有，已得也。

采采芣苢，薄言掇之。采采芣苢，薄言捋之。

掇，拾也。捋，取也。拾其子，捋其葉。葉可食。

采采芣苢，薄言袺之。采采芣苢，薄言襭之。

執衽曰袺，扱衽曰襭。少則手衽之，多則帶扱之。

《芣苢》三章，章四句。

《芣苢》，室家樂也。政簡刑清，婦人蠶織之外尚有餘閒，相與采菜爲樂。即男子閒暇不言可知爾。

南有喬木，不可休息。漢有游女，不可求思。漢之廣矣，不可泳思。江之永矣，不可方思。

喬，上竦也。息，《韓詩》作思，語辭也。泳，潛行也。方，泭也。言喬木無陰不可休，游女無媒不可求。又言良女不可苟求，猶大水不可苟涉。瑞玉問：「不可求是誰？不可將謂是女，豈美化偏被女子，未及男子？」余曰：「求是男不可，即是男也。二南之篇，男女皆貞，良愚素知之爾。」

翹翹錯薪！言刈其楚。之子于歸？言秣其馬。漢之廣矣，不可泳思。江之永矣，不可方思。

翹翹，高貌。楚，荊屬也。雜薪刈其楚，擇女取其尤。言求之之道，當須正禮。刈楚秣馬，馬親迎所乘，明六禮備矣。又言江漢不可無舟楫。

翹翹錯薪！言刈其蔞。之子于歸，言秣其駒。漢之廣矣，不可泳思。江之永矣，不可方思。

蔞，蔞蒿也。六尺以上曰馬，五尺以上曰駒。

《漢廣》三章，章八句。

《漢廣》，有禮也。江漢之濱，風俗好游而不有淫也。男女思以禮求焉。

遵彼汝墳，伐其條枚。未見君子，惄如調飢！

墳，防也。枝曰條，幹曰枚。惄，飢意也。調，朝也。朝飢之思食。或疑伐薪非婦人事。余曰：「婦人循汝旁見人伐薪耳。」君子，目其夫也。征役踰年方歸，婦人先時望之。

遵彼汝墳，伐其條肄。既見君子，不我遐棄！

肄，餘也。去年水厓見伐條枚，今年見所伐復生肄。婦人此時忽望見君子歸，喜之，以爲不遠棄我而死亡。

魴魚赬尾，王室如燬。雖則如燬，父母孔邇！

燬，火也。王，紂也。魚勞則尾赤。婦人見君子顔色瘦病，歎言由王室酷烈所致。又慰之曰：雖則如此，幸父母甚近，歸家見之亦可樂也。

《汝墳》三章，章四句。

《汝墳》，不怨曠也。征人遠歸，婦人閔其勞苦，又以勉孝焉。事親孝，故忠可移於君。

麟之趾，振振公子，于嗟麟兮！

麟，瑞應獸也，趾不踐蟲草。仁厚公子似之，人亦麟也。吁嗟，歎美之。牟氏曰：「當時周國麟至，國人聚觀喜樂，誦説麟狀。」振振，衆也，衆公子皆來觀。

麟之定，振振公姓。于嗟麟兮！

定，題也。麟額不以抵物。公姓，公孫。孫，傳姓者也。

麟之角，振振公族。于嗟麟兮！

麟角端有肉，不以觸。公族，公同祖也，有服之親。

《麟之趾》三章，章三句。

《麟之趾》，人瑞也。古者太平致麟。文王之時，俗皆仁厚，以人爲瑞，不以麟爲瑞。必言公子、公姓、公族者，以爲庶民易於從化，貴寵難於不驕。政教之本，王化之成也。故載之終篇。

周南之國十一篇。

召南

維鵲有巢，維鳩居之。之子于歸，百兩御之。

鳩，鳲鳩也。百兩，百乘也。御，迎也。鳩拙而安，拙者德之基，安者福之器。夫人無專制之事，故曰拙；有貞靜之操，故曰安。言鳩居鵲成巢，猶男之室女家之也。送迎皆百兩者，惟諸侯之子嫁於諸侯禮然。瑞玉曰：「鳩，鳲鳩也。鳲當鳴字之譌。今驗居鵲巢者，正鳴鳩爾。」

維鵲有巢，維鳩方之。之子于歸，百兩將之。

方，并也。兩鳩并居之。將，送也。先御後將，爲主乎親迎而言。

維鵲有巢，維鳩盈之。之子于歸，百兩成之。

盈，滿也。衆鳩聚居之，言姪娣多也。成之者，送迎備則婚禮成。

《鵲巢》三章，章四句。

《鵲巢》，《序》云：「夫人之德也。」德如鳴鳩，可以配焉爾。

于以采蘩？于沼于沚。于以用之？公侯之事。

蘩，水菜。沼，池也。沚，渚也。事，祭事也。《春秋》：「有事于太廟。」

于以采蘩？于澗之中。于以用之？公侯之宫。

山夾水曰澗。宫，廟也。《春秋》：「立武宫。」

被之僮僮，夙夜在公。被之祁祁，薄言還歸。

被，首飾也。《孔疏》云：「追師副編次」，被即次也。夫人祭服副。此言被者，非祭時也。僮僮，竦敬貌。祁祁，舒遲貌。「夙夜在公」，謂先夕視濯溉，朝視饎爨。「薄言還歸」，謂祭畢釋服歸燕寢。言始終不忘敬。

《采蘩》三章，章四句。

《采蘩》，《序》云：「夫人不失職也。」能奉祭祀，昭潔敬焉。一章、二章言潔也，三章言敬也。《春秋傳》云：「澗谿沼沚之毛，蘋蘩薀藻之菜，筐筥錡釜之器，潢汙行潦之水，可薦於鬼神，可羞於王公。」《詩説》云：「諸侯夫人勤於親蠶，賦《采蘩》。」愚謂蘩以生蠶，謂皤蒿也，産於陸地。《夏小正傳》：「游胡、旁勃是也。」此言采於沼沚，明是水菜，非一物矣。合從《序》。《日知録》三卷云：「《儀禮》歌《召南》三篇，越《草蟲》而取《采蘋》。《正義》以爲《采蘋》舊在《草蟲》之前。知今日之詩已失古人之次，非夫子所謂《雅》《頌》各得其所者矣。」

喓喓草蟲，趯趯阜螽。未見君子，憂心忡忡。亦既見止，亦既覯止，我心則降！

草蟲，負蠜也。阜螽，蠜也。忡忡，猶衝衝，心動也。草蟲鳴，阜螽躍而從之。於時秋晚，君子猶未歸，心憂之。既得相見，既被接遇，則心始下也。

陟彼南山，言采其蕨。未見君子，憂心惙惙。亦既見止，亦既覯止，我心則説！

蕨，蕨鼈也，仲春采之。惙惙，憂也。

陟彼南山，言采其薇。未見君子，我心傷悲。亦既見止，亦既覯止，我心則夷！

薇，似蕨而差大，初夏生。惙惙，憂之甚爾，鬱結傷悲又甚矣。室家之情，歷時愈久，思望愈深。夷，平也。余問：「蟲鳴蠡躍，晚秋時也。采蕨采薇，却在春夏？」瑞玉曰：「兩年事爾。君子行役當春夏間，涉秋未歸，故感蟲鳴而思。至來年春夏猶不歸，故復有後二章。」

《草蟲》三章，章七句。

《草蟲》，《序》云：「大夫妻能以禮自防也。」君子行役，感時覯物，憂喜之情，皆繫君子，不自爲己，可謂有禮者也。

于以采蘋？南澗之濱。于以采藻？于彼行潦。

蘋，大萍也。藻，聚藻也。采以爲菹。行潦，流潦也。

于以盛之？維筐及筥。于以湘之？維錡及釜。

方曰筐，圓曰筥。湘，烹也。有足曰錡，無足曰釜。

于以奠之？宗室牖下。誰其尸之？有齊季女。

奠，置也。宗室，大宗廟也。牖下，王肅以爲奥，是也。總上文采之、盛之、湘之，所以奠而祭之也。誰實主者，季女助夫氏之祭也。少而能敬，尤以爲難。

《采蘋》三章，章四句。

《采蘋》，《序》云：「大夫妻能循法度也。」潔敬則可以奉祭祀。亦一章、二章言潔，三章言敬。

蔽芾甘棠，勿翦勿伐，召伯所茇！

棠，杜也，白者甘。茇，草舍也。民見棠陰繁茂，相戒勿翦去之，勿伐擊之。聞之父老，言此乃召伯所嘗休息爾。

蔽芾甘棠，勿翦勿敗。召伯所憩！

敗，殘也。憩，息也。

蔽芾甘棠，勿剪勿拜。召伯所説！

拜，屈也。愛歷久愈深。説，講説農桑之事也。一云與悦同。

《甘棠》三章，章三句。

《甘棠》，《序》云：「美召伯也。」召伯循行阡陌，重煩百姓，不入邑中，止舍棠樹之下。國人思其人，愛其樹爾！

厭浥行露，豈不夙夜？謂行多露！

厭浥，濕意。行，道也。露夜零至旦而濡，故言夙夜。貞女假言厭浥，然濕者道上有露之時，行人豈不欲早夜而行，以爲道上露多懼濡爾。行人畏露，貞女畏禮。

誰謂雀無角何以穿我屋？誰謂女無家何以速我獄？雖速我獄，室家不足！

誰謂二字微斷，雀無角八字連讀。速，召也。人皆言雀無角即不能穿屋，汝無家不能興獄。貞女假言，己雖守禮，寧保人不誣己？誰謂雀無角即不能穿屋、汝無家即不能興獄乎？然雖速我獄，汝求爲室家之禮不備，人皆知之，汝寧能誣我！

誰謂鼠無牙何以穿我墉？誰謂女無家何以速我訟？雖速我訟，亦不女從！

牙，牡齒也。鼠無牡齒。墉，牆也。

《行露》三章，一章三句，二章章六句。宜作二章章四句。

《行露》，美貞女也。衰亂之俗微，貞信之教興，女子以禮自防爾。瑞玉問：「《序》云：『召伯聽訟也。』又云：『彊暴之男不能侵陵貞女。』《箋》謂：『六禮之來彊委之。』《疏》謂：『《經》三章首言所以有訟，下二章陳男女對訟之辭。』審如所言，彊委禽陵貞女，是乃大亂之道。文王爲君，召伯聽訟，寧宜有此？」余曰：「不備六禮，韓嬰、劉向說也。然可疑者：禮既不備，自不當行，又訴於理，恩義已絶，雖微貞女固不行矣。」又云：

「召伯聽訟無情，不得盡辭，何訟之聽？《疏》謂『陳男女對訟之辭』者亦非。須知《經》三章皆設辭，非實事爾。」

羔羊之皮，素絲五紽？退食自公，委蛇委蛇！

小曰羔，大曰羊，有毛曰皮。羔裘，朝服也。紽，英裘也。縫之突兀曰紽。爲裘兩皮連綴，以素絲爲組紃，實縫中，因爲英飾也。言五者，皮小則合縫多、用絲繁，今止用五，見其皮大而賤，表儉也。食，公膳也。大夫治事公朝有常膳。《春秋傳》云：「公膳日雙雞。」委蛇，閑適貌。言服羔裘朝罷食畢，自公所退歸私室，從容自得然。《書》云：「作德心逸日休。」蘇氏云：「君子愛其人，則樂道其車服，是以詩言『羔羊之皮』。」

羔羊之革，素絲五緎。委蛇委蛇，自公退食。

毛去則革見。縫有界域曰緎。重言退食者，退而委蛇，家無事也。

羔羊之縫，素絲五總。委蛇委蛇，退食自公。

革敝則縫見。合二爲一曰總。重言自公者，在公委蛇，朝無事也。《論語》云：「居敬而行簡。」

《羔羊》三章，章四句。

《羔羊》，《序》云：「大夫節儉正直也。」節儉則無欲而安，正直則其心常泰。韓嬰云：「素喻潔白，絲喻柔屈。詩人美大夫有潔白之性柔屈之行，進退有度數也。」愚謂柔屈之行，非大夫美德。《序》云「德如羔羊」，亦非經義。

殷其靁，在南山之陽。何斯違斯，莫敢或遑。振振君子，歸哉歸哉！

殷，雷聲也。山南曰陽。瑞玉曰：「雷之爲物，但聞其聲不見其形，不可必知其所在。行役踪迹靡定，亦音書可聞，人不可見。故三章之中，南山同處，所在異方，有似雷矣。」余曰：「斯，此也。『何斯違斯』，言何其方居此，復去此之他所，莫敢或暇也。振振，信厚貌。歸哉，疑辭也。」瑞玉問：「行役言信厚何？」余曰：「人臣不貳心於君，不諉事於友。事大畢，然後歸，此謂信厚。」

殷其靁，在南山之側。何斯違斯，莫敢遑息。振振君子，歸哉歸哉！

山左右曰側。息，止也。

殷其靁，在南山之下。何斯違斯，莫或遑處。振振君子，歸哉歸哉！

山足曰下。皆言或者，疑辭爾。

《殷其靁》三章，章六句。

《殷其靁》，《序》云：「勸以義也。」大夫遠行從政，其室家閔其勤勞，猶不以私恩廢公義。

摽有梅，其實七兮。求我庶士，迨其吉兮！

摽，擊落也。假言擊落之梅實僅有七，物云薄矣。若有求我庶士，迨其吉，以此來亦云可矣！我，假爲女之父母辭也。

摽有梅，其實三兮，求我庶士，迨其今兮！

三，又少矣。迨今，謂及今吉日。

摽有梅，頃筐塈之。求我庶士，迨其謂之！

塈，取也。用筐者，男女授受以筐。《易》云：「女承筐」。梅七、梅三，明皆筐盛矣。謂之，謂媒妁之言。求者，聘也。迨及禮也，謂之信也。梅之爲言，媒也。或曰《周禮》「乾𧂐實籩」，婚禮不用梅。余曰：「《詩》皆設辭爾。」

《摽有梅》三章，章四句。

《摽有梅》，待禮也。貞女不無媒而嫁，良士不無聘而娶。苟以禮來，物雖云薄而用可重。

《詩説》云：「女父擇壻之辭。」

嘒彼小星，三五在東。肅肅宵征，夙夜在公。寔命不同。

嘒，微貌。星不皆小，言小者，月明星微也。三五，月盈之候。後宫稀幸者念星前月下，此時有宵行者衣聲肅肅然，或早或夜，在於君所。此人雖被恩幸，寔其禮命之數不與己同，己不得怨也。《傳》云：「三心五噣，四時更見。」然心三月在東，噣正月在東，既不同時，未便兼言。又，參昴皆顯出星名，此心噣亦皆大星，何故空言三五？朱子云：「三五言其稀。」竊謂星稀惟月明時爾。首章三五言月，次章參昴言星，正得貴賤之體。夫人象月，衆妾象星。

嘒彼小星，維參與昴。肅肅宵征，抱衾與裯。寔命不猶！

參，伐也；昴，留也；皆西方宿。上言在東初昏時，此言將旦時也。參、昴，列星之大者，亦因月明而微。衾，被也。裯，毛云襌被，鄭云牀帳也。諸妾夜行，抱衾帳侍御。猶，若也。不若，亦言尊卑異。參、伐，本二宿，以其連體，故統名之。參三星，伐六星。昴亦六星。

《小星》二章，章五句。

《小星》，安命也。衆妾進御，女史書以彤管，有稀幸者安於義命而不怨，可謂賢矣。

江有汜，之子歸，不我以。不我以，其後也悔！

水決復入曰汜。江汜二水，喻異姓也。之子，謂諸媵也。我，媵自我也。歸，謂嫁也。《易》

云：「歸妹以娣。」是媵得稱歸也。以，用也。「其後也悔」，望之之辭。瑞玉曰：「之子，斥嫡也。」余曰：「不斥嫡尤見其賢。」

江有渚，之子歸，不我與。不我與，其後也處！

江渚歧形，喻不同宗也。與，偕也。處，所也。言其後當有以處我。

江有沱，之子歸，不我過。不我過，其嘯也歌！

江沱别流，喻異國也。過，存問也。嘯，歎恨聲。言其後當悔恨而歌。君子責人也嘗寬爲之地，故人易從。

《江有汜》三章，章五句。

《江有汜》，《序》云：「美媵也。」媵取異姓，繼嗣以蕃。管氏之家，實有三歸。《春秋》之書「齊人來媵」。時江汜之旁，嫡嫌媵女異姓，不與時行，隱而無怨，俟其自悔也。諸侯一取九女，媵凡三國，故《詩》三章焉。

野有死麕，白茅包之，有女懷春，吉士誘之。

牟氏曰：「麕，鹿属，交多則死，得還魂草復活。若爲人得而包之，則不復活，淫泆之禍也。」

余曰：「貞女言野有淫死之麕，則白茅包裹之。室有懷春之女，則吉士誘導之。物類相感。」

林有樸樕，野有死鹿。白茅純束，有女如玉。

樸樕，小木也。鹿如麕而角如玉，美也。言林以樸樕見伐，鹿以野死被束，女以美色誨淫。

舒而脱脱兮！無感我帨兮！無使尨也吠！

而，汝也。脱脱，狂率貌。我，貞女自我也。言吉士誘者，懷春女爾。我即不然，須戒汝輕脱之狀，無得悤遽動我佩巾，無得倉皇驚我吠犬。懷清遠別，凛凛然。

《野有死麕》三章，二章章四句，一章三句。

《野有死麕》，戒淫也。假爲貞女告鄰女之辭。一章、二章斥他人，故言有女。三章自明己志，故言我。

何彼襛矣？唐棣之華。曷不肅雝，王姬之車！

襛，夜厚也。唐棣，栘也。肅雝，言車者。王姬不可見，見其車知其人。

何彼襛矣，華如桃李。平王之孫，齊侯之子！

桃李二華均敵，以興男女地望相埒。平王，文王也。邑姜之女歸齊侯吕伋子。《日知録》三卷云：「《毛氏傳》：平，正也。武王女文王孫適齊侯之子。按：成王時齊侯則太公，而以武王之女適其子，是甥舅爲婚。周之盛時必無此事。逮成王顧命，丁公始見於《經》，而去武王三十餘年，又必無未笄之女矣。」

此必東周之後，其詩可以存二南之遺音，而聖人附之於篇者也。又引洪氏《容齋五筆》，《春秋》莊公元年、十一年，两書王姬歸於齊，當莊王之四年及十四年。莊王爲平王之孫，則所嫁王姬當時姊妹，齊侯之子，即襄公、桓公二者必居一於此矣。

其釣維何？維絲伊緡。齊侯之子，平王之孫！

緡，綸也。絲合爲綸，猶男女合婚。上章未成婚，主尊王，故言平王之孫。此章既成婚，尊夫家，故先言齊侯之子。

《何彼襛矣》三章，章四句。

《何彼襛矣》，《序》云：「美王姬也。」王姬下嫁諸侯，車服不繫其夫，下王后一等，猶能和敬以執婦道。

彼茁者葭，壹發五豝。于嗟乎騶虞！

茁，出也。葭，蘆也。壹發，四矢也。獸二歲曰豝。騶，御也。虞，田官也。虞人翼五豝待公之發，五豝止壹發而已，仁不忍盡殺也。吁嗟，歎美之。騶虞仁由君之仁。

彼茁者蓬，壹發五豵。于嗟乎騶虞！

蓬，蒿類。獸一歲曰豵。言殺者愈約。

《騶虞》二章，章三句。

《騶虞》，美仁也。國君春田，草淺獸肥而不以盡物爲心，三驅之仁，不誠之吉也。騶虞，毛、鄭以爲獸名，《爾雅》不載，嚴氏疑之。歐陽公從賈誼書以騶爲囿名，虞爲囿官，又《射義》：「天子以騶虞爲節，樂官備也。」《周禮》《疏》引韓、魯説亦以「騶虞，天子掌鳥獸官。」鄭志答張逸云：「樂官備者，取其壹發五豝，言多賢也。」此又别自一義。嚴氏云：「騶，御也。虞，虞人也。」今從之。

召南之國十四篇。

邶

汎彼柏舟，亦汎其流。耿耿不寐，如有隱憂。微我無酒，以敖以遊！

耿耿，猶儆儆，小明也。人不寐則目明。隱，痛也。言舟須人以楫，國須賢而治。今柏舟汎然，隨流而已。仁人憂之不能寐，非有酒可解、遨遊可忘也。

我心匪鑒，不可以茹。亦有兄弟，不可以據。薄言往愬，逢彼之怒。

鑒，鏡也。茹，納也。鏡之鑒物不擇影而茹，我心匪此不能兼容群小，故見嫉也。憂無可愬，以兄弟至親宜可依據，薄往告之，反遭其怒也。瑞玉曰：「謂之逢者，若兄弟本非怒己，適逢之爾。詩人之忠厚。」

我心匪石，不可轉也！我心匪席，不可卷也！威儀棣棣，不可選也！

上言兄弟見怒，欲己改行趨時，故復自誓：「石堅尚可轉，席柔尚可卷，我心不然」。明守道篤也。威儀富而閑習，不可選擇以自貶損。

憂心悄悄，慍于群小。覯閔既多，受侮不少。靜言思之，寤辟有摽！

仁人既不貶道趨時，是以憂心悄悄。然群小見其立異，愈慍怒之。見病既多矣，受侮不少矣。寤覺之中，惟拊心而手摽然爾。

日居月諸！胡迭而微？心之憂矣，如匪澣衣。靜言思之，不能奮飛！

日，君象。月，臣象。居、諸，語助也。微，不明也。君明則能察臣，臣明則能匡君。日乎月乎，何爲更迭而微？言君臣俱闇也，是以心憂之。甚如衣垢不忘澣，而又自傷疏遠，不能奮起飛入君側自陳也。

《柏舟》五章，章六句。

《柏舟》，《序》云：「仁而不遇也。」衛頃公之時，群小在側。仁人守道不渝，心爲國恤，而君不聞知。欲去之則不忍，憂而作詩，冀君之一悟也。

緑兮衣兮，緑衣黄裏。心之憂矣，曷維其已？

緑，閒色。黄，正色。今緑乃爲衣，黄反爲裏，喻妾蒙寵而顯，嫡見疏而微。心憂之，不能已其亂。

緑兮衣兮，緑衣黄裳。心之憂矣，曷維其亡？

衣，正色。裳，閒色。今黄裏降爲裳，嫡妾易位，國家將有失道之敗。心憂之，知以何時亡？

緑兮絲兮，女所治兮。我思古人，俾無訧兮！

瑞玉曰：「訧字從言，疑如《楚辭》衆女謡諑之意。」余曰：「又言衣之緑也，本是絲爾，由工女染治成之。以喻妾本微賤今寵貴，由己不能設禮防之。因思古人當有善處之者，使衆妾無相謡諑。傷己不能如也！

絺兮綌兮，凄其以風。我思古人，實獲我心！

絺綌來風，凄然而寒。喻己德凉薄，妾寵而驕。因思古人有善處之者，實得我之心。我願慕效之。篇内皆以衣言婦人所有事。

《緑衣》四章，章四句。

《緑衣》，《序》云：「衛莊姜傷己也。」莊公惑於嬖寵，妾上僭而夫人失位。程子云：「莊姜傷己無德以致之。」行有不得者，反求諸己而已矣。

燕燕于飛，差池其羽。之子于歸，遠送于野。瞻望弗及，泣涕如雨！

燕，鳦也。瑞玉曰：「燕燕，雙燕也。」余曰：「差池，背飛也。歸，歸宗也。桓公以三月被弑，戴嬀歸在春夏間，故見燕託興，言雙燕飛而羽差池，二人行而影分離也。」「泣涕如雨」，不能聲也。

燕燕于飛，頡之頏之。之子于歸，遠于將之。瞻望弗及，佇立以泣！

頡，《説文》云：「直項也。」頏，《爾雅》云：「鳥嚨也。」言雙燕分飛，但見項頸直上，二人相望，形影漸不分明也。「佇立以泣」，不能行也。

燕燕于飛，下上其音。之子于歸，遠送于南。瞻望弗及，實勞我心！

飛而上曰上音，飛而下曰下音。言燕飛上下，音不相值；人分南北，聲不相聞也。「實勞我心」，不能泣也。

仲氏任只！其心塞淵。終温且惠，淑慎其身。先君之思，以勖寡人！

仲氏，戴嬀字也。任，負荷也。瑞玉曰：「惠，慧也。寡人，莊姜也。言仲氏之才可任大事，其心篤實深沉，終温且有智慧，故遠送欲有謀也。又言機事深密，能善慎其身，臨行惟以先君之思勉寡人，若不及他事然。」

《燕燕》四章，章六句。

《燕燕》，《序》云：「衛莊姜送歸妾也。」莊姜子戴嬀之子完。莊公薨，完立，州吁弒之。戴嬀大歸。戴嬀者，深静以有謀，可任大事，而完又陳之自出，宜任討賊。禮，婦人送迎不出門。莊姜賢而有法，乃越禮遠送郊野，蓋將寄以大事爾。其後石碏與陳定謀，卒討殺州吁。豈非大智莫如婦也。

日居月諸，照臨下土。乃如之人兮！逝不古處。胡能有定？寧不我顧！

之人，謂州吁也。寧猶寧儉之寧。言日乎月乎，普遍照臨下土，是人乃不安故處而篡逆。疑日月偏遺之也。國亂何時定乎？如其能定，我身雖危亡，不復顧念爾。

日居月諸！下土是冒。乃如之人兮！逝不相好。胡能有定？寧不我報！

不相好，欲相害也。是日月覆冒下土，是人亂心無厭，疑在日月覆冒外也。國亂何時定乎？如其能定，我身雖見戕害，寧甘心不望報。

日居月諸！出自東方。乃如之人兮！德音無良。胡能有定？俾也可忘！

日朝月望皆在東方。言日月皆出東方，言完、吁同出。莊公是人乃無良善之德音，疑其所出不善也。國亂何時定，使我之憂可忘也。瑞玉曰：「『德音無良』，不合斥言先君，施之州吁則可。」

日居月諸！東方自出。父兮母兮！畜我不卒。胡能有定？報我不述！

言日月皆有自出。莊公與己乃是州吁父母，今父薨乃不以母道養我，是不念所出也。國亂苟有定，則我不復望報，報亦不必論述也。

《日月》四章，章六句。

《日月》，衛莊姜疾州吁也。州吁篡逆，國亂未定，莊姜憂在國恤，日夜仰天，因其所見，呼日月爾。

終風且暴，顧我則笑。謔浪笑敖，中心是悼！

終風，恒風也。浪，蕩也。莊姜思戴嬀，遇先君暴怒加之，則反顧我喜笑；或戲謔傲慢之，則惟中心傷悼。言勞而不怨。

終風且霾，惠然肯來。莫往莫來，悠悠我思！

霾，雨土也。終風暴矣而且霾，喻昏瞀也。戴嬀不怨君昏虐，惠然來親附我。今歸矣，我不能往，彼不能來。自衛至陳，悠悠路遠，我思之。

終風且曀，不日有曀。寤言不寐，願言則嚏！

曀，陰也。有，又也。既終風且復曀，不旋日而又曀，言莊公之後子完賢明，至州吁又暴惑也。我寤覺不寐，戴嬀憶我，我則鼽嚏。俗語：嚏者，曰人道我。

曀曀其陰，虺虺其靁。寤言不寐，願言則懷！

曀曀，重陰也。虺虺，雷发聲也。言州吁昏暴愈甚，我寤覺不寐，所願言者則懷戴嬀。前日燕燕送別，既有密謀，今又思之，討賊情急矣。

《終風》四章，章四句。

《終風》，衛莊姜思戴嬀也。先君暴惑，遇嬀無恩，嬀不怨。嬀歸而莊姜思之。嬀謂姜曰：「先君之思。」姜憶嬀曰：「終風且暴，顧我則笑。」可謂賢婦人矣。

擊鼓其鏜，踊躍用兵。土國城漕，我獨南行！

南行，鄭在衛南也。軍士怨州吁言：聞「擊鼓其鏜」之聲，有「踊躍用兵」之狀。因言衆役并興。或役土功於國，或築城於漕，而我獨南行伐鄭，尤憂苦也！

從孫子仲，平陳與宋。不我以歸，憂心有忡！

孫子仲，公孫文仲也，輕之之辭。平，成也。言我南行，將從孫子仲而平陳、宋，共伐鄭也。乃一伐再伐，不與我歸，憂心忡忡然。

爰居爰處，爰喪之馬。于以求之？于林之下。

言孫子仲用兵無紀，於所居處止舍之地，或有喪失其馬者。往以求之，遠於林木之下，失伍離次。言此行必敗也。

死生契闊，與子成説！執子之手，與子偕老！

契，合也。闊，離也。言軍有敗形，因憶室家訣別之辭。死生離合，執手丁寧，偕老之約，有成説矣。蓋始行猶不欲爲訣辭也。《傳》云：「契闊，勤苦也。」似文義未協。

于嗟闊兮，不我活兮！于嗟洵兮，不我信兮？

洵，信也。信與伸同。言始望生還，今歎息有闊無契，有死無活。又吁嗟偕老成説不我能伸，蓋至此始爲訣辭也。

《擊鼓》五章，章四句。

《擊鼓》，《序》云：「怨州吁也。」州吁阻兵，而安忍與宋、陳、蔡伐鄭！軍士怨於役而念其家，無鬭志也。王肅曰：「三章以下與室家訣别之辭。」今按，一章、二章亦告家人也。全篇皆詩人述其事，代爲之辭爾。

凱風自南，吹彼棘心。棘心夭夭，母氏劬勞！

凱，樂也。南風長養，喜樂萬物。棘心尤難長者，風吹棘心，至於夭夭，風勞矣！母養七子，自於幼小，病苦矣！言此，以起自責也。

凱風自南，吹彼棘薪。母氏聖善，我無令人！

聖，叡也。言風吹棘薪至於爲薪，則成矣，然非美材，負此風也。母養七子至於成立，聖善矣，然子無令人，負此母也。或問此母何言聖善？余曰：「非此母不生此兒，以七子賢則知其母矣。不安其室，當是偶萌此意，子諭之遂止，即此見其通明賢淑也。」瑞玉曰：「天王明聖。止因不見君親有過處，非苟爲斯言爾。」

爰有寒泉，在浚之下。有子七人，母氏勞苦！

寒泉在浚，猶能滋益於人，有子七人反不能养母，使勞苦。瑞玉曰：「觀此當是因貧失養，母有去志，非本情也。」

睍睆黄鳥，載好其音。有子七人，莫慰母心！

睍睆，好貌。言黄鳥有睍睆之容貌，則又和好其音聲。孝子當和顔色、順辭令，乃七子之中莫有一人能安母心者。自責言黄鳥之不如。

《凱風》四章，章四句。

《凱風》，《序》云：「美孝子也。」衛有七子之母，不安其室。七子度知之，不顯諫而自責，曲慰母心，遂不嫁，可謂善養志矣！臣子不悦於君父，皆由於見君父之過而不自知其過。《孟子》云：「《凱風》親之過小者也，而怨，是不可磯也。」

雄雉于飛，泄泄其羽。我自懷矣，自詒伊阻！

雄雉，文明而善鬭，喻行役君子也。阻，難也。言雄雉飛時須舒緩其羽，勿急疾而喜鬭。我之所懷，恐其自詒禍難，故遥戒之。

雄雉于飛，下上其音。展矣君子！實勞我心。

雄雉飛時，或上其音或下其音。君子與人言語，高慮亢，卑慮貶也。誠矣，君子恐或昧此。我心憂之，實勞爾。

瞻彼日月，悠悠我思。道之云遠，曷云能來？

日月迭往迭來，君子久役不返。我瞻言思之，悠悠然與日月俱長。道遠矣，何能來？言思無益爾。

百爾君子，不知德行？不忮不求，何用不臧！

又言君子既不歸，願贈之以言：汝衆君子，豈不知德行乎？不忮害、不貪求，則何用而不善。雖久處軍旅，無害也。子路冠雄雞見孔子，孔子云：「君子勇而無義，則亂也。」其衣敝緼袍，不恥。孔子云：「不忮不求，何用不臧。」

《雄雉》四章，章四句。

《雄雉》，戒僚友也。軍旅數興，大夫久役，居者思其危難而作。瑞玉曰：「作者非婦人也。婦人思其君子足矣，何廣言百爾也。」前二章慮其遭害，三章極其憂思，四章勉以善道。

匏有苦葉，濟有深涉。深則厲，淺則揭。

匏，瓠也。苦匏不材，於人供濟而已。匏有葉而濟渡深，八月時也。水行曰涉，衣涉曰厲，褰裳曰揭。言匏葉濟深，時不可涉也。深厲淺揭，涉不可苟也。男女之際，安可無禮義。以刺宣公。東原戴氏曰：「厲，梁屬也。《説文》作『砅，履石渡水也。』」戴氏名震，福建人。著《毛鄭詩考正》。

有瀰濟盈，有鷕雉鳴。濟盈不濡軌，雉鳴求其牡。

瀰，水盛貌。鷕，雌雉聲。軌，車轍也。言「有瀰濟盈」，行必濡軌，而今日不濡，可怪也。「有鷕雉鳴」，當求其雄，而今乃求牡，非匹也。以刺夷姜。戴氏曰：「《毛傳》：『由輈以上爲軌。』」按：《詩》以軌與牡韻，當爲車轍之軌，古音讀如九。《釋文》又有車轊頭之説，軸末名轊，亦訛也。

雝雝鳴鴈，旭日始旦。士如歸妻，迨冰未泮。

鴈，陽鳥也。《昏禮》：「納采用鴈。」生執之，和聲雝雝然。旭，謂大昕之時。親迎用昏納采，至請期用昕也。娶妻當及霜降之後，冰泮之前。此陳古昏姻之正禮，以刺宣公。

招招舟子，人涉卬否。人涉卬否？卬須我有！

須，需也。舟子號召當渡，人皆從之，我獨否。所以否者，待我友至共濟爾。言此以況貞女也。瑞玉曰：「以手曰招，招之即從，以刺宣姜。」

《匏有苦葉》四章，章四句。

《匏有苦葉》，刺淫亂也。宣公烝於夷姜，君子惡之。欲言則國惡當諱，欲不言而不忍，假物託諷，或主文而譎諫，或陳古以刺今。君子之於言也。微而顯，直而婉，盡而不汙，懲惡而勸善，此亦詩人之教也。

習習谷風，以陰以雨。黽勉同心，不宜有怒。采葑采菲，無以下體。德音莫違，及爾同死！

谷風，山谷之風，怒風也。又習習然，連續繼以陰雨，皆喻其夫暴怒無恩。又言夫婦當勉力同心，不宜見譴怒。葑，須也。菲，苟也。二菜上下皆可食，獨其根有美時有惡時。言采菜者不可以根惡棄其葉，喻夫婦不可以色衰棄其體。苟德音無違越，便當相與偕老也。

行道遲遲，中心有違。不遠伊爾，薄送我畿。誰謂荼苦？其甘如薺。宴爾新昏，如兄如弟！

畿，門限也。言行於道路之人，至將離別尚舒行，其心徘徊，然有違離之恨。今夫與己訣別，不能遠維近爾，送我裁於門內，不若路人也。又言我離別之苦，甚於荼菜，而夫反甘之如薺，良由宴樂新昏如兄弟，不念故人爾。夫婦謂之兄弟者，《傳》云：「執禮而行兄弟之道。」

涇以渭濁，湜湜其沚。宴爾新昏，不我屑以。毋逝我梁，毋發我笱。我躬不閱，遑恤我後！

湜湜，持正貌，又清也。閱，容也。言涇本濁，因渭入之，濁益見，猶夫本憎己，因新昏媾之，惡益彰然。我持守清正如沚，渚然不動摇。但夫宴樂新昏，不以爲潔而用我爾。瑞玉曰：

「『毋逝我梁，毋發我笱』，喻言新婦毋循我舊事，毋學我作家，效我所爲，當復如我見棄也。又言：我身不見容，何暇憂我去後事。」牟氏曰：「閱，歷也。歷見其始終，以梁笱言。」

就其深矣，方之舟之。就其淺矣，泳之游之。何有何亡，黽勉求之。凡民有喪，匍匐救之。

游，浮水也。言就水淺深，皆有以濟。喻我於家事隨所有亡，勉力求之。有求多，亡求有，不缺乏也。瑞玉問：「匍匐救鄰喪，恐非婦人事。」余曰：「喻言爾。言凡民有凶禍，鄰里尚奔走救之。況我於夫家道窮迫，有不盡力求之乎？」

不我能慉，反以我爲讎。既阻我德，賈用不售。昔育恐育鞫，及爾顛覆。既生既育，比予于毒！

慉，養也。《箋》云：「驕也。」由養以致驕。既，盡也。阻，難也。承上言，我德如此，乃不慉我，反讎我，盡却難我德，又賤我之身，謂如惡物不堪賣。昔日相與謀生，恐生計窮，「及爾顛覆」。今計生育，乃視我如毒螫而遠我。

我有旨蓄，亦以御冬。宴爾新昏，以我御窮。有洸有潰，既詒我肄。不念昔者，伊余來塈。

御，禦也。既，盡也。言我蓄聚美菜以禦冬月乏無之時。今爾安樂棄我，亦但以我禦窮苦也。武怒加我，勞事遺我，曾不念昔日家道窮鞠，伊余來始得安息。

《谷風》六章，章八句。

《谷風》，《序》云：「刺夫婦失道也。」淫於新昏而棄其舊室。子陳子曰：「吾於《谷風》見詩人之怨也。好德如好色，未有見也。」先師陳子，諱嘉，號見莽。

式微式微，胡不歸？微君之故，胡爲乎中露？

式，語辭。微，衰也。黎侯播越，其臣之友招之去，言微乎微矣，胡不歸乎？答之言，爲吾君爾。非此之故，胡爲野處，露霑我衣？謝絶之。

式微式微，胡不歸？微君之躬，胡爲乎泥中？

又言微君之躬，胡爲辱在泥塗中。主憂臣辱，主辱臣死。

《式微》二章，章四句。

《式微》，存黎也。黎之忠臣從君播遷於衛，其友招之不去。君子以爲黎不亡矣，美而存之。《孔疏》云：「詩作於衛宣公世。」然《列女傳》謂黎莊公夫人及傅母作詩，亦未審莊公當何世也。《春秋傳》宣十五年伯宗數赤狄潞氏罪，云奪黎氏地，則詩疑作於斯時。此年晉侯略狄土，立黎侯，蓋黎之忠臣能爲申包胥矣。時衛穆公六年也。

旄丘之葛兮，何誕之節兮？叔兮伯兮，何多日也？

前高後下曰旄丘。誕，闊也。葛初生節密，今節闊，謂之何者淹久於外，忽覩節物驚心也。叔、伯，字也。呼衛之諸臣，我來告急，何多日不歸？怪問之。

何其處也？必有與也。何其久也？必有以也。

承上言。衛人何其安處？必有與國俱者爾。何其久不出，必有以師援者爾。君子將責人，必求其故爲之辭。

狐裘蒙戎，匪車不東。叔兮伯兮，靡所與同。

大夫狐蒼裘。蒙戎，亂貌。葛，夏時；裘，冬月。言久也。客久裘敝，非我車不東來告衛，但無與我同恤患者，始直責之。

瑣兮尾兮，流離之子！叔兮伯兮，褎如充耳！

瑣，小貌。流離，梟也，子生即漂散，謂之流離。褎，笑貌。耳聾之人多笑。充耳，瑱也。又言客久容瘁如流離之鳥，尾敝殺小。衛之諸臣褎然若弗聞者，又戲責之。

《旄丘》四章，章四句。

《旄丘》，責衛也。黎之忠臣告急於衛，衛人卒無援黎意，非救患分災之道，詩人爲之辭。《序》云：「責衛伯」。伯字衍。

簡兮簡兮！方將《萬舞》。日之方中，在前上處。碩人俁俁，公庭《萬舞》！

簡，擇也。萬舞，二舞總名也。俁俁，大貌。公庭，舞位也。言衛君不能用賢，方將擇人而舞，於時日方午中，在前列上頭有形貌魁梧之大人充舞位。衛君曾不知之，不如叔向之識鬷蔑然。

有力如虎，執轡如組。左手執籥，右手秉翟。赫如渥赭，公言錫爵。

組，織絲也。籥，管也。翟，羽也。言碩人爲武舞，猛如虎，熟如組；其爲文舞，手器又嫻習。君不知其賢，見其藝美，乃錫之酒，同於賤隸。瑞玉曰：「赫然貌赤，如厚傅丹。句連『公言錫爵』，蓋酒能發顔，卒爵而色赫然爾。」余曰：「執轡如組，狀舞容也。」牟氏曰：「執轡，舞也。」

山有榛，隰有苓。云誰之思？西方美人。彼美人兮，西方之人兮！

下溼曰隰。苓，大苦也。美人，謂西周賢人也。言榛苓生於山隰，賢人興於西周，此碩人當與彼美人同生西方爾。今世固不宜之。《箋》云：「彼美人，謂碩人也。」

《簡兮》三章，章六句。

《簡兮》，《序》云：「刺不用賢也。」賢者隱於伶，有才德而不顯，徒從事於尋行逐隊而已。傷古賢之不見也。人君不借才於異代，而謂賢人策名於古王乎？伶與，殆將老矣！

毖彼泉水，亦流于淇。有懷于衛，靡日不思。孌彼諸姬，聊與之謀。

毖，泉始出貌。諸姬，謂姪娣也。瑞玉曰：「毖泉始出，衛女當是初嫁，婦人思歸，初嫁尤切也。泉流於淇，不返於泉。女適他國，不返於衛。」余曰：「亦亦已也。女自言己如泉水爾。有懷而日日思衛，情也。與諸姬謀使大夫寧，禮也。」

出宿於泲，飲餞于禰。女子有行，遠父母兄弟。問我諸姑，遂及伯姊。

行，嫁也。問，聘也。父之姊妹曰姑。既使大夫寧，因言大夫之行，宿於此，餞於此。所以使大夫寧者，由女子有行，遠父母兄弟，不得歸爾。「問我諸姑，遂及伯姊」，即是寧兄弟之辭。但言姑、姊者，《箋》云：「親其類也。先姑後姊，尊姑也。」

出宿於干，飲餞於言。載脂載舝，還車言邁。遄臻于衛，不瑕有害。

脂，膏塗車也。舝，車軸頭鐵也。言我思大夫之行，又或宿於此、餞於此。泲、禰、干、言，異地者，疑未定辭也。脂舝其車回旋而行。大夫知我思衛切，必當速至之。「不暇有害」，述其通問之辭，猶云幸無恙也。瑕、害皆不祥之語，故問之，冀其不然。《太平御覽》四十五卷引《李公緒記》曰：「柏仁縣有千山、言山。《衛詩》云：『出宿于干，飲餞于言』，是此也。」

我思肥泉，兹之永歎。思須與漕，我心悠悠。駕言出遊，以寫我憂！

寫，除也。言大夫雖寧，我之思歸終不釋。衛水、衛邑，大夫所經，皆我之所永歎心悠者。庶「駕言出遊」以寫憂乎！設辭爾。

《泉水》四章，章六句。

《泉水》，《序》云：「衛女思歸也。」古者國君夫人父母在，歸寧；没，則使大夫寧兄弟。《春秋傳》云：「楚司馬子庚聘於秦，爲夫人寧，禮也。」中二章使大夫寧之事，首末二章思歸之事。

出自北門，憂心殷殷。終窶且貧，莫知我艱。已焉哉！天實爲之，謂之何哉？

窶，無禮也。贫，乏財也。瑞玉曰：「窶定從穴，謂居陋也。貧字從貝，謂財少也。」余曰：「『莫知我艱』，謂行役在外，貧難爲禮，而人不諒也。言衛之忠臣以王事出其北門，行而無資，憂心殷殷然。終竟貧窶，外人曾莫知我艱難行旅之苦也。然此皆天爲之，人將奈何，亦不必憂爾。」

王事適我，政事一埤益我。我入自外，室人交徧讁我。已焉哉！天實爲之，謂之何哉？

王事，王命之事。政事，一國之事。言出則王事適我，國事又一切厚益我。入則室人復以窶貧故而交口怨我，内外皆不知己也。瑞玉曰：「室人亦不知己志，故解之。言『已焉哉！天實爲之，謂之何哉』，風其室人安命之辭。」

王事敦我，政事一埤遺我。我入自外，室人交徧摧我。已焉哉，天實爲之，謂之何哉？

敦，迫也。遺，加也。言適矣，又迫之；益矣，又加之；讁之不已，又挫辱之。瑞玉曰：「窮迫極矣，慰解室人無異辭，曰『天實爲之，謂之何哉』而已，篤道君子也。」

《北門》三章，章七句。

《北門》，《序》云：「刺仕不得志也。」衛之賢者仕不得志，不隕穫於貧賤，安於天命而不疑。且以慰勉家人爾。

北風其涼，雨雪其雱。惠而好我，攜手同行。其虛其邪，既亟只且。

虛，寬貌。邪，《爾雅》作徐。只且，語助也。言風既寒涼，雪又假甚，凛乎不可留也。故願愛我者攜手同去，避之。然亦豈可虚徐乎，風雪甚亟矣。本緣君政酷暴，托於咨怨祁寒，詩人之忠厚。

北風其喈，雨雪其霏。惠而好我，攜手同歸。其虚其邪，既亟只且！

喈，疾聲也。北風怒而有聲，不止於凉。霏，雪密也。雨雪散而四下，更甚於雱。行尚未定所之歸，則去而不返。

莫赤匪狐，莫黑匪烏。惠而好我，攜手同車。其虚其邪，既亟只且！

狐、烏，喻流民也。畏冒風雪，蒙頭逃竄，人見其蒙裹之狀，有赤者、有黑者，類狐烏爾。朱子云：「同行同歸，猶賤者也同車，則貴者亦去矣。」

《北風》三章，章六句。

《北風》，畏寒也。嚴急之政，譬如北風；慘虐之形，甚於雨雪。民盡流亡而君不恤。君子見幾，不終日去爾。

靜女其姝，俟我於城隅。愛而不見，搔首踟躕。

靜，閑靜也。姝，美色也。城隅，後宫幽閑之地，妃媵所居。言女有靜德，待禮而動。居於後宫，以俟進御，有禮也。然徒愛此人而不見，搔其首而躑躅然。瑞玉曰：「設言爾，下二章同。」

靜女其變，貽我彤管。彤管有煒，説懌女美。

彤管，赤筆管，女史記事規誨所執也。女，汝，汝彤管也。言靜女或貽我彤管，欲見規誨，我則説懌而美之，欲受其箴規。《春秋传》云：「《靜女》之三章，取彤管焉。」

自牧歸荑，洵美且異。匪女之爲美，美人之貽。

牧，田官也。荑，茅始生也。女，汝，汝荑也。言荑潔白，有自牧來歸者，我願貽靜女供祭祀。非美其荑，美其得人而貽之。言靜女之德與荑宜稱，且答彤管。

《靜女》三章，章四句。

《靜女》，《序》云：「刺時也。」瑞玉曰：「思靜女者，思其幽閑之德，以禮進見於君。彤管取其有禮法也，歸荑取其奉祭祀也。當時實無此女，有則可以配人君爾。」

新臺有泚，河水瀰瀰。燕婉之求，籧篨不鮮！

牟氏曰：「泚，汗也。新臺有愧，汗流爲河之瀰瀰也。」余曰：「籧篨，粗竹席。借言醜疾也。鮮，少也。」瑞玉曰：「宣公臨河爲臺，欲媚伋妻，求其安順於己，此醜行也。如是人乃亦不少。」

新臺有洒，河水浼浼。燕婉之求，籧篨不殄！

牟氏曰：「新臺洒恥之水流爲河之浼浼也。」余曰：「洒雪新臺則河水爲浼。殄，絶也。」瑞玉曰：「如是人亦復不絶。」

魚網之設，鴻則離之。燕婉之求，得此戚施！

離，麗也。瑞玉曰：「設魚網反得鴻，迎子婦反得妻。宣公惟求安順於己，故得此醜惡之疾。」籧篨軀胸，戚施駝背，喻俯仰有愧。

《新臺》三章，章四句。

《新臺》，《序》云：「刺衛宣公也。納伋之妻，作新臺於河上而要之，國人惡之而作是詩也。」瑞玉曰：「《經》皆刺宣公。如《箋》説，乃刺宣姜矣。非《序》意也，故正之。」

二子乘舟，汎汎其景。願言思子，中心養養！

二子，伋、壽也。乘舟，渡河如齊也。養養，猶漾漾。言二子乘舟汎汎然，望見其影猶在水中。我心憂之，不能定，猶冀其亡去。

二子乘舟，汎汎其逝。願言思子，不瑕有害！

言二子乘舟遂逝，望之不復見影。我思此往，或不有瑕害乎。疑其生存，閔而諱之。

《二子乘舟》二章，章四句。

《二子乘舟》，瑞玉曰：「閔伋、壽也。二子争死，衛人言其當去不去，死不爲義。晉申生，衛伋、壽，愚孝也。君子不忍，責而閔之。」

《邶》十九篇。

鄘

汎彼柏舟，在彼中河。髧彼兩髦，實維我儀。之死矢靡它。母也天只！不諒人只！

髧，髮垂貌。髦，子事父母之飾。言舟在河中，猶婦在夫家，是其常處。夫死不忍斥言，故言髧彼兩髦之人，實我之匹，至己之死，誓無它心。母也、天也，乃不信之乎！母愛女甚於父，故獨言之。

汎彼柏舟，在彼河側。髧彼兩髦，實維我特。之死矢靡慝。母也天只！不諒人只！

河側舟不行，猶夫家婦不去。特，獨也。夫一而已，靡它不它適，靡慝并無邪，思純節也。再言「不諒人只」，深絶之。

《柏舟》二章，章七句。

《柏舟》，《序》云：「共姜自誓也。」衛世子共伯死，妻少，父母欲嫁之，守義不許，遂誓。其家不復往。聖人録之，比於《春秋》紀叔姬之節。

牆有茨，不可埽也。中冓之言，不可道也。所可道也，言之醜也。

茨，蒺藜也。中冓，中夜也。宫人言：「牆上生茨，不可埽之；處内有人焉，中夜私言不可道説。」聞者詰之言：「子姑道其可道者。」答曰：「言之醜也，我不敢道。」

牆有茨，不可襄也。中冓之言，不可詳也。所可詳也，言之長也。

襄，除也。又詰之，使詳言。答曰：「言之長也，我不能言，言亦不盡。」

牆有茨，不可束也。中冓之言，不可讀也。所可讀也，言之辱也。

束，束而去之。讀，抽也。又詰之：「使抽擇言之。」答曰：「言之辱也，我不欲言，言恐污我齒頰。不言之言，深於言。」

《牆有茨》三章，章六句。

《牆有茨》，《序》云：「衛人刺其上也，公子頑通乎君母，宫人疾之而不敢言。」牆茨之蔓不可除，除則傷牆。中冓之醜不可揚，揚則傷君。不欲指其地，表牆以見之。如晉惠賈后之事。

君子偕老，副笄六珈。委委佗佗，如山如河，象服是宜。子之不淑，云如之何！

副，后、夫人首飾，編髮爲之。笄，衡笄也。珈玉飾笄，其數六也。委佗，猶委蛇，言其安舒。如山，言其静重。如河，言其流動。象服，法服也。宜，稱也。言有與君子偕老之人，容飾如此。詩人指而歎之曰：「如子而猶云不善，當復如何始善也。」宣姜非能與君子偕老，又其行實不善，見者若爲不知而美之。案，《禮》曰：「寡君使某如何不淑。」此言宣公殂謝，不得偕老也。而靚裝刻飾，當復誰適爲容也。

玼兮玼兮，其之翟也。鬒髮如雲，不屑髢也。玉之瑱也，象之揥也。揚且之皙也。胡然而天也！胡然而帝也！

玼，鮮盛貌。翟，祭服。鬒，黑也。如雲，美且多也。髢，髮也。瑱，塞耳，玉爲之。揥，摘髮，象骨爲之。揚且，疑古美人名，又或歎美辭也。皙，白也。人見其美而怪歎之曰：「天也，帝也，胡然而生如是人。」蓋尤物也。

瑳兮瑳兮，其之展也。蒙彼縐絺，是紲袢也。子之清揚，揚且之顔也。展如之人兮，邦之媛也！

瑳，鮮白也。展，以禮見君及賓客之服。絺之細者曰縐。紲，束縛也。袢字从半，衣之半也。以展衣蒙縐絺，是紲其袢，使不露也。清，目清明也。揚，眉上廣也。顏，額角豐也。展，即展衣也。言如此衣展衣之人兮，乃邦之美女也。西河毛氏曰：「袢如後世半臂半袖。」

《君子偕老》三章，一章七句，一章九句，一章八句。

《君子偕老》，《序》云：「刺衛夫人也。」夫人無小君之德。其服飾非不善也，儀容非不美也，苟不知其人將謂與「君子偕老」之人爾。

爰采唐矣？沬之鄉矣。云誰之思？美孟姜矣！期我乎桑中，要我乎上宫，送我乎淇之上矣。

唐，蒙菜也。孟姜，貴族也。桑中，上宫游觀之所，猶鄭溱洧也。我，代淫者稱我也。言汝將采唐沬鄉，托辭也，實思孟姜而往會之爾。又思其期約迎送之地。詩人言：「汝所思者，人皆知之，謂當戒不」？

爰采麥矣？沬之北矣。云誰之思？美孟弋矣。期我乎桑中，要我乎上宫，送我乎淇之上矣。

弋亦貴族也。沬北不必有孟弋。

爰采葑矣？沬之東矣。云誰之思？美孟庸矣。期我乎桑中，要我乎上宫，送我乎淇之上矣。

庸亦貴族也。沬東不必有孟庸，因其思而廣言之。

《桑中》三章，章七句。

《桑中》，思奔也。虽思而未奔，未奔而有思。余問：「姜、弋、庸皆著姓，何惧稱孟？期、要、送何故同地？」瑞玉曰：「設辭爾。衛當宣惠之世，男女奔誘，世族宣淫。詩人幻其辭以戒之。事本非有，故地處偶同。然直刺人惡，非所謂厚也。其不爲洩冶之續與。」

鶉之奔奔，鵲之彊彊。人之無良，我以爲兄！

鶉，鷂屬。奔奔，喜鬭貌，惡亂其匹也。彊彊，難偶貌，傳枝而孕也。人，謂公子頑。我，我惠公也。言鶉鵲各有偶。人之無良，不若物矣，我乃以爲兄。奔奔、彊彊，從逸齋范氏説。又《禮·表記》《注》云：「姜姜，賁賁，争鬭惡貌也。」

鵲之彊彊，鶉之奔奔。人之無良，我以爲君。

人，謂宣姜。君，小君也。

《鶉之奔奔》二章，章四句。

《鶉之奔奔》，刺淫也。鶉、鵲，物之不淫者也，故載於篇。

定之方中，作于楚宮。揆之以日，作于楚室。樹之榛栗，椅桐梓漆，爰伐琴瑟。

定，營室也。方中，昏中也。宮，宗廟也。室，居室也。榛、栗，供籩實。椅、梓，桐之屬，漆以飾器。四木皆琴瑟材也。言文公作楚丘宮室，占星揆日，又種六者之木，阜財用興禮樂焉。樹木不取飾觀，秉心塞也。養木用於十年，秉心淵也。

升彼虚矣，以望楚矣。望楚與堂，景山與京，降觀于桑。卜云其吉，終焉允臧。

虚，土阜也。堂，邑名。景，日景也。京，高丘也。言營室之先，升高以望楚丘與旁邑，可都否也；景山勢與高丘，可據否也；下觀桑野，可蠶否也。人謀定矣，卜之龜。龜兆云吉，其繇云：「終焉信善。」

靈雨既零，命彼倌人，星言夙駕，説于桑田。匪直人也，秉心塞淵，騋牝三千！

靈，善也。星，雨止星見也。馬七尺以上爲騋。三千，言多也。文公方春雨降，命駕戴星而出，往爲辭説於桑者、田者，人富足矣。然匪但人也，因其秉心塞淵，雖馬亦將蕃庶焉。瑞玉曰：「騋牝貴息也，駉牡貴用也。」

《定之方中》三章，章七句。

《定之方中》，美再造也。懿公死，衛國滅。戴公廬漕，又死。文公立而迁楚丘，營建宮室，度地居民，勤勞以致殷富，詩人美之爾。

蝃蝀在東，莫之敢指。女子有行，遠父母兄弟。

蝃蝀，虹也，映日而見。在東，暮虹也。「莫之敢指」，諱惡之也。瑞玉曰：「女子在室有惡，父母兄弟指之。行嫁而遠至親，無人敢指也。」

朝隮于西，崇朝其雨？女子有行，遠父母兄弟。

隮西，朝虹也。崇，終也。虹見則雨止，喻淫奔不久合也。又言遠兄弟父母，父母恩重也。余問：「東西有何義？」瑞玉曰：「猶東家食而西家宿然。」《日知録》曰：「朱子引《周禮》十煇注，以隮爲虹，是也。謂不終朝而雨，止則未然。諺曰東虹晴、西虹雨。其雨者，雨也。」

乃如之人也！懷昏姻也！大無信也！不知命也！

女曰昏，男曰姻。乃有如是之人，既定昏姻，又懷之，大無貞信，不知天命，甚不可也。懷則猶未奔。不言其人，諱之爾。此謂莫之敢指。

《蝃蝀》三章，章四句。

《蝃蝀》，《序》云：「止奔也。」衛之文公修明禮教，人見思奔之女而止之。女尚未奔，故得言止。《逸周書》云：「虹不藏，婦不專一。」虹乃陰陽不正之气，故以喻淫。

相鼠有皮，人而無儀。人而無儀，不死何爲？

相，助也。相鼠，禮鼠也，拱立作人狀，如相禮者然。居然人也，但無威儀爾。「人而無儀」，是亦鼠矣，不如死也。

相鼠有齒，人而無止。人而無止，不死何俟？

止，容止也。皮有文如儀，齒不動如止。

相鼠有體，人而無禮。人而無禮，胡不遄死？

體，支體也。儀、止皆禮之文，人有禮則生，無禮則死。

《相鼠》三章，章四句。

《相鼠》，《序》云：「刺無禮也。」文公敬教，勸學人見無禮之人而刺之。謂之死者，禮儀所以省察禍福，知人存亡生死之節者也。《白虎通》引此篇云：「妻諫夫之詩也。」瑞玉曰：「婦詛夫，大不敬。己則無禮而責人乎？」案，《困學紀聞》十八卷韓文公城南聯句：「禮鼠拱而立出。」《關尹子》：「圣人師拱鼠制禮。」閻若璩案：「陳第季立曰：『相鼠似鼠頗大，能人立，見人則立舉其前兩足，若拱揖然。曾於薊門山寺見之。僧曰：此相鼠也。』及檢《埤雅》，已有載矣。蓋見人若拱，似有禮儀，《詩》之所以起興也。今解曰：相，視也。鼠，蟲之可賤惡者，意義索然。」按：《説文》引此詩亦以相爲視，誤也久矣。余讀《毛傳》已云然。〇按：李時珍《本草》云：「黄鼠晴暖則出坐穴口，見人則交其前足拱而如揖，乃竄入穴，即《詩》所謂相鼠者也。」古文謂之鼦鼠，遼人呼爲貔貍。〇按：貔貍見《方言》，與此異也。今東齊謂之貔子，亦曰狐貍。李時珍以黄鼠爲貔貍，恐非。

孑孑干旄，在浚之郊。素絲紕之，良馬四之。彼姝者子，何以畀之！

孑孑，特出貌。干旄，注旄牛尾於干首，建車後也。素絲，束帛也。紕之，總比爲兩束也。兩服兩驂爲四馬。言賢人在浚，大夫以束帛乘馬往見之。觀者創見而喜，謂：「彼姝子，宜如何與之。」答其勤。

孑孑干旟，在浚之都。素絲組之，良馬五之。彼姝者子，何以予之！

鳥隼曰旟，下邑曰都。在郊，始入境；在都，漸近矣。組之，合爲三束也。五之，益一驂也。

孑孑干旌，在浚之城。素絲祝之，良馬六之。彼姝者子，何以告之！

析羽爲旌。城，都城也。祝之，屬爲四束也。六之，又益一驂也。去賢遞近，禮數遞加，皆設辭爾。

《干旄》三章，章四句。

《干旄》，《序》云：「美好善也。」文公授方任能，其臣多好善。浚有賢者，大夫往見之，人欲賢者不辜所求爾。雖稱姝子，意在誇美大夫禮義之勤。《春秋傳》云：「干旄何以告之？」取其忠也。

載馳載驅，歸唁衛侯。驅馬悠悠，言至於漕。大夫跋涉，我心則憂。

弔失國曰唁。衛侯，戴公也。瑞玉曰：「夫人言：我自欲馳驅歸唁衛侯於漕，令但令大夫跋涉而往，非我心，我則憂之。」

既不我嘉，不能旋反？視爾不臧，我思不遠。既不我嘉，不能旋濟？視爾不臧，我思不閟！

牟氏曰：「嘉，慶也。父母在爲嘉。爾，爾衛也。不臧，謂國滅。」余曰：「思不遠，謂心至衛也。閟，閉也。言宗國破滅，我不幸不能還反視之，然我思則不遠。又言我不幸不能還救濟之，然我思則不閉。」退山徐氏曰：「爾，爾許人也。爾亦視爾父母兄弟有災患不臧事，其心如何？則我之思不遠矣。不閟，猶言易曉。」

陟彼阿丘，言采其蝱。女子善懷，亦各有行。許人尤之，衆穉且狂。

偏高曰阿丘。蝱，貝母也。既不得歸，思又不閟，假言欲登山采藥療鬱疾。瑞玉曰：「女子陰性閉固，有感則懷，沈綿不解，故曰善懷。猶工欲善事之善。古注云多懷，非也。」余曰：

「尤，過也。善懷雖女子之常，然今所懷亦各有道，不可以常理非之。乃許人尤我，曰：衆婦女何知，穉且狂爾，我是以不敢。」

我行其野，芃芃其麥。控于大邦，誰因誰極？大夫君子，無我有尤。百爾所思，不如我所之！

控，告也。因，藉也。極，至也。衛滅在周十二月，夏之十月，此詩蓋作於十月、十一月之間，麥苗於時芃芃然。假言我欲踐循麥田而歸。問其控於大邦，誰因乎？誰極乎？許人无識，則尤我。大夫君子有知者，當不我尤。所以須歸者，爾衆君子即百思不如我身一往也。欲歸，情也。不歸，義也。發乎情，止乎禮義，夫人之行也。瑞玉曰：「夫人古烈女也，申包胥似之。」

《載馳》四章，二章章六句，二章章八句。

《載馳》，《序》云：「許穆夫人作也。」衛滅，國人分散，渡河廬漕立戴公。許穆夫人傷許之弱，力不能救，思歸唁兄，義不可，則使大夫趨而往。夫人曰：「是未若吾往也。」且許能唁之，不能存之。存之者唯大邦而可，亦以風許人也。其後齊桓公命公子無虧率車三百乘往，卒復衛。

鄘十篇。

衛

瞻彼淇奥，緑竹猗猗。有匪君子，如切如磋，如琢如磨。瑟兮僩兮！赫兮咺兮！有匪君子，終不可諼兮！

奥，厓内深處也。猗猗，少而美也。匪、斐通，文章貌。切磋，骨角也。琢磨，玉石也。瑟，嚴密貌。僩，武毅貌。赫，盛大貌。咺，光明貌。諼，忘也。言緑竹少而美，得水土之滋潤；君子少而文，由學修之增益；恂慄中存，威儀外賁，君子德盛文粹，故人不能忘。瑞玉曰：「『終不可諼』，蓋武公没而人頌之辭。」

瞻彼淇奥，緑竹青青。有匪君子，充耳琇瑩，會弁如星。瑟兮僩兮！赫兮咺兮！有匪君子，終不可諼兮！

青青，壯而盛也。琇瑩，美石也。會，縫也。玉飾皮弁，縫中皪皪如星也。言緑竹壯而盛，君子之文亦壯而盛。服飾尊嚴，敬而有容。不言「如切如磋、如琢如磨」，功益純深，不顯其迹。

瞻彼淇奥，緑竹如簀。有匪君子，如金如錫，如圭如璧。寬兮綽兮！猗重較兮！善戲謔兮，不爲虐兮！

簀，棧也。如簀老而密也。金錫言其精純，圭璧言其温潤。或云：「如金如錫」，知柔知剛也；「如圭如璧」，能圓能方也。寬綽，舒緩也。猗，歎辭；又，倚也。式上横木曰較，與式重疊，故言重較。憑式則容，俯倚則較，不俯不仰，得其中也。虐，害也。言緑竹老而密，君子之文亦老而密，寬嚴應節，張弛得中。不言「瑟兮僩兮、赫兮咺兮」，君子成德爲行，合外内之道。

《淇奥》三章，章九句。

《淇奥》，《序》云：「美武公之德也。」武公之謚曰「武」，而詩人美其文，武言功，文言德也。然克治之嚴，文德亦由武功勝與。孔子云：「吾於《淇奥》見學之可以爲君子。」

考槃在澗，碩人之寬。獨寐寤言，永矢弗諼！

考，成也。架木爲屋曰槃。山夾水曰澗。寬，屋大也。矢，誓也。言成屋於山水之間，澗地偪仄，碩人居之乃寬然。獨寐寤，覺而言先王之道。自愛其廬，長誓不忘，美其執德宏信道篤也。

考槃在阿，碩人之薖。獨寐寤歌，永矢弗過！

曲陵曰阿。薖，《説文》云：「草也。」過，踰也。在阿之盧皆蓬蒿，碩人居之，以爲無踰此者。

考槃在陸，碩人之軸。獨寐寤宿，永矢弗告！

高平曰陸。山中有澗。澗旁有阿，阿上有陸也。軸，車軸也。在陸之盧旁有軸，門外無他人車轍也。碩人居之，以爲不可告人。人知其處將迹之，無爲獨宿也。

《考槃》三章，章四句。

《考槃》，美隱也。賢人結盧山間，有終焉之志。山中人望其盧而歎焉。孔子云：「吾於《考槃》見遯世之士，而無悶於世。」

碩人其頎，衣錦褧衣。齊侯之子，衛侯之妻。東宫之妹，邢侯之姨，譚公維私。

頎，長貌。錦，文衣也。褧，禪衣也。子，女也。東宫，太子也。妻子姊妹曰姨，姊妹之夫曰私。諸侯之女嫁於諸侯則尊同。

手如柔荑，膚如凝脂。領如蝤蠐，齒如瓠犀，螓首蛾眉。巧笑倩兮！美目盼兮！

凝脂，冰脂也。蝤蠐，蝎蟲也。瓠犀，瓠瓣也。螓首廣而方，蛾眉細而長。倩，口輔好也。

盼，黑白分也。《箋》云：「此章説莊姜容貌之美，所宜親幸。」戴氏曰：凝即冰字。

碩人敖敖，説于農郊。四牡有驕，朱幩鑣鑣，翟茀以朝。大夫夙退，無使君勞！

敖敖，徐行也。幩，鑣飾也。馬銜外鐵曰鑣，人君朱絲纏之，曰「朱幩鑣鑣」，兩鑣也。夫人以翟羽飾車。茀，蔽也。余問：「夫人來舍，止近郊，君當輟朝親迎，何假復言夙退？」瑞玉曰：「於禮，大夫見小君。此言朝廟畢，大夫執贄見，當早退，無使小君久勞苦，不得與君相親。歎今不然也。」

河水洋洋，北流活活。施罛濊濊，鱣鮪發發，葭菼揭揭。庶姜孽孽，庶士有朅！

河在齊西、衛東北流入海。罛，魚罟也。濊濊，罟入水聲。發發，魚尾著網聲。《釋文》馬氏説。葭，蘆也。菼，薍也。揭揭，長貌。庶姜，媵妾。孽孽，盛飾貌。庶士，媵臣。朅，武壯貌。言夫人渡河而來，魚岸葭林照耀行色，庶姜、庶士輝映河濆。又明嫁時備禮，何爲不見答。

《碩人》四章，章七句。

《碩人》，《序》云：「閔莊姜也」。余問：「莊姜賢而美，《經》何不言其賢？」瑞玉曰：「曉庸主法爾。族類之貴，容貌之美，禮儀盛多，士女佼好，皆俗情欣艷之事，夫人兼有之。視嬖妾何如也，而不見答也。」

氓之蚩蚩，抱布貿絲。匪來貿絲，來即我謀。送子涉淇，至于頓丘。匪我愆期，子無良媒。將子無怒，秋以爲期。

氓，民也。蚩蚩，敦厚貌。布，泉也。瑞玉曰：「《傳》云：『布，幣也。』幣可抱，泉不可抱。」余曰：「古無以帛爲布，亦無以幣爲布者。《周禮·載師》鄭司農云：『里布者，布參印書，廣二寸，長二尺，以爲幣貿易物。』即引此『抱布貿絲』是也。貿絲，四月之時。」瑞玉問：「奔豈有媒？復約秋期，寧由媒説也？」余曰：「男女約昏必先有行，媒議未成，男子遂假貿絲自來誘之。女怨男，言：『前者子用媒不良，令我衍期，不時歸。』男答言：『請子無怒，至秋當復來與子爲後期。』」

乘彼垝垣，以望復關。不見復關，泣涕漣漣。既見復言，載笑載言。爾卜爾筮，體無咎言？以爾車來，以我賄遷。

垝，毁也。復關，地名。《箋》云：「猶有廉恥之心，故因復關以托號民。」是也。體，卦兆也。前言「秋以爲期」，至秋不來，乘垣望之。不見則悲，既見而喜，笑而言焉。男言無用媒矣，我已卜爾筮爾爲室家，繇無凶咎之辭。女言既吉矣，則以爾車來迎我，我以財賄徙往就汝。此再約也。

桑之未落，其葉沃若。于嗟鳩兮，無食桑葚。于嗟女兮，無與士耽！士之耽兮，猶可說也。女之耽兮，不可說也。

沃若，潤澤貌。鳩，鶻鳩也。耽，樂也。桑葉沃而鳩食葚，初夏時也。女既再與男約，結定秋期。因憶貿絲之時，父母微知其謀，吁嗟戒女。言鳩食桑葚則醉而傷性，女與士耽則淫而傷禮。又言：「女之耽兮」，不可解說。重戒之。此女自悔不听父母言也。

桑之落矣，其黄而隕。自我徂爾，三歲食貧。淇水湯湯，漸車帷裳。女也不爽，士貳其行。士也罔極，二三其德！

帷裳，童容也。爽，明也。行，路也。桑葉黄落，季秋時也。此時男以車來迎，遂從我室往之汝家。汝家乏食已三歲，貧矣！來時淇水漸濕車帷，由女畏人，昧爽行，士不敢與同路而貳之。言已冒險難而來，今士反「二三其德」而棄我。余問：「既賄遷，何憂食貧？」瑞玉曰：「男狹邪不務生業，女饒資財何益也！」

三歲爲婦，靡室勞矣。夙興夜寐，靡有朝矣。言既遂矣，至于暴矣。兄弟不知，咥其笑矣。静言思之，躬自悼矣。

言爲婦三歲以來，食貧勞苦，無有居室之樂。早夜而起，不知朝寢之安。始而謀約之言既遂矣，今至以暴虐加我。我兄弟不知，知將笑我。以我不聽父母之戒也。自思自愧，躬自傷悼而已。

及爾偕老，老使我怨？淇則有岸，隰則有泮。總角之宴，言笑晏晏。信誓旦旦，不思其反。反是不思，亦已焉哉！

泮，厓也。總角，結髮也，女子未笄之飾。晏晏，和柔也。旦旦，明也。瑞玉曰：「平旦氣清，要質鬼神，尤可憑信。故曰『信誓旦旦』。『及爾偕老』，即信誓之辭也。」余問：「爲婦三歲即見棄，何遽言老？」瑞玉曰：「食貧之婦，容華易落，得不速老也！言始誓『與爾偕老』，今老反使我怨。淇之岸、隰之泮，我昔從此道而來，今不堪追憶也。」瑞玉問：「束髮已私相宴安，言笑何待貿絲時？」余曰：「總角相狎，比長男女別嫌，不復通問。及貿絲相誘，始成信誓。我當時爲信，曾不思其言可復否，不思其復則反是者，不思及今而棄其信誓。亦已矣！雖悔可追也。」案：晏晏二字出《尚書·堯典》：「欽明文思安安。」《考靈耀》作晏晏。鄭氏注：「寬容覆載謂之晏。」馮衍《顯志賦》：「思唐虞之晏晏。」第五倫上疏：「體晏晏之姿。」

《氓》六章，章十句。

《氓》，棄婦自悔也。男女無別，始相奔誘，華落色衰，旋相背棄，因而自悔。作者序其事以風焉。

籊籊竹竿，以釣于淇。豈不爾思？遠莫致之！

籊籊，長而殺也。言我昔時釣游之地，今雖思之，遠莫能至。本緣義不得歸，言遠者，托辭爾。

泉源在左，淇水在右。女子有行，遠父母兄弟。

泉源，百泉也，在衛西北。淇水在衛西南，故曰左右。言二水之間是衛國也，我父母兄弟在焉，但女子有行當遠爾，不得歸見之。

淇水在右，泉源在左。巧笑之瑳，佩玉之儺。

瑳，鮮白色。笑而見齒瑳然也。儺，柔緩貌。佩玉而要身裹儺也。又言二水之間，我諸姑姊妹遊焉，如聞笑語之聲，如見佩玉之狀。我曾不得追陪之。

淇水滺滺，檜楫松舟。駕言出遊，以寫我憂！

滺滺，遠水貌。柏葉松身曰檜。楫，所以櫂舟也。言遥望「淇水滺滺」，然有舟楫在焉，以遨以嬉，可以寫憂。己不得然，故思之。

《竹竿》四章，章四句。

《竹竿》，《序》云：「衛女思歸也。」欲歸寧不得，因憶故鄉風景之樂，以抒己志爾。

芄蘭之支，童子佩觿。雖則佩觿，能不我知。容兮遂兮！垂帶悸兮！

芄蘭，蔓生。支，枝同。觿以解結，成人佩之。容，容與貌。遂，舒肆貌。悸，驚動也。言芄蘭支柔弱，不成爲支也，童子雖佩觿，不稱其佩也，才能不足見知於我，乃舒緩放肆，舉止輕佻，垂帶數摇，如悸然。

芄蘭之葉，童子佩韘。雖則佩韘，能不我甲。容兮遂兮，垂帶悸兮！

韘，決也，能射御則佩之。甲，長也。言芄蘭葉細碎不成爲葉也，童子雖佩韘不稱其佩也。佩觿又佩韘，言性好無常，其才能不足長於我，徒修飾容觀爾。

《芄蘭》二章，章六句。

《芄蘭》，《序》云：「刺惠公也，驕而無禮。」

誰謂河廣？一葦杭之。誰謂宋遠？跂予望之。

杭，渡也。跂，企也。言河廣而一束葦可渡，宋遠而一跂足可望，則非廣遠矣。徐氏曰：「義之所在，廣於河，遠於宋。」

誰謂河廣？曾不容刀。誰謂宋遠？曾不崇朝。

刀，舠通，小船曰刀。不容刀，亦喻狹也。不崇朝，亦喻近也。

《河廣》二章，章四句。

《河廣》，思子也。《序》云：「宋襄公母歸於衛，思而不止，故作是詩也。」《説苑》云：「宋襄公爲太子請於桓公曰：『請使目夷立。』公曰：『何故』？對曰：『臣之舅在衛，愛臣。若終立，則不可以往。』」是其事也。《孔疏》云：「此假有渡者之辭，非喻夫人之嚮宋渡河也。此文公之時，衛已在河南，自衛適宋不渡河。」

伯兮朅兮！邦之桀兮！伯也執殳，爲王前驅。

伯，夫之字也。殳，檜屬。前驅，先行也。再言伯考，誇美之。朅然武勇，素稱邦之英桀，而今執殳爲王前導也。

自伯之東，首如飛蓬。豈無膏沐，誰適爲容？

飛蓬，喻髮亂也。膏以澤髮。沐，潘也。適，主也。言自伯東行從王，婦以夫爲主，故却膏沐不爲容飾。

其雨其雨？杲杲出日。願言思伯，甘心首疾！

杲杲，日色明貌。瑞玉曰：「先言其雨者，雨暫止而日出。再言其雨者，雨旋止日復出也。軍行以雨爲憂，以晴爲喜，故思及之，『願言思伯』。《箋》於《詩》願言之言俱訓爲我，朱子或訓念。然訓言爲念，思又爲念，恐文義重沓。竊謂言者，口道之也。心有所思，口輒道之。」余問：「何以言先於思？」答曰：「名言在兹，允出在兹。凡《詩》中『願言思』連文者倣此。」

焉得諼草？言樹之背。願言思伯，使我心痗！

諼，忘也。背，北堂也。言憂能生疾，恐危身，欲求忘憂之草而樹之。又言凡憂可忘，思伯之憂不可忘。不獨首疾，又心痗也。

《伯兮》四章，章四句。

《伯兮》，怨久役也。古者師出不踰時，所以厚民性也。瑞玉曰：「篇内言伯者六，前二皆言伯兮，其四直呼曰伯。思專情切，不覺數言之。又曰『誰過爲容』，見其貞静專一也。」

有狐綏綏，在彼淇梁。心之憂矣，之子無裳！

綏，安也。子陳子曰：「狐善疑，聽冰而渡，冬涉者視狐跡爲候。」愚謂之子謂涉者也。言有狐安安然在淇水之梁，蓋冰未合不可渡，渡則濡裳矣，故憂之。

有狐綏綏，在彼淇厲。心之憂矣，之子無帶！

厲，《説文》云：「旱石也。」累岸石水中，踐之以渡。狐在厲，則亦未可渡。帶所以束裳，憂濡帶，則水又深。

有狐綏綏，在彼淇側。心之憂矣，之子無服！

側，岸旁也。狐在水側，愈不可渡。服，謂衣也。憂濡衣，則水益深。

《有狐》三章，章四句。

《有狐》，子陳子曰：「刺川無梁也」。十月成梁，先王之令。衛亂無政，民憂徒涉爾。

投我以木瓜，報之以瓊琚。非報也，永以爲好也。

木瓜，楙也。瓊，赤玉也。琚，佩玉名。詩人假言朋友相與投薄報厚，猶云非報，姑以結好爾。况齊德於衛，奚啻木瓜之比，知何以報之？報施必於相當，薄俗之道然。

投我以木桃，報之以瓊瑶。匪報也，永以爲好也。

瑶，美玉也。木桃小於瓜，瓊瑶美於琚。

投我以木李，報之以瓊玖。匪報也，永以爲好也。

玖，青玉也。木李又小於桃，瓊玖更美於瑶。

《木瓜》三章，章四句。

《木瓜》，《序》云：「美齊桓公也。」桓公救衛而存之，衛人思欲厚報爾。孔子云：「吾於《木瓜》見苞苴之禮行。」

衛十篇。

王

彼黍離離！彼稷之苗。行邁靡靡，中心摇摇。知我者，謂我心憂；不知我者，謂我何求。悠悠蒼天！此何人哉？

離離，垂貌。稷，穄也。瑞玉曰：「稷今俗謂之穀，稙者蚤穀，晚者秋穀，熟之先後，常距月餘。此云苗，蓋秋穀也。下云穗實，蓋蚤穀也。然黍常云離離，豈黍亦有秋蚤也？」余曰：「靡靡，疲乏貌。言周地皆爲秦有，彼黍彼稷，外之之辭。我行路見之，心中摇摇然驚動。但人心不同，不知我之憂者，將謂此固民田爾，徘徊又何求？因呼蒼天，此何王之宫廟也？不忍斥言之。」

彼黍離離，彼稷之穗。行邁靡靡，中心如醉。知我者，謂我心憂；不知我者，謂我何求。悠悠蒼天！此何人哉？

穗，秀也。夏又見之。如醉者，初見揺揺驚動，少時沈冥如醉。

彼黍離離，彼稷之實。行邁靡靡，中心如噎。知我者，謂我心憂；不知我者，謂我何求。悠悠蒼天！此何人哉？

稷之實，八月時也。秋又見之。如噎者，憂深窒塞，如咽噎然。

《黍離》三章，章十句。

《黍離》，《序》云：「閔宗周也。」平王東遷，岐豐八百里之地奄爲秦有。故宫遺址在禾黍間，行路人傷之而作。

君子于役，不知其期。曷至哉？雞棲于塒，日之夕矣，羊牛下來。君子于役，如之何勿思？

鑿墻曰塒。羊性畏露，晚出早歸，常先於牛也。言行役之久，音問闊絶，不知歸期當以何時。至今見雞棲日夕，羊牛來暮，此是行人至家之候，猶不至，則如何勿思。

君子于役，不日不月。曷其有佸？雞棲于桀，日之夕矣，羊牛下佸。君子于役，苟無飢渴？

佸，會也。桀，杙也。塒内而桀外，故先見棲塒，後見棲桀。瑞玉曰：「俗云雞上柴晚，主天晴。」余曰：「佸，閉也。羊牛闢閉，其家苟且也。且得無飢渴，不敢望速歸。」

《君子于役》二章，章八句。

君子陽陽，左執簧，右招我由房，其樂只且！

《君子于役》，《序》云：「刺平王也。」周民役役無期度，婦人思之。豈戍申、戍許時與？房，奏樂之處。國君有房中之樂。言君子爲伶，意氣陽陽然自得。左手執笙簧，右手招我使由房，甚樂也。

君子陶陶，左執翿，右招我由敖，其樂只且！

陶陶，喜樂貌。翿，舞羽也。敖，舞位也。簧房肆其歌聲，翿敖習其舞容。

《君子陽陽》二章，章四句。

《君子陽陽》，《序》云：「閔周也。」君子隱於伶，相招爲禄仕，全身遠害爾。

揚之水，不流束薪？彼其之子，不與我戍申？懷哉懷哉！曷月予還歸哉？

揚，激揚也。牟氏曰：「水閡於石勢激揚也。」余曰：「申，姜姓國，平王母家也。言水石激揚，不能流移束薪，以興室家阻遠，不能與我戍申。是以思之甚，何月得歸見之？古者行役三月而返。」

揚之水，不流束楚？彼其之子，不與我戍甫？懷哉懷哉！何月予還歸哉？

甫，吕也，亦姜姓國。當時蓋以申故並戍之。

揚之水，不流束蒲？彼其之子，不與我戍許？懷哉懷哉！曷月予還歸哉？

蒲，草也。一云：蒲，柳也。許亦姜姓國。

《揚之水》三章，章六句。

《揚之水》，《序》云：「刺平王也。」申國近楚而被伐，其於平王讎也，於法不當戍，戍亦不當遣畿内之民，又不當無期度。故戍者怨思。

中谷有蓷，暵其乾矣。有女仳離，嘅其嘆矣。嘅其嘆矣，遇人之艱難矣！

蓷，益母草也。暵，燥也。乾，高地也。仳，別也。言歲旱草枯，興夫窮婦棄也。嘅歎而言，遇人之艱難，諒之也。瑞玉曰：「蓷資谷潤，婦藉夫恩，故以爲興。」

中谷有蓷，暵其脩矣。有女仳離，條其歗矣，條其歗矣，遇人之不淑矣！

脩，亦乾也；又平地也。條，長也。歗與嘯同。凶禍謂之不淑。《禮》云：「寡君使某，如何不淑？」

中谷有蓷，暵其濕矣。有女仳離，啜其泣矣。啜其泣矣，何嗟及矣！

濕，下地也。先暵乾地，又暵濕地，言旱甚也。嘅嘆之不足，則長嘯，長嘯之不足，則啜泣。「何嗟及」，言知其不可奈何而安之。

《中谷有蓷》三章，章六句。

《中谷有蓷》，《序》云：「閔周也。」凶年饑饉，室家相棄爾。牟氏曰：「爲婦人作。」

有兔爰爰，雉離于羅。我生之初，尚無爲。我生之後，逢此百罹。尚寐無吪！

爰爰，緩貌。言小人陰狡脱禍，君子耿介蒙殃。世亂極矣。然我生之初天下尚無事，及我生之後遭時多難，我願長寐無動，庶免於百憂。如晉范文子使祝宗祈死也。牟氏曰：「蓋生於厲王三十年以前，六七十歲人。」

有兔爰爰，雉離于罦。我生之初，尚無造。我生之後，逢此百憂。尚寐無覺！

罦，翻車，可以掩兔。造亦爲也。天下之亂，皆小人造之。覺，寤也。

有兔爰爰，雉離于罿。我生之初，尚無庸。我生之後，逢此百凶。尚寐無聰！

罿，罬也。三言有兔，小人多也。三言雉離，君子盡矣。庸，功也。天下之亂，小人反自以爲功。聰，聞也。

《兔爰》三章，章七句。

《兔爰》，《序》云：「閔周也。」君子不樂其生爾。牟氏曰：「爲老人作。」

綿綿葛藟，在河之滸。終遠兄弟，謂他人父。謂他人父，亦莫我顧。

綿綿，聯屬貌。岸上曰滸。言葛藟蔓河邊，憂在漂散。今兄弟離遠，終竟不得見，孤露無依，呼他人爲義父，人亦莫我顧也。

綿綿葛藟，在河之涘。終遠兄弟，謂他人母。謂他人母，亦莫我有！

水厓曰涘，更危於滸矣。謂人父者，則謂其妻也母。莫我有，視若無也。

綿綿葛藟，在河之漘。終遠兄弟，謂他人昆。謂他人昆，亦莫我聞！

岸爲水齧曰漘，更危於涘矣。昆，兄也。莫我聞，呼之不聞也。義母、義兄二本故。

《葛藟》三章，章六句。

《葛藟》，閔亂離也。牟氏曰：「爲兒童作。」

彼采葛兮，一日不見，如三月兮！

葛可以束。古老臣稱疾曰有采薪之憂，不能造朝。言彼以采葛而不時見君。懼讒人緣間而入，雖一日猶如三月之久也。霍光出沐，上官讒之。漢制五日一休沐。

彼采蕭兮，一日不見，如三秋兮！

蕭，萩也，樵蘇所采。三秋，不止三月矣，皆以多時况少時。萩音秋。《説文》云：「萩，蕭也。」《爾雅》誤作荻。荻，菼也，非蕭也。

彼采艾兮，一日不見，如三歲兮！

艾可以灸，爲疾故采之。三歲，不止三秋矣。

《采葛》三章，章三句。

《采葛》，《序》云：「懼讒也。」臣以故去君側，懼爲讒人所搆爾。

大車檻檻，毳衣如菼。豈不爾思？畏子不敢！

檻同轞，檻檻，車堅彊聲。毳衣，天子大夫之服。菼，薍也。毳五色備，其青者如菼也。瑞玉曰：「男女先爲私誓，及此大夫爲政，民畏之，所私者責其負約。」答之云：「爾不聞檻檻者非車聲乎？不見菼者非毳衣乎？我豈負約，不爾思者，直畏子大夫不敢爾。」案，毳衣即裘也。桓譚《新論》：「紫貂白狐，製以爲裘。鬱若慶雲，皎如荆玉，此毳衣之美也。」慶雲、荆玉，即如菼、如瑞之比。《中谷有蓷》《傳》云：「蓷，鵻也。」此云：「菼，鵻也。」按：鵻鳥非草名，蓷菼非一物。二傳又不應皆誤。《音義》云：「《爾雅》作萑。」但兩物不得同名，姑闕所疑。

大車哼哼，毳衣如璊。豈不爾思？畏子不奔！

哼哼，車重遲聲。璊，赬玉也。毳衣赤色如之。無媒而嫁曰奔。

穀則異室，死則同穴。謂予不信？有如皦日！

穀，生也。皦，白也。瑞玉問：「淫奔之人，生固異室，死豈同穴？謂大夫使夫婦有別，然夫婦正合，何須設誓？《經》又不見陳古刺今意。」余曰：「『穀則異室，死則同穴』，述前日誓辭也。今不奔矣，汝將謂予不信，不知予之信有如皦日爾。」

《大車》三章，章四句。

《大車》，有畏也。周大夫刑以防淫，私邑以治，民畏而歌之。瑞玉曰：「詩人代淫者之辭，爲大夫作。」

丘中有麻，彼留子嗟。彼留子嗟，將其來施施！

留，大夫氏。子嗟，字也。施施，舒行貌。言彼丘中有麻之處，留子嗟之廬在焉。隱於此，不來矣。我則願其來施施然。

丘中有麥，彼留子國。彼留子國，將其來食！

子國，亦字也，或云子嗟父，著其世賢。來食者，麥熟願與食新。

丘中有李，彼留之子。彼留之子，貽我佩玖！

之子，并指前二人也。「貽我佩玖」，君子思其人，冀得其物，則佩服不忘。

《丘中有麻》三章，章四句。

《丘中有麻》，《序》云：「思賢也。」留氏，周之賢人，遁於邱園。國人望其里居而歎焉。瑞玉曰：「人情好賢，經時輒思，每見新物，則益憶之。有麻，秋時；有麥，夏時，無時不思也。麻、麥，穀也，李，果也，無物不思也。」

王十篇。

卷二

國風下

鄭

緇衣之宜兮，敝，予又改爲兮。適子之館兮，還，予授子之粲兮。

緇，黑色。敝、還，皆一字句。粲，餐也，一云米也。言見賢人衣緇甚宜其德，若其敝時，我又改爲之。適其館舍，就與親洽。及我還時，又將饋食之。君子愛其人，衣服如見之，飲食如見之，惟其誠而已。

緇衣之好兮，敝，予又改造兮。適子之館兮，還，予授子之粲兮。

好，鮮新也。衣改爲，故見其好。敝，則又改造之，無厭心。又言授粲，再飯也。

緇衣之蓆兮，敝，予又改作兮。適子之館兮，還，予授子之粲兮。

蓆，大也。衣改造而寬大。敝，則又改作之，無儉心。又言授粲，三飯也。

《緇衣》三章，章六句。古注章四句。

《緇衣》，好賢也。孔子云：「吾於《緇衣》見好賢之至。」瑞玉曰：「舊云鄭武公養賢而賦《緇衣》，非賢武公也。」

將仲子兮！無踰我里，無折我樹杞。豈敢愛之？畏我父母。仲可懷也；父母之言，亦可畏也！

將，請也。仲子，祭仲也。里，居也。杞，柳屬。仲陰與莊公謀除叔段，公拒之。非愛弟也，欲厚其毒而去之。詩人窺其謀，誅其意爾。余問：「里、牆、園有何義？」瑞玉曰：「里較遠，喻無洩於國也。洩於國，父母知之，將謫我。母，謂武姜也。」余曰：「懷私曰懷。言仲可私懷之，無多言。』

將仲子兮！無踰我牆，無折我樹桑。豈敢愛之？畏我諸兄。仲可懷也；諸兄之言，亦可畏也！

瑞玉曰：「牆稍近，喻無洩於朝也。洩於朝，諸大夫知之，將議我。諸兄，公族也。」

將仲子兮！無踰我園，無折我樹檀。豈敢愛之？畏人之多言。仲可懷也；人之多言，亦可畏也！

園，圃也。檀，彊韌之木。瑞玉曰：「園尤深隱，喻無洩於後宫也。洩於後宫，左右之人將漏言於外，謀敗矣。人，謂近臣也。」

《將仲子》三章，章八句。

《將仲子》，《序》云：「刺莊公也。」瑞玉曰：「篇内通作隱語。假莊公戒仲之辭。『無踰我里』，喻無談我家事也。『無折我樹杞』，喻無勸我除段也。仲謂公曰：『今京不度，非制也。將不堪，宜削其地。』公答言：『削其地，顧令彼坐而疑我矣。姑待之。』仲不復言，卒與公伐叔段而奔之。」

叔于田，巷無居人。豈無居人？不如叔也，洵美且仁！

叔，共叔段也。巷，里塗也。仁，謂分禽均也。言叔往田獵，衆聚觀之。里巷之内，空如無人。皆嗟歎，言不如叔美爾。

叔于狩，巷無飲酒。豈無飲酒？不如叔也，洵美且好！

冬獵曰狩，狩畢則飲酒於里巷。好，謂獻酬歡洽。

叔適野，巷無服馬。豈無服馬？不如叔也，洵美且武！

郊外曰野。飲酒畢，又馳馬於野外。武謂控御驅騁。

《叔于田》三章，章五句。

《叔于田》，《序》云：「刺莊公也。」處叔于京，號京城大叔。馳騁弋獵，輕佻飛揚，閭里少年，朋游追逐，競爲誇美，而公不禁。君子閔之而作。

叔于田，乘乘馬。執轡如組，兩驂如舞。叔在藪，火烈具舉。襢裼暴虎，獻于公所。將叔無狃，戒其傷女！

乘馬，四馬也。在旁曰驂。如組，成文不亂；如舞，諧和中節；御之善也。藪，禽府也。火，火田也。襢裼，肉袒也。徒手搏獸曰暴。言叔往田獵，騁馬皆御。沿藪舉火，著其狂暴。又攘臂逞勇，欲搏虎獻公。其徒戒云：「請叔無習此事，恐或傷汝也。」述其往復之辭，以爲笑樂。

叔于田，乘乘黄。兩服上襄，兩驂雁行。叔在藪，火烈具揚。叔善射忌，又良御忌。抑磬控忌，抑縱送忌。

内馬曰服。襄，駕也。雁行，差後也。忌、抑，皆語辭。磬，折也。控，止也。以實良御也。縱，發矢。送，逐禽。以實善射也。言叔又乘四黄馬，輕無度也。楚子見右廣欲乘，屈蕩户之曰：「君以此始，亦以此終。」

叔于田，乘乘鴇。兩服齊首，兩驂如手。叔在藪，火烈具阜。叔馬慢忌，叔發罕忌。抑釋掤忌，抑鬯弓忌。

驪白雜毛曰鴇。齊首，不先後也。如手，相左右也。阜，火燼也。田事且畢，示其整暇。掤，疑以手控勒馬之名。釋掤，示閑逸也。鬯，弓弢。鬯弓，示不用也。言叔又乘四鴇，夸其多馬且遍能服之。火燼山積，著其甚暴。終事釋掤，以實馬慢也。鬯弓，以實發罕也。《傳》云：「掤，所以覆矢。」謂箭筒蓋也。愚按：「掤字從手，則非器名。《春秋傳》執冰自作冰，非掤也。又乘馬慢發罕之文，亦不合偏言弓矢。」

《大叔于田》三章，章十句。

《大叔于田》，《序》云：「刺莊公也。」叔游獵無度，輕揚自喜，而公不禁。君子風之而作。二詩名篇既同，加大以別之。

清人在彭，駟介旁旁。二矛重英，河上乎翱翔！

彭，地名。介，甲也。旁旁，非一方也。二矛，酋矛、夷矛也。英，飭也。言高克在軍，無事介馬而馳。長矛不刺，翱游河上而已。不言高克而言清人，主帥無威，賤之爾。

清人在消，駟介麃麃。二矛重喬，河上乎逍遥！

消，亦河上地名。麃麃，武貌。矛之上勾曰喬。英敝而喬存。

清人在軸，駟介陶陶。左旋右抽，中軍作好！

軸，亦河上地名。師久不歸，數有遷徙。陶陶，閑適貌。止馳駟馬，不建二矛，無鬬志矣。左軍旋反，右軍抽退，中軍高克徒爲好。言鎮之而不能也，潰矣！

《清人》三章，章四句。

《清人》，《序》云：「刺文公也。」高克專利而不顧其君，文公惡之，使將清邑之兵禦狄河上，久不召而師潰。高克奔陳。公子素作是詩。

羔裘如濡，洵直且侯。彼其之子，舍命不渝！

直，順也。侯，美也。言羔裘潤澤，毛順而美。彼服此裘者寧舍君命不變其操，稱其服也。牟氏曰：「侯，君也。信正直且宜爲君侯。之子，指直臣。」

羔裘豹飾，孔武有力。彼其之子，邦之司直！

飾，緣袖也。臣不純羔，言豹甚武而有力，故服。其所飾裘者如之，而爲邦之直主。牟氏曰：「孔武有力，美君也。」

羔裘晏兮，三英粲兮。彼其之子，邦之彦兮！

晏，安也。服稱其德則安。三英，裘飾也。裘黑而英白，故粲然光明。彦，美士也。牟氏曰：「羔裘晏，服之以晏樂也。微著所以諫者。」

《羔裘》三章，章四句。

《羔裘》，美直也。牟氏曰：「鄭之君荒於耽樂，有直臣進諫，頓絶羔裘，著牽裾之節。君仁臣直，詩人美而爲之辭。先美其裘，美其君而遂美其臣也。」

遵大路兮，摻執子之袪兮。無我惡兮，不寁故也？

寁，速也。瑞玉曰：「民間夫婦偶以細事争忿，夫循大路而去，婦從後挽留之，言：『子無以小嫌而惡我，不可以倉卒棄故舊也。』動以夫婦舊恩，則怒心平。以《經》言寁，故知事由倉卒爾。」

遵大路兮，摻執子之手兮。無我魗兮，不寁好也？

魗同醜。瑞玉曰：「婦人挽留情急，初擥之得其袪，又擥之得其手。復言無以色衰而魗我，不可以倉卒棄情好也。婦辭愈婉，夫怒愈平。」

《遵大路》二章，章四句。

《遵大路》，瑞玉曰：「留夫也。民間夫婦反目，夫怒欲去，婦懼而挽之。聖人取此者，見夫義婦順，雖有小嫌，婦當降下於夫，不可自尊而失婉順之禮也。」

女曰雞鳴，士曰昧旦。子興視夜，明星有爛。將翱將翔，弋鳧與鴈。

昧，晦也。旦，明也。明星，啓明也。翱翔，飛貌。弋，繳射也。女促男曰：「雞鳴矣，可以興。」士答曰：「昧旦乃興，未晚也。」女又促曰：「子起視夜色，明星當爛然，天曙矣。」宿鳥將翱翔飛去，子起弋射之。

弋言加之，與子宜之。宜言飲酒，與子偕老。琴瑟在御，莫不静好。

加，中也。宜，烹調也。女言：「子若弋得鳧鴈，我當與子和調其宜，以之飲酒和樂，期於偕老。」家庭雍雍，則雖琴瑟在御，亦莫不安静和好。謂器用之屬，不有怪孽。

知子之來之，雜佩以贈之。知子之順之，雜佩以問之。知子之好之，雜佩以報之。

知，相知，謂摯友也。來，往來也。雜佩，觿燧箴管之屬。問，遺也。女又言：「子之相知者若來，與子道德滋益，於其去當解雜佩贈之。或身不來而情相順愛者，亦當解佩遺人問之。或彼遺人通問叙好，亦當解佩報答其意。」佩，微物也，而可以結良友，故反復之。

《女曰雞鳴》三章，章六句。

《女曰雞鳴》，美賢婦也。家道興於儆勤，婦職成於和敬，德業資於仁賢。兹三善也，又皆出婦人之意，述以美之。凡男子游惰，皆女子逸欲導之爾。周宣晏起，姜后脱簪。詩以「女曰」發端，篇内凡言子者，皆女謂男之辭。教戒而成德，女良友也。又不自功而欲益友以成之，賢矣。

有女同車，顔如舜華。將翺將翔，佩玉瓊琚。彼美孟姜，洵美且都！

舜，木槿也。佩玉有珩、璜、琚、瑀之類。孟姜，即同車者也。都，閑雅也。言群女同車出遊，望其顔色如舜華。下車翺翔而行，佩服甚盛，其中絶美者爲孟姜。不獨信美，而且閑雅尤可敬。忽何不取之？

有女同行，顔如舜英。將翺將翔，佩玉將將。彼美孟姜，德音不忘！

行，路也。下車同遊於路。英，猶華也。將將，美玉聲，即德音也。不忘者，人既過去，音猶在耳。

《有女同車》二章，章六句。

《有女同車》，惜忽也。世子忽以事至齊，齊侯請妻之，忽辭。忽從者言齊女出遊，人望見之，美而賢也。

山有扶蘇，隰有荷華。不見子都，乃見狂且！

扶蘇，疑草名。荷，蘘荷也，依陰濕而生。都，閑美也。狂，狂人也。且，語辭。言山隰草卉各有其宜，以興朝廷之上美惡易位也。《傳》云：「扶蘇，小木。」未見所出。又云：「荷華，扶蕖也。」《經》云隰有，則非水草。蘘荷莖葉似薑。潘岳《閒居賦》「蘘荷依陰」是也。按《傳》曰：「扶蘇，扶胥。」疑是本名，非凡小木即名扶蘇也。又按：蘇、胥二字古多通用。《戰國策》以包胥爲勃蘇，《越絶書》以姑蘇爲姑胥。《淮南子》亦云句踐甲卒三千人以擒夫差於姑胥。《國語》、《史記》并作姑蘇。

山有橋松，隰有游龍。不見子充，乃見狡童！

橋，木名，一作喬。游，放縱也。龍，紅草也。不見充實忠良之士，乃見狡詐而少不更事之人。

《山有扶蘇》二章，章四句。

《山有扶蘇》，《序》云：「刺忽也。所美非美然。」朱子云：「賢者佞，智者愚也。」

蘀兮蘀兮，風其吹女？叔兮伯兮，倡予和女！

蘀，落葉也。倡、和，喻同志也。言槁葉風吹不能久矣。叔伯諸臣豈可坐視？有倡予者，我則和之爾。

蘀兮蘀兮，風其漂女？叔兮伯兮，倡予要女！

漂，飄同。要，約也。漂甚於吹，要急於和。《蘀兮》，閔忽也。弱不能自存，危亡將至。蘀兮風吹，凄然有歲寒摇落之感。華谷嚴氏云：「小臣憂國，呼諸大夫而告之。」

《蘀兮》二章，章四句。

彼狡童兮，不與我言兮。維子之故，使我不能餐兮！

彼，外之之辭。狡童，目權臣也。子，親之之辭。又，諸侯即位，未踰年稱子，謂忽也。言狡童專謀，不與我言，憂其蔽君。維此之故，使我不遑餐也。

彼狡童兮，不與我食兮。維子之故，使我不能息兮！

食，食禄也。息，安寢也。權臣專其謀禄，賢人廢其食寢。

《狡童》二章，章四句。

《狡童》，憂忽也。權臣擅命，不與賢人圖事，君子憂之。

子惠思我，褰裳涉溱。子不我思，豈無他人？狂童之狂也且！

褰，《説文》云：「袴也。」子，謂君也。我，我賢者也。言子心誠愛我，我則涉溱從子。不然我即去，豈無他人從子乎？但狂童之狂，若此無可爲者，恐他人亦不留爾。

子惠思我，褰裳涉洧。子不我思，豈無他士？狂童之狂也且！

溱、洧未必褰裳可渡，假言爾。士，未仕之稱。

《褰裳》二章，章五句。

《褰裳》，思去也。權臣擅命，賢人去之，憂國無與立爾。

子之丰兮，俟我乎巷兮，悔予不送兮！

子，謂婿也。丰，豐滿也。我，女之父母自我也。巷，門塗也。送，謂遣女也。禮，嫁女往送之門。言婿之面貌丰丰然，善人也。己來親迎，俟於門外，我不送女與俱行，今悔之。

子之昌兮，俟我乎堂兮。悔予不將兮！

昌，盛壯貌。堂，謂寢廟之堂。《士禮》：「受女於廟、庶人於寢，皆在堂也。」將，將女也。婿親迎見於舅姑，舅姑承子以授婿，是將女之義。

衣錦褧衣，裳錦褧裳。叔兮伯兮，駕予與行！

錦衣，庶人之妻嫁服，上加禪縠，在塗以蔽塵也。婦人之服不殊裳。言裳者，韻句爾。瑞玉曰：「叔、伯，女之伯父叔父也。既告之悔，因呼兄弟曰：『女衣裝備具，可以行嫁。汝其駕我之車，追而行之。』」

衣錦褧裳，衣錦褧衣。叔兮伯兮，駕予與歸！

歸，嫁也。瑞玉曰：「行，在塗也；歸，至家也。」

《丰》四章，二章章三句，二章章四句。

《丰》，美有禮也。余問：「若謂男行而女不隨，《經》當云悔予不從，何云不送？迎己者一而已，叔則非伯，伯即非叔，抑二人與？」瑞玉曰：「女之父母辭也。時有不備禮而迎者，父母不肯遣女。既悔，追而遣之，得禮之變矣。詩人述其事，爲之辭。」

東門之墠，茹藘在阪。其室則邇，其人甚遠！

除地爲町曰墠。茹藘，茅蒐也。陂者曰阪。言門之旁有墠，墠之外有阪。人爲圃畦而茹藘生之，其間有隱者之室。但室雖邇，人則遠爾。

東門之栗，有踐家室。豈不爾思？子不我即！

栗，表道樹也。踐，行迹也。言門之旁有栗，栗之下有人，行迹通至隱者之家。但我雖思爾，爾不我就爾。按：踐，居也。《方言》：「慰廛度尻也。江淮青徐之間曰慰，東齊海岱之間或曰廛、或曰踐。」

《東門之墠》二章，章四句。

《東門之墠》，思隱士也。大隱在城。市東門之外有隱君子之廬，人望之而不得即焉爾。「有踐家室」《韓詩》作「有靖家室。」注云：「靖，善也。」言東門之外、栗樹之下有善人，可與成爲家室也。

風雨淒淒，雞鳴喈喈。既見君子，云胡不夷！

淒淒，寒涼也。喈喈，聲和也。瑞玉曰：「寒雨荒雞，無聊甚矣。此時得見君子，云何而憂不平。故人未必冒雨來，設辭爾。」

風雨瀟瀟，雞鳴膠膠。既見君子，云胡不瘳！

瀟瀟，暴疾也。膠膠，聲雜也。瑞玉曰：「暴雨如注，群雞亂鳴，此時積憂成病。見君子則病愈。」

風雨如晦，雞鳴不已。既見君子，云胡不喜！

晦，昏也。已，止也。瑞玉曰：「雨甚而晦，雞鳴而長，苦寂甚矣。故人來，喜當何如！」

《風雨》三章，章四句。

《風雨》，瑞玉曰：「思故人也。風雨荒寒，雞聲嘈雜，懷人此時尤切。或亦夫婦之辭。」

青青子衿，悠悠我心。縱我不往，子寧不嗣音？

衿，領也。青衿，學子之服。瑞玉曰：「師憂弟子廢學而言。彼青衿之子，頑童也，我心長思之。縱我不往館中，子寧輟絃誦之音聲？」

青青子佩，悠悠我思。縱我不往，子寧不來？

佩，綬也。士佩瓀珉而青組綬。瑞玉曰：「縱我有時不往，子寧不來學舍？」

挑兮達兮，在城闕兮。一日不見，如三月兮！

挑，輕躍貌。達，方曠也。城闕，城臺也，登高候望之所。瑞玉曰：「師入學乃見諸弟子皆不來，迹之，嬉戲城上，於是歎言，一日不視學舍，業荒廢如三月之久也。」

《子衿》三章，章四句。

《子衿》，《序》云：「刺學校廢也。」世亂學荒，生徒解散。師儒閔其弟子失學而作。瑞玉曰：「師儒以事去館，士子舍業嬉之而遊。憂之而作。」

揚之水，不流束楚？終鮮兄弟，維予與女。無信人之言，人實迋女。

鮮，寡也。迋，欺也。牟氏曰：「水閡於石不流楚，兄弟間於人不親睦，皆非其性也。」余曰：「初多兄弟而終寡，産有存者二人爾。若復信人言迋汝，則一身之外更無人矣。」

揚之水，不流束薪？終鮮兄弟，維予二人。無信人之言，人實不信！

迋者，一時妄言；不信，素日不誠。

《揚之水》，二章，章六句。

《揚之水》，刺不睦也。兄弟之不睦，由於信人言。

出其東門，有女如雲。雖則如雲，匪我思存。縞衣綦巾，聊樂我員！

縞，繒，白色。綦，蒼艾色。巾，頭巾也。員，助益也。言東門外遊女衣飾艷冶，爛然如雲，而我不思者，由我自有婦爾。衣服雖貧陋，實我之内助，聊可與樂之。

出其闉闍，有女如荼。雖則如荼，匪我思且。縞衣茹藘，聊可與娱！

闉，曲城。闍，城臺。荼，茅秀也。如荼，衣服輕揚也；茹藘，染絳裳色也，亦貧女之服。然且可與共歡娱。

《出其東門》，二章，章六句。

《出其東門》，録賢也。雖見衆婞，所思不存。淫泆之情，生於不足。綦縞堪娱，糟糠不厭，謂之賢者也。

野有蔓草，零露漙兮。有美一人，清揚婉兮。邂逅相遇，適我願兮！

蔓，延也。露棲草上，動之則零。瑞玉曰：「方春草長，群女出遊。人見其尤美者一人，眉目清揚，貌又婉順，喜於邂逅遂願也。」

野有蔓草，零露瀼瀼。有美一人，婉如清揚。邂逅相與，與子偕臧！瑞玉曰：「『婉如清揚』，既婉如又清揚，審視之更見其美也。『與子偕臧』，言欲嘉禮會合，思不及亂。」

《野有蔓草》二章，章六句。

《野有蔓草》，喜遇也。瑞玉曰：「鄭國之俗，士女春遊，踏草而歌。詩人道其慕説之意爾。後人賦詩斷章，遂爲遇賢之作。」

溱與洧，方渙渙兮。士與女，方秉蕑兮。女曰觀乎？士曰既且。且往觀乎？洧之外，洵訏且樂。維士與女，伊其相謔，贈之以勺藥。

渙渙，冰解水盛貌。蕑，蘭也。采蘭水上，祓除不祥。且，語辭；一云與徂同。勺藥，香草也。瑞玉曰：「春水方渙，士女秉蘭而遊，此士女未嫁娶者也。又有夫婦偕往者，女問男曰：『往觀乎？』士答曰：『已觀矣。』因謂女曰：『且往觀乎？洧水之外，其地信寬大可樂。其人則士女相謔，贈勺藥結姻好也。汝盍往觀之。』」

溱與洧，瀏其清矣。士與女，殷其盈矣。女曰觀乎？士曰既且。且往觀乎？洧之外，洵訏且樂。維士與女，伊其將謔，贈之以勺藥！

瀏，清貌。冰初解，水尚濁，久而清也。殷，衆也。士女秉蕑，遊者愈衆。將，相將也。

《溱洧》二章，章十二句。

《溱洧》，《序》云：「刺亂也。」瑞玉曰：「鄭國之俗，三月上巳修禊溱洧之濱。士女遊觀，折華相贈，自擇婚姻。詩人述其謡俗爾。」

齊

雞既鳴矣，朝既盈矣。匪雞則鳴，蒼蠅之聲。

蠅有蒼者先旦而起。瑞玉問：「朝别色始入，君日出而視，雞鳴豈即朝盈之時？蠅聲天將曙，雞鳴夜半後，安得誤蠅聲爲雞鳴？」余曰：「賢妃恐君晏起，初告曰：『雞鳴矣，可以起。』有頃曰：『朝盈矣，當即起。』又曰：『匪但雞鳴，蠅已飛起作聲矣。』三告也。」

東方明矣，朝既昌矣。匪東方則明，月出之光。

昌，盛也。朝臣衆盛。東方明，始曙也。月之光，日射也，既明月猶光者，望後晦前，天曙月方出，映日而有光。

蟲飛薨薨，甘與子同夢？會且歸矣，無庶予子憎。

蟲飛薨薨，即謂蠅也。甘，嗜也。蟲飛之時，人尤甘寢。瑞玉問：「古注會朝之人且罷歸，恐未安。」余曰：「會且，猶行將也。賢妃告去，曰我行且歸矣。無以我故而我予子憎。」

《雞鳴》三章，章四句。

《雞鳴》，美賢妃也。《書傳》云：「大師奏《雞鳴》於階下，夫人鳴玉佩於房中，告去。」齊、魯《詩》云：「佩玉晏鳴，關雎歎之。」賢妃御於君所，心常儆畏，恐君晏起，留色廢事，數告戒之。詩人述以美焉爾。

子之還兮，遭我乎狃之間兮。並驅從兩肩兮，揖我謂我儇兮。

還，便旋貌。狃，山名，曠閑之地，遠於田禾，避蹂踐也。肩，三歲獸肩相及者。儇，勇捷貌。子還我儇，互相美也。從兩肩，尚勇也。并驅，貴和也。揖我，有禮也。

子之茂兮，遭我乎狃之道兮。並驅從兩牡兮，揖我謂我好兮。

茂、好，皆謂才藝美也。牡，獸尤難從者。

子之昌兮，遭我乎狃之陽兮。并驅從兩狼兮，揖我謂我臧兮。

昌、臧，皆謂容貌美也。狼，猛捷獸，尤難從者。一説狼上食必先倒立以卜所向，獵師遇之輒喜。狼所向，獸所在也。

《還》三章，章四句。

《還》，美讓也。古者田獵講禮讓，蒐狩習威儀。雖馳逐原野，猶相推賢能焉。齊自太公以降，五世之君，皆無失德。内有《雞鳴》、外有《還》。二詩未詳何世，大抵開國遺風與。

俟我於著乎而，充耳以素乎而，尚之以瓊華乎而。

著，門外表著之位。素，紞色也。瓊華，佩玉也。言婿親迎至女家，俟立於門外之著。主人出揖之初，見其冠旁有充耳，懸以素絲；復見衣旁有佩玉，加以瓊華。特舉二者，表上下之服，夸其貴盛也。

俟我於庭乎而，充耳以青乎而，尚之以瓊瑩乎而。

門内曰庭。主人揖，婿入廟門，至階。主人升西面，賓升北面，奠鴈，是俟於庭也。瑩，玉光潤也。

俟我於堂乎而，充耳以黄乎而。尚之以瓊英乎而。

階上曰堂。女立於房中南面，婿奠鴈畢，受女於堂，導以出，是俟於堂也。青黄皆紞之色。

英，赤華也，玉之光色。

《著》，美親迎也。士有親迎者，女家悦其服飾之盛，君子喜其重大昏之禮，述以美焉爾。《著》三章，章三句。

瑞玉曰：「《經》未見刺不親迎意。」

東方之日兮，彼姝者子，在我室兮。在我室兮，履我即兮。

東方日出，謂朝旦也。姝子，喻賢人也。履，迹也。言朝旦之時，賢人已來在我室。我意猶未足，於其去也，欲迹而就之。愛好之無已。

東方之月兮，彼姝者子，在我闥兮。在我闥兮，履我發兮。

東方月出，謂昏夜也。闥，門内也。發，起行也。於其去，我又欲起而從之。

《東方之日》二章，章五句。

《東方之日》，思君子也。人朝夕近君子則可以成德。

東方未明，顛倒衣裳。顛之倒之，自公召之。

顛倒，錯亂也。言東方未辨色之時，未著衣先著裳。所以如此顛倒者，以有自公所而來召者爾。

東方未晞，顛倒裳衣。倒之顛之，自公令之。

晞，日光氣也。東方日未晞之時，既著裳又欲著衣。所以如此倒顛者，又有自公所而來令者爾。

折柳樊圃，狂夫瞿瞿。不能長夜，不夙則莫。

柳，小楊也。樊，藩也。圃，菜園也。瞿瞿，驚顧貌。辰，時也。言折柳枝爲籬，人尚知畏。今以壺水司漏，曾不知時。不失之早，則失之晚也。

《東方未明》三章，章四句。

《東方未明》，刺挈壺氏也。時君興居無節，詩人微其意以責臣。古有挈壺氏以水火分日夜，以告時於君。

南山崔崔，雄狐綏綏。魯道有蕩，齊子由歸。既曰歸止，曷又懷止？

綏綏，安也。齊子，文姜也。歸，嫁也。言南山之上，雄狐安焉。齊子亦魯桓所安也，既歸魯，曷又懷於齊？

葛屨五兩，冠緌雙止。魯道有蕩，齊子庸止。既曰庸止，曷又從止？

緌，纓之垂者。瑞玉曰：「屨必兩，緌必雙，物各有耦。魯桓是齊子之耦也。」牟氏曰：「庸，常也。齊子常在魯，不應又從公如齊。」

蓺麻如之何？衡從其畝。取妻如之何？必告父母。既曰告止，曷又鞠止？

蓺，樹也。東西曰衡，南北曰從。《傳》云：「衡獵之，從獵之，種之然後得麻也。」牟氏曰：「取妻受之女之父母，不應又鞠養父母家。」又曰：「《萬章》所諭，斷章取義也。取妻者聽命於父母，何言告乎？」

析薪如之何？匪斧不克。取妻如之何？匪媒不得。既曰得止，曷又極止？

析，解也。極，至也。言魯桓既用媒聘正娶，當以禮法防禁，曷又與俱至齊？

《南山》四章，章六句。

《南山》，刺淫也。《春秋》桓十八年：「公、夫人姜氏遂如齊。」齊人刺焉。舊説刺襄公。瑞玉曰：「二章刺文姜，二章刺魯桓。《經》不言襄公，爲諱爾，亦不待言矣。」

無田甫田，維莠驕驕。無思遠人，勞心忉忉。

田，佃也。甫，大也。莠，草也。驕驕，張王貌。慶源輔氏云：「田甫田，妄作者也。思遠人，妄想者也。妄作事不遂，妄想心徒勞。」

無田甫田，維莠桀桀。無思遠人，勞心怛怛。

桀桀，放縱貌，甚於驕驕矣。怛怛，慘切貌，深於忉忉矣。

婉兮孌兮，總角丱兮！未幾見兮，突而弁兮！

婉孌，少好貌。總角，聚兩髦也。丱，兩角貌。弁，冠也。言少小之童子見之未久，忽然加冠爲成人。又明小可大、邇可遠也。

《甫田》三章，章四句。

《甫田》，戒荒也。騖於廣遠，志大心勞，所以求者非其道。《序》云：「刺襄公也。」無德而求諸侯。

盧令令，其人美且仁。

盧，田犬。令令，纓環聲。人見牽犬者，獵人爾，遂夸美之。所美非美也。

盧重環，其人美且鬈。

重環，子母環也。鬈，髮好貌。審視之，見其髮美。

盧重鋂，其人美且偲。

鋂，一環貫二也。偲，才也，一云多鬚貌。又視之，見其鬚美。

《盧令》三章，章二句。

《盧令》，《序》云：「刺荒也。」齊俗好田獵畢弋而不事事。時人夸其美，君子疾其荒爾。又按：《春秋》莊四年：「冬，公及齊人狩于禚。」詩豈作於斯時與？若如此，篇次當與《猗嗟》相比。

敝笱在梁，其魚魴鰥。齊子歸止，其從如雲。

鰥，大魚。歸，嫁也。牟氏曰：「笱制魚，夫制妻，自齊子之歸魯也，桓從之，如雲從風。」

敝笱在梁，其魚魴鱮。齊子歸止，其從如雨。

鱮，亦大魚。牟氏曰：「雲降爲雨，沛然從令。」

敝笱在梁，其魚唯唯，齊子歸止，其從如水。

唯唯，出入貌。牟氏曰：「雨下爲水，曲折從令。」

《敝笱》三章，章四句。

《敝笱》，刺魯桓公也。敝笱不能制大魚，孱夫不能制驕婦。婦從夫者也，夫子制義，從婦凶也。詩人謂魯桓有三從之道爾。

載驅薄薄，簟第朱鞹。魯道有蕩，齊子發夕。

薄薄，疾驅聲。簟，竹蓆。茀，車蔽。朱，漆也。鞹，革也。發夕，夜行也。言齊子疾驅，車出魯道而會齊侯。曰發夕，猶恥也。

四驪濟濟，垂轡瀰瀰。魯道有蕩，齊子豈弟。

驪，黑也。濟濟，美貌。瀰瀰，柔貌。豈弟，樂易也，不恥矣。豈弟之字從無以稱婦人者。

汶水湯湯，行人彭彭，魯道有蕩，齊子翱翔。

汶水在齊魯境上。言汶水之旁道上行人多，「齊子翱翔」彷徉於其間，大不恥矣。

汶水滔滔，行人儦儦。魯道有蕩，齊子遊敖。

儦儦，衆貌。遊敖，久而忘返矣。

《載驅》四章，章四句。

《載驅》，刺文姜也。馳驅於通道大都，初猶隱之，後而彰矣。《春秋》自莊二年至七年夫人姜氏會齊侯者五。

猗嗟昌兮，頎而長兮。抑若揚兮，美目揚兮。巧趨蹌兮，射則臧兮！

猗嗟，歎辭。抑若揚，言其體俯猶如人之仰，實其頎長也。美目揚，目好眉揚也。巧趨蹌，疾徐中節也。射則臧，善威儀也。《禮·大射》「張皮侯而棲鵠」，此章蓋大射。

猗嗟名兮，美目清兮。儀既成兮，終日射侯。不出正兮，展我甥兮！

名，猶稱也。儀既成，言終事禮無違也。張布曰侯，侯中曰正。姊妹之子曰甥。瑞玉曰：「『展我甥兮』，歎美辭，説者謂拒時人，言『齊侯之子』，則輕薄語矣。」余曰：「賓射，張布侯而畫正。此章蓋賓射。」《傳》云：「目上爲名，目下爲清，二尺曰正，外孫曰甥。」此四句皆可疑，闕之。

猗嗟孌兮，清揚婉兮。舞則選兮，射則貫兮。四矢反兮，以禦亂兮！

孌，壯好貌。婉，眉目好也。選，異等倫也。貫，中而貫革也。反，復中其故處也，可以禦亂。此章蓋軍射。

《猗嗟》三章，章六句。

《猗嗟》，刺魯莊公也。美於容貌技藝，詩人三歎嗟之。將有大不美者與！而詩人終不言之。抑微致其意焉。射則臧矣，如內行何？展其甥矣，如其母何？四矢之禦亂也。禦其外而亂其內，如其國何？

齊十一篇。

魏

糾糾葛屨，可以履霜。摻摻女手，可以縫裳。要之襋之，好人服之！

糾糾，猶繚繚。摻摻，猶纖纖。婦三月廟見，執婦功。女，未成婦也。要，裳要。襋，衣領。好人，亦謂女也。服，事也。言葛屨可履霜者，爲儉爾。女手可縫裳者，爲勤爾。不獨裳可縫，要襋之屬，新人皆整治之。

好人提提，宛然左辟。佩其象揥。維是褊心，是以爲刺！

提提，安舒貌。宛然，曲遜貌。左辟，讓而避者必左也。「佩其象揥」，此句上下疑有脱文，與上章句配也。刺，黹紩也。又言新人初至門，容止安詳，夫揖而入，不敢當尊讓而避左。又佩象揥爲飾，蓋尊貴之女也。維是君有褊急心，是以未三月而爲之刺繡縫裳爾。古者衣作會裳絺繡。絺，鄭康成《尚書注》讀爲黹紩也。

《葛屨》二章，一章六句，一章五句。下章疑脱一句。

《葛屨》，美勤儉也。魏地陿隘，其民機巧趨利，其君儉嗇褊急，然有聖賢之遺風焉。以德輔之，則明主也。孔子云：「與其奢也，寧儉。」儉故有取焉爾。

彼汾沮洳，言采其莫。彼其之子，美無度。美無度，殊異乎公路！

沮洳，下濕之地。莫，酸迷菜，俗名醋醋柳也。公路，當公路車之官。言汾水之旁有采菜者，人見其容儀美無限度。歎之曰：「此美無度者，殊不似公路家婦也」。

彼汾一方，言采其桑。彼其之子，美如英。美如英，殊異乎公行！

一方，水外之地。采桑，供蠶也。英，華也。公行，主兵車之行列。

彼汾一曲，言采其藚。彼其之子，美如玉。美如玉，殊異乎公族！

一曲，水灣之處。藚，水舄，即澤舄也。如玉，温潤也。公族，掌公宗族之官。

《汾沮洳》，三章，章六句。

《汾沮洳》，美勤儉也。魏之男女貴而能勤，富而能儉，水邊躬自采菜，人望見之，不知其貴家女也。瑞玉曰：「古者君夫人躬桑以蠶，大夫妻采蘋而祭。此詩猶《二南》矣，何刺焉？」余問：「公路舉官，則是大夫。玉英著美，又似女子。」答曰：「大夫妻爾，婦從夫之爵。」

園有桃，其實之殽。心之憂矣，我歌且謡。不知我者，謂我士也驕！彼人是哉，子曰何其。心之憂矣，其誰知之，其誰知之，蓋亦勿思！

殽，食也。合曲曰歌，從歌曰謡。士，未仕者也。彼人，當國者也。何其，語辭。言魏國貧困人皆采園桃而食，我心憂之，歌且謡。不知者反謂我貧賤驕人爾，且曰：彼肉食者謀之既是矣，子欲何爲乎？舉國無一知我者，憂亦何益？我自今蓋亦欲勿思矣！

園有棘，其實之食。心之憂矣，聊以行國。不知我者，謂我士也罔極。彼人是哉，子曰何其？心之憂矣，其誰知之？其誰知之，蓋亦勿思！

棘，小棗也。歌謡不已，聊且出行。國中不知者反謂我貧賤驕恣，無所至極爾。

《園有桃》二章，章十二句。

《園有桃》，《序》云：「刺時也。」國小而迫，其君儉以嗇而無德教，其臣惰以偷而無遠圖。國日侵削，君子憂之而作。

陟彼岵兮，瞻望父兮。父曰：嗟予子，彼役夙夜無已。上慎旃哉，猶來無止！

山有草木曰岵。已，逗遛也。上，登山也。旃，之也。猶，可也。孝子登山望父，如聞父念己曰：「嗟予子，行役當早起夜寢，無得已止，干軍法也。」又如父見己陟岵者，戒之曰：「上山須慎之，恐隕墜。可來則來，無止軍事而歸也。」父尚義。

陟彼屺兮，瞻望母兮。母曰：嗟予季，行役夙夜無寐。上慎旃哉，猶來無棄！

山無草木曰屺。季，少子也。無寐，不眠也。婦人憐少子，雖成人猶念其食寢。無棄，言無棄母不歸也。母尚恩。

陟彼岡兮，瞻望兄兮。兄曰：嗟予弟，行役夙夜必偕。上慎旃哉，猶來無死！

必偕，言必與同儕者偕，無獨行也。無死，言父母在，無輕生也。兄尚親。瑞玉曰：「父曰、母曰、兄曰以下，追憶臨行戒命也。孝子壹舉足，不敢忘父母；壹出言，不敢忘父母。『夙夜無已』，思不止也；『夙夜無寐』，思之長也；『夙夜必偕』，夢見之也。皆述父、母、兄念己之辭，不主行役者言。」

《陟岵》三章，章六句。

《陟岵》，孝子思親也。輔氏云：「行旅之人登高眺望，則必有思慕鄉里親舊之心。狄仁傑登太行山，望白雲而思親之在下也。」愚謂不言己思親，而言親念己，君子思其人如聞其語，聞其語如見其人，不自知其肖也。

十畝之間兮，桑者閑閑兮，行與子還兮。

十畝之間，民所受場圃也。桑者，采桑人也。閑閑，往來貌。還，歸也。言郊外場圃間，采桑男女往來閑閑然可樂也。采桑畢，復相招曰：「行乎，與子偕歸矣！」我今亦欲歸隱爾，人在朝市久則知田野親。

十畝之外兮，桑者泄泄兮，行與子逝兮！

十畝之外，鄰圃也。泄泄，舒緩貌。逝，往也。言行行不絕，有還者，有方往者。

《十畝之間》二章，章三句。

《十畝之間》，招隱也。朱子云：「賢者不樂仕於朝，思與友歸農圃。」蘇氏云：「有十畝之田，其所以爲樂，亦鮮矣。而可易仕之樂，則仕之不樂也甚矣。」

坎坎伐檀兮、寘之河之干兮；河水清且漣猗。不稼不穡，胡取禾三百廛兮？不狩不獵，胡瞻爾庭有縣貆兮？彼君子兮，不素餐兮！

坎坎，用力聲。伐檀，爲車也。干，厓也。牟氏曰：「寘斯人於河干」，是也。漣，風行水成文也。猗，語辭。種曰稼，斂曰穡，一夫所居曰廛。貆，貉子也。彼君子斥伐檀人也。素，空也。言伐檀之人高隱河濱，注目清漣，聊可忘饑。在位小人乃不稼穡而取禾，不狩獵而得獸，胡爲乎不見彼河干之君子義不素餐也。

坎坎伐輻兮，寘之河之側兮；河水清且直猗。不稼不穡，胡取禾三百億兮？不狩不獵，胡瞻爾庭有縣特兮？彼君子兮，不素食兮！

直，直波也。十萬曰億，禾秉數也。三歲曰特。

坎坎伐輪兮，寘之河之漘兮；河水清且淪猗。不稼不穡，胡取禾三百囷兮？不狩不獵，胡瞻爾庭有縣鶉兮？彼君子兮，不素飧兮！

淪，風旋水成文也。囷，圓倉也。飧，水澆飯也。旦曰餐，午曰食，夕曰飧。

《伐檀》三章，章九句。

《伐檀》，《序》云：「刺貪也。」君子高隱，有功而無禄；小人貪鄙，食禄而無功。

碩鼠碩鼠！無食我黍。三歲貫女，莫我肯顧。逝將去女，適彼樂土。樂土樂土！爰得我所！

貫，習也。樂土，有道之國。民苦追呼，假言大鼠竊食，自今無復食我黍也。我畜養汝三年矣，曾不顧念我習慣之恩。我往矣，將去汝適樂土，於以安生而得所。

碩鼠碩鼠！無食我麥。三歲貫女，莫我肯德。逝將去女，適彼樂國。樂國樂國！爰得我直？

無食我麥，待之次年夏也。德，恩意也。直，伸也。適樂國則怨得伸。

碩鼠碩鼠！無食我苗。三歲貫女，莫我肯勞。逝將去女，適彼樂郊。樂郊樂郊！誰之永號？

無食我苗，又待之次年春也。合之爲三歲。古者三年校民數而定版籍。勞，勤苦也。永號，長呼也。適樂郊，誰復追呼者。

《碩鼠》三章，章八句。

《碩鼠》，怨追呼也。民困徵求催科之令時下，胥吏貪而不畏人，飽民之食而不知德，比於碩鼠然，惡而欲去之。詩人述其辭而作。

魏七篇。

唐

蟋蟀在堂，歲聿其莫。今我不樂，日月其除。無已大康，職思其居。好樂無荒，良士瞿瞿！

蟋蟀，蛬也，九月在堂。職，主也。瞿瞿，却顧貌。瑞玉曰：「三農畢務，民間燕會歌呼爲樂。少年歌曰：『蟋蟀在堂，歲聿其莫。今我不樂，日月其除。』老人意不謂然，乃賡歌曰：『無已大康，職思其居。好樂無荒，良士瞿瞿。』是則詩人所述，辭兼兩人，非文出一口爾。」

蟋蟀在堂，歲聿其逝。今我不樂，日月其邁。無已大康，職思其外。好樂無荒，良士蹶蹶！

邁，行去也。外，餘也。既思職内所居，又思職外所餘，則慮周也。蹶蹶，動而敏於事。

蟋蟀在堂，役車其休。今我不樂，日月其慆。無已大康，職思其憂。好樂無荒，良士休休！

役車，庶人所乘。歲晚農功畢，役車於是休止。慆，過也。憂，意外可憂者。休休，安閑貌。戒備於先則優裕於後。

《蟋蟀》三章，章八句。

《蟋蟀》，戒荒也。唐俗勤儉，歲晚務閑民間，燕飲歌呼，笑樂不忘規戒。詩人本其風俗，憂深思遠，有堯之遺風焉。

山有樞，隰有榆。子有衣裳，弗曳弗婁。子有車馬，弗馳弗驅。宛其死矣，他人是愉！

樞，刺榆。榆，白枌。婁亦曳也，或云牽也。宛，坐見貌。言山樞隰榆，良材也，可用。以興子有衣裳可端委朝廷，子有車馬可馳驅王路。乃虛擁所有不以自奉，身死之後徒供他人愉樂，爾復何有？牟氏曰：「子孫是他人。」

山有栲，隰有杻。子有廷內，弗洒弗埽。子有鐘鼓，弗鼓弗考。宛其死矣，他人是保！

栲，山樗。杻，檍也。保，居有也。言廷内洒埽自潔清，鐘鼓考擊爲燕樂，皆有用者，而亦不爲。

山有漆，隰有栗。子有酒食，何不日鼓瑟？且以喜樂，且以永日。宛其死矣，他人入室！

酒食、鼓瑟，不獨燕賓講禮，且可以歡欣喜樂，且可以永長此日，而復不爲。

《山有樞》三章，章八句。

《山有樞》，風吝嗇也。士大夫專殖自封，有資財而不用，呰窳偷安，君子勉以及時行樂爾。瑞玉問：「車馬鐘鼓非細民宜有，以爲答前篇，意竊恐未安。」余曰：「然《小序》亦失之，云刺昭公，亦非。章末二語非當施之君者，戒僚友則可爾。『宛其死矣，他人是愉』，亦不必他姓奪之。慳吝之家必有淫嗣，父祖半生辛苦，子孫一旦豪華。」

揚之水，白石鑿鑿。素衣朱襮，從子于沃。既見君子，云何不樂？

鑿鑿，鮮明貌。襮，領也。諸侯服繡黼領而丹朱純。子，謂其黨。君子，謂桓叔也。言水勢激揚，白石分明易見，曲沃耦國亦易見矣。「素衣朱襮」，始封之服。從其黨而入於沃，沃人得見新君，宜其樂而反不樂，何也？

揚之水，白石皓皓。素衣朱繡，從子于鵠。既見君子，云何其憂？

皓皓，潔白也。朱繡即朱襮。襮上繡爲黼也。鵠，曲沃旁邑。見君子宜樂，云何反有憂？

揚之水，白石粼粼。我聞以有命，不敢以告人！

粼粼，清澈貌。我，沃人自我也。言我所以不樂而憂者，聞其君臣有命。其事密，不敢告人，晉聞之乎不？

《揚之水》三章，二章章六句，一章四句。

《揚之水》，沃人憂亂也。晉昭侯封桓叔於沃，沃强晉弱，其黨潘父等助之，欲傾宗國，有密謀。君子微洩其事，風昭侯甚沃能戒之。

椒聊之實，蕃衍盈升。彼其之子，碩大無朋。椒聊且，遠條且！

椒，茮屬。聊、且，皆語助。朋，比也。遠條，長枝也。俗言椒正種多不實。磕擲其子，結實倍常。桓叔，晉之支裔。其封沃亦以遠之，不知乃成末大之漸。詩人感之而言。椒聊一實爾，無意種之，蕃衍乃盈升。一實且然，其後生子益將碩大無比。因歎枝條遠揚，末且愈大也。

椒，性芳香而辛，其旁草木不殖。晉沃亦莫能兩大。沃强，晉其微矣。

椒聊之實，蕃衍盈匊。彼其之子，碩大且篤。椒聊且，遠條且！

兩手爲匊，兩匊爲升，升不能容，故以匊也。碩大，其實茂。篤厚，其實堅。

《椒聊》二章，章六句。

《椒聊》，晉人憂亂也。《揚水》沃人作，故據沃言我。《椒聊》晉人作，故斥沃爲彼。皆忠於晉而不黨於沃者也。

綢繆束薪，三星在天。今夕何夕？見此良人。子兮子兮，如此良人何？

綢繆，纏綿也。三星，參也。在天，昏見東方，十月時也。良人，美室也。貧人新娶，鄰人見其室中無物，惟有一束薪而已。出視在天，惟有三星而已。然新人美室也。故慰之曰：子兮，當復如此良人何？言不須憂苦。

綢繆束芻，三星在隅。今夕何夕？見此邂逅。子兮子兮，如此邂逅何！

芻，刈草也。隅，東南隅也。參轉隅，夜將半矣。邂逅，不期而遇也。婚姻過時，如不意得之。

綢繆束楚，三星在户。今夕何夕？見此粲者。子兮子兮，如此粲者何！

參直户，將曉矣。粲，美也。始見曰良人相逢如邂逅，審視如粲者。

《綢繆》三章，章六句。

《綢繆》，傷貧也。國亂民貧，婚姻禮不備。鄰里觀之，歎其雖有美室，不能爲禮爾。

有杕之杜，其葉湑湑。獨行踽踽，豈無他人？不如我同父！嗟行之人，胡不比焉？人無兄弟，胡不佽焉？

杕，特貌。杜，赤棠也。踽踽，無所親也。同父，兄弟也。比，輔也。佽，助也。言特生之杜，其葉猶盛，物有助也。人寡兄弟則獨行。雖有他人，而不如同父之親。若曰他人可恃，行道之人皆可相比助，而胡不然也？

有杕之杜，其葉菁菁，獨行睘睘，豈無他人？不如我同姓！嗟行之人，胡不比焉？人無兄弟，胡不佽焉？

睘睘，無所依也，同姓，同祖也。

《杕杜》二章，章九句。

《杕杜》，刺不睦也。不親宗族，骨肉離散，獨焉而已矣。

羔裘豹祛，自我人居居。豈無他人？維子之故！

我人，目大夫也，疾之之辭。李文貞公曰：「居居，慢也。」愚謂詩人言猶是。「羔裘豹祛」，衣服未改，從我人而乃居居然，不與人親，異於先大夫也。我豈無他人可歸往？但念子故舊，不忍爾。《箋》云：「民之厚如此，亦唐之遺風。」

羔裘豹褎，自我人究究。豈無他人？維子之好！

褎，猶袪也。李文貞公曰：「究究，苛也。」瑞玉曰：「居，安也；究，窮也。與人倨倨然，舉事察察然，尊貴人氣習如此。」余曰：「好，恩也。謂先大夫舊恩。」

《羔裘》二章，章四句。

《羔裘》，刺大夫也。棄其故舊，君子怨之而作。

肅肅鴇羽，集于苞栩。王事靡盬，不能蓺稷黍。父母何怙！悠悠蒼天！曷其有所？

肅肅，羽聲。鴇性不樹止。苞，叢生。栩，櫟也。牟氏曰：「盬，苦也。」王事職分當爲，靡有苦辛是也。言鴇集於栩，非其性。民從征役，非其所，從王事我不爲苦，但不得耕田養親爾。何時有定所乎？而我亦得歸。

肅肅鴇翼，集于苞棘。王事靡盬，不能蓺黍稷。父母何食？悠悠蒼天！曷其有極？

極，已也。國亂何時已。

肅肅鴇行，集于苞桑。王事靡盬，不能蓺稻粱。父母何嘗？悠悠蒼天！何其有常？

行，列也。稻，稌也。粱，粟類。常，常道也。亂定則復其常。

《鴇羽》三章，章七句。

《鴇羽》憂亂也。晉曲沃五世搆亂。《春秋傳》隱五年：「秋，王命虢公伐曲沃，而立哀侯於翼。」桓八年：「冬，王命虢仲立晉哀侯之弟緡於晉。」九年：「秋，虢仲，芮伯、梁伯、荀伯、賈伯伐曲沃。」王命討賊不能定，民從征役失養，呼天訴之，冀國亂早定。事繫於王，故稱王事爾。

豈曰無衣七兮？不如子之衣，安且吉兮！

冕服七章，侯伯之禮。子，謂武公也。始受王命，詩人陽美之，而言諸侯國多矣，豈少衣七者乎？但不如子之得衣。安且吉，尤可喜爾。有王命則安，無他患則吉。

豈曰無衣六兮？不如子之衣，安且燠兮！

天子之卿六命，故衣六。燠，暖也。服久則暖。

《無衣》二章，章三句。

《無衣》，刺晉武公也。并晉而重賂周僖王，王貪其寶而錫之命，君子惡其亂，實刺而文美之。

有杕之杜，生于道左。彼君子兮，噬肯適我？中心好之，曷飲食之！

道左，道東也。噬，齧也，唇齒相合。言杕杜生道旁僻處，行者不息其陰；譬之弱晉偏安，仕者不立其朝也。彼君子顧理不顧勢，儻肯噬然意合而適我乎？若肯適也，我則中心好之，何但飲食之而已。

有杕之杜，生于道周。彼君子兮，噬肯來遊？中心好之，曷飲食之！

周，曲也。「噬肯來遊」，宦遊也。周，《韓詩》作右。

《有杕之杜》二章，章六句。

《有杕之杜》，閔晉也。瑞玉問：「《序》言刺晉武公寡特，不求賢自輔，恐未安。《經》言道左、道周，隱僻之喻。武公據有晉國，地非隱僻；黨與衆盛，何言寡特？」余曰：「《詩》蓋作於武公并晉之前，鄂侯、翼侯立國偏隅，孤特無輔。忠臣遺老號召君子，求助爾。」

葛生蒙楚，蘞蔓于野。予美亡此，誰與？獨處。

蘞，草名。野，墓道也。婦人見葛生，蘞蔓於墓道之上，歎言予之所美，亡於此地。誰與乎？獨處而已。

葛生蒙棘，蘞蔓于域。予美亡此，誰與？獨息。

域，塋域也。息，止也。至墓門則歎其獨息。

角枕粲兮，錦衾爛兮。予美亡此，誰與？獨旦。

角枕、錦衾，歛襲具也。至墓則思衾枕鮮華，夫葬此地，誰與乎？獨旦而已。亡者長夜無旦，故曰獨旦也。

夏之日，冬之夜，百歲之後，歸于其居。

夏日、冬夜，言長也。居，墓也。牟氏曰：「婦人言，予積日夜之長至百歲之後，而後歸其居。則予美之獨處，獨息、獨旦何其遥遥也。」

冬之夜，夏之日，百歲之後，歸于其室。

室，壙也。婦歸其室，則夫不獨矣。《箋》云：「言此者，婦人專一，義之至，情之盡。」

《葛生》五章，章四句。

《葛生》，悼亡也。晉好攻戰，國多喪亡，婦人哭夫於墓，聞者傷之而作。

采苓采苓，首陽之巔。人之爲言，苟亦無信。舍旃舍旃，苟亦無然。人之爲言，胡得焉？

苓，菌也。苟，且也。然，答然之也。牟氏曰：「人言采苓宜於首陽巔，無遽信之而往采。人言采苓不宜於首陽巔，無遽然之而舍旃。人之爲言，知他何者得實？」余曰：「不獨無信然之，且問其言何從得，則人不敢欺。此止讒法。」

采苦采苦，首陽之下。人之爲言，苟亦無與。舍旃舍旃，苟亦無然。人之爲言，胡得焉？

苦，荼菜也。又言采苦首陽下，與，許也。

采葑采葑，首陽之東。人之爲言，苟亦無從。舍旃舍旃，苟亦無然。人之爲言，胡得焉？

又言采葑首陽東。言者隨摭其地，聽者易亂其從。

《采苓》三章，章八句。

《采苓》，止讒也。《序》云：「晉獻公好聽讒。」愚謂苓虛空之物，可食而常毒殺人。讒人飾虛辭以進，君嗜之不知其毒也。苦，苦菜也，得霜甜美。人君甘讒，乃忘其苦也。葑，蔓菁也，有美時，有惡時，讒言似之。人君喜其美不思其惡也。故詩以三者喻焉。首陽同地，采物異名。喻讒人之言變亂無常，一事而屢更其説，人以其似真則聽，乃亂矣。

唐十二篇。

秦

有車鄰鄰，有馬白顛。未見君子，寺人之令。

鄰鄰，衆車聲。白顛，的顙也。言秦始有車矣。但鄰鄰然，比行無次也。始有馬矣，但其顛白然，非色也。瑞玉曰：「未得見君，小臣便自傳令，無禮教也。」徐氏曰：「秦穆公學於宁人，宁人即寺人。」

阪有漆，隰有栗。既見君子，並坐鼓瑟。今者不樂，逝者其耋！

阪有漆，隰有栗，言富也。八十曰耋。臣既見君，驩然雜坐，鼓瑟歌呼，而言今不爲樂，日月逝而將老矣。談笑無禮。

阪有桑，隰有楊。既見君子，並坐鼓簧。今者不樂，逝者其亡！

亡，逝而不留也。徐氏曰：「兩言並坐，草昧君臣，真率如見。」

《車鄰》三章，一章四句，二章章六句。

《車鄰》，美新造也。襄公始國，雖有車馬侍御，雖雜西戎舊俗而非西周之禮樂，詩人感而賦之。徐氏曰：「暴富之家，其僕多狎。創國之主，其臣多野。此天子之尊必假叔孫通也。」《序》云：「美秦仲也。」先儒謂秦仲附庸，未必有此。蓋襄公詩。

駟驖孔阜，六轡在手。公之媚子，從公于狩。

驖，驪也。媚子，嬖臣也。言馬肥御善，公之于狩，小臣近幸，雜然而從。瑞玉曰：「左右之人親，忠直之士疏爾。」

奉時辰牡，辰牡孔碩。公曰左之，舍拔則獲。

奉者，虞人翼以待射也。左之，射禽左也。拔，矢括也，言田獸甚肥大，公命御者左其車逆之，舍矢則獲也。君呼臣左，亦言素無禮教。

遊于北園，四馬既閑。輶車鸞鑣，載獫歇驕。

輶，輕也。鸞，鈴也。田，馬鸞在鑣。獫、驕，皆田犬名。載之、歇之，休其足力。言田畢遊北園，馬既調習，犬又閑暇。瑞玉曰：「不以田畢蒐軍講武，狗馬是娱而已。」

《駟驖》三章，章四句。

《駟驖》，歌田獵也。襄公有田狩園囿之樂，亦雜西戎之俗，詩人感而風之。瑞玉曰：「《車鄰》、《駟驖》，皆文美而實刺。前篇刺之無禮義而親近習之人，此篇刺其喜遊田而遠忠良之士，皆述戎俗爾。」

小戎俴收，五楘梁輈，游環脅驅。陰靷鋈續，文茵暢轂。駕我騏馵。言念君子，温其如玉。在其板屋，亂我心曲！

小戎，兵車也。俴，淺也。收，軫也。楘，歷録也。輈，車轅也。前鉤衡後承軫，穹其上如屋梁。一輈而皮革五處束之，其文歷録然也。游環，靷環也，游服馬背上，貫驂外轡，禁其出也。脅驅，亦以皮爲環，著服馬外脅，驅止驂馬，禁其入也。陰，揜軓，横板也。靷，引車革帶也。鋈，沃金也。陰板之上以繫靷，續靷之處，銷沃白金爲飾也。文茵，虎皮褥也。暢轂，長轂也。馬青黑色曰騏，左足白曰馵。西戎之俗，板屋。余問：「温如玉，征戍亦何貴？」瑞玉曰：「婦人言：『我君子温温人爾，今處板屋，不耐勞苦，閔而思之，遂亂心曲。』」

四牡孔阜，六轡在手。騏騮是中，騧驪是驂，龍盾之合，鋈以觼軜。言念君子，温其在邑。方何爲期，胡然我念之？

赤馬黑鬣曰騮。中，服馬也。黄馬黑喙曰騧。驂，兩騑也。盾，干也。瑞玉曰：「方言馬，何雜盾？」余曰：「馬八尺以上爲龍，車上載盾，馬之高幾與盾合也。觼，環之有舌者。軜，驂内轡也。置觼式前繫軜，亦鋈白金爲飾也。」瑞玉問：「此句宜與『游環脅驅』文相次。」余曰：「上章説車，此章説馬。艣軜爲馬設，故爾。邑，城堡也。在板屋猶野處，在邑則築城而戍之。方，將也。既築城，爲久屯計，方不知何時爲歸期。胡然我又思念之，言不可解。」

俴駟孔群，厹矛鋈錞。蒙伐有苑，虎韔鏤膺。交韔二弓，竹閉緄縢。言念君子，載寢載興。厭厭良人，秩秩德音！

俴駟，四介馬也。孔群，甚調和也。厹，三隅矛也。錞，矛下鐏也。蒙，討羽也。伐，中干也。苑，文貌，畫雜羽之文於干上。虎，虎皮。韔，弓室。瑞玉曰：「膺，韔胸也，金鏤飾之，若今時弓室金丁爾。《毛傳》云：『膺，馬帶。』非也。」余曰：「交韔，交二弓於韔中，閉弓檠也。緄，繩也。縢，約也。竹爲閉而繩約之，檠弓體使正也。『載寢載興』，閔君子寢起之勞。厭厭，安重也。秩秩，有序也。言既在邑而屯戍，當安重持久，徐布德音以鎮撫之，無徒邀近功。又因君子温其而勉之。」

《小戎》三章，章十句。

《小戎》，思戍人也。襄公伐西戎啓西垂，令將士屯戍備之。室家閔其勤勞，詩人爲之賦爾。

蒹葭蒼蒼，白露爲霜。所謂伊人，在水一方。遡洄從之，道阻且長。遡游從之，宛在水中央。

蒹，薕也。葭，蘆也。蒼蒼，色老也。露爲霜，晚秋也。伊人，不知姓名也。逆流而上曰遡洄，順流而涉曰遡游。言秋水蒼蒹蕭瑟之辰，伊人可念，上下求之，止隔一水間而不得也。

蒹葭淒淒，白露未晞。所謂伊人，在水之湄。遡洄從之，道阻且躋。遡游從之，宛在水中坻。

淒淒，寒涼之意。晞，乾也。晨露未乾，蒹色淒寒。湄，水草之交也。躋，升也，言難至。坻，水中高地也。

蒹葭采采，白露未已。所謂伊人，在水之涘。遡洄從之，道阻且右。遡游從之，宛在水中沚。

采采，成而采也。凌晨采蒹，露氣沾人，思伊人在水涘，有寒意不也。涘，厓也。右，出其右也，言其迂迴。沚，小渚也。

《蒹葭》三章，章八句。

《蒹葭》，思隱也。時有高士隱於水濱，潛深伏隩，可望不可即，君子歎美之。

終南何有？有條有梅。君子至止，錦衣狐裘。顏如渥丹，其君也哉！

終南，周之名山中南也。條，山楸。梅，枏也。言山高木茂，蔚然一都會。「君子至止」，始來居有之也。「錦衣狐裘」，諸侯之服。「顔如渥丹」，容色充盛。「其君也哉」，言是當來君我者也。牟氏曰：「久無君矣，悲喜之辭。」

終南何有？有紀有堂。君子至止，黻衣繡裳。佩玉將將，壽考不忘！

山廉曰紀，道平曰堂。黑與青謂之黻，五色備謂之繡。黻宜在裳，言衣者便文爾。「壽考不忘」，言此衣裳佩玉，年老人見之尤不忘。牟氏曰：「周時威儀，正如君子，今日老壽者尚能識之。」

《終南》二章，章六句。

《終南》，美襄公也。牟氏曰：「襄公有周之地，周之舊人喜於得君，美之也。美秦而思周也。」

交交黄鳥，止于棘。誰從穆公？子車奄息。維此奄息！百夫之特。臨其穴，惴惴其慄。彼蒼者天，殲我良人！如可贖兮，人百其身！

交交，往來貌。言黄鳥止其所，傷三良不然也。從，殉死也。特，傑出也。殲，盡也。贖，貿也。言三良死，人過其墓，臨視其穴而驚悼。仰呼蒼天，願以百身代其死。惜善人之甚。

交交黄鳥，止于桑，誰從穆公？子車仲行。維此仲行！百夫之防。臨其穴，惴惴其慄。彼蒼者天，殲我良人！如可贖兮，人百其身！

防，當也。一人當百夫。

交交黄鳥，止于楚，誰從穆公？子車鍼虎。維此鍼虎！百夫之禦。臨其穴，惴惴其慄。彼蒼者天，殲我良人！如可贖兮，人百其身！

禦，扞禦也。

《黄鳥》三章，章十二句。

《黄鳥》，閔三良也。從君於昏，死不爲義，詩人哀而賦之。秦穆公與群臣飲酒酣，公曰："生共此樂，死共此哀。"於是奄息，仲行、鍼虎許諾。及公薨，皆從死。

鴥彼晨風，鬱彼北林。未見君子，憂心欽欽。如何如何？忘我實多！

鴥，疾飛貌。晨風，鸇也。鬱，茂密貌。欽欽，憂懼貌。言晨風疾入北林，似君子行遁而隱也。不得見，則憂心欽欽然，懼終不見之也。責之曰："如何乎？如何乎？忘我乃實多！"不言去之之故，反責去者之㤻，微辭爾。

山有苞櫟，隰有六駮。未見君子，憂心靡樂。如何如何？忘我實多！

櫟，柞櫟也。駮，梓榆也。言櫟也、駮也，皆山隰所宜，有賢人亦國家所宜有也。

山有苞棣，隰有樹檖。未見君子，憂心如醉。如何如何？忘我實多！

棣，唐棣也。檖，赤羅也。如醉，則憂更甚。

《晨風》三章，章六句。

《晨風》，《序》云：「刺康公也。忘穆公之業，如棄其賢臣焉。」詩人微其意以責之。

豈曰無衣？與子同袍。王于興師，脩我戈矛，與子同仇！

袍，襺也。戈、矛皆槍屬。秦地周之舊民思念先王與民同欲。豈必曰汝無衣，解衣衣之乎？然民如挾纊，感念而言，「王于興師」，我當脩戈矛與子同敵王愾也。

豈曰無衣？與子同澤。王于興師，脩我矛戟，與子偕作！

澤，裏衣也。《説文》作襗，袴也。戟，格也，旁有枝格。

豈曰無衣？與子同裳。王于興師，脩我甲兵，與子偕行！

行，列也。偕作同發，偕行同列。

《無衣》三章，章五句。

《無衣》，思周也。秦好攻戰，輕用兵而不恤民，民皆思周而怨秦焉。

我送舅氏，曰至渭陽。何以贈之？路車乘黄。

母之昆弟曰舅。渭陽，渭水之北。路車，諸侯之車。乘黄，四馬皆黄也。贈之以此，欲然猶若未足，意有餘爾。

我送舅氏，悠悠我思。何以贈之？瓊瑰玉佩。

「悠悠我思」，念母也。瓊瑰，美石次玉。言贈遺雖厚，物不稱心。

《渭陽》二章，章四句。

《渭陽》，《序》云：「康公念母也。」穆公納晋文公，秦姬時已卒，康公送之渭陽。念母之不見也，見舅氏如母存焉，感而作是詩。

於我乎夏屋渠渠，今也每食無餘。于嗟乎不承權輿！

夏，大也。渠渠，深廣貌。承，繼也。權輿，始也。穆公好賢，開夏屋館之。康公不嗣，故假賢者之辭歎言，我今所館猶是夏屋也，但飲食之而已，無禮敬餘意。吁嗟乎，乃不似先君爾。「每食無餘」，《箋》云：「遇我薄，其食我纔足爾。」每食不飽，俗説云：「食少不能得飽。」兹説非矣。秦雖簡賢，何至爾也。

於我乎每食四簋，今也每食不飽。于嗟乎不承權輿！

簋，盛黍稷器。言今食器猶盛也，但昔之食，君親之；今也每食，君不在，故食竟不告飽。惡無禮也。孔子食於少施氏而飽，曰：「少施氏食我以禮。」

《權輿》二章，章三句。古注章五句。

《權輿》，《序》云：「刺康公也。」簡賢棄禮，君子去之，非爲供薄，其意怠爾。

秦十篇。

陳

子之湯兮，宛丘之上兮。洵有情兮，而無望兮！

子，大夫也。湯，蕩也。宛丘，地名。瑞玉曰：「陳之貴者挾伎山遊，故言子之游蕩而往宛丘上也。信有閑情，而無威望。上者，民之望也。」

坎其擊鼓，宛丘之下。無冬無夏，值其鷺羽。

值，遇也。鷺羽，舞翳也。瑞玉曰：「人過宛丘下，無問冬夏，所聞皆擊鼓之聲，所值皆羽舞之容。巫風盛也。」

坎其擊缶，宛丘之道。無冬無夏，值其鷺翿。

缶，盎也，可以節樂。翿，翳也。

《宛丘》三章，章四句。

《宛丘》，瑞玉曰：「刺巫風也。士大夫延巫覡，恒舞酣歌於盛會之地，是謂巫風爾。陳之先大姬婦人尊貴，好樂巫覡，歌舞其後，化之遂成風俗。」

東門之枌，宛丘之栩。子仲之子，婆娑其下。

枌，白榆。栩，杼也。子仲氏子，女也。婆娑，舞貌。言出東門至宛丘，樹木陰翳，貴家之女皆遨遊舞樂其下也。

穀旦于差，南方之原。不績其麻，市也婆娑。

原，野也。績麻，女職。今擇良辰會高明之地而荒樂焉。瑞玉曰：「俗雖淫遊，市上非婆娑之地，蓋游女繁會如市爾。」

穀旦于逝，越以鬷邁。視爾如荍，貽我握椒。

越，於也。鬷，總也。荍，荆葵。椒，芬香也。言又以善旦而往，群女總集偕行，交相愛説。言我視爾美如荍爾，還遺我一握椒。牟氏曰：「女子相語也。」

《東門之枌》三章，章四句。

《東門之枌》，《序》云：「疾亂也。」風俗荒遊，女皆棄業，聚會嬉樂爾。

衡門之下，可以棲遲。泌之洋洋，可以樂飢。

衡門，横木爲門。棲遲，遊息也。泌，泉水也。洋洋，流貌。言衡門雖淺陋亦可遊息。其下泌水不可飽，亦堪玩樂忘飢也。

豈其食魚，必河之魴？豈其取妻，必齊之姜？

河魚尤美。俚語云：「洛鯉伊魴，貴於牛羊。」伊洛水入河。

豈其食魚，必河之鯉？豈其取妻，必宋之子？

食、色，性也。知足者常樂。

《衡門》三章，章四句。

《衡門》，美隱士也。朱子云：「隱居自樂而無求者之辭。」

東門之池，可以漚麻。彼美叔姬，可與晤歌。

池，城池也。漚，柔也。言池水漚麻可緝績，賢女能柔君子以成德。彼美淑姬可與晤對咏歌，相切化也。

東門之池，可以漚紵。彼美叔姬，可與晤語。

紵，麻屬。答述曰語。

東門之池，可以漚菅。彼美叔姬，可與晤言。

菅，茅屬。自述曰言。

《東門之池》三章，章四句。

《東門之池》，思賢妃也。《序》云：「疾其君子淫昏，而思賢女以配君子也。」瑞玉曰：「美賢女也。有娶妻者美而賢，詩人美之。菅麻必漚漬而成，德業須切化而入。以言夫婦則宜，若淫奔，倉卒聚會，恐未易言此爾。」

東門之楊，其葉牂牂。昏以爲期，明星煌煌。

楊，垂柳。牂牂，葉密如羊毳也。瑞玉曰：「東門外垂楊下，幽閑稀行，相約以奔。畏有故昏以爲期。先來者候不至，乃至天曙，大星煌煌然。」

東門之楊，其葉肺肺。昏以爲期，明星晢晢。

肺肺，葉下垂如肺也。晢晢，小明貌。天曉則星光微。

《東門之楊》二章，章四句。

《東門之楊》，刺奔也。朱子云：「男女期會而有負約不至者。」瑞玉曰：「此人有尾生之信。」

墓門有棘，斧以斯之。夫也不良，國人知之。知而不已，誰昔然矣！

墓門，墓道之門。凶僻生荆棘。斯，析也。夫，謂佗也。已，去也。言陳佗包藏凶惡，如墓門之棘。桓公生存當秉剛斷去之，乃其不良國人皆知，而卒不已也。誰昔爲此者乎？牟氏曰：「『墓門有棘，斧以斯之』，言事雖隱僻，必有披抉之者。」

墓門有梅，有鴞萃止。夫也不良，歌以訊之。訊予不顧，顛倒思予。

梅，美木。鴞，惡鳥。又言佗之爲棘，始固梅也，由與惡人居而導之爾，訊，告也。先已嘗作歌告桓公而不顧，至顛倒然。後思予已晚矣。牟氏曰：「墓門雖無人，梅上猶有鴞，豈可謂無見者。」

《墓門》二章，章六句。

《墓門》，《序》云：「刺陳佗也。」朱子初解云：「追咎先君不能爲佗置良師傅以至此也。」牟氏曰：「風隱慝也。」

防有鵲巢，邛有旨苕。誰侜予美，心焉忉忉！

防，隄也。邛，邱也。苕，草名，好生下濕。侜，誑也。予美，美賢也。瑞玉曰：「鵲巢防上，不安之甚。」余曰：「苕生邛中亦非其所。言賢人處勢孤危，小人又侜張之，不知誰人爲此，我心忉忉然憂之。」

中唐有甓，邛有旨鷊。誰侜予美，心焉惕惕！

唐，廟中路。甓，瓴甋也。鷊，綬草也。唐甓，人稀行；邛鷊，人稀見。喻賢人處於閑散，又侜張之，則必見罪謫。我心惕惕然懼之。按：唐，注本《爾雅》也。《逸周書》曰：「隄唐山廧」，孔晁注：「唐，庭中道也。」

《防有鵲巢》二章，章四句。

《防有鵲巢》，《序》云：「憂讒賊也。」賢者孤危，讒人搆焉。詩人憂之而作。

月出皎兮，佼人僚兮。舒窈糾兮！勞心悄兮。

皎，月光。僚，侣也，月下女影也。舒，開解。窈，幽遠。糾，愁結。悄，不言而憂也。瑞玉曰：「月佼人僚，光景可念。纔舒愁結，旋又悄然，心勞甚矣。」

月出皓兮，佼人懰兮。舒懮受兮！勞心慅兮。

懰，愁貌。懮。憂也。慅，煩亂也。言月色皓然，良夜也，佼人反有愁怨之色，以其憂思忍受。情雖暫舒，離恨牽心，又煩亂也。

月出照兮，佼人燎兮。舒夭紹兮！勞心慘兮。

燎，明也。夭，嬌變也。紹，糾緊也。慘，哀切也。言月照人燎，方舒夭紹之情，心復慘然，不樂怨别爾。

《月出》三章，章四句。

《月出》，《序》云：「刺好色也。」男女相私，往來以夜。來欣會聚，往怨别離。凡人之情，從理則逸，從欲則勞。詩人爲之辭，冀其聞而改之爾。東萊吕氏云：「用字聱牙，其方言與？」

胡爲乎株林？從夏南。匪適株林，從夏南。

株林，夏氏邑。夏南，徵舒字。靈公往夏氏，民間相謂：「吾君胡爲乎株林？」答曰：「從夏南爾。」或曰：「非適株林，從夏南也。」疑其數數然胡爲乎株林，猶言吾公在壑谷。

駕我乘馬，説于株野。乘我乘駒，朝食于株。

説，舍也。又言日夕矣，駕乘馬何也？答曰：「將宿於株爾。」又言朝旦也，乘乘駒何也？曰：「將食於株爾。」亦民間疑辭。

《株林》二章，一章三句，一章四句。古注二章，章四句。

《株林》，《序》云：「刺靈公也，淫乎夏姬。」朝夕而往。詩人顯其事，微其辭，設爲民間往復之語，將令言之者無罪，而聞者足戒。

彼澤之陂，有蒲與荷。有美一人，傷如之何？寤寐無爲，涕泗滂沱！

陂，澤障也。荷，芙蕖也。自目曰涕，自鼻曰泗。言陂澤蒲荷之間，有美人家焉，與草俱芳也。獨處悲傷而無爲，但有涕淚滂沱暗流而已。

彼澤之陂，有蒲與蕑。有美一人，碩大且卷。寤寐無爲，中心悁悁！

蕑，蘭也。卷，意拳拳也。其容碩大而意篤摯。悁悁，猶悒悒也。

彼澤之陂，有蒲菡萏。有美一人，碩大且儼。寤寐無爲，輾轉伏枕！

菡萏，荷華也。儼，矜莊貌。

《澤陂》三章，章六句。

《澤陂》，瑞玉曰：「悼亡也。」余曰：「美貞婦也。蒲荷二物，同處澤陂。有美一人，獨處傷感。然曰『寤寐無爲』，其幽貞芳潔亦可見矣。陳俗之淫，而有婦如此。十步之內，必有芳草者也。」

陳十篇。

檜

羔裘逍遥，狐裘以朝。豈不爾思？勞心忉忉。

羔裘，諸侯朝服。狐裘，朝天子服。逍遥，閑適也。言君初羔裘矣，又狐裘矣。先逍遥而後朝，意不在朝也。臣近咫尺，恒不見君，豈不爾思乎。心徒勞而已。

羔裘翱翔，狐裘在堂。豈不爾思？我心憂傷！

朝在路門外，堂在路寢。言君翱翔之暇，或亦有時在堂。然亦在而已，不事事。君誠樂之，我心憂傷爾。

羔裘如膏，日出有曜。豈不爾思？心中是悼！

或又不見狐裘，但見羔裘，日出照耀，光澤如膏然，更不至朝堂矣。瑞玉曰：「裘澤人瘁，見之能無驚悼？」

《羔裘》三章，章四句。

《羔裘》，牟氏曰：「刺不朝也。檜君修潔衣服而不視朝，群臣稀得見者。大夫憂之而作。」

庶見素冠兮，棘人欒欒兮，勞心慱慱兮。

庶，幸也。《禮》：「既祥而縞冠素紕。」棘人，喪人也。欒欒，毁瘠貌。慱慱，憂勞也。言今何幸得見素冠人也，但哀毁骨立，憂其傷生，反令我心勞。

庶見素衣兮，我心傷悲兮，聊與子同歸兮！

大祥素縞麻衣，冠素衣亦素也。人皆有三年之愛於父母，俗雖恩薄見之，亦感發而傷悲。願與同歸於禮。

庶見素韠兮，我心蘊結兮，聊與子如一兮！

祥祭朝服素韠。韠從裳色。感念傷悲蘊結不解，願學焉，與子如一。

《素冠》三章，章三句。

《素冠》，牟氏曰：「美孝子也。時人恩薄禮廢，喪有不能三年者，人見孝子衣冠，以爲幸爾。」

隰有萇楚，猗儺其枝。夭之沃沃，樂子之無知！

萇楚，銚弋也。猗儺，柔順貌。夭，少也。沃沃，肥澤貌。言萇楚之枝雖旁延蔓引，但以其形夭沃而無所知，故人亦不憎之。疾淫恣者不然。瑞玉曰：「喻人長大無禮義而淫邪，反不如少小時不知人道可樂也。」

隰有萇楚，猗儺其華。夭之沃沃，樂子之無家！

女以男爲家，樂萇楚無家，明有家者可疾也。

隰有萇楚，猗儺其實。夭之沃沃，樂子之無室！

男以女爲室，言萇楚有實，疾亂人子女之教者也。

《隰有萇楚》三章，章四句。

《隰有萇楚》，《序》云：「疾恣也。」少年漁色，狂夫寄豭，詩人疾之，而思無情慾者也。

匪風發兮，匪車偈兮。顧瞻周道，中心怛兮！

發，揚起貌。偈，疾驅貌。周道，適周之路。言是非古之風，與何發發也；是非古之車，與何偈偈也。西瞻周道，風、車變改所由，顧之而驚悼。

匪風飄兮，匪車嘌兮。顧瞻周道，中心弔兮！

飄，回風也。嘌，急疾聲。弔，悲悼也。

誰能亨魚？溉之釜鬵。誰將西歸？懷之好音！

溉，滌也。鬵，釜屬。懷，藏挾衣中也。言烹魚人所嗜，故願沃釜鬵從之；西歸人所思，故願附音書問之。

《匪風》三章，章四句。

《匪風》，思西周也。王政不綱，小國罷敝，君子思豐鎬爾。檜在滎陽，爲鄭武公滅。當平王東遷之初，檜當尚在。

檜四篇。

曹

蜉蝣之羽！衣裳楚楚。心之憂矣，於我歸處。

蜉蝣，俗名浮生，朝生夕死。楚楚，鮮明貌。言蜉蝣羽衣鮮潔，浮蕩閑游，不知其生不久也。我心憂之，不敢言。從我歸家處，我則告汝。

蜉蝣之翼！采采衣服。心之憂矣，於我歸息。

采采，華飾也。息，安也。急忙言不得。從我歸家安息，我當告汝。

蜉蝣掘閲，麻衣如雪。心之憂矣，於我歸説。

李文貞公曰：「掘閲者，掘然而飛，僅閲朝暮。」瑞玉曰：「掘，穴地而出也。閲，容也。穴小僅能容之。」余曰：「《管子》云：『掘閲得玉。』則閲與穴通也。」因問：「此蟲黄黑色，何言衣如雪？」瑞玉曰：「初出地時故自白也，蟬始出土亦是白也。」余曰：「小人本掘穴窮巷，無賴人爾。今修飾邊幅，作蜉蝣狀。我不敢説，從我歸家，我則説於汝。」

《蜉蝣》三章，章四句。

《蜉蝣》，刺小人也。曹之在位鮮潔衣服，游蕩無度，不知危亡將至。君子疾之，不敢端言，托之蜉蝣爾。

彼候人兮，何戈與祋。彼其之子？三百赤芾。

候人，道路迎送之人。何，揭也。祋，殳也。芾，韠也。赤芾，大夫以上服也。言有候人荷戈殳爲前導者，彼何人？乃赤芾三百，皆朝之貴官也。

維鵜在梁，不濡其翼。彼其之子？不稱其服。

鵜，洿澤鳥也。言鵜在魚梁，翼不濡，食成魚也。小人據高位不事事，而厚得禄，德不稱服然。

維鵜在梁，不濡其咮。彼其之子？不遂其媾。

咮，喙也。遂，稱也。媾，昏媾也。君寵小人，與之連姻。

薈兮蔚兮，南山朝隮。婉兮孌兮，季女斯飢！

薈蔚，草木貌。朝隮，雲霞氣。季，少子；女，弱女也。言朝望南山，雲樹深處有隱君子焉。其婉孌之幼子、少女方於斯啼飢也。不言君子飢者，君子固窮。《傳》云：「季，人之少子也。女，民之弱者。」

《候人》四章，章四句。

《候人》，《序》云：「刺近小人也。共公遠君子，而好近小人焉。」

鳲鳩在桑，其子七兮。淑人君子，其儀一兮。其儀一兮，心如結兮！

瑞玉曰：「鳲鳩，布穀，即戴勝也。每生七子或八子。」余曰：「子多而飼如一，似君子心平也。淑人以善養人也，言鳲鳩哺子朝暮平均，君子養人遠近如一。其禮儀所以一，由其心思固結之故爾。」

鳲鳩在桑，其子在梅。淑人君子，其帶伊絲。其帶伊絲，其弁伊騏。

鳲鳩常言在桑，其子每章異木。得一，御衆之要也。帶，大帶。弁，皮弁。騏，青黑色。言君子帶絲弁騏，衣服有常，是「其儀不忒」之實。

鳲鳩在桑，其子在棘。淑人君子，其儀不忒。其儀不忒，正是四國。

忒，差也。正，長也，治也。四國，謂諸侯。

鳲鳩在桑，其子在榛。淑人君子，正是國人。正是國人，胡不萬年！

牟氏曰：「『胡不萬年』，歎今不復有此人也。」余問：「若以次言，當先國人後四國。」瑞玉曰：「四國遠而難化，故先言；國人近而易及，故後言。」又曰：「『其儀不忒。』然後正四國。至四國正即國人可知，故正四國言儀，正國人即不言儀，蒙前文爾。」

《鳲鳩》四章，章六句。

《鳲鳩》，思盛王也。用心專一，則四國蒙休。牟氏曰：「思賢伯也。」下篇同。

冽彼下泉，浸彼苞稂。愾我寤嘆，念彼周京！

下泉，泉下流也。稂，童粱。言下泉寒冽，不能潤物。苞稂非溉草，浸之而病。是以寤覺之中，愾然歎息，念彼周之西京時。

冽彼下泉，浸彼苞蕭。愾我寤嘆，念彼京周！

蕭，蒿也。京周，西京之周。

洌彼下泉，浸彼苞蓍。愾我寤嘆，念彼京師！

蓍，筮草。京師，大衆也。余問：「稂、蕭、蓍何以況小國？」瑞玉曰：「三草皆廉頑空虚之物，水浸尤易腐敗，故以爲喻。」

芃芃黍苗，陰雨膏之。四國有王，郇伯勞之。

小國無常，隨世輕重。當周之衰也，苞稂見浸。方其盛時，黍苗芃芃，非泉之洌、雨之膏也。以興四國諸侯知有王者，由郇伯至賢，宣上德意，以勞來故爾。

《下泉》四章，章四句。

《下泉》，《序》云：「思治也。」小國困敝，思西周盛時賢伯之功爾。徐氏云：「時晉文公執曹伯，分曹田，故云。」

曹四篇。

豳

七月流火，九月授衣。一之日觱發，二之日栗烈。無衣無褐，何以卒歲？三之日于耜，四之日舉趾。同我婦子，饁彼南畝，田畯至喜。

火，大火也。七月暑退，火西流，將寒也。九月霜降，婦功成則授冬衣矣。一之日者，數終於十，復始於一，欲言一之月則文不明，欲言十有一月則不句，故變言一之日也。此既變文，故二三四并積是數之。觱發，風寒。栗烈，氣寒。褐，毛布。微寒衣可禦，大寒須加褐也。瑞玉曰：「古者一夫宅五畝，其半在田，其半在邑。春，民畢出；冬，民畢入。下《經》云『入此室處』，謂在邑之室。此云『同我婦子』，謂適在野之廬也。既卒歲矣，正月先往修耒耜。二月舉趾行，偕婦子以往，以餉耕者於是田，大夫亦來至田。數月不見，見俱歡喜。」案：《漢書·食貨志》：「春令民畢出在壄，冬則畢入於邑。」下即引《豳詩》目證之。此班氏獨得，爲從來説詩者所不及。瑞玉此解正合《漢書》也。

七月流火，九月授衣。春日載陽，有鳴倉庚。女執懿筐，遵彼微行，爰求柔桑。春日遲遲，采蘩祁祁。女心傷悲，殆及公子同歸！

再言流火授衣，將述女功之始，故又本之。陽，温也。倉庚，離黄也。余問：「微行，《傳》云：『牆下徑也。』」瑞玉曰：「野中亦有小徑。」余問：「遵小徑，以女步遲，取近耶？」曰：「女子避人爾。」又曰：「蘩，白蒿，所以生蠶，今人用蒲公英亦蘩類。祁祁，衆也，蠶事急。」余曰：「祁祁，言遲爾。春日暄長，采蘩人緩緩行，女心急自傷行步遲，願殆近追及公子同歸至家。公子，豳公女也。諸侯之女稱公子。豳俗勤儉，豳公之女亦以蠶事出。」

七月流火，九月萑葦。蠶月條桑，取彼斧斨，以伐遠揚，猗彼女桑。七月鳴鵙，八月載績。載玄載黄，我朱孔陽，爲公子裳。

萑蓷葦葭，可爲曲薄。蠶月，三月也。不言五之日者，蠶事至重，故以配月。瑞玉曰：「條桑，即柔桑也。蠶初生食少，故用條桑，取葉存條也。三眠食盛，故伐遠揚，枝落之也。女桑，荑桑也，即條桑之萌蘖。蠶三眠凡生三駒，先生者成繭，皆及其母。後者作繭薄，不能食大葉，故飼以女桑。猗者，新葉猗猗然。凡三節事，古注都欲一之，誤爾。」余曰：「鵙，伯勞，即伯鷯也。夏至來，冬至去，七月猶鳴也。績，功也。絲事畢而染事起，八月染采之功成。「爲公子裳」，厚於所尊也。」《傳》云：「載績，麻事起。」愚謂八月非緝麻時，麻又不以染。《考工記》云：「秋染夏」，蓋在此月。

四月秀葽，五月鳴蜩。八月其穫，十月隕蘀。一之日于貉，取彼狐貍，爲公子裘。二之日其同，載纘武功。言私其豵，獻豜于公。

葽，苦葽，《月令》：「苦菜秀。」疑是也。穫，收禾也。蘀，落葉也。余問：「《豳風》記月，文不虚設。秀葽鳴蜩春庚秋蟋之類，亦復何與農桑事？」瑞玉曰：「日月以記時，時以作事。諸言月者，有事則繫事，無事則繫時。農家早晚候之，何渠不言耶？」余曰：「貉賤，自爲裘。狐貍貴，爲公子裘。同，謂竭作也。豕，一歲豵，三歲豜。大者公之，小者私之。」余問：「其同何故必須二之日？」瑞玉曰：「一之日農功，雖畢宮功，方興于索綯，皆此月事。」余曰：「即如是，于貉何不並俟二之日？」答曰：「狐貉之獸皆穴居，民稍閑暇便可取之。至於田獵習兵必須大衆竭作。」劉向曰：「葽，苦葽也。」《爾雅》：「葽，繞蕀蒬。」徐鉉以葽爲狗尾草也。

五月斯螽動股，六月莎雞振羽。七月在野，八月在宇，九月在户，十月蟋蟀入我牀下。穹窒熏鼠，塞向墐户。嗟我婦子，曰爲改歲，入此室處！

斯螽，蚣蝑也。動股，以股鳴也。莎雞，一作沙雞，俗名沙沙蟲，六月中飛而振羽作聲。宇，屋檐也。自七月在野以下皆謂蟋蟀也。穹，空隙也。窒，塞也。向，北牖。墐，塗也。瑞玉曰：「此室謂邑居之宅，屋久無人，鼠穴户牖，風雪侵凌，必須繕治乃可居之。前同婦子出在野，今嗟婦子往入邑也。」牟氏曰：「邑屋穹隆而窒，固名曰穹窒。久空無人，鼠穿我墉，熏而去之。塞野屋之窗，埋野屋之户，將去故也。」

六月食鬱及薁，七月亨葵及菽。八月剥棗，十月穫稻。爲此春酒，以介眉壽。七月食瓜，八月斷壺，九月叔苴，采荼薪樗，食我農夫！

鬱，棣屬，今雀李也。薁，蘡薁，亦鬱類也。葵，承露也。菽，豆也。瑞玉曰：「菜可烹，豆不可烹。蓋如今俗作豆粥爾。其法菜半之，豆半之，煮爲粥，古名半菽，《夏小正》謂豆閔也。」余曰：「菽蓋扁豆、蠶豆之類，七月正堪食。剥，擊落之。稻九月穫，十月穫者稻孫也。春酒，凍醪也。介，助也。眉壽，豪眉也。」瑞玉問：「瓠八月味苦，不堪食，斷爲壺，任用爾，故瓠作壺。」余曰：「果蓏菜菇，宜助男功，皆取供食。不得此句偏謂任用，且甘瓠容有可八月食者？斷者，就蔓斷取之。叔，拾也。苴，麻子也。」瑞玉曰：「荼苦得霜可食。樗非爲薪也，九月非樵薪之時，且下句遂言『食我農夫』，則二物皆供食也。樗，椿類，葉有香者醃爲菹，九月葉可食。薪者，枝落之，采其葉也。」余曰：「老者食珍，壯者食粗。俗儉而有禮也。穫稻爲酒，以介眉壽，則知蠶桑爲絲帛亦供衰老。《經》不言者，互見爾。」按：蘡薁，今俗謂之羊鬮，類葡萄而小。竊疑羊鬮即蘡薁，聲轉耳。

九月築場圃，十月納禾稼。黍稷重穋，禾麻菽麥。嗟我農夫！我稼既同，上入執宮功。晝爾于茅，宵爾索綯。亟其乘屋，其始播百穀。

牟氏曰：「場圃有牆，農畢修築之。納，納入邑居，蓋藏之。黍稷以下，一年收者，至是合計之凡有此也。」余曰：「後熟曰重，先熟曰穋，諸穀皆有之，不獨黍稷也。禾是總名，黍、稷、稻、粱、秫之類皆稱之。獨麻、菽、麥則無禾稱，故言禾以別之。嗟農夫者，即眉壽人也。老者思慮長，恒先於少者。稼既同畢入邑也。俗謂入城爲上，邑居之宅曰宫。綯，絞索也。茅懼風吹故編索壓之。乘，升也。」瑞玉曰：「野廬之居曰屋。亟乘之者，爲來春播百穀又將同婦子往居焉，豫治之。」

二之日鑿冰沖沖，三之日納于凌陰。四之日其蚤，獻羔祭韭。九月肅霜，十月滌場。朋酒斯饗，曰殺羔羊。躋彼公堂，稱彼兕觥，萬壽無疆！

沖沖，鑿冰聲。凌陰，藏冰室。蚤，初旬也。獻羔，開冰。祭韭，薦新。滌場，淨如洗也。余問：「朋，兩尊也。《傳》云：『鄉飲酒。』《箋》云：『饗群臣。』」瑞玉曰：「祭社與田祖爾，春獻羔爲祈也，冬殺羊爲報也。」余問：「公堂，《傳》云學校，朱子云君堂。」瑞玉曰：「田畯聽事處也。民既賽神於野，遂相率入邑升田畯之堂，舉彼神餘羊酒饋獻之，答其勤勞，又祝君萬壽無疆，常有豐樂之慶也。」按：「萬壽無疆」之祝，後世單施於君。古人則上下慶幸之辭，通得稱之，至漢猶然，見於《後漢書》馬援、馮魴傳。又《吴良傳》註引《東觀記》：「歲旦，郡門下掾王望舉觴上壽，掾史皆稱萬歲。」《小雅·楚茨》朱子以爲公卿大夫之詩，亦有「萬壽無疆」之語。然則此公堂即田畯之堂，「萬壽無疆」亦祝田畯之辭矣。

《七月》八章，章十一句。

《七月》，《序》云：「陳王業也。」周公之東，身遠王朝，心勤民事，上述先公之業、豳國之風，口授矇工，朝夕誦之，以風成王爾。仁山金氏云：「《七月》非周公作，乃豳之舊詩，故附於十五《國風》之後。」兹説恐非。又按：朱子辨《序》謂《七月》是未居東時作。

鴟鴞鴟鴞！既取我子，無毁我室。恩斯勤斯，鬻子之閔斯！

《鴟鴞》，惡聲鳥，喻流言人也。取，謂掩得之。子，喻管蔡。室，喻王家。鬻，賣也。言流言惑人，如彼惡聲之鳥。既誘我子，掩取之，慎無壞我室巢。我之愛子，恩勤備至，今爲爾欺賣之，可怜閔也。主造流言，本由管蔡，今反歸咎鴟鴞，以時二子既誅，公以親親之故諱之。

迨天之未陰雨，徹彼桑土，綢繆牖户。今女下民，或敢侮予？

徹，剥也。桑土，桑根也。言前事無復道，當及今未陰雨時綢繆防後患。今汝巢下之人或猶敢侮予乎？疑之，而未必敢也。

予手拮据，予所捋荼，予所蓄租，予口卒瘏。曰予未有室家！

拮据，爪搰草也。荼，萑苕。租，粟米也。手以捋荼而拮据，口以蓄租而瘁瘏。辛勤若此，猶曰予室家未完，如未有爾，寧可自暇逸？

予羽譙譙，予尾翛翛，予室翹翹，風雨所飄摇。予維音嘵嘵！

譙譙，殺也。翛翛，敝也。翹翹，危也。嘵嘵，急也。言羽尾疲勞，巢尚危墜。未陰雨時綢繆且然，若復風雨飄摇當何如。雖哀鳴亦無益爾！

《鴟鴞》四章，章五句。

《鴟鴞》，《序》云：「周公救亂也。」一管蔡挾武庚欲危公，遣其黨流言。公東征得罪人，而王猶未釋然於公，自以爲國家大定矣，何復自苦爲？公乃爲詩貽王，名之曰《鴟鴞》，托之乎鳥，言懲前事毖後患，君臣焦心竭慮猶懼及，焉敢即安也？王意尋悟，於後亦不敢復迂公矣。

我徂東山，慆慆不歸。我來自東，零雨其濛。我東曰歸，我心西悲。製彼裳衣，勿士行枚。蜎蜎者蠋，烝在桑野。敦彼獨宿，亦在車下。

東山，征地依山也。慆慆，久也。濛，雨貌。東征以秋歸，淫雨尤多，故每章言之。口纔曰歸，心已西悲，如至家也。瑞玉曰：「製裳衣者，衣裳垢敝，新治歸裝。」余曰：「《經》言裳衣，非裳非衣。古名跗注，今名行袴。此物簡而工省，軍中可製。製，謂縫新也。軍士枚如箸，銜之止語。士將歸則勿復行陳銜枚矣。蜎蜎，動貌。蠋，桑蟲。烝，衆也。敦，聚貌。言蠋群處桑野，士亦群聚而非家，猶獨宿爾。於時殘暑，行者露宿車下。」

我徂東山，慆慆不歸。我來自東，零雨其濛。果臝之實，亦施于宇。伊威在室，蠨蛸在户。町畽鹿場，熠耀宵行。亦可畏也，伊可懷也！

果臝，栝樓，宇久荒則蔓之。伊威，鼠婦，室不埽則家之。蠨蛸，長踦，户無人則網之。町畽，廬旁隙地，鹿爲場卧之。熠耀，光明貌。宵行，螢母也，能行不能飛。此五物者，秋雨陰濕，野廬荒凉，常常有之。行人在塗，惻然感念，亦足可畏，乃可懷思爾。

我徂東山，慆慆不歸。我來自東，零雨其濛。鸛鳴于垤，婦嘆于室。洒埽穹窒，我征聿至。有敦瓜苦，烝在栗薪。自我不見，于今三年！

鸛，水鳥。垤，蟻塚。鸛鳴婦嘆，感陰雨也。洒埽穹窒，喜新晴也。睇望征人，而我征忽已至矣。行經籬落，秋瓜之苦者纍垂，蔓繫於架上，因感歎言：「我不見此於今已三年矣。」瑞玉問：「古者師出不踰時，爲怨思也。《春秋傳》云：『瓜時而往，及瓜而代。』周公愛民，調發何至三年？」余曰：「《金縢》云居東二年，《詩》云三年，舉成數爾。又考《竹書》，成王二年秋周公伐殷，三年殺武庚，四年春正月初朝於廟。計四年春朝廟，此時當勞歸士，周公歸當在三年秋。是則據作詩時稱三年，其實往反纔一年爾。」

我徂東山，慆慆不歸。我來自東，零雨其濛。倉庚于飛，熠耀其羽。之子于歸，皇駁其馬。親結其縭，九十其儀。其新孔嘉，其舊如之何！

倉庚飛，春時也。黄白曰皇，騂白曰駁。縭，帨巾也。母戒女親爲結帨。筐篚之儀，或九或十，言多也。軍士未娶者有功而歸，連姻貴族，禮儀殷盛，新婚者固甚美矣。其舊有婦而歎於室者，遠歸相慶，當復如何也！

《東山》四章，章十二句。

《東山》，牟氏曰：「周公勞歸士也。一章，在塗苦也；二章，思家之情也；三章，初至家也。四章，至家後之慶也。」

既破我斧，又缺我斨。周公東征，四國是皇。哀我人斯，亦孔之將！

斧，隋銎；斨，方銎，樵采器也。皇，齊詩作匡。將，大也。言周公東征，不事甲兵，徐宣德化。軍中斧斨，除道樵蘇，久而皆自缺破。其哀我人也，德至大矣。余問：「《毛傳》：『四國，管蔡商奄也。』朱子云：『四方之國也。』義較闊大。」瑞玉曰：「東征即指管蔡商奄，何須復言四國乎？《經》文不如此重沓。」

既破我斧，又缺我錡。周公東征，四國是吪。哀我人斯，亦孔之嘉！

錡，釜有足者。吪，同囮。率鳥者繫生鳥以來之曰囮。囮，化也。周公化四國不暴，如用鳥媒誘鳥然。

既破我斧，又缺我銶。周公東征，四國是遒。哀我人斯，亦孔之休！

銶，《韓詩》云鑿屬，一云獨頭斧也。遒，斂也。四國渙散，周公以德斂聚之。

《破斧》三章，章六句。

《破斧》，《序》云：「美周公也。」斧、斨、錡、銶皆軍中什器，而非攻戰之資。詩人言公討罪安民，不以殺伐爲威。征有罪而曰哀我人，聖人用兵之情見矣。

伐柯如何？匪斧不克。取妻如何？匪媒不得。

柯，斧柄也。牟氏曰：「柯與柯一類，非斧居其間則不克。夫與妻一體，非媒居其間則不得。此異而後同之喻。非爲亂，則公不得來也。」

伐柯伐柯！其則不遠。我覯之子，籩豆有踐。

踐，行列貌。牟氏曰：「既用斧伐得其柯，但見柯不見斧矣。既用媒取得其妻，但見同牢不見媒矣。此同而遂忘其異之，喻公既來則不復見其亂也。」

《伐柯》二章，章四句。

《伐柯》，東人喜周公也。牟氏曰：「東征既克，周公未歸，東人愛之之辭。」

九罭之魚鱒魴，我覯之子，衮衣繡裳。

九罭，九囊之網。衮衣，上公之服。東人愛周公，言舉巨網則能穫美魚，之子來我幸得見盛服也。

鴻飛遵渚，公歸無所，於女信處！

鴻北方爲家，遵渚爲客。信，誠也。言公客於東，猶鴻爾。或公不安於朝，歸無所容就，誠處如此矣，喜辭也。

鴻飛遵陸，公歸不復，於女信宿！

鴻宜水居，陸非其所。不復，謂不復其官爵。宿，猶處也。

是以有衮衣兮！無以我公歸兮！無使我心悲兮！

公既信宿、信處，是以此間得有衮衣之人兮。但恐朝廷迎公歸，使我心悲爾。我願其無然，懼辭也。

《九罭》三章，章三句。舊注首章四句。

《九罭》，東人愛周公也。歸朝，公義也。留東，私情也。愛之至者欲其不安於朝，而客于東。恩德之入至深也。

狼跋其胡，載疐其尾。公孫碩膚，赤舄几几！

胡，頷下肉也。足後曰跋。華帶曰疐。公孫，周公也。碩膚，大有肌也。赤舄，盛履。几几，安重貌。言老狼長胡大尾，行而胡反爲跋，坐則尾又爲疐，不安之甚。今周公體膚豐碩，進退寬容，几几然正以舄。言者人心不安，步履必皇遽失常。《曲禮》：「削瓜士疐之」，《疏》云：「疐謂脱華處。」

狼疐其尾，載跋其胡。公孫碩膚，德音不瑕！

「德音不瑕」，言令德聲聞不有瑕疵。

《狼跋》二章，章四句。

《狼跋》，美周公也。居危疑之地而不失其聖，疑亦東人美之之辭。

豳七篇。

卷三

雅

小雅上

呦呦鹿鳴，食野之苹。我有嘉賓，鼓瑟吹笙。吹笙鼓簧，承筐是將。人之好我，示我周行！

苹，籟簫也。鹿得草，呼群共食，呦呦然，以興嘉賓相招爲禮也。賢人自野來，故本所在以言焉。燕饗之樂，皆嘉賓也。牟氏曰：「人之不疏棄我者，指示我道路所聞見民俗也。」

呦呦鹿鳴，食野之蒿。我有嘉賓，德音孔昭。視民不恌，君子是則是傚。我有旨酒，嘉賓式燕以敖！

蒿，菣也。德音，善言也。既燕饗之，又乞善言，古者於旅也語。恌，偷也。嘉賓令德，音聲甚昭明，民與君子皆來觀禮者。我視民心，化其偷薄，君子於是則傚。皆欲其燕安，敖遊於此，不遽去也。嘉賓之禮，鄉老、鄉大夫皆造。舊説視与示同。然上章既作示，此章又作視，字異明義當亦異。

呦呦鹿鳴，食野之芩。我有嘉賓，鼓瑟鼓琴。鼓瑟鼓琴，和樂且湛。我有旨酒，以燕嘉賓之心！

芩，《説文》云：「蒿也。」琴瑟，堂上樂。湛，久也。飲酒樂賓，得其歡心，言不虛拘也。

《鹿鳴》三章，章八句。

《鹿鳴》，賓賢能也。鄉大夫三年大比，考德行道藝，而興賢者、能者以禮禮賓之，獻其書於王。於其行也，歌樂、幣帛、燕飲以樂之。《記》云：「宵雅肄三官」。禮，天子燕諸侯及諸侯相於通得用之，不獨群臣及四方之賓然。

四牡騑騑，周道倭遲，豈不懷歸？王事靡盬，我心傷悲！

騑騑，行貌。倭，紆回貌。遲，緩也。君代臣言，駕此四牡，行路迂遠，豈不思歸乎？但王事不以爲苦，我心則獨傷悲爾！爲思父母。

四牡騑騑，嘽嘽駱馬。豈不懷歸？王事靡盬，不遑啓處！

嘽嘽，喘息貌。啓，跪也。處，坐也。古者席地，跪即起，居即坐。啓處猶云起居。王事急，不暇歸問父母起居。

翩翩者鵻，載飛載下，集于苞栩。王事靡盬，不遑將父！

鵻，鵓鳩，孝鳥也。將，養也。言鳥之孝者，時飛時下，不離故樹。使臣羈於王事，不得歸養也。《傳》云：「鵻，壹宿之鳥。」

翩翩者鵻，載飛載止，集于苞杞。王事靡盬，不遑將母！

杞，枸杞也。先父後母，序也。

駕彼四駱，載驟駸駸，豈不懷歸？是用作歌，將母來諗。

駸駸，驟貌。諗，告也。「是用作歌」，代臣言也。「將母來諗」，體臣意也。再言將母，《孔疏》云：「母以恩意偏多，故再言之。」

《四牡》五章，章五句。

《四牡》，勞使臣也。文武之時，臣皆盡忠宣力，然以爲顧其私恩則廢公義，勤於公義又廢私恩。是以宣力四方，臣爲其公，君恤其私。於其返也，歌樂勞之，道其忠節，顯其孝心，而君臣之理得。《箋》云：「無私恩，非孝子也；無公義，非忠臣也。」

皇皇者華，于彼原隰。駪駪征夫，每懷靡及。

皇皇，猶煌煌。駪駪，馬衆貌。征夫，行人也。言野華皇皇，原隰高下皆遍。臣之使出，當每慮事宜有所不及。爲下周咨起也。

我馬維駒，六轡如濡。載馳載驅，周爰咨諏。

如濡，柔澤也。周，忠信也。咨，訪問也。瑞玉問：「諏、謀、度、詢，《春秋傳》傅會經意，覺未安。」余曰：「諏，取也，擇人言可采取者。馳驅道上，遇忠信之人，於是訪問采取之。」

我馬維騏，六轡如絲。載馳載驅，周爰咨謀。

如絲，調忍也。謀，資其計畫也。

我馬維駱，六轡沃若。載馳載驅，周爰咨度。

沃若，明洽也。度，裁酌也。瑞玉問：「諏、謀之後，何次咨度？」度次之言，咨而復度也。

我馬維駰，六轡既均。載馳載驅，周爰咨詢。

均，調也。詢，從旬。旬，训遍，言咨之遍也。既度於己，事有未便，仍須問人，故咨詢又次之。瑞玉曰：「四節歷陳車馬盛多，戒使臣能光君命，不負寵任爾。」

《皇皇者華》五章，章四句。

「皇皇者華」，遣使臣也。《春秋传》穆叔云：「君教使臣曰：『必咨於周。』訪問於善为咨，咨親爲詢，咨禮爲度，咨難爲謀。臣獲五善，敢不重拜。」

常棣之華，鄂不韡韡。凡今之人，莫如兄弟。

常棣，棣也。鄂同萼，承華者也。不，讀作跗，萼足也。韡韡，光明貌。興者以華萼輝映，兄弟承覆，亦有光輝，故他人皆不如之。

死喪之威，兄弟孔懷。原隰裒矣，兄弟求矣。

威，畏也。瑞玉曰：「死喪人所畏惡，而兄弟懷思之。戰陳之尸，裒聚原隰，惟兄弟往求之，收其骸骨。」

脊令在原，兄弟急難。每有良朋，況也永歎。

瑞玉曰：「脊令，雝渠，俗名沙雞，長脚善走，飛則鳴，行則首尾動摇，鳴則天大雪，又名雪姑也。脊令水鳥而在原，失其常處，自爲首尾。以喻人有患難，惟兄弟急之。平時良朋对此景況長歎息而已，言不急。」

兄弟鬩于墻，外禦其務。每有良朋，烝也無戎。

鬩，鬭也。務，事也；一云侮也。烝，衆也。戎，寇也；又汝也。言虽兄弟内爭，猶相承當外務。平時良朋雖衆，到此視若無戎然。

喪亂既平，既安且寧。雖有兄弟，不如友生。

喪謂死喪，亂謂患難。喪平則安，亂平則寧。反上數章而言也。人情安樂則忘憂患，不思急難之友人。乃德永歎之，愛己安樂之兄弟，曾不如患難之友生。

儐爾籩豆，飲酒之飫。兄弟既具，和樂且孺。

儐，陳也。飫，饜也。具，俱也。孺，友愛貌。人情愛慕，最真無如孺子。

妻子好合，如鼓瑟琴。兄弟既翕，和樂且湛。

妻，娣姒也。子，猶子也。娣姒和好，如琴瑟均調，則兄弟翕合，和樂且久。家人離，多起於婦人。瑞玉曰：「常情合妻子易，和兄弟難。厚於愛而薄於友也。」

宜爾室家，樂爾妻帑。是究是圖，亶其然乎。

帑，子也。爾，爾兄弟也。亶，信也。承上言室家宜則兄弟宜，妻帑樂則兄弟樂。人能究窮圖慮當知斯言，信不誣爾。

《常棣》八章，章四句。

《常棣》，《序》云：「燕兄弟也。」按：《序》又云：「閔管蔡失道。」《鄭譜》疑成王周公之詩，不當列文王之篇，以爲隐其恶，故推而上之。其《答赵商問》又云：「文武時兄弟有不和協之意，故作詩感切之，未可定爲成王時作。」二説不同，皆難據信。《序》云「閔管蔡失道」，亦非《经》意。聖人之言，高下大小皆宜，豈直爲一人一事施也。

伐木丁丁，鳥鳴嚶嚶。出自幽谷，遷于喬木。嚶其鳴矣，求其友聲。相彼鳥矣，猶求友聲。矧伊人矣，不求友生？神之聽之，終和且平。

丁丁，伐木聲。嚶嚶，兩鳥鳴。鳥聞伐木聲驚起，出谷遷木。人聽其嚶鳴相應，似爲求友作聲，非必鳥意云然。神，山川之神也。神聽其伐木、鳥聲有相切直之意，終和樂且安平，人何可不求友。《爾雅》云：「丁丁嚶嚶相切直也。」

伐木許許，釃酒有藇。既有肥羜，以速諸父。寧適不來？微我弗顧！於粲酒埽，陳饋八簋。既有肥牡，以速諸舅。寧適不來？微我有咎！

《朱子》云：「許許，衆力聲。」《淮南子》云：「舉大木者呼邪許」。釃，沛酒也，以筐曰釃，以藪曰湑。藇，美貌。羜，小羊也。粲，明潔貌。八簋，禮食器也。言具酒食召朋友，寧使彼適有故不來，無謂我不顧念之有過咎。瑞玉曰：「此語善道人情。」

伐木于阪，釃酒有衍。籩豆有踐，兄弟無遠。民之失德，乾餱以愆。有酒湑我，無酒酤我。坎坎鼓我，蹲蹲舞我。迨我暇矣，飲此湑矣！

衎，多也。籩豆之數倍簋，簋八則籩豆三十六也。兄弟父黨，母黨之敵者。諸父諸舅，既是同異姓尊屬，知兄弟亦宜兼也。民間失恩德，尚以乾餱之食獲愆過，況君之珍膳，可以遠兄弟乎？湑酤無算，爵也。鼓舞無算，樂也。及我閑暇之時便相與燕飲爲樂，公私兩不廢也。獨言湑者，酤本設辭。

《伐木》三章，章十二句。

《伐木》，燕朋友也。親戚故舊情廣則疏，文武制燕飲之禮，通上下之情，所以親其疏於無曠爾。瑞玉問：「每章首輒言伐木何義？」余曰：「伐木須衆人助力，是有朋友之道。」

天保定爾，亦孔之固。俾爾單厚，何福不除？俾爾多益，以莫不庶！

爾，爾君也。稱天，故爾之言。天使爾德盡厚，則何福不開除。余問：「單厚多益，若皆言福禄，則文義重沓。」瑞玉曰：「多益，子孫盛也。」余曰：「賢才輩出，民物殷繁，是謂『以莫不庶』。」

天保定爾，俾爾戩穀。罄無不宜，受天百禄。降爾遐福，維日不足！

瑞玉曰：「戩，翦同。穀，禾稼也。除舊穀刈新穀，高下收穫，盡無不宜，此謂受天百禄也。

天又降遐福，如日不足，言遺澤流於子孫遠。」

天保定爾，以莫不興。如山如阜，如岡如陵，如川之方至，以莫不增！

牟氏曰：「『以莫不興』，萬物盛也。山日高，阜日厚，岡日崇，陵日隆。『川之方至』者，日深。此之謂增。」瑞玉曰：「『川之方至』，至於海也。」

吉蠲为饎，是用孝享。禴祠烝嘗，于公先王。君曰卜爾，萬壽無疆！

吉，善也。蠲，潔也。饎，酒食也。「禴祠烝嘗」，四時祭名。君，先公先王也。瑞玉曰：「卜，占也。尸傳神辭嘏主人曰：『我以爾孝德卜之，知天俾爾萬壽無疆也。』」

神之弔矣，詒爾多福。民之質矣，日用飲食。群黎百姓，遍为爾德！

弔，至也。神至遺福，蒙上文也。多福之來，由於事神勤民。民俗淳質，惟日用飲食相與燕樂，享太平也。瑞玉曰：「黎，髮黑也。凡民耆老顧禮義，少壯逞氣血，今群黎百姓盡皆訓行，爾德即老者，善良可知。」

如月之恒，如日之升。如南山之壽，不騫不崩。如松柏之茂，無不爾或承。

瑞玉曰：「月言恒者，古者常儀占月，恒其德也。」余曰：「陰道不變，故月言恒。陽道變化，故日言升。騫，虧也。南山不騫崩，静而壽也。松柏枝葉榮茂，無衰落也。言日月貞明，山林奠麗，無不承爾之德而能然。是之謂福。福者，備也。」

《天保》六章，章六句。

《天保》，《序》云：「下報上也。」臣子頌禱其君，盛陳福禄而已。然以为美報之来，稱其德施，不忘規戒焉。

采薇采薇，薇亦作止。曰歸曰歸！歲亦莫止。靡室靡家，玁狁之故。不遑啓居，玁狁之故。

作，生也。言師初出時，見野中薇方生也。預告歸期当在来歲晚也。軍士不得安處室家，在外不暇歸問起居，皆以玁狁之故。重言之者，述其遣戍之辭，作其敵愾之心。

采薇采薇，薇亦柔止。曰歸曰歸！心亦憂止。憂心烈烈，載饑載渴。我戍未定，靡使歸聘。

柔，脆也。烈烈，憂煎貌。聘，問也。我戍尚未定方所，故無使歸問安否。行者既定，居者始安。不然，無徒亂家人意。瑞玉曰：「前章初啓行也，此章在途苦也。」

采薇采薇，薇亦剛止。曰歸曰歸！歲亦陽止。王事靡盬，不遑啓處。憂心孔疚，我行不來！

剛，堅也。陽，十月也。「憂心孔疚」，此憂王事也。「我行不來」，言必致死無還心。瑞玉曰：「此章至戍所也。」

彼爾維何？維常之華。彼路斯何？君子之車。戎車既駕，四牡業業。豈敢定居？一月三捷！

爾，薾同，華盛貌。常，常棣也。路，大也。業業，壯也。言在野所見，爾然盛者，常棣華也。路然大者，君子車也。將帥所征之地，豈敢定止居處。一月之間三捷，言進戰屢克，故居無定所也。瑞玉曰：「此章叙戰功也。」《箋》云：「三捷，謂侵也、伐也、戰也。」非是。

駕彼四牡，四牡騤騤。君子所依，小人所腓。四牡翼翼，象弭魚服。豈不日戒？玁狁孔棘！

騤騤，彊也。依，倚也。腓，芘也。言車者將帥所憑依，師止則士卒以爲營衛庇廕之。翼翼，整列也。象飾弓弭，魚作矢服，言器械精致，豈敢不日戒備乎？戰雖屢捷，玁狁猶彊，邊事甚急也。瑞玉曰：「此章言戰勝而將不驕、卒不惰也。」《日知録》云：「『小人所腓。』古制：一車甲士三人，步卒七十二人，炊家子十人，固守衣裝五人，厩养五人，樵汲五人，隨車而動，如足之腓也。」《傳》曰：「腓，辟也。」《箋》曰：「腓，當作芘。」皆未是。

昔我往矣，楊柳依依。今我来思，雨雪霏霏。行道遲遲，載渴載飢。我心傷悲，莫知我哀。

依依，柳柔貌。霏霏，雪甚貌。「載渴載飢」，文同次章。先後異者，行在春時則渴重於飢，歸在冬時則飢重於渴，非取韻協爾。「莫知我哀」，深閔其苦，慰說之。瑞玉曰：「此章總叙始終，所以爲勞也。」

《采薇》六章，章八句。

《采薇》，瑞玉曰：「勞师也。一章言其出也。二章言其行也。三章言其至也。四章言其捷也。五章言其勝而戒也。六章重序往來之苦以勞之也。」余問：「《序》云：『遣戍役也。』勞师何據？」答曰：「『昔我往矣』，豈有以今遣戍爲昔者？『一月三捷』，亦記實事。」余問：「前三章同以采薇記候，而作止、柔止、剛止異者。首章《箋》云：『先輩可以行也。』則二章为中輩，三章为後輩矣。」答曰：「出當同時，不合先後。以經考之，薇作方啓行，薇柔則在途，薇剛已至戍所。知然者，薇始生當在二月。柔則脆軟。剛，少堅韌，當在二月末三月中。以末章言『楊柳依依』，知薇强之時已到戍所也。」

我出我車，于彼牧矣。自天子所，謂我来矣。召彼僕夫，謂之載矣。王事多難，維其棘矣！

我，我南仲也。牧，郊外也。言我出車，前軍已至牧，有人從天子所而來召，謂我来受方略。不言所受，即城朔方伐西戎之謀也。方受命即召僕夫裝載而行，以王事多難，不可不急故也。西北二邊俱有難，故云多難。

我出我車，于彼郊矣。設此旐矣，建彼旄矣。彼旟旐斯，胡不旆旆？憂心悄悄，僕夫況瘁！

南仲受命方行，故後軍猶在郊。旐，玄武。旟，朱雀。旄，干旄。獨旄言建者，互文爾。旐旟亦同建車上。旆旆，旒垂貌。旆，本繼旐者，將戰，旆以示威也。將帥受任，懼不勝，憂之。僕夫雖不知謀，亦助之憂，景況瘁病然。

王命南仲，往城于方，出車彭彭，旂旐央央。天子命我，城彼朔方。赫赫南仲，玁狁于襄！

旂，左青龍也。彭彭，衆盛貌。央央，鮮明貌。軍士初行，不知所向。將至朔方，乃知王命。南仲往城于方也。南仲令於軍中亦止曰：「天子命我，城彼朔方」爾。不言伐西戎，謀秘也。築城必出車，建旐者防衝突，又以懾玁狁孤西戎也。襄，駕也。朔方既城據，玁狁上游駕之，故不戰而服。瑞玉曰：「『赫赫南仲，玁狁于襄』，軍中震驚其功，喜躍之辭也。」

昔我往矣，黍稷方華。今我来思，雨雪載塗。王事多難，不遑啓居。豈不懷歸？畏此簡書！

華，秀也。塗，凍釋也。簡書，戒命也。昔以六月往城，今以正月班師。在道感念，昔以王事之故，不暇歸問起居，豈不思歸乎！但畏此簡書上猶有後命。西戎未平，事未了畢故爾。

喓喓草蟲，趯趯阜螽。未見君子，憂心忡忡；既見君子，我心則降。赫赫南仲，薄伐西戎！

蟲鳴螽躍，晚秋時也。設爲室家之辭。南仲夏往築城，晚秋即出兵突伐西戎，其室家不知，望其秋晚當還。及捷書至，乃知望之時正伐西戎也。上文已言歸逢雨雪，此章復追述未歸時事。瑞玉曰：「『赫赫南仲，薄伐西戎』，家人矜語其能，傳聞之辭也。」

春日遲遲，卉木萋萋。倉庚喈喈，采蘩祁祁。執訊獲醜，薄言還歸！赫赫南仲，玁狁于夷！

訊，問也。醜，衆也。春日喧長，時物茂美。南仲蓋正月在塗，三月至家也。玁狁大，西戎小，故獨言之西戎。言伐不及玁狁，故知不戰而平。瑞玉曰：「『赫赫南仲，玁狁于夷』，國人喜見凱旋，誇耀之辭也。」

《出車》六章，章八句。

《出車》，《序》云：「勞還率也。」玁狁北起，西戎遥應，欲並治則勢不及。朔方当西北要衝，命南仲城之。因加兵西戎，出其不備，玁狁不及救。西戎服，玁狁亦平。二邊俱寧，乃還師。廟算之奇，亦將率之力也，序其功美以勞之。

有杕之杜，有睆其實。王事靡盬，繼嗣我日。日月陽止，女心傷止，征夫遑止？

睆實，圓貌。瑞玉曰：「少壯從軍，親老子弱，杕杜有實，傷單獨也。『繼嗣我日』，言日復一日，無休息。」余問：「征役亦憂父母，何獨女心傷止？」瑞玉曰：「非是父母不傷，婦人甚爾。《東山》婦歎，《采薇》室家，皆識斯意。十月戍畢將歸，故言征夫此時得閑暇，意辭也。」

有杕之杜，其葉萋萋。王事靡盬，我心傷悲。卉木萋止，女心悲止，征夫歸止！

杜有實，晚秋時也。杜葉萋萋，來年春也。「我心傷悲」，征夫思室家也。「女心悲止」，室家思征夫也。家人踰時則思春，女感物而悲。去年初冬戍畢，故曰遑止。今年春暮當還，故曰歸止。

陟彼北山，言采其杞。王事靡盬，憂我父母。檀車幝幝，四牡痯痯，征夫不遠！

父母，女舅姑也。夫之屬黨，女亦同之。嘽嘽，敝貌。痯痯，罷貌。女假言征夫登山采杞，以望父母，歎其以王事貽親憂也。「征夫不遠」，亦家人意之之辭。

匪載匪來，憂心孔疚。期逝不至，而多爲恤。卜筮偕止，會言近止，征夫邇止！

車敝馬罷，當來矣。乃臨塗望遠，非有車載，非有馬來，則憂甚而病。《傳》云：「遠行不必如期，室家之情，以期望之。」愚謂期已逝過，猶不見至，疑信存亡，憂恤轉多，於是卜筮偕俱，合言於繇，皆曰：「近矣，行人当不遠矣！」此述卜筮之辭。

《杕杜》四章，章七句。

《杕杜》，《序》云：「勞還役也。」托爲室家思望之辭。勞君子則稱公義，勞小人則言私情。

《南陔》

《南陔》，《序》云：「孝子相戒以養也。」以下三篇《箋》云毛公移其篇第，朱子從《儀禮》改正。

《白華》

《白華》，《序》云：「孝子之絜白也。」

《華黍》

《華黍》，《序》云：「時和歲豐，宜黍稷也。有其義而亡其辭。」先儒云：「皆笙詩，有聲無辭。」夾漈鄭氏云：「若笙詩，有聲無辭，宜曰笙調，不曰笙詩。燕禮升歌《鹿鳴》，下管《新宮》，《新宮》今亡。宋公享叔孫昭子賦《新宮》，將謂管詩，亦有聲無辭耶。其謂《斯干》爲《新宮》者，非也。笙詩亡，猶管詩亡矣。」朴山方氏曰：「謂六篇笙詩者，劉敞説也。以《小序》云：『有其義而亡其辭。』亡，謂本無，非亡逸之亡。朱子取之，顧亦無他左驗。且既云無辭，而又命曰笙詩，發言爲詩，未有無辭而可爲詩者！」劉會孟謂：「如今之琴譜。」然琴譜不可云琴詩。意者不曰歌而曰笙、曰樂、曰奏，則《瞽矇職》有云：「諷誦詩，鼓琴瑟。」鄭注：「諷誦詩，謂闇讀之，不依詠也。」不歌而鼓琴瑟，以播其音也。六詩之用，幾是乎。

魚麗于罶，鱨鯊。君子有酒，旨且多。

麗，離也。罶，曲梁也。鱨，揚也。鯊，鮀也。《傳》云：「太平而後，微物衆多，取有時，用有道也。」「旨且多」，《箋》云：「酒美而此魚又多。」愚謂酒多也。酒多者，黍稻多也。陸德明《音義》云：「有酒旨絶句，且多二字爲句，後章放此。」此説非也。君子有酒旨，無此文句。

魚麗于罶，魴鱧。君子有酒，多且旨。

鱧，鮦也。

魚麗于罶，鰋鯉。君子有酒，旨且有。

鰋，《傳》云：「鮎也。」《爾雅》注以鰋、鮎、鯉、鮦各一物，未審誰是。

物其多矣，維其嘉矣。

物，謂魚也，酒也。魚，水産；酒，陸産。兼之，見萬物盛多。《箋》獨言魚，非是。

物其旨矣，維其偕矣。

偕，齊等也。

物其有矣，維其時矣。

時謂得時。仲夏登黍，季冬獻魚。

《魚麗》六章，章二句。古注：「三章，章四句；三章，章二句。」

《魚麗》，《序》云：「美萬物盛多，能備禮也。」或問：「萬物盛多，何獨稱魚？」余曰：「夢魚，豐年之瑞。太平歌魚麗，衰亂吟星罶。」瑞玉曰：「若作燕饗詩，則全是侈陳口腹殽饌。且《經》自言『魚麗于罶』，明是生魚，何關燕饗？」余曰：「即是燕饗，一燕爾，何須魚六品。」

《由庚》

《由庚》，《序》云：「萬物得由其道也。」

南有嘉魚，烝然罩罩。君子有酒，嘉賓式燕以樂。烝，衆也。罩，篧也。言江漢之間有善魚，衆然罩罩之，以興國有賢人，君子多方羅致之。賢人至，用酒燕飲以樂之。

南有嘉魚，烝然汕汕。君子有酒，嘉賓式燕以衎。汕，樔也。以薄汕魚，即撩罟也。陸佃云：「君子求賢，上籠之如罩，下撩之如汕。」衎，飽貌。《易》云：「飲食衎衎。」

南有樛木，甘瓠纍之。君子有酒，嘉賓式燕綏之。木樛瓠纍，以興君子下賢，故賢得依附之。與之燕飲，所以安樂其心。《燕禮》云：「賓以我安。」

翩翩者鵻，烝然來思。君子有酒，嘉賓式燕又思。鵻，性專壹，其所善木，翩然來集。賢人亦然，前云烝然，求者多也，此云烝然，來者衆也。罩汕言其求，瓠鵻言其得。又，又燕也。樂賢之誠無已。瑞玉曰：「尋常燕賓，無既燕又燕者。」

《南有嘉魚》四章，章四句。

《南有嘉魚》，《序》云：「樂與賢也，太平君子至誠，樂與賢者共之也。」

《崇丘》

《崇丘》，《序》云：「萬物得極其高大也。」

南山有臺，北山有萊。樂只君子，邦家之基！樂只君子，萬壽無期！

臺，莎也。萊，藜也。君子，賢也。基，本也。只，語辭，《箋》云：「是也。」山有草木以成高大，君子賢臣以自尊顯，邦家有本，萬壽無期，皆謂君賴其慶。《疏》云：「使我國家得萬壽之福，無有期竟。」

南山有桑，北山有楊。樂只君子，邦家之光！樂只君子，萬壽無疆！

光，華也。政教明，則國家有榮耀。「萬壽無疆」，使君壽考無竟也。臣能使君壽考者，弼德以永命。

南山有杞，北山有李。樂只君子，民之父母！樂只君子，德音不已！

民爲邦家之本，父母謂强教之説安之，民樂則頌聲作，使國家令聞無窮已。

南山有栲，北山有杻。樂只君子，遐不眉壽！樂只君子，德音是茂！

遐，遠也。君子豈不遠有眉壽乎。既享眉壽，則令德音聲益茂盛，長爲邦家之基光。

南山有枸，北山有楰。樂只君子，遐不黃耇！樂只君子，保艾爾後！

枸，枳枸。楰，鼠梓。黃，黃髮也。耇，老壽也。艾，養也。言君子之身既黃耇，又能安養爾，後使子孫長爲民之父母。

《南山有臺》五章，章六句。

《南山有臺》，《序》云：「樂得賢也。」瑞玉曰：「《詩》全無燕饗意，《序》說是。」

《由儀》

《由儀》，《序》云：「萬物之生，各得其宜也。有其義而亡其辭。」

蓼彼蕭斯，零露湑兮。既是君子，我心寫兮。燕笑語兮，是以有譽處兮。

蓼，長大貌。寫，傾也。《記》云：「器之溉者不寫。」燕，安也。譽，樂也。言蕭被露則湑然，心愛君子則傾寫。因與之燕，且告之曰：「願且安然笑語，毋矜莊洽情文，是以有樂而安處。」瑞玉曰：「譽，聲名也。笑語之聲，聞於外人，傳誦之爲美事。」

蓼彼蕭斯，零露瀼瀼。既見君子，爲龍爲光。其德不爽，壽考不忘。

龍，寵也。見君子有寵。光，貴之也。爽，差也。瑞玉曰：「秉德不爽，自少壯至老壽令人思之不忘。」余曰：「善始不必善終，始終一節，則少年結習至老不忘。」

蓼彼蕭斯，零露泥泥。既見君子，孔燕豈弟。宜兄宜弟，令德壽豈。

兄、弟，以屬通也。豈，讀如字，《説文》云：「登也。」《玉篇》云：「安也。」言君子和樂平易，人見之意甚安貼，有是豈弟之德，能親睦宗族。既有令德，則壽考可登而安也。

蓼彼蕭斯，零露濃濃。既見君子，鞗革沖沖。和鸞雝雝，萬福攸同。

鞗，轡也。革，轡首也。和在軾，鸞在鑣。沖沖，和貌。雝雝，和聲。言覩鞗革而有沖和之容，聞和鸞而傳雝雍之音，是以爲萬福所聚。《毛傳》：「沖沖，垂飾貌。」知不然者，雝雝是和，沖沖亦是和也。

《蓼蕭》四章，章四句。

《蓼蕭》，天子燕諸侯也，朝燕也。

湛湛露斯，匪陽不晞。厭厭夜飲，不醉無歸。

厭厭，安也，又久也。露以宵零，夜飲所見。夜飲，私燕也，以示慈惠加恩。好飲必醉者，《傳》云：「宗子將有事，則族人皆侍。不醉而出，是不親也；醉而不出，是渫宗也。」

湛湛露斯，在彼豐草。厭厭夜飲，在宗載考。

豐，茂也。草弱不勝露，猶人醉不勝酒。宗，宗室也。考，成也。夜飲則在宗室，以成禮。必言成者，酒以成禮。雖則必醉，不繼以淫。

湛湛露斯，在彼杞棘。顯允君子，莫不令德。

顯允，明信也。無不善其德言，飲多不至醉，德將之也。

其桐其椅，其實離離。豈弟君子，莫不令儀。

無不善其儀。言飲酒既醉，猶藴藉自持。陸佃云：「杞棘剛木，故況令德。椅桐柔木，故況令儀。」

《湛露》四章，章四句。

《湛露》，《序》云：「天子燕諸侯也。」夜燕也。

彤弓弨兮，受言藏之！我有嘉賓，中心貺之。鐘鼓既設，一朝饗之。

彤弓，朱弓也。弨，弛貌，不張，示不用也。受，受弓，人獻也。貺，賜也，待有功者賜之。鐘鼓，樂備也。饗，大飲賓也。一朝，終朝也。燕示兹惠，故至夜猶飲饗。訓恭儉，故終朝成禮。

彤弓弨兮，受言載之！我有嘉賓，中心喜之。鐘鼓既設，一朝右之。

載，抗也。抗於弓檠。右，尊也。

彤弓弨兮，受言櫜之！我有嘉賓，中心好之。鐘鼓既設，一朝醻之。

櫜，韜也，韜於弓衣。醻，報也，報有功。嚴氏云：「酬酢是燕禮，其饗禮無獻酢，言報功近是。」

《彤弓》三章，章六句。

《彤弓》，美文德也。太平天子侮亂不作，彤弓藏櫜留待有功。大樂大饗，以樂之爾。

菁菁者莪！在彼中阿。既見君子，樂且有儀。

莪，蘿蒿也。大陵曰阿。君子，謂師儒也。英才得師儒教養，既樂其道德，且喜有威儀。師氏以三德三行教國子，保氏以道養國子，教之六藝六儀。

菁菁者莪！在彼中沚。既見君子，我心則喜。

我，我學者也。菁莪得沚水而滋茂，學士得君子而喜樂。

菁菁者莪！在彼中陵。既見君子，錫我百朋。

五貝爲朋。學士言君子餉我道藝，如錫百朋之貝然。

汎汎楊舟，載沉載浮。既見君子，我心則休。

楊木舟輕，故沉浮無定。喻美材不得師儒，亦游散無方。休，安定也。

《菁菁者莪》四章，章四句。

《菁菁者莪》，《序》云：「樂育材也。」天子大學，國之後選皆造。樂得師儒成就人材，美而歌之。瑞玉曰：「《詩》亦無燕饗意，《序》説是。」

六月棲棲，戎車既飭。四牡騤騤，載是常服。玁狁孔熾，我是用急。王于出征，以匡王國。

棲棲，猶皇皇。六月興師，事急也。常服，韋弁服也，載於輜車，臨戰服之。「王于出征」，以王命往伐玁狁。

比物四驪，閑之維則。維此六月，既成我服。我服既成，于三十里。王于出征，以佐天子。

比物，齊力也。四驪，色又齊也。瑞玉曰：「載常服，舊服也。成我服，新製也。興師急，故以舊服出，有不備者，其新衣成，又追及載之。」余曰：「服既成，追及之于三十里之地，言事急也。」牟氏曰：「營軍三十里外，請王親出城勞軍，我因得以成功。」

四牡修廣，其大有顒。薄伐玁狁，以奏膚公。有嚴有翼，共武之服。共武之服，以定王國。

身長曰修，腹背闊曰廣。顒，大頭也。「四驪閑則」，將帥馬也；「四牡修廣」，軍士馬也。將帥尊，齊力又齊色。士卒所乘，長大而已。奏，獻也。膚，肌膚也。斬馘之事，皆傷肌膚。言軍士皆厲武殺敵，以獻膚於公。嚴謂中軍，翼謂左右軍。武之服，韋弁服也。武服上下共之。均服同心，可以安定王國。「膚大公功」，「共武之服，以爲供武事。」毛鄭皆以意説爾，實無明訓。按：《春秋傳》云「均服振振」，是謂共武之服也。

玁狁匪茹，整居焦穫。侵鎬及方，至于涇陽。織文鳥章，白旆央央。元戎十乘，以先啟行。

茹，度也。玁狁不自度量，整齊大衆，屯駐焦穫，時出偏師，侵掠鎬方。至涇水北，言及近地也。瑞玉曰：「織，讀如字。玁狁織文爲鳥隼之章。司常旆幟，皆畫此織者，戎俗也。白旆繼旐，甚鮮明，又有大戎車十乘先行開路。此章極陳玁狁之熾。」古注織文以下言王師，《經》文未見斯意。

戎車既安，如輊如軒。四牡既佶，既佶且閑。薄伐玁狁，至于大原。文武吉甫，萬邦爲憲！

安，調適也。輊軒猶低昂。後望如輊，前視如軒，則車平而安也。佶，壯健貌。瑞玉曰：「『至于大原』，《傳》云：『言逐出之而已。』非也。玁狁深入内地，不大懲創，彼寧知懼？但逐出境，示之弱也，後不復來乎？按：大原一名大鹵，當是彼國衝要，故俗有大鹵之名。吉甫欲大創之，故窮追至此。如《毛傳》所言，恐直書生之見爾！」余問：「『文武吉甫』，武則有矣，文則未見。」瑞玉曰：「末章見之孝友，非文德而何？」戴氏震《答曹給事書》曰：「太原有二，晉地之太原與涇陽西北之太原相去千余里。」云云。顧氏《日知録》曰：「此詩必先求涇陽所在，而後太原可得而明也。《漢書·地理志》：安定郡有涇陽縣，幵頭山在西，《禹貢》涇水所出。《後漢書·靈帝紀》『段熲破先零羌於涇陽。』注：『涇陽縣屬安定，在原州。』《郡縣志》：『原州平凉縣，本漢涇陽縣地。今縣西四十里涇陽故城是也。』然則太原當即今之平凉，而後魏立爲原州，亦是取古太原之名爾。計周人之禦玁狁，必在涇原之間。若晉陽之太原，在大河之東，距周京千五百里，豈有寇從西來，兵乃東出者乎？故曰：『天子命我，城彼朔方。』」

吉甫燕喜，既多受祉。來歸自鎬，我行永久。飲御諸友，炰鼈膾鯉。侯誰在矣，張仲孝友。

瑞玉曰：「燕喜，天子燕而喜之，慶賞遂行，故多受福祉。因自鎬京來歸私邑，語家人我此行永久矣。於是諸友來賀，御進飲饌，話叙闊别。吉甫盛夏出師，歸時當在秋冬。古者大寒降，取名魚、登川禽，《經》言「炰鼈膾鯉」，古人燕饗用物必順時也。又曰：諸友偏舉張仲，又獨稱孝友，美吉甫能全忠孝也，言不虛此燕會。束皙云：『武功外悠，文化内輯。』」首二語王燕下是吉甫私燕，舊注失之。又劉向云：「千里之鎬，猶以爲遠。」舊注内謂鎬非鎬京，皆失經義。瑞玉此説足正古今之誤。及檢先儒何氏，首二語已創此解。凡偶出新義與舊説合者，若本檢書所得，即明出先儒姓氏。其先出己見，后復檢書合者，則不列述其人。非敢攘善意，存記實，餘皆放此。

《六月》六章，章八句。

《六月》，《序》云：「宣王北伐也。」毛謂宣王自征，遣吉甫追逐。鄭謂獨遣吉甫，王不親行。瑞玉曰：「鄭氏是也。《經》言佐天子可見。」

薄言采芑，于彼新田，于此菑畝。方叔涖止，其車三千，師干之試。方叔率止，乘其四騏，四騏翼翼。路車有奭，簟笰魚服，鉤膺鞗革。

芑，苦藚菜也。田一歲曰菑，二歲曰新。言軍行出野，見民人采菜田中者不一。地芑能解熱，軍行人馬皆食之。涖，臨也。余問：「車三千，法當用三十萬衆。朱子以爲未必實，何也？」瑞玉曰：「此方叔之老謀，虛張軍聲以威荆蠻。故章末云『蠻荆來威』爾。」干，盾也。試，習也。方叔盛陳車徒簡閲之衆，干皆肄習之。五兵獨言干者，省文爾。率，謂帥衆以行也。四騏，齊色也。翼翼，壯健貌，亦齊力也。奭，赤貌。竹簟爲笰。鉤膺，樊纓也。

薄言采芑，于彼新田，于此中鄉。方叔涖止，其車三千，旂旐央央。方叔率止，約軝錯衡，八鸞瑲瑲。服其命服，朱芾斯皇，有瑲葱珩。

中鄉，民居也。前言涖止，閱兵也。此言涖止，在道也。不言「師干之試」，在道非習兵時也，故言「旂旐中央」代之。兵在道，次舍亦須帥之。乃行，故復言「方叔率止」。約軝，以皮束轂而朱之。錯衡，文衡也。鸞在鑣，四馬故八也。命服，禮服也。朱芾，黄朱芾也。瑲，玉聲。葱，蒼色。三命以上，赤芾葱珩。不服戎服者，在道非臨戰故爾。

鴥彼飛隼，其飛戾天，亦集爰止。方叔涖止，其車三千，師干之試。方叔率止，鉦人伐鼓，陳師鞠旅。顯允方叔，伐鼓淵淵，振旅闐闐。

隼，鷙鳥也。言隼飛集於所止，猶王師至所征之地也。又言「師干之試」者，將戰習兵也。「方叔率止」，帥以戰也。鞠，告也。鉦人，伐鉦鼓人。伐鼓陳其兵旅，誓告之。誓師之時，賞罰明信，故曰顯允。伐鼓，進兵也。振旅，止衆也。淵淵、闐闐，皆鼓聲。一云：闐闐，衆行聲。方伐鼓即振旅，不戰也。按：鉦人伐鼓，振旅闐闐。師以金退、以鼓進。鉦人亦伐鼓，有進無退也。振旅者，整振軍旅，言進兵也。

蠢爾蠻荆，大邦爲讎。方叔元老，克壯其猶。方叔率止，執訊獲醜。戎車嘽嘽，嘽嘽焞焞，如霆如雷。顯允方叔，征伐玁狁，蠻荆來威！

元老，猶言丈人也。能大其謀猶，故不戰而克。又言「方叔率止」者，帥以歸也。嘽嘽，車衆声。焞焞，火光貌。霆，電也。雷，震也。車聲如雷，行速如電。方叔先佐吉甫伐玁狁，威聲素著，故今蠻荆畏威而來服。

《采芑》四章，章十二句。

《采芑》，《序》云：「宣王南征也。」瑞玉曰：「一章啟行，二章在道，三章征伐，四章凱還。」

我車既功，我馬既同。四牡龐龐，駕言徂東。

攻，堅也。同，齊也。龐龐，充實也。東，洛邑也。駕言往東都欲會諸侯。會同事大，田獵事小，因及之爾。

田車既好，四牡孔阜。東有甫草，駕言行狩。

甫草，大草也。地有大草可以圍田。余問：「會同後方田獵，《經》何先言行狩？」瑞玉曰：「將如此爾。《疏》云：『皆致意之辭，未實行也。』」

之子于苗，選徒囂囂。建旐設旄，搏獸于敖。

之子，有司也。苗，地名，晉苗賁皇邑是也。囂囂，數徒聲，言軍無譁也。搏獸，校勇也。敖，近滎陽，地名也。于苗選徒，于敖搏獸者，如楚之圍宋，先治兵於睽也。逸齋范氏云：「易野，車爲主，故選車；險野，人爲主，故選徒。」

駕彼四牡，四牡奕奕。赤芾金舄，會同有繹。

奕奕，衆行貌。言諸侯來也。金舄，即赤舄，黄朱色也。時見曰會，殷見曰同。繹，連屬貌。

決拾既佽，弓矢既調。射夫既同，助我舉柴。

決以鉤弦，拾以遂弦。瑞玉曰：「制如今假袖而有繫也。佽，次比也。調，謂弓强弱與矢輕重調也。射夫，諸侯與其人也。柴所以燎，舉以火田也。此章會同之後、田獵之前天子戒諸侯之辭，言備乃器械，同乃射夫，庶助我舉柴以火田。」《疏》云：「田無射禮，唯既田乃有頒餘獲射，在於澤宫。」余按：《疏》知頒餘獲射在田獵之後，而《經》先田言之，求其説不得。以爲射是諸侯群臣之事，因上章諸侯來會，而即説之令臣事自相次，此曲説爾。以理而言，天子將田諸侯，當先習射擇士。特《禮經》無文以明之，竊以意度，并合《經》文上下，疑當有此禮也。

四黄既駕，兩驂不猗。不失其馳，舍矢如破。

猗，偏倚也。瑞玉曰：「獨言兩驂者，兩服在中，有衡維之自不能倚也。馳，御車法也。如破，巧中也。言射御各不相爲，美其良也。」

蕭蕭馬鳴，悠悠旆旌！徒御不驚，大庖不盈。

聞其蕭蕭，見其悠悠，整以暇也。徒，步卒也。御，車御也。不驚，不喧嘩也。不盈，不多取也。古者田三殺，每殺擇取三十焉。其餘以與大夫、士習射於澤宫。

之子于征，有聞無聲。允矣君子，展也大成。

于征，總前文徂東至田畢也。但聞號令，不聞人聲，始終以律也。信矣君子，誠可謂王道大成也。美宣王。

《車攻》八章，章四句。

《車攻》，《序》云：「宣王復古也。」内修外攘，復文武境土。至東都會諸侯，因率以田焉。

吉日維戊，既伯既禱。田車既好，四牡孔阜。升彼大阜，從其群醜。

戊，剛日也。伯，馬祖也。古人重物慎微，將用馬力，先禱其祖也。瑞玉曰：「大陸曰阜。升高阜處，從逐禽獸之群，虞人翼以待射也。」古注皆以此章正田獵事。瑞玉曰：「天子不合歷險從禽，明其非也。」

吉日庚午，既差我馬。獸之所同，麀鹿麌麌。漆沮之從，天子之所。

庚午，亦剛日也。差，擇也。田獵齊足，尚疾也。獸所聚有牝鹿，麌麌然，衆多。從漆沮水側驅禽而致天子之囿所。按：兩章各首句《毛傳》文有錯互。「吉日維戊」下當云外事以剛日。「吉日庚午」下當云順類乘牡也。以庚午亦剛日，故擇牡馬而乘之。《孔疏》不知是誤，曲爲之説爾。

瞻彼中原，其祁孔有。儦儦俟俟，或群或友。悉率左右，以燕天子！

祁，大也。中原之野獸大而甚有。儦儦，疾趨也。俟俟，徐行也。三曰群，二曰友。左右者，虞人驅禽入防中，宜左左之，宜右右之，悉循其處，以安待王射也。

既張我弓，既挾我矢。發彼小豝，殪此大兕，以御賓客，且以酌醴。

殪，壹發而死也。發豝殪兕，言能中微制大也。御進賓客，且饗禮以爲俎實也。古者田獵，一爲乾豆，二爲賓客，三充君庖。瑞玉曰：「此章正田獵事。」

《吉日》四章，章六句。

《吉日》，《序》云：「美宣王田也。」王用三驅，先田設驅逆之車。一章升阜驅之。二章逐水驅之。三章循平原驅之。四章天子至而發之。因以獲禽講禮終焉。

鴻雁于飛，肅肅其羽。之子于征，劬勞于野。爰及矜人，哀此鰥寡！

大曰鴻，小曰雁。興者以往來無方，似離人也。瑞玉曰：「雁飛必群，流人亦群行，畏剽掠故爾。之子，流民也。征，行也。矜，憐也。流民滿野，皆可矜之人。其中鰥寡尤可哀。」牟氏曰：「之子，謂大夫也。行視流民不遑息，爰及所率之人，皆能矜恤者，同哀憐我。」

鴻雁于飛，集于中澤。之子于垣，百堵皆作。雖則劬勞，其究安宅！

集中澤，客止也。一丈爲板，五板爲堵。言汝今往築垣屋，雖病勞，其終有安居。牟氏曰：「大夫來視其垣屋，撫慰之。」

鴻雁于飛，哀鳴嗷嗷。維此哲人，謂我劬勞。維彼愚人，謂我宣驕！

余問：「流民安宅當可喜，何又哀鳴？哲人、愚人復誰指？」瑞玉曰：「痛定思當痛。對異鄉人訴窮苦，哲人聽之當憐我。若彼愚者，將謂我今得樂土示驕，而己情更苦。」牟氏曰：「哲人即之子。『劬勞于野』，流民知丈夫劬勞也。雖則劬勞，流民不自惜劬勞也。『謂我劬勞』，大夫知流民劬勞也。」

《鴻雁》三章，章六句。

《鴻雁》，《序》云：「美宣王也。」萬民離散，能勞来、還定、安集之，因以爲箴，欲王觀省爾。牟氏曰：「流民美之之辭。」

夜如何其？夜未央。庭燎之光。君子至止，鸞聲將將。

央，中也。庭燎，火燭也。君子，諸侯也。王恐視朝晚，常自謂夜如何矣，尚未央乎？又謂庭燎已有光矣，朝者至而聞鸞聲矣。皆自警省之辭。

夜如何其？夜未艾。庭燎晣晣。君子至止，鸞聲噦噦。

艾，盡也。晣晣，小明也。火光將曙則微明。將將聲遠而小，噦噦聲近而大。

夜如何其？夜鄉晨。庭燎有煇。君子至止，言觀其旂。

鄉晨，近曉也。煇，火氣也。天將明則烟光見，言觀其旂，辨色入朝之時也。

《庭燎》三章，章五句。

《庭燎》，美宣王也，因以箴之。欲王無倦，勤於未央。徐氏曰：「是時倦勤已兆，故初咏未央，繼咏未艾，進而咏鄉晨也。宣王晏起，姜后脱簪，殆其時與。」

沔彼流水，朝宗于海。鴥彼飛隼，載飛載止。嗟我兄弟，邦人諸友！莫肯念亂，誰無父母？

沔，流貌。宗，尊也。諸侯朝以尊王也。言水猶有歸，隼猶載止，喻亂當息也。嗟我親友，無有肯因亂而思念者，誰獨無父母，不憂詒罹乎？

沔彼流水，其流湯湯。鴥彼飛隼，載飛載揚。念彼不蹟，載起載行。心之憂矣，不可弭忘！

弭，止也。言水流蕩無歸，隼飛揚不止，喻亂生不息也。念彼不循道之人，妄起肆行，造亂不已，故我心憂之不可止而忘。瑞玉曰：「如漢末十常侍之等。」

鴥彼飛隼，率彼中陵。民之訛言，寧莫之懲。我友敬矣，讒言其興！

此章無沔彼二句，闕文也。訛，僞也。懲，止也。言隼率中陵，終有所止。喻亂生不已，當有所定也。瑞玉曰：「訛言無端而起，讒言緣間而興。治訛之法，懲之而已；止讒之方，唯敬而無失則無間也。」余曰：「漢末黨禍讒言繁興，亦坐諸君子自不敬爾。」瑞玉曰：「民亦斥言在位者，不敢端言，假之民爾。」余問：「我友敬，何不及兄弟？」瑞玉曰：「兄弟尤親，不待言。」

《沔水》三章，二章章八句，一章六句。朱子云：「卒章脱前兩句。」

《沔水》，朱子云：「憂乱也。」瑞玉曰：「大夫憂讒之辭。」或云張仲作。

鶴鳴于九皋，聲聞于野。魚潛在淵，或在于渚。樂彼之園，爰有樹檀，其下維蘀。他山之石，可以爲錯。

澤曲曰皋，九皋言深遠也。鶴鳴在陰，「聲聞于野」，喻賢者身隱名彰也。魚寒則逃淵，温則見渚，喻賢者時隱時見也。又言樂彼園中，雖有嘉樹，而下有落葉，喻賢當節取也。錯，礪石也。他山石可爲錯，猶云楚材晉用，喻立賢無方也。

鶴鳴于九皋，聲聞于天。魚在于渚，或潛在淵。樂彼之園，爰有樹檀，其下維穀。他山之石，可以攻玉。

魚在渚，或潛淵，喻賢人易隱也。穀，一名楮，惡木也。石可攻玉，喻賢人能成君德也。瑞玉曰：「攻，治也。治璞可得玉，明求賢當於幽隱。」

《鶴鳴》二章，章九句。

《鶴鳴》，《序》云：「誨宣王也。」當舉賢振滯，與人不求備。

祈父！予王之爪牙。胡轉予于恤？靡所止居！

祈父，司馬也，掌封圻兵甲，司右、虎賁之屬也。軍士責司馬言：「我當爲王守衛，汝何移我於憂，使我無所止居乎？」古者六軍出自六鄉，法不取於王爪牙之士。

祈父！予王之爪士。胡轉予于恤？靡所底止！

爪士，爪牙之士。底，至也。

祈父！亶不聰。胡轉予于恤？有母之尸饔！

尸，主也，陳也。饔，熟食也。古者親老無兄弟當免征役。此法人皆聞之，祈父獨不聞，故曰誠不聰也。令我不得奉養，反使母主饔事。《箋》云：「己從軍而母爲父陳饌。」

《祈父》三章，章四句。

《祈父》，《序》云：「刺宣王也。」官非其人則職廢，君失士心則無功。千畝之戰，敗績於姜戎矣。

皎皎白駒，食我場苗。縶之維之，以永今朝。所謂伊人，於焉逍遥！

場，圃也。縶，絆也。維，繫也。王以小過慢棄賢人，如有皎皎然潔白之駒，可貴重，偶然食我禾苗，不足責。乃縶維窘辱之，永朝永夕猶不解，賢人於是逍遥以去爾。宣王之末信讒，殺杜伯，死左儒，賢士所以離心。

皎皎白駒，食我場藿。縶之維之，以永今夕。所謂伊人，於焉嘉客！

藿，本作藿，豆葉也。《説文》云：「尗之少也。」客之嘉者，留愈難。

皎皎白駒，賁然來思。爾公爾侯，逸豫無期。慎爾優游，勉爾遁思！

賁，飾也。假言留賢之法，當車服賁飾以來之。縻以公侯好爵，使安樂無期限。庶戒爾優游，勉强挽爾隱遁之迹，王何爲不然。

皎皎白駒，在彼空谷。生芻一束，其人如玉。毋金玉爾音，而有遐心！

生芻，青芻也。如玉，德美也。白駒入空谷，於是追而餞之。又言：「爾即去，當通問無絕，毋貴重爾音聲如金玉，而有遠我之心。」瑞玉問：「生芻、如玉，文不相次。」余曰：「生芻薄物而幽潔，非如玉之人不稱。徐孺子美郭有道以此也。」

《白駒》四章，章六句。

《白駒》，《序》云：「大夫刺宣王也。」以細故棄賢臣，同朝欲留而不得也。

黄鳥黄鳥！無集于穀，無啄我粟。此邦之人，不我肯穀。言旋言歸，復我邦族！

穀，木也。穀，善也。牟氏曰：「章首三語，乃述異鄉主人厭客之辭。假言黄鳥無集我木、無啄我粟，厭薄如此，故曰此邦不復可居，不若復故鄉依族人爾。」余曰：「言邦族者，同鄉之疏，猶勝異鄉之親也。」

黄鳥黄鳥！無集于桑，無啄我粱。此邦之人，不可與明，言旋言歸，復我諸兄！

米有孚曰粟，粱、黍，皆粟類也。明，謂講明任恤之道。諸兄，族人之長者。

黄鳥黄鳥！無集于栩，無啄我黍。此邦之人，不可與處。言旋言歸，復我諸父！

諸父，族人之尊者。先諸兄後諸父者，諸父恩義重，尤可倚賴。

《黄鳥》三章，章七句。

《黄鳥》，《序》云：「刺宣王也。」王之季年，民復離散，適異國不得所，思歸故鄉爾。瑞玉曰：「觀『復我邦族』，疑大夫去異邦不得志之作。」

我行其野，蔽芾其樗。昏姻之故，言就爾居。爾不我畜？復我邦家！

樗，惡木也。婦之父曰昏，婿之父曰姻。追言始者，我行野中，見樗樹蔽芾然。以昏姻之故就爾居止。乃不我畜養，今當復返我邦家。

我行其野，言采其蓫。昏姻之故，言就爾宿。爾不我畜，言歸思復！

蓫，惡菜。《箋》云：「牛蘈也。」陸璣云：「羊蹏也。」宿，又暫於居矣。

我行其野，言采其葍。不思舊姻，求爾新特。成不以富，亦祇以異！

葍，惡菜。《箋》云：「葍也。」特，匹也。成，《論語》作誠。言爾厭舊喜新，諒不以彼富之故，亦適以其新異於舊爾。此詩人之忠厚。

《我行其野》三章，章六句。

《我行其野》，《序》云：「刺宣王也。」朱子云：「民適異國，依其昏姻而不見收恤，故作此詩。」

秩秩斯干，幽幽南山。如竹苞矣，如松茂矣。兄及弟矣，式相好矣，無相猶矣！

秩秩，有序也。干，水厓也。幽幽，深遠貌。苞，本也。猶，似也。言築室臨水面山，基本之固如竹，結構之密如松。兄弟居之，宜相和好。非禮之事，無相效似，則家和而室安吉。瑞玉曰：「考室首言兄弟，世俗分門別户，皆爲失友于所致爾。」

似續妣祖，築室百堵，西南其户。爰居爰處，爰笑爰語。

似，肖也。言築室將以繼續先祖，非即安也。西其户、南其户，言室非一於是。居處笑語，其中即謂兄弟聚居於斯爾。《箋》云：似續妣祖，「謂已成其宫廟也。」

約之閣閣，椓之橐橐。風雨攸除，鳥鼠攸去，君子攸芋。

約，束板也。閣閣，上下相承也。椓，築土也。橐橐，杵聲也。芋，大也。言牆屋攻堅，風雨鳥鼠皆除去。君子所居，以成尊大然。

如跂斯翼，如矢斯棘，如鳥斯革，如翬斯飛，君子攸躋！

跂，竦立也。翼，張翼也。棘，急也。矢行急則直也。革，變也。鳥驚而變起也。翬，雉也。雉飛華采軒翔也。此四如者，言路寢之形，爲君子升堂聽事之所。

殖殖其庭，有覺其楹。噲噲其正，噦噦其冥，君子攸寧！

殖殖，平正也。覺，明直也。噲噲，敞快有聲也。正，陽室也。噦噦，深遠有聲也。冥，陰室也。此四其者，言燕寢之居爲君子晏安游息之地。

下莞上簟，乃安斯寢。乃寢乃興，乃占我夢。吉夢維何？維熊維羆，維虺維蛇。

莞，蒲席。簟，竹席。室既安人，人亦安寢。善事將至，吉夢應之。其下皆頌禱之辭。

大人占之：維熊維羆，男子之祥！維虺維蛇，女子之祥！

大人，大卜屬也。熊羆山居，陽之祥，故兆爲生男。虺蛇穴處，陰之祥，故兆爲生女。

乃生男子，載寢之床，載衣之裳，載弄之璋。其泣湟湟，朱芾斯皇，室家君王！

半圭曰璋，裳下之飾。璋，臣之職，天子之子就臣下，明無生而貴者也。芾從裳色，芾朱，明裳亦朱也。君，諸侯也。言室家者，天子曰王室、王家，諸侯曰公室、公家。

乃生女子，載寢之地。載衣之裼，載弄之瓦。無非無儀，唯酒食是議，無父母詒罹！

裼，褓也。瓦，紡塼也。儀，善也。寢地示卑。保其貞順，習其職事。有非，非婦人也；有善，非婦人也。唯議酒食，無遺父母憂而已。瑞玉曰：「兄弟聚居，男女蕃衍，室家之吉祥，故以始終焉。」余曰：「男子生懸弧門左，女子生設帨門右。慶流後裔，君子之餘澤，室家之光美也。」

《斯干》九章，四章章七句，五章章五句。

《斯干》，《序》云：「宣王考室也。」成室之禮，燕飲賓客落之。美其輪奐，安其居寢，善其頌禱終焉。刘向云：「周室衰而奢侈，宣王賢而中興。儉宫室，小寢廟，詩人美之。」愚謂知襄子爲室美，士茁夕焉，曰：「土木勝，臣懼其不安人也。」蓋室成三年而知氏亡。

誰謂爾無羊？三百維群。誰謂爾無牛？九十其犉。爾羊來思，其角濈濈。爾牛來思，其耳濕濕。

三百頭爲一群，言群多也。黄牛黑唇曰犉。九十，言非犉者衆也。息而聚其角，濈濈然，言不觸而和也。呞而動其耳，濕濕然，言無病而潤也。誰謂，設爲發問之辭。以下假爲答報之語。

或降于阿，或飲于池。或寢或訛，爾牧來思。何蓑何笠，或負其餱。三十維物，爾牲則具。

訛，動也。物，色也。阿、池隨水草，寢、訛適性情，牧人從其後驅之。蓑、笠雨具，晴則荷之。餱糧隨身，行則負之。齊其色而别之，每色三十則犧牲備具。凡祀牲，各以其方色。牟氏曰：「此章言牛也。不言『爾牛來思』，以上章末及下章知之。」

爾牧來思，以薪以蒸，以雌以雄。爾羊來思，矜矜兢兢，不騫不崩。麾之以肱，畢來既升。

麤曰薪，細曰蒸。雌雄，禽獸也。言牧有餘閑，取薪獲禽以歸。瑞玉曰：「矜矜，强健貌。兢兢，畏謹貌。騫，虧也。羊性輕躁善跳，牧人擊以石、杖致虧損也。崩，群驚也，豺狼害之則群驚擾如崩。今人以犬守牢外也。言羊馴擾從人，但以臂麾之則畢來盡升入牢。獨稱羊者，羊難馴於牛。先言『爾牧來思』，後言羊來者，牧人居其前率之。」

牧人乃夢：衆維魚矣！旐維旟矣！大人占之：衆維魚矣？實維豐年！旐維旟矣？室家溱溱！

陰陽和則魚衆多，故夢魚乃是豐年。旐，郊野所建，統人少；旟，州里所建，統人多。故夢旐爲旟乃是人衆。室家，猶云夫家。男有室，女有家也。溱溱，衆也。言牧事既成，善氣徵召吉夢，應之太平庶富之祥也。

《無羊》四章，章八句。

《無羊》，《序》云：「宣王考牧也。」民力普存，六畜蕃滋，協氣應之。兆豐年育人民焉。

節彼南山，維石巖巖。赫赫師尹，民具爾瞻。憂心如惔，不敢戲談。國既卒斬，何用不監？

節，通作岊，峻貌。巖巖，危貌。惔，燔也。以山石峻危興師尹貴盛。瑞玉曰：「具瞻，謂道路以目也。尹氏厲威，使人不敢言。冀其視滅國之禍以知戒。」牟氏曰：「先厲王既倉卒絶國。」

節彼南山，有實其猗。赫赫師尹，不平謂何？天方薦瘥，喪乱弘多。民言無嘉，憯莫懲嗟！

實，滿也。猗，盛貌。山生草木至均平，猗猗然盛長滿之。師尹乃不平其心，謂之何哉？薦，重也。憯，曾也。言天方重降禍病喪亂大多。民皆以災害相弔，無一嘉慶之。言尹氏曾不懲創，嗟咨之，天變不畏，人言不恤。牟氏曰：「厲王一瘥，今又將重之。」

尹氏大師！維周之氐。秉國之均，四方是維，天子是毗，俾民不迷。不弔昊天！不宜空我師。

氐，本也。均，平也。言尹氏官大師爲周之本，秉國之平，當維持四方，輔毗天子，俾民不迷惑。今昊天不弔，乃使我雖有大師如空無有然，大不宜也。起下文。

弗躬弗親，庶民弗信？弗問弗仕，勿罔君子？式夷式已，無小人殆？瑣瑣姻亞，則無膴仕？

罔，無也。君子，賢人也。殆，近也。瑣瑣，連屬貌。兩婿相謂曰亞。膴，厚也。此言空我師之實。尹氏不躬親，政理委其私人，庶民所以不信服之，豈謂國無人乎？實由爾不肯訪問、不令仕進爾，勿得謂無君子也。若能平其心，止其亂，無暱近小人，彼姻黨之屬則必廢逐，無一厚仕者。如不能何？

昊天不傭！降此鞠訩。昊天不惠！降此大戾。君子如屆，俾民心闋。君子如夷，惡怒是違。

傭，均也。訩，亂也。闋，息也。言尹氏遠君子近小人，無可奈何。意者天不均，偏降此窮亂；天不順，偏生此乖戾；然第不用君子爾。君子若至，當使民心息。君子爲政平，惡怒斯遠矣！

不弔昊天！亂靡有定。式月斯生，俾民不寧。憂心如酲，誰秉國成？不自爲政，卒勞百姓！

酲，酒病也。成，平也。百姓，謂百官族姓，即姻亞也。再言「不弔昊天」，絶望之辭。亂之生，與月俱長。誰實秉國之平？不躬親自爲政，卒勞爾親黨爲。篇内並言民，此獨變言百姓，知謂諸臣。

駕彼四牡，四牡項領，我瞻四方，蹙蹙靡所騁！方茂爾惡，相爾矛矣！既夷既懌，如相醻矣！

項亦領也，馬瘦則見項領。蹙蹙，縮小貌。假言我駕瘦馬欲去之，則顧瞻四方，蹙蹙然無可騁之所。諸侯日搆怨方盛，其惡以相加，則視其矛欲鬬；及怒平心悦，復歡然如賓主相醻，我將安所騁？

昊天不平，我王不寧。不懲其心，覆怨其正。家父作誦，以究王訩。式訛爾心，以畜万邦！

言四方如此，是天不欲天下平也。諸侯不靖，故王不安寧。彊國放恣，不自懲艾，反覆怨其守正者，欲侵伐之。家氏父字，大夫也。訛，化也。王用尹氏致亂，諸侯侵陵，是皆王心爲之爾。「家父作誦」，窮王致亂之由，欲王格其非心，罷去尹氏，則民皆受福，諸侯畏威，可以畜養萬邦也。

《節南山》八章，章八句。古注十章。

《節南山》，刺尹氏也。或疑《經》言「國既卒斬，何用不監」，似爲東周監西周。《春秋》隱三年尹氏卒，桓十五年家父求車尹氏，當平王世詩，疑作於其時。然《經》云南山，謂終南，西周之山。《詩》咏風土，《序》云刺幽王，未必不然也。可姑闕之。孔子時《雅》《頌》得所，今本或非孔子之舊。説者云，自經秦火，漢興之初，師移其第，故凡《詩》内時世先後，不復具論云。

正月繁霜，我心憂傷。民之訛言，亦孔之將。念我獨兮，憂心京京！哀我小心，癙憂以痒！

正月，正陽之月，夏四月也。京京，憂積如邱，高大也。癙憂，幽憂也。繁霜失節，災降於天，訛言在人又甚大，獨我憂之至於病。國家之亂，患乎憂者獨爾。憂不獨不亂。

父母生我，胡俾我瘉？不自我先，不自我後。好言自口，莠言自口。憂心愈愈，是以有侮！

莠，醜也。愈愈，益甚之意。疾痛故呼父母，傷己不先不後，適丁亂時。訛言之興，或好或醜，皆不由衷。但出自口，憂必愈益甚，衆咸疾之，是以反見侵侮爾。

憂心惸惸，念我無禄。民之無辜，并其臣僕。哀我人斯！于何從禄？瞻烏爰止，于誰之屋？

惸惸，憂獨貌。無禄，無福也。臣僕，亡國所虜也。念我不幸，遭國將亡，與此無罪之民，將俱被虜，不知當從何處受禄，如視烏之飛，止於誰屋也。《傳》云：「富人之屋，烏所集也。」

瞻彼中林，侯薪侯蒸。民今方殆，視天夢夢。既克有定，靡人弗勝。有皇上帝，伊誰云憎？

夢夢，昏亂貌。皇，大也。中林薪蒸，甚明易見。民今危殆，視天甚昏瞶然。此特值天未定時爾。及其既定，則無人不爲天所勝，善惡俱不能逃也。皇皇上帝，於誰是憎而禍之乎？理自然爾。按：「既克有定」四句，天命既定，則人皆能勝滅我也。有德則興，天豈憎之哉！

謂山蓋卑？爲岡爲陵。民之訛言，寧莫之懲？召彼故老，訊之占夢。具曰予聖，誰知烏之雌雄？

故老，舊臣。占夢，官名。烏之雌雄，似而難辨也。山高而反謂之卑，如岡、陵爾。訛言如此，乃莫有懲之者，言民無狀也。又言在位之人，召而問以事，俱自謂聖。上下欺蒙，誰復能别賢愚乎？此「視天夢夢」之實。

謂天蓋高？不敢不局。謂地蓋厚？不敢不蹐。維號斯言，有倫有脊。哀今之人！胡爲虺蜴？

局，曲身也。蹐，累足也。倫，序也。脊，理也。蜴，螈也。天高不忘局，地厚不忘蹐，以避禍也。此蓋成語，故引之曰維人號呺發此言，實有倫理。又哀今人何甘爲毒物害人，令人畏避之。

瞻彼阪田，有菀其特。天之扤我，如不我克。彼求我則，如不我得。執我仇仇，亦不我力！

阪田，山田也。菀，盛貌。特，獨生苗也。扤，動也。我，我特苗也。彼，彼在位也。仇仇，固執貌。力，用也。賢人獨立憂危，本如阪田之特，天又風雨摇動之，如將不勝然。喻見侵侮也。彼始求我，欲爲法則，恐不我得。既得之，執我甚堅固，亦終不用我。此二章「民今方殆」之實。

心之憂矣，如或結之。今茲之正，胡然厲矣？燎之方揚，寧或滅之？赫赫宗周，褒姒威之？

正，長也。燎，火田也。心憂如結，以在位正長皆爲厲虐，彼氣燄熏灼，自謂燎揚難滅。曾不知全盛宗周，一女子能亡威之，言勢不可恃。牟氏曰：「威，焚燎也。火得水則滅，滅無水則還，是火威不是滅，會意可知。《毛傳》誤。」

終其永懷，又窘陰雨。其車既載，乃棄爾輔。載輸爾載，將伯助予！

陰雨，泥濘也。輔，縛杖於輻，以防輔車也。輸，墮也。此假商人載大車爲喻，故言永思其終，又或困於陰雨，况竟無備乎！爲國任賢，猶輔車相依。若車載輔棄，則墮汝之載，乃請長者助汝已晚矣！

無棄爾輔，員于爾輻。屢顧爾僕，不輸爾載。終踰絶險，曾是不意？

員，益也。能戒陰雨之患，用輔益輻，任僕將車既不墮載？終能度越險阻。曾若不意得之者，可不務乎？上言棄賢必敗，此言任賢當興。

魚在于沼，亦匪克樂。潛雖伏矣，亦孔之炤。憂心慘慘，念國之爲虐！

炤，明也。賢人身不用而心念國，恤如魚然，潛身無所，不自憂禍。慘慘然念國之爲虐，民將如何！瑞玉曰：「賢雖身隱，名聲彰徹。君子遭亂世逃名不可得。」

彼有旨酒，又有嘉殽。洽比其鄰，昏姻孔云。念我獨兮，憂心慇慇！

云，旋也。小人得志，有酒殽以歡洽鄰里，周旋婚姻，曾不知禍之將至。前言「念我獨兮」，無可與言之人；此云「念我獨兮」，無可與接之人。故憂心勤勤然傷痛。

佌佌彼有屋，蔌蔌方有穀。民今之無禄，天夭是椓。哿矣富人，哀此惸獨！

佌佌，小貌。蔌蔌，陋貌。哿，可也。小人有屋有穀，故民皆無禄，天又夭絶椓害之。富人得此猶可矣，惸獨何堪乎！小人皆富，遇災亦小人免也。惸獨皆貧，遭亂亦貧人傷也。

《正月》十三章，八章章八句，五章章六句。

《正月》，大夫憂亂也。或謂《經》言「赫赫宗周，襃姒烕之」，疑亦東周詩。東萊吕氏云：「平王初立，大仇未報，王略未復，正君臣坐薪嘗膽之時，乃苟安於東，恬然自以爲安，其不能中興可知也。」愚謂：「《詩》亦未見必爲平王世，可姑闕之。」按：《日知録》三卷云：「詩之世次必不可信。且如『褎姒威之』，幽王之詩也，而次於前；『召伯營之』，宣王之詩也，而次於後。《序》者不得其説，遂升《楚茨》、《信南山》、《甫田》、《大田》、《瞻彼洛矣》、《裳裳者華》、《桑扈》、《鴛鴦》、《采菽》十詩皆爲刺幽王之作，恐不然也。」

十月之交，朔月辛卯，日有食之，亦孔之醜！彼月而微，此日而微，今此下民，亦孔之哀！

交，會也。醜，惡也。微，虧也。亥月純陰，辛卯日，日辰皆陰，「日有食之」，是陰盛陽微之驗，故甚惡也。前此月食，今又日食，故云彼此也。余問：「日月迭微，何預下民而哀之？」

瑞玉曰：「民尚甚哀，王曾不念也。日食修德，月食修刑。」

日月告凶，不用其行。四國無政，不用其良。彼月而食，則維其常。此日而食，于何不臧！

行，道度也。國無政，不用善，則取謫於日月之災。天變皆人事也。瑞玉問：「國无政，不用善，即此是不臧之故。何須又問『于何不臧？』」余曰：「此四句述王語也。前此月食，王曰常事。爾今此日食，王恐言者議之，故反詰曰：『于何不臧乎？』言不足怪。」

爗爗震電，不寧不令。百川沸騰，山冢崒崩。高岸爲谷，深谷爲陵。哀今之人，胡憯莫懲？

沸，出也。騰，乘也。山頂曰冢。崒，崔嵬也；又，卒然長出也。十月雷電，水溢山崩，陵谷易位，雖皆實事，不必同時也。瑞玉曰：「『哀今之人』，人，王也。言日月以下諸災異皆恬然，曾不爲懲戒。通結上二章。」

皇父卿士，番維司徒。家伯維宰，仲允膳父。棸子内史，蹶維趣馬。楀維師氏，艷妻煽方處！

皇父、家伯，仲允皆字。番、棸、蹶、楀皆氏。艷妻，褒姒煽熾也。七子中，皇子爲端首，權寵相連，朋黨於朝。褒姒煽惑方處於内，群陰並作，得不召災異？瑞玉曰：「謂之艷者，不艷不煽，不煽不亂。」余曰：「《正月》平王時詩，故直言褒姒。此篇幽王時詩，故隱言艷妻。」

或云艷妻皇父妻，但卿士之妻何與國事而必數之？

抑此皇父，豈曰不時？胡爲我作，不即我謀？徹我牆屋，田卒汙萊。曰予不戕，禮則然矣！

時，農時也。瑞玉曰：「作謂役作。言非時興築，不謀衆也。我有牆屋，爲妨築作毁之；我有田疇，爲往築作荒之；皆皇父所致。猶曰：我不戕害汝，下供上役，禮則然爾。」

皇父孔聖！作都于向。擇三有事，亶侯多藏！不慭遺一老，俾守我王。擇有車馬，以居徂向！

三有事，三卿也。畿内諸侯二卿，皇父欲比列國也。慭，彊辭也。言皇父甚自謂聖，作都向邑，私營窟穴。擇三卿信維多藏之人，不肯勉留一在位舊人使衛王。又擇富民有車馬者，以往居向也。余問：「皇父直貪利爾，何愛老成人不慭遺之？」瑞玉曰：「欲收人望爾。亦恐留在朝發其奸邪。」

黽勉從事，不敢告勞。無罪無辜，讒口囂囂。下民之孽，匪降自天。噂沓背憎，職競由人！

囂囂，衆也。噂，多言貌。沓，重復也。言皇父專擅，我勉力供事，不敢言勞，猶或無罪被讒。日月山川之變，下民之災孽，非從天降，皆此輩噂噂沓沓。聚則面諛，背則憎疾，專力爲此，主由人致爾。瑞玉曰：「小人貪利則爭，爭則讒，乖氣致異，遂召災變。」黽勉，《漢書》作密勿。

悠悠我里，亦孔之痗。四方有羨，我獨居憂。民莫不逸，我獨不敢休。天命不徹，我不敢傚我友自逸！

里，徂向所居也。徹，均也。瑞玉曰：「悠悠然遠徙我新里，征求無藝，亦甚病矣。皆有羨餘，我獨居貧而憂民。莫不逸樂，我獨不敢休息。言乏於財又困于力。此即先時有車馬之富民爾。然天命實不均，我不敢傚我友自逸，知命而安也。不敢傚逸，即不敢傚有羨可知。」

《十月之交》八章，章八句。

《十月之交》，《序》云：「大夫刺幽王也。」史稱幽王六年十月辛卯朔日有食之。又稱幽王三年三川皆震，涇、渭、洛竭，岐山崩。《經》前三章刺王不省災變，四章以下刺王用皇父致亂，亦皆爲刺王也。

浩浩昊天，不駿其德。降喪饑饉，斬伐四國。旻天疾威，弗慮弗圖。舍彼有罪，既伏其辜。若此無罪，淪胥以鋪。

昊，廣也。旻，仁也。疾威，暴怒也。鋪，遍也。言昊天不大其惠，既降喪亂與饑饉，殺伐四國之人。旻天至仁愛，曾不知圖慮？彼西周有罪者既棄之，使伏其辜。此東周君氏無罪，亦相與普遍陷溺，則如何？牟氏曰：「此章道離居之由也。」

周宗既滅，靡所止戾。正大夫離居，莫知我勩。三事大夫，莫肯夙夜。邦君諸侯，莫肯朝夕。庶曰式臧，覆出爲惡！

戾，定也。正，長也。勩，勞也。三事，三公也。大夫，群臣也。言西周宗社既滅，東周播遷，無所止定。六官之長，離散而居，不肯從遷。我從扞牧，圉勞莫知也。從遷諸臣，雖不離居，然亦莫肯夙夜勤事。畿内諸侯，亦不肯朝夕省業。瑞玉曰：「庶，衆也。諸侯大夫衆口齊言，皆曰我用善。及出而行，反爲惡也。」

如何昊天！辟言不信。如彼行邁，則靡所臻。凡百君子，各敬爾身。胡不相畏，不畏于天！

又呼天言如何乎？昊天法度之言不信，則如彼行道不知所至矣。「凡百君子」，通言諸侯大夫，當夙夜朝夕各敬爾身，今乃覆出爲惡，獨不畏天降之罰。此辟言也，信之乎不？

戎成不退，饑成不遂。曾我暬御，憯憯日瘁。凡百君子，莫肯用訊。聽言則答，譖言則退。

戎，兵也。瑞玉曰：「遂，安也。民不安生。暬御，近侍也。言西周之兵，成而不退；東周之饑，成而不安。獨我小臣，憂苦病瘁。凡百君子，莫肯以是告君。有可聽用之言則答之而已，遇有譖己之言則奉身而退。此上三章責從遷者不事事。」牟氏曰：「遂者，自遂其意也。兵亂不去，饑亦不去，我暬御則如此。聽王言則順答之。有譖言則退避之，凡百君子則如此。」

哀哉不能言！匪舌是出，維躬是瘁。哿矣能言！巧言如流，俾躬處休。

牟氏曰：「哀哉不能言者，則卷舌而瘁躬可矣。爾之能言也，則巧言而自便。離居者皆巧言自解也。」瑞玉曰：「懷忠者不言，能言者不忠。此下三章責離居者不從遷。」

維曰于仕？孔棘且殆！云不可使，得罪于天子。亦云可使，怨及朋友。

彼巧言自解。維曰：欲往仕，甚急且殆爾。因實其急殆之故，蓋云忠直則獲罪於君，亦云諛佞又取怨於友，我是以離居。瑞玉曰：「此述離居者書問之辭也。」

謂爾遷于王都，曰予未有室家。鼠思泣血，無言不疾。昔爾出居，誰從作爾室？

爾，爾離居者。鼠思，猶癙憂也。言我謂爾遷來王都居，而爾托言無室家。我獨處幽憂泣血，出言急疾爾。莫怪我説：昔爾離居時誰爲爾作室，今乃以辭我。瑞玉曰：「此答離居者書問之辭也。」

《雨無正》七章，二章章十句，二章章八句，三章章六句。

《雨無正》，閔無臣也。東遷之初，居者不從行，行者不事事。《文侯之命》云：「即我御事，罔或耆壽，俊在厥服。」蓋傷無臣爾。篇名「雨無正」，正，大夫離居，故云無正。雨字未詳。《序》云：「雨自上下者也，衆多如雨，而非所以爲政也！」歐陽氏云：「《雨無正》之名，據《序》言與詩絶異，當闕所疑。」元城劉氏云：「《韓詩》《雨無極》篇比《毛詩》篇首多出八字，朱子非之。」云「正大夫刺幽王」，亦非。

卷四

雅

小雅下

旻天疾威，敷于下土。謀猶回遹，何日斯沮？謀臧不從，不臧覆用。我視謀猶，亦孔之卭！

猶，獸名，善疑人，謀慮不決似之，故云謀猶也。回遹，邪辟也。卭，病也。上天暴虐下土，使朝廷謀猶邪辟，違善從惡，君子在旁視之，謀國亦甚病。

潝潝訿訿，亦孔之哀！謀之其臧，則具是違；謀之不臧，則具是依。我視謀猶，伊于胡底！

潝潝，相和也。訿訿，相詆也。小人黨同無公是，伐異無公非，亦甚可哀也。謀臧具違，不臧具依，曹好曹惡，黨與已成，君子在旁視之，其謀國不知何所至。再言我視者，君子疏遠事外，閒觀而已。按：潝潝、訿訿，戴氏曰：「訿訿，劉向以爲『背君子』，是也。」豈有小人而謀臧者哉？詩中言謀臧謂君子之謀也，不臧謂小人之謀也。君子之謀出，則衆小人在位訿訿然，詆毁而共違之；小人之邪議，則潝潝然，一倡衆和，而共依從之。

我龜既厭，不我告猶。謀夫孔多，是用不集。發言盈庭，誰敢執其咎？如匪行邁謀，是用不得于道。

集，《韓詩》作就，成也。國將亡，聽於鬼神，有所謀爲輒以卜筮，龜厭其瀆不告吉凶，謀者愈多，斷者愈寡，故不成也。發言滿庭無敢任過，皆不更事之人爾，如問塗不與行路，人謀則終不得於道。

哀哉爲猶！匪先民是程，匪大猶是經；維邇言是聽，維邇言是爭！如彼築室于道謀，是用不潰于成。

程，法也。猶與猷通，道也。潰，遂也。謀事不古人爲法，不大道爲常，惟鄙近之言，同則是聽，異則是爭，邇言不可以謀國，猶路人不可以謀室。

國雖靡止，或聖或否。民雖靡膴，或哲或謀，或肅或艾。如彼泉流，無淪胥以敗！

止，安汝止之止。聖，通明也。膴，大也。艾與乂同，治也。言國雖無止善者，民雖無大異者。其謀事矜高自許，則或似具此五事之德，同聲共是，「如彼泉流」，無相淪陷以俱敗，如子思論衛之君臣然。按：「民雖靡膴」，戴氏曰：「《韓詩》作靡腜，以韻讀之，當從《韓詩》爲正。」腜，莫杯切，美也。左思《魏都賦》：「腜腜坰野。」「民雖靡腜」，言雖無畢具美德者，固「或哲或謀，或肅或艾」矣。

不敢暴虎，不敢馮河。人知其一，莫知其他。戰戰兢兢，如臨深淵，如履薄冰。

馮，陵也。徒搏曰暴，徒涉曰馮。不敢者，畏噬溺也，人皆知之。至與小人爭辯，激成國禍，則人莫知也，惟君子知之。戰兢危懼，如憂陷墜，有恭敬以避禍，無詭隨以逢時。此言君子自處之道。

《小旻》六章，三章章八句，三章章七句。

《小旻》，刺謀夫也。謀國無老成，皆新進喜事之人，國事日非，君子憂之爾。蘇氏云：「《小旻》《小宛》《小弁》《小明》皆以小名篇，别《小雅》也。其在《大雅》，則謂之《召旻》《大明》，而《宛》《弁》闕焉。」

宛彼鳴鳩，翰飛戾天。我心憂傷，念昔先人。明發不寐，有懷二人。

宛，小貌。鳴鳩，斑鳩也。翰，羽也。戾，至也。明發，將旦也。瑞玉曰：「小鳥欲登天，以興小子躐成人，故憂傷，恐墜先祖緒業，更有懷於父母也。言此起下文教之之端。」

人之齊聖，飲酒溫克。彼昏不知，壹醉日富。各敬爾儀，天命不又。

富，多也。又，復也。人能齊肅，通明飲酒，必溫恭以勝之。彼童昏無知，則壹於醉日以加多。今爾小子，須各敬威儀定其命，不然天命不復來。瑞玉曰：「首戒酒者，少年敗德多坐此。」

中原有菽，庶民采之。螟蛉有子，蜾蠃負之。教誨爾子，式穀似之。

螟蛉，桑蟲。蜾蠃，土蜂。穀，善也。原菽人皆采，以興善道，人可爲也。瑞玉曰：「『教誨爾子』，子即螟蛉也。『式穀似之』，似蜾蠃也。蒲盧負桑蟲，煦嫗養之，七日而化，祝曰：似我似我！人用善道教子，欲其肖似也。」

題彼脊令，載飛載鳴。我日斯邁，而月斯征。夙興夜寐，無忝爾所生。

題，審視也。邁、征，皆行也。瑞玉曰：「誨子言，脊令則飛則鳴，翼也口也，不有止息，我常日月勉進，欲無忝先人爾，亦當夙夜勤勞，無忝於我也。『爾所生』，謂身所從出。東方朔云：『日夜孳孳敏行而不怠，譬如脊令飛且鳴矣。』」

交交桑扈，率場啄粟。哀我填寡，宜岸宜獄？握粟出卜，自何能穀？

桑扈，竊脂也。填，久也。寡，少也。久少於財，言其貧甚。岸與犴通，鄉亭之獄也。言桑扈食肉，而今啄粟，以興貧寡可哀。而今宜獄，言刑濫也。瑞玉曰：「誨子言，家雖貧窶，當念君子懷刑，握持其粟以出卜，將操何道而能善？」按：顧氏《日知録》云：「古時用錢未廣，《詩》、《書》皆無貨泉之文，而問卜者亦用粟，漢初猶然。《史記·日者傳》：『卜而有不審，不見奪糈。』」

温温恭人，如集于木。惴惴小心，如臨于谷。戰戰兢兢，如履薄冰。

瑞玉曰：「教以能穀之道也。接人欲恭，心欲小。處事欲戰兢，恐失足。」

《小宛》六章，章六句。

《小宛》，瑞玉曰：「教子也。子者親之枝，兄弟相戒，各誨爾子，不忝所生，則不辱親矣。」又曰：「無忝爾所生，不得爲兄弟之辭，施於子則可。」

弁彼鸒斯，歸飛提提。民莫不穀，我獨于罹。何辜于天，我罪伊何？心之憂矣！云如之何？

弁，拊翼貌。鸒，雅烏也。太子倉卒出奔，自述道途所見。鸒烏出食於野，猶得歸飛，提提然安舒，傷己不如也。凡民骨肉莫不善，我獨有憂，是必獲罪於天，而我不知憂之云如何？

踧踧周道，鞫爲茂草。我心憂傷，惄焉如擣。假寐永歎，維憂用老。心之憂矣，疢如疾首。

踧踧，平易也。惄，思也。不脱衣冠而寐曰假寐。言大路平坦，茂草塞之，我心爲憂塞惄焉，如有物舂擣之，是以假寐長歎。憂能傷人，未老而用老，不病而如病也。

維桑與梓，必恭敬止。靡瞻匪父，靡依匪母。不屬于毛，不離于裏？天之生我，我辰安在？

毛，髮也。裏，腹也。辰，時也。桑梓二木，父母所樹，猶必恭敬，況於父母己所瞻依，而今不在側，獨非二人所生乎？問天生我所值之辰，安所在？《箋》云：「辰謂六物之吉凶。」《傳》云：「歲時日月星辰，是謂也。」

菀彼柳斯，鳴蜩嘒嘒。有漼者淵，萑葦淠淠。譬彼舟流，不知所届！心之憂矣！不遑假寐。

漼，深也。淠淠，衆也。柳茂蔭蜩，淵深藏葦，己身獨無所容，如舟隨流，不知所至，謂逃竄於申也。憂之愈深，故始猶假寐，而今不遑。

鹿斯之奔，維足伎伎。雉之朝雊，尚求其雌。譬彼壞木，疾用無枝。心之憂矣，寧莫之知？

伎伎，舒貌。壞，瘣也。鹿奔俟麌，雉鳴求雌，己獨隻身逃竄，棄捐妻子，譬如壞木，傷病都無枝葉，心憂莫知王謂可憐不？

相彼投兔，尚或先之。行有死人，尚或墐之。君子秉心，維其忍之？心之憂矣！涕既隕之。

投，奔也。先，導也。投兔、死人，初不相知，而相爲心不忍爾。君子執心獨忍於所親，是以心憂而隕涕。

君子信讒，如或醻之。君子不惠，不舒究之。伐木掎矣，析薪杝矣。舍彼有罪，予之佗矣！

瑞玉曰：「惠，慧也。掎，倚其巔。杝，隨其理。佗，加也。君子信讒，如遇醻爵，受即行之。由於心不明慧，不能舒緩究察之。伐木析薪，尚不妄挫折之。今乃舍有罪而加我，舒究之當自悔。」

莫高匪山，莫浚匪泉。君子無易由言，耳屬于垣。無逝我梁，無發我笱。我躬不閱，遑恤我後！

浚，深也。山高人能陟，泉深人可測，君子無謂居高明之地，輕易由言，左右之人屬耳於壁而聽之，竊窺意旨而爲讒也。逝梁、發笱，喻讒人無敗我國家。又自言已不暇憂後事。恤國，仁也；念父，孝也。《小弁》之怨，親親也。

《小弁》八章，章八句。

《小弁》，怨慕也。幽王黜太子宜臼，奔申，王欲殺之，以成伯服求之申，申侯不與，太子怨慕而爲詩。瑞玉曰：「《序》云太子之傅作，愚意即太子作爾。或謂子不可作詩刺父，此迂説也。孟子云：『《小弁》，親之過大者也，而不怨是愈疏。』審若其傅作者，高子即不當譏其怨，孟子即不謂是其親。」

悠悠昊天！曰父母且！無罪無辜，亂如此憮。昊天已威，予慎無罪。昊天泰憮，予慎無辜。

憮，大也。昊天爲人父母，乃使無罪之人遭亂如此其大，然天之威怒雖甚大，我當謹慎，以免罪辜。《沔水》云：「我友敬矣，讒言其興。」

亂之初生，僭始既涵。亂之又生，君子信讒。君子如怒，亂庶遄沮。君子如祉，亂庶遄已。

僭，不信也。涵，容也。君子斥王也，亂始爲讒，讒終則亂，亂讒相因，故以亂言也。初生、又生，著其漸也。執狐疑之心者，來讒賊之口，故亂生於不信，始涵於心，疑久而讒入矣。君子若聞讒言，怒責之，則亂庶速止；若聞善言，福禄之，則亂庶速已。

君子屢盟，亂是用長。君子信盗，亂是用暴。盗言孔甘，亂是用餤。匪其止共，維王之邛。

忠信衰而有詛盟。餤，餠餌也。王既不信羣臣，故數盟，多盟疑愈多，故亂益長。讒賊猶盗也，王信盗，而愈疑正人，則亂暴矣。盗言甚甘，如進美餤，不知乃進亂也。讒人敢爲大言，然非能止而供職，徒維王之病而已。

奕奕寢廟，君子作之。秩秩大猷，聖人莫之。他人有心，予忖度之。躍躍毚兔，遇犬獲之。

奕奕，大也。猷，道也。莫，定也。毚，狡也。言讒人之心，蓋將爲亂，己能忖度之不得隱也。因列道四事以明之。四事以尊卑爲次，宗廟最尊，故在大猷先，兔乃走獸，故在他人後，君子作如奚斯成閟宮也。聖人莫如周公制禮樂也。

荏染柔木，君子樹之。往來行言，心焉數之。蛇蛇碩言，出自口矣。巧言如簧，顔之厚矣。

荏染，柔貌。蛇蛇，舒貌。言讒人才力柔弱，王特寵任之，如柔木，乃君子所樹也。然其與王往來常行之，言我心數之久矣。彼意氣舒放，敢爲大言，徒出自口，實不從心，巧好其言，如簧鼓響，不知慚恥，顔甲若厚然。

彼何人斯？居河之麋。無拳無勇，職爲亂階。既微且尰，爾勇伊何？爲猶將多，爾居徒幾何？

水草交曰麋。拳，力也。微，身小也。尰，擁腫也。言彼讒人何人，非有地望也，所居非高明，又無勇力，易誅除。爾乃敢主爲讒言階亂，爾貌既寢陋，勇略何在？爲猶能將多人乎？爾居河上，徒衆諒亦無多也，發其奸謀怵之。

《巧言》六章，章八句。

《巧言》，刺讒也。小人欲爲亂，必先盡去君子，而後動於惡，故國家之患，始乎讒，卒乎亂。有識者，暴其奸，而發其隱，則不敢逞矣。《經》，前三章刺讒也，後三章止亂也。瑞玉曰：「《詩》取『巧言』名篇，惡利口之覆邦也。」

彼何人斯？其心孔艱。胡逝我梁，不入我門？伊誰云從？維暴之云。

何人，佯不知其人也。艱，難也。梁，門外徑也。暴與蘇故契厚，忽譖之，其事隱，欲遂中絶，則恐蘇之疑己，蓋嘗行過其門，意赧而卒不入焉，故言彼人何人，不來懼疑，來又懷慙，其心甚難也。何故往我梁不入我門？不欲直斥暴公，故假爲詰其從行者，言爾從伊誰乎？答云從暴公也。

二人從行，誰爲此禍？胡逝我梁，不入唁我？始者不如今，云不我可。

二人，暴公與其從也。時蘇公被譖就國，故問汝二人誰禍我者，即禍我亦當入唁我，爾始者與我厚，不似今日之薄也，是必云我不可爾。瑞玉曰：「云，言也。我不可與言。」

彼何人斯？胡逝我陳？我聞其聲，不見其身。不愧于人，不畏于天！

陳，堂塗也。逝陳又近矣，聞聲不見身，何也？人若心内坦白，當俯不愧人，仰不畏天，何妨相見？瑞玉曰：「蘇公自言我心無愧畏，不難見人，反刺之。」

彼何人斯？其爲飄風。胡不自北？胡不自南？胡逝我梁？祇攪我心。

既不入門矣，乃忽然而來，疾如飄風，不南不北，正逝我梁，適以亂我之心，使我疑爾。

爾之安行，亦不遑舍；爾之亟行，遑脂爾車。壹者之來，云何其盱！

盱，望也。承上飄風言，謂爾徐行乎則亦不暇息；謂爾疾行乎，則又閑暇脂爾車。極其情終不得，故多我疑也。但一來見我，免使我望汝。牟氏曰：「二人有一來者，我已慰。」

爾還而入，我心易也；還而不入，否難知也。壹者之來，俾我祇也。

易，平也，祇，安也。又言爾之往，即不入唁我，儻還而入，則我心平，若復不入，是否也，爾心真難知矣。瑞玉曰：「否，不也。不近人情，故難知。何不一來見我，使我心安？君子待小人恕，彼以情來則怨解心平，安於無事。」

伯氏吹壎，仲氏吹篪。及爾如貫，諒不我知。出此三物，以詛爾斯。

伯仲，兄弟也。土曰壎。竹曰篪。貫，繩連也。諒，信也。三物，豕、犬、雞也。言爾我同爲王臣，如兄弟相應和，同官聯職，如繩之在貫，我今被譏，爾信不與知，當出此三物，爾爲我詛之。

爲鬼爲蜮，則不可得；有靦面目，視人罔極。作此好歌，以極反側。

蜮，短狐，含沙射人影者也。言爾爲鬼域，則不可得見，今靦然有面目與人相視無窮時，豈爾情卒不可測也！「作此好歌」，以窮爾反側之情。歌言好者，作詩冀其改悔念舊好。

《何人斯》八章，章六句。

《何人斯》，《序》云：「蘇公刺暴公也。」暴公爲卿士而譖，蘇公作詩以絶之。暴、蘇皆畿内國。

萋兮斐兮，成是貝錦。彼譖人者，亦已大甚！

萋、斐，文章貌。貝，水介蟲也，錦文似之。萋斐小文，集則成錦，以喻集人細過可成大惡，被譖者信有罪矣，然譖人者所言亦太甚。

哆兮侈兮，成是南箕。彼譖人者，誰適與謀？

哆，張口貌。侈，大也。南箕星踵狹而舌廣，因成箕形，以喻讒人，因人小事簸揚，口舌張大之成罪狀，誰主爲此謀者，亦巧矣。貝錦南箕，言成者明事，必有因也。《傳》云：「斯人自謂避嫌之不審也。」愚謂君子謹忽微，防未然，所以杜讒端。

緝緝翩翩，謀欲譖人。慎爾言也，謂爾不信。

緝緝，連續也。翩翩，往來貌。譖人者，如人緝麻，如鳥習飛，漸入而數肆之，則化矣。然言者煩，聽者倦，當謹慎爾言，恐王將謂爾不信而疑汝。

捷捷幡幡，謀欲譖言。豈不爾受？既其女遷。

捷捷，便利貌。幡幡，反覆貌。譖人者，利口舌善轉换，然謀人者人謀之，王今日豈不受爾譖？恐異時受人譖。其既也，禍且遷及汝。

驕人好好，勞人草草。蒼天蒼天！視彼驕人，矜此勞人。

好好，樂貌。草草，憂貌。驕人譖行而得意，勞人被譖而憂心，然天道神明，或當視察彼人，矜哀此人。言報不遠。

彼譖人者，誰適與謀？取彼譖人，投畀豺虎！豺虎不食，投畀有北！有北不受，投畀有昊！

章首二句重出，羨文也。有北，寒涼不毛之地也。假言制讒人之罪，豺虎惡食其肉，有北不受其人，當付與昊天制其罪，天何故生之？

揚園之道，猗于畝丘。寺人孟子，作爲此詩。凡百君子，敬而聽之。

楊園，園名。猗，加也。畝丘，丘名。言欲之「楊園之道」，必先加歷於畝丘，事有漸也。以喻讒人害大臣，亦從近小之人始。寺人字孟子者作此詩，欲衆在位者敬聽之，防其漸。

《巷伯》七章，四章章四句，一章章五句，一章章八句，一章章六句。衍二句，疑二章章六句。

《巷伯》，《序》云：「刺幽王也。」愚謂《巧言》大夫傷於讒也，《巷伯》寺人傷於讒也。讒之生，先發於宮掖，而後及朝廷。云刺王者，由王信佞人故爾。瑞玉曰：「《詩》無『巷伯』之字，標以名篇，著國家之禍自近者始也。」

習習谷風，維風及雨。將恐將懼，維予與女。將安將樂，女轉棄予。

瑞玉曰：「谷風，山風也。言連續暴風，又加淩雨，喻患難多也。且恐且懼之時，則二人偕，且安且樂之時，則轉相棄。」

習習谷風，維風及頹。將恐將懼，寘予于懷。將安將樂，棄予如遺。

頹，落也，風起揚塵，從上下也。言習習然谷風，又遇頹風，沙飛塵墜，喻患難仍也。置於懷，親之至，棄如遺薄之甚，言如遺忘物，忽然不存省也。

習習谷風，維山崔嵬。無草不死，無木不萎。忘我大德，思我小怨。

崔嵬，山巔也。草小或連根亡，故言死；木大或一枝枯，故言萎。《傳》云：「死葉萎枝也。」言谷風之來，高山蔽之，然草木無不傷敗者，喻朋友雖有共患之大恩，不無睚眦之小忿，今乃忘彼恩，此甚不厚也。貧富易交，俗情薄惡，皆起於此。君子責己恕人，大德滅小怨，道也。

瑞玉曰：「君子務其大而忽於小，故有小怨。若小人止避小怨，而不務大德。」

《谷風》三章，章六句。

《谷風》，友道衰也。朋友相須，風雨相感，事本一類。《邶·谷風》夫婦之道喪；《雅·谷風》朋友之道壞。朋友夫婦事同，故名篇不異。

蓼蓼者莪？匪莪伊蒿。哀哀父母，生我劬勞。

蓼蓼，長大貌。莪美而蒿惡，喻父母生子，始似美材，至長大，乃無用，故言「哀哀父母，生我劬勞」。子之於親，能養則其莪也，不能養則其蒿也。

蓼蓼者莪？匪莪伊蔚。哀哀父母，生我勞瘁。

蔚，牡菣也。蒿猶有子，蔚乃無有，不如蒿矣。喻有子不能養親，如無子也。劬勞，勤苦而已；瘁，則勞而至於病。按：戴氏曰：「莪俗呼抱孃蒿。」可知《詩》之取義。

缾之罄矣，維罍之恥，鮮民之生，不如死之久矣！無父何怙？無母何恃？出則銜恤，入則靡至。

缾小而罍大。罄，盡也。鮮，寡也。缾罄罍恥，言貧窶也。前日在家，貧難爲養，是寡民生不如死，固已久，況今貧如初，養不逮乎！無父何怙賴？無母何負恃？出門則思之銜憂；入門不見，如歸無所至。

父兮生我，母兮鞠我。拊我畜我，長我育我。顧我復我，出入腹我。欲報之德，昊天罔極。

生，本其氣也。鞠，養其形也。拊，撫摩之也。畜，止養之也。長，乳哺之也。育，體嫗之也。顧，目視之也。復，呼反之也。腹，懷抱之也。出腹時其笑，入腹止其啼，父母之恩如此，欲報之，如天無窮，不知所報。牟氏曰：「天不令我得報，曷其有極也。」余曰：「父母於子，施不望報，而云報者，子心自然爾。」

南山烈烈，飄風發發。民莫不穀，我獨何害！

瑞玉曰：「山高而尊，喻父母；風行而遠，喻子也。」余曰：「南山飄風，行役所見。烈烈，高寒貌。發發，疾貌。言山高風急，以興父母與子相須，民養親莫不善，我獨何遭此害。」

南山律律，飄風弗弗。民莫不穀，我獨不卒。

律與嵂同。弗與拂同。卒，終也。獨不得終養。

《蓼莪》六章，四章章四句，二章章八句。

《蓼莪》，思親也。《序》云：「民人勞苦，孝子不得終養。」瑞玉曰：「《經》不見民勞苦意，賦重民貧，無以養爾。」

有饛簋飧，有捄棘匕。周道如砥，其直如矢；君子所履，小人所視。睠言顧之，潸焉出涕。

饛，滿貌。飧，熟食，《箋》云：「客始至，主人所致之禮也。」捄，長貌。匕，所以載鼎實也。砥，平也。矢，直也。睠，反顧也。言周盛時，諸侯朝貢，饔飱豐厚，王道平直，君子履以供職，小人視以輸將。今道路猶是，乃令人顧而出涕。言不忍履視。

小東大東，杼柚其空。糾糾葛屨，可以履霜？佻佻公子，行彼周行。既往既來，使我心疚。

東，東國也。小東，差近東；大東，極東也。《魯頌》云：「遂荒大東。」杼，持緯者也。柚，受經者也。佻佻，弱不勝勞貌。言東方之國，布帛輸盡，至以葛屨履霜，公子轉餉行道，往來令我見之心病。

有冽氿泉，無浸穫薪。契契寤歎，哀我憚人。薪是穫薪，尚可載也。哀我憚人，亦可息也。

側出曰氿泉。穫，刈也。契契，憂苦也。憚，畏勞也。薪，未穫浸之耐水，已穫浸之易敗，以興小國本敝，又困賦役，則不堪，故言寒泉「無浸穫薪」，薪穫庶可捆載之；寤歎「哀我憚人」，人勞亦當安息之。

東人之子，職勞不來。西人之子，粲粲衣服。舟人之子，熊羆是裘。私人之子，百僚是試。

公子，貴者也。人之子，賤者也。貴賤皆勞也。西人，京師人。舟人，榜人。私人，家人也。試，用也。言諸侯之人，專主勞苦，不蒙恩恤；京師之人，衣服麗都，政賦不及也。瑞玉問：「熊羆非裘材，將富人競爲奇服與？」余曰：「制其貢各以所有，居山乃有猛獸，今向舟人索熊羆爲裘，徵所無也。上文既東西對言，此舟人亦謂東人，私人即謂西人。言東人貧者，徵求不免；西人賤者，美官任爲爾。」此説略本鄭《箋》，但《箋》云：「舟當作周，裘當作求。周人之子，謂周世臣之子孫，退在賤官，使搏熊羆。」愚謂鄭氏解經多破字例，悉不敢從。

或以其酒，不以其漿。鞙鞙佩璲，不以其長。維天有漢，監亦有光。跂彼織女，終日七襄。

鞙鞙，玉貌。璲，瑞也。跂，隅貌。織女三星跂然如隅。襄，駕也。駕謂更其肆，旦暮更七辰，謂之七襄也。言東貧西富，或醉於酒，或不得漿，或繫佩玉，或不得長。佩以長爲美也。申叔儀云：「佩玉繠兮，余無所繫之，旨酒一盛兮，余與褐之父睨之。」「維天有漢」以下，仰視衆星，廣取近似之言，寫憂思爾。言天漢徒有河名，不任爲酒漿，織女空有織名，未足爲衣佩爾。「維天有漢」以下，至篇末，《傳》、《箋》並言，周衰衆官廢，有名而無實，不任用，恐非。

雖則七襄，不成報章。睆彼牽牛，不以服箱。東有啟明，西有長庚。有捄天畢，載施之行。

睆，明星貌。服，駕也。箱，車箱也。啟明先日而出，長庚後日而入，二者皆太白也。畢，所以掩兔；又祭器，所以載鼎實，皆因形似而名也。河鼓謂之牽牛，不可服車箱任轉輸也。言雖則終日歷七辰，然有西無東，不似織法報反成文章也。明星旦東而暮西，若東人供億西人也。天畢但布於經星之行列，亦無救於民貧病。

維南有箕，不可以簸揚。維北有斗，不可以挹酒漿。維南有箕，載翕其舌。維北有斗，西柄之揭。

斗，在箕北。挹，㪺也。翕，引也。言箕不可任簸揚，斗不可酌酒漿，亦空名爾。又言非徒無用，箕舌下引，有似徵斂，斗柄西指，若挹取於東也。諸星在天，當周盛時，人亦見之，哀樂異情，斯俯仰殊觀爾。

《大東》七章，章八句。

《大東》，《序》云：「刺亂也。東國困於役而傷於財，譚大夫作詩以告病。」愚謂世治則大國先安，世亂則小國尤病，故譚大夫傷焉。

四月維夏，六月徂暑。先祖匪人，胡寧忍予？

六月火星中暑盛而往也。君子行役憂亂，本其啟行之始。言四月初夏，六月往暑，外遭酷熱，內憂禍亂，我先祖何寧忍予乎？獨怨先祖者，王不能體羣臣。瑞玉曰：「『先祖匪人』，是神也，神何安然不祐我？』」

秋日淒淒，百卉具腓。亂離瘼矣，爰其適歸？

腓，病也。離，憂也。爰，朱子從《家語》作奚。言秋日淒涼，衆草俱病，世亂憂病已甚，我將何所適歸？

冬日烈烈，飄風發發。民莫不穀，我獨何害？

冬寒風疾，行役猶不歸視，民安處室家，莫不善，我獨困於道。途間冬寒，行者尤苦，故曰害。

山有嘉卉，侯栗侯梅。廢爲殘賊，莫知其尤！

卉亦木爾，連文則別，散則通也。廢，棄也，尤，過也。前云「百卉具腓」，爲秋；則此「山有嘉卉」，謂春也。自冬歷春，役又不歸，故見維栗維梅。美材卒全其美，以興在位皆廢爲殘虐，曾不知其過，而效之《楚辭》，云芳草爲蕭艾也。

相彼泉水，載清載濁。我日構禍，曷云能穀？

構，合也。行役而視彼泉水，猶有清有濁，我獨日構禍亂，如泉常濁，殘賊之人傾危構陷，何云能善乎？我且安所歸？

滔滔江漢，南國之紀。盡瘁以仕，寧莫我有？

仕，事也。有，識有也。行役愈遠，見彼滔滔然。江漢實爲南國衆水紀綱，人臣出使，亦願綱紀四方，今乃盡瘁事事，而王不我有也。忠臣宣力於外，殘賊構害於内，王不加存恤於上，國所以亂。

匪鶉匪鳶，翰飛戾天。匪鱣匪鮪，潛逃于淵。

鶉，鵰也。鳶，鴟也。鶉鳶能飛，固可戾天，鱣鮪能潛，固可逃淵。人則非是，自傷勤勞畏罪，而遁逃無所也。瑞玉曰：「言不能爲大臣近天子，又不能爲隱逸處山林。」

山有蕨薇，隰有杞桋。君子作歌，維以告哀。

桋，赤楝也。言草木尚皆得所，人反不如，君子作歌告王，欲王哀而全之。

《四月》八章，章四句。

《四月》，《序》云：「大夫刺幽王也。」王肅注首章云：「詩人以夏四月行役，至六月暑往未得反，已闕二時之祭，後當復闕二時也。」又云：「征役過時，曠廢其祭祀。」愚謂曠祀則非，征役則是。諸言卉木山水鳥魚之等，並以行役經過，覩物興詠。疑大夫爲小人搆害出使，懼禍不敢歸，作詩告哀爾。

陟彼北山，言采其杞。偕偕士子，朝夕從事。王事靡盬，憂我父母。

瑞玉曰：「同役非一人，故曰偕偕。士者大夫之屬。子，有父母者之稱，詩人自謂也。言登山采杞，偕偕然，『朝夕從事』。王事分當爲，靡有辛苦，但久在外，詒我父母憂。」

溥天之下，莫非王土，率土之濱，莫非王臣。大夫不均，我從事獨賢？

溥，大也。言土廣臣衆，何求不得！何使不行！今大夫命役不均，我偏從事，將獨賢我乎？君子責人必從，爲之辭忠厚之情。

四牡彭彭，王事傍傍。嘉我未老，鮮我方將。旅力方剛，經營四方。

彭彭，行不息也。傍傍，依不去也。鮮，善也。將，壯也。旅，衆也，四體衆力所集。言大夫所以役我者，善我未老而方壯。旅力可以經營四方，故獨賢我與。

或燕燕居息；或盡瘁事國。或息偃在牀；或不已于行。

燕燕，安息貌。自此以下諸言，或者勞逸不均，錯雜混淆，不得理也，官得其理然後治。

或不知叫號；或慘慘劬勞。或棲遲偃仰；或王事鞅掌。

叫號，呼召也。偃仰，體舒也。鞅掌，失容也，牟氏曰：「手握鞅。」

或湛樂飲酒，或慘慘畏咎。或出入風議，或靡事不爲。

風，諷切也。議，論也。又極言之，逸者，閒暇飲酒，又湛樂不休；勞者，慘慘憂苦，尚畏避過咎；飲酒之暇，出入親近，反議論勞者之短長，掣肘之。畏咎之深，靡事不爲。苟欲免風議者之彈劾，彌縫之。

《北山》六章，三章章六句，三章章四句。

《北山》，刺不均也。余問：「《序》云『大夫刺幽王也』。臣任勞，輒怨不均，非大臣之體。」瑞玉曰：「小臣爾。《經》言『偕偕士子』，士者大夫屬臣，故怨大夫不均，子者有父母之稱，故言『憂我父母』。大臣雖勞不怨，怨則不忠；小臣役不均，怨自其宜。《經》云：『體羣臣則士報禮重。』」

無將大車，祇自塵兮。無思百憂，祇自疷兮。

將，扶進也。大車，牛車也。疷，當作痕。戒小人，言大任不易勝，猶大車不可將，將之不得適，自取塵污而已。衆事之憂不可思，思之不能適，自取病而已。

無將大車，維塵冥冥。無思百憂，不出于熲。

冥冥，塵蔽人也。熲與耿同。在憂中，耿耿然不能出。凡憂者，必有小小明處。沈入其中，則明愈少，闇愈多。

無將大車，維塵雝兮。無思百憂，祇自重兮。

雝，猶蔽也。重，猶累也。塵壅車不行，憂重人不勝。

《無將大車》三章，章四句。

《無將大車》，戒小人也。德薄而位尊，知小而謀大，力小而任重，鮮不及矣。言不勝其任也。

明明上天，照臨下土。我征徂西，至于艽野。二月初吉，載離寒暑。心之憂矣，其毒大苦！念彼共人，涕零如雨。豈不懷歸，畏此罪罟！

共人，同寅協恭之人，謂僚友也。言上天宜監下土，我行往西方，至於遠荒之地，以二月朔日行，既歷寒又更暑，尚未歸，心中憂苦，如含藥毒。因念我友，至於涕零，非不思歸，畏此小人，羅織人罪如網罟。

昔我往矣，日月方除。曷云其還？歲聿云莫。念我獨兮，我事孔庶。心之憂矣，憚我不暇。念彼共人，睠睠懷顧！豈不懷歸，畏此譴怒！

除除，陳生新也。昔我徂西以「二月初吉」，其時「日月方除」，今未知何時還，而歲已晚。我此時身獨事衆，勞無閑暇，因睠僚友，非不思歸，畏此小人嫉怒，獲譴責。

昔我往矣，日月方奥。曷云其還？政事愈蹙。歲聿云莫，采蕭穫菽。心之憂矣，自詒伊戚！念彼共人，興言出宿。豈不懷歸，畏此反覆。

奥，暖也，亦謂二月也。蹙，促也。采蕭，積薪也。穫菽，聚糧也。欲爲度歲之計，自詒憂戚，悔與小人同朝也。「興言出宿」，欲爲歸計而不歸者，畏此小人反覆傾危將搆害。

嗟爾君子，無恆安處！靖共爾位，正直是與。神之聽之，式穀以女。

靖與靜同。余問：「『靖共』何義？」瑞玉曰：「猶《書》言寅清爾。人心清靜，自然恭敬也。正直爲正，正曲爲直。言我既不歸，故贈友以言，嗟爾君子，無以安處爲常，當安靖恪共爾位，惟正直之人，是與神明祐之，將用福禄與汝矣。云神聽者，明王不能聽也。」

嗟爾君子，無恆安息！靖共爾位，好是正直。神之聽之，介爾景福。

好之，故與之。景，大也。

《小明》五章，三章章十二句，二章章六句。

《小明》，戒僚友也。大夫久於行役，内多小人，懼僚友不戒朋比，誤國爾。

鼓鐘將將，淮水湯湯。憂心且傷。淑人君子，懷允不忘。

作樂必先擊鐘，謂之金奏也。言嘉樂不野合，今聞鐘聲於淮水上。樂者樂也，今使人憂且傷。信懷於古，善人君子不能忘。有懷於古，明今不然也。

鼓鐘喈喈，淮水湝湝。憂心且悲。淑人君子，其德不回。

湝湝者，水聲與樂音俱。長懷古人不回，明今人回也。

鼓鐘伐鼛，淮有三洲。憂心且妯。淑人君子，其德不猶。

鼛同皋，大鼓也。三洲，淮上地，水落而洲見，歷時久也。妯，心動也。猶，若也。其德不若今人。

鼓鐘欽欽，鼓瑟鼓琴。笙磬同音。以雅以南，以籥不僭。

欽，敬也。鐘聲鏗，餘音欽欽然。笙磬，東方之樂，與頌磬對懸，石聲難和，故曰同音。或云堂上樂，皆受笙均，堂下樂，皆受磬均，同音見堂上下之樂，皆和也。雅、南、籥，皆樂器名。《記》云「訊疾以雅」，「胥鼓南」《傳》云：「舞象箾南籥是也。」僭，差也。言樂聲舞容皆不僭，而令人憂傷者，非樂也。孟子云：「百姓聞王鐘鼓管籥舉，蹙頞相告曰：吾王好樂，何使我極也？無他，不與民同樂也。」

《鼓鐘》四章，章五句。

《鼓鐘》，《序》云：「刺幽王也。」愚按：《韓詩》謂昭王時作。鄭康成初從《韓》說，《箋》復從毛，皆無確據，可姑闕之。

楚楚者茨，言抽其棘，自昔何爲？我蓺黍稷。我黍與與，我稷翼翼。我倉既盈，我庾維億。以爲酒食，以饗以祀，以妥以侑，以介景福。

楚楚，盛密貌。我，主祭者也。與與、翼翼，多岐貌。困方曰倉，露積曰庾。饗，獻也。妥，安坐也。侑，勸飽也。古者天子爲藉千畝，躬秉耒親耕，故言蘙除茨棘，以爲田畝。自昔先人何乃爲此乎？將使我蓺黍稷，爲酒食饗祀，薦馨妥侑，事神受大福也。力田重農，祭祀之本，黍稷共粢盛，故首稱焉。

濟濟蹌蹌，絜爾牛羊，以往烝嘗。或剥或亨，或肆或將，祝祭于祊。祀事孔明，先祖是皇，神保是饗。孝孫有慶，報以介福，萬壽無疆。

大夫濟濟，士蹌蹌，納牲之容也。絜，謂在滌也。剥解其皮，烹熟其肉，肆陳其骨體於俎，將奉持而進之。諸言或者，各有司存，非一人也。祊，廟門内，祭以求神也。祀事於是甚明，備總上而言也。皇，大也。保，葆也。葆以降神，言先祖之神隨羽葆來降也。慶，福也。神來饗祭，孝孫之福，既報以大福并大壽。此章降神初獻之事。

執爨踖踖，爲俎孔碩。或燔或炙，君婦莫莫。爲豆孔庶。爲賓爲客，獻酬交錯。禮儀卒度，笑語卒獲。神保是格，報以介福，萬壽攸酢！

爨，竈也。饔爨廩爨執各有人。踖踖，敏敬也。俎，以載牲體。碩，牲體肥大，謂薦熟也。燔燒肉炙，炙肝，謂從獻也。婦事舅姑之稱，君婦謂后也。莫莫，清靜而敬至也。豆以盛内羞，庶羞主婦薦之。孔庶，美多品也。賓客，助祭者也。賓長爲賓，衆賓爲客。獻酬，互飲也。酳尸三獻畢，主獻賓，賓酬主也。東西爲交，邪行爲錯，謂旅酬也。卒度，謂賓主禮儀盡合法度也。李文貞公曰：「笑語，祖考笑語也。思其笑語，笑語得則神來矣。」愚謂：前言「饗」，來饗祭也；此言「格」，至降福也。酢，報也。神降福壽，若酬酢然。此章亞獻、終獻之事。祭事方殷，故知非賓客笑語。

我孔熯矣，式禮莫愆。工祝致告，徂賚孝孫。苾芬孝祀，神嗜飲食。卜爾百福，如幾如式。既齊既稷，既匡既敕。永錫爾極，時萬時億。

熯，乾燥也。行禮既久，人煩渴，終事用禮無違者，敬不弛也。善其事曰工；賚，予也。工祝致神意嘏主人曰：「往賚孝孫，飲食芳潔，當神意將卜予爾多福。」幾，期也。式，法也。稷，疾也。言爾祭祀，如期而舉，如法而行，威儀既整齊又敏疾，百官既匡正又戒敕，皆謂祭祀得禮之事，是以神嘉之，長賜爾至極之福。「時萬時億」，多無數也。此章獻畢受嘏之事。

禮儀既備，鐘鼓既戒。孝孫徂位。工祝致告，神具醉止，皇尸載起。鼓鐘送尸，神保聿歸。諸宰君婦，廢徹不遲。諸父兄弟，備言燕私。

既備，禮成也。既戒，樂闋也。徂位，往堂下西面位也。致告，告利成也。前云致告，傳神意，此云致告致主人意也。神醉而尸謖，送尸而神歸，鼓鐘者尸，出入奏肆夏也。復言神保者，神降羽葆迎之，神歸羽葆送之也。廢，去也。衆宰徹去諸饌，君婦籩豆而已。不遲，以疾爲敬也。燕私，祭畢而燕，盡其私恩。異姓歸之俎尊賓客，同姓留之燕親骨肉也。此章送神之事。

樂具入奏，以綏後禄。爾殽既將，莫怨具慶。既醉既飽，小大稽首。神嗜飲食，使君壽考。孔惠孔時，維其盡之。子子孫孫，勿替引之。

祭於廟，燕於寢，故廟中之樂皆入奏於寢也。祭既受禄，燕又將受後禄也。爾殽，即所徹俎豆設於東序下者也。爾之殽羞既行，神惠均及，無有怨者，而皆歡慶。小大既醉飽，咸稽首而慶君曰：「向者神嗜君飲食，使君壽考。祭祀之事甚順於禮，甚得其時，内心外心無不盡，又願子子孫孫勿廢而引長之。」此章燕畢祝嘏之慶辭。

《楚茨》六章，章十二句。

《楚茨》，天子祭宗廟也。古者聖王，先成民而後致力於神，故奉盛告曰：「絜粢豐盛，謂三時不害，民和年豐也。」奉酒醴告曰：「嘉栗旨酒，謂上下皆有嘉德，無違心也。」奉牲告曰：「博碩肥腯，謂民力普存，其畜碩大蕃滋，不疾瘯蠡，咸有也。」故務其三時，修其五教，親其九族，以致其禋祀，於是民和而神降之福。瑞玉曰：「若謂公卿之祭，則是畿内諸侯。於禮不世爵禄，何得子子孫孫引無極也？」《序》云：「刺幽王也，政煩賦重，田萊多荒，民卒流亡，祭祀不饗，君子思古焉。」愚謂思古之意，獨章首「自昔何爲」句可以見之，其云「古」蓋謂成王也，《信南山·序》以曾孫爲成王，《甫田》、《大田》曾孫，皆謂成王。又此下四篇，《序》皆謂刺詩，今並未詳。

信彼南山，維禹甸之。畇畇原隰，曾孫田之，我疆我理，南東其畝。

信與伸通，山勢長也。甸，治也。畇畇，墾辟貌。曾，重也。曾孫，主祭之通稱。疆，畫經界也。理，定溝涂也。畝，壟也。或南或東，隨從横也。言伸然彼終南之山，神禹所甸治。蓋南山下藉田在焉，故斥其地言之。及今原隰開闢，爲藉千畝，曾孫親佃田之，正其疆理，治其壟畝然。

上天同雲，雨雪雰雰。益之以霢霂。既優既渥。既霑既足。生我百穀。

同雲，雲一色也。雰雰，雪盛貌。霢霂，小雨貌。瑞玉曰：「霢潤土脈，霂𩂯洗塵。優渥，雪厚漬也。霑足，雨澤周也。雨黏腳，既饒足也。言豐年之冬，必有積雪，其春必有小雨，故雪言盛，雨言小也。雪既優渥，雨既霑足，則『生我百穀』。」

疆埸翼翼，黍稷彧彧。曾孫之穡，以爲酒食。畀我尸賓，壽考萬年。

埸，畔也。翼翼，分列貌。彧彧，成文貌。言田開穀茂，曾孫斂之，貯於神倉，至時將祭，取爲酒食，獻之皇尸及賓客，躬田奉祭神與壽考也。

中田有廬，疆埸有瓜，是剥是菹，獻之皇祖。曾孫壽考，受天之祜。

廬，田舍也。瓜，場人所樹，以供祭者也。菹，酢菜也。言田中有廬，田畔有瓜，瓜成剥削淹漬之，至時祭祀，皇祖歆饗之，使曾孫壽考而受天福。瑞玉問：「方言『皇祖』而云『天祜』，豈孝格天與？」余曰：「本自祭天地，故『受天之祜』。」

祭以清酒，從以騂牡，享于祖考，執其鸞刀，以啟其毛，取其血膋。

清酒，鬱鬯也，瑞玉曰：「玄酒也。《周禮》清酒，酒之下者，《詩》言清酒，皆明水爾。」騂牡，赤犢也。鸞刀，刀有鸞者。膋，脂膏也。毛以告純，血以告殺，膋以升臭。瑞玉曰：「此章郊祀上帝也。玄酒騂犢，不言所祭，明祭天神享于祖考，乃是以祖配之。主人親執鸞刀，血腥燔燎，非郊而何？此謂『受天之祜』也。」

是烝是享，苾苾芬芬。祀事孔明，先祖是皇。報以介福，萬壽無疆。

此章祀宗廟也。烝，時祭也。享，祫祭也。苾、芬，香也。「祀事孔明」，昭穆辨也。先祖之神尊大之，於是報以大福壽。瑞玉曰：「此謂『獻之皇祖』也。」

《信南山》六章，章六句。

《信南山》，耕藉田也。帝藉之收，藏之御廩，以事天地、山川、社稷。先古，國非無良農也，以爲人爲之不若其自爲之也，故修其疆畎，順其天時，因其地利，成而祭之。天地先祖，降之福焉，以教天下之孝也。

倬彼甫田，歲取十千。我取其陳，食我農人，自古有年。今適南畝，或耘或耔。黍稷薿薿，攸介攸止，烝我髦士。

倬，明貌。十千，公田所出也。一成之地，則公田萬畝；一同之地，則公田萬夫，皆十千也。陳，舊粟也。有年，豐年也。耘，除草也。耔，雝本也。薿薿，茂盛貌。介，舍也。烝，進也。髦，俊也。言彼開明之大田，歲取中正，而倉廩盈餘，入新出陳，以利農人，官民給足，所以自古皆是豐年，今日猶然，故適彼南畝，見其耘耔以時，黍稷豐茂，治田之暇，則於廬舍及所止息之處，講肄道藝，進我農人爲俊士。古之學者，且升且養，三年而通一藝，三十而五經立。瑞玉曰：「獨進髦士，以其秀民則可教也。」

以我齊明，與我犧羊，以社以方。我田既臧，農夫之慶。琴瑟擊鼓，以御田祖，以祈甘雨，以介我稷黍，以穀我士女。

齊與粢同，稷曰明粢。犧羊，純色羊。社，后土。方，四方之神，謂蜡祭也。御，進也。田祖，先嗇也。言以我齊盛與犧牲，秋祭社，冬祭蜡，春祈年於田祖，夏祈雨大雩，帝用盛樂，蓋欲以大我黍稷，因得善我士女。倉廩實而知禮節，我田既臧，農夫之慶，秋冬收成而喜也。「以介稷黍」，「以穀士女」，未及收成而望也。方社言齊明犧羊，田祖言琴瑟擊鼓，互文爾。

曾孫來止，以其婦子。饁彼南畝，田畯至喜。攘其左右，嘗其旨否。禾易長畝，終善且有，曾孫不怒，農夫克敏。

攘，推也。易，治也。長，竟也。有，多也。瑞玉曰：「此曾孫謂家長也，農夫其子弟也。家長率婦子來饁耘者，田畯適至，喜樂其勤。曾孫推其左右鄰耦之人，嘗其所饋旨否，欲觀婦人能作家不也。又見禾治竟畝，成功善而用力多，男婦効職，曾孫於是不怒，農夫因以益敏。」

余問：「家長稱曾孫何據？」答曰：「據田祖爾。凡主祭通得稱之，下章及《大田》曾孫皆然。」按：戴氏曰：「攘，援袂出臂也。左右者，謂手耳。出臂而取，以嘗之。」

曾孫之稼，如茨如梁。曾孫之庾，如坻如京。乃求千斯倉，乃求萬斯箱。黍稷稻粱，農夫之慶。報以介福，萬壽無疆。

稼，禾有稾者也。茨，屋蓋。梁，車梁。坻，水中高地。京，高邱。言曾孫野聚之稼，密如茨，穹如梁，其露積之粟，廣如坻，高如京，於是求千倉納庾，萬箱載稼。黍稷稻粱皆具，農夫慶喜於下，謂皆君上所賜，願神報以至大之福，無疆之壽。

《甫田》四章，章十句。

《甫田》，勸農也。農者國之本，什一取之，補助與之，春祈秋報，禮樂興焉。省之以時，斂之以節，民和而年豐矣。

大田多稼，既種既戒，既備乃事。以我覃耜，俶載南畝，播厥百穀。既庭且碩，曾孫是若。

種，擇種也。戒，飭具也。覃，利也。庭，直也。言田大而稼多。今歲收穫之時，預計來歲之宜，既出五種，既修田器，盡皆備矣，乃從事焉。《農書》云：「孟春土長冒橛，陳根可拔。」

是也。取其利耜，始事南畝，耕而播之，百穀盡生，條直碩大，曾孫於是順養之。瑞玉曰：「曾孫順事所致也。」余曰：「此章祭先嗇、司嗇之屬。」《農書》二語，本鄭《箋》所引。愚按：韋昭《國語解》引之云，「春土冒橛，陳根可拔，耕者急發」，與《箋》小異。

既方既皁，既堅既好，不稂不莠。去其螟螣，及其蟊賊，無害我田穉。田祖有神，秉畀炎火。

方，房也，孚甲始生也。皁，粒汁未滿也。稂，童粱。莠似苗。蟲食苗心曰螟，食葉曰螣，食根曰蟊，食節曰賊。穉，幼禾也。炎火，盛陽也。上文庭碩方言苗，故此言其秀實，盡生房，盡成實，盡堅熟，盡齊好，而無稂莠，擇種善、民力專、時氣和所致也。又去四蟲，令無害我穉禾，此由田祖有靈，持之付與炎火，猶云投畀有北也。田豕、田鼠等，亦喜害穉禾，并去之。此章祭猫虎、昆蟲之屬。

有渰萋萋，興雨祁祁，雨我公田，遂及我私。彼有不穫穉，此有不斂穧，彼有遺秉，此有滯穗，伊寡婦之利。

渰，蒸濕也。萋萋，雲盛貌。祁祁，徐也。雲盛則雨多，雨徐則入土。公田，君田。私，民田也。穉，晚禾也。穧，束也。秉，把也。滯，留也。言農人望雨，先公後私，民怙君德，致其豐穰。至收成之時，彼界此疆多有餘糧。貧寡得因以爲利，貨惡棄於地也，不必藏於己。此章祭鄠表畷、坊、水庸之屬。

曾孫來止，以其婦子，饁彼南畝，田畯至喜。來方禋祀，以其騂黑，與其黍稷，以享以祀，以介景福。

方，方社之方。禋，精意以享。騂黑，牲也。四方牲，各如其方之色，略舉二方，文省爾。《傳》云：「騂，牛也。黑，羊、豕也。」曾孫率婦子饁田觀穫，於其來時，大索四方百物之神禋祀之。以其曾孫主祭，故俟其來而行禮。犧牲、黍稷享祀羣神，欲報君以大福，善必歸君也。

《大田》四章，二章章八句，二章章九句。

《大田》，樂有年也。天子大蜡八：先嗇一，司嗇二，農三，鄠表畷四，猫虎五，坊六，水庸七，昆蟲八。八蜡以記四方。順成之方，其蜡乃通，勞農息老，豐年之慶也。瑞玉問：「籥章祭蜡是吹豳頌，不合用雅。」余曰：「此詩雖爲蜡祭，不以賽神，當是祭後歌之，何害非頌？又《豳風·七月》一篇之中，兼有風、雅、頌，康成言之矣。」

瞻彼洛矣，維水泱泱。君子至止，福禄如茨。韎韐有奭，以作六師。

洛，水名。《傳》云：「宗周浸水。」朱子云：「在東都也。」泱泱，深廣貌。君子，王也。茨，積也。韎，茅蒐。韐，韠也。茅蒐染韠，士大夫戎服也。言天子至洛水，會諸侯有福慶，從官皆戎服，起六軍以講武。余問：「甫言『君子至止』，遂云『福禄如茨』？」瑞玉曰：「天子所至，必有恩慶。鄭康成云：『爵命爲福，賞賜爲禄。』如茨言多也。」

瞻彼洛矣，維水泱泱。君子至止，鞞琫有珌。君子萬年，保其家室。

鞞，刀室也。琫，上飾。珌，下飾。家室，王家也。此言天子亦服戎服，臨諸侯，觀其神武，知其能萬年保固王室。按：「鞞琫有珌」，《傳》：「鞞，容刀鞞也。琫上飾，珌下飾。珌下飾者，天子玉琫而珧珌。」云云，四句。戴氏曰：按《傳》内珌字凡六見，當作鞞。「鞞琫有珌」，亦猶上章云「韎韐有奭」耳。奭，赤貌；珌，文飾貌。有奭、有珌，猶曰奭然珌然。刀下飾乃鞞也。字又作琕，《説文》以鞞爲刀室，殆誤會《毛詩》「鞞容刀鞞也」之語。劉熙《釋名》云：「刀室曰削俗作鞘室，口之飾曰琫，下末之飾曰琕」，可據以證《説文》。又《篤公劉》篇，「鞞琫容刀」，《傳》云：「下曰琕，上曰琫」。以《毛詩》證《毛詩》，此《傳》珌字，乃轉寫致譌無疑。

瞻彼洛矣，維水泱泱。君子至止，福禄既同。君子萬年，保其家邦。

家邦，王國也。瑞玉曰：「『如茨』，方言其多。『既同』，則人皆被之。『保其家室』，謂子孫爲帝王。『保其家邦』，則諸侯懷畏之。」

《瞻彼洛矣》三章，章六句。

《瞻彼洛矣》，會朝講武也。周公戒成王，詰爾戎兵。召公告康王，張皇六師。周人尚文，其敝也弱。有道之王，朝會諸侯，講習武事，兵革不作，邦家以寧。瑞玉曰：「疑美宣王之詩。」

裳裳者華，其葉湑兮。我覯之子，我心寫兮。我心寫兮，是以有譽處兮。

裳裳，猶堂堂。瑞玉曰：「華飾樹，猶裳飾衣也，故曰裳裳。華葉相承，喻君臣相得也。之子，諸侯也。言我見是子，悦其才德，則心傾寫。心傾寫，是以有豫樂而安處。」

裳裳者華，芸其黄矣。我覯之子，維其有章矣。維其有章矣，是以有慶矣。

芸、黄，盛貌。章，文章也。以華黄外揚，興文采外見。文章發德，宜其有福慶。

裳裳者華，或黄或白。我覯之子，乘其四駱。乘其四駱，六轡沃若。

黄、白，非一色也。華非一色，興之子多才藝。我見是子來時，乘四駱馬，「六轡沃若」，其人足以稱之。

左之左之，君子宜之。右之右之，君子有之。維其有之，是以似之。

左，文也。右，武也。上言之子，此變言君子，斥其先人也。言君子才德全備，能文能武，左之而宜，右之而有，維之子有是文武之美，是以肖似其先人爲諸侯。君子稱人善也，必美其先人；稱人惡也，及其身而已，所以教也。《傳》云：「左，陽道，朝祀之事；右，陰道，喪戎之事。」

《裳裳者華》四章，章六句。

《裳裳者華》，朱子云：「天子美諸侯也。」會諸侯於東都，嘉美之。疑與《瞻彼洛矣》一時之詩。

交交桑扈，有鶯其羽。君子樂胥，受天之祜。

鶯，文貌。瑞玉曰：「鶯，羽文。桑扈，有鶯之羽也。君子，諸侯也。言交交然桑扈，羽有文章可愛，君子燕樂，有禮儀相與，則能受天之福。」

交交桑扈，有鶯其領。君子樂胥，萬邦之屏。

瑞玉曰：「桑扈，有鶯之領也。」余曰：「桑扈文其頸，爲一身之光美；君子禮儀相樂，爲萬邦之屏蔽。」

之屏之翰，百辟爲憲。不戢不難？受福不那。

翰，幹也，當墻兩邊障土者。戢，斂也。難，不易也。那，多也。言既爲之屏藩，又爲之楨幹，百辟諸侯，皆奉爲典法，然懼其侈也。心不收斂，則事慢易，非載福之器，受福不多也。

兕觥其觩，旨酒思柔。彼交匪敖，萬福來求。

觥，角爵。觩，角貌。瑞玉曰：「兕觥觩然，剛；旨酒温然，柔。人能思柔，則勝剛矣。」余曰：「彼邦國以禮交接，恭敬不傲慢，寧柔無剛，則萬福來求而歸之。」

《桑扈》四章，章四句。

《桑扈》，朱子云：「天子燕諸侯也。」愚謂美而規之之辭。

鴛鴦于飛，畢之羅之。君子萬年，福禄宜之。

鴛鴦，匹鳥也，止則相耦，飛則爲雙。畢，小網。羅，大網。君子斥幽王也。言「鴛鴦于飛」，喻申后離絶，當羅致歸還之。夫婦正，則陰陽和，子孫萬年，福禄宜稱之。

鴛鴦在梁，戢其左翼。君子萬年，宜其遐福。

梁，石絶水也。戢，左翼掩右也。鳥翼，右掩左雄，左掩右雌，陰陽耦之義也。言鴛鴦水鳥今在梁，又獨斂左翼，喻申后獨居無耦。王迎還之，則子孫萬年，福禄久遠。

乘馬在廐，摧之秣之。君子萬年，福禄艾之。

摧，莝也。秣，粟也。艾，養也、老也。言「乘馬在廐」，無事摧之，有事秣之。君子駕迎申后還，則宜久爲福禄，所養又老之。

乘馬在廐，秣之摧之。君子萬年，福禄綏之。

又言「秣之摧之」，見馬無所事也。駕迎申后還，則宜久爲福禄所安，可無亡國之禍。

《鴛鴦》四章，章四句。

《鴛鴦》，《序》云：「刺幽王也。」愚謂王黜申后，居離宫，棄其妃偶，不以乘馬迎歸之與共福禄爾。又按：鴛鴦合喻夫婦。其「鴛鴦在梁」二語，全與《白華》文同，疑謂申后也。

有頍者弁，實維伊何？爾酒既旨，爾殽既嘉。豈伊異人？兄弟匪他。蔦與女蘿，施于松柏。未見君子，憂心奕奕。既見君子，庶幾説懌。

頍，弁貌。弁，皮弁，天子諸侯燕，君臣通服之爾。與君子皆謂王也。蔦，寄生。女蘿，菟絲。奕奕，無所薄也。瑞玉曰：「古文規作頍，圓貌。有頍然弁而至者，伊何爲呼？將以燕也。因言王酒旨殽嘉，禮甚腆矣。但此與燕者皆兄弟，非他人，無須此盛禮。又言蔦蘿附木，似宗族依王，是以未見王則心憂，既見王則説懌。」

有頍者弁，實維何期？爾酒既旨，爾殽既時。豈伊異人？兄弟具來。蔦與女蘿，施于松上。未見君子，憂心怲怲。既見君子，庶幾有臧。

期，會也。怲怲，憂盛滿也。瑞玉曰：「言王酒旨殽時，此與燕者豈異人？兄弟長幼具來，家人會食，無須此盛禮。又言草附木，似臣依君，是以未見王則心憂，既見王則恩誼善。」

有頍者弁，實維在首。爾酒既旨，爾殽既阜。豈伊異人？兄弟甥舅。如彼雨雪，先集維霰。死喪無日，無幾相見。樂酒今夕，君子維宴。

「爾殽既阜」，猶云有肉如陵也。甥舅，異姓臣也。霰，稷雪也。瑞玉曰：「王酒殽美多，禮盛矣，此與燕者豈異人？兄弟之外惟有甥舅，亦皆至戚，無須此盛禮。時兄弟甥舅皆己耆壽，感王意氣勤厚，因言霰集，則大雪將降，老至即來日無多，相見無復幾日，今夕須飲酒歡樂，答王宴賜之勤。」

《頍弁》三章，章十二句。

《頍弁》，瑞玉曰：「美燕也。王燕樂兄弟親戚，感其禮意，答其勤焉。《經》言『爾酒』、『爾殽』，明非主人之辭，『君子維宴』，知王設燕禮爾。」

間關車之舝兮，思孌季女逝兮。匪飢匪渴，德音來括。雖無好友，式燕且喜。

間關，設舝聲。季，字也。女，從其父母之稱也。《春秋》書紀：「季姜歸於京師。」括，收也。大夫迎王后，述王之意。言間關然設此車舝，由思彼孌然季女，駕此往迎之。非飢渴於色，乃慕其令德音聲，來盡收括，在朝雖無好友，中宫乃有賢后，宜用燕飲喜樂之。按：間關設舝也。戴氏曰：「按軸端鍵謂之舝，所以制轂使不脱也。車行，則轂端鐵與舝相切有聲間關然。」愚謂：《傳》云「設舝耳」無聲字，以間關爲設舝聲者，後儒誤會毛意耳。竊謂間，中也；關，鍵也。即謂設舝於軸間，以鍵閉之耳，如此則間關乃設舝貌，非聲也。

依彼平林，有集維鷮。辰彼碩女，令德來教。式燕且譽，好爾無射。

依，密比貌。鷮，雉也。言往迎在途，見文明之雉入集平林，以興大德之女來主陰教。是以燕飲豫樂之，王好其德無厭心。

雖無旨酒，式飲庶幾。雖無嘉殽，式食庶幾。雖無德與女，式歌且舞。

歌、舞，奏樂也。述王燕樂之辭。言雖無旨酒嘉殽，庶幾少飲食之，我雖無德堪爲儀型，亦用歌舞以樂之。

陟彼高岡，析其柞薪。析其柞薪，其葉湑兮。鮮我覯爾，我心寫兮。

柞，櫟也。瑞玉曰：「述王美后之辭。言登高析薪而葉湑，以興王后貴族令德儀容之美盛，以爲少而難得，是以覯爾則心寫。」

高山仰止，景行行止。四牡騑騑，六轡如琴。覯爾新昏，以慰我心。

景行，大道也。又總始終而言。在塗所見，高山可仰，景行可行，「四牡騑騑」而閑習，「六轡如琴」而調和，初至京師，雖新昏，然知其有賢德，能母儀天下，是以覯爾而心慰。

《車舝》五章，章六句。

《車舝》，美后也。天子於后不親迎，使公卿往逆之。逆者見后有令德，可配至尊，禮陰教，述其終始以美之。按「間關車之舝兮」節，聽車聲思婉孌少女長去矣，此言嫁女之家，思相離也。「德音來括」，婿以德音來相收括。「雖無好友」，無他客也。「辰彼碩女」二句，辰，及時也，碩女，長女也。婿以令德來相教導，「好爾無斁」謂婿也。「鮮我覯爾」，鮮，少也，言婿不數數來。「景行行止」，景行，光明大道也。又按：篇義，女父母燕婿之辭也。

營營青蠅，止于樊。豈弟君子，無信讒言。

營營，往來聲。青蠅，汙亂黑白。喻讒人變亂美惡。言營營然青蠅，止于樊外附近窺伺，將緣間而入。讒言惑君，多由持心傾險，君子存心樂易，自然絶而無信之。

營營青蠅，止于棘。讒人罔極，交亂四國。

棘，藩也。棘惡木刺人，青蠅止之，欲中傷人也。讒人利口無窮極，王信之失禮諸侯，則交構四國成禍亂。

營營青蠅，止于榛。讒人罔極，構我二人。

榛，亦藩也。二人，被讒、聽讒者也。榛叢生密比，青蠅止之，欲離間親也。讒言架空構造，令我二人生嫌隙。瑞玉曰：「幽王遠失諸侯，近棄妻子，信讒言之效也」。

《青蠅》三章，章四句。

《青蠅》，《序》云：「大夫刺幽王也。」瑞玉曰：「讒人如虢石父之等。」

賓之初筵，左右秩秩。籩豆有楚，殽核維旅。酒既和旨，飲酒孔偕。鐘鼓既設，舉醻逸逸。大侯既抗，弓矢斯張。射夫既同，獻爾發功。發彼有的，以祈爾爵。

筵，席也。左右，東西列也。楚，列貌。殽，豆實。核，籩實。旅，陳也。和旨，調美也。偕，齊一也。既飲而設鐘鼓者，將射改懸也。舉醻，舉賓所奠醻爵也。逸逸，閑暇貌。余問：「鐘鼓設而復舉醻何也？」瑞玉曰：「侍者遷鐘鼓堂下，賓在堂上，自相醻爾。」余曰：「大侯，君侯也。抗，張也。大侯張而弓矢亦張，節也。『射夫既同』，比耦也。發，發矢也。

的，質也。爵，罰爵也。發矢之時，各心競云：『我以此求爵汝。』此章因射而飲。」

籥舞笙鼓，樂既和奏。烝衎烈祖，以洽百禮。百禮既至，有壬有林。錫爾純嘏，子孫其湛。其湛曰樂，各奏爾能。賓載手仇，室人入又。酌彼康爵，以奏爾時。

秉籥而舞，與笙鼓相應。衎，樂也。洽，合也。百禮，言多也。壬，大也。林，盛也。純嘏，大福也。言用盛樂備大禮，祭有功之祖，三獻既畢，尸與主人大福，使子孫皆長久喜樂。「各奏爾能」，子孫喜樂各敬事也。仇，匹也。主人既獻尸，賓則手加爵與主人匹也。瑞玉曰：「室人，主婦也。康，安也。時，時物也。主賓既獻尸，主婦入室中，人復酌爲康爵，以進豆籩時物也。」余曰：「『有壬有林』，壬，水大也；林，木多也。皆形容美盛之辭也。康，虚也。康爵，無算爵也。旅酬之時，賓主弟子，皆舉觶於其長，酌彼空虚之爵，進得其時，是謂『各奏爾能』也。此章因祭而飲。」《箋》讀仇爲𣂪，謂挹酒也。愚謂詩中仇字多訓爲匹，不必要破字讀也。室人，《箋》云：「有室中之事者，謂佐食也」，亦似未安。「酌彼康爵」，注家皆謂正祭事，然此章因祭而飲，此二句即飲之事也。合從《箋》説爲長。

賓之初筵，温温其恭。其未醉止，威儀反反。曰既醉止，威儀幡幡。舍其坐遷，屢舞僊僊。其未醉止，威儀抑抑。曰既醉止，威儀怭怭。是曰既醉，不知其秩。

反反，顧禮也。幡幡，輕揚也。僊僊，軒舉貌。瑞玉曰：「舍坐，足無容；屢舞，手無容。醉人遷易坐位，酒酣起舞也。抑抑，謙下貌。怭怭，媟嫚也。秩，序也。既醉，不復知坐之次序。」又言：「賓之初筵者，非射非祭，蓋燕飲爾。禮飲司正糾儀，飲多不醉，燕飲略於儀文，醉而猶飲，故羣飲者，始乎治卒乎亂。」此下二章皆燕飲之事。

賓既醉止，載號載呶。亂我籩豆，屢舞僛僛。是曰既醉，不知其郵。側弁之俄，屢舞傞傞。既醉而出，並受其福。醉而不出，是謂伐德。飲酒孔嘉，維其令儀。

號，呼也。呶，讙也。僛僛，欹側貌。郵，傳舍也。「不知其郵」，謂忘其坐位處所。俄，傾側貌。傞傞，不止也。「並受其福」者，酒流生禍，則知得禮爲福，賓主並受之也。伐德，謂迷性失儀。凡飲酒甚美，維其有令儀爾。瑞玉曰：「又言『賓既醉止』，凡醉皆起於賓也。不言其未醉止，未醉者不復見也。『亂我籩豆』，疾其不出之辭。我，武公自我也。」

凡此飲酒，或醉或否。既立之監，或佐之史。彼醉不臧，不醉反恥。式勿從謂，無俾大怠。匪言勿言，匪由勿語。由醉之言，俾出童羖。三爵不識，矧敢多又？

「凡此飲酒」，總言未醉既醉也。監，糾儀史書過謂告也。羖，羊無角者，以必無之物難之也。三爵，獻酢酬也。識，知也。言凡飲酒，無問醉否，皆當設監史糾察之，所以然者，彼醉時不善，醒後反悔而恥之。方其醉時，監史勿從謂之，恐其恚怒也，但當防護之，無使太懈怠而已。又戒同坐之人，不當言者勿與言，不當從者勿與語，以醉人語言多，無與酬答，當自止也。若猶多言不止，監史則罰之。凡人飲酒三爵之後，即昏然不知，況敢又多乎？瑞玉曰：「此章疾其多言，命司正糾舉之。」

《賓之初筵》五章，章十四句。

《賓之初筵》，衛武公毖酒也。監妹邦之酗酖，守文考之彝訓，作詩五章，令賓筵奏之，以止沈湎焉。瑞玉曰：「《書》有《酒誥》，《詩》有《賓筵》，一爾。《韓詩》云武公悔過，《經》皆斥賓而言，非自悔之辭也。」

魚在在藻，有頒其首；王在在鎬，豈樂飲酒。

頒，大首貌。豈亦樂也。言魚在水中不可見，浮於藻則見其首頒。然王在鎬京，亦不常覲，惟有燕饗慶樂之事，然后飲酒也。《春秋傳》云：「酒以成禮。」

魚在在藻，有莘其尾；王在在鎬，飲酒樂豈。

莘，長也。魚浮則見首，沈則見尾。王在鎬京不可常見，其飲酒必有朝會慶樂之事也。

魚在在藻，依于其蒲；王在在鎬，有那其居。

那，多也。魚在藻，復依蒲處深密也。王在鎬京，燕罷而歸，亦多其居處。王有六寢。

《魚藻》三章，章四句。

《魚藻》，諸侯美天子也。天子燕諸侯，和樂有節，不爲沈湎，美而箴之。

采菽采菽，筐之筥之。君子來朝，何錫予之？雖無予之，路車乘馬。又何予之？玄衮及黼。

路車，金路、象路也。衮，繪於衣上，公服也。黼，繡於裳，子男服也。言將采菽，則先具筐筥，以興將朝諸侯，則先思錫予。「雖無予之」，意不足也。「又何予之」，意有餘也。諸侯未來則思，不獨以車馬衣服爲厚也。

觱沸檻泉，言采其芹。君子來朝，言觀其旂。其旂淠淠，鸞聲嘒嘒。載驂載駟，君子所屆。

觱沸，湧貌。檻泉，正出也。淠淠，動貌。驂駟，馬數也。王肅云：「夏駕兩謂之麗；殷益一騑，謂之驂；周又益一，謂之駟。」是也。言芹在泉旁，人必親采之；君子在門外，王必自迎之。遠觀旂色，近聽鸞聲，又見馬數，而後君子至也。詳其威儀，所以爲敬，且省禍福。

赤芾在股，邪幅在下。彼交匪紓，天子所予。樂只君子，天子命之。樂只君子，福禄申之。

脛本曰股。邪幅，偪也。所以偪束脛在股下也。交，接也。言天子觀其芾偪，見其趨蹌，齊遬不紓緩，向所藏車馬衣服，盡予之。非惟予之，又爵命之，福禄慶賞，又申重之。余問：「美其衣服，何止稱芾偪？」瑞玉曰：「皆下體之服，拜跪時先見者，衣服天子所予，不必美之。」按：戴氏曰：「『赤芾在股』一句，燕則解襪而後登席，故美其芾幅。」

維柞之枝，其葉蓬蓬。樂只君子，殿天子之邦。樂只君子，萬福攸同。平平左右，亦是率從。

柞，新葉生，舊葉乃落。蓬蓬，叢貌。殿，鎮也。平平，辯治也。左右，從官也。言柞枝葉承續，故極茂盛；諸侯世有功德，故能爲天子鎮邦家。既爲萬福所聚，其左右賢臣亦皆率從而至也。

汎汎楊舟，紼纚維之。樂只君子，天子葵之。樂只君子，福禄膍之。優哉游哉，亦是戾矣。

紼，繂也。纚、維，皆繫也。葵，向也。膍，厚也。戾，止也。言大索繫舟止其行，天子向諸侯欲挽其去，既以福禄厚賜之，冀其優游安息，而止於是也。

《采菽》五章，章八句。

《采菽》，美諸侯也。一章言其思也；二章言其至也；三章言其見也；四章言其功也；五章言其去而留也。瑞玉曰：「《經》言天子，是大夫美諸侯之辭，非天子自美之。」

騂騂角弓，翩其反矣。兄弟昏姻，無胥遠矣。

騂，赤色，以朱漆飾弓也。角弓張則内向，弛則外反，故言弓不善，調則翩然而反。「兄弟昏姻」，不以恩御則相遠而怨也。

爾之遠矣，民胥然矣。爾之教矣，民胥傚矣。

爾，爾王也。瑞玉曰：「承上言，爾遠爾親則民皆從之，爾不遠而以身教，則民亦傚之。善惡各以其類應。」

此令兄弟，綽綽有裕。不令兄弟，交相爲瘉。

綽綽，寬也。裕，饒也。上言人隨上化，此又申言須化之由。以人有善惡，此善兄弟相推讓，則綽然兩有餘；不善兄弟相訴爭，即交病而兩不足。瑞玉曰：「不言昏姻，以兄弟尤親，可以包之。」又按：《爾雅》：「昏姻亦稱兄弟也。」

民之無良，相怨一方。受爵不讓，至于己斯亡。

爵，飲器也。觴酒豆肉，讓而尚齒，禮也。瑞玉曰：「此言爾遠則民胥然也。」余曰：「『民之無良』，兄弟相怨，各處一方，偶然長幼共席，受爵不相齒讓，至于己之身亡時。言老死不相往來。」

老馬反爲駒，不顧其後。如食宜饇，如酌孔取。

始駕馬者反之，老在前，駒在後，以習子也。今老馬不肯前，反爲駒在後，不顧其子之不習。至如秣穀，則自謂宜飽饇；飲水，則自欲甚多。取以喻兄弟不相能，任事常居後，見利即爭先也。

毋教猱升木，如塗塗附。君子有徽猷，小人與屬。

猱，獮猴也。塗，泥也。附，著也。言猱性善緣，塗性善著，以喻小人骨肉恩薄，王又不善導之，是乃教猱升木，又如以塗附塗，滋之薄也。若君子有美道，則小人化之，自相與連屬。瑞玉曰：「此言爾教則民胥傚也。」

雨雪瀌瀌，見晛曰消。莫肯下遺，式居婁驕。

瀌瀌，盛貌。晛，日氣也。曰，《韓詩》作聿。婁，《荀子》作屢。言雪見日則消，讒遇明則止。今小人好讒，莫肯自卑下遺，去其惡者，方用居處益長其驕，由王信之然。

雨雪浮浮，見晛曰流。如蠻如髦，我是用憂。

浮浮，輕貌。流，流而去也。蠻，南蠻。髦，西戎。言小人好讒，如蠻髦之言，獶雜亂聽。「我是用憂」，言王不知憂也。

《角弓》八章，章四句。

《角弓》，《序》云：「父兄刺幽王也。不親九族，而好讒佞，骨肉相怨，作是詩。」愚謂，王天資刻薄，如旅寡親，然亦由小人離間之故，以憂讒終焉。

有菀者柳，不尚息焉。上帝甚蹈，無自暱焉。俾予靖之，後予極焉！

上帝謂王也。李文貞公曰：「蹈，踐踏也。暱，近也。」言茂柳多陰，行人豈不庶幾欲止息焉。以喻人無不欲朝事王者。但上帝甚踐踏其下，我無自而親近爾。使我獨朝王室，欲安靖之，後必窮極，我反得罪。

有菀者柳，不尚愒焉。上帝甚蹈，無自瘵焉。俾予靖之，後予邁焉。

愒，息也。邁，過也。言朝王適自取病，使予靖之，後必過求於我。瑞玉曰：「邁，往也。使我安靖王室，今雖有功喜我，後日則成往事爾。」又《箋》云：「邁，行也。」行亦放也，謂有罪將行之。

有鳥高飛，亦傅于天。彼人之心，于何其臻？曷予靖之，居以凶矜！

彼人斥王也。言鳥飛雖高，至天而止，人心無厭，知何所臻？彼曷知思予靖之之功，反居我以凶禍之地，可矜憐爾！

《菀柳》三章，章六句。

《菀柳》，《序》云：「刺幽王也。暴虐無親，諸侯皆不欲朝。」言王者之不可朝事爾。

彼都人士，狐裘黄黄。其容不改，出言有章。行歸于周，萬民所望。

都，西京也。黄，黄狐色。裘，不裼也。周，忠信也。言彼都人之爲士者，衣取温裕，容貌有常，言有文章，行歸忠信，萬民皆仰望以爲法。

彼都人士，臺笠緇撮。彼君子女，綢直如髮。我不見兮，我心不説。

臺草爲笠，緇布爲冠，撮持其髮，言儉素也。綢，密也。直，正也。如髮，言爲髻密直，如其本髮不加飾也。瑞玉問：「都人士、君子女對文，似有義都閑雅也。君子女，謂女有君子之行也。」余曰：「都人士，恐非君子，女則是。」

彼都人士，充耳琇實。彼君子女，謂之尹吉。我不見兮，我心苑結。

琇，美石。實，塞也。上言冬裘夏笠，此言禮服也。「尹吉」，未詳。《傳》云：「尹，正也。

吉，善也。」《箋》云：「吉，讀爲姞。尹氏、姞氏周之舊姓，其女有禮法。苑，蘊也。」

彼都人士，垂帶而厲。彼君子女，卷髮如蠆。我不見兮，言從之邁。

厲，垂帶貌。卷髮，鬢旁短髮。蠆，蠍也，尾末揵然上曲，卷髮如之。邁，往也。言此衣飾隨人俱往。

匪伊垂之，帶則有餘。匪伊卷之，髮則有旟。我不見兮，云何盱矣！

旟，揚貌。言士之帶，非故垂之，帶自有餘；女之髮，非故卷之，髮自揚起。皆自然閑美，不假修飾，風俗如此，云何不盱然望之！

《都人士》五章，章六句。

《都人士》，思舊也。風俗之貞淫，由於士、女之奢儉。亂離以後，俗競淫靡。詩人猶及見西周之美化而思之。

終朝采綠，不盈一匊。予髮曲局，薄言歸沐。

綠，王芻也。局，卷也。婦人思君子，雖采易得之菜，終朝不盈一匊，忽見予髮曲卷，聊歸沐之。獨言沐者，明不施膏爲容。瑞玉曰：「髮久不沐矣，因采綠而知之。」

終朝采藍，不盈一襜。五日爲期，六日不詹。

藍，染草也。瑞玉曰：「襜，今膝衣也。《爾雅》「衣蔽前謂襜」，是也。」余曰：「詹，至也。藍，園圃所種，尤易采者。采之終朝不盈襜，本爲期五日采畢，似此恐六日尚不至。皆言心繫遠人，不專於事。」

之子于狩，言韔其弓。之子于釣，言綸之繩。

韔弢之，綸糾之。瑞玉曰：「婦人思君子，因憶昔在家時，其往狩我曾爲之韔弓，其往釣我曾爲之綸繩，今何可得？」

其釣維何？維魴及鱮。維魴及鱮，薄言觀者。

觀，觀魚也。瑞玉曰：「又憶昔從君子釣，『維魴及鱮』，得魚多，我曾見來觀者甚衆。美其君子有技藝也。」余問：「婦人從釣何義？」答曰：「觀其才藝，如賈大夫妻見獲雉而喜。不言狩者，略辭。狩亦不容婦人觀也。」

《采緑》四章，章四句。

《采緑》，怨曠也。詩人爲之辭。

芃芃黍苗，陰雨膏之。悠悠南行，召伯勞之。

悠悠，遠行貌。黍苗盛長，有陰雨膏潤之；南行徒衆，有召伯慰勞之。召伯，人之膏雨也。

我任我輦，我車我牛。我行既集，蓋云歸哉。

蓋，意辭也。此下二章，即述召伯勞辭，故言我。轉餫之役，有負任者，有輓輦者，有將車者，有牽傍牛者。南行之事既成，庶可言歸，預告之期使之説。

我徒我御，我師我旅。我行既集，蓋云歸處。

徒，步行者。御，乘車者。五百人爲旅，五旅爲師。君行師從，卿行旅從。召伯，天子之卿，視君故言師旅也。上章勞役夫，此章勞軍士。言我南行事集，庶可言歸而居處。

肅肅謝功，召伯營之。烈烈征師，召伯成之。

肅肅，嚴正貌。烈烈，威武貌。結上二章，言謝邑嚴正，召伯營治之；征徒威武，召伯和輯之。王介甫、嚴華谷皆謂，「烈烈征師」，兼美伐淮之功。按：《竹書》：「宣王六年，召穆公伐淮，是年王伐徐歸，錫公命，明年錫申伯命」，則營謝在平淮後，但毛鄭不言。

原隰既平，泉流既清。召伯有成，王心則寧。

土治曰平，水治曰清。言召伯營謝邑，徹其土田，相原隰之宜，通水泉之利，此功已成，王之心則安也。

《黍苗》五章，章四句。

《黍苗》，美召伯也。宣王國申伯於謝，召穆公往營之。君享成功，民忘勤苦，周人美之而作。

隰桑有阿，其葉有難。既見君子，其樂如何？

隰桑，下濕之地宜桑。阿，比貌。難，柔貌。春時也。言隰中桑樹密比，桑葉初生猗儺，君子之賜也。今不見矣，若見君子，樂當如何？

隰桑有阿，其葉有沃。既見君子，云何不樂？

沃，光澤貌。夏時也。言桑葉盛時沃若，君子去不見矣，若見之，云何而不樂？

隰桑有阿，其葉有幽。既見君子，德音孔膠。

幽，黑色貌。秋時也。言桑葉老，黝然而幽，君子久不見矣，若見之，聆其德音，甚固不忘。

心乎愛矣，遐不謂矣。中心藏之，何日忘之。

遐，遠也。謂，告語也。承上言我心誠愛君子，但其人遠，雖有德音，不我告矣。遺澤在民，我中心蓄藏之，何日能忘。

《隰桑》四章，章四句。

《隰桑》，思賢也。賢大夫在國，勸課農桑，民咸衣被其利。於其去也，見其樹思其人，愈久而不忘爾。

白華菅兮，白茅束兮。之子之遠，俾我獨兮。

白華，野菅。已漚爲菅，茅屬也。之子，斥伯服也。不欲斥王，託之伯服。老無子曰獨。言菅茅同類，宜取相束，是子乃讒我母子而遠之，使我獨居然。

英英白雲，露彼菅茅。天步艱難，之子不猶。

英英，輕明貌。步，行也。承上言菅茅同類，白雲露之澤必均，喻宜臼、伯服生本同父，當有善處之道。今天運艱難有禍敗，是子尚不圖，欲以孽代宗。

滮池北流，浸彼稻田。嘯歌傷懷，念彼碩人。

滮，流貌。豐鎬之間水北流。碩人斥王也，言池水之流尚能浸潤稻田，喻王無恩澤失天下心，是以我悲歌思念之。

樵彼桑薪，卬烘于煁。維彼碩人，實勞我心。

樵，采也。桑薪，薪之善者。煁，無釜竈也。言美薪宜炊爨，今但用以燎，喻王遠棄親賢，將致亂，是以我念之心勞。

鼓鐘于宮，聲聞于外。念子懆懆，視我邁邁。

瑞玉曰：「上下並言之子，此獨變文言子，斥宜臼也。懆懆，愁不安。邁邁，行不顧。言鼓鐘于宫，聲猶外聞，今母子隔絶，『念子懆懆』，反視我邁邁然。謂宜臼奔申。」

有鶖在梁，有鶴在林。維彼碩人，實勞我心。

鶖，秃鶖也。梁，魚梁也。鶖鶴皆以魚爲食，鶖貪惡反在梁，鶴潔白反在林，喻王養褒姒餒申后，善惡易位，將亂國，是以我心實勞然。疊前文。

鴛鴦在梁，戢其左翼。之子無良，二三其德。

斂左翼無耦也。言申后廢絶，如鴛鴦失耦。由伯服母子居心不良，反覆讒間，使王如此。《春秋傳》云：「擕王奸命，諸侯替之，是其德無良也。」

有扁斯石，履之卑兮。之子之遠，俾我疷兮。

扁，卑貌。石，乘石登車，所履言石。卑，履者亦卑。喻伯服孽子不可代宗，今乃讒我母子而遠之，使我國家至於病。

《白華》八章，章四句。

《白華》，《序》云：「周人刺幽王也。」王序本作后，從程子改之。幽王三年納褒姒，八年立爲后，黜申后，宜臼奔申，在五年。伯服立爲太子，褒姒日夜短宜臼，王求之申，欲殺之，卒成伯服。周人託申后以刺焉。

緜蠻黄鳥，止于丘阿。道之云遠，我勞如何！飲之食之，教之誨之。命彼後車，謂之載之。

緜蠻，小鳥貌。阿，曲阿也。後車，倅車也。言小鳥飛無力，止息丘中之阿。以喻流民稚弱，憩於道上。自言道路遼遠，我勞苦將如何？庶幾渴飲之飢食之，先事教之，臨事誨之，不能行又命後車載之。君子自言欲如此。

緜蠻黄鳥，止于丘隅。豈敢憚行，畏不能趨。飲之食之，教之誨之。命彼後車，謂之載之。

隅，角也。憚，難也。弱稚自言豈敢憚於隨行，但畏力疲不能疾趨。

緜蠻黄鳥，止于丘側。豈敢憚行，畏不能極。飲之食之，教之誨之。命彼後車，謂之載之。

側，旁也。極，至也。語云：「行百里者，半九十。」言末路愈難至也。「飲食」以下皆疊前文，深閔之，抑有望於司牧者。

《緜蠻》三章，章八句。

《緜蠻》，哀流民也。蜚鴻滿野，稚子弱女號泣於道，隨而行，君子遭之，閔而作焉。

幡幡瓠葉，采之亨之。君子有酒，酌言嘗之。

幡幡，葉動貌。《箋》云：「君子，庶人有賢行者也。」言瓠葉采而烹熟之，爲飲酒之菹。酒既成，先與父兄室人飲之，所以急和親也。謂之嘗者，以其爲酒主於賓客，賓客未至先嘗旨否，然後行獻酬之禮。

有兔斯首，炮之燔之。君子有酒，酌言獻之。

「有兔斯首」，一頭兔也。炮，去其毛。燔，燒其肉爲飲酒之羞。獻之者，主人酌以獻賓。《箋》云：「飲酒之禮，既奏酒於賓，乃薦羞。」

有兔斯首，燔之炙之。君子有酒，酌言酢之。

近火曰燔，遠火曰炙。炙，肝也。酢，報也。賓既卒爵，乃洗酌報主人。

有兔斯首，燔之炮之。君子有酒，酌言醻之。

醻，導飲也。主人既卒酢爵，又酌先自飲以導之，然後復酌以進賓。《箋》云：「猶今俗勸酒。」

《瓠葉》四章，章四句。

《瓠葉》，美禮也。民三時務農，將闕於禮，歲時伏臘，乃爲酒食會朋友，習禮講道藝。君子善其事，以爲不以微薄廢禮。園圃之毛，罝弋之獲，猶與賓客享之，昭忠信也。

漸漸之石，維其高矣。山川悠遠，維其勞矣。武人東征，不遑朝矣。

漸漸，積次貌。武人，將帥也。言經漸漸之高石、長遠之山川，甚勞苦矣。瑞玉曰：「朝行已蚤不遑朝。言武人行尤蚤，不暇至朝，始發也。」按：勞訓勞苦，與下章没字戾矣。鄭《箋》云：「勞勞，廣闊。勞勞蓋齊語或方俗語也。」此解甚善。

漸漸之石，維其卒矣。山川悠遠，曷其没矣。武人東征，不遑出矣。

卒，竟也。没，盡也。言「漸漸之石」，纔終竟矣，「山川悠遠」，又行不盡也。不遑出，謂但知深入不暇謀出。

有豕白蹢，烝涉波矣。月離于畢，俾滂沱矣。武人東征，不遑他矣。

蹢，蹏也。瑞玉曰：「豕性耐水，其渡河，皆没入水底衝波而過，遇淺水鼓波而過，故云涉波也。」離，歷也。畢，陰星也。豕足白而衆，涉波久浸色變，言水多也。月又歷畢，大雨應之，使水滂沱，役人遇之尤疲病，不暇更憂他事。《箋》云：「豕之性能水，又唐突難禁制。」

《漸漸之石》三章，章六句。

《漸漸之石》，《序》云：「下國刺幽王也。」將率東征，役人病之，作是詩。

苕之華，芸其黃矣。心之憂矣，維其傷矣！

苕，陵苕也，華紫赤，今芸然而黃，將落也。苕附木生，木萎華落，喻周室將亡，是以心憂而傷宗周之隕。

苕之華，其葉青青。知我如此，不如無生。

青青然者，華落惟葉存爾。周室將亡，君子憂之，無如何生無益於世，知如此不如無生。瑞玉曰：「華落葉存，榮不久也；生而憔悴，不如死之安也。」

牂羊墳首，三星在罶。人可以食，鮮可以飽。

牂，牝羊。墳，大也。牝羊首小，瘠則大。星，石也，石白如星。罶，曲梁也。設梁候魚於中，施白石表之，望之有三。鮮，少也。羊墳首無肉，星在罶無魚，水陸之產盡矣。人可食之物，少有可以飽者。牟氏曰：「百物彫耗，惟人可食，又瘦不足飽。」

《苕之華》三章，章四句。

《苕之華》，閔時也。師旅數興，因以饑饉，君子閔周室將亡而作。

何草不黃？何日不行？何人不將？經營四方。

草衰則黃，冬時也。將，亦行也。瑞玉曰：「役者之妻念夫，言歲晚矣，何草不黃乎？終歲在外，何日不行乎？老弱皆傳，何人不將乎？欲以經營四方爾。言無定處。」

何草不玄？何人不矜？哀我征夫，獨爲匪民。

玄，赤黑色。《箋》云：「草芽蘖者將生，必元春時也。」矜，《韓詩》作鰥。瑞玉曰：「言由冬至春，何草不玄乎？役久不歸，何人不矜乎？哀我征夫，無室家之道，獨爲匪民乎！」

匪兕匪虎，率彼曠野。哀我征夫，朝夕不暇。

曠，空也。瑞玉曰：「承上『匪民』而言。我征夫，非兕虎野獸，何以循彼曠野，久在行間，朝夕不得暇？」

有芃者狐，率彼幽草。有棧之車，行彼周道。

芃，長尾貌。棧車，棚車也。瑞玉曰：「狐循幽草，固所棲也。車行周道，何可長也。」余曰：「狐，邪媚獸。幽草，隱僻處。役者之妻，自懼避嫌之不審也。」

《何草不黄》四章，章四句。

《何草不黄》，閔行役也。瑞玉曰：「民苦征役，君子閔其怨曠，爲其室家之辭。」

小雅八十篇六篇無辭。

卷五

雅

大雅上

文王在上，於昭于天！周雖舊邦，其命維新。有周不顯，帝命不時。文王陟降，在帝左右。

於，歎辭。言文王神在上，昭明于天，周自后稷，其邦雖舊，至於文王，其命已新，德昭于天，有周豈不顯乎？命已維新，帝命豈不時乎！文王一升一降，赫然在上帝左右，言其神可畏，成王當戒之。牟氏曰：「若令周德不顯，則帝命不時矣。文王在帝左右，是周之顯也。」

亹亹文王，令聞不已。陳錫哉周，侯文王孫子。文王孫子，本支百世。凡周之士，不顯亦世。

牟氏曰：「陳，舊也。哉，始也。」余曰：「言文王於德勉勉不倦，其美善聲聞亦無已時，於是帝命維新，舊時所宜錫周者，今始錫之，則在其子孫。」瑞玉曰：「維文王孫子，言文王慶流後裔，起念祖也。因言文王孫子，嫡爲天子，庶爲諸侯，量皆百世，又能錫福臣下使『凡周之士』，雖不顯者，亦得保世無窮。」

世之不顯，厥猶翼翼。思皇多士，生此王國。王國克生，維周之楨；濟濟多士，文王以寧。

思，辭也。楨，榦也。《傳》云：「濟濟多威儀也。」言保世之士雖不大顯者，猶能翼翼勉敬開啟後人，於是美大之士皆生王國，王國又有作人之澤，能令之生以爲楨榦，文王亦賴以安。余問：「多士生奚止文王寧？」瑞玉曰：「後世寧亦文王寧爾。詢於八虞，咨於二號，文王固是寧。」嚴華谷云：生此王國，天生之也。「王國克生」，王國能有以生之也。

穆穆文王，於緝熙敬止！假哉天命，有商孫子。商之孫子，其麗不億；上帝既命，侯于周服。

穆穆，深遠貌。假，大也。麗，數也。言文王進德之功，繼續光明不已於敬，是以受天大命，因有商之孫子。又言商之孫子其數不止於億，然「上帝既命」，維爲臣服事於周，盛德不可爲衆也。

侯服于周，天命靡常。殷士膚敏，祼將于京。厥作祼將，常服黼冔。王之藎臣，無念爾祖。

膚，大有肌也。敏，疾於事也。祼，灌鬯也。黼，黼裳。冔，殷冠。藎，進也。言商人臣服於周，疑天命有常矣。然周之不德，亦將臣人靡有常也。觀膚敏之士，助祭周京，其爲祭賓常服其故服，王之忠臣親見之，得不告王念爾祖，不念懼及也。

無念爾祖，聿修厥德。永言配命，自求多福。殷之未喪師，克配上帝。宜鑒于殷，駿命不易！

鑒，鏡也。駿，大也。戒成王念祖在於述修祖德，長言配合天命，則多福自來。又言殷先哲王，所以未喪失民心，皆由能配天而行，後之人不嗣爾，是宜以殷賢愚爲鏡，天之大命不易可保。

命之不易，無遏爾躬。宣昭義問，有虞殷自天。上天之載，無聲無臭。儀刑文王，萬邦作孚！

儀，象也。刑，法也。言天命不易保，善不可不傳於後，無令及汝身而止，當須宣明義理，以訪問人，必有能虞度殷事知所以興亡自天者。又言：上天之事無聲臭可聞，如何度知？惟有法文王，則萬邦起而信之，文王德昭于天也。

《文王》七章，章八句。

《文王》，周公戒成王也。褒揚先德，勖勉嗣王，鑒於殷商，祈天永命爾。《呂氏春秋》以爲周公作。

明明在下，赫赫在上。天難忱斯，不易維王。天位殷適，使不挾四方。

明，明察也。忱，信也。挾，有也。瑞玉曰：「君德明明在下，由天威赫赫在上，不可慢易。言此以起下也。是以天難倚信，王位不易可保。紂居天位，爲殷正嫡，以其昏德，乃使不有四方，天何可信！」余曰：「適，之也。天位既之殷矣，一旦乃奪之，是天難忱也。」

摯仲氏任，自彼殷商，來嫁于周，曰嬪于京。乃及王季，維德之行。大任有身，生此文王。

嬪，婦也。仲任繫夫而言，大任繫子而言，身娠也。言周德之興，由聖賢摯國，仲女任氏自彼殷商諸侯之國，來嫁爲婦於周京，乃與王季共修德。大任端一誠莊，及有娠能胎教，乃生此聖人文王。余問曰：「『嬪于京』誰曰之？」瑞玉曰：「嬪是婦人美號。曰者，人稱之。來嫁于周，人見其有婦德，美之曰嬪，號之爲京室之婦。」

維此文王，小心翼翼。昭事上帝，聿懷多福。厥德不回，以受方國。

懷，來也。言文王大聖，常存小心，故能翼翼敬慎，明事上帝，遂以身懷來多福，其德公正不回邪，以受四方歸附之國。瑞玉曰：「受也者，必有授也，孰授之？天授之，三分天下有其二，文王無心焉，順受之而已。」

天監在下，有命既集。文王初載，天作之合。在洽之陽，在渭之涘。文王嘉止，大邦有子。

載，年也。合，配也。嘉，昏禮也。子，女也。言文王在下，天監視之，有命既集於身，又生賢妃佐之，故於其初年，天已默爲定配在洽陽渭涘間。及文王行嘉禮納采問名，而後知大邦有賢女。

大邦有子，俔天之妹。文定厥祥，親迎于渭。造舟爲梁，不顯其光。

俔天，未詳，疑莘國君之號。繫其父母故稱子，繫其君兄故稱妹，猶云東宫得臣之妹，著其貴也。文，禮也。祥，吉也。言納采問名之後，既卜得吉，因納幣定之。「親迎于渭」，重大昏之禮。「造舟爲梁」，禮儀殷盛，豈不顯著其光美。

有命自天，命此文王。于周于京，纘女維莘。長子維行，篤生武王。保右命爾，燮伐大商。

長子，伯邑考也。行，列也。燮，和也。瑞玉曰：「前言『有命既集』，命文王也；此言『有命自天』，生武王也。」余曰：「『命此文王』，于周京得賢妃，纘繼大任女事，實維莘國大姒也。大姒之子十人，自長子而下皆有行列，其中武王尤天所篤生，故特保右，命之使和，順其伐商之事。」

殷商之旅，其會如林。矢于牧野，維予侯興。上帝臨女，無貳爾心。

矢，誓也。侯，武王爲殷諸侯也。貳，疑也。汝、爾，皆謂武王也。言天既命武王伐殷，其時人心歸附，殷商之旅皆叛紂來會，衆多如林，武王猶有疑心，誓于牧野，乃曰：「維予殷侯，爾今興起革命，恐不宜如林之衆。」咸贊之曰：「上帝臨視於汝，無復疑貳爾心。」言天與人歸之。

牧野洋洋，檀車煌煌，駟騵彭彭。維師尚父，時維鷹揚。涼彼武王，肆伐大商，會朝清明。

駠馬白腹曰騵。師，太師，尚父號也。涼，《漢書》作亮。佐，助也。會朝，合戰之旦也。言戰地寬廣，兵車鮮明，馬又彊壯。其時大將實維吕望，奮其勇略，輔佐武王，遂伐大商。一戰而克，不崇朝天下清明，無復濁亂之政。牟氏曰：「邑姜蓋時尚在，例不合褒，故稱尚父以見之。尚父，邑姜之父也。」

《大明》八章，四章章六句，四章章八句。

《大明》，戒成王也。首言殷所以滅亡，失天下如彼其易。次言周所以興隆，累世積德，男女聖賢，得天下如此之難。欲嗣王永鑒爾。

緜緜瓜瓞。民之初生，自土沮漆。古公亶父，陶復陶穴，未有家室。

瓞，小瓜也。瓜，近本初生者常小，至末而大，以喻周自后稷以後皆微，至大王始大也。民，周人。古公，猶先公。亶父，字，或云名也。陶，窰也。復，重窰也。穴，土室也。言周嘗中微，其始生從漆沮之土，公劉時至於古公，尚陶居穴處，未立室家。著王業之難。

古公亶父，來朝走馬。率西水滸，至于岐下。爰及姜女，聿來胥宇。

來朝，朝者老也。姜女，大姜有駘氏女也。胥宇，相宅也。言古公避狄難，因耆老來朝，屬而告之，遂走馬而去，循漆沮水厓至岐下，於是與姜女共來相宅居焉。胥宇及姜女著賢智也。瑞玉曰：「據《經》文，當是古公先相之，復與大姜觀可否，故至岐之後，方言爰及聿來也。」

按：顧氏《日知録》第二十九卷云：「古者馬以駕車，不可言走，曰走者，單騎之稱。古公之國鄰於戎翟，其習尚有相同者，然則騎射之法不始於趙武靈王也。」程大昌《雍録》曰：「恐此時或已變乘爲騎，蓋避翟之遽，不暇駕車。」董氏曰：「顧野王作來朝趣馬。」

周原膴膴，堇荼如飴。爰始爰謀，爰契我龜。曰止曰時，築室于兹。

周，地名，在岐山南。膴膴，肥美貌。堇，烏頭也。荼，蓼屬也。契，灼龜也。時，土功之時也。言胥宇得周原，其土肥美，苦菜皆甘如飴，於是始於己，謀於衆，卜於龜，其繇辭曰可居止，又曰可以時，築室於此。

迺慰迺止，迺左迺右，迺疆迺理，迺宣迺畝。自西徂東，周爰執事。

左右，居民東西列也。宣，導也。言既得卜，乃慰安衆民，使止居之，公宫在中，廛列左右，定民居也。乃疆理其經界，導其溝洫，治其田畝，制民産也。凡自西往東，從豳至岐之地，於是周徧執事，言無曠土游民也。按：揚子《方言》第三卷云：「慰，凥也。」郭璞注引《周官》云：「夫一廛宅也。」

乃召司空，乃召司徒，俾立室家。其繩則直，縮版以載，作廟翼翼。

司空，掌營國邑；司徒，掌起徒役；故召之。縮，束也。載，上下相承也。言民事既定，乃召有司，使立城郭宫室，先以繩直之，乃束版築之，作廟成翼翼然嚴正。余問：「營宫室先宗廟，《經》胡不然？」瑞玉曰：「禮家所言，非遷國時也。又營者，營度之未便作之，下文立冢土，亦在立門後。」

捄之陾陾，度之薨薨，築之登登，削屢馮馮。百堵皆興，鼛鼓弗勝。

捄，實土於虆也。陾陾，衆貌。度，投土於版也。薨薨，衆聲。登登，杵聲。削屢，墻成而屢削治之。馮馮，墻堅聲。鼛鼓，鼓役事。鼛，大鼓；鼓，小鼓也。此章又詳言築作之事，人衆力齊，百堵一時興起，或鼛或鼓，不能節止之。言勸事樂功。瑞玉曰：「不言丹艧黝堊者，爲子孫久遠計，墻屋皆取渾堅，不尚華飾。」

迺立皋門，皋門有伉。迺立應門，應門將將。迺立冢土，戎醜攸行。

皋門，王之郭門。伉，高貌。應門，王之正門。將將，嚴正貌。冢土，大社也。戎，西戎，即昆夷也。言宫室既成，於外又作二門，制度高嚴，迺立大社於門右，觀其營建已具王者規模，戎夷之衆皆行走避之，不敢復侵擾。

肆不殄厥愠，亦不隕厥問。柞棫拔矣，行道兑矣。混夷駾矣，維其喙矣！

肆，故今也。愠，恚也。問，聘也。棫，白桵，柞屬也。兑，通也。駾，突也。喙，息也。承上「戎醜攸行」而言，故今敵怒未平，不能即殄滅之，禮問不廢，亦不自隕墜之。言羈縻勿絶也。然其後人繁地闢，柞棫拔除，行道通利，昆夷失其險阻，奔突而去，維其張喙喘息而已。據《皇矣》詩，則柞棫以下爲王季之事。

虞芮質厥成，文王蹶厥生。予曰有疏附，予曰有先後，予曰有奔奏，予曰有禦侮。

質，正也。成，平也。蹶生，未詳，《傳》云：「蹶，動也。」潁濱蘇氏云：「文王感動之，使禮義之心油然生也。」疏附，使疏者親也。先後，前疑後丞也。奔奏，使人歸趨奏功也。禦侮，折衝禦敵也。予，詩人自予也。言文王盛德當興，予曰亦賴有此四臣助之。戒成王明作有功即有僚也。牟氏曰：「據《經》文，虞芮質成，是大王事，《傳》記並屬文王，誤爾。虞芮質成，天下歸心，聖孫文王，亦以其時蹶然而生。予觀其時多生賢才，他日文王之佐，並生於大王居岐之日。」

《緜》九章，章六句。

《緜》，戒成王也。大王遷岐，實肇王基，規模至鴻遠，文王因之以受命。《序》云：「文王之興本由大王也。』

芃芃棫樸，薪之槱之。濟濟辟王，左右趣之。

樸，叢生也。槱，積也。濟濟，容貌美也。言木生樸屬，人可采之積之，以喻賢人衆多，國可用之儲之。是以濟濟君王，左右之士皆趣附。言濟濟者，君使臣以禮。

濟濟辟王，左右奉璋。奉璋峩峩，髦士攸宜。

奉璋，助祭也。言濟濟辟王，左右既趣附之，故當祭祀，奉璋之士峩峩然，禮儀盛壯，是乃俊士之所宜。

淠彼涇舟，烝徒楫之。周王于邁，六師及之。

楫，櫂也。言涇舟汎流，則衆人櫂之，以興周王往行則六軍從之。言士文武備也。「國之大事在祀與戎」。

倬彼雲漢，爲章于天。周王壽考，遐不作人？

遐，遠也。作，興也。言雲漢倬然長大，則文章竟天，周王壽考長年，則作人豈不遠乎頌禱之。

追琢其章，金玉其相。勉勉我王，綱紀四方。

追，雕也。金曰雕，玉曰琢。相，質也。凡網，張之爲綱，理之爲紀。此章言作人之實也。瑞玉曰：「金玉不雕琢不成器，追琢所以美其文，金玉所以成其質，君子作人彬彬如也。『勉勉我王』，戒以作人無倦。『綱紀四方』，大綱之，小紀之，四方之事無不舉，言賢人多也。」

《棫樸》五章，章四句。

《棫樸》，多賢也。多賢人者，能作人也。思皇多士，「王國克生，維周之楨」，其謂是乎！《序》云：「文王能官人也。」愚謂《經》不見美先王意。牟氏曰：「褒揚今王而勉之之辭也。」

瞻彼旱麓，榛楛濟濟。豈弟君子，干禄豈弟。

旱，山名。麓，山足。濟濟，多也。言登山刊旅，見林木繁茂，君子有和易之德，祭則受福也。重言豈弟者，天不和煦，草木不生，人不和易，福禄不遒，故丁寧之。

瑟彼玉瓚，黄流在中。豈弟君子，福禄攸降。

瑟，縝密貌。玉瓚，圭瓚也。黄流，鬱鬯也。言君子禮神，用寶器，薦嘉味，又有和易之德，福禄所以降下之。

鳶飛戾天，魚躍于淵。豈弟君子，遐不作人。

鳶，鴟類。戾，至也。言登山以望，鳥飛魚躍，上下昭察。君子作人之澤如之，所及豈不遠乎！此章不言福禄，美化作人，福莫盛焉。

清酒既載，騂牡既備。以享以祀，以介景福。

載，在尊也。備，全具也。祭牲，山林埋之，川澤沈之。言酒醴牲牢豐潔，以享祀神，神降之大福。此章不言豈弟，百順之爲福，和樂可知。

瑟彼柞棫，民所燎矣。豈弟君子，神所勞矣。

燎，燔柴也。勞，勞來也。言令民輸薪柴，山上燎之以祭，君子和易之德，與煙氣俱升，神喜慰勞之。陸德明云：「燎，《説文》作尞，一云祭天也。」

莫莫葛藟，施于條枚。豈弟君子，求福不回。

回，轉也。言山上草木葛藟近條枚，則但引蔓以緣之。君子近福禄，不須回轉以求之。成豈弟也。

《旱麓》六章，章四句。

《旱麓》，受釐也。瑞玉曰：「篇首言旱麓，所祭或即旱山。又言柞棫民燎，或即柴望之禮。」余曰：「《經》亦不見褒美先王意，疑祭後受釐，美今王而勉之之辭。其成王與？」

思齊大任，文王之母，思媚周姜，京室之婦。大姒嗣徽音，則百斯男。

周姜，大姜也。婦，有姑辭也。言常思莊敬，是乃文王之母，母敬則子賢也。常思順愛，稱爲京室之婦，婦愛則姑樂也。大姒上慕先姑之美音，嗣其爲婦則以孝，嗣其爲母則不妒。百男言子孫多也。

惠于宗公，神罔時怨，神罔時恫。刑于寡妻，至于兄弟，以御于家邦。

宗公，宗廟先公。寡妻，寡有之妻，賢之也。言文王德當神明，順於先公，無有怨恫。其型家有法，先閨門，次兄弟，然後以治天下家邦，使皆有儀法。瑞玉曰：「先言嗣徽音，著大姒之賢。又言刑寡妻，美文王之德。」《箋》引《書》：「乃寡兄勖。」周公謂武王爲寡有之兄也。愚謂若云寡爲謙辭，恐非臣子所得稱之。

雝雝在宮，肅肅在廟；不顯亦臨，無射亦保。

承上言文王和以處家，敬以在廟。然和從敬生，故言其敬無所不在。雖不顯明，亦如神臨視之。雖無厭射，亦自心保守之。言其德純也。

肆戎疾不殄，烈假不瑕；不聞亦式，不諫亦入。

戎，昆夷也。疾，患難也。承上言文王德純，故今外患雖不殄絶，然德之光大，亦不瑕疵，因言其德無假學習。雖事不必前聞，亦自合於法，雖人不有諫諍，亦自入於道。言性與天合也。

肆成人有德，小子有造。古之人無斁，譽髦斯士。

成人，冠以上也。小子，童子也。造，爲也。所習有業，不虛廢也。古之人謂文王也。承上言聖性自然，故今一世人才皆有德，造此由文王作人不倦，無厭斁心，遂令斯士皆成名。譽俊乂之美。

《思齊》五章，二章章六句，三章章四句。

《思齊》，《序》云：「文王所以聖也。」瑞玉曰：「聖莫大於承内教，德莫加於育英才，故以終始焉。」

皇矣上帝，臨下有赫。監觀四方，求民之莫。維此二國，其政不獲。維彼四國，爰究爰度。上帝耆之，憎其式廓。乃眷西顧，此維與宅。

二國，夏商也。四國，四方也。耆與嗜同。廓，大也。與，匡衡作予，是也。言大矣上帝，視下甚威明，「監觀四方」，惟求民之安定。欲擇賢君命之，乃夏商二國先哲王，其美政既不獲見，於是究度四方之國，求能定民者，上帝則嗜好之，而卒不可得。不惟無善可嗜，又憎其爲惡浸大，帝乃眷然顧西岐而言，此維予之所居也。瑞玉曰：「先儒謂二國斥桀紂，恐非。謂斥殷紂崇侯亦不倫。耆字未詳。」牟氏曰：「匡衡《奏議》引《詩》作『此維予宅』，又釋之云，『言天以文王之都爲居也』。」按：古注，此章及下章並爲文王事。今從朱子，並爲大王事也。

作之屏之，其菑其翳。修之平之，其灌其栵。啓之辟之，其檉其椐。攘之剔之，其檿其柘。帝遷明德，串夷載路。天立厥配，受命既固。

木立死曰菑，自斃曰翳。灌，叢生。栵，行生，一云栭也。檉，河柳。椐，樻也。檿，山桑。柘，桑屬也。作、屏，拔去之。修、平，疏治之。啓、辟，開土移植之，以其木易生也。攘、剔，存幹枝落之，欲其材易長也。串夷，昆夷也。瑞玉曰：「串，貫也，如貫而去也。」余曰：「配，對也。言岐周之地本多林木，而近昆夷，漸次開闢，由帝遷明德之君，大王令宅其地，昆夷畏之滿路而去，天於是立爲君作邦之對，受命既堅固不動搖也。」瑞玉曰：「配，謂大姜也。立厥賢妃佐之，受命所以固。」

帝省其山，柞棫斯拔，松柏斯兑。帝作邦作對，自大伯王季。維此王季，因心則友。則友其兄，則篤其慶，載錫之光。受禄無喪，奄有四方。

對，配也。善兄弟曰友。言帝省視岐山，木拔道通，帝用嘉之，既爲作邦又作君配之，自大伯王季時已然。謂大伯讓而去，欲由王季傳文王也。但其心隱，維王季能因其心而友之。所以友者，惟益修德厚福慶與兄，以讓德之光。王季之身既受禄無失，其後子孫遂有四方，於是大伯之光，美始大顯也。

維此王季，帝度其心，貊其德音。其德克明，克明克類，克長克君。王此大邦，克順克比。比于文王，其德靡悔。既受帝祉，施于孫子。

心能制義曰度。貊與莫通，清静也。君德明爲本，故首稱焉。明辨於事，類察於人，長教誨不倦，君賞慶刑威，順慈和，徧服比，上下相親。言維此王季，天誘其衷，使其心能度物，清静其德音，俾教令不繁，心静自然生明。因數其德，能明、能類、能長、能君，故其君此大邦，能與民順比，其德如此。至於文王，其德益光大之，靡有遺恨，是以既身受福祉，而又延及於孫子。瑞玉曰：「孫子，武王也。主王季而言，又曰『王此大邦』，追稱王也。」《疏》云：「《傳》《箋》九言曰者，皆昭二十八年《左傳》文。」「此云『維此王季』，彼言『維此文王』者，《經》涉亂離，師有異讀，後人因即存之，不敢追改。今王肅注及《韓詩》，亦作文王，是異讀之驗。」

帝謂文王：無然畔援，無然歆羡，誕先登于岸。密人不恭，敢距大邦，侵阮徂共。王赫斯怒，爰整其旅，以按徂旅。以篤周祜，以對于天下。

畔，離也。援，取也。誕，大也。岸，《毛傳》云：「高位也。」按，《孟子》作遏；旅，作莒，疑亦地名也。假言天告文王，無如此離道而苟取，無如此貪羡而妄求，則大能先知先覺登於高位。將述伐國之事，故以此起之。因言「密人不恭」，敢距違大邦，擅兵侵阮，往至共地。文王赫怒，整師旅以遏其徂旅者，以厚周家之福，以答天下之望。

依其在京，侵自阮疆。陟我高岡。無矢我陵，我陵我阿；無飲我泉，我泉我池。度其鮮原，居岐之陽，在渭之將。萬邦之方，下民之王。

京，高邱也。瑞玉曰：「密人爲二師，一師侵阮，一師徂共。前云『以按徂旅』，蓋遏其徂共者也；云『王赫斯怒』，文王自禦之也。此云『依其在京，侵自阮疆』，乃遏其侵阮者也。不言王別遣將禦之也，是文王伐密亦爲二師，故《經》分兩章言之。言『依其在京』，兵行依山爲固也；『侵自阮疆』，侵其侵阮者也；『陟我高岡』，以覲師也。密人之矢無敢及我陵阿，其馬無敢飲我泉池，皆言我者，有之之辭。密人驚遁而去也，於是相度善原，其地在岐陽渭側。爲萬邦之所嚮，作下民之君王，此言作程也。」余曰：「鮮原，《竹書》以爲地名，《毛傳》云：『小山別大山曰鮮。』」

帝謂文王：予懷明德，不大聲以色，不長夏以革；不識不知，順帝之則。帝謂文王：詢爾仇方，同爾兄弟；以爾鉤援，與爾臨衝，以伐崇墉。

「不大聲以色」，《箋》云：「不虛廣言語以外作容貌。」「不長夏以革」，李文貞公曰：「長諸夏以文德，不以兵革。」是也。仇，《傳》云：「匹也。」鉤，鉤梯。臨，臨車。衝，衝車。墉，城也。言帝謂文王：「予思明德之人，化民不以聲色，長人不以兵革，不以識識，不以知知，循性自然，動合天則，此明德也。」又言帝謂文王：「詢爾仇匹之臣，觀其方略，同爾兄弟之國，一乃心力，以往伐崇」。於是崇侯虎倡紂爲惡，故天命討之。瑞玉曰：「仇方，不合，從《箋》作『讎國』。文王伐崇誅暴，非復讎也，《史記》所載亦失實。」

臨衝閑閑，崇墉言言。執訊連連，攸馘安安。是類是禡，是致是附，四方以無侮。

臨衝茀茀，崇墉仡仡。是伐是肆，是絶是忽，四方以無拂。

閑閑，徐也。言言，高大貌。連連，屬續貌。安安，不暴也。類，祭上帝。禡，師祭也。致，招使至也。附，諭使降也。茀茀，强盛貌。仡仡，堅壯貌。瑞玉曰：「言言仡仡而國滅，城堅人瑕也。」余曰：「伐，擊刺也。肆，犯突也。言文王伐崇，執訊斬馘，不事殘暴，欲致其歸附而已。四方聞之，已畏其威，無有敢慢侮者。及崇人不服，於是伐肆絶滅之。四方懷其德，無有敢拂戾者。」《春秋傳》云：「文王伐崇，三旬不降，退修教復伐之，因壘而降。」是兩節事，故詩兩言之。

《皇矣》八章，章十二句。

《皇矣》，《序》云：「美周也。天監代殷，莫若周；周世世修德，莫若文王。」愚謂前四章述祖德也，後四章述文王也。

經始靈臺，經之營之。庶民攻之，不日成之。經始勿亟，庶民子來。

臺，以占候雲物。曰靈者，神之也。經，度也。營，表也。攻，作也。不日，不設期日也。言文王爲臺，方始經營，庶民競築作之，不日而成。文王戒令勿急，庶民樂事，如子趨而來。

王在靈囿，麀鹿攸伏。麀鹿濯濯，白鳥翯翯。王在靈沼，於牣魚躍！

囿沼曰靈，因臺也。囿，所以域養禽獸。濯濯，肥澤貌。翯翯，潔白貌。牣，滿也。言文王以時觀游，來在囿沼，鹿伏其所不驚，暨鳥獸魚鼈，咸若民樂其樂也。

虡業維樅。賁鼓維鏞。於論鼓鐘！於樂辟廱！

横曰栒，植曰虡，所以懸鐘鼓。業，大版也。樅，崇牙也。賁，大鼓。鏞，大鐘。論，説也。辟廱，學名，辟璧通，廱澤也。言辟廱成，文王觀焉，乃作樂。於哉，講論乎鐘鼓！於哉，作樂乎辟廱！民皆來觀禮，故美而樂之。

於論鼓鐘。於樂辟廱。鼉鼓逢逢，矇瞍奏公。

鼉，皮可冒鼓。逢逢，聲和也。矇瞍，樂工也。樂更端曰奏。公，公堂，辟廱之堂也。疊上二句，言聞鼉鼓之聲，知矇瞍方奏樂於廱宫，民皆尋聲來觀之。

《靈臺》四章，二章章六句，二章章四句。

《靈臺》，樂文王也，民樂其樂，詩人述其事以美之。文王遷豐，始立靈臺，天象以占，繼作辟廱，人才以育。辟廱、靈臺皆在國之郊。或云：靈臺國東南，辟廱西郊也。

下武維周，世有哲王。三后在天，王配于京。

下，猶後也。瑞玉曰：「居殷下世而有武功者維周。」余曰：「小《序》謂『繼文』，言周上文德，下武功也。三后，大王、王季、文王也。言周雖武功定天下，其先世世有明德，三后神靈既在天，武王又能配對之於鎬京。」

王配于京，世德作求。永言配命，成王之孚。

言武王所以配于京，由其於三后世德起而求之，長言配合天命，則成王者之信於天下。或疑此詩有成王字，當爲康王以後詩。朱子云：「當如舊説。」

成王之孚，下土之式。永言孝思，孝思維則。

言王道成於信，則下土法之。所以信者，由其長言孝思不忘，故可以爲法。瑞玉曰：「天子、庶人，孝之事不同，思則一爾。」

媚茲一人，應侯順德。永言孝思，昭哉嗣服。

一人對三后則文王也。忠孝爲順德服事也。文王於殷不失臣節，順德也。武王愛茲所爲，所以應合者，亦維順德忠孝一節也。故長言孝思，則昭明其繼嗣先王之事。言欲服事殷。

昭茲來許，繩其祖武。於萬斯年，受天之祜。

來，後世也。許，進也。繩，繼也。祖，文王也。武，迹也。言武王能昭明其繼志之事，後進子孫亦慕效之，繼續乃祖之迹。子既思孝，孫復象賢，將萬斯年，受福無窮。

受天之祜，四方來賀。於萬斯年，不遐有佐？

遐，遠也。言子孫受天祜，四方諸侯皆來朝賀，萬年翊戴，豈不遠有輔佐乎？

《下武》六章，章四句。

《下武》，《序》云：「繼文也。」周世世有文德，文王謨丕顯哉，武王承之。孔子云：武王達孝乎！善繼人之志者也。愚按：《序》「繼文」之文，非文王，《箋》誤。

文王有聲，遹駿有聲。遹求厥寧，遹觀厥成。文王烝哉！

聲，令聞也。遹，發語辭。烝，語辭，或歎美辭，猶《楚辭》些、只也。言文王本有聲，爲西伯，後又大有聲。其率方國，惟求安民，觀其成功，是乃文王哉！

文王受命，有此武功：既伐于崇，作邑于豐。文王烝哉！

作邑，徙都也。豐，即崇地也。言文王受天命討有罪。「有此武功」，既伐崇國，因作豐邑，徙都之以應天命。

築城伊淢，作豐伊匹。匪棘其欲，遹追來孝。王后烝哉！

淢，疾流也，《傳》云：「成溝也。」言文王築城而溝之，不自侈大，城方十里，溝深廣八尺，其作邑居亦與之匹，非以急遂其欲，乃追述先人以來之孝，思繼其業爾。變謚言王后者，美大之。

王公伊濯，維豐之垣。四方攸同，王后維翰。王后烝哉！

王公，謂先公也。濯，明也。言先公以來，功業漸已著明，及築豐垣，四方歸之，倚爲楨幹，垣翰相依也。再言王后者，别異於王公。

豐水東注，維禹之績。四方攸同，皇王維辟。皇王烝哉！

豐水會渭，東注河，豐邑在其西，鎬京在其東。主鎬，言見其東注爾。稱皇王者，有天下之大號。

鎬京辟廱，自西自東，自南自北，無思不服。皇王烝哉！

鎬京，武王都。言武王徙都鎬，復修文之辟廱，講學行禮，東西南北無不心服之，遂王天下也。以武功稱文王，見文王之文，非不足於武；以辟廱美武王，明武王之武，非不足於文。

考卜維王，宅是鎬京。維龜正之，武王成之。武王烝哉！

正，定也。言武王始營鎬京，嘗稽於卜，問可宅以否？龜出吉兆，正定之，武王乃作邑成之。武王舉謚者，著其實。

豐水有芑，武王豈不仕？詒厥孫謀，以燕翼子。武王烝哉！

芑，牟氏曰：「糜芑之芑」，是也。仕，《傳》云：「事也。」瑞玉曰：「翼，輔也。言豐水之旁有芑焉，土田肥美，武王豈不欲事於此？乃遷者，欲遺子孫萬世之謀，以安定輔翼之爾。」余曰：「孫謀定則子安，子孫安則民寧，求寧觀成，文武之心一而已。」

《文王有聲》八章，章五句。

《文王有聲》，《序》云：「繼伐也。」文王有功伐，武王能繼其聲而大之。孔子云：「武王達孝乎，善述人之事者也。」愚按：《序》繼伐之伐，非伐国，《箋》誤。

厥初生民，時維姜嫄。生民如何？克禋克祀，以弗無子。履帝武敏歆，攸介攸止。載震載夙，載生載育，時維后稷。

姜姓，嫄名，高辛氏，妃弗去也。去無子，求有子。帝，即高辛氏武迹也。介，次舍也。止，居息也。言溯其始生，周人是維姜嫄，由禋祀郊禖以祈子，隨帝而行，將事齊敏，上帝歆之。

既歸於所，進御舍止之處，遂震動而早有娠。及生子，長育之，是爲后稷也。

誕彌厥月，先生如達。不坼不副，無菑無害。以赫厥靈，上帝不寧。不康禋祀，居然生子。

誕，語辭。達，羊子也。坼，裂也。瑞玉曰：「副，貳也，媪助收生者。」余曰：「無菑，母不憂也。無害，子不病也。赫，顯也。靈，異也。稷生有奇表異相，言娠后稷纔滿月，首生如達之易，母子皆無苦，然以其狀貌顯異，姜嫄疑之，豈上帝不寧乎？不安我之禋祀乎？何使我安然而生異子？以是欲棄之。」牟氏曰：「居然，猶塊然。始落地時，不泣，以爲不育，故棄之。已乃呱呱而泣，故遂收養之。」

誕寘之隘巷，牛羊腓字之。誕寘之平林，會伐平林。誕寘之寒冰，鳥覆翼之。鳥乃去矣，后稷呱矣。實覃實訏，厥聲載路。

腓，芘也。字，愛也。會，值也。覆，蓋之。翼，藉之。覃，長也。訏，大也。言子生靈異，姜嫄欲不舉之，三寘危地，乃見飛鳥覆藉，始收養之。人來鳥乃去，兒寒泣呱呱，其聲長大，滿路人皆聞，知非常人矣。牟氏曰：「聲長大，路人皆聞，故得知其不死，收養之。」

誕實匍匐，克岐克嶷，以就口食。蓺之荏菽，荏菽旆旆。禾役穟穟，麻麥幪幪，瓜瓞唪唪。

岐，立貌。嶷，行貌。瑞玉曰：「就口食，以物就口取食也。」余曰：「荏菽，大豆。旆旆，揚起貌。《説文》云：『役，禾末也。』瑞玉曰：『穟穟，猶穗穗。』是也。」幪幪，密貌。唪唪，實多而脃也。言后稷匍匐之年，已自岐嶷，能行步取口食，異於常人。遂蓺五穀，皆美好，耕農自其天性也。又「麻麥幪幪」二句，麻烟麥浪，狀幪幪。瓜熟，以指彈之，聲唪唪。

誕后稷之穡，有相之道。茀厥豐草，種之黄茂。實方實苞，實種實褎。實發實秀，實堅實好。實穎實栗，即有邰家室。

后稷，農官也。方，房也。苞，甲而未坼也。種，可爲種也。褎，漸長也。發，發管也。秀，吐華也。堅，粒汁滿也。好，形圓正也。穎，末垂貌。栗，不秕也。言后稷掌稼穡，盡人力之助，有輔相天地之道，茀草而耕，黄茂是種，由漬種以至成熟，皆是有相道也。及功成，堯就其母家成國封之，令世世祀姜嫄。苗將秀，心如竹管，穗發中而出，故《箋》云：「發，發管時也。」

誕降嘉種，維秬維秠，維穈維芑。恒之秬秠，是穫是畝。恒之穈芑，是任是負，以歸肇祀。

秬，黑黍也。秠，一稃二米者也。穈，赤粱。芑，白粱。恒，常也，可常種之畝，棲於畝也。

肇，始也。祀，郊祀也。上言后稷之功，此下祀以配天也。言后稷降播於民，嘉種甚多，獨言四穀者，秬秠爲鬯酒，穈芑爲粢盛，主祭而言爾。四穀既恒種之，於其收成穫刈之畝棲之，任抱之背負之，以歸爲酒食，肇稱殷禮焉。冬至陽之始，故郊稱肇祀。此郊主報天，故配稷之事略而不言。

誕我祀如何？或舂或揄，或簸或蹂。釋之叟叟，烝之浮浮。載謀載惟，取蕭祭脂，取羝以軷。載燔載烈，以興嗣歲。

舂者，臼擣之。揄，舂畢抒米於臼也。簸者，箕揚之。蹂，簸時揉米於箕也。釋，淅米爲酒也。叟叟，聲也。烝，炊米爲饎也。浮浮，氣也。謀，諏日擇士。惟，齋戒具脩。蕭，蒿也。脂，膟膋也。羝，牡羊也。軷，道祭也。燔，燒也。烈，炙也。嗣歲，新歲也。承上言冬至郊畢，乃祀羣神。我祀如何乎？飲食精鑿，謀惟具備，於其祭時，取蕭焫脂以升臭，用羝廟西以祭軷，燔烈其肉爲尸羞，潔敬如此者，將以興起新歲之豐年爾。瑞玉問：「天子祭百神，何獨稱軷？」余曰：「軷，五祀之一，祭以冬時，在冬至郊後，正月郊前，故序列在此。又五祀羣神，舉一可以包之。」

卬盛于豆，于豆于登。其香始升，上帝居歆。胡臭亶時！后稷肇祀。庶無罪悔，以迄于今。

卬，我也。木曰豆，瓦曰登，祭天用陶匏，尚質也。鬼神食氣曰歆。迄，至也。此言正月之郊，豆登始薦，香氣初升，上帝已安饗之。周人尚臭，故言何芳臭誠得其時乎！蓋因郊祀配以后稷，庶無慢天之罪，亦無棄農之悔，自有天下以至于今，無敢失墜也。瑞玉問：「先儒皆以肇祀爲后稷始祀？」余曰：「正月歲之始，於此而郊，故稱肇祀。此郊主祈穀，配以后稷，故特詳焉。」

《生民》八章，四章章十句，四章章八句。

《生民》，《序》云：「尊祖也。」冬至之郊大報天，孟春之郊爲祈穀，日用上辛以后稷配，述其相穡之功，原其始生之異，欲明文武興於有邰，配天起於播種。周公制禮，郊祀之後，飲酒受釐，陳戒之樂歌也。

敦彼行葦，牛羊勿踐履。方苞方體，維葉泥泥。戚戚兄弟，莫遠具爾。或肆之筵，或授之几。

瑞玉曰：「爾，爾行葦也。」余曰：「爾，語助也。言敦然聚者，道旁之葦，須禁牛羊踐履，乃能叢生成形體。枝葉柔澤，以喻兄弟至親。聚之則盛，離之則傷，是以戚戚然，親之又親，莫令疏遠，須當偕俱，如彼行葦爾也。故今相與燕集，幼者爲之設筵，老者又加以几。」按：古注爾與邇通。

肆筵設席，授几有緝御。或獻或酢，洗爵奠斝。醓醢以薦，或燔或炙。嘉殽脾臄，或歌或咢。

主曰獻，客曰酢。主又洗爵醻，客受而奠之不舉。斝，殷爵也。醓，肉汁。醢，肉醬。殽，殽烝也。脾，土臓也。臄，口上肉也。比琴瑟曰歌，徒擊鼓曰咢。承上言幼者肆筵，又加設重席。老者授几，又有相續代而侍者以優之。於是飲酒，正饌之外又加嘉殽，旅酬之後乃歌焉。燕禮無咢，射有之。

敦弓既堅，四鍭既鈞，舍矢既均，序賓以賢。敦弓既句，既挾四鍭，四鍭如樹，序賓以不侮。

敦、雕通，畫也。堅，勁也。鍭，金鏃，翦羽矢也。鈞，參亭也。均，皆中也。賢，中多者也。句、彀通，引滿也。射禮搢三挾一个，「既挾四鍭」，則偏釋矣。如樹，如手就樹之。不侮，敬也。言旅酬之後，乃爲燕射。其射之次，以中多爲雋，以不侮爲德。王與族燕，無爲賓之道，言序賓者，射以爲樂，猶投壺云「某黨」云爾。《箋》以爲將養老，大射擇士。王肅以爲燕射。吕東萊以爲肅説是。

曾孫維主，酒醴維醹。酌以大斗，以祈黄耇。黄耇台背，以引以翼。壽考維祺，以介景福。

曾孫，兄弟弟子也。維主，主爲舉觶也。醹，厚也。大斗，柄長三尺，挹酒器也。祈，求也，求中以辭養，酒所以養老也。台背，老人背隆起也。在前曰引，在旁曰翼。祺，吉也。言既射之後，飲猶未終，舉觶無算爵，皆子孫之事，故令之爲主。又爲罰爵飲不中者，以爲笑樂。不云罰之，謂酌大斗以求汝壽，使汝大老台背不能行步，我當以禮引導輔翼之。又祝汝壽考安吉介大福。皆述其笑樂之辭。

《行葦》四章，章八句。

《行葦》，燕兄弟也。王與族燕，世降一等，親有盡時，服之窮也。王者親親之心無盡時，因其閑暇召之燕會，所以聯而親之，使亦親我也。親親而行葦之恩篤，爲之几筵以安之，爲之酒殽歌樂以樂之。既燕而射，所以歡洽笑語，導養氣血，使不壅滯，以成福禄爾。

既醉以酒，既飽以德。君子萬年，介爾景福。

君子，目王也。瑞玉曰：「飽德者，鬼神饗德，充滿如飽然。尸嘏主人，言醉酒飽德如此，願汝壽考，天又助以大福。」

既醉以酒，爾殽既將。君子萬年，介爾昭明。

殽，俎實也。言酒醉矣，殽羞又進，既願君子壽考，又欲天助其德令光明。瑞玉曰：「壽者恐其老而昏，故願『介爾昭明』，猶云『天牗其衷』也。」

昭明有融，高朗令終。令終有俶，公尸嘉告。

融，和也。公尸，君尸也。瑞玉曰：「德明而融，如日光和暖，自然高朗而善終。終則有始，遞嬗無窮，故我公尸得以善言告之，如下文所云。」

其告維何？籩豆静嘉。朋友攸攝，攝以威儀。

静嘉，清潔而美也。朋友，賓客助祭者也。攝，檢也。言嘉告維何？以其籩豆美善羣臣，又相攝佐以威儀。瑞玉曰：「籩豆言静，所謂『君婦莫莫』，爲下女士起也。」

威儀孔時，君子有孝子。孝子不匱，永錫爾類。

孝子，主人嗣子，祭祀之終舉奠者也。言威儀甚得時，又有孝子以舉奠，孝心不窮竭，故天長錫以善類。瑞玉曰：「類，肖也。子孫賢，克肖其父祖。」

其類維何？室家之壼。君子萬年，永錫祚胤。

壼，宫中巷也。胤，子孫也。言其類維何？不越室家之内，汝既享壽考，天又長錫福祚於汝子孫。瑞玉曰：「錫汝有福祚之嗣也。」

其胤維何？天被爾禄。君子萬年，景命有僕。

僕，附也。言其胤維何？既生賢嗣，天又被以爾之福禄，使世世爲天子。又爲大命所附屬，如下章之事。瑞玉曰：「僕，言隨其後也。」

其僕維何？釐爾女士。釐爾女士，從以孫子。

釐，予也。女士，女有士行者。從，隨也。言生賢子孫，又生淑媛爲之妃。瑞玉曰：「既有賢妃，當復生賢子孫，如隨而至，所謂僕也。」

《既醉》八章，章四句。

《即醉》，嘏辭也。主人潔敬饋食，祭而受釐，祝傳尸意以嘏之。嘏有二：其爲神之辭，曰來女孝孫，使女受禄于天，宜稼于田，眉壽萬年，勿替引之；其爲尸之辭，則此篇是也。

一章二章述致嘏之由，三章以下皆述嘏之之辭。

鳧鷖在涇，公尸來燕來寧。爾酒既清，爾殽既馨。公尸燕飲，福禄來成。

鳧，鴨也。鷖，鷗也。言水鳥在水中得所安，以喻公尸釋象神之敬，洽賓主之歡，意亦閑適，故「來燕來寧」也。酒清殽馨，公尸於是燕飲，王於祭時已受福禄，至此又來成就之。始言「公尸來燕」，方來也，又言「公尸燕飲」，正燕也。

鳧鷖在沙，公尸來燕來宜。爾酒既多，爾殽既嘉。公尸燕飲，福禄來爲。

沙，水旁也。爲，猶助也。言水鳥在水旁，其地宜稱，以喻王賓敬公尸事亦相當，故「來燕來宜」也。酒多殽嘉，燕尸備禮，福禄又來助之。

鳧鷖在渚，公尸來燕來處。爾酒既湑，爾殽伊脯。公尸燕飲，福禄來下。

渚，沚也。言水鳥在渚，止得其處，以喻公尸來燕亦得其處所。酒湑殽脯，福禄隨公尸又來下之。言下，明神在上也。

鳧鷖在潨，公尸來燕來宗。既燕于宗，福禄攸降。公尸燕飲，福禄來崇。

潨，水會也。宗，尊也。言水鳥在衆水交會處，其地明顯，以喻公尸來燕爲衆賓所尊。昨日妥侑，既燕於宗廟，爲福禄所降，今又燕於寢室，福禄來積而愈崇。

鳧鷖在亹，公尸來止熏熏。旨酒欣欣，燔炙芬芬。公尸燕飲，無有後艱。

亹，山絶水如門也。熏熏，和説也，瑞玉曰：「《説文》作醺，云醉也。」言水鳥在水旁峽中，意亦樂之，以喻公尸來止，醉然後歸，飲旨酒而樂，食燔炙而香，以此人和神喜永降之福，自今而後無有艱難。《傳》云：「無有後艱」，言不敢多祈也。

《鳧鷖》，繹賓尸也。祭之明日，繹於廟門外，因其祭食以燕尸。或云宗廟之祭以明日，其祀天地羣神，燕尸即用祭之日。

《鳧鷖》五章，章六句。

假樂君子，顯顯令德。宜民宜人。受禄于天。保右命之，自天申之。千禄百福，子孫千億。

假，大也，一作嘉。戒成王，言大可樂之君子，有顯明之令德，安民官人皆得宜，以此受福禄於天，既保安右助命之以位，又自天申重之。所以然者惟以德，干禄而膺百福，斯子孫至於千億年。瑞玉問：「民人何以宜？」余曰：「更無他功美，止是其人應承當者，予之而已，是宜也。」

穆穆皇皇，宜君宜王。不愆不忘，率由舊章。威儀抑抑，德音秩秩。無怨無惡，率由羣匹。

抑抑，謙下也。言德容敬美，宜稱其爲君王。不有過誤，不有遺失，循用祖宗之成法，一無所變更。威儀謙謹，教令有序。無怨忠直，無惡老成，循用羣臣之賢者，以匹偶於己。成王初服，故戒以此。《書》云：「厥若彝，及撫事如予，惟以在周工。」

受福無疆，四方之綱。之綱之紀，燕及朋友。百辟卿士，媚于天子。不解于位，民之攸塈。

朋友，即百辟卿士也。承上言君子令德如此，則能受無疆之福，長爲四方之綱。君綱之，臣紀之，天下無事，清燕之福及於羣臣矣。内外臣工益愛戴天子，無敢怠荒其職位，民所以休息。此「宜民宜人」之實。

《假樂》三章，章八句。古注：四章，章六句。愚按：或作六章，章四句，亦可。

《假樂》，訓成王也。王初涖政，戒以太平君子持盈守成爾。一章言以德獲福，哲命自貽；二章言「顯顯令德」；三章言「宜民宜人」。

篤公劉，匪居匪康。迺埸迺疆，迺積迺倉，迺裹餱糧，于橐于囊，思輯用光。弓矢斯張，干戈戚揚，爰方啟行。

公劉，后稷曾孫也。積，露積。橐，腰纏。囊，有底橐也。戚揚，斧鉞也。后稷子不窋失官竄於西戎，及公劉復興始遷豳，故言厚乎公劉之爲君也。瑞玉曰：「公劉將欲遷，不敢寧居，乃先往豳地，治田疇，實倉廩。既有備乃率民而往，於是裹餱于橐，裹糧于囊，思以和輯民人，令合謀協慮，以光大國家。既聚行糧，又飭武備防寇鈔，於是始啟行而遷焉。又曰疆埸積倉即指豳言，下文度原徹田，皆是也。以理而言，不先經理豳國，卒然來數萬人，於何仰賴？」

篤公劉，于胥斯原。既庶既繁，即順迺宣，而無永歎。陟則在巘，復降在原。何以舟之？維玉及瑤，鞞琫容刀。

巘，山頂也。舟，帶也。容刀，容飾之刀也。言公劉始來相地，民人從者既繁庶，所相之地，既順衆心，乃宣告於衆，皆曰善，無有長歎息者。公劉猶懼不審，乃陟巘復降原再審之。陟降皆徒行，故人見其佩玉瑤容刀，喜其勤民也。瑞玉曰：「『既庶既繁』，似言生物茂盛，見土田美爾。」

篤公劉，逝彼百泉，瞻彼溥原；迺陟南岡，乃覯于京。京師之野，于時處處，于時廬旅，于時言言，于時語語。

百泉，衆水也。京，高邱也。師，衆也。上章定民居，此章建國邑也。言公劉欲定都，先往衆水所會處，瞻彼原勢之廣大，又升南山之岡，乃見豳之野有邱，山水盤聚，可以居大衆而都之。於是國民來處者處之，羇旅來歸者廬之，出號令自言之，議政事公語之。瑞玉曰：「處處，言居者多；廬旅，言居不能容，廬處之。言言、語語，廬舍繁密，人聲喧闐也。」

篤公劉，于京斯依。蹌蹌濟濟，俾筵俾几，既登乃依。乃造其曹。執豕于牢，酌之用匏。食之飲之，君之宗之。

曹，羣也，謂羣臣。牢，牧閑也。何氏云「此章行遷廟之禮」，是也。言公劉于京斯安，乃遷主以從，羣臣與祭皆有威儀，使人鋪筵設同几，奉主登筵，神乃依几。行禮已終，乃召至羣臣以燕之，殺豕爲食，酌匏而飲。貴其儉質，自爲之君，又爲之立宗，宗以族得民，故建國立宗事相須。

篤公劉，既溥既長，既景迺岡，相其陰陽，觀其流泉。其軍三單，度其隰原，徹田爲糧。度其夕陽，豳居允荒。

景，測日也。單，無羨卒也。徹，通也。山西曰夕陽。荒，大也。此章税田制軍也。言公劉制田，既廣其東西，又長其南北，既考日景以正方面，乃登高岡，相其陰陽寒暖所宜，觀其流泉浸潤所及。其軍之制，丁夫適滿三軍之數無羨卒。其田之制，度其下隰與平原而徹之，使通力均作，因税其入爲糧。井田必須衍沃，故度隰原也。又度山西之地，山林陵麓，田不井授，亦不徹焉，廣境土而已。豳國之居，於是信大。

篤公劉，于豳斯館。涉渭爲亂，取厲取鍛。止基迺理，爰衆爰有。夾其皇澗，遡其過澗。止旅迺密，芮鞫之即。

亂，横渡也。厲，砥也。鍛，鐵也。止、基，疑皆器名。止，石爲鍛質也；基，田器之屬也。遡，鄉也。芮，水内。鞫，水外。一云芮同汭，水名也。瑞玉曰：「此章制財用也。國新立，農事備飭，當來百工以富民。」余曰：「公劉于豳，治館以舍百工。從漆水横渡渭水，至南山，取厲石爲椹質，鍛爲鎡基，乃理治之。百工所聚，商賈歸之，於是人衆財有，户口日繁，或夾皇澗而居，或嚮過澗而處。既而羇旅來止者，愈益密不能容，又就澗水之内外處焉。」

《公劉》六章，章十句。

《公劉》，《序》云：「召康公戒成王也。成王將涖政，戒以民事，美公劉厚於民，而獻是詩。」

洞酌彼行潦，挹彼注兹。可以餴饎。豈弟君子，民之父母。

洞，水也，一云水貌。潦，流潦也。餴，蒸米也。言一水爾，酌彼行潦之餘，挹於彼所，注於此器，澄而用之，可爲粢盛，薦神明。戒成王，物之薄者人猶不棄，法之美者王當挹取也。學爲「豈弟君子」，則爲民父母矣。瑞玉曰：「『挹彼注兹』，學爲世子法也。」按：《毛傳》云：「豈，樂也；弟，易也。」又《吕氏春秋·不屈篇》「惠子難白圭」引此詩而釋之曰：「愷者大也；悌者長也。

君子之德長且大者，則爲民父母。」

洞酌彼行潦，挹彼注兹，可以濯罍。豈弟君子，民之攸歸。

道上流潦，可滌器事神。有德則爲民心所歸，在人挹注之爾。

洞酌彼行潦，挹彼注兹，可以濯溉。豈弟君子，民之攸塈。

溉，滌器名也。《記》云：「器之溉者不寫。」

《洞酌》三章，章五句。

《洞酌》，《序》云：「召康公戒成王也。」瑞玉曰：「教世子法也。成王幼，周公抗世子法於伯禽，召公戒以潢汙行潦，可薦神明，欲王酌而用之爾。」

有卷者阿，飄風自南。豈弟君子，來游來歌，以矢其音。

卷，曲也。君子，賢人也。篇内並同。言陵曲則疾風入之，喻王屈體待賢，則賢人歸之。故君子有樂、易之德者，來從王游，來就王歌，以陳其好音。言游歌者，卷阿之上王游焉。

伴奂爾游矣，優游爾休矣。豈弟君子，俾爾彌爾性，似先公酋矣。

瑞玉曰：「伴，陪也。奂，美也。爾，爾王也。優游，閑適也。酋，久也。言羣臣伴王游者，威儀閑美，優游休息，然非徒游而已，樂易君子，能使爾充滿德性，則似先君享壽悠久。」

爾土宇昄章，亦孔之厚矣。豈弟君子，俾爾彌爾性，百神爾主矣。

土宇，謂居民土地屋宅也。昄，大也。章，明也。言登此卷阿，見爾人煙廬井大章明，亦甚富厚矣。然保之爲難，樂易君子能使爾充滿德性，則爲百神主也。有天下者主百神。

爾受命長矣，茀祿爾康矣。豈弟君子，俾爾彌爾性，純嘏爾常矣。

瑞玉曰：「茀，草多也，福祿如之。言受命長茀祿康，是即純嘏也。然福基於德，樂易君子能使爾充滿德性，乃常享大福矣。結上三章。」

有馮有翼，有孝有德，以引以翼。豈弟君子，四方爲則。

馮，依也。翼，輔也。孝，畜也。德，得也。言忠諒可託才能，可任孝行，可傳德美，可述賢品。有此四等，王以之引導於己，輔翼於己，則豈弟君子能爲四方之則。瑞玉曰：「四有戒王旁求賢也，猶云『子無謂秦無人』。」

顒顒卬卬，如圭如璋，令聞令望。豈弟君子，四方爲綱。

顒顒，嚴貌。卬卬，盛貌。半圭爲璋，合二璋成一圭，君執圭，臣執璋也。言明良相得，君顒顒於上，臣卬卬於下。君與賢一體如圭然，臣與君合德如璋然。由是遠人聞其聲，近人望其儀。「豈弟君子」，信可以綱維四方。

鳳凰于飛，翽翽其羽，亦集爰止。藹藹王多吉士，維君子使，媚于天下。

鳳凰，靈鳥也。藹藹，和羣貌。是時鳳鳥至，故言鳳凰飛，衆鳥從之，羽聲翽翽然。亦與鳳鳥皆集所止，喻賢人所在，羣士皆附而至也。故王之朝多藹吉士，可以維在位君子任使，率以忠愛天子。瑞玉曰：「鳳凰喻聖君也。有聖君則賢臣附翼而至，故云『王多吉士』。」

鳳凰于飛，翽翽其羽，亦傅于天。藹藹王多吉人，維君子命，媚于庶人。

「亦集爰止」，始進也；「亦傅于天」，近君也。吉人衆多，維在位君子所命，率以親愛庶人。爲天子勤民焉。

鳳凰鳴矣，于彼高岡。梧桐生矣，于彼朝陽。菶菶萋萋，雝雝喈喈。

山之東曰朝陽。言鳳凰所以鳴高岡，由梧桐生於朝陽。鳳凰非梧桐不棲，故「菶菶萋萋」，則「雝雝喈喈」，喻賢人所以登朝，由聖君以禮致之。欲王圖任賢，令多士鳴周也。瑞玉曰：「鳳鳴高岡，喻聖王立朝廷；桐生朝陽，喻多士生王國。」

君子之車，既庶且多。君子之馬，既閑且馳。矢詩不多，維以遂歌。

不多，意少之也。瑞玉曰：「王游卷阿，羣臣從之，車馬繁盛。賢人既多矣，又欲王不自足也。但言不盡意，陳詩猶以爲少，維欲王遂爲樂歌，日聽之自省焉。」

《卷阿》十章，六章章五句，四章章六句。

《卷阿》，《序》云：「召康公戒成王也。」言當求賢用吉士。

民亦勞止，汔可小康。惠此中國，以綏四方。無縱詭隨，以謹無良。式遏寇虐，憯不畏明。柔遠能邇，以定我王。

汔，幾也。詭隨，懷詐面從也。寇虐，害民如寇賊也。柔，安也。能，馴習也。穆公戒同列用事者。言民亦疲勞，庶幾可小安之乎！京師天下根本，當愛此以安四方。欲安勞民，先除姦人，姦人欲竊權寵，故爲詭隨之行，貌類恭順，心實不良，及得志，則虐害民，曾不畏天之明命，故戒用事者遇詭隨無放縱之，以謹防無良之人用，預止其寇虐無畏憚者。小人盡去，柔遠人以綏四方，能邇人以惠中國，則可以安定我王。

民亦勞止，汔可小休。惠此中國，以爲民逑。無縱詭隨，以謹惛怓。式遏寇虐，無俾民憂。無棄爾勞，以爲王休。

逑，聚也，民休息則生聚。惛怓，昏亂讙譁也。詭隨之人，利口讙譁，惑亂主聽，君一用之，則肆寇虐，爲民憂，當謹防預遏之，以安民爾。前有功於國，今無棄前勞，則爲王之休美。瑞玉曰：「始於詭隨，終於寇虐，惡由小至大，故此二句，篇内皆不易。」

民亦勞止，汔可小息。惠此京師，以綏四國。無縱詭隨，以謹罔極。式遏寇虐，無俾作慝。敬慎威儀，以近有德。

慝，陰惡也。詭隨之人，利口惑君，反覆無窮極，君用之則爲寇虐，陰害善良，故當謹防預遏之，無使其得慝焉。然欲去姦須親賢，賢人有禮乃就，須敬慎威儀，則有德之人至可親近之。

民亦勞止，汔可小愒。惠此中國，俾民憂泄。無縱詭隨，以謹醜厲。式遏寇虐，無俾正敗。戎雖小子，而式弘大。

愒，猶憩也。泄，猶出也。戎，汝也。詭隨之人，陰蠱惑君，行事醜惡，君用之則賊害善良，使正道敗壞，故又戒同列。言汝雖小子，而所用事甚廣大，不可不謹。

民亦勞止，汔可小安。惠此中國，國無有殘。無縱詭隨，以謹繾綣。式遏寇虐，無俾正反。王欲玉女，是用大諫。

繾綣，固結也。玉，寶愛也。詭隨之人，得君益深，其勢牢固，愈肆賊虐，誅害善良，使正道反戾，則善人盡矣，故又戒。言王欲玉汝貴重之，我以是故用大諫正於汝。諫同列乃所以諫王。

《民勞》五章，章十句。

《民勞》，《序》云：「召穆公刺厲王也。」厲王虐而監謗，人莫敢言，託爲戒同列之辭爾。

余問：「厲王暴虐，不僅繇役，發首止言民勞何？」瑞玉曰：「民終歲勤勞，上之賦斂重繇役煩，民愈不得安息，《經》故兼二事也。」

上帝板板，下民卒癉！出話不然，爲猶不遠。靡聖管管。不實於亶。猶之未遠，是用大諫。

上帝，喻王也。板板，反也。言上天反其常道，下民盡病，在位之臣出言而不行，爲謀又不遠，其心自恣，以爲靡有聖人管管我者，是以出話不實於信，爲謀未能深遠，我以是故用大諫於汝。余問：「『不實於亶』即『出話不然』，『猶之未遠』即『爲猶不遠』，重出何爲？」瑞玉曰：「下二語較上更進，靡聖自恣愈矯誣不實，爲謀鄙近又以起大諫也。」牟氏曰：「爲因謀不遠，故話不然也。時既靡有聖人管管於人，今之諫者，亦不能實在可信，但汝謀之不遠，我不得不諫。」

天之方難，無然憲憲。天之方蹶，無然泄泄。辭之輯矣，民之洽矣。辭之懌矣，民之莫矣。

天，亦喻王也。憲憲，猶軒軒。泄泄，猶沓沓。辭，亦話也。言天運艱難，無軒軒然意氣揚舉，天步顛蹶，無沓沓然志意弛緩。因其出話不然，故戒以出辭之頃。羣臣和輯悦懌，同謀協慮，則民心合洽而安定。

我雖異事，及爾同僚。我即爾謀，聽我囂囂。我言維服，勿以爲笑！先民有言：詢于芻蕘。

服，事也。言我與爾職事雖異，乃與汝同爲王官，我就爾謀，反囂囂然聚而笑我，不知我言乃可服行。汝無笑之，我謀非「爲猶不遠」，我言非「出話不然」也。古人有云：「采薪之人尚詢之。」況同僚。

天之方虐，無然謔謔。老夫灌灌，小子蹻蹻。匪我言耄，爾用憂謔。多將熇熇，不可救藥。

灌灌，款款也。耄，老而昏也。言王方暴虐，汝無如此戲侮也。老者憂其然款誠忠告，少者不信而驕之，故曰非我老耄而妄言，乃汝以憂爲戲爾。不憂其可憂，憂將益多，如火熾盛，不可救治。

天之方懠，無爲夸毗。威儀卒迷，善人載尸。民之方殿屎，則莫我敢葵。喪亂蔑資，曾莫惠我師。

夸毗，體柔也。殿屎，呻吟也。葵，向也。言王今方威怒，小人無得柔媚順從，令君臣威儀盡迷亂，善人畏禍端，居如尸然，不得有爲。民方愁苦呻吟，則坐視莫敢向我説及。喪亂無資財，曾又莫能愛我衆，所謂「善人載尸」者也。殿屎，未詳。《説文》作唸吚。

天之牖民，如壎如篪，如璋如圭，如取如攜。攜無曰益，牖民孔易。民之多辟，無自立辟！

牖，導也，窗所以導明辟邪也。辟，法也。言民性本善，王之導民如壎篪唱和，如圭璋判合，如取求攜得，攜而必從，無曰有所增益費力也。牖民甚易爾，今民多邪辟，乃無牖之者，民無由自立於法度，豈其罪也？瑞玉曰：「益，多也。攜物者無得曰多而難勝，牖民如此甚易爾。」

价人維藩，大師維垣，大邦維屏，大宗維翰，懷德維寧，宗子維城。無俾城壞，無獨斯畏！

价人，大人，國之巨室，王之貴臣是也。大邦，成國諸侯也。屏，樹也。翰，幹也。言价人立朝，德威服遠，足以捍外而爲藩；京師大衆，爲王守邦，足以衛内而爲垣。瑞玉曰：「大邦，疆國，居内外之間，足以捍蔽而爲屏。大宗以族得民，民爲垣則此爲榦矣。抱德之人，君所倚以爲寧。宗子，王之子弟，守衛王室猶城然。人君失德，宗子離心，則城壞而藩、垣、屏、翰、寧皆徹，君獨居矣，斯可畏矣！無然也。」

敬天之怒，無敢戲豫。敬天之渝，無敢馳驅。昊天曰明，及爾出王。昊天曰旦，及爾游衍。

昊天，亦喻王也。王，往也。旦，亦明也。衍，寬舒也。言王威怒，變亂已極，汝當敬之敬之！無敢戲怠縱恣。所以須敬者，爾與王日親近，凡王明旦之時，一出入往來，一游行寬衍皆與爾偕及，爾奈何弗敬？

《板》八章，章八句。

《板》，《序》云：「凡伯刺厲王也。」亦爲戒同列之辭。

卷六

雅

大雅下

蕩蕩上帝，下民之辟。疾威上帝，其命多辟。天生烝民，其命匪諶。靡不有初，鮮克有終。

疾，重斂病人也。威，峻刑罪人也。言蕩蕩然上帝，乃下民之君，今而疾威命多邪辟。厲王之貪暴，若帝使然也。但王無得過有所恃，天生衆民其命難信，始而尊貴，是「靡不有初」，卒以滅亡，是「鮮克有終」，王得不懼乎？

文王曰咨，咨女殷商！曾是彊禦？曾是掊克？曾是在位？曾是在服？天降慆德，女興是力。

文王曰者，設辭也。殷商斥紂也。彊禦，暴也。掊克，貪也。慆，淫也。厲王監謗，穆公不敢斥言，故假文王咨嗟殷紂，以風切之。言紂於彊禦掊克之人，乃使居位任事。貪暴之德，乃慆德也。雖曰天降是人，然汝又興起力任之。

文王曰咨，咨女殷商！而秉義類，彊禦多懟。流言以對，寇攘式內。侯作侯祝，靡屆靡究。

而，汝也。作，謂起宫廟也。祝，祈福也。文王咨殷紂，言爾所秉用以爲善類者，皆是彊禦多怨之人。此人緣己多怨，欲媚王，見王弭謗，故造流言對王，欲嫁害良人。其掊克之臣爲寇盜，攘奪財貨以供王用于内，王又信衛巫，維作祠廟詛祝之事，靡有屆至究竟。殷紂未必如厲王監謗好巫，以其惡同，故假言之。

文王曰咨，咨女殷商！女炰烋于中國。斂怨以爲德。不明爾德，時無背無側。爾德不明，以無陪無卿。

炰烋，氣健貌。言汝任彊禦之臣，使炰烋爲暴虐於中國，又任掊克之臣，使斂聚衆怨反以爲德。所以然者，爾以貪暴之故，昏迷於德。雖有背叛反側者，自以爲無之，有堪爲陪貳卿士者，亦以爲無之。顔師古云：「言不别善惡，有逆背傾側者，有堪爲卿貳者，皆不知之也。」

烋然，《傳》云：「猶彭亨也。」

文王曰咨，咨女殷商！天不湎爾以酒，不義從式。既愆爾止。靡明靡晦。式號式呼。俾晝作夜。

湎，飲酒齊色也。言爾德不明，多由於酒，然非天之沈湎爾也。因爾於不義之人從而用之，君臣縱飲，既愆爾容止，又無明晦，恣意號呼，使晝作夜也。余問：「晝夜明晦如何别？」瑞玉曰：「醉目昏瞀，當晝反以爲夜，白日酣眠，亦晝爲夜也。」

文王曰咨，咨女殷商！如蜩如螗，如沸如羹。小大近喪，人尚乎由行。内奰于中國，覃及鬼方。

蜩，蟬也。螗，蝘也。沸，水涌也。羹，沸湯也。奰本作𡚁，多目視之也。鬼方，殷之諸侯，或云楚也。言羣小滿朝，讙譁之聲，大者如蜩，小者如螗。天下洶洶，怨亂之聲。大者如沸，小者如羹，故曰小大皆近喪亡。乃上之人猶尊尚其道，由行之不知改。是以内奰於國，謂衛巫監謗，道路以目也；外延及鬼方，謂熊渠畏之去其王號也。瑞玉曰：「蜩螗，似醉者之聲。沸羹，似醉者之狀。奰，醉而作氣之貌，一怒遂伐鬼方。」按：殷武奮伐荆楚，朱子《集傳》以易高宗伐鬼方當之，非也。《困學紀聞》引《後漢·西羌傳》：「武丁征西羌鬼方，三年乃克。」《竹書紀年》：「武丁三十五年，周王季伐西洛鬼戎。」然則鬼方即鬼戎與？〇又引《大戴禮·帝繫篇》：「陸終氏娶於鬼方氏。」

文王曰咨，咨女殷商！匪上帝不時，殷不用舊。雖無老成人，尚有典刑。曾是莫聽，大命以傾。

瑞玉曰：「言小人猖狂如此，非上帝爲此不善之時，殷不用舊人故爾。今世雖無老成人，尚有可爲人典刑者，曾是無聽用之，而任新進小人，是以大命傾覆，而不可救。」

文王曰咨，咨女殷商！人亦有言：顛沛之揭，枝葉未有害，本實先撥。殷鑒不遠，在夏后之世。

顛沛，仆拔也。揭，蹶起貌。瑞玉曰：「撥，治也。言大木雖揭然將仆，其枝葉未有傷害，先用土實其本根壅治之，則得不蹶。以喻國將傾，其四方尚未盡離散，急以德固其邦本，則得不亡也。故曰殷之明鏡不遠，在夏桀之世。殷不監夏，故復如桀，周不鑒殷，當復如紂也。其後厲王流於彘。」

《蕩》八章，章八句。

《蕩》，《序》云：「召穆公傷周室大壞也。」厲王之行，有似殷紂，故爲文王歎紂之辭。首章不及文王，先序作者之意，爲下起也。

抑抑威儀，維德之隅。人亦有言：靡哲不愚。庶人之愚，亦職維疾。哲人之愚，亦維斯戾。

抑抑，謙下也。隅，廉角也。戾，至也。言威儀表德，似宮室有隅，彼外貌抑然謙下，維其內德嚴正故也。人亦有言：無有大智而不若愚者。彼衆人之愚，維其主有此疾，真愚也；若「哲人之愚」，斯爲盛德之至，儀觀不耀，有似愚人爾。

無競維人，四方其訓之。有覺德行，四國順之。訏謨定命，遠猶辰告。敬慎威儀，維民之則。

競，强也。命，號令也。言無强於人，人有威儀，可訓化四方，德行明直，可順服四國。有德則謀慮安詳，大其謨猷，以審定其命，遠其圖慮，以先時布告然，又必以身教焉。「敬慎威儀」，則維民法也。瑞玉曰：「競，爭也。於人謙抑無爭，則可訓行四方。」

其在于今，興迷亂于政。顛覆厥德，荒湛于酒。女雖湛樂從，弗念厥紹。罔敷求先王，克共明刑。

于今，武公自謂也。興，猶尊尚也。言于今之人，亂政敗德，皆荒於酒。時尚如此，汝雖欲湛樂是從，獨不念後人繼汝者效汝所爲，無復有廣求先王之法度而執守者乎？瑞玉曰：「戒子孫無得如時俗所尚，將不能訓法後人。」

肆皇天弗尚，如彼泉流，無淪胥以亡。夙興夜寐，灑埽廷內，維民之章。修爾車馬，弓矢戎兵，用戒戎作，用逷蠻方。

章，表也。逷，遠也。承上言荒湛如是，故今皇天不尊尚之，「如彼泉流」，汝無隨波而靡，相與陷溺俱亡。是當早夜精勤洒埽潔清，以爲民表。繕治甲兵，蒐閱軍實，以戒備兵事之起，以驅遠蠻方之人。瑞玉曰：「教以嗣位飭內安外，謨之訏猶之遠也。」

質爾人民，謹爾侯度，用戒不虞。慎爾出話，敬爾威儀，無不柔嘉。白圭之玷，尚可磨也，斯言之玷，不可爲也。

質，成也。玷，缺也。言飭內安外，將以成定人民，謹爾諸侯之度，以備不虞之患。然成民謹度，在出話、威儀無不柔善。出話尤須慎密，圭玷尚可磨鑢，言玷不可救治。

無易由言，無曰苟矣。莫捫朕舌，言不可逝矣。無言不讎，無德不報。惠于朋友，庶民小子。子孫繩繩，萬民靡不承。

讎，對也。承上言謹言之道，心無輕易，口無苟且，無人爲我捫持舌者，故言不可縱逝也。言之善惡無不讎對，猶德之美惡無不反報。苟能出言合道，順於羣臣及庶民小子，子孫可以繩繼，萬民靡不承順矣。瑞玉曰：「朋友難馴，小子無知，故特言之，萬民盡矣。」

視爾友君子，輯柔爾顔，不遐有愆。相在爾室，尚不愧于屋漏。無曰不顯，莫予云覯！神之格思，不可度思，矧可射思！

屋漏，室西北隅也。言常人敬德，微顯殊觀，「視爾友君子」之時，則和柔顔色，不遠有愆。過至爾室，獨居或愧于屋漏，無曰此地屏隱，莫予見也。神來至此，不可測度，恭敬之不遑，況可厭射爾乎。言神格者，《箋》云：「禮祭於奥，既畢，改設饌於西北隅，此祭之末也。」

辟爾爲德，俾臧俾嘉。淑慎爾止，不愆于儀。不僭不賊，鮮不爲則。投我以桃，報之以李。彼童而角，實虹小子。

角，總角也。虹與訌同。言循法度修德，使盡美善，容止威儀慎而不僭，淑而不賊，斯爲民之則，如投桃報李，理自然爾。「彼童而角」者，不達斯義，反欲惑亂，我小子當無聽之。瑞玉曰：「投桃報李，兒童嬉戲事，戒小子無比頑童，而遠於成人之道。」

荏染柔木，言緡之絲。温温恭人，維德之基。其維哲人，告之話言，順德之行。其維愚人，覆謂我僭。民各有心。

瑞玉曰：「柔木，梧桐也。緡，綸也。以絲爲綸，被之柔木，爲琴瑟也。言柔善之木可以受絲，以興温恭之人可以基德。然此言也，告哲人則知德而順行之，告愚人反謂我不信欺之。人各有心，不能相强。」

於乎小子！未知臧否。匪手攜之，言示之事。匪面命之，言提其耳。借曰未知，亦既抱子。民之靡盈，誰夙知而莫成？

此下閔其愚而反覆導之也。吁嗟汝小子！爾尚未知善否，我非手携之，即口示之，非面命之，即耳提之，盡心如此。若曰我未有知，則我既抱子爲人父矣。人之爲父兄者，心無盈厭，早晨纔教子弟，夜晚便望有成，誰則能然？我姑徐徐待之。瑞玉曰：「提攜，以手辟咡而詔，所教蓋幼子童孫。」

昊天孔昭，我生靡樂。視爾夢夢，我心慘慘。誨爾諄諄，聽我藐藐。匪用爲教，覆用爲虐。借曰未知，亦聿既耄。

此章憂其終不可教也。言昊天甚明而爾獨昏，故我生慘然不樂。誨之詳熟，聽之忽略，不以我爲教道之，反以爲苦虐之。若曰我未有知，則我既耄矣。老人之智可師，小子之愚難化。《書》云：「侮厥父母曰，昔之人無聞知。」

於乎小子！告爾舊止。聽用我謀，庶無大悔。天方艱難，曰喪厥國，取譬不遠，昊天不忒。回遹其德，俾民大棘。

止，語辭。復吁嗟小子，言我告爾以舊事，汝聽用之以自警，庶可無大悔。所謂舊事者，我聞昔日「天方艱難」，時曰有喪其國者，其故不必遠取曉譬，天之降禍皆不差，由其君「回遹其德」，使民大困急，故爾。舊事如此，小子可不戒？

《抑》十二章，三章章八句，九章章十句。

《抑》，瑞玉曰：「衛武公戒子孫也。」余曰：「亦所以警王。據《史記》武公爲王朝卿士，當幽王之世。《序》云『刺厲王』，未詳。又《國語》：『公年九十有五猶箴儆於國以自儆』。韋昭云即此詩。牟氏曰：衛武公作者懿戒，此乃《抑》詩爾。』亦未審誰作之。」

菀彼桑柔，其下侯旬，捋采其劉，瘼此下民。不殄心憂，倉兄填兮。倬彼昊天，寧不我矜。

旬，十日也。劉，爆爍而稀也。倉兄，未詳。言桑葉初生柔茂，其後不過旬日，而捋采稀疏，人失庇蔭。以喻周之全盛，曾未幾時，忽然凋敝，民以困病。是以憂心不絕。明明上天，寧不矜怜我？

四牡騤騤，旟旐有翩。亂生不夷，靡國不泯。民靡有黎，具禍以燼。於乎有哀，國步斯頻！

燼，火餘也。頻，蹙也。言厲王之末，天下大亂，車馬旌旂相望於道，諸侯並起，亂生不平，無國不殘滅。民之丁壯盡行，靡有黎首而居者，俱被禍爲灰燼。吁可哀哉！王奔彘而國運蹙亡矣。

國步蔑資，天不我將。靡所止疑，云徂何往？君子實維，秉心無競。誰生厲階？至今爲梗。

君子，謂共和也。厲階，禍始也。梗，水上浮木也。言國運窮蹙，民無資財，天又不我養，民無所止其疑惑，欲往，將復何往？國亂極矣！幸而君子實爲國維，秉其忠心，無所爭競。此美共和也。又言誰生亂階？至今一身飄泊如浮梗。此哀厲王也。

憂心慇慇，念我土宇。我生不辰，逢天僤怒。自西徂東，靡所定處。多我覯痻，孔棘我圉。

我，我厲王也。圉，垂也。言王居於彘，憂心慇慇然，念我舊國土宇，不得歸田。我生不時，逢天厚怒。彘在鎬京東，自西奔往之，飄泊無所定處。我之見病既多矣，我之邊垂之事又甚急。謂王出奔，民猶欲釋憾於王也。

爲謀爲毖，亂況斯削。告爾憂恤，誨爾序爵。誰能執熱？逝不以濯。其何能淑？載胥及溺！

毖，慎也。王既不歸，二相遂代王行政，詩人恐其不知急務，故告之。言謀國當須謹慎，亂之景況斯能滅削，謀毖之道，惟有憂恤百姓，序用賢人，此救亂之急務，猶濯能解熱也。不然何由能善？有相與及溺而已。

如彼遡風，亦孔之僾。民有肅心，荓云不逮。好是稼穡，力民代食。稼穡維寶，代食維好。

僾，唈也。肅，戒也。荓，並也。言人遭厲王之暴，如鄉風而行唈不能息。民有戒懼之心，並云爵禄不我逮。於是退而稼穡，爲力農之民，以代禄食。此人珍其稼穡以爲寶，利其代食以爲好，不仕矣。此申上文序爵之事，歎賢人之隱也。

天降喪亂，滅我立王。降此蟊賊，稼穡卒痒。哀恫中國，具贅卒荒。靡有旅力，以念穹蒼。

贅與綴同。荒，虚也。言天降喪亂，既滅我所立之王，謂流彘也；又降生蟲災，令稼穡盡病。哀痛中國之人，俱懸綴而死，户盡空虚，無復有衆力念穹蒼者。此申上文憂恤之事，歎民之靡遺也。

維此惠君，民人所瞻。秉心宣猶，考慎其相。維彼不順，自獨俾臧。自有肺腸，俾民卒狂。

惠君，謂二相也。言維此順理之君，民人皆所瞻仰，由其秉忠心宣謀猶，慎成其相業，是功在王室者也。乃有不順之人，專己獨是，自以爲臧，别有肺腸，以二相之事爲不宜，造作言語，俾民卒至於狂惑。瑞玉曰：「『考慎其相』以上，美共和之功；『俾民卒狂』以下，窮貪人之狀。」

瞻彼中林，甡甡其鹿。朋友已譖，不胥以穀。人亦有言：進退維谷。

甡甡，衆行貌。譖，讒也。言中林有鹿，羣聚並行，朋友相譖，不能相善，鹿之不如也。進則争名，退則造謗，進退皆窮爾。瑞玉曰：「谷，前有山，後有澗，行則無路，此言小人同而不和。」

維此聖人，瞻言百里。維彼愚人，覆狂以喜。匪言不能，胡斯畏忌？

言國有聖人不能用，瞻之在百里外。愚人得志，反狂喜。彼不肯自言其不能，任意妄行，何有畏忌乎？瑞玉曰：「此言小人愚而自用。」

維此良人，弗求弗迪，維彼忍心，是顧是復。民之貪亂，寧爲荼毒。迪，進也。復，重也。言不助國人爲亂者，是良善人也，乃不求進用之。攻王圍太子者，是忍心人也，乃眷顧重復之用舍。如此民之貪於爲亂，其安爲荼毒，固宜爾。此言小人去順效逆。

大風有隧，有空大谷。維此良人，作爲式穀。維彼不順，征以中垢。隧，道也。瑞玉曰：「深谷藏風，空然大谷中是風行之隧。人亦有隧也。良人作爲用善道，此是仁風。不順之人如疾風揚塵，行於垢穢中爾。此言人各有黨。」

大風有隧，貪人敗類。聽言則對，誦言如醉。匪用其良，覆俾我悖。瑞玉曰：「又言大風有隧者，大風所過能壞物，喻貪人所至敗善黨也。聽譖言則喜對，誦正言而如醉，凡是良人皆不用之，悖亂如此，反欲使我亦然。」

嗟爾朋友，予豈不知而作！如彼飛蟲，時亦弋獲。既之陰女，反予來赫。而，爾也。之，往也。赫，怒貌。言嗟爾貪人朋友，予豈不知爾所爲者！弋取民財如飛鳥。人畏其威既往而陰賂汝，汝反與來者以怒。言貪心無厭。

民之罔極，職涼善背。爲民不利，如云不克。民之回遹，職競用力。涼，薄也。言民本貪亂無極，專爲涼薄，善背叛，汝又導之其爲善事，是民不利者也，汝亦不爲，如云力不克。及民邪辟作亂，則汝專競用力助之。

民之未戾，職盗爲寇。涼曰不可，覆背善詈。雖曰匪予，既作爾歌。

小曰盗，大曰寇。言民今尚未定，專欲爲寇盗。害王民之涼也，汝亦陽曰不可，乃反陰爲背叛，與君子爲讎而善詈之。汝雖自文，曰背詈者非予，然我既發汝姦，爲爾作歌矣，爾何能欺我？

《桑柔》十六章，八章章八句，八章章六句。

《桑柔》，《序》云：「芮伯刺厲王也。」愚謂厲王蒙塵，共和行政，國之貪人亂心無厭，不服二相所爲，陰欲敗之，朋比爲姦，幸災爲利。芮良夫憂之而作，非刺厲王爾。

倬彼雲漢，昭回于天。王曰於乎！何辜今之人？天降喪亂，饑饉薦臻。靡神不舉，靡愛斯牲。圭璧既卒，寧莫我聽？

舉，舉祭也。國有凶荒，索鬼神祭之。言時旱渴雨，宣王夜仰視，乃見雲漢昭然回轉於天，無雨徵也。王嗟歎云：「今之人不知有何罪？國遭喪亂，饑饉又重至。我索祭鬼神，犧牲罔敢愛。其禮神之圭璧又已罄盡，神寧不我聽？」

旱既大甚，藴隆蟲蟲。不殄禋祀，自郊徂宫。上下奠瘞，靡神不宗。后稷不克，上帝不臨。耗斁下土，寧丁我躬！

蘊，蓄也。隆，盛也。蟲蟲，熱氣也。瑞玉曰：「旱則百蟲作，以其蟲多，故言蟲蟲爾。」郊祀天地，宫祭宗廟。瑞玉曰：「禋，煙也。言燔燎之煙氣，從郊外往宫廟不絶也。奠，以禮神於上，瘞，以禮神於下。斁，敗也。又言百神靡不尊事之，乃后稷不能勝災，上帝又不臨視，與其降災耗敗下土，寧使我躬自當之！」

旱既大甚，則不可推。兢兢業業，如霆如雷。周餘黎民，靡有孑遺。昊天上帝！則不我遺。胡不相畏？先祖于摧。

兢兢，恐也。業業，危也。瑞玉曰：「『如霆如雷』，吁嗟求雨之聲。」余曰：「心中恐畏，耳後如聞雷霆爾。孑，孤特貌。言周之喪亂，所餘黎民至是無有孑遺者。若復不雨，是并我亦不遺，何得不相畏乎？恐先祖之祀將摧落！」

旱既大甚，則不可沮。赫赫炎炎，云我無所。大命近止，靡瞻靡顧。羣公先正，則不我助。父母先祖，胡寧忍予！

「云我無所」，言身無所容也。「大命近止」，言命將止絶也。「靡瞻靡顧」，即上帝不臨。「羣公先正」，雩祀所及百辟卿士也。以其有益於民，祭之，今曾不見助。又呼父母先祖：何亦安然忍予！

旱既大甚，滌滌山川。旱魃爲虐，如惔如焚。我心憚暑，憂心如熏。羣公先正，則不我聞。昊天上帝！寧俾我遯！

滌滌，濯貌。山無木，川無水，如濯也。魃，旱鬼也。瑞玉曰：「魃，乃旱氣所生，非必真有此物，因旱不止，疑其爲虐爾。」惔，燎也。熏，灼也。言「羣公先正」非惟不助，而亦不聞。又呼昊天上帝：降災不釋，豈將令我避位而去乎？

旱既大甚，黽勉畏去。胡寧瘨我以旱？憯不知其故。祈年孔夙，方社不莫。昊天上帝！則不我虞。敬恭明神，宜無悔怒。

去，亦遯也。承上言我欲遯去避憂災，則畏於非義，故黽勉求濟不敢去。祈年孟冬，祈年於天宗也。言天何乃病我以旱？其必有故，我曾不知之，祈報禮神甚早不晚，上帝猶不度我心，是必我恭敬未至爾。果能敬恭明神，宜無恨怒者而旱也。皆自省責之辭。

旱既大甚，散無友紀。鞫哉庶正：疚哉冢宰！趣馬師氏，膳夫左右，靡人不周。無不能止，瞻卬昊天，云如何里！

散，施舍也。無友，無朋也。無紀，無算也。庶正，衆官之長。冢宰以下皆官名。能，耐也。

卬，我也。里，賴也。言散財粟以賑，其多無朋，其費無算，不獨公家爲然，庶正、冢宰以施舍之故，窮哉病哉，「趣馬師氏，膳夫左右，無人不周。」救亦無不耐心爲之。而倦止者，公私交困，財粟俱空。瞻我昊天，云復如何而仰賴！

瞻卬昊天，有嘒其星。大夫君子，昭假無贏。大命近止，無棄爾成。何求爲我？以戾庶正。瞻卬昊天，曷惠其寧？

假，至也。贏，餘也。言瞻我昊天乃見星，終無雨徵也。「大夫君子」益當助王賑卹，明見至誠，無得有私贏而不散。前既「靡人不周」，爾勞也。今「大命近止」，不可棄爾成勞。非求爲我一身，乃所以安定庶官。又言瞻我昊天，何時惠我以寧？雨則人心安。

《雲漢》八章，章十句。

《雲漢》，《序》云：「仍叔美宣王也。」厲王之季，比年大旱，宣王嗣位，遇災而懼，欲弭之。仍叔述王憂旱之辭，自「王曰於乎」以下。

崧高維嶽，駿極于天。維嶽降神，生甫及申。維申及甫，維周之翰。四國于蕃，四方于宣。

山大而高曰崧。嶽，四嶽，又山名，雍州之鎮也。言嶽山高大，降神靈和氣，生甫侯及申伯爲周之楨榦，以藩屏四國，布德澤於四方。國家將興有開，必先兆見於山川，豫生賢佐也。

亹亹申伯，王纘之事。于邑于謝，南國是式。王命召伯，定申伯之宅。登是南邦，世執其功。

申本侯爵，言伯者，命爲方伯也。登，成也。言申伯佐王有功，故王繼授之事，改大其封邑，爲南國諸侯矜式。又先命召伯定其宅、成其國。謝在周東南，故曰南邦。召伯蓋以二伯主南，諸侯是其世職，故營謝事屬焉，使執其功也。瑞玉問：「既邑謝矣，於後仍稱申侯何？」余曰：「諸侯有功，加地進律。謝是益封，其申國故在，疑後經侵削還即舊都爾。」

王命申伯，式是南邦。因是謝人，以作爾庸。王命召伯，徹申伯土田。王命傅御，遷其私人。

民功曰庸。徹，税田也。傅御，治事之官，私人家臣也。言謝邑既定，王乃策命爲伯。謝當南國要衝，鎮撫爲宜，故令「因是謝人」作起其功。又命召伯正其經界、定其賦税，乃命傅御遷其私人先往，以經紀其家。

申伯之功，召伯是營，有俶其城。寢廟既成，既成藐藐。王錫申伯，四牡蹻蹻，鉤膺濯濯。

藐藐，深貌。濯濯，明貌。言申伯土功之事，召伯營之，始立城垣。繼成寢廟，定其人神之居，寢廟成而藐藐然。此召伯既竣事告王也。王將遣申伯錫以四牡，其馬之飾，則有在首之金鉤、在膺之樊纓濯濯然。

王遣申伯，路車乘馬。我圖爾居，莫如南土。錫爾介圭，以作爾寶。往近王舅，南土是保。

介，大也。大圭，信圭也。近，附近也。王舅，甫侯之屬，《周語》云「齊許申呂由大姜」，是皆於王爲舅也。言王遣申伯就國，又賜以路車乘馬。前錫四牡私恩也，此之車馬正禮也。因告之曰：「我謀爾居，無如南土，最善錫爾，封圭爲寶。往哉近與諸王舅比鄰，共保南土也。」

申伯信邁，王餞于郿。申伯還南，謝于誠歸。王命召伯，徹申伯土疆。以峙其粻，式遄其行。

信，再宿也。郿，在鎬京西岐周東。自鎬適申，塗不經郿，餞於此者，古者封諸侯於廟，王親至岐周，封申伯東歸，至郿因餞之。還南者，申伯受餞畢，還鎬而南，然後誠歸謝。言誠者，爲王前此數留不果行也，又言王前日命召伯營謝，已斂其稅賦，積其餱糧，使自京至謝所在道路無缺乏，用速申伯之行。

申伯番番，既入于謝。徒御嘽嘽。周邦咸喜，戎有良翰。不顯申伯，王之元舅，文武是憲。

周，徧也。言申伯老而壯，率其徒御，既入謝，徧邦内皆喜，曰汝乎有善君也。方至而國人相慶，申伯之聲名豈不顯乎！以王舅之親，兼資文武，故足爲法。

申伯之德，柔惠且直。揉此萬邦，聞于四國。吉甫作誦，其詩孔碩，其風肆好，以贈申伯。

誦，工師誦之也。肆，長也。言申伯文武之才，本其德也，温柔惠順而且剛直，則能馴擾萬邦，如手揉之然。聲名彰聞於四國，蓋欲申伯威德懷遠也。因自序其詩意甚大，其風諭悠長而美，以送申伯，令其常常歌誦，自循省爾。

《崧高》八章，章八句。

《崧高》，尹吉甫贈申伯也。宣王既伐南國，爲其叛服不常，申伯以元舅之親，具文武之德，益封於謝以鎮撫之。尹吉甫作詩述其前功，勉其後效，所以風焉。

天生烝民，有物有則。民之秉彝，好是懿德。天監有周，昭假于下。保兹天子，生仲山甫。

仲山甫，樊侯字也。言天生衆民，具有形器，其中皆有法則。是民所執之常性，無不好此美德者。況天監周德，昭明假至于下。故保佑之，爲生賢佐此。言仲山甫生關氣運，烝民皆好德，見天子宜親賢也。「天生烝民」四句，言此者以見己之愛好，仲山甫誠好其德，不能自已也。

仲山甫之德，柔嘉維則，令儀令色。小心翼翼。古訓是式。威儀是力。天子是若，明命使賦。

賦，布也。言仲山甫之德，柔順嘉美，動合法則以言其外，威儀顔色皆善其内，猶小心敬慎，法古訓勉，威儀懿德，如此天子好其德，順之使布教令於四方。

王命仲山甫，式是百辟，纘戎祖考，王躬是保。出納王命，王之喉舌。賦政于外，四方爰發。

祖考，謂周公、獻公。權德輿云：「山甫，魯獻公仲子，入輔於周，食采於樊是也。」保，保其身體。喉舌，所以言也。言王命仲山甫以冢宰，統諸侯爲之法式，繼汝祖考所行，保護王躬。保之之道，其在内於王命善者宣出之，否者納還之，爲王喉舌；其在外宣布政教，於是四方發起應之。此言山甫職任之重。

肅肅王命，仲山甫將之。邦國若否，仲山甫明之。既明且哲，以保其身。夙夜匪解，以事一人。

承上言「賦政于外」，故王命嚴肅，仲山甫奉行之。「式是百辟」，故邦國順否，仲山甫辨明之。內奉王命，外長諸侯。由其明於理哲，於是以能保守其身，令內外咸宜。又夙夜精勤，以佐事天子。此「王躬是保」之實。瑞玉曰：「『夙夜匪解，以事一人』，言山甫不宜徂齊也。」

人亦有言：柔則茹之，剛則吐之。維中山甫，柔亦不茹，剛亦不吐。不侮矜寡，不畏彊禦。

茹，食也。言常人質性多偏，彊弱易節，茹柔吐剛，莫不皆然。惟中山甫「柔亦不茹」，故「不侮矜寡」；「剛亦不吐」，故「不畏彊禦」。此「柔嘉維則」之實。瑞玉曰：「山甫之柔也，而不侮不畏，君子以爲難。」

人亦有言：德輶如毛，民鮮克舉之。我儀圖之，維仲山甫舉之，愛莫助之。衮職有闕，維仲甫補之。

輶，輕也。儀，匹也。衮職，王職也。言人皆言德輕易舉，民鮮能之。我就羣匹中圖度之，能舉者惟仲山甫而已，心雖愛之而莫能助也。因其德能自舉，故王職有闕失，亦惟仲山甫補之。瑞玉曰：「王欲立魯戲，又料民大原，山甫皆諫，善補衮也。」

仲山甫出祖。四牡業業，征夫捷捷，每懷靡及。四牡彭彭，八鸞鏘鏘。王命仲山甫，城彼東方。

祖，行祭也。東方，齊也。言山甫宜居内補衮，今出國門祖道，車徒疾馳，猶以不及事爲憂。又言四牡彊盛，八鸞鏘鳴，欲何爲者？乃王命「城彼東方」爾。言非其職。

四牡騤騤，八鸞喈喈。仲山甫徂齊，式遄其歸。吉甫作誦，穆如清風。仲山甫永懷，以慰其心。

穆，深長也。清風，清微之風，化養萬物者也。言中山甫徂齊非宜，當竣事速歸。但「吉甫作誦」，言不盡意，穆然如清風微遠，感人自深。又述作誦之意，爲其去君永念闕庭，故我作詩慰之。瑞玉曰：『穆如清風』，似山甫之德也。」

《烝民》八章，章八句。

《烝民》，尹吉甫諷宣王也。王之季年，怠於政而多闕，仲山甫數諫不聽，命以徂齊，輟其補衮之職，已事遄歸，心猶慊焉。吉甫述其意以諷王爾。

奕奕梁山，維禹甸之。有倬其道。韓侯受命。王親命之：纘戎祖考，無廢朕命。夙夜匪解，虔共爾位，朕命不易。榦不庭方，以佐戎辟。

奕奕，大也。梁山，韓國之鎮也。不庭方，不來庭之國也。言梁山下有倬然之道，乃韓侯所從朝周受命者，王親命之爲諸侯，使繼其祖考。又言所命當恪恭守之，朕命不易得也。韓鄰北國不庭者，多當榦而正之，以佐汝君，此則命爲侯伯也。

四牡奕奕，孔修且張。韓侯入覲，以其介圭，入覲于王。王錫韓侯，淑旂綏章，簟茀錯衡，玄衮赤舄，鉤膺鏤錫，鞹鞃淺幭，鞗革金厄。

張，大也。綏，大綏，旂竿首所建，以爲表章也。一云：綏，登車索，有采章也。鏤，刻金也。錫，當盧也。瑞玉曰：「鉤膺，馬胸上飾。鏤錫，馬眉上飾。」又曰：「鞃，式中也。幭，覆式也。鞹鞃，以革持式，使牢固；又皮去毛，柔耎當式中，令手可憑也。淺幭，以虎皮覆式，並覆軨，皮不去毛，取其服猛且文炳也。」余曰：「金厄，以金爲環，纏搤轡首也。」此章本其來朝受賜之事，言韓侯來時，奕奕然長大之四牡，乘之入覲，以其介圭爲贄，合瑞於王。王錫旂章、車服，備其儀飾。見其德美足以稱之。

韓侯出祖，出宿于屠。顯父餞之，清酒百壺，其殽維何？炰鼈鮮魚。其蔌維何？維筍及蒲。其贈維何？乘馬路車。籩豆有且。侯氏燕胥。

顯父，周卿士。蔌，菜殽也。筍，竹萌也。蒲，蒲蒻也。且，多貌。侯氏，諸侯之稱。言韓侯已覲，反國祖道，畢宿於屠，顯父以王命餞之。余問：「餞時誇其酒殽足矣，又言車馬何爲？」瑞玉曰：「舊説顯父以王命贈焉。竊疑車馬重貺，未必追而贈之，『其贈維何』問辭也，『乘馬路車』答辭也，其贈當在韓侯臨行時，此因餞，追述之。又言前在京時，籩豆盛多，王與韓侯相燕樂，亦追述之辭。榮君貺也。」

韓侯取妻，汾王之甥，蹶父之子。韓侯迎止，于蹶之里。百兩彭彭，八鸞鏘鏘，不顯其光！諸娣從之，祁祁如雲。韓侯顧之，爛其盈門。

汾王，厲王也。蹶父，周卿士，姞姓也。里，采邑也。祁祁，徐靚也。顧，曲顧也。禮親迎，「御輪三周」，下車曲顧是也。孔疏云：「此韓侯娶妻，未必受命之後始娶。」但作者文及之爾。言韓侯妻乃莫貴之女，親迎蹶邑，其車百兩，顯其光美。「韓侯顧之」，受女登車時也。「爛其盈門」，謂娣媵從者，燦爛鮮明且衆多。

蹶父孔武，靡國不到。爲韓姞相攸，莫如韓樂。孔樂韓土：川澤訏訏，魴鱮甫甫，麀鹿噳噳，有熊有羆，有貓有虎。慶既令居，韓姞燕譽。

訏訏、甫甫，大也。噳噳，衆也。貓，似虎淺毛者也。言蹶父甚武健，爲王使於天下，無國不到，爲其女相擇所居，無如韓國最樂。因極陳韓國之樂，山川交會，民物殷繁。喜其有此善居，知韓姞嫁而安樂之。《箋》云：「韓姞安之，盡其婦道，有顯譽。」

溥彼韓城，燕師所完。以先祖受命，因時百蠻。王錫韓侯：其追其貊。奄受北國，因以其伯。實墉實壑，實畝實籍。獻其貔皮，赤豹黄羆。

先祖，韓先祖武王子也。時，謂時節。其貢獻蠻、追、貊，皆國也。籍，税也。貔，白狐也。言大矣韓城，乃昔燕師所築，完以其時。韓先祖受侯伯之命，因以統率百蠻。其祖如此，故今王錫韓侯，令追人、貊人，北方之國盡受之。因以繼其先祖爲伯，於是修其城池，定其田賦，貢其所有於王。「赤豹黄羆」，不言皮，從上省文也。

《韓奕》六章，章十二句。

《韓奕》，命韩侯也。宣王以北國屬韓侯，以東方命山甫，以南土委申伯，將以賢侯威德鎮服邊陲。韓侯初立來見，王錫命之，任爲方伯。首章述其命也，卒章美其績也，中言天子寵錫之事，及大昏親迎之節，著其賢爾。《日知録》云：「《水經注》：聖水徑方城縣故城北，又東南徑韓城東，《詩》『溥彼韓城，燕師所完』，『王錫韓侯，其追其貊，奄受北國。』王肅曰：『今涿郡方城縣有韓侯城，世謂寒號』，非也。按《史記·燕世家》，易水東分爲梁門，今順天府固安縣有方城村，即漢之方城縣也。《水經注》亦云：濕水徑良鄉縣之北界，歷梁山南，高梁水出焉，是所謂「奕奕梁山」者矣。舊説以韓國在同州韓城縣。曹氏曰：『武王子初封於韓，其時召襄公封於北燕，實爲司空，王命以燕衆城之。』竊疑同州去燕二千餘里，即令召公爲司空，……亦當發民於近甸，豈有役二千里外之人而爲築城者哉？」云云。又考王符《潛夫論》曰：「周宣王時有韓侯，其國近燕，故詩云云」。其後韓西亦姓韓，爲衛滿所伐，遷居海中，漢時去古未遠，當有傳授。今以《水經注》爲定。〇《毛傳》梁山韓城，皆不言其地。鄭氏《箋》乃云：「梁山，今左馮翊夏陽縣西北。」至「溥彼韓城，燕師所完，」則鄭已自知其説之不通，故訓燕爲安，而曰大矣，彼韓國之城，乃古平安時衆民之所築完。惟王肅以梁山爲涿郡方城縣之山，而以燕爲燕國。孫毓亦云：「今於梁山則用鄭説，於燕則用王説，二者不可兼通」，云云。

江漢浮浮，武夫滔滔。匪安匪遊，淮夷來求。既出我車，既設我旟。匪安匪舒，淮夷來鋪。

鋪，陳也。言江漢合而東流浮浮然，武夫順流而下滔滔然，非敢安行遊止，其來也惟淮夷是求。既至其境，遂出車設旟，非敢安行舒緩，其來也惟淮夷是鋪。謂陳兵伐之，兵貴神速，出其不意。

江漢湯湯，武夫洸洸。經營四方，告成于王。四方既平，王國庶定。時靡有爭，王心載寧。

四方，淮夷之旁國也。淮夷既平，又經營其旁國從之叛者，既成功，則使傳遽告王。告之辭曰：「淮夷倡亂，四方皆懷觀望，今四方既平，王國幸安定，於時靡有爭鬬者，王心則可以安。」皆述告捷之辭。

江漢之滸，王命召虎：式辟四方，徹我疆土。匪疚匪棘，王國來極。于疆于理，至于南海。

極，中也。平淮告捷，又言「王命召虎」者，「江漢之滸」，地闊人繁，疆界侵亂，故王復命虎開闢四方侵地，「徹我疆土」，無重斂病民，無苛急滋擾，惟定其經制，使來取中於王國爾。當往疆之往理之，至于南海而止。皆述王命之辭。

王命召虎：來旬來宣。文武受命，召公維翰。無曰予小子，召公是似。肇敏戎公，用錫爾祉。

旬，與徇同。召公，召康公奭。瑞玉曰：「予小子，謂召虎也，對其祖言，故稱小子。公，先公也。」余曰：「言『王命召虎』來此『江漢之滸』，徇其民人，宣其德教。在昔，召公親受文王武王命，維爲良翰。今虎無自卑，曰予小子爾，正當爾祖是肖，開敏汝先公所爲，我則用錫爾以福。」

釐爾圭瓚，秬鬯一卣。告于文人。錫山土田。于周受命，自召祖命。虎拜稽首，天子萬年。
卣，中尊也。文人，文德之人，謂文王也。瑞玉曰：「召，公也。受賜歸告其祖。」余曰：「周，岐周也。賜爵祿必於大廟。岐周之地，文王別廟在焉。此述王策命之辭。言賜爾圭瓚秬鬯，又告文人，錫之山川土田，使於岐周受命，從其祖康公受命文王之所，以寵異之。於是虎拜稽首受策，又祝天子萬年。」

虎拜稽首，對揚王休。作召公考：天子萬壽！明明天子，令聞不已，矢其文德，洽此四國。
對，答也。瑞玉曰：「又曰『虎拜稽首』者，欲答王策命，宣揚天子之美，作召公廟器，勒先祖之功，而祝天子之壽。又進戒言：『明明天子』，淮夷既平，有令聞矣；所願進而不已，無怠於終，武功懋矣；所願覃敷文德，洽於四國，則有似文武然。」

《江漢》六章，章八句。

《江漢》，美召公平淮也。周興西北，去東南遠，淮南之夷憑恃江漢爲亂，南國擾。召穆公順江漢而下，討平之，南土服。詩人述以美之。

赫赫明明，王命卿士，南仲大祖，大師皇父。整我六師，以修我戎。既敬既戒，惠此南國。

皇父，南仲之後，以卿士兼大師也。南國，徐方也。言王威嚴明顯，所命之卿士，乃以南仲爲大祖，今大師皇父也。命爲元帥，使整齊六師，脩治兵事，兵凶戰危，故既敬其謀，申其戒令，伐叛安民，以惠南國爾。

王謂尹氏，命程伯休父：左右陳行，戒我師旅。率彼淮浦，省此徐土。不留不處，三事就緒。

尹氏，内史，掌策命者也。程國伯爵，休父字也。三事，三農之事也。王既自命皇父，又謂尹氏，策命休父爲司馬，使左右行陳，誓戒師旅，將前軍先行，循淮濱以覘徐土。又戒之曰：兵貴速也，謀又須密，當令所過之方，不遲留，不止處。三農皆就緒，業如芸者不變然。退山徐氏云：「徐北淮南其勢相倚。淮者，徐之出没之地，常伏匿爲亂藪。王師自西北直擣，不爲東南壅截之計，彼將歷淮浮海，天戈亦難指矣。故命將之初，即已定策循淮浦省之，使徐夷不得越淮南奔也。」

赫赫業業，有嚴天子。王舒保作，匪紹匪遊。徐方繹騷，震驚徐方。如雷如霆，徐方震驚。

瑞玉曰：「作，動也。」余曰：「王，往也。言『赫赫業業』，有威重之天子，其往安舒而動。

師行有節制，不緊相紹續，亦不緩而遊散。徐方諜者知之，已絡繹騷動。王又勒兵震驚之，鼓噪之聲如雷霆，徐方聞之則益震驚。」

王奮厥武，如震如怒。進厥虎臣，闞如虓虎。鋪敦淮濆，仍執醜虜。截彼淮浦，王師之所。

進，前也。闞，勇貌。虓，怒也。仍，重也。截，斷也。瑞玉曰：「徐已震驚，猶不服，故王奮厥威武，將與戰。『如震如怒』，如字未詳。」余曰：「如，古本作而也。《箋》及陸氏《音義》皆然。王既震怒，乃進虎臣，命以厲其威猛陳兵，厚集其陳於淮濆，時出奇兵，因仍執虜其衆。天子又自以王師截淮浦，斷其南奔。」

王旅嘽嘽，如飛如翰，如江如漢。如山之苞，如川之流，緜緜翼翼。不測不克，濯征徐國。

翰，羽也。苞，本也。此章合戰之事。言「王旅嘽嘽」然，合而擊如飛翰之疾，分而出如江漢之盛，静而止「如山之苞」，動而行「如川之流」。緜緜而密，翼翼而整，奇則用謀故不可測，正則以律故不可克，用此師旅以濯征徐國。瑞玉曰：「濯，洗也。可以蕩而洗之。」《日知録》云：「『如山之苞』，營法也；『如川之流』，陳法也。」

王猶允塞，徐方既來。徐方既同，天子之功。四方既平，徐方來庭。徐方不回，王曰還歸。

塞，滿也。瑞玉曰：「來者，徐人自來；同者，淮夷並來。」余曰：「庭，朝也。言戰而勝不繫於勇，由王之廟謨，信滿於天下，先聲奪人。徐方淮夷既來既同，是乃天子之功，非師武臣之力也。四方既平，徐人來朝，欲不回，留以爲質，『王曰還歸』，寬以示恩。」

《常武》六章，章八句。

《常武》，美宣王平徐也。淮北之夷與徐戎並興，東郊不開創於禽父，西巡忘反警於穆王，負固不賓爲日舊矣。宣王承厲王之後，淮徐復叛，遣將征之而未有定也，親履行間，僅乃克之。詩人述其事，因以爲戒爾。瑞玉曰：「戰而捷，亦云武矣，然不可常也，故篇名常武。」

瞻卬昊天，則不我惠。孔填不寧，降此大厲。邦靡有定，士民其瘵。蟊賊蟊疾，靡有夷屆。罪罟不收，靡有夷瘳。

卬，我也。填，久也。蟊，害苗蟲也。賊、疾，皆害人者也。言瞻我昊天不愛下民，而降大惡。王室方騷，邦靡定而士民病。蟊賊外至，蟊疾内生。小人孌妾表裏相煽爲害，無有平夷止極之時。刑罰酷虐，罪人之罟張而不收，則民之病靡有平愈之期。瑞玉曰：「蟊食苗根，人不見之。女寵陰蠱君心害國本，亦似蟊然。」

覆說之。

人有土田，女反有之；人有民人，女覆奪之；此宜無罪，女反收之；彼宜有罪，女

收，拘也。說，辭也。言人有土田民人，汝反奪有之，此蟊賊之實。宜無罪者，反拘繫之，宜有罪者，反辭說之，此罪罟之實。土田民人，諸侯卿大夫方有之，無罪有罪則統言士民。

哲夫成城，哲婦傾城。懿厥哲婦，爲梟爲鴟。婦有長舌，維厲之階。亂匪降自天，生自婦人。匪教匪誨，時維婦寺。

城，猶國也。瑞玉曰：「得一智士可以興邦，任一才女足以覆國，淫昏之君視爲美色哲婦，有識之人憎爲惡物鴟梟。惟其懿之，故多言亂聽，爲禍之梯。亂非天降，由婦人爾。」余曰：「陽性開明，陰性閉固難化，不可教不可誨者，是維婦人與寺人。」

鞫人忮忒，譖始竟背。豈曰不極？伊胡爲慝？如賈三倍，君子是識。婦無公事，休其蠶織。

君子，貴者也。言婦寺能以其智辯窮人，其心忮害，其言變詐，始而譏譖，其終不驗，又復背

其前説，此其惡。豈曰不極乎？乃王猶不悟，以爲彼胡能爲慝者，昏闇之甚。瑞玉曰：「在位之人貪利如賈，而欲贏故三倍之利，君子皆識之。婦人無公事，惟當安其蠶桑織紝而已。褒姒胡不然？」

天何以刺？何神不富？舍爾介狄，維予胥忌。不弔不祥，威儀不類。人之云亡，邦國殄瘁。

刺，責也。富，福也。言天何以責王？神何以不福王？由爾舍女戎之介狄，反善人之是忌爾。天神迭降不祥而王不憂，威儀不類先王而王不懼，專己自恣，善人盡則邦國從之，是以人亡而殄瘁。瑞玉曰：「刺，譏也。幽王淫恣，天宜敬而何以譏詆之？神富汝而反怨其不然。介狄，繒西戎也。介，大也。時方强盛。」

天之降罔，維其優矣。人之云亡，心之憂矣。天之降罔，維其幾矣。人之云亡，心之悲矣。

優，多也。幾，近也。言善人國之紀，天不福王，如降下羅罔盡收去之，故曰「人之云亡」，可憂悲也。不言婦寺害之言天降罔者，深悼之。罔優則投者多，罔幾則入者近。

觱沸檻泉，維其深矣。心之憂矣，寧自今矣？不自我先，不自我後。藐藐昊天，無不克鞏。無忝皇祖，式救爾後。

言涌泉從出之深，以興憂心從來之久。邦之殄瘁，不先不後，何故我正當之？又言天雖藐藐然高遠，未嘗不仁愛人，君壞亂之極無不能鞏固之者。王能回心嚮道，去婦寺親善良，則不忝皇祖，雖失於既往，猶可救於後來也。瑞玉曰：「救爾後者，保其子孫。時宜臼奔申。」

《瞻卬》七章，三章章十句，四章章八句。

《瞻卬》，刺幽王也。王嬖褒姒，任虢石父等，周法不昭，而婦言是行。不建立卿士，而妖試幸措，淫虐日滋，善良道喪。《序》云：「凡伯刺幽王大壞也。」瑞玉曰：「幽王九年，三室始騷。《經》言『孔填不寧』、『邦靡有定』，蓋在九年以後。」

旻天疾威，天篤降喪。瘨我饑饉，民卒流亡，我居圉卒荒。

居，國中也。圉，垂也。言上天疾怒，厚降喪亂，病我以饑饉，使民盡流移，國中自邊垂莫不空虛然。

天降罪罟，蟊賊内訌。昏椓靡共，潰潰回遹，實靖夷我邦。

訌，潰也。《疏》云：「訌字從言，争訟相陷也」。共與供同。潰潰，亂也。瑞玉曰：「蟊如褒姒，賊如虢石父，讒臣嬖妾争亂於内。昏謂頑童，椓謂刑人，侏儒戚施莫供其職。此皆惑亂邪辟之人，王實用之，使治平我邦。」《吕刑》云：「爰始淫爲劓刵椓黥。」故知椓謂刑人。

皋皋訿訿，曾不知其玷。兢兢業業，孔填不寧，我位孔貶。

皋皋，頑慢貌。訿訿，讒謗聲。言小人「皋皋訿訿」，政事必多缺失，而王曾不知。君子兢兢業業，敬心甚久不寧，而其位甚貶。瑞玉曰：「貶，卑小也。言君子位不稱德，非必貶黜爾。」

如彼歲旱，草不潰茂；如彼棲苴，我相此邦，無不潰止。

潰，遂也。苴，水中浮草也。言王用舍乖方，無恩澤於民，如彼歲旱之草，不遂長茂，枯槁無潤澤，如棲於岸上之苴，我視此邦無有不壞亂者。瑞玉曰：「潰茂之潰，亦亂也，言草生蕃廡。潰止，言潰亂而後止。」

維昔之富不如時，維今之疚不如茲。彼疏斯粺，胡不自替，職兄斯引？

富，福也。疏，粗也。粺，精也。兄，《傳》云：「茲也」。言昔則富善人，今時富小人也。今雖病善人，猶不若茲之甚也。彼善人無禄食疏，而此小人反食粺。何不自廢退以防賢路，乃復專主爲滋益，使此亂更長。

池之竭矣，不云自頻。泉之竭矣，不云自中。溥斯害矣，職兄斯弘，不裁我躬！

頻，厓也。池由外灌，泉由内出。瑞玉曰：「幽王任虢石父，王澤竭於國，彼不肯云當從外益也；嬖寵褒姒，王澤竭於宫，彼不肯云當從中益也。言内外相蒙不盡忠告於王，故其害斯廣矣。乃復專主滋益，此亂使之更大，不慮災及我躬乎！」

昔先王受命，有如召公，日辟國百里；今也日蹙國百里。於乎哀哉，維今之人，不尚有舊。

先王，謂宣王。召公，謂召虎。蹙，促也。言昔宣王時，召公受王命，「式辟四方」，至于南海，「日闢國百里」。今幽王時，犬戎内侵，諸侯外畔，「日蹙國百里」。豈謂今無賢臣乎？故又歎嗟。言今去宣王未遠，今之人不尚有故老舊臣，顧王用之爾。瑞玉曰：「若以先王爲文武，則不得云『尚有舊』也。」

《召旻》七章，四章章五句，三章章七句。

《召旻》，刺幽王也。王任小人以致亂。不道之時，非無賢也，有而不用，用而不先爾。親賢臣，遠小人，宣王所以中興；親小人，遠賢臣，幽王所以傾頽。傷時之亂，望之如宣王之任召公爾。篇首有旻，篇終有召，錯舉名篇。瑞玉曰：「史載幽王無饑饉流亡事，《經》有之，蓋亦在九年王室始騷之後。《序》云：『凡伯作。』」

大雅三十一篇。

卷七

頌

周頌

於穆清廟！肅雝顯相。濟濟多士，秉文之德。對越在天，駿奔走在廟。不顯不承，無射於人斯！

穆，深也。清，静也。越，於也。言於哉，此穆清之廟！其在廟中者光顯之，辟公美盛之多士，皆能肅敬雝和，執行文王之德。其神在天則仰對之，其主在廟則駿奔之。若文之德，不顯則人亦不承之矣，今承之人無有厭射於斯者，是其顯也。

《清廟》一章，八句。

《清廟》，《序》云：「祀文王也。周公成洛邑，成王至朝諸侯，因率以祀文王。」《洛誥》云：「王肇稱殷禮，祀于新邑，予齊百工，伻從王于周。」《大傳》云：「周公升歌清廟，苟在廟中嘗見文王者，愀然如復見文王焉。」

維天之命，於穆不已！於乎不顯！文王之德之純，假以溢我，我其收之。駿惠我文王，曾孫篤之。

假，大也。溢，滿也。收，斂也。曾孫，後王也。言天道穆然深遠，動而不已。文王潛光不耀，其德至純，聖同天也。天以大命盈溢我文王，我文王愈收斂之，德純如此。後王當大順其德，益篤厚之，賢希聖也。瑞玉曰：「文王篤周祜，曾孫篤文王。」

《維天之命》一章，八句。

《維天之命》，《序》云：「太平告文王也。」文王受命未終，成王周公致太平，由文王之德致之，故告廟焉。孟仲子云：「大哉天命之無極，而美周之禮也。」愚按：周公成洛邑，在居攝五年。制禮作樂，在六年，本鄭《箋》。頌聲作。

維清緝熙，文王之典。肇禋，迄用有成，維周之禎。

言武王克殷，天下清矣。然非始武王也，其所繼續光明，乃是文王之法爾。自有天下以來始禋祀，至於今用有成。此典常在，實我周之禎祥，致太平之本也。

《維清》一章，五句。

《維清》，《序》云：「奏象舞也。」象者，文舞。舞時，堂上歌其舞曲以爲節。升歌《清廟》，象德也；下管象，示事也。君子上德而下功也。季札觀樂，見舞象箾南籥者，其是乎。按：《箋》云：「象舞，象用兵時刺伐之舞，則是武舞矣。」曹氏云：「説者謂以竿擊人曰箾。」以上二説愚所未詳。

烈文辟公，錫茲祉福。惠我無疆，子孫保之。無封靡于爾邦，維王其崇之。念茲戎功，繼序其皇之。無競維人，四方其訓之。不顯維德，百辟其刑之。於乎，前王不忘！

封，大也。瑞玉曰：「競，爭也。」余曰：「言有先烈文德之諸侯，我先王文武錫以今茲祉福。其愛我等無窮，意欲令子孫保守之。當仰體文武此意，小心謹慎，無大侈靡于爾邦，維王其尊崇之。當常念此佐定天下之戎功，兢業持守，令子孫繼序光大之。又與四鄰交，當須居己謙下，無爭於人，四方其訓道之。盛德不顯於外，百辟其型法之。因歎美言前王文武。汝當永念不忘，能念文武則思保戎功矣。」瑞玉曰：「『烈文辟公』似謂先王先公，宗廟之中卑統於尊，故稱公，其尸亦稱公尸也。我，我成王及諸侯。『無封靡于爾邦』，富不淫也；『無競維人』，貴不驕也。列侯功臣多驕淫。」

《烈文》一章，十三句。

《烈文》，《序》云：「成王即政，諸侯助祭也。」周初，諸侯多佐先王定天下，爲後世光美稱其戎功，塞其違德，因以爲戒爾。禮賓，三獻尸之後，主人酌酒獻賓，歌《烈文》。

天作高山，大王荒之。彼作矣，文王康之。彼徂矣，岐有夷之行。子孫保之。

「彼作矣」、「彼徂矣」，皆三字句。彼，謂民也。言天作岐山，本由大王荒治之，彼民築作宫室而居矣。乃自文王康定之，彼民皆往來於此矣，岐山遂成平易之大道。創業艱難，我子孫其世守之。

《天作》一章，七句。

《天作》，《序》云：「祀先王先公也。」或云祀岐山也。帝遷明德省其山，王迹之，興由大王受命，康功爰自文王。《易》云「王用亨于岐山」，是謂也。瑞玉曰：「謂祀大王則下衍文王，云祀先王即不見王季，此可疑。」

昊天有成命，二后受之。成王不敢康，夙夜基命宥密。於緝熙！單厥心，肆其靖之。

二后，文武也。宥，寬也。密，静也。言周世世修德，昊天已有成命，至文武受之而有天下。命雖大定，然成王不敢即安，早夜之間敬德基命於寬宏静謐之中。又歎美言：於哉，學有緝熙！單文祖德盡其心矣，肆靖天下繼寧，考功可謂成矣，故謚之成王。謚之爲言慎也、悉也、行之迹也。

《昊天有成命》一章，七句。

《昊天有成命》，議謚也。成王有繼二后之德，致太平之功，臣子見於南郊而議謚，稱天以誄之，謚之成王爾。叔向云：「此道成王之德也。成王能明文昭、定武烈者也。」

我將我享，維羊維牛。維天其右之。儀式刑文王之典，日靖四方。伊嘏文王，既右饗之。我其夙夜，畏天之威，于時保之。

羊以實柴，牛以供饌，先柴後獻，故羊先於牛。右，尊也。神東向，居饌右，所以尊之。儀，善也。言我有所將而奉者維羊，有所享而獻者維牛。天庶其降而右之乎，不敢心饗也。祀天配以文王，故言文王之典，我善之法之，奉爲型以「日靖四方」。天嘏文王，因嘏我既來在右饗之矣，親之故信之也。又言天雖錫福，亦降威，我當夙夜畏天威，以保此右饗之嘏。余問：「畏威稱天，何不及文王？」瑞玉曰：「文王，親也。」

《我將》一章，十句。

《我將》，《序》云：「祀文王於明堂也。」萬物成形於天，人成形於父，季秋饗帝，明堂祀以配焉爾。

時邁其邦，昊天其子之？實右序有周。薄言震之，莫不震疊。懷柔百神，及河喬嶽。允王維后！明昭有周，式序在位。載戢干戈，載櫜弓矢。我求懿德，肆于時夏。允王保之！

瑞玉曰：「言以時巡行邦國，是乃昊天之子也。君天下曰天子。」余曰：「此燔柴祀天也，故言天，實尊次有周於諸侯。上人心玩則無震，六飛親臨，甫震動之則已莫不悚懼。既先柴，遂望秩以禮，懷安百神及河嶽，人神受職，信乎天爲天下君也。禮神既畢，遂覲羣后，故言昭明乎有周也。考其法式，次其功罪，以黜陟在位之諸侯。天下咸服，兵不復用，廣求美德，陳布於中國，信乎王能保安天下也。」余問：「懿德何言求？」瑞玉曰：「天子巡守，陳詩納賈，就見百年，皆欲旁求文德布之方國爾。」

《時邁》一章，十五句

《時邁》，《序》云：「巡守告祭柴望也。」古注皆爲武王時詩，逸齋范氏云：「《時邁》與《般》二詩，當繫之成王。」按：《韓詩·薛君章句》云：「疊，應也。美成王能奮舒文武之道而行之，則天下無不動而應其政教。」《箋》云：「巡行至於方岳之下而封禪。」於《經》爲誣，於《傳》爲衍，徒啟人主侈大之心，漢儒之陋也。

執競武王，無競維烈。不顯成康，上帝是皇。自彼成康，奄有四方，斤斤其明，鐘鼓喤喤。磬筦將將，降福穰穰。降福簡簡，威儀反反。既醉既飽，福禄來反。

言能執持强道者維武王，故其功烈莫强焉，豈不顯其德乎？成王康王亦上帝所君也。武王雖定天下，未能靖之，自成康致太平，始同有四方，禮樂脩舉其明斤斤然。喤喤，和也。將將，集也。穰穰，衆也。簡簡，大也。既道成康之德如此，故今祭之，樂音和集，神降之福。又言降福雖大，威儀愈益詳審。至於祭末人既醉飽，禮無違者，是以福禄之來，反復不窮。余問：「斤斤？」瑞玉曰：「君德莫要於明。斤斤，明察，而小與文武異也。」

《執競》一章，十四句。

《執競》，祔康王也。康王祔於武王廟。何氏云：「祭成康也。」祖禰日祭，曾高月祀。成於昭爲祖，康於昭爲禰，每日上食時歌之。非大祭，祀樂止用鐘鼓磬筦四者，即《詩》所稱「鐘鼓磬筦」也。

思文后稷，克配彼天。立我烝民，莫匪爾極。貽我來牟，帝命率育，無此疆爾界，陳常于時夏。

立，成也。來，小麥。牟，大麥。瑞玉曰：「帝謂堯也。言我思有文德之后稷，能配彼天，其德成立我衆民，民德之中莫非爾中也！稷降播種尤重於麥，『貽我來牟』，實由帝堯命爲農師，令偏育民人。其德廣遠，無彼此疆界之限，以陳布常道於中國。」

《思文》一章，八句。

《思文》，《序》云：「后稷配天也。」瑞玉曰：「人勞思善，逸則思淫。后稷之道，率天下而勞之，所以善之也。人謂后稷降播種，不知后稷教人倫也。『思文后稷，克配彼天』，周文公之頌也；『立我烝民，莫匪爾極』，堯康衢之歌也。維其有之，是以似之。」

嗟嗟臣工！敬爾在公。王釐爾成，來咨來茹。嗟嗟保介！維莫之春，亦又何求？如何新畬？於皇來牟，將受厥明。明昭上帝，迄用康年。命我衆人，庤乃錢鎛，奄觀銍艾。

公，公所也。茹，度也。王祭先農畢，戒羣臣言：「嗟嗟臣工」，從王祭祀，「敬爾在公」之事矣。王賜爾以農事成法，爾當來咨謀商度之。臣工不皆農官，於事或不習，故須咨度。瑞玉曰：「保介，安大農事者也。」余曰：「介，廬舍也，安息廬舍董農事者。一云：介，副也，農官之貳也。田二歲曰新，三歲曰畬。庤，具也。錢，銚也。鎛，鎒也。銍，鐮也。艾，穫也。王既徧戒臣工，其保介專典農事，故又嗟嗟戒之，言春初耕作，今春莫矣，『亦又何求』？因問我新畬之田如何乎？答言：於哉美大之！來牟將熟而受明賜矣。『明昭上帝』，及麥秋至用賜我豐年，則當命甸徒具農器，同觀銍刈而登麥也。此皆保介之答辭。」余問：「錢宜耕，鎛宜耘，與銍艾不次？」瑞玉曰：「麥後，便就其田種麻菽，故須具耕耨之器。農家麥收最重，故麥熟即爲康年。詩人不及諸穀，獨詠來牟，其是與？」保介，《箋》據《月令》以爲車右。高誘《吕氏春秋·注》云：「保介，副也。」

《臣工》一章，十五句。

《臣工》，何氏云：「耕藉也。天子率羣臣躬耕，帝藉祭於先農而受釐，因戒農官焉。」

噫嘻成王，既昭假爾。率時農夫，播厥百穀。駿發爾私，終三十里。亦服爾耕，十千維耦。

噫嘻，歎聲。發，耕也。康王既卜郊，言「噫嘻成王」，神靈既昭假於爾，使我得卜矣，爾農官當率農夫播百穀。上欲富民而讓於下，欲令民大發私田，竟三十里。人目望見之地，皆耕作之，萬夫爲耦人，衆力齊趨時也。瑞玉問：「『發爾私』、『服爾耕』，文何以別？亦者，亦誰？」余曰：「君固先私，民應急公。三十里之地，不獨趨治公田，亦皆服耕於爾私田，無曠土閑民。」《傳》

云：「『終三十里』，言各極其望也。」王肅云：「三十里，天地合，所之而三十，則天下徧。」

《噫嘻》一章，八句。

《噫嘻》，《序》云：「春夏祈穀於上帝也。」徐氏云：「卜郊也。」古者一歲再郊，冬至之郊不卜，孟春之郊則卜之。《春秋》書卜郊皆祈穀也。孔子云：「天子卜郊，受命於祖廟，作龜於禰宫。」康王將祈穀，卜於成王廟，傷先王之不見也，噫嘻歎恨之。啓蟄而郊，郊而後耕，故即廟中戒農官焉。

振鷺于飛，于彼西雝。我客戾止，亦有斯容。在彼無惡，在此無斁。庶幾夙夜，以永終譽。

振，羣飛貌。雝，澤也。辟雝在國西郊，故稱西雝。言振鷺往飛，在彼西雝之水，甚修潔，我客殷人尚白，其來儀容潔白，亦似鷺然。又言客在彼國無怨惡之者，其來在此無厭斁之者。既有譽矣，又當夙夜勤勉，以長終其譽。美而箴之。

《振鷺》一章，八句。

《振鷺》，《序》云：「二王之後來助祭也。」二國未必同時並至，《經》言「我客」，則未知其杞也？宋也？觀振鷺起興與有客白馬相涉，蓋亦殷客與。

豐年多黍多稌，亦有高廩，萬億及秭。爲酒爲醴，烝畀祖妣，以洽百禮，降福孔皆。

稌，稻也。黍稻皆多，高下俱熟也。廩，藏米者也。數萬至萬曰億，數億至億曰秭。言年豐穀多，不獨倉庾盈滿，即藏米之廩，亦高大，數又至多，可爲酒醴，進祖妣祭祀以會百禮。是皆神之所貺，其降福甚徧矣，故今美報焉。

《豐年》一章，七句。

《豐年》，《序》云：「秋冬報也。」秋祀方社，冬祀八蜡，所以報答神功。順成之方，其蜡乃通，故豐年稱焉。《箋》云：「報，謂烝也，嘗也。」按：先儒或云，秋冬大饗明堂，然《經》有「祖妣」，恐非可施之明堂爾。

有瞽有瞽，在周之庭。設業設虡，崇牙樹羽。應田縣鼓，鞉磬柷圉。既備乃奏，簫管備舉。喤喤厥聲，肅雝和鳴，先祖是聽。我客戾止，永觀厥成。

再言有瞽，非一人也。崇牙，業上齒也。樹羽，植五采羽其上，謂之璧翣，周制也。應，小鼓；田，大鼓；縣鼓，周鼓也。鞉，小鼓也。磬，石也。柷，椌也。圉，楬也。既備，謂畢縣也。簫，編竹爲之；管，併兩吹之。成，樂之一終也。言衆瞽皆在周庭，其堂下之樂器，設懸既備，乃皆奏之，簫管之細又亦備舉，衆音繁會，厥聲喤喤然。肅敬雝和，本於人心，而形於音樂。又和其聲以鳴樂，貴和也。先祖聽之，我客觀之，永見其成焉。瑞玉問：「合樂何以無舞？」余曰：「崇牙，疑干上飾，即干舞也。樹羽，翟羽，即羽舞也。舞之節與鼓應，故曰『應田縣鼓』，《經》文似有此意，但先儒不言，無文以明之。」

《有瞽》一章，十三句。

《有瞽》，《序》云：「始作樂而合乎祖也。」王者功成作樂，合諸樂器於大祖之廟奏之，告神以知和否。詩人述其事而歌焉。特告大祖，不因祭祀，故不告餘廟。

猗與漆沮！潛有多魚。有鱣有鮪，鰷鱨鰋鯉，以享以祀，以介景福。

猗與，歎美辭。潛，深藏也。冬魚畏寒，性定而肥。鮪，王鮪也。鱣，鮪屬。鰷，白鰷也。鱨，鰷屬。鰋，鯉屬。言美哉漆沮之水，潛於中者有此多魚，取以薦新介景福焉。魚微物也，生之有地，取之有時，獻之有節，而可以羞鬼神、繁福祉，況其他乎！

《潛》一章，六句。

《潛》，冬薦魚也。古者大寒降水，虞於是講罛罶，取名魚，薦之寢廟。瑞玉曰：「《經》言『潛有多魚』，魚冬乃潛，《序》云『春獻鮪』，誤矣。」

有來雝雝，至止肅肅。相維辟公，天子穆穆。於薦廣牡，相予肆祀。假哉皇考！綏予孝子。宣哲維人，文武維后。燕及皇天，克昌厥後。綏我眉壽，介以繁祉。既右烈考，亦右文母。

於，歎辭，又讀如字。皇考，武王也。瑞玉曰：「言有雝雝然來肅肅然至者，乃助祭辟公也。天子於是穆穆其容，薦其大牲，辟公助陳祭祀之饌，得天下懽心事先王。大哉皇考！其安我孝子也。」余曰「宣，通也。烈考，文王也。文母，大姒也。」瑞玉曰：「言肅雝辟公，實皆通達之人，由文王武王爲君，譽髦之澤所留也。文武受命，既安皇天，又能昌大後人，安我秀眉之壽，助以繁多之福，此皆武王之賜，實文王、大姒之澤，故今皆尊而事之。」

《雝》一章，十六句。

《雝》，《序》云：「禘大祖也。」瑞玉曰：「吉禘也。成王四年春，吉禘於武王，祭而受釐，歌以徹焉。」《箋》云：「禘，大祭也。大於四時而小於祫。」未詳。

載見辟王，曰求厥章。龍旂陽陽，和鈴央央。鞗革有鶬，休有烈光。率見昭考，以孝以享，以介眉壽。永言保之，思皇多祜。烈文辟公，綏以多福。俾緝熙于純嘏。

和在式前，鈴在旂上。鶬，金飾貌。瑞玉曰：「鞗革，金環聲如鶬也。」言成王除喪，諸侯始來見，謂求典章。其車旂服物甚盛美哉！有顯光於朝廷。既行朝禮，王乃率之見昭考武王，以展孝思，以陳享獻，以介壽考，王當長言保此美大之多福，又言諸侯助祭得禮，神亦安以多福，使繼續光明，永膺於純嘏。瑞玉曰：「純，束也，謂獲福之固。」

《載見》一章，十四句。

《載見》，《序》云：「諸侯始見乎武王廟也。」成王既免喪，朝諸侯，率以祀武王，受鳌陳戒焉。

有客有客，亦白其馬。有萋有且，敦琢其旅。有客宿宿，有客信信。言授之縶，以縶其馬。薄言追之，左右綏之。既有淫威，降福孔夷。

再言有客，重之也。亦，亦車服也。殷尚白，不獨車服白，馬也白也。萋，文貌。且，《說文》云：「薦也。」敦與雕通。旅，陳也。「有萋有且」，謂薦束帛。「敦琢其旅」，謂加璧。言微子來，賓用先王之禮，陳庭實之儀，著其象賢也。一宿曰宿，「有客宿宿」兩宿也。再宿曰信，「有客信信」四宿也。綏，登車索也。淫，大也。夷，大也。言周人愛敬微子，既信宿仍欲縶其馬留之，既去矣又追餞之，王命左右授綏以寵異之，既有此等大威，則知來見廟時神降之福亦甚大也。瑞玉曰：「淫，邪也。言昔武庚淫虐，天既降威罰，今微子賢，天亦降大福。」

《有客》一章，十二句。

《有客》，《序》云：「微子來見祖廟也」。成王命微子代殷後，既受命來朝，見於廟之詩。

於皇武王！無競維烈。允文文王，克開厥後。嗣武受之，勝殷遏劉。耆定爾功。

劉，殺也。耆，老也。歎美言大哉武王，其克商功烈天下莫彊。原其初，由有文德之文王克開之，武王繼受之，勝殷止殺，年老仍定汝之功。武王未受命。瑞玉問：「遏劉，古注未安。」余曰：「武王伐殷，取殘而已，不妄殺人，故曰止戈爲武。」

《武》一章，七句。

《武》，《序》云：「奏大武也。」周公象武王之功，令堂上歌之爲舞節。《春秋傳》楚子云：「武王克商作《武》，其卒章曰『耆定爾功』。」名爲卒章，則未知首章何篇也？孔疏云：「《頌》皆一章，言卒章者，謂終章之句也。」其三曰：「敷時繹思，我徂維求定。」其六曰：「綏萬邦，屢豐年。」所云三六之數，與今篇次皆不合。杜注云：「蓋楚樂歌之次第。」

閔予小子，遭家不造。嬛嬛在疚，於乎皇考！永世克孝。念茲皇祖，陟降庭止。維予小子，夙夜敬止。於乎皇王！繼序思不忘。

嬛，石經作煢。皇王，武王也。成王言，痛予小子，遭家未成而居憂，嬛嬛然在哀病中，歎念皇考武王，終身能不忘孝思，念皇祖，如見其陟降庭中也。瑞玉曰：「言武王思念文王，不敢安息，常徘徊步庭中。予小子夙夜過其前，未嘗不見敬。因歎皇王之孝如此，故今我思繼序之。」

《閔予小子》一章，十一句。

《閔予小子》，《序》云：「嗣王朝於廟也。」何氏云：「發端三句，似非免喪語，非免喪亦不宜朝廟，疑卒哭祔祭之詩也。」

訪予落止，率時昭考。於乎悠哉，朕未有艾。將予就之，繼猶判涣。維予小子，未堪家多難。紹庭上下，陟降厥家。休矣皇考！以保明其身。

訪，謀也。落，始也。艾，老也。言謀我始政之事，欲循昭考所行，又歎其道遠哉，我未能老成。羣臣扶我就之，繼猶恐其不合，予小子爾，未任家之多難，憂懼不寧。因相繼上下於庭，陟降於家，仰慕皇考之休能，以道保安其身，顯明其身。我當如何率之？瑞玉云：「紹庭，步履相繼於庭。」

《訪落》一章，十二句。

《訪落》，《序》云：「嗣王謀於廟也。」成王始即政，自以承聖父之業，懼不能循其道德，因朝廟畢與羣臣謀之。

敬之敬之！天維顯思。命不易哉，無曰高高在上，陟降厥士，日監在茲。維予小子，不聰敬止。日就月將，學有緝熙于光明。佛時仔肩，示我顯德行。

士，事也。佛弼通。仔肩，任也。言「敬之敬之」，天道顯明，其命不易可保，無得曰天高遠，常若陟降，於人所爲之事，無日不監視之，可不敬乎！又言：予小子不聰，雖知當敬，不明所以敬，庶幾日月之間，就將於學，繼續明德之功，以至於光明，而又病未能也。爾諸臣，其弼予負荷，示我顯然之德，當遵行者。

《敬之》一章，十二句。

《敬之》，瑞玉曰：「嗣王自戒也。既述天監之不遠，敬之之不可忘。又懼學未至，而求助於羣臣。」

予其懲，而毖後患。莫予荓蜂，自求辛螫。肇允彼桃蟲，拚飛維鳥。未堪家多難，予又集于蓼。

荓，使也。桃蟲，鷦也。拚，飛貌。鳥，大鳥也，鷦鷯生鵰。蓼，辛菜也。成王言：予今其有所懲創，而慎後患矣。莫復使蜂而求螫，始信桃蟲之維鳥。我以渺渺之身，本未任家之多難，況又可集於辛苦之地。

《小毖》一章，八句。

《小毖》《序》云：「嗣王求助也。」成王信管蔡而不知蜂蠆之有毒，忽武庚而不知鷦鷯之維鳥。聖人無懲而知戒，賢者因患以知懲。瑞玉曰：「小者猶毖，況大者乎？《經》皆言毖小之事，故以名篇。」

載芟載柞，其耕澤澤。千耦其耘，徂隰徂畛。侯主侯伯，侯亞侯旅，侯彊侯以，有嗿其饁。思媚其婦，有依其士。有略其耜，俶載南畝。播厥百穀，實函斯活，驛驛其達，有厭其傑。厭厭其苗，緜緜其麃。載穫濟濟，有實其積。萬億及秭。爲酒爲醴，烝畀祖妣，以洽百禮。有飶其香，邦家之光。有椒其馨，胡考之寧。匪且有且，匪今斯今，振古如茲。

澤澤，釋也。瑞玉曰：「農及雪澤也。」余曰：「耘，去陳根也。既耕反土之後，草木根株有不盡者，則復耘之。」隰，水道也。畛，田畔也。主，家長也。伯，長子也。亞，仲叔也。旅，衆子弟也。彊，助力也。以，傭賃也。言始芟作，草木除，然後土氣解，釋雪澤，可耕也。既耕，又耘之盡去陳根，輩作者千耦，言趨時也。治田畢，又修水道、田畔，或往之隰，或往之畛。又言耘夫輩作，維主、伯、亞、旅、彊、以皆在，有婦人來饁呼之食，其聲嗿然。思媚其夫者，婦也。有依其婦者，士也。士，《傳》云：「子弟也。」於是有略然利者以此耜，始從事南畝而耕焉。實，種子也。函，生意含也。活，始生根也。瑞玉曰：「驛驛，疾貌，謂怒茁也。達，出土也。」余曰：「厭，得氣足也。傑，苗兄也。厭厭，受形足也。濟濟，《箋》云：『穗衆難進也。』胡，壽也。且者，祖也，祖之言始也。振，舉也。言穀既播乃生根，驛驛出土，其傑特之苗，與衆齊等之苗，皆厭然茂盛。苗生而耘，又緜緜然詳密不鹵莽也。至於穫之積之，收成衆多，既爲酒醴進祖妣，又以會燕饗之禮。其饌飶香，賓客歡欣，爲邦家光美。其酒椒馨，扶養衰老，致壽考安寧，此因年豐而實其用也。然豐稔之慶惟神相之，匪祖乎有祖也，匪今日斯祖之，蓋自古如此爾，故我今祀而祈之。」

《載芟》一章，三十一句。

《載芟》，春祈田祖也。瑞玉問：「何知不如《序》言『春祈社稷』？」余曰：「『匪且有且』，且者，祖也。田祖始爲田，有功於人，廣陳田事以祈之。《載芟》祈於春，故治田之事詳。《良耜》報於秋，故納稼之事備。《載芟》、《良耜》一體之詩，春祈田祖亦祈社稷，秋報社稷亦報田祖。」

畟畟良耜，俶載南畝。播厥百穀，實函斯活。或來瞻女，載筐及筥。其饟伊黍，其笠伊糾。其鎛斯趙，以薅荼蓼。荼蓼朽止，黍稷茂止。穫之挃挃，積之栗栗。其崇如墉，其比如櫛。以開百室。百室盈止，婦子寧止。殺時犉牡，有捄其角。以似以續，續古之人。

畟畟，猶測測。「或來瞻女」，餉之也，欲省視相勞苦，故曰瞻爾。筐、筥，餉具也。饟、黍，豐年食也。糾，輕舉貌。趙，刺也。薅，拔去也。荼、蓼，皆穢草，水陸異名也。草朽則苗疏，土肥故禾茂也。挃挃，穫聲也。栗栗，堅實也。瑞玉曰：「如墉，積高也。如櫛，積密也。」余曰：「百室，邑之衆室也。方春出田，邑室皆閉。收穫畢，自野入邑則百室開也。捄，角貌。社稷之牛角尺。言歲云秋矣，追思春初，農人以利善之耜，耕而播之，耘而饁之，穫而藏之。百室皆滿，婦子無饋饁之勞，皆安甯矣。然此皆神貺也。天子社稷大牢，故用犉牡報之，以興來歲繼往歲。古之人皆如此，故我今日續行之。必言續古人者，君子有善不自功，古曰在昔，昔曰先民。按：「其笠伊糾」，農人戴破笠，有繩聯綴之，故曰糾。

《良耜》一章，二十三句。

《良耜》，《序》云：「秋報社稷也。」社，土神也。稷者，土之細也。太平之時，年穀豐熟，以爲由社稷之所祐，秋物既成，因美報焉爾。

絲衣其紑，載弁俅俅。自堂徂基，自羊徂牛，鼐鼎及鼒。兕觵其觩，旨酒思柔。不吴不敖，胡考之休。

絲衣，爵弁士服也。紑，潔貌。載，戴也。俅俅，恭順貌。基，門塾之基也。鼐，大鼎。鼒，小鼎。吴，譁也。敖，傲也。言絲衣載弁之士，恭順執事，繹禮輕，故使士也。自門堂降往於基告濯具，又從羊至牛告充肥，已，乃舉鼎冪告潔，此言祭之初也。祭而飲酒，兕觵觩然剛，旨酒思其柔，不讙譁，不傲慢，恭敬可以受福，以此得壽考之休徵，此言祭之末也。

《絲衣》一章，九句。

《絲衣》，《序》云：「繹賓尸也。」祭之明日爲祊乎外，廟門外之西室也。又繹於其堂，所以賓尸祊一祭也、繹一祭也。以其言繹，則可以統之，繹一事也、賓尸一事也。以其不言賓尸，則無以明之。高子云：「靈星之尸也。龍星左角曰天田，天田者農祥也，農祥晨正而祭之，可以田也。或云祈蠶也。天子季春薦鞠衣先帝，靈星者龍星，蠶爲龍精，尸以象之。蠶爲絲，故衣絲爾。」

於鑠王師！遵養時晦。時純熙矣，是用大介。我龍受之，蹻蹻王之造。載用有嗣，實維爾公允師。

鑠，盛也。養如時，有養日之養。晦，昧也。介，助也。龍，寵也。蹻蹻，武貌。造，至也。公，大公。師，尚父也。言於乎盛哉！我武王之師，陳於商郊，其時雨甚冥晦，武王循養而俟之。甲子昧爽雨止，而時大清明矣。是天命大助我，使我寵受之，武王於是蹻蹻然造於紂都。其時則有率衆繼嗣之者，實維爾鷹揚之大公允爲大師者，佐成之。《記》云：「發揚蹈厲，大公之志也。」

《酌》一章，八句。

《酌》，《序》云：「告成大武也。」以《樂記》準之，蓋再成滅商之樂歌也。天之所助者，順人之所助者，信武王不汲汲戎殷，時止而止，時行而行，酌天人之道而用之，故篇名酌。酌，亦作汋，亦作勺。《漢·禮樂志》言周公作勺，其字皆單作勺。

綏萬邦，屢豐年。天命匪解。桓桓武王，保有厥士，于以四方，克定厥家。於昭于天！皇以閒之！

桓桓，武貌。閒，代也。言周既克商，萬邦乂安，陰陽和而屢獲豐年，可見天命之不懈倦也。此由桓桓武王，保有同德同心之士，往以宣力四方，安定國家。於哉！其功德上昭於天，故命之爲君以代商。

《桓》一章，九句。

《桓》，武功成也。以《樂記》準之，蓋「四成而南國是疆」之樂歌也。疆理天下，年穀豐熟。《春秋傳》楚子云：「夫武，禁暴、戢兵、保大、定功、安民、和衆、豐財者也。」「其六曰：綏萬邦，屢豐年。」朱子云：「《序》以爲講武類禡，豈後世取其義而用於其事與？」按：如楚子言，則六章俱名武矣，又其次序與今詩異，倘亦師移其第歟？

文王既勤止，我應受之。敷時繹思，我徂維求定。時周之命，於繹思！

應，當也。繹，繼也。言文王勤勞天下至矣，我當而受之，敷布是賚於天下，令人繹思之。知我自今以往維求安定，是乃周之新命，諸臣皆當繹思之。牟氏曰：「我，我受賚者也。思，語辭也。文王既嘉我之勤，我等當受此賚也。頒布是賚，將常繼賚之。我等既受賚，惟往求定。此周家之命，美哉！將常繼賚之也。」

《賚》一章，六句。

《賚》，《序》云：「大封於廟也。」以《樂記》準之，蓋「五成分，周公左，召公右」之樂歌也。武王歸自伐商，大封功臣爲諸侯，命於文王廟陳文王之德，戒之賚予也。周有大賚，富善人也，故篇名《賚》。

於皇時周！陟其高山，墮山喬嶽，允猶翕河。敷天之下，裒時之對，時周之命。

墮山之墮，墮者猶道也。翕，合也。言於乎大哉！是周之王也。因巡守升其高山祭之，望見小山及喬嶽，於是信道於合流之小水，獨流之大河。徧天下之所至，諸侯皆聚而朝之，以答其意，是乃周之新命也。武王謂周公：「我南望三塗，北望嶽鄙，顧瞻有河，粵瞻洛伊，毋遠天室，營周居於洛邑而後去。」

《般》一章，七句。

《般》，《序》云：「巡守而祀四嶽河海也。」以《樂記》準之，蓋「六成復綴以崇天子」之樂歌也。武王既定天下，巡行殷國，朝於方岳，軫於鬼神，所謂崇天子也。般，旋也，游也，故篇名《般》。

周頌三十一篇。

魯頌

駉駉牡馬，在坰之野。薄言駉者？有驈有皇，有驪有黄。以車彭彭！思無疆，思馬斯臧。

駉駉，腹幹肥張也。坰，遠野也。牧於遠野，避民居與良田也。驪馬白跨曰驈、黄白曰皇、純黑曰驪、黄騂曰黄。言「駉駉牡馬」，貴用也。特言牡，明不牡者尚多也。「薄言駉者」，問辭也。特言駉，明不駉者尚多也。「有驈有皇」以下，答辭也。禮問國君之富，數馬以對也。言馬毛色美，備用以駕車彭彭然盛壯。所以致此多馬者，由魯公思慮廣遠，無疆境之限，是以思及馬而馬斯臧。《傳》云：「諸侯六閑，馬四種，有良馬、戎馬、田馬、駑馬。」《疏》云：「首章言良馬也，朝祀所乘，故云彭彭，見其有力有容。」愚謂：「臧者，德之善也。」按：「有驈有皇，有驪有黄。」驈，純色；皇，純白色；驪，純黑色；黄，純黄色。

駉駉牡馬，在坰之野。薄言駉者？有騅有駓，有騂有騏。以車伾伾！思無期，思馬斯才。

蒼白雜毛曰騅，黄白雜毛曰駓，赤黄曰騂，青黑曰騏。伾伾，有力也。此言戎馬，故貴多力。無期，思之久也。才，材力之善也。吉事尚德，軍事尚才。

駉駉牡馬，在坰之野。薄言駉者？有驒有駱，有騮有雒。以車繹繹！思無斁，思馬斯作。

青驪白鱗曰驒，白馬黑鬣曰駱，赤身黑鬣曰騂，黑身白鬣曰雒。瑞玉曰：「《爾雅》無雒，先儒疑駁字之譌，《爾雅》：『騂，白駁也。』繹繹，善走也。此言田馬。田獵尚疾，故貴善走。無斁，思不厭也。作，奮起也。《易》云：『震爲作足』」。

駉駉牡馬，在坰之野。薄言駉者？有駰有騢，有驔有魚。以車祛祛！思無邪，思馬斯徂。

陰白雜毛曰駰，彤白雜毛曰騢，豪骭白曰驔，二目白曰魚。瑞玉曰：「《爾雅》無驔，《說文》云：『骭，骹也。』魚，馬之不善者也，故序在最後。祛祛，彊健也。此言駑馬主給官役，故貴彊健。無邪，思之正也，思不旁出則正。徂，行也，可駕以走行。」

《駉》四章，章八句。

《駉》，魯公考牧祭馬神也。伯禽封魯三年而報開業之君，意思深遠，有精詳之畫，有經久之謀，農桑、禮教民，物殷阜焉。瑞玉曰：「知牧馬則知牧人矣。《說文》云『駉，牧馬苑也』，故篇名《駉》。」

有駜有駜，駜彼乘黃。夙夜在公，在公明明。振振鷺，鷺于下。鼓咽咽，醉言舞。于胥樂兮！

駜，馬肥彊貌。重言有駜，非一駜也。在公，在學也。明明，禮文辨治也。泮宫有水鷺集焉，于下翔集，以興舞也。言諸臣乘有駜乘黄，早夜之間來在公所，候君行禮，著勤敬也。君至，導君行禮，在公明明然。已而飲酒奏樂，如羣鷺下集，狀舞容也。至無算爵，則又舞以盡歡，於是君臣皆相喜樂。瑞玉曰：「『鷺于下』、『醉言舞』，一節事爾，『鼓咽咽』者，舞必有鼓節之。《宛丘》云：『值其鷺羽』，發首先言『坎其擊鼓』。」

有駜有駜，駜彼乘牡。夙夜在公，在公飲酒。振振鷺，鷺于飛。鼓咽咽，醉言歸。于胥樂兮！

乘牡，四馬皆牡也。飲酒，飲烝也。于飛，將去，以興歸也。醉而歸，禮也。

有駜有駜，駜彼乘駽。夙夜在公，在公載燕。自今以始，歲其有。君子有穀，詒孫子。于胥樂兮！

青驪曰駽。載燕，養老之禮，以燕禮也。穀，禄也。燕既成禮，臣飽君賜，因設辭慶之。言自今爲始，歲歲皆有年，君子有禄遺子孫，年豐人樂，君臣歲歲相燕會，樂當如何？

《有駜》三章，章九句。

《有駜》，蜡而飲酒也。孟冬蜡祭，勞農畢，飲酒於學，養老焉。親親而尚齒，魯公之教也。樊穆仲云：「魯侯肅恭明神，而敬事耆老，是甚遺教遠矣。」何氏云：「大飲烝也。十月農事畢，諸侯與羣臣飲酒於大學，曰大飲烝。」

思樂泮水，薄采其芹。魯侯戾止，言觀其旂。其旂茷茷，鸞聲噦噦。無小無大，從公于邁。

芹，水菜也。瑞玉曰：「采之者將釋菜於先師。」余曰：「言思可樂者，泮水也。魯公建學興賢，於其來視學之時，鸞旂雍容，國之俊選，小大皆從公而來，喜其教無類。」

思樂泮水，薄采其藻。魯侯戾止，其馬蹻蹻。其馬蹻蹻，其音昭昭。載色載笑，匪怒伊教。

藻，文草也。言魯侯既至講學行禮，其教人之音聲昭昭明明。載色温其容，載笑和其聲，不用疾怒，從容教之。言其善育人材。

思樂泮水，薄采其茆。魯侯戾止，在泮飲酒。既飲旨酒，永錫難老。順彼長道，屈此羣醜。

茆，鳧葵也。難老，不能老也。長道，大路也。言魯侯褉學，遂徵先生君子，行養老飲酒之禮。既飲美酒，願天長賜以不老，祝其壽也。飲酒之後，與老者定謀，將順大道而伐淮夷，屈服其羣衆。禮將出征，受成於學。

穆穆魯侯，敬明其德。敬慎威儀，維民之則。允文允武，昭假烈祖。靡有不孝，自求伊祜。

允文，興學也。允武，伐淮也。烈祖，文王也。言魯侯愼慎儀，維民法則，既信文又信武，昭假於烈祖之廟，靡有不孝，以求出師多有福。此言受命祖。

明明魯侯，克明其德。既作泮宫，淮夷攸服。矯矯虎臣，在泮獻馘。淑問如臯陶，在泮獻囚。

明明，德之察也。言魯侯以明德興教化，不以兵威，故作泮宫而淮夷服。其不服者馘之，則有矯矯如虎之臣。已服者囚之，則有善訊如臯陶之吏。必獻泮者，告成於學。

濟濟多士，克廣德心。桓桓于征，狄彼東南。烝烝皇皇，不吴不揚。不告于訩，在泮獻功。

狄，遠也。訩，訟也。言魯侯征淮夷，將帥之臣濟濟美盛能推廣君德，意其往征，但逖遠之於東周，勿令及境而已。濟濟，先文也；桓桓，後武也。烝烝其衆、皇皇其大，未嘗有讙譁輕揚以爭訟相告於理者，皆來獻功。言師兄而和也。

角弓其觩，束矢其搜。戎車孔博，徒御無斁。既克淮夷，孔淑不逆。式固爾猶，淮夷卒獲。

觩，弛貌。五十矢爲束。搜，矢衆聲。言克淮夷歸，角弓弛張，束矢不用。戎車甚博，無折壞也。徒御不斁，無懈倦也。淮夷從化，於是甚善無違逆者 此因在學能審固謀猶，是以淮夷終爲我得。

翩彼飛鴞，集于泮林。食我桑黮，懷我好音。憬彼淮夷，來獻其琛。元龜象齒，大賂南金。

琛，寶也。龜尺二寸曰大龜。賂，遺也。南金，三品也。桑黮甘香，鴟鴞革響泮林，德教頑惡從風，是以淮夷憬悟，獻琛輸誠也。余問：「琛即是賂，《經》何別言？」瑞玉曰：「琛，蠙珠之屬，淮地所生，故言其琛。大龜、象齒、金皆荆揚之産，遠而難得，故珍之曰大賂。」

《泮水》八章，章八句。

《泮水》，魯公興學也。伯禽始封，肇建學宫。或云魯有四學，其一泮宫也。學之興，所以育人材。養更老、飲酒、行禮之地，至於出兵、受成 釋奠、獻功亦於斯焉。東郊不開，淮戎並興，伯禽討之，作費誓，魯人追頌焉。

閟宫有侐，實實枚枚。赫赫姜嫄，其德不回。上帝是依，無災無害。彌月不遲，是生后稷，降之百福。黍稷重穋，稙穉菽麥。奄有下國，俾民稼穡，有稷有黍，有稻有秬。奄有下土，纘禹之緒。

閟宫，孟仲子云：禖宫也。侐，清静也。實實，鞏固貌。枚枚，礱密也。「上帝是依」，德當於天也。「降之百福」，使有智慧也。先種曰稙，後種曰穉。瑞玉問：「重穋稙穉，分配四穀，有義否？」余曰：「互文爾。又稷先種後熟，黍後種先熟，故言重穋。麥刈乃種菽，菽田又種麥，故言稙穉與。『奄有下國』，封於邰也；『奄有下土』，降嘉種於天下也。禹平水土，稷乃教稼，故云『纘禹之緒』。」按：閟，《傳》訓爲閉，《箋》云：「神也。」《傳》義爲長。

后稷之孫，實維大王。居岐之陽，實始翦商。至于文武，纘大王之緒。致天之届，于牧之野。無貳無虞，上帝臨女。敦商之旅，克咸厥功。王曰叔父，建爾元子，俾侯于魯。大啓爾宇，爲周室輔。

翦，斷也，升菴楊氏云：「古本作戩商，訓福字義。」敦，治也。瑞玉曰：「攻治其師旅所以克也。咸，同也，周公同有其功。王，成王也。《箋》云：『后稷、大王、文王亦周公之祖考也。』伐紂，周公又與焉，故述之以美大魯。」

乃命魯公，俾侯于東。錫之山川，土田附庸。周公之孫，莊公之子。龍旂承祀，六轡耳耳。春秋匪解，享祀不忒。皇皇后帝，皇祖后稷，享以騂犧，是饗是宜。降福既多，周公皇祖，亦其福女。

既告周公以封伯禽之意，乃策命之，使侯於東，賜之山川土田及附庸小國也。「莊公之子」，謂僖公也。耳耳，柔從也。瑞玉曰：「四馬八轡，繫其内服之轡，餘六轡在馬兩耳旁，故曰耳耳也。」春秋，猶言四時也。后帝，上帝也。魯以孟春祈穀，郊祀上帝，配以后稷，牲用騂犧，魯之僭郊始僖公也。瑞玉曰：「皇祖，伯禽也，周公之下復言皇祖，則非后稷也，伯禽始封之祖，故皇之。下文『白牡騂剛』，即蒙『周公皇祖』之文爾。」〇按：「皇祖后稷」繫以后稷者，爲周公又稱皇祖故。「周公皇祖」冠以周公者，不使皇祖之稱疑於后稷。

秋而載嘗，夏而楅衡。白牡騂剛。犧尊將將。毛炰胾羹。籩豆大房。萬舞洋洋，孝孫有慶。俾爾熾而昌，俾爾壽而臧。保彼東方，魯邦是常。不虧不崩，不震不騰。三壽作朋，如岡如陵。

楅衡，設横木牛角，止觸也。秋始嘗而夏楅衡，夙戒也。白牡，周公牲。騂剛，魯公牲。犧尊，牛形尊也。毛炰，豚去毛炰之也。胾，切肉也。羹，大羹，鉶羹也。大房，半體之俎，周徂也。洋洋，衆多也。「不虧不崩」，謂山也。「不震不騰」，謂川也。三壽，三命也。作朋者，與三壽之人爲朋也。「如岡如陵」，謂安固也。自「俾爾熾而昌」以下，設爲慶孝孫之辭。朱子云：「『籩豆大房』下當脱一句」。上壽百二十，中壽百年，下壽八十，是謂三命。王伯厚云：「《晉姜鼎銘》云：『保其孫子，三壽是利』，三壽蓋古語。」

公車千乘，朱英緑縢，二矛重弓。公徒三萬，貝冑朱綅，烝徒增增。戎狄是膺，荆舒是懲，則莫我敢承。俾爾昌而熾，俾爾壽而富，黄髪台背，壽胥與試。俾爾昌而大，俾爾耆而艾，萬有千歲，眉壽無有害。

千乘，大國之賦也。朱英，矛飾也。縢，繩也，緑之以約弓。重弓，備折壞也。三萬，舉成數也。車、徒二者，數不相當，《疏》云：「『公車千乘』，自謂計地出兵；『公徒三萬』，自謂鄉之所出。」據《司馬法》，千乘之地，當三百一十六里有奇也。貝冑，貝飾冑也。朱綅，以朱綫綴甲也。烝，進也。增增，衆也。膺，當也，彼來寇而禦之。懲，艾也，我往伐而創之。承，止也。總言戎狄、荆舒莫我敢禦止之。「黄髪台背」，皆壽徵。「壽胥與試」，謂有壽之人，相與講試氣力，老而不衰也。耆、艾，皆老壽也。瑞玉曰：「艾，養也，治也，謂攸好德也。眉壽無害，謂康寧也。魯時衰弱，美僖公能用兵，設辭重慶之。」

泰山巖巖，魯邦所詹。奄有龜蒙，遂荒大東。至于海邦，淮夷來同。莫不率從，魯侯之功。

泰山，魯望也。詹，至也，一作瞻。龜、蒙，皆山也。荒，奄也。奄，同也。大東，極東也。來同，同盟也。僖公十六年冬，會諸侯於淮地，淮夷亦與焉。《經》云「淮夷來同，莫不率從」，其是與。

保有鳧繹，遂荒徐宅。至于海邦，淮夷蠻貊。及彼南夷，莫不率從。莫敢不諾，魯侯是若。

鳧、繹，皆山也。徐宅，徐國所居。蠻貊，東夷也。南夷，南蠻也。諾，應辭也。余問：「《經》言『至于海邦』有二，何以爲別？」瑞玉曰：「上言『遂荒大東』，是謂海邦在東者，下言『遂荒徐宅』，則謂海邦在南者。」

天錫公純嘏，眉壽保魯。居常與許，復周公之宇。魯侯燕喜，令妻壽母。宜大夫庶士，邦國是有。既多受祉，黃髮兒齒。

常，邑名，《管子》云：「常潛是也。」許，許田也。常、許皆失而復得，故曰「復周公之宇」。令妻，聲姜也。壽母，成風也。「宜大夫庶士」，正百官也。有，常有也。瑞玉曰：「魯自慶父亂後，邦國幾不有矣，僖公始有之爾。兒齒，齒落更生細者，亦壽徵。」《管子·小匡篇》：「桓公曰：吾欲南伐何主？管仲對曰：以魯爲主，反其侵地，常潛是也。」〇案：鄭《箋》云：「常，或作嘗，在薛之旁，爲孟嘗君食邑。」此説是也。《史記·越世家》「願齊之試兵南陽莒地以聚常郯之境」，《索隱》曰：「常，邑名，蓋田文所封者。」説與鄭《箋》合。而《漢·地理志》：「薛縣屬魯國。」《史記·孟嘗君傳》《正義》曰：「薛故城在徐州滕縣南四十四里。」是知常即嘗也，在春秋屬魯，至戰國屬齊耳。

徂來之松，新甫之柏。是斷是度，是尋是尺。松桷有舄，路寢孔碩。新廟奕奕，奚斯所作。孔曼且碩，萬民是若。

徂來、新甫，皆山也。八尺曰尋。桷，榱也。舄，大貌。瑞玉曰：「舄與磶同，謂柱礎也。」上桷下舄，所以成宫室也。路寢，正寢也。修舊曰新，新廟即閟宫也。奕奕，美大也。奚斯，公子魚也。曼，長也。『萬民是若』，謂國人順之。」

《閟宫》九章，五章章十七句，朱子云：内第四章脱一句。二章章八句，二章章十句。

《閟宫》，頌僖公也。史克作之，公以大臣援立，務農閔雨，國家乂安。作新宫廟，内修祭祀，外佐齊桓。伐楚平淮，徐復境土，而修封疆然。位列東藩，臚於郊祀，自僖公始。孔子云：「魯之郊禘非禮也，周公其衰矣。」按：史克作頌美僖公，疑止此篇，其前三篇，蓋皆追頌先君爾。〇按：鄭氏曰：襄公時，季孫行父請命於周，而史克作之，然春秋列國卿大夫賦詩無及此四篇者。見《日知録》。

魯頌四篇。

商頌

猗與那與，置我鞉鼓。奏鼓簡簡，衎我烈祖。湯孫奏假，綏我思成。鞉鼓淵淵，嘒嘒管聲。既和且平，依我磬聲。於赫湯孫，穆穆厥聲。庸鼓有斁，萬舞有奕。我有嘉客，亦不夷懌。自古在昔，先民有作。温恭朝夕，執事有恪。顧予烝嘗，湯孫之將。

猗，盛也。那，多也。置，陳也。鞉以兆鼓，鼓以起樂，商人尚聲，故樂詳焉。烈祖，湯也。湯孫，大甲以下也。假，大也。思成，神以思成也。嘒嘒，清烈也。管堂下之樂與鼓相應也。聲應相保曰和，細大不踰曰平。磬，玉磬也。堂上之樂依磬爲節也。大鐘曰庸。斁，間也。先民，亦謂湯也。朝夕者，祭之前夕省器具，至朝行禮也。言祀成湯之樂盛矣多矣。宿懸而置之，將祭而奏之，以樂我功烈之祖。湯孫奏大濩樂，安我以所思而成之，謂神來格也，此迎神之樂。神既降，又奏其堂下鞉鼓，管聲與堂上磬聲相依，皆和且平焉。於是湯孫容貌赫然顯盛，其聲音穆穆然静肅，此正祭之樂。祭事將終，鐘鼓間作，萬舞美大，不獨神喜之，我有嘉客助祭者，亦不和平悦懌乎！此祭末之樂。禮終樂闋，又總序一篇之意，言自古在昔之時，先人成湯興起在位，其祭之先朝夕温恭，當祭之時執事恪謹，今其顧念予烝嘗乎！是乃湯孫奉先聖王之傳，恭而行者也。此樂之亂辭。

《那》一章，二十二句。

《那》，《序》云：「祀成湯也。」閔馬父云：「昔正考父校商之名頌十二篇於周太師，以《那》爲首，其輯之亂曰：『自古在昔，先民有作。温恭朝夕，執事有恪。』正考父，孔子之先，事宋戴公，當周宣王時」。

嗟嗟烈祖！有秩斯祜。申錫無疆，及爾斯所。既載清酤，賚我思成。亦有和羹，既戒既平。鬷假無言，時靡有争。綏我眉壽，黄耇無疆。約軝錯衡，八鸞鶬鶬。以假以享，我受命溥將。自天降康，豐年穰穰。來假來饗，降福無疆。顧予烝嘗，湯孫之將。

秩，《説文》云：積也。爾，爾主祭者也。所，祭所也。酤，一宿酒也。和羹，鉶羹也。戒，定也，定猶熟也。平，均調也。𩡧，衆也。假，大也。言嗟嗟乎烈祖，成湯有厚積之福，申錫無窮，故今施及爾之此所。商尚質，故祭以酤。既載清酤於尊，神靈來格，賜我以思成，亦有和調之羹。「既戒既平」，神又歆饗之也。裸酒薦羹之時，衆大肅静，無言無争，神靈用是安我以壽者無疆。然商俗尚鬼，故言神靈來降，「約軧錯衡」，如見其車，「八鸞鶬鶬」，如聞其聲。神至，因以美大其禮，因以歆享其祭。又爲嘏辭命之，「我受此命」廣矣、大矣。其命辭云：天降康年，多粟穰穰，年豐人樂，則神「來假來饗」，降福愈無疆也。其亂辭云：神非其類不歆，今其顧念予烝嘗乎！是乃湯孫之所奉也。瑞玉問：「『約軧錯衡』，古注以爲諸侯助祭者。」余曰：「《楚辭·九歌》，降神每言車旗，亦此類。」按：《説文》引《詩》云「稹之秩秩」，蓋秩積古字通也。𩡧，《中庸》作奏。

《烈祖》一章，二十二句。

《烈祖》，祀成湯也。《那》主獻神，故極樂音之奏，《烈祖》主祝嘏，故多福禄之辭，《那》與《烈祖》一體之詩。瑞玉曰：「《序》云『祀中宗也』，有中興之功，故稱烈祖。祭者中宗子孫，稱湯孫者，以湯王業所起，故本言之。」

天命玄鳥，降而生商，宅殷土芒芒。古帝命武湯，正域彼四方。方命厥后，奄有九有。商之先后，受命不殆，在武丁孫子。武丁孫子，武王靡不勝。龍旂十乘，大糦是承。邦畿千里，維民所止。肇域彼四海，四海來假。來假祈祈，景員維河。殷受命咸宜，百禄是何。

玄鳥，鳦也。春分至，高辛氏之妃娀簡狄，以玄鳥至之日，祈於郊禖而生契，封於商，神之，故曰玄鳥降生商也。帝亦天也。正，長也。后，先后也。武王，謂湯也。龍旂，戎車所建也。十乘，寅車也。言契始生，由天命玄鳥之祥，及六世孫振遷於殷。振子微，能帥契居殷土，日廣大芒芒然。微六世孫曰湯，有武德，天帝命爲君長，使治疆域於四方。自湯以後多賢君，天亦以四方命爲君后，使奄有九州。盤庚以降，殷復衰，諸侯或不朝，能令商之先后受天命不危殆者，在武丁之爲孫子也。武丁，高宗名，在廟中，故不諱，又商尚質，故也。對祖宗故稱孫子，又言武丁之爲孫子也。於武王之事無所不勝，其伐叛國有龍旂十乘，以先啓行，不極兵威。在軍饋餉，「大糦是承」無乏絶。《易》云：「高宗伐鬼方，三年有賞于大國」是也。於是宅中馭外，王畿千里，維民所居止。前日殷道衰，天下疆域或不正，今始治之，外薄四海矣。武丁朝，諸侯四海皆大來祈祈然，據形勝以臨天下，景山四周皆維大河，是以由湯至武丁，殷之受命咸宜，居此荷天禄也。員，周也。「景員維河」，復從先王居也。商自契至湯凡八遷，湯始居亳，嚴華谷云：「武丁至庚丁，八世皆居亳，此時所言河，正指亳也。亳有三，蒙爲北亳，穀熟爲南亳，偃師爲西亳。湯自南亳遷西亳，盤庚所遷即西亳偃師是也。」

《玄鳥》一章，二十二句。

《玄鳥》，《序》云：「祀高宗也。」《箋》云：「祀當爲祫，祫，合也。高宗始合祭於契之廟，歌是詩焉。古者君喪三年，既畢禘於其廟，而後祫祭於大祖，明年春禘於羣廟，自此之後五年而再。殷祭一禘一祫，《春秋》謂之大事。」愚謂：康成定此詩爲祫，當是其論禘祫疏數，古者以下皆據魯禮而言，魯禘非禮，不足據，其《春秋》謂之大事者，是祫非禘也。又康成以大禘爲郊祭天，詳具《長發》《箋》中，亦非禘義也。

濬哲維商，長發其祥。洪水芒芒，禹敷下土方，外大國是疆。幅隕既長，有娀方將，帝立子生商。

方，四方也。外大國，遠諸侯也。將，大也。言深明昭穆之事者維商。推所自出，久已發其禎祥，蓋始於帝嚳，故今禘及之也。又言契興當洪水芒芒之時，禹敷土正四方外之大國，亦弼成之，定其疆理。瑞玉曰：「人之正德，如布帛之有幅也。隕，墜也。當洪水平，百姓不親，如邊幅隕墜，既久長矣，唯有娀簡狄方大其德，其子能布五教，故帝舜立其子於商，爲始祖焉。」

玄王桓撥，受小國是達，受大國是達。率履不越，遂視既發。相土烈烈，海外有截。

玄王，契也。《國語》云：「玄王勤商十四世而興也。」桓，大也。撥，治也。履，禮也。相土，契孫也，《春秋傳》云：「閼伯居商邱，相土因之。」是也。言玄王爲司徒，大治其民人，小國大國皆受而教之使通達，其身循禮不踰越，遂視其民，教令則盡行矣。傳至相土，威德烈烈然光顯，化行海外，使之截然不侵不叛。契後獨言相土，盛其功也。

帝命不違，至于湯齊。湯降不遲，聖敬日躋。昭假遲遲，上帝是祇，帝命式于九圍。

齊，會也。言相土以後，皆能保世帝命不違去之。至於湯而德與命會，湯之下士尊賢甚疾不遲，其聖敬之德日進而升，明格於天遲遲然，下賢則急，革命則緩，凜然惟上帝是敬，是以帝命爲天子，制法於九州。

受小球大球，爲下國綴旒。何天之休，不競不絿，不剛不柔，敷政優優，百禄是遒。

球，玉也。綴，屬也。旒，旗之垂者也。絿，緩也。《毛傳》《説文》並作：「絿，急也。」當是。言湯受小國大國所贄之玉，會同諸侯爲所繫屬，如旗之縿爲旒所綴著然。以此荷天之休美，其德至中，不失急不失緩，不過剛不過柔，布政優優然寬裕，則人心和而百禄聚。此言湯之文德。綴旒，《禮記》作輟郵，引《齊魯韓詩》也。

受小共大共，爲下國駿厖。何天之龍，敷奏其勇。不震不動，不戁不竦，百禄是總。共、供通。駿厖，《齊詩》作駿駹，謂馬也。言受小國大國之正供，雄長諸侯如爲之駿駹然，以此荷天之榮寵，布進其武勇，不震驚，不摇動，不戁恐，不辣懼，則征伐行而百禄合。此言湯之武功。

武王載旆，有虔秉鉞。如火烈烈，則莫我敢曷。苞有三蘖，莫遂莫達。九有有截。韋顧既伐，昆吾夏桀。

曷、遏通。苞，木也。蘖，餘也。韋、顧、昆吾三國黨惡，是爲三蘖，其本則桀也。言湯載旆秉鉞，恭行天罰，其威烈如火，莫敢有遏我者。於時一苞三蘖，勢孤力微，莫能遂其生、達其惡。九州截然歸商，三國既次第伐之，并夏桀而亡也。按：「則莫我敢曷」，曷猶何也，言誰何。

昔在中葉，有震且業。允也天子！降予卿士，實維阿衡，實左右商王。

葉，世也。阿衡、伊尹，官名。天子、商王，皆謂大甲也。君奭云：「在大甲時，則有若保衡」，是也。言昔在中世，有震動危懼，謂嗣王顛覆典刑也。及徂桐悔過，信也天子之尊，降下其禮以予卿士，尊爲阿衡，實左右輔導商王，故今禘祭配享焉。伊尹先相湯，不言者，文省爾。

《長發》七章，一章八句，四章章七句，一章九句，一章六句。

《長發》，《序》云：「大禘也。」禘，諦也。審諦祖所自出，及昭穆尊卑之次，合祭於大廟。其禮大，故曰大禘。或云殷禘有二，以其别於時禘之小，稱大也。殷人禘嚳，故首及發祥之遠。羣廟皆升，故中述相土之烈。功臣配享，故卒美阿衡之勳。當大甲時伊尹尚存，詩蓋作於沃丁以後。

撻彼殷武，奮伐荆楚。罙入其阻，裒荆之旅。有截其所，湯孫之緒。

撻，疾貌。殷武，殷王之武也。罙，深也。湯孫，高宗也。瑞玉曰：「荆楚恃險難服，故高宗定謀撻然疾速奮伐之，乘其不意深入其險阻。及荆人裒聚其旅，我兵已據險截之，令彼不能應援，以是遂服。此乃湯孫神武不殺之功業也。」

維女荆楚，居國南鄉。昔有成湯，自彼氐羌，莫敢不來享，莫敢不來王，曰商是常。

氐、羌，西戎國也。貢獻曰享，世見曰王。此諭告荆楚之辭也。言維汝荆楚居近中國，猶吾南鄉爾。昔成湯之世，雖遠如氐羌，猶莫敢不來朝貢，曰商王是吾常君爾，汝何敢不然！

天命多辟，設都于禹之績。歲事來辟，勿予禍適，稼穡匪解。

多辟，諸侯也。來辟，來王也。適、讁通。此諭告諸侯也。言上天命汝衆君，建都邑於禹所治之地，須恪守臣節，歲事來修朝貢，勿干予之禍讁，惟勸民稼穡無懈惰，則可爾。按：此句上下疑有脱文。按：《考工記》祭侯之祝詞曰：「維若寧侯，毋或若女不寧侯，不屬于王所，故抗而射女。」即此意也。

天命降監，下民有嚴。不僭不濫，不敢怠遑。命于下國，封建厥福。

監，三監也。《王制》云：「大夫監於方伯之國，國三人。」蓋商制也。瑞玉曰：「天命王官下監諸侯國，其有嚴敬下民，賞不僭，刑不濫，不敢怠遑者，則命于下國爲諸侯，封建之，以造其福。降監稱天命者，重其職也。」余曰：「此言考績之法。」按：先王封建諸侯，所以設監以監於方伯之國，此内外相維之義也。春秋時，列國猶有命大夫，此即三監之遺也。至秦廢封建，而猶設御史監郡，内重外輕，睽孤無輔，所以命不長也。

商邑翼翼，四方之極。赫赫厥聲，濯濯厥靈。壽考且寧，以保我後生。

商邑，王都也。言高宗攘外安内。京師爲天下根本，於是治其都邑，翼翼然爲四方之中正。布其聲教，赫赫然顯盛。宣其威靈，濯濯然光明。享國五十有九年，身既壽考且康寧，以保我後世子孫。此言中興之烈，爲立廟起也。

陟彼景山，松柏丸丸。是斷是遷，方斲是虔。松桷有梴，旅楹有閑，寢成孔安。

丸丸，員直也。梴，横木承桷者，其形延長也。旅，陳也。余問：「閑，孔《疏》訓大。」瑞玉曰：「閑，闌也，上柱下礎，礎所以闌楹也。」余曰：「言升景山按：景山地見《日知録》。掄材木取松柏員直者，斬斷之，遷徙之，繩墨方正之，斧斤斲削之，工皆虔敬其事。承桷有梴，列楹有閑，寢廟成則神安人亦安。高宗有功德，當宗天下，咸欲廟祀之。」按：「旅楹有閑」，閑如檻，以隔内外也，依楹爲之。

《殷武》六章，三章章六句，二章章七句，一章五句。疑脱一句，當爲四章章六句，二章章七句。

《殷武》，《序》云：「祀高宗也。」高宗服荆楚，朝諸侯，修政行德，天下咸驩，殷道復興。子祖庚立，嘉之，立其廟，號高宗。廟成祔而祭之，作是詩。

商頌五篇。

點校後記

《詩問》一書，共七卷，是郝懿行與其夫人王瑞玉以答問的形式，對《詩經》所作的詮釋。作者雖單冠以郝氏之名，但王瑞玉的勞績也是不容抹煞的，嚴格地説來，王瑞玉也當是作者之一。

該書脱稿時，懿行三十八歲，瑞玉三十二歲，或仍在摸索探求階段，但從其考證、訓詁等方面的功力來看，却已臻于成熟，特别是在對於治經的認識上，已明顯地向前跨進了一大步。他們認爲，那些斤斤默守先儒成説的人是没有出息的，而應當像孟子倡導的那樣：不可以文害辭，以辭害志，而要以自己的切身體會去推究經文的本意。所以他們爲自己立下了一條原則，即所謂「寧可捨傳以就經，毋寧屈經而伸傳」。這一原則，即使以今天的觀點來看，也是非常正確的。《詩問》就是本着這一原則撰成的，故在諸多問題上，都表現了他們對先儒既尊重又不盲從，對舊説既重視又不輕信的態度。他們論《詩》，雖基本上仍宗於《小序》、《傳》和《箋》，但決不拘泥於此，而是大膽設疑、勇於創新，所以《詩經》中的不少問題，經其旁徵博引、悉心考證，都有了新的突破，確有不少見地可資今人借鑒。當然，其説亦未必皆是，由于主觀臆斷而失當之處偶也有之，但總的説來却瑕不掩瑜，作爲一家之言，其學術價值還是不容低估的。

該書脱稿於乾隆五十九年（公元一七九四年），直至光緒八年（公元一八八二年），方由東路廳正式印行。今所見者唯此一版，故整理中别無他版可供選擇，衹能以此爲底本。點校中有幾個問題謹作如下説明：

一、底本正文之前，原附有《上論》和《奏摺》，整理時均未予著録。

二、底本中有關《詩經》原文的訛誤和脱漏，均參照《十三經注疏》本予以補正。

三、書中引文，凡有籍可查者，均對照原著一一校勘。與原著相符者，一律加用引號。與原著不盡相符者，酌情處理，或加或不加。

四、底本中之避諱字，如丘諱作乒、玄諱作元或玄、胤諱作肻或允；錯别字，如土誤作上、望誤作塱、閟誤作悶、枌誤作粉、菟誤作兔、穨誤作積、亨誤作享；不通用的異體字，如奩用作匳、筒用作箭、婿用作壻、厩用作廄、寧用作寗；以及先儒誤爲儒先、八年誤爲元年等情況，整理中均隨手加以改正，而未予出校。

五、編排格式，一如底本，未加變動。惟《小雅》、《大雅》，底本原各分作兩卷而未分上下，整理中皆變作卷上、卷下。

六、爲便於讀者閲讀，我們增編目録置於卷首。

該書由趙立綱、陳乃華合作整理，陳乃華點校其一、二、三卷，趙立綱點校其四、五、六、七卷。最後由趙立綱通稿。我們水平有限，又囿於見聞，整理中錯誤疏漏在所難免，切望有關專家學者及廣大讀者勿吝賜教。

趙立綱一九九一年十一月二十八日

詩經拾遺

趙海菱　點校

序

删詩之説，出於《史記》。竊謂不然。孔子但云三百，不云三千，安得古人之文如彼其多，孔子生於後代，乃取古聖賢編定之經而意爲删削如是邪？必不然矣。或當孔子時，久經散軼，無從收拾，用不復列耳。古文《尚書》未出時，服鄭諸儒於經傳引用，並云逸書，其實皆今百篇中所有。《詩》猶是也。故朱子注經不云删詩，但云逸詩。今遵朱子之例，略爲采輯，不復詮次，聊存古意云。戊申春暮蘭皋氏識。

目録

〔注〕原書無目録，此爲點校者據正文擬補。標題過長者，祇取其首句，並標以序號。

詩經拾遺

一

南陔

《小序》：「孝子相戒以養也。」

二

白華

《小序》：「孝子之潔白也。」

三

華黍

《小序》：「時和歲豐，宜黍稷也。有其義而亡其辭。」

四

由庚

《小序》：「萬物得由其道也。」

五

崇邱

《小序》：「萬物得極其高大也。」

六

由儀

《小序》：「萬物之生，各得其宜也。有其義而亡其辭。」〇《朱子集傳》：「《南陔》以下，今無以考其名篇，然曰笙、曰樂、曰奏，而不言歌，則有聲而無辭明矣。」

《左傳·僖公二十三年》：「晉公子重耳爲秦穆公賦。」杜預注：「義取河水朝宗于海，海喻秦。」《國語》注：「河當作沔。」

七

新宮先儒或疑《新宮》即《小雅》之《斯干》，竊恐未然。

《左傳·昭公二十五年》：「叔孫婼聘于宋，宋公享昭子，賦《新宮》。」按《燕禮》：「升歌

《鹿鳴》，下管《新宫》。」注云：「《小雅》逸篇，蓋堂下之樂也。」

八

畜君何尤

朱注：「其詩《徵招》、《角招》之詩也。尤，過也。言晏子能畜止其君之欲，宜爲君之所尤，然其心則何過哉。」

九

雨無其極，傷我稼穡

《雨無正》篇，朱傳：「元城劉氏曰：嘗讀韓詩，有《雨無極》篇，《序》云，『《雨無極》，正大夫、刺幽王也。至其詩之文則比毛詩篇首多「雨無其極，傷我稼穡」八字。』」

一〇

巧笑倩兮，美目盼兮，素以爲絢兮。

朱注：「倩，好口輔也。盼，目黑白分也。素，粉地，畫之質也。絢，采色，畫之飾也。言人有此倩盼之美質，而又加以華采之飾，如有素地而加采色也。」

二

唐棣之華，偏其反而。豈不爾思，室是遠而。唐，一作「棠」，黄赤棣也。棠棣，白棣也。反遠二字，亦兩讀：一讀反遠皆如字。陸佃云：「其花反向後合。凡木之花皆先合後開，此花先開後合。」一讀反與翻同，遠叶於元切。

朱注：「唐棣，郁李也。偏，《晉書》作「翻」，然則「反」亦當與「翻」同，言華之摇動也。而，語助也。此逸詩也。於六義屬興。」○蘇軾曰：「此思賢而得之詩。」

三

翹翹車乘，招我以弓。豈不欲往，畏我友朋。

《左傳·莊公二十二年》，陳公子完奔齊，齊侯使爲卿，辭，賦詩云。杜注：「翹翹，遠貌。」古者聘士以弓。言貪顯命，懼爲朋友所譏責。

一三

狐裘尨茸，一國三公，吾誰適從？

《左傳·僖公五年》，晉侯使士蔿爲二公子築蒲與屈，不慎寘薪焉，夷吾訴之，公使讓之，退而賦此詩。杜注：「士蔿自作詩也。」尨茸，亂貌。公與二公子爲三，言城不堅則爲公所讓；堅之，則爲固讎不忠，無以事君；故不知所從。

一四

相彼盍旦，尚猶患之

《禮坊記》陳澔注：「盍旦，夜鳴求旦之鳥。」患，猶惡也，言視彼盍旦之夜鳴以求曉，是欲反夜作晝，求所不當求者，人尚且恶之，况人臣而求犯其上乎？按：盍旦，《月令》作「鶡旦」，《鹽鐵論》作「鳱旦」，或作「渴旦」。

一五

馬之剛矣，轡之柔矣。馬亦不剛，轡亦不柔，志之塵當作「麃」，叶必幽反。麃，取予不疑。叶疑尤反。

《汲冢周書·王子晉解》孔晁注：「馬不剛，轡不柔，言和擾也。塵麃，亦和擾也。不疑，和之心也。」《左傳·襄公二十六年》，齊國弱，爲晉侯賦「轡之柔矣」。杜注：「義取寬政以安諸侯，若柔轡之御剛馬。」按《正義》「志之塵塵」作「志氣麃麃」，「取予」作「取與」，義更明顯。

一六

雖有絲麻，無棄菅蒯；雖有姬姜，無棄蕉萃。顦顇同。凡百君子，莫不代匱。

《春秋·成公九年》：「楚公子嬰齊帥師伐莒，庚申，莒潰，楚人入鄆。」《傳》曰：「莒無備故也。」君子爲賦此詩。杜注：「姬姜，大國之女。蕉萃，陋賤之人。」林堯叟注：「在位之人，亦有匱乏之時，須得人承代。」

一七

周道挺挺，我心扃扃。講事不令，集人來定。

《左傳·襄公五年》書曰：「楚殺其大夫公子壬夫。」貪也。君子謂「楚共王於是不刑」，爲賦是詩。杜注：「挺挺，正直也。扃扃，明察也。講，謀也。言謀事不善，當聚致賢人以定之。」

一八

祈招之愔愔，式昭德音。思我王度，式如玉，式如金，形民之力，而無醉飽之心。

《左傳·昭公十二年》：「右尹子革對楚靈王曰：昔穆王欲肆其心，周行天下，將皆必有車轍馬跡焉。祭公謀父作《祈招》之詩，以止王心，王是以獲没於祗宫。」杜注：「周穆王，肆，極也。」「謀父，周卿士。祈父，周司馬，世掌甲兵之職，招，其名。祭公方諫遊行，故指司馬官而言，此詩逸。」獲没，不見篡弑。愔愔，安和貌。式，用也。昭，明也。金玉，取其堅重，言國之用民，當隨其力，任如金冶之器，隨器而制形，故言形民之力，志其醉飽過盈之心。賈逵曰：「祈，求也。昭，明也。言求明德也。」馬融以圻爲王圻千里，王者游戲不過圻内。昭，明也，言千里之内足明德。祗宫，圻内遊觀之宫。《正義》曰：「設言以戒司馬，美其志性安和，女當用此職掌以明我王之德音，思使我王之德度用如金然、用如玉然，使之堅重可寶。若用民力，當隨其所能，而制其形模，不可有盈溢之心。」此借司馬以諷諫王也。按《竹書紀年》，穆王元年作祈宫于南鄭。又按：朱子謂近看《貞觀政要》及《家語》皆作「刑民」字。刑，傷也，言傷民之力以爲養，而無饜足之心。如此恐與上四句不貫，「刑民」上須更加一「毋」字乃得，從舊注可也。

一九

貍首按《禮記·投壺篇》：命弦者曰「請奏《貍首》」。然則此詩以琴瑟歌之也。藍田呂氏謂即「貍首斑然」句。愚謂不特此也，二戴所記，凡三見。

《禮·樂記》陳澔注：「左東學也，在東郊。」東學之射，歌《貍首》之詩以爲節。

二〇

昔吾有先正，其言明且清，國家以寧，都邑以成，庶民以生，誰能秉國成？不自爲政，卒勞百姓。李善《文選》註引首四句云子思子詩。

《禮·緇衣》按：下三句見《小雅·節南山》之篇，然不更加詩云以別之，或其始本爲一詩而今逸與？

二一

俟河之清，人壽幾何。兆云詢多，職競作羅。

《左傳·襄公八年》：「冬，楚子囊伐鄭。」「子駟、子國、子耳欲從楚，子孔、子蟜、子展欲待晉。子駟曰周詩有之」云云。杜注：「言人壽促而河清遲，喻晉之不可待。」兆，卜。詢，謀也。職，主也。言既卜且謀多，則競作羅網之難，無成功。林注：「黄河水濁，千年而一清。」《魏都賦》云：「閭居隘巷，室邇心遐。富仁寵義，職競弗羅。」張載注云：「千木寂然，不競於俗，故曰『職競弗羅』也。」

二二

優哉游哉，聊以卒歲。

《左傳·襄公二十一年》傳引。

二三

禮義不愆，何恤於人言

《左傳·昭公四年》：「鄭子産作《丘賦》，國人謗之。」「子寬以告。」「子産曰：『民不可逞，度不可改。』爲賦是詩。」杜注：「子産自以爲權制濟國，於禮義無愆。」

二四

驪駒在門，僕夫具存。驪駒在路，僕夫整駕。

《漢書》，王式召爲學士，諸博士持酒勞之，博士江公嫉之，謂歌吹諸生曰：「歌《驪駒》。」式曰：「客歌《驪駒》，主人歌《客毋庸歸》，今日諸君爲主人，日尚早也。」江曰：「經何以言之？」式曰：「在《曲禮》。」江曰：「何狗曲也。」式曰：「我本不欲來，諸生勸我，爲豎子所辱。」遂歸。○朱子曰：「今宴飲致語之類，亦有間叙賓客辭者。」

二五

客毋庸歸

解見上。

二六

羽觴隨波

《續齊諧記》：「晉武帝問：『三月三日曲水，其義何旨？』束皙對曰：『昔周公成洛邑，因流水汎酒，故逸詩云『羽觴隨波流。』』」按《晉書·束皙傳》作「羽觴隨波」，無「流」字。

二七

紂在位，文王受命，政不及泰山。武王克殷，二年，天下未寧而崩，爰周德之洽，維成王。此全不類詩體，姑存之。

《史記·封禪書》。

二八

曾孫侯氏，四正具舉。大夫君子，凡以庶士。小人莫處，御于君所。以燕以射，則燕則譽。

《禮·射義》陳注：「舊説《曾孫侯氏》以下八句，《貍首》篇文。」

二九

貍首之斑然，執女手之卷然。

《禮·檀弓》。按《射義》吕氏注：「疑此即《貍首》詩。」詳見本注。

三〇

采薺

《禮》：「趨中《采薺》。」按：薺，一作「薋」，一作「薺」，據韵書，薺字平聲者，蒺藜也，通作「茨」。

三一

魚在在藻，厥志在餌。校德不塞，嗣武孫武子。貪兵之戒。

《大戴禮·用兵》篇。按本文在「餌」下更端另起，今詳語意似一篇，故合之。注云：「由心在於利，用兵以取危。」

三二

四牡翼翼，以征不服。親省邊垂，用事所極。

《漢書·武紀》。

三三

九變復貫，知言之選。變，一作「辨」。

《漢書·武記》。

三四

皎皎練絲，在所染之。

《後漢書·楊終傳》

三五

浩浩者水，育育者魚。未有室家，安召我居。

《管子》。桓公使管仲求甯戚，戚曰：「浩浩乎，育育乎。」管仲不知，婢子曰：「詩有之」，云云。水魚喻人配偶，戚有伉儷之思也。

三六

崇禹　生開

《汲冢周書·世俘解》：「籥人奏《崇禹》、《生開》，三鍾終。」孔晁註：「《崇禹》、《生開》皆篇名。」愚按：上文云進萬獻《明明》，三終。《明明》既詩篇名，則二者亦詩篇無疑。又按：鍾，金音也，二詩皆金奏三終也。

三七

南風之時兮，可以阜吾民之財兮；南風之薰兮，可以解吾民之愠叶平兮。

《帝王世紀》：「舜恭己無爲，歌《南風》之詩。」按此與《家語》所記文同序異。喜起賡歌，權與《風》《雅》，已列《尚書》，無煩備録。按陶姚已前，時代荒渺，葛天《八闋》既亡其辭，雖有《皇娥》、《白帝》，歌載在《拾遺》，然係王嘉僞撰，其事近誣，故以《南風》詩記託始，謹遵孔子删書之例。

三八

候人兮猗

《帝王世紀》，禹省南上，塗山之女令其妾候禹於塗山之陽，女乃作歌，始爲南音。按《吕氏春秋》：「禹三十未娶，過塗山，塗山人歌曰：『綏綏白狐，九尾龐龐。成家成室，我都攸昌。』禹因娶塗山女。」又按《吕氏春秋》，女用作歌曰「候人兮猗」，實始爲南音。二南是其遺聲。及其變也，流爲惕音。南之爲言惕也，惕與「溺」同。

三九

破斧

《竹書紀年》：「孔甲三年，畋於萯山，五年作東音。」《吕氏春秋》，孔甲田於東陽萯山，天大風，晦冥，迷入人室，主人方乳，或曰：「后來是良日也，必大吉。」或曰：「不勝之子，必有殃后。」乃取以歸，曰：「以爲余子，誰敢殃之？」後析橑，斧破，斷其足，孔甲曰：「嗚呼！有命矣！」乃作《破斧》之歌，始爲東音。按有娀二女，燕遺二卵，北飛不反，二女做歌，始爲北音。周昭王南征，殞於漢中，從臣追思故處，作歌，始爲西音。此四方之歌也。五子之歌，亦夏詩也。既列《尚書》，無煩備載。按《塗山》、《破斧》二詩，有其義，亡其辭，謹録以補夏詩之闕。

四〇

麥秀漸漸子廉反。兮，禾黍油油。彼狡童兮，不與我好叶或溝反。兮。

《史記》，武王封箕子朝鮮，朝周，過故殷虚，感宮室毀壞，生禾黍，箕子傷之，欲哭則不可，欲泣爲其近婦人，乃作《麥秀》之詩以歌詠之。所謂狡童者，紂也。殷民聞之，皆爲流涕。

四一

登彼西山兮，采其薇矣。以暴易暴兮，不知其非矣。神農虞夏忽焉没兮，我安適歸矣。吁嗟徂兮，命之衰矣。

《史記》，武王已平殷亂，天下宗周，伯夷、叔齊恥之，義不食周粟，隱首陽山，采薇而食之，及餓且死，作歌。按《史記》以此歌爲軼詩，故録之。《麥秀》、《采薇》二詩備録爲商詩，補亡。

四二

友賢不弃，不遺故舊，則民德歸厚。

《藝文類聚》。歐陽詢著。

四三

立我烝民，莫匪爾極。不識不知，順帝之則。

《列子》，堯微服遊於康衢，聞兒童謠，堯問曰：「孰教爾爲此言？」兒童曰：「我聞之大夫。」問大夫，曰「古詩」。

四四

天之所支，不可壞叶胡限也。也。其所壞，亦不可支也。

《國語》，衛彪傒曰：「武王克殷，作此詩以爲飫歌，名之曰『支』，以遺後人，使永監焉。」夫禮之立成者，爲飫，昭明大節而已，少曲與焉，是以爲之日惕，欲其教民戒也。韋昭注：「立成，謂立行禮，不坐也。」又曰：「立曰飫，坐曰晏。」

四五

舟張辟雍，鶬鶬相從。八風回回，鳳凰喈喈。

《尚書大傳》。《困學紀聞》：王應麟著。「《大傳》引《樂》曰：『舟張辟雍，鶬鶬相從。』《樂》，《樂經》也。」

四六

有昭辟雝，有賢泮宮。田里周行，濟濟鏘鏘。相從執質，有族以文。

勑爾瞽，率爾衆工，奏爾悲誦。音容。肅肅雍雍，無怠無凶。

《周禮·樂師》注：「鄭司農引賈疏云似逸詩，不知所出。」

四七

質參既設，執旌既載，叶子計反。干侯既抗，中獲既置。弓既平張，四侯且良。決拾有常，既順乃讓。叶如陽反。乃躋其堂，乃節其行，叶寒剛反。既志乃張。射夫命射，射者之聲，御車之旌，既獲卒莫。

《大戴禮·投壺篇》。《困學紀聞》：「此命射之辭也。」案：此疑《貍首》篇文。序當先《貍首》，次「曾孫侯氏」八句，次「貍首之斑然」二句，次即書此。

四八

我徂黃竹，□缺一字。員閟寒，帝收九行。行，道也，言收羅九域之道里也。嗟我公侯，百辟家卿。叶音羌。皇皇，正也。我萬民，旦夕勿忘。

我徂黃竹，□缺一字。員閟寒，帝收九行。嗟我公侯，百辟家卿。皇我萬民，叶謨郎反。

旦夕勿窮。叶渠王反。

有皎者鴼，音洛，鳥名。翩翩其飛。叶匪眠反。嗟嗟公侯，□缺一字。勿則遷。居樂甚寡，不如遷土，居無求安也。禮樂其民。叶彌延反。

《穆天子傳》：「丙辰，天子遊黄臺之丘，獵於苹澤。有陰雨，天子乃休。日中大寒，北風雨雪，有凍人，天子作詩三章以哀民。」末章注云：「自『侯』以下，似當云『百辟冢卿，皇我萬民，□勿則遷。』」

四九

國誠寧矣，遠人來觀。轉音「光」。修義經矣，好樂無荒。何自南極，至于北極。絶境越國，弗愁道遠。

《汲冢周書·王子晉解》：「晉平公使叔譽于周，見太子而與之言，五稱而五窮。歸告公曰：『太子晉行年十五，而臣弗能與言，君請歸聲就、復與田。』師曠曰：『不可，請使瞑臣。』師曠見太子，三稱三告善。王子曰：『請入坐。』遂敷席，注瑟。師曠歌《無射》，乃注瑟于王子，王子歌《嶠》。」

五〇

浩浩白水，儵儵之魚。君來召我，我將安居。國家未立，從我焉如。《白水》詩。此與《管子》所載詞句有異，並録之。

《列女傳》甯戚每之見管仲也，亟稱曰：「浩浩乎，儵儵乎。」管子不解，歸而不怡。有少妾問焉，曰：「非而與知也。」妾曰：「毋少少，毋賤賤。」仲以語之，妾曰：「甯子殆欲室也，古有白水之詩云。」案《藝文類聚》三十五卷引管子婢子曰「詩有之，浩浩之水，育育之魚。未有室家，我將安居」云云，與此詞語異。

五一

君子有酒，小人鼓缶。雖不見好，亦不見醜。《鼓缶》詩。

《淮南子》。

五二

我無所監，夏后及商。用亂之故，民卒流亡。

《左傳》。

五三

淑慎爾止，無載爾僞

《左傳》。

五四

我之懷矣，自詒伊慼

《左傳》。《宣二年傳》。王肅曰：「此《邶風·雄雉》之詩。」惠定宇曰：「案今『詩』，『蹙』作『阻』，惟《小明》詩作『蹙』，而上句又異。」王子雍或見三家之詩，據以爲衛詩。三家惟齊詩亡于魏代，其餘杜氏猶及見之。

五五

東有開明，於時雞三號以興。庶虞庶虞動蜚征。作民嗇執功，百草咸淳。

《大戴禮·四代篇》。《困學紀聞》注曰：「開明，避景帝諱也，景帝諱『啟』」。庶虞，蓋山虞澤虞之屬。馬融《廣成頌》用「飛征」。

五六

皇皇上天，其命不忒。天之以善，必報其德。

《孔子家語》：孔子在齊，周使適至，言先王廟災，孔子曰：「禍亦如之，夫釐王變文武之制而作玄黄華麗之飾，宫室崇峻，輿馬奢侈而弗可振也。故天殃所宜加其廟焉，以是占之爲然。」王肅注：「此逸詩也。」皇皇，美貌也。忒，差也。《説苑·權謀篇》云：「皇皇上帝，其命不忒。天之與人，必報有德。」

五七

鴻鴻將將，唯民歌之。濟濟多士，殷民化之。鍾伯敬曰：「歌，音基。」《淮南子》：「良馬易道，使人欲馳。飲酒而樂，使人欲歌。」化，山宜切。《周易》「神而化之，使民宜之。」皆古音也。《管子》。

五八

樂矣，君子直言是務

《晏子春秋》。

五九

必擇所堪，必謹所堪

《墨子》。

六〇

魚水不務，陸將何及。言當及詩知勉。

《墨子》。

六一

如霜雪之將將，如日月之光明。爲之則存，不爲之則亡。

《荀子》。

六二

國有大命，不可以告人，妨其躬身。案左氏襄八年傳：子國曰「國有大命」，下云「童子言焉，將爲戮矣」，與荀子引詩合。

六三

鳳凰秋秋，其翼若干，其聲若簫。叶疎鳩反。有鳳有凰，樂帝之心。鍾伯敬曰：「秋秋，猶蹌蹌，謂舞也。干，楯也。帝，蓋謂堯也，堯時，鳳凰巢於阿。」

《荀子》。

六四

長夜漫兮，永思騫兮。太古之不慢兮，禮義之不愆兮，何恤人之言兮。

《荀子》。

六五

涓涓源水，不雍不塞。轂既破碎，乃大其輻。叶筆力反。事以敗矣，乃重太息。

《荀子》。

六六

墨以爲朗，叶盧當反。狐狸而蒼。鍾伯敬曰：「墨，謂閉塞也。狐狸而蒼，言狐狸之色，居然有異。君以蔽爲明，則臣下誑君，言其色蒼然無別，猶指鹿爲馬者也。」

《荀子》。

六七

良弓之子，必先爲箕。叶渠尤反。良冶之子，必先爲裘。

《列子》注曰：「學者，先攻其所易，然後能成其所難。」箕，矢房也。

六八

青青之麥，生陵之陂。生不布施，死何含珠爲？

《莊子》：儒以《詩》、《礼》发家。一作「冢」。大儒臚傳曰：「『東方作矣，事之何若』？小儒曰『未解裙襦，口中有珠』，《詩》固有之」云云。接其鬢，壓其顪，儒以金椎控其頤，徐别其頰，無傷口中珠。○司馬注云：「此逸詩，刺死人也。」

六九

將欲毁之，必重累之。將欲踣之，必高舉之。

《吕氏春秋》。

七〇

君君子則正，以行其德。君賤人則寬，以盡其力。

《吕氏春秋》。

七一

無過亂門。案此句，左氏昭十九年傳引作諺曰。

《呂氏春秋·原亂篇》。

七二

唯則定國。此亦見《左傳》，然非詩也。

《呂氏春秋·慎大覽》。

七三

于嗟窴兮。

《呂覽》。

七四

行百里者，半於九十

《戰國策》。

七五

大武，遠宅不涉。鍾伯敬曰：「威武之大者，遠安定之，不必涉其地也。」《戰國策》。又《新序·善謀篇》亦引國策此條云：「大武，遠宅而不涉。」

七六

服亂以勇，治亂以智，事之計也。立傅以行，教少以學，義之經也。《戰國策》注作諺語。○《風雅逸篇》曰：「此全與古詩體裁不同，姑依本文有「詩曰」字録之。」

七七

本實繁者，披其枝。披其枝者，傷其心。大其都者，危其國。尊其臣者，卑其主。《戰國策》注曰：非必逸詩，古有此語耳。枝，褫也。

七八

樹德莫如滋，除害莫如盡

以上三節，《戰國策》皆有「詩曰」字。

七九

掩雉不得，更順其風。案：此條據《淮南子》，當入逸書。

《淮南子》。

八〇

得人者興，失人者崩

《史記》。

八一

緜緜者葛，在於曠野。叶上與反。良工得之，以爲絺紵。良工不得，枯死於野。

《説苑》。《尊賢篇》。

八二

相彼玄鳥，止於陵阪。仁道在近，求之無遠。

《中論》。《貴驗篇》。

八三

佞人如蝉

《集韻》。

八四

葛天八闋。《吕氏春秋》：「葛天氏之樂，三人持牛尾，捉足以歌《八闋》。《載民》一、《玄鳥》二、《遂草木》三、《奮五穀》四、《敬天常》五、《達帝功》六、《依地德》七、《總萬物之極》八。」此下附録，逸詩篇名。

八五

駕辯。《楚辭》：「《伏羲》、《駕辯》，楚勞商只。」注云：「《伏羲》，琴曲。」

八六

網罟。《隋書·樂志》：「伏羲有《網罟》之歌。」夏侯元《辯樂論》：「伏羲氏因時興利，教民田魚，天下歸之，有《網罟》之歌。」

八七

豐年詠。夏侯元《辯樂論》：「神農教民食穀，有《豐年之詠》。」

八八

龍衮頌。《樂書》。黄帝。

八九

棡鼓曲。《歸藏啟筮》曰：「蚩尤出自洋水疏首，登九淖以伐穹桑，黄帝征之涿鹿之野，作棡鼓之曲。」《雲笈》云：「黄帝出師涿鹿絶轡之野，以棡鼓爲警衛，其曲有十，並各有辭，其辭亡考。《震雷驚》一、《猛虎駭》二、《鷙鳥擊》三、《龍媒蹀》四、《靈夔吼》五、《雕鶚爭》六、《壯士奮怒》七、《熊哮呫》八、《石盪崖》九、

《波滀鋻》十。」

九〇

渡漳歌。《水經注》：「黄帝令伶倫使于夏作。」

九一

九招歌。劉勰《文心雕龍》云：「帝嚳之世，成墨爲頌，以歌《九招》。」

九二

虞舜大唐歌。《尚書大傳》曰：「維五祀奏鍾石，論人聲，諓然乃作《大唐之歌》。」

九三

卿雲。舜。《尚書大傳》。

九四

招、雍、肆夏、孝成。《尚書大傳》：「《招》爲賓客，《雍》爲主人，始奏《肆夏》，納以《孝成》。」

九五

晳陽、南陽、初慮、朱干、苓落、縵縵。《尚書大傳》：「約元祀，巡守四岳、八伯，壇四奥，沈四海，封十有二山，兆十有二州，樂正定樂名。元祀代泰山，貢兩伯之樂焉。東岳陽伯之樂，舞《侏離》，其歌聲比餘謠，名曰《晳陽》。儀伯樂，舞《鼚哉》，其歌聲比大謠，名曰《南陽》。中祀大交霍山，貢兩伯之樂焉，夏伯之樂，舞《謾彧》，其歌聲比中謠，名曰《初慮》。羲伯之樂，舞《將陽》，其歌聲比大謠，名曰《朱干》。秋祀柳穀華山，貢兩伯之樂焉。秋伯之樂，舞《蔡叔》，其歌聲比小謠，名曰《苓落》。和伯之樂，舞《元鶴》，其歌聲比中謠，名曰《歸來》。幽都宏山，貢兩伯之樂焉，冬伯之樂，舞《齊落》，歌曰《縵縵》。」王應麟曰：「其歌名後闕其一。」

九六

九德之歌。夏禹。《周禮》。案：《候人兮歌》宜在此下。

九七

九辯、九歌。啟。《山海經》：「啟土九嬪于天，得《九辯》、《九歌》以下。」

九八

燕往飛歌。《吕氏春秋》：「昔有娀氏二女，居九成之臺，飲食必以鼓。天帝使燕往視之，鳴若謚隘，二女愛而搏之，覆以玉筐，既而發視之，燕遺二卵而北飛。二女作歌，一終曰『燕燕往飛。』實始爲北音。」案：《破斧歌》宜在此下。

九九

晨露。湯。《詩緯》曰：「湯命伊尹，振鳥陵，歌《晨露》。」

一〇〇

淫魄。師涓爲辛造。

一〇一

武宿夜。《禮記》：「舞莫重於《武宿夜》。」注：「武曲名。」《正義》：「武王至商郊停，止宿。夜，士卒皆歡樂，歌舞以待旦，故名焉。」

一〇二

九夏。《周禮》注：「《九夏》皆詩篇名，頌之族類也。」王夏一、肆夏二、昭夏三、納夏四、章夏五、齊夏六、族夏七、祴夏八、驁夏九、繁、遏、渠。《國語》：「先樂金奏《肆夏》、《繁》、《遏》、《渠》，天子所以享元侯也。」韋昭注云：「《肆夏》一名《樊》，《昭夏》一名《遏》，《納夏》一名《渠》，即《周禮》《九夏》之三也。」吕叔玉云：「《肆夏》，時邁也，《樊》、《遏》，執競也。《渠》，思文也。」

一〇三

鳩飛。《國語》：「秦伯賦《鳩飛》。」韋昭注謂：「《小宛》之首章。」

一〇四

辛餘靡歌。《吕氏春秋》：「周昭王南征荆右，辛餘靡長且多力，爲王右，還反，涉漢，梁敗，王隕于漢中。辛餘靡振王北濟，王乃封之于西翟，因追思故處，實始爲西音。」鍾伯敬曰：「西音在秦爲秦聲。漢賦云『起西音于促柱，歌江上之餘哢』。江左六朝爲清商曲，唐有伊州、源州，皆在西方。西屬金，金主聲，故樂曲盛於西也。」

一〇五

北里、靡靡。《文中子》：「聞龍舟五更轉之曲曰『靡靡之音』也。」

一〇六

激楚。《文選·上林賦》：「《激楚》結風。」《列女傳》：「無鹽女諫齊宣王曰『聽《激楚》之遺風』。」

一〇七

流風、陽阿、延露。《梁元帝纂要》：「皆古艷曲。」

一〇八

折揚、皇荂。《莊子》：「大音不入俚耳，《折楊》、《皇荂》，則嗑然而笑。」

一〇九

下里、巴人、陽阿、薤露、陽春、白雪、引商、刻羽、流徵。《宋玉對楚王問》。

一一〇

邪余遮反。許歌。《淮南子》：「舉大木者呼《邪許》。」舉重勸力之歌也。

一一一

嘘吁歌。與《邪許》同。〇劉晝曰：「伏臘合歡，必歌《采菱》。牽石拖舟，必歌《嘘吁》。」案鍾伯敬曰：「楚辭《招魂》：《涉江》、《采菱》、《發陽阿》，三者皆歌曲名也。」

一一二

嗙喻。司馬相如《凡將篇》：「淮南鄭蔡舞《嗙喻》。」《嗙喻》，曲名。喻，音歈。

一一三

于遮。司馬相如《上林賦》：「淮南《于遮》。」注：「于遮，歌曲名。」

一一四

顛歌。《上林賦》：「文成《顛歌》。」注：「文成，遼西縣名。其縣人善歌。」顛，益州顛縣，其人能作西南夷歌。顛，即滇字。

一一五

凱歌。《周官·樂師》：「凡軍大獻，教《凱》。」司馬法曰：「得意則愷，所以樂享也。」《漢志》作「凱」。

一一六

櫂歌。《韓詩内傳》。巴人《櫂歌》。《説文》：「《櫂歌》，巴渝曲也。」

一一七

歸邪之曲。《蜀王本紀》：「蜀王妃思其父母，歸甯，蜀王爲製《歸邪之曲》。」

一一八

幽魄之曲。《蜀王本紀》：「秦惠以美女遺蜀王，不習水上而死，葬之石鏡。王追思之，作《幽魄之曲》。」

一一九

離鴻、去鴈、蘋生，三曲歌春。明晨、焦泉、牛華、流金，四曲歌夏。商飇、白雲、落葉、吹蓬，四曲歌秋。嚴凝、一日凝河。流陰、沈靈，三曲歌冬。王子年《拾遺記》：「師涓當衛靈公之世，寓列代之聲，造此諸曲，靈公耽而惑之。蘧伯玉諫曰：『此雖發陽氣緯，終爲沈湎靡曼之音，無會于《風》、《雅》。』靈公乃去新聲，師涓悔之，退而隱。」

一二〇

輕風流水之詩、昭霧秋霜之詩。《拾遺記》：「洞庭二山浮于水上，其下金堂數百間，帝女居之。四時匏管之清音，金石之凄唳，徹于山杪。楚懷王與羣臣環山遊宴，各舉節氣以爲樂章。」

一二一

木客吟。《吳越春秋》：「吳王好起宮室，越句踐選名山神材而獻之，使木工三千餘人入山伐木，皆有怨望之心，而歌《木客之吟》。」《水經注》：「句踐使工人伐榮楯以獻吳，久不得歸，工人憂思，作《木客吟》。」

一二二

勞商。《楚辭》。

一二三

清角師曠作，見《韓非子》。

一二四

流徵、滌角師延。

一二五

秣馬金闕歌韋昭《洞歷記》：「紂無道，比干知極諫必死，作《秣馬金闕歌》」。韋昭《三五歷記》云：「關龍逢作。」

一二六

周宣王石鼓文

王云籀叒𠬝淖淵文，叒，音烝。𠬝，音彼。趨趨𡘋𡘋。趨，音憲。《説文》：走意。𡘋，一作「䇞」，

第一鼓文本作「䇞」。注：「鄭云今作「贊」，潘云作「㒵」，音台，義皆未詳。」遴車既工，遴馬既同，遴車既好，遴馬既駓。遴，音我。駓，與好韵叶，鄭音賫。籀文騊省作「駓」。其來趩趩，趩，音獨，行貌，又音續。多庶趮趮。趮，音歷。《説文》：「動也。」郭云：「走也。」鄭云：「與『𨍏』同。」其來趩趩，音敕，《説文》：「行聲也。」其䢴又旃。䢴，音原。旃，《釋音》：「鄭作「紬」。潘云未詳。」右驂騝騝，音犍，韻叶旛䢴。右驂䮨䮨。䮨，鄭音速。《正字通》云譜奕德韻，非遠音，本作「䮨」，从矢，矢有急疾意。我戎世陚，陚，鄭作「陚」，薛作「䧅」，籀文作「陸」。施云疑「跌」字。迪禽奉雉，秉馬既迪，《正字通》：「迪，並與集同。」汧殹沔沔。殹，音翳。沔，又音泛。《説文》：「擊中聲。」郭註：「殹，讀如繄，語助也。」○殹又音也。𢀖汧𢀖𢀖，𢀖，釋作瀚。古借「汗」。《周秦石刻釋音》：「𢀖，鄭音博。或云即遄字。」《正字通》：「音團，通作『專』」。○𢀖，又音洋。霝雨奔瀫。霝，與靈通。瀫，古流字。湈湈又𡿺，註：湈，即漫字。黄帛其鱮。帛，又音泊。鄭云鱮即「鯾」字。又鱄又鯾，鱄，鄭云：「今作「鮒」，音附。」郭云：「今文从鱄。」鯾，鄭作鮊，音白。潘云：「今案叶韻，音綿。」《困學紀聞》廿卷：「石鼓文『帛魚𩶛𩶛』，又云『有鱄有綿』，即白魚也。」𨗨音獵。𢉖音廓。𦧅音合。𧗳音道。𧗳仝上。㦰音熾。佳音維。亶古文「宣」字。《易·説卦》：「巽爲宣髮。」註：「宣髮，早白也。」今文譌作「寡髮」。《釋文》：「寡本作『宣』。」辻音徒。

目音以。迪音徇。圃籀文囿字，又音田。騝音馭。微音義未詳，微仝微。趍音趣。耑音酋。馼音敖。奭丑若反。司馬相如《大人賦》：「休奭奔走。」欶音策。𡗝一作「𡗝」，籀文「族」字。卣音鹵。鱳音洛。寺音時。卅音三十。𩯦音憂。霝音霝。灖音隰。𦻏音華。极音楫。隮第六鼓文註：隮同「序」。郭作「阪」，音反。櫾音櫻。楷音咎。㮚音栗。氐音柢。草音莽。𠦑音華。𩣏音翰。逌音攸。乍音作。亶音酒。盜音寧。豩音豚。又焦竑《略記字始》：「石鼓文作『𡚒』，音振。」蜀音犢。趩音即。昊古老反，白澤也。員音填。蓤音蒩。百音旨。胡音拉，今作「肶」。《博雅》：「𦢌謂之肶」。啇音喜，潘迪作嘉。朱彝尊《石鼓考據》：「施宿引《說文》作『喜』」。𢦒音藝。員音云。𠫤未詳。𩛩音載。𨠝音治。施云《古文孝經》治作「𨠝」，與此寫法小異。衙音導。

《困學紀聞·十八卷》張芸叟曰：「岐山石鼓，是《車攻》詩也。『我車既攻，我馬既同』，則所取也。『其魚維何，維魴及鱮。何以貫之，維以楊柳』，則所不取者也。先儒凡今詩所無者，盡目爲逸詩，誤矣。」自注云：「見《致堂論語說》。」

點校後記

《詩經拾遺》係從《左傳》、《國語》、《戰國策》、《管子》、《荀子》、《吕氏春秋》諸典籍中輯録産生年代與《詩經》大致相同、但未爲《詩經》所收録之諺語及詩歌残篇而成，大多富于理趣，耐人尋味。郝氏除標明出處外，往往徵引辭書舊注，在音義方面加以注釋。

原稿與其所校《汲冢周書》合鈔一册，名曰《詩書拾遺》，舊藏郝氏曬書堂，後歸國立清華大學圖書館。今據光緒八年《郝氏遺書》刻本點校。爲便於查閲，校者爲本書增編目録，置於卷首。凡書中以異體、俗體出現或係明顯誤刻如「邶」作「邲」之類，皆逕以本字更之，而不出校記。

一九九二年三月